东北大学

NORTHEASTERN 1923 UNIVERSITY

东北大学百年校庆丛书
1923 - 2023

东北大学的历程

主编　刘宏林　李春雷

东北大学出版社

图书在版编目（CIP）数据

东北大学的历程 / 刘宏林，李春雷主编 . — 沈阳：东北大学出版社，2023.7
ISBN 978-7-5517-3325-0

Ⅰ . ①东… Ⅱ . ①刘… ②李… Ⅲ . ①东北大学—校史 Ⅳ . ① G649.283.11

中国国家版本馆 CIP 数据核字（2023）第 136402 号

出 版 者：东北大学出版社
地址：沈阳市和平区文化路三号巷 11 号
邮编：110819
电话：024-83680181（编辑部）　83680267（社务部）
传真：024-83680181（编辑部）　83680180（市场部）
网址：http://www. neupress. com
E-mail:neuph@neupress.com
印 刷 者：辽宁新华印务有限公司
发 行 者：东北大学出版社
幅面尺寸：170 mm × 240 mm
印　　张：37.5
字　　数：652 千字
出版时间：2023 年 8 月第 1 版
印刷时间：2023 年 8 月第 1 次印刷
责任编辑：向　阳　孙　锋　潘佳宁
责任校对：郎　坤
封面设计：解晓娜　潘正一
责任出版：初　茗

ISBN 978-7-5517-3325-0　　　　定　价：150.00 元

东北大学庆祝建校一百周年
丛书编委会

《东北大学的历程》
编委会

主　　编　刘宏林　李春雷

副主编　陈　均　尹书范　卜宪勇　马红岩

编　　委（按姓名首字笔画为序）

卜宪勇　马红岩　王　艳　王天琪
王玮皕　王晓哲　尹书范　刘　丽
刘　柳　刘东亚　刘宏林　李春雷
杨明凤　沙　敏　张　晨　陈　均
柯　莹　祝鑫一　贾丽君　黄战凤
梁　爽　靳　一

总序

习近平总书记在文化传承发展座谈会上强调，在新的起点上继续推动文化繁荣、建设文化强国、建设中华民族现代文明，是我们在新时代新的文化使命。要坚定文化自信、担当使命、奋发有为，共同努力创造属于我们这个时代的新文化，建设中华民族现代文明。

大学文化，是大学在长期的办学实践中，经过代代学人的不懈追求、沧桑历史的传承积淀，涵育出的一种独特的文化形式，体现着一所大学的发展历程和学术传统，凸显着一所大学的思想理念和精神气质，它是大学的血脉根基，是大学的灵魂所在。古今中外的一流学府，无一不是在其所处的时代背景下塑造并形成自身的精神文化，以探索未来新知，引领文明之进步、社会之发展。在全面推进中国特色、世界一流大学建设，全面建设社会主义文化强国，实现中华民族伟大复兴的大背景下，中国大学应有做文化引领者的担当，中华文明呼唤有灵魂的大学。

东北大学创建于1923年，至今已有一百年的历史。一百年来，一代代东大人书写了坚守初心使命、矢志育才报国的奋斗史创业史，形成了“爱国爱校、严谨治学”的光荣传统、“献身、求实、团结、创新”的优良校风、“自强不息、知行合一”的校训精神和“实干、报国、创新、卓越”的文化品格。这是百年东大砥砺奋进的“精神密码”，是全体东大人接续奋斗的“价值坐标”，是东大历百年而常新的力量之源。正是凭借着这种强大的文化和精神力量，百年东大在上下求索中回答时代之问、勇担时代之责，谱写了与国家同呼吸、与民族共命运、与时代相偕行的壮丽篇章。

“求木之长者，必固其根本。”东北大学一百年波澜壮阔的历史，是一座宝贵的精神和文化宝库，学校发展、变革的文化脉络和历史进程，既是东大自身记录历史、面向未来的宝贵参照，也是中国近现代史中的教育缩影。为此，我们满怀珍重与敬意开展东北大学百年校庆系列丛书编写工作，以期将一个真实、鲜活、厚重、坚韧的东大用文字与图像的形式呈现在读者面前。

在关心和支持东北大学发展的师生、校友共同努力下，在为丛书编辑出版过程中发挥重要作用、作出积极贡献的专家学者指导帮助下，东北大学百年校庆系列丛书共计 10 本出版发行。这套丛书文脉清晰、内容丰富、事例翔实、图文并茂，既有对东北大学文化内涵的系统阐释，又有百年办学实践中具有典型性、代表性的人物故事；既有东大早期办学救国的珍贵史料，又有新时代东大立德树人、科技报国的生动纪实；既有校园中东大师生的活跃风采，又有海内外校友对母校的深情眷恋；既有对楼馆风物的抒情描摹，又有今日校园的如画风景。这套丛书的出版，是对东大百年文化的挖掘凝练，是对东大百年办学实践的梳理总结，是将作为思想结晶的文化藏于器、寓于形的实践创造，具有深远的历史意义和文化价值。

人类伟大的精神之花，必将结出丰硕的文明之果。一所大学之精神文化，在缔造辉煌成就的同时，也必定成为支撑其前行的不竭动力。站在建校百年的历史节点，我们回望过去，将历史化身纸书，将文化刊刻梓行，旨在继承和吸纳中进步，在传承和创新中发展。唯有如此，才能使东北大学的精神与文化超越时空，展现出永恒的魅力和风采；才能肩负起一所大学的时代责任和历史使命，在新时代新征程上，为建设教育强国、为以中国式现代化全面推进中华民族伟大复兴作出新的更大贡献。

百年东大，风华正茂；百年东大，文化日新。东北大学再上征程，朝着下一个百年的宏图愿景砥砺前行。

丛书编委会

2023 年 7 月

前言

《东北大学的历程》一书是为庆祝东北大学建校一百周年而编写。1923 年东北大学诞生于白山黑水间。从建校之初发出培育英才、御侮图强的时代强音，到成为一二·九运动的先锋队和主力军，从一次次开创“中国第一”，到肩负起引领中国新型工业化进程的责任使命，学校始终与国家发展和民族复兴同频共振、同向同行，谱写了矢志报国、担当奉献、勇立潮头、砥砺前行的奋斗长歌。本书坚持马克思主义的历史观，本着实事求是的精神，力求系统、准确地记述东北大学自筹备成立前后至今 100 余年间的史实。

本书记述的内容上起 1918 年 5 月，下讫 2023 年 4 月，按照 1918 年国立沈阳高等师范学校成立至 1949 年 2 月、1949 年 3 月至 1993 年 3 月东北大学复名、1993 年 4 月至 2023 年 4 月三个时段，划分为三编。全书内容按照年、月、日记载史实。凡未能求证确切日期者，则记载在同月间或者同年间。由于各个时期时代背景、学校重点工作不同，因此记述的重点以及同一类事件记述与否、记述繁简也不一致。

本书以杨佩祯、王国钧、张五昌主编的《东北大学八十年》为蓝本扩编、增删、修订而来。2003—2023 年的主要内容由尹书范、马红岩、陈均提供初稿。陈均协助主编承担全书统稿工作。全书内容来自馆藏档案，《东北大学校志》第一、二卷，有关报刊、官方网络、著作、回忆录、访问记录等。

由于编者水平有限，加之时间短促，本书中疏漏不当之处，敬请读者批评指正。

编　者

2023 年 5 月

第一编

1918年5月—1949年2月

1918 年

5 月　奉天两级师范学校中的初级本科各级迁出，在原优级师范部基础上，成立国立沈阳高等师范学校。国立沈阳高等师范学校编制有国文部、数学部、英文部、历史地理部、物理化学部、博物部及国文专修科、手工图画专修科、教育专修科等。奉天两级师范学校起源于奉天简易师范学堂。清盛京将军赵尔巽为培养师资，在省治大南关般若寺左侧创设奉天简易师范学堂，于清光绪三十一年（1905 年）2 月开学。1906 年 4 月，奉天简易师范学堂监督刘隶蔚请准省学务处，将奉天完全师范学堂并入，并定校名为奉天师范学堂，当时有选科三班，初级本科一班。1907 年 4 月，学堂监督吴景濂请示提学使张鹤龄，把选科改为优级师范，学制 4 年，并添招两个初级本科班，定名为奉天两级师范学堂。民国元年（1912 年），改称奉天两级师范学校。两级师范中的初级本科师范部培养小学教员；优级师范部造就中学教员。民国十二年（1923 年）1 月，在沈阳高等师范学校校址创办东北大学理工科，后沈阳高等师范学校停办。

1919 年

9 月　奉天省[①] 根据教育部颁布的教育厅暂行条例，成立了奉天省教育厅，地址为女工传习所旧址，谢荫昌任厅长。谢荫昌积极主张创办东北大学。

1920 年

7 月 21 日　奉天省教育厅厅长谢荫昌呈奉天省长，将国文专修学校改名为文学专门学校（国文专修学校是由成立于 1905 年的仕学馆演化而来——编

① 旧省名。辖境相当今辽宁省（旧柳边以西除外）及内蒙古呼伦贝尔市、通辽市辖地各一部分，吉林西北部和西南部一带地方。1929 年改名辽宁省。

者注）：

> 查改设斯校（指国文专修学校——编者注），本意原为西学东渐以还，一般学子厌故喜新，关于西洋艺术各科争趋若鹜，语以国粹群视为土饭尘羹，毫无研究之必要，长此以往，势必国学日就荒芜，数十年后老成凋谢，求一稍明国学人才而不可得，故特设斯校，以为养成专门国学人才之计。本校现订各科纯以研究文学为范围，以此命名又失宽泛，为名实相符计，拟宜改称为文学专门学校，较为允当。相应咨请贵厅查核、转呈改定并请刊发学校关防，以资信守等。因查原定校名与所定学科既未尽符合，应予改名奉天公立文学专门学校，除咨复并刊发校章外，理合具文呈请鉴核，谨呈奉天省长张。

奉天省长公署于 1920 年 7 月 21 日批令教育厅：呈国文专修学校改为文学专门学校，如呈办理。该校校址设在奉天大南关。1923 年 1 月，在奉天公立文学专门学校校址创办东北大学文法科，奉天公立文学专门学校停办。

1921 年

年初 奉天省教育厅厅长谢荫昌建议：欲使东北富强，不受外人侵略，必须兴办大学教育，培养人才。

10 月 25 日 奉天省议会通过联合吉、黑两省创办东北大学以储人才而兴教育的议案。

10 月 29 日 奉天省议会正式向奉天省长公署提交了“联合吉黑两省创办东北大学，以储人才而兴教育”的议案。

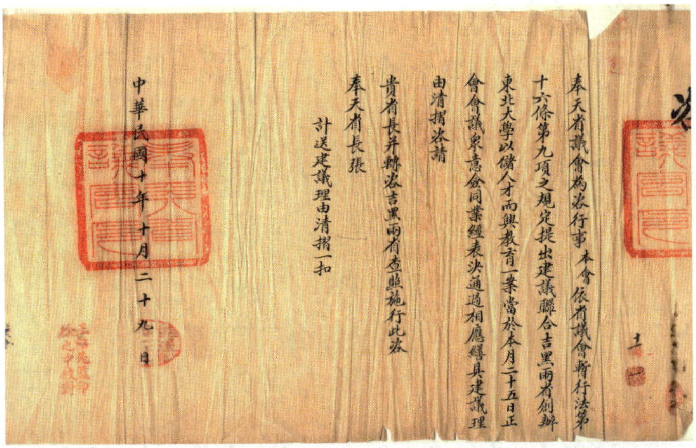
奉天省議會為咨行事本會依省議會暫行法第
十六條第九項之規定提出建議聯合吉黑兩省創辦
東北大學以儲人才而興教育一案當於本月二十五日正
會會議眾意僉同業經表決通過相應繕具建議理
由清摺咨請
貴省長並轉咨吉黑兩省查照施行此咨
奉天省長張
計送建議理由清摺一扣
中華民國十年十月二十九日

奉天省议会关于创办东北大学的咨文（辽宁省档案馆存）

△　奉天省长公署对上述议案作了“案准”的批示，同时强调“查原案理由，固甚充足，惟兹事体大，非有确厚之财力，恐难办成，即办成亦恐徒有大学之虚名，而难收大学之实效，应由三省教育厅长，先将校费问题会商解决，再行呈明核夺，本兼省长并非反对原案，盖为防止将来财力不充，虚靡无补，慎始即所以图终也。”同时，命王永江筹办东北大学。

11月17日　奉天省长公署将奉天省议会《为建设东北大学议案》等文献送交吉、黑两省公署。

同月　奉天省长公署拟定了《东北大学组织大纲》并函知吉、黑省署查核。《东北大学组织大纲》规定：东北大学由奉天、吉林、黑龙江及所辖蒙旗合力组织之，大学设于奉天省城。大学暂定6科，分年组织。

（一）文科分6学系：（甲）国文学系；（乙）历史学系；（丙）地理学系；（丁）教育学系；（戊）俄文学系；（己）英文学系。

（二）理科分3学系：（甲）数学系；（乙）化学系；（丙）物理学系。

（三）工科分6学系：（甲）土木学系；（乙）机械学系；（丙）电气学系；（丁）采矿学系；（戊）冶金学系；（己）建筑学系。

（四）农科分4学系：（甲）农学系；（乙）林学系；（丙）农艺化学系；（丁）兽医学系。

（五）商科分2学系：（甲）银行学系；（乙）外国贸易学系。

（六）法科分3学系：（甲）法律学系；（乙）政治学系；（丙）经济学系。

《东北大学组织大纲》规定：东北大学设校长一人，每科设分科学长一人，组织校务会议处理全校行政事宜。校务会议之外设注册部、图书馆仪器部、会计部、庶务部。此外，尚有训育委员会、出版委员会、建筑委员会及其他常设及临时委员会等，其组织法另定之。学校聘教授若干人。东北大学学额奉天占6/10，吉林占3/10，黑龙江占1/10，其开办设备及经常费亦照此标准分任。

1922年

1月19日 黑龙江省长公署回函奉天省长公署：经由财政、教育厅会同核议，黑龙江省同意参加。但省内经费极为困难，最后与奉省商议，遂以奉黑两省按经费九一比例合办。

8月18日 奉天省长公署委任李树滋（奉天省议会议长）、范先炬（奉天省议会副议长）、恩格、佟兆元、林成秀、关海清、谢荫昌等为东北大学筹备会委员，会所即附设于省署，以便筹办。

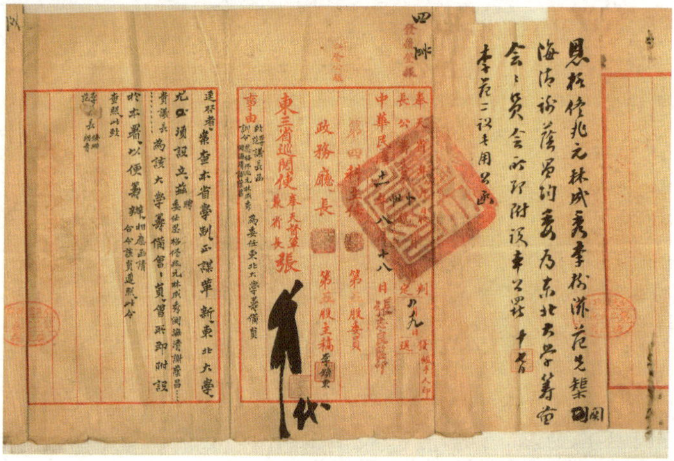

委任东北大学筹备委员会委员文件（辽宁省档案馆存）

8月21日 奉天省教育厅厅长谢荫昌向省署报呈留美学生孙国封缓期回国，委托该生调查美国理工两科学制、留欧美学生状况，为东北大学理工两科建立做筹备。

8月22日 奉天省长公署委任汪兆璠、王之吉、王镜寰、莫贵恒为东北大学筹备委员。

8月24日　奉天省长公署委任吴家象为东北大学筹备委员。

8月25日　东北大学筹备会于下午2时在奉天省长公署正式成立。参加会议的筹备委员有李树滋、范先炬、佟兆元、林成秀、关海清、谢荫昌、恩格、王镜寰、莫贵恒、汪兆璠、王之吉等11人。会议公推代省长王永江兼任东北大学校长，并讨论一切进行方法和东北大学计划草案。

9月26日　东北大学筹备会第二次会议，讨论《东北大学规程草案》。《东北大学规程草案》经第一次会议提出修正，现已修正完竣，重新付印，此次会议详加讨论。参加会议的筹备委员有李树滋、范先炬、佟兆元、林成秀、关海清、谢荫昌、王镜寰、恩格、吴家象、汪兆璠、莫贵恒、王之吉等12人。

根据《东北大学组织大纲》制定的《东北大学规程草案》细则共13则：第一则，本大学以养成硕学宏才应国家地方之需要为宗旨。第二则，举办单位奉、吉、黑及旗蒙合办。第三则，校址设在奉天省城。第四则，所设科系。第五则，校长职责。第六则，大学设教务会及其组成、职责。第七则，大学设体育会。第八则，各科各系设教育会议并得设学术研究会。第九则，职员任务规定。第十则，普遍规定。第十一则，优待生。第十二则，学历。第十三则，变更事宜。

11月7日　东北大学筹备会于下午2时召开第三次会议。"《东北大学规程草案》前经议决，已呈阅批示，当属可行。惟于大学有关各事尚未筹及，特此开会研讨"。参加会议的筹备委员有李树滋、范先炬、佟兆元、林成秀、关海清、谢荫昌、王镜寰、吴家象、汪兆璠、莫贵恒、王之吉等。

12月2日　奉天省长公署发布委任令：派莫贵恒暂先筹备东北大学理工科事宜，派汪兆璠暂先筹备文法科事宜，吴家象暂先筹备大学干事部事宜。

12月12日　东北大学筹备会召开第四次会议，讨论东北大学筹备事项。参加会议的筹备委员有范先炬、佟兆元、谢荫昌、关海清、林成秀、李树滋、莫贵恒、汪兆璠、王之吉、吴家象。

12月25日　奉天省长公署批示：东北大学筹备会为合恳王永江兼任校长，呈悉，东北大学校长一职既据声称关系重要，合请兼任应权照准。正式批复代省长王永江兼任东北大学校长。王永江是清朝时的秀才。1915年起，曾先后任奉天省城税捐局局长兼官地丈量局及屯垦局局长、奉天省督军署高级顾问、奉天省财政厅长兼东三省官银号督办；1922 年起任奉天省代省长。王永江积极主张创办东北大学，兼任校长后，不惜重金广招人才，从严治校，主张“知行合一”的校训，并购买先进设备，为东北大学的发展奠定了基础。

王永江及其题写的校训

1923 年

1 月 6 日　奉天省长公署发布了“文学专门学校、高等师范学校为筹备改组文法理工各大学”的训令：

> 查东北大学计划案，规定民国十二年，在文学专门学校旧址开办文法科大学，在高等师范学校旧址开办理工科大学等语。前经委任汪兆璠为文法科筹备员，莫贵恒为理工科筹备员，吴家象为干事部筹备员。除文法理工各科，应各就原校改组外，所有干事部筹备事宜，自应由各该校随时与该筹备员妥为接洽，以观厥成，合令该校遵照，此令。

1 月 10 日　奉天省长公署委任戴裕忱暂充筹备东北大学干事部庶务员。

1 月 17 日　东北大学筹备会再次开会，经汪兆璠、莫贵恒文法理工两筹备委员提议：拟将文理科大学本科均改为四年毕业，连同预科计共六年。查原案规定教员薪俸均按钟点工计算，此种办法系为便利预算起，于实际上殊觉实碍难行，拟教员俸给改为按月计算，列表如下：

教员薪俸统计表　　　　**单位：银元**

教职名称	科别	月薪最高额	数目最低额	每周授课钟点	
				最高数	最少数
教授	预科	260	150	17	12
教授	本科	300	180	15	12
助教		120	50		
助手		50	30		
技手		50	30		

说明：按教员每周授课钟点不及 12 小时均为讲师，其薪俸支给即照钟点计算，但凡遇特别情形及外国教员不在此列。

据此提议，筹委会于下午 2 时在省署开会，讨论并议决。参加会议的筹备委员有谢荫昌、范先炬、关海清、林成秀、李树滋、莫贵恒、 汪兆璠、王镜寰、王之吉、吴家象等人。

2 月 13 日　奉天省长公署委任工学博士赵厚达筹备东北大学工科，宜月支车马费大洋 200 元。前委任莫贵恒为理工筹备员，自应单任筹备理科。

4 月 19 日　奉天省长公署批示：为咨行事，案查东北大学前经本署遴员筹备，现已实行组织成立，相应刊发木质篆文校章一颗，文曰“东北大学之章”六字，咨请贵大学查收启用，此咨。附校章一颗。

东北大学之章

△ 奉天省长公署致醇王函：醇王爵前，查东三省为造就优秀人才，于上年8月，倡议创办东北大学，竭数十专才之脑力，经半载集会之研究，规模已具，成立有期，唯校址一层，关系久远，既须地方宽阔，又须空气清新，几经踌躇，始踏得奉天省垣小北门外，昭陵东南陵堡子村迤西，有地500余亩，堪以辟作。该大学理工农三科校址，经派员勘丈，其间占有白椿外陵地300余亩，贵爵夙重教育，该大学所占陵地为数既属无多，而文化昌明，不碍风水，特恳请转奏宫廷，推恩施助，庶高深学府，得以早日成立，东北士子咸荷惠施于无限矣……

4月26日 奉天省署刊发的“东北大学之章”于本日正式启用，宣告经过艰苦筹建的东北大学正式成立。校址设在奉天省城，以原国立沈阳高等师范学校和原奉天公立文学专门学校的校址为新成立的东北大学校址。东北大学是一所设有多种学科的综合性大学，是当时东北地区的最高学府。

5月12日 东北大学校长王永江致奉天省公署：贵署咨开案查东北大学章程现经大学筹备委员会提议修正，签经照准并重行印订成册，相应佥同本咨请查收应用，此咨。附章程150本查收应用外，相应咨复。

5月21日 内务府回奉天省长公署函：“本府现经醇亲王谕：该大学拟占白椿外陵地300余亩，事关兴学，应即照拟办理等”。

5月28日 东北大学校长王永江经请示宣布：高等师范学校校址开办理工科大学、文学专门学校校址开办文法科大学，其学员一律移并大学内肄业。

文学专门学校校址及房舍甚多，尤未便任其空旷，本校通盘筹算，拟将文学专门学校校址及房舍一并估价，准由商民标价，即以所得价款，悉数辅助新建校舍之用。

位于沈阳大南关的东北大学校门

5月底 王永江校长正式公布：汪兆璠为文法科学长，赵厚达为理工科学长，吴家象为总务长。

6月13日 奉天省署任命书：文学专门学校校长白永贞、高等师范学校校长莫贵恒迭请辞职，应予照准，另令委任汪兆璠兼任文学专门学校校长，赵厚达兼任高等师范学校校长。

7月12日 为建设东北大学，奉天省署电吉林省署：鉴东北大学原为东三省造就人才，不敢一省独私，故咨商贵省摊款合作办法，现将招生开办，贵省意见究竟如何？若不愿合办即可不劳招生，如愿合办请速咨复摊款办法，兹事体大，请勿两误。

7月15日 东北大学举行第一次新生入学考试，共取文、法、理三预科各二班，工预科三班，又加黑龙江选送的学生，共计310余人。

7月17日 吉林省署为合办东北大学事宜复函奉天省署：来电悉，迭次召集各主管官厅会议，迄无解决办法。吉省款现难筹，学生报名应考寥寥无几，合办虑难做到。

8月15日 东北大学举行新生入学式。

8 月底 由文法科学长汪兆璠、理工科学长赵厚达聘来首批教授马宗芗、陶明浚、程延庆、赵修乾、缪凤林、景昌极、艾勒戡、邢壮观等到校。

10 月 24 日 东北大学举行正式开学典礼。参加人员除本大学所招的新生全体外，还有附于校内上课的原“高师”的国文史地部与数理化部共 40 人，原“文专”学生 130 人，与本大学新生共合约 480 余人，教职员 50 余人。东北大学学生遂正式上课。

东北大学举行首届开学典礼

1924 年

1 月 理工科学长赵厚达奉校长命赴德国采办理化仪器并订购机器筹办工厂，为理工两科实验、实习做准备。

△ 英文教授卢默生到校。

7 月 文学专门学校第三级毕业（第一、第二级已于本年 1 月毕业），文专、高师两校遂一并结束。同时大学添招第二届新生文预科、工预科各一班。

8 月初 赵厚达学长在德国病故，左耀先被委任为工科学长暂兼理科学长。赵学长在德病笃时，孙国封适在英调查，因电令就近赴德照料一切，并由校指派于世秀教授赴德会同办理购机各事。

△　教授陈飞鹏、安文溥、耿熙旭到校。

1925 年

1 月　孙国封被委任为东北大学理科学长，左耀先则专办工科。

△　在德国订购之机器一期已陆续运到，杨毓桢博士（柏林工业大学毕业，瑞士曲里大学工学博士）亦同时归国，学校令其筹建东北大学工厂。

5 月　奉天省署划拨北陵前长宁寺附近官地 210 余亩为东北大学工厂厂址。学校遂添购机器建筑厂屋，建设进度颇为迅速，资本总额定为大洋 280 万元，以省署拨存大学基金及购机建厂各费充之，即定名为东北大学工厂。

东北大学工厂正门

6 月 5 日　五卅惨案发生后，在全国性的反帝运动影响下，东北大学学生热血沸腾，于本日举行罢课并召开大会，应德田、王寒生、赵庆善等发表演讲，朗读《宣言》，痛斥上海日纱厂资本家枪杀工人顾正红和公共租界巡捕镇压群众游行示威的罪行。大会一致通过：誓死不顾一切，要开展示威游行；推出代表（约 20 人）组成请愿团，向校长王永江请愿，要转请北京政府采取强硬措施，严惩祸首，收回一切租界，废除不平等条约；如果不得要领，就在翌日游行示威。并预制了“打倒日本，抵制日货，打倒卖国贼！”等为内容的各种标语旗帜。

6月20日 东北大学全体学生为声援五卅运动，慨捐现大洋1500元，汇沪。

6月 第一届入校预科学生毕业，分别升入本科英文学系、俄文学系、法律学系、数学学系、土木工程学系、电工学系与机械学系。同时招文理法工预科各一班，共144人。

8月 教授顾忠尧、刘朴、敖斯福、赵鸿翥、丁绪宝、姬振铎、栗维铭、庄长恭、阮志明、周守一、马泽民、郭天赐到校。

9月1日 暑假后，东北大学北陵校舍理工大楼、教授住宅、学生宿舍及相应的附属设施等工程竣工。理工大楼是一座由德国建筑师设计的4层钢筋混凝土的欧式建筑物（俗称大白楼）。它的主体为三层，另有半地下室，建筑面积为7544平方米，进门是大厅，为采光玻璃天井。内墙用大理石镶嵌，大理石铺地，外墙水泥罩面，楼顶对称的大圆顶美观大方，且十分注重各教室采光。当时全国各高校的建筑很少能与之相比。理工两科迁入新校，其原校舍则归文法两科占用，自是校舍遂无狭窄之患矣。东北大学南、北校的名称，也就由此叫起，即把北陵校舍称北校，把大南关校舍称南校。

东北大学北陵校址正门

东北大学理工大楼

9 月　教授李正春到校。

11 月　教授谢中到校。

12 月　教授施仁培到校。

1926 年

4 月　沈海路线新成，该局以需车孔急，东北大学工厂正在半建筑中又为该路赶修机车 8 辆，驶运良善，颇获信誉。

5 月　工科学长左耀先改充金沟煤矿公司经理，遗席委理科学长孙国封兼理。

7 月 1 日　正式启用“东北大学工厂”厂章，工厂正式运营。由校长委任的东北大学工厂第一任厂长和副厂长分别是杨毓桢、王贤贵。东北大学工厂投产后发展迅速，它的下属工场分别是：土木系修客车工场、铸工系翻砂工场、铁工系修货车工场、铁工系镟工工场、铁工系铆车工场、铁工系汽锤工场、铁工系修锅炉工场、原动系发电场、印刷场等。全厂工程技术人员与职工近 700 人。东北大学工厂制造、修理各种客货车辆、机车及其附属品、铁路应用各种工具。据统计，1927 年—1928 年会计年度，该工厂的纯利润为 3439602.640 元（现大洋），成绩斐然可观。

7 月 15 日　第二届入校文、工两科学生预科毕业，同时添招文预科两班，理预科一班，法预科一班，工预科两班，学生共 280 人。总计全校现有学生计文本科英文学系、俄文学系各一班，国学系一班；理本科数学、物理学系各一班；法本科法律、政治两系各一班；工本科机械、电工、土木、采冶四系各一班；文预科三班，法学预科二班，理预科二班，工预科四班，共 570 余人。全校教授 58 人，职员 31 人。

7 月中旬 东北大学为文、理科学生实习及将来招生便利，于本月筹办附属中学，委本大学教授姬振铎兼该校主任并招收两班学生，文科一班 55 名，理科一班 55 名。

8 月 7 日 洛东省特别行政区（哈尔滨）长官公署为请协助东北大学经费由，东北大学系东北各省最高学府，创办四载成绩斐然可观，学校所需经费向由东北各省酌量分摊，因本年秋季用款浩繁，自应妥为筹办。贵区自能特别协助，酌量分任该校经费若干。10 月 13 日，东省特别行政区长官公署，决定协款大洋 1 万元，帮东北大学解决经费问题。

8 月 孙国封学长商准中华文化教育基金董事会，补助东北大学理科科学教席 5 座，每座每年设备费大洋 2000 元，又附属中学设备费大洋 2000 元，均以 7 年为度。

9 月 1 日 东北大学第四学年开始。

△ 东北大学附属中学文理两科学生各一班，共 110 人，开学上课。并由校方发木质校章一颗，文曰：“东北大学附属中学校章”。

9 月 29 日 汪兆璠学长于 9 月 19 日赴京，专为物色教学人才，于本日返校。闻已经接洽数人，均属教授名家。

9 月 佟玉华考入东北大学工预科乙班，他于 1926 年加入中国共产党。1927 年初，组织成立“东三省学生联合会”，开展抵制日货等革命活动。

10 月 10 日 《东北大学周刊》创刊，校长王永江为其写了发刊词，周刊每周出版一期；内容以刊载校闻、学术、文艺较多，尤以旧诗为最。编辑、印刷由学校方面负责，出到第 46 期后，改由学生编辑，学校印刷。学生首任编辑主任是政治系学生应德田。

△ 东北大学发表理工科校役（旧时对学校中工友的称呼）夜校班组织大纲，主要内容有：以教会校役能识字读书具有公民资格为宗旨；以初小、高小之国文、算术、公民为主要科目；以本大学理工科学生志愿从事教学者充当教职员；凡在本大学理工科当校役者均应为夜班学生。此外，还有授课时间表和

学生待遇等内容。孙国封学长在同日发表启事：查理工科校役，年龄正届青年时代，占大多数，苟不施以教育，其有损于社会；现成立一夜校班，将校役分成两组，每夜授课一小时，有愿任教者，请报名。

△　本校图书馆发布消息：日前曾向英国订购理工科必需参考书籍数百余种，不日即可到校。

△　文科俄文学系第一班学生入校已三年有余，虽用俄人教授，还恐不能娴熟，决定本年寒假内由艾勒戡教授带队，赴哈尔滨实地练习参观，行期 25 天，川资学生自备，学校补助每人大洋 50 元。

10 月中旬　校方发布消息：本校于 1924 年，曾编印《东北大学一览》，两年以来，内容多有修改，决定重新编制。业将稿本交付第二工科职业学校，定印 1500 本，大约月内即可出版，可到校或来函索阅。

10 月 20 日　中华教育文化基金董事会，为促进科学教学起见，年给本校及附中补助费现大洋 8000 元，分四期寄付。现一、二期已寄到本校现大洋 3000 元，附中 1000 元。此款为专款专用，专供购置理化仪器及实验室设备。

△　文科文字学兼经学教授曾星笠先生，尝从王湘绮、曾广钧诸先生治文字学，而于声音训诂，尤有研究。顷有声学五书之著，全书八册，均 20 余万言。现经商定，由校方代为出版，作为学校丛刊之一。

△《东北大学周刊》公布新到图书目录索引，图书馆 9 月份新到图书共 83 种，计中文书 46 种，日文书 9 种，英文书 28 种，现已编定号数，以便索阅。

10 月　教授住宅落成。本校理工科校址，距城窎远，为谋教授住居便利起见，于本年暑假建筑西式住宅 8 所。现在陆续落成，约需费大洋 8 万元。两科教授携眷在省者，已多数迁入。

11 月 1 日　奉天全省教育成绩展览会在皇宫（今沈阳故宫博物院）举行，本校文法理工各科组织学生参观。借便利到华北机器厂及纺织厂参观，俾增工业上各种知识。

11 月 10 日　为增长学生知识，本校请法科梁焴教授讲“中比废约问题”。

△　本校文法科特请交涉总署邹参事为俄文系演讲“学习俄文之法则及俄国社会之状况”，深受欢迎。

△　京外各大学对于各国退还庚子赔款，拨充教育经费一事，皆派代表驻

京，本校决定也派专人常川驻京，俾与各方多所接洽。

11 月 13 日　理工预科英语研究会正式成立，有 20 余人参加，高惜冰、于俊忱教授到会指导。

11 月 17 日　理工科学生用书及图画器具，本埠无处经售，需在外国购买，已向英、美、德各国专函订购，需现大洋 4640 元。

11 月 24 日　学校请赴日参与泛太平洋科学大会的北京科学社社长任叔永来校做演讲。

△　校颁发奖励证书：本校去年改定的学生奖励规则规定，凡学生学业成绩总平均分数在 90 分以上者，颁发奖励证书，受此奖励者共 25 名，分别是：12 年度（1923 年）刘福绥（文），崔九卿（理），王化启（理），白世昌（法）；13 年度（1924 年）刘福绥（文），崔九卿（理），白世昌、张其威、李荫春、曹树钧 4 人（法），王际强、李酉山等（工）；14 年度（1925 年）文科刘福绥、王乃昌、王吉思、陈仲选 4 人，理科：赵庆芳、崔九卿，法科：白世昌、张其威、李荫春、洪钫，工科：李酉山、王际强、谭宗尧。

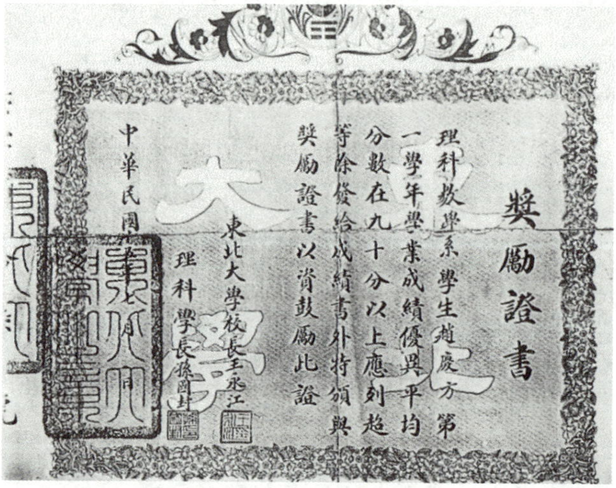
奬勵證書

理科數學系學生趙慶方第一學年學業成績優異平均分數在九十分以上應列超等除發給成績書外特頒與奬勵證書以資鼓勵此證

東北大學校長王永江

理科學長孫國封

中華民國

东北大学首次颁发的学习成绩优秀“奖励证书”

11 月 27 日　The English Club 成立已三周，结果甚佳。本日又开第三次常委会，40 余人出席。会中一切言论全用英文，高惜冰、于俊忱二教授提的谜语最为有趣，答对者有奖品。

11 月 29 日　东北大学附属中学开办费共用奉天大洋 17400 余元，查照摊款办法奉省九成应摊奉大洋15600余元。黑省一成应摊奉大洋1700余元。此项支出不在常年预算之内，均由东北大学暂时垫付。经本大学吴家象总务长商准财政厅长另行拨付。

11月 1925年5月由大学咨准省署划拨官地210亩为东北大学工厂用地，后以厂址不敷应用，7月间又请拨地74亩，又续领厂东毗连官地54亩。计338亩。

12月6日 孙国封学长邀请法国科学院永久书记兼国际研究会总书记拉克华博士给理工科学生讲演“火山现象”。

12月8日 本校现已派教育部签事杨晋渊先生为我校常川驻京代表，月薪大洋40元。

△ 刘文海教授给文法科讲演“现代之安南”。文法科还邀请实业厅厅长张仙舫讲演“文学及画法之批评”。已蒙慨诺，日期未定。

12月14日 国语及英语辩论会召开成立大会，有于俊忱、高惜冰、张镜玄、安仲智4位教授参加并讲话，孙国封学长报告开会宗旨，会议决定近期召开会议一次，辩论下面二题：（1）中央集权与联省自治何者适宜于中国；（2）学校举行考试与废除考试何者有益于学业。

12月15日 理工科孙国封学长召开临时教务会议，讨论下一年工科课程分配及学生实习问题。列席者：张令闻、张豫生、何硕民、孙思先、陈有桓、王董豪、谢晋卿、赵伯期、王明之等教授。注册部夏主任也到会。

12月18日 孙国封学长为促进科学进步起见，发起科学教育协进会，于本日下午召开全体大会，到会者9校共20余人。

12月27日 俄文系学生25人抵哈，宿于广益中学。本日由汪兆璠学长率领晋谒东省特别区张长官。后参观普益中学和中俄工业大学。此次俄文班学生，拟在哈留20日，经与张长官和李教育局长商定，由教育局出俄文教员5人，在广益中学内另开一班补习俄语并分赴外地参观，以广见闻。

本年底 《东北大学一览》正式出版。

1927年

1月5日 本学期经汪兆璠、孙国封两学长聘妥林公铎、刘弘度为文科国文系教授，苏冰心为文科教授，方遐周为工科土木系教授。

1月12日 《东北大学周刊》刊登季刊出版预告：拟出《东北大学季刊》一种，年出4册。

1月17日 本大学1924年入校的文工两预科学生二年肄业期满，合计毕业48名，由本大学填发预科毕业证书，分别升入文本科国学系和工本科土木系、采冶系，以资深造。

1月25日 东北大学校长王永江致奉天省长公署，东省特别区认助大洋1万元，如数备齐，交由驻哈东三省官银号开票汇寄。

1月28日 东北大学校长王永江呈报：本大学工厂，自1926年7月起有部分开始工作，因创办工厂购买机器需款较多，奉海铁路之机车及客、货车，悉由本厂装修，将来营业成绩不可限量，但近来奉票跌落，损失颇多，原拨开办资金业经用罄，特请省财政厅筹拨资金以便接济。省财政厅根据东北大学呈报，拨发东北大学工厂奉大洋50万元。

2月初 本校经费原均系奉洋预算，因奉票跌价不敷开支，经商准省政府援照各机关成例，给本校增加经费：自1926年7月起至11月底止，按预算增加3成；自本月起追加预算6成。

2月25日 召开学术讲演会，由汪兆璠学长请林公铎教授讲“政教分合论”。

2月29日 文法科召开学术讲演会，吴碧柳讲“从西南到东北”，是日没讲完，4月1日继续讲演。

3月15日 校刊发表特别通告，本校于1926年冬季制定一种景泰蓝校徽，已发给学生佩戴，系圆形，上系铜链，正面中心用黑白二色绘成太极图形及艮卦，边缘有“东北大学　知行合一”八个字，背面有英文“NEU”三字，上缘编列号数，外绕以白黑线各一。其原有别针式门证同时缴销。

东北大学校徽正面、背面（段皓蕊捐赠）

3 月 23 日　本校 1925 年度入校第三届文法理工 4 班预科生，本年暑假已届毕业之期，决续招新生 4 班，计文预科俄文系 1 班，法预科法律系 1 班，各约 40 人；理预科天算、物理两系 1 班，约 50 人；工预科机械、纺织两系 1 班，约 60 人。

3 月 30 日　汪兆璠学长请长春电灯厂厂长金谨庵来校讲演文学。

4 月 6 日　英语辩论会开会。英语辩论会 1926 年冬成立后，通过三项议案，第一项修订章程；第二项分配职员，干事长崔九卿、副干事长高云清；第 3 项改定名目，因会员以原定 English Debating Society 范围狭小，遂改定 English Public Speaking Asscociation，改新名后除开辩论会外，还开讲演会。

4 月 7 日　理工科学术讲演，孙国封学长请奉海路技术长陈荫轩演讲“奉海路工程”。

4 月 13 日　理工科开学术演讲会，孙国封学长请新由美国回来的赵明高硕士讲演“列国对华之联合政策”。赵留美 8 年，专治外交法律政治诸科。

4 月 21 日　文法科汪兆璠学长请新由美国归来赵明高硕士讲“列国对华之联合政策”。

4 月 26 日　理工科开学术会议，请农学博士董时进讲“东三省农业发展与中国民生关系”。董君留美多年，专治农科，获博士学位，归国后任北京农大农科主任，此次代表中国农学会，赴日本开会归途过奉，孙国封学长请来。

4 月 27 日 本校公布第五届招考预科学生简章，招收预科 4 班。至本科时，分入 6 系：文预科 1 班入俄文学系，法预科 1 班入法律系，理预科 1 班入天算系、物理系，工预科 1 班入机械系、纺织系。招收名额 190 名左右。

本月 日本帝国主义为了扩大其侵华特权，不经中国同意，竟单方面在鸭绿江畔的临江设立领事分馆。对日本的侵略行为，临江人民以“拼十万头颅，洒一腔热血”的精神，进行“拒日临江设馆”斗争。东北大学师生为声援临江人民的正义斗争，走上街头举行示威游行，高呼“拒日临江设馆”“打倒帝国主义”等口号，开展反帝救国活动。

5 月 8 日 理工科音乐团经前任团长召集全体会员开本期第一次大会，到会 30 余人并选举了本届职员，结果：正团长关贵录、副团长胡成章，庶务赵庆善、会计惠硕英、文牍金大中。

5 月 14 日 孙国封学长偕同张豫生、王董豪、孙邵勤、方颐朴四教授，率理工本科各系学生参观奉海路、千金寨、抚顺煤矿。该路陈技术长、蓝段长陪同往返。参观共 4 天，两天在奉海路，两天在抚顺，18 日返奉。

5 月 15 日 孙国封学长特请美国教育设计专家克伯莘博士来校讲演“教育变迁及其在教育上之意义”。

5 月 17 日 文法科学术讲演会，汪兆璠学长请日本大理院前院长横田博士讲演“物权契约”。

5 月 24 日 校部发出招考雇员通知，本校暑假添招文理法工 4 科，各部雇员，不敷应用，于本日在注册部举行雇员考试，投考者 20 余人，正取英文雇员 2 人，备取 2 人，正取中文雇员 2 人。

5 月 25 日 汪兆璠学长请吴碧柳教授到文法科讲演，题目“自各方面所窥见之屈原”。

5 月 29 日 本校文理法工各科举行第二次体育会，运动项目有接力、铁饼、标枪、低栏、高栏、撑杆跳高等田、径赛项目，共 10 余项。

5 月 31 日 孙国封学长请北洋大学机械系主任教授石树德讲演“工程主要点”。

本月底 文法科教授宿舍系奉天两级师范学校于清光绪年间建筑，现经商准省行政当局拨款改建楼房 34 间，本年 10 月后交工使用。

6月1日 理科化学系制订新的“研究计划”。化学系借鉴19世纪20年代，Liebig（里比西）设教于Giessen（吉森）大学，一变从前读死书的习惯，提倡独立研究精神，而使德国成为世界上化学最发达国家的经验，制订新的研究计划。新的研究计划首先介绍了方针和化学系现状；强调以提倡Research atmorphere（研究风气）为进行方针；在化学系现状中对留美芝加哥大学化学科博士庄长恭主任教授、留美哥伦比亚大学化学科博士余泽兰专任教授、程延庆专任教授作了学历及研究方向的介绍，此外，对图书、实验室及其设备作了说明。接着是计划的内容，主要是：一、设立研究教授，拟设研究教授1席，专任指导研究及设施之职务，每周仅兼任授课数小时。二、设立研究生，拟选择大学或专门毕业生2人，在研究教授指导下，帮助研究，以期研究事业之迅速成功，并可借此养成独立研究之人才。三、研究事业，研究纯粹化学问题及本地地方产品或与工业有关问题。四、扩充设备，急需扩充：（1）煤气厂；（2）全份英法化学杂志；（3）仪器。上述各项经预算，需临时费、经常费（薪俸、研究费）共计现大洋20600元。

6月8日 理工科孙国封学长请美术专家孙雨三讲演“美术与人生”。

7月 唐宏经入东北大学工厂做工，继续从事革命活动，成为东北大学最早的工人中共党员之一。唐宏经于1926年初加入中国共产党，参加并领导了大连的四二七工人大罢工。

9月1日 本学期开学，新聘教师到校：新聘妥黄侃为法科国文经学教授、杨鹏九为法学教授，刘永济为国文教授、黄学勤为英文教授、巴夫洛夫斯克为俄文教授、黄炳言为法学教授、蒋国辅为政治学教授、黄国聪为英文教授、巴克道诺夫为俄文教授、景昌极为西洋史教授、郑全林为德文教授、臧启芳为政治学讲师、冯祖荀为数学系主任教授、何育杰为物理系主任教授、高惜冰为纺织系主任教授、靳锺麟为数学系专任教授、桂质廷为物理系专任教授、石志仁为机械系主任教授、李庆善为机械系专任教授、于维翰为电工系专任教授、关承烈为土木系专任教授、娄学熙和赵明高为英文教授。聘耿伯威为文法科体育教员，崔季巘为工科体育教员。

9月4日 奉天举行市民游行示威大会，反对日本“临江设领”。东北大学师生高呼“拒日临江设领”“打倒帝国主义”“唤醒同胞，共同救国”等口号，积极参加此次示威游行。

9 月 5 日 孙国封学长请英国威尔士大学外交历史教授外卜司特讲演“中英之关系与英国新政策”。

9 月 22 日 1925 年招的预科生，本年暑假预科二年期满即分别升入本科。但人数少，开班困难，所以决定招收本科一年级插班生，计物理系 10 名，化学系 5 名。报考资格为大学理工科预科毕业或工科专门学校修业满二年者。

10 月 6 日 新生入校照章收保证金（奉大洋 20 元），因奉票价格涨落不定，遂改保证金为现洋，每生应收现大洋 10 元，由本年入校新生办起。

△ 本校理科因受中华教育文化基金董事会资助，由该会约聘庄长恭、丁绪宝、姬振铎三教授组织科学教席会，并根据该会章程着手进行编译事项，考取理科学生 5 名为编译助理员，每月津贴现大洋 16 元，由本校腾出教授薪金项下支用，以示变通。

10 月 13 日 校决定酌加薪俸。本校订聘教授关约，凡任职满三年卓有成绩者，有斟酌加俸之规定，兹经两学长签请校长照准，凡满三年之各教授一律加俸二成。

10 月 17 日 物理、化学系因学生人数过少，孙国封学长签请招考插班生。于本月举行编级试验，投考者仅数人，但成绩均不甚佳，未予取录。兹在京重行招考，委托教育部参事本校办理庚款驻京代表杨晋源代为办理。试卷试题由校备妥，考完在校评卷，结果在京发表录取。

△ 臧启芳讲师担任文法科政治通论、理工科经济学，讲解详尽颇为学生所钦服。汪兆璠、孙国封两学长已签请校长，自 10 月起臧启芳改为教授，换发聘书。

本月底 为文法科教授改建楼房 32 间工程已完，定于一两日内乔迁。

11 月 8 日 由于王永江（字岷源）先生在 11 月 1 日其家乡因病逝世，经大学委员会根据省公署制定的《东北大学组织大纲》的规定，公推刘尚清省长兼任东北大学校长职务。刘校长于本日下午 1 点钟来校就职，南北校职教员齐集文法科会议室欢迎新校长。刘尚清是清朝秀才，1914 年开始曾先后任东三省官银号总办，黑龙江省财政厅长、奉天省商埠局局长兼中东路总办、北京政府农工部总长。1927 年 10 月任奉天省省长。

11月14日　省公署致东北大学公函第209号，本大学王永江前校长于本月1日因病逝世，经大学委员会根据组织大纲，公推现任奉天省长刘尚清（字海泉）兼任本大学校长，尚清业于本月8日就职视事。

刘尚清

12月17日　本校俄文系第一班学生1925年入校，现届本科第三学年，转瞬即将毕业。对于言语练习，此时甚为重要。汪兆璠学长商准校长于本日由俄文教师率领赴哈，以便练习。定于翌年1月中旬返校。

1928年

1月19日　东北大学公布1927年度临时费支出预算书，全年度支出预算176480元。本年度下学期（1928年1月—1928年6月30日）临时费支出，原预算88240元，由于奉洋贬值，每元按10元核，应领882400元，1928年度上学期临时费支出预算145630元，应领1456300元。东北大学1928年度（1928年7月—1929年6月），经常支出预算数为729530元，应领7295300元。

3月初　为适应本省各中学师资需要，东北大学增设师范部，招英文、数理两专修科学生各1班，每班学生40人。修业年限3年（含预科1年）。报考资格限定高中毕业者、初级师范毕业者、旧制中学与旧制中学同等之学校毕业者。

4月5日　华北运动联合会假北京清华大学举行华北球类联赛会，本校已派定网球一队5人、篮球一队8人、足球一队15人，总计28人前往参赛。

4月12日　东北大学为大学工厂购铸钢炉及五金材料请省署透支报告：大学工厂已开办三年有余，工作增多，应需机器及原料亦必随之增加，惟大学流动资金缺乏，故急待添置之铸钢炉及五金材料等项，多未购备，查铸钢炉约需现大洋 5 万元，各种五金材料及木料又需现洋 5 万元，共需现洋 10 万元。

4 月末 总务长吴家象、文法科学长汪兆璠去职，刘尚清校长委冯广民为总务长、周守一为文科学长暂兼师范部学长；臧启芳为法科学长；高惜冰为工科学长；孙国封专任理科学长。同时，将 1926 年 7 月在文科添设的国学系，改称为中国文学系。

5 月 4 日 东北大学延聘张石豪、周冰如（女士）为文科英文学系教授，聘任汪煦为理工科机械系教授。

5 月 15 日 东北大学为增加建筑费致省长公署函：计划暑假前南校应添文法科及附中教室、学生宿舍、附中教员住宅等项，约需现洋 12 万元。北校应添建宿舍、办公室、锅炉房、煤气厂、实验室、暖气管等项，约需现洋 11.6 万元。惟南校地址窄狭，若再新添校舍实无缝地可容。兹经详加筹划，拟在北校基址另建师范部及附中校舍，将南校师范部及附中校舍完全归文法科占用。此项另建师范部及附中校舍，估计约需现洋 15.87 万元，合北校应添校舍费用 11.6 万元，计之共需现洋 27.47 万元。除拟将本大学所有植物园百亩及校外宿舍地皮 17 亩连同瓦房 41 间，一并出售可得现洋约 8 万元为之补充外，尚缺现洋 19.47 万元，此款应请贵署照案拨付。

5 月 26 日 东北大学第三次运动大会在北校体育场举行。南北校同学及省城各界来宾到会数千人。除南北校联赛外，附中学生亦同时加入。比赛结果：北校得 121 分，团体成绩最优。南校得 58 分。附中得 21 分。

5 月底 1927 年在北校西大楼后建筑工科实验室 4 所，于 7 月兴工建筑，现已完全竣工，房舍宏大，形式壮丽，室内光线极为充足。实验室分为 4 部：（1）电工系实验室；（2）机械系实验室；（3）土木系实验室；（4）采冶系实验室。实验室装置之一切设施，纯系仿照欧美著名大学工科实验室办法。

本校理工科无线电台，已装设多日，兹由工科教授王董豪，率电工系三年级学生实地练习，凡奉天、大连、哈尔滨、天津、北京、上海等处所发的无线电报、无线电话及音乐戏曲等，均可收到。该级学生每人拟各自手装无线电收音器一台，以便随时练习。

6 月 1 日 东北大学学生自治会成立。自训育委员会成立以来，对于学生之事物，颇取自决主义。委员会立于开导辅助及裁成之地位，因之有自治会之成立。其进行手续，先由各级同学，每班选出 1 人，为自治会起草委员，拟定简则若干条，交诸委员会，经签订后即按章办理，所有关于学生重要事件，均可尽量讨究，以谋实现。

6 月初 理工科下学期各级应用书籍，计数百种，经本校图书馆向美国各书局订购完妥，约于两月后即可完全运至校中。

6 月 13 日 数学界泰斗冯祖荀（字汉叔）教授，自 1926 年 8 月来我校担任数学教授，同学受赐良多。现要离校回京，数学系、物理系三年级全体同学，在西大楼恭送摄影，以为临别纪念。

6 月 15 日 《东北大学周刊》发表消息：《夜航》半月刊杂志创刊。该刊以优美之文字，写清逸之作品，思想清新，笔锋犀利，使读者感其言若己出，睹其事如身临，不仅领文学之兴趣，亦得生命之真诠。

6 月中旬 电工系暑假实习计划。工科电工系第一班学生，定于本届暑假外出实习电气工程，以印证所学课程，有四处地点：（1）奉天电灯厂；（2）奉天纺织厂；（3）东北兵工厂发电所；（4）八道壕电厂。实习时间为本年 7 月 10 日—8 月 10 日。

6 月 19 日 土木系第一班至本届暑假本科修业三年期满，指定去吉海路实习。

6 月 22 日 《东北大学周刊》发表《东北大学出版委员会规则》和《东北大学周刊编辑部规则》。“出版委员会规则”共 7 条，主要内容有出版委员会规划并办理东北大学出版一切事务；出版委员会的委员由总务长、各科学长、附中主任及各科公选的教授组成；出版委员会负责审查编译之图书、编辑季刊月刊及其他定期出版物、监导学生办理周刊编辑事宜等。“周刊编辑部规划”共 7 条，主要内容有：周刊编辑部受校出版委员会之监督办理周刊编辑事务；周刊每期文稿经编辑部选定后须先送校出版委员会复核再实行付印等。

6 月 26 日 东北大学为推进体育运动，南北校每年有团体赛会之举。春季为田径赛运动大会；秋季为球类比赛，迄今已将三年矣。对于获胜者，备有团体锦标，如连得三次规定占有权。各项名列前三名运动员，给予奖牌一枚。奖牌分三种：第一为银质镀金制；第二为银制；第三为铜制，并于其上刻以姓名。

6 月末 理工科添筑校舍。理工科于本届暑假后，添招新生 5 级。旧有校舍恐不敷用。已请准校长，添筑新舍数十间，添筑教授住宅 4 所。

7 月 添设新系，添招新生。师范部教育系正式成立；文科添设哲学心理系、史学群学系；法科添设经济学系；工科添设建筑学系。开始实行选课制。添招文理法预科新生各一级，工预科新生二级，师范部教育学系预科新生一级，同时招收本科编级生若干人。

8 月 16 日 刘尚清校长因事辞职，东北临时保安委员会委托东北边防军司令长官张学良将军兼任东北大学校长，刘风竹为副校长，于本日就职视事。张学良将军兼任校长后，对东北大学的发展倾注了大量心血，尤其是明确东北大学的办学宗旨和目的："研究高深学术，培养专门人才，应社会之需要，谋文化之发展"。在张学良校长的指导下，东北大学得到了迅速发展。刘风竹是密歇根大学法学博士。

张学良

9 月 1 日 文科学长周守一辞师范部学长兼职，聘教育学系主任李树棠任师范部学长。同日学校决定预科英文分班授课，英文为文预一、法预一之必修课程，因课程不齐，教授难以进行，遂将该两级同学考试一次，再按程度分甲乙丙丁 4 组，分班教授。

9 月 7 日 东北大学开始招女生，经考试于本日出榜，计取文科生 9 人，法科生 20 余人，教育系生 6 人，理工科生 4 人。开创了东北地区男女同校的新纪元。

部分女学生课外活动合影

9月初 文法两科于暑假改编课程，公布课程总览，实行选科制。秋季开学，即依照新编课程总览，预科以修满100学分为毕业；本科以修满190学分为毕业（体育课预科6学分，本科4学分在外）。本学期开设课程130余门，学生均按照选科定章，选定所修课程，并填写选课表，交注册部。

东北大学于1928年暑假间，理工科新聘教授到校的有：郑虞生、张悼甫、赵慕中、李书田、闵启杰、沈天民、林清之、叶香琴、赵眉叔、孙禹珊、徐澄海、刘兰、靳宗岳、余愚、刘一阁、魏学仁、蔡馨甫、阮志明、蒋迦安、石志清、姚文林、陈彰棋、吴振绪、杨君青。文法科新聘教授有：前华北大学副校长吴贯因先生，前北京女子大学教务长萧纯绵先生，前《青岛时报》(英文）主笔凌达杨先生，前京大政治系主任宋介先生，前华北大学教授宗威先生，留美文学硕士、《留美学生月报》主笔陈逵先生。另，首途不日到校者有：张东荪先生、万卓恒先生、胡汝麟先生。

△ 自张学良校长莅任以来，对于体育异常注视，是以于南北校体育教员以外，更加主任一席。曾充北校体育教员之马惠五，被聘为体育主任，拟定于每周一、三、五到南校，二、四、六到北校视事。

9月14日 全校教职员举行欢迎张学良校长大会（北校会议室）。主席孙国封学长致开会辞。周守一学长代表全体职教员致欢迎词。最后，张学良校长致辞，大意如下：

余既膺大学校长重任，惟有与诸位职教员勉励为之。至于学校一切要需，现在省库困难，自当由私人特别设法。余承大元帅遗嘱，以遗产之一部，办理教育。原意本拟自设大学一所，今既与东北大学发生关系，即拟以此款作本校一切设备之用。关于周守一学长所提南校北移，建设大规模图书馆、建设体育馆、建设大礼堂俱乐部诸项，竭力为之，尚不难达到目的。再者，此后对教授生活方面，务求适意，并拟规定奖励办法。对于学生奖励问题，亦拟着手进行。简言之，希望诸位努力从公，盖物质虽不可缺，精神尤为重要，自当团结一致，从事于作育人才之事业。

欢迎大会后，东北大学在理工科西楼大厅举行秋季开学典礼，参加之文理法工各科男女学生及师范部附中之学生计 1300 余人，职员教授 200 余人。到会有翟省长、刘总长、各厅长、各校校长、各会长及其他重要来宾。在开学典礼会上，张汉卿校长训词强调有二点，尤为特要：一是修养人格；二是看小自己，看重国家。盖非此不足以为有用人才，亦非此不足以救国也。

9 月中旬　理工科各级所用外文教科书，计 200 余种，均于暑假期中由本校图书馆代向英国朗曼公司定购，在开学前完全到校。

9 月 16 日　工本科电工系第一班学生毕业将近，需外出参观各种电气事业，以资印证所学课程。经当局同意，计划：（1）由王董豪教授率领往各大电厂；（2）由冯君策教授率往电话局、电报局、无线电台参观。

9 月 23 日　时任东北大学附属中学教员的车向忱、东北大学理学院学生张希尧等人发起成立奉天平民教育促进会，开展了抵制日货、禁鸦片烟等一系列活动。

9 月 29 日　《东北大学周刊》公布理工科体育部制订奖励体育的各项标准。

百米：11 秒又 4/5	二百米：24 秒又 7/10
四百米：56 秒	八百米：2 分 18 秒
千五百米：4 分 53 秒	五千米：17 分 20 秒
一万米：42 分	高栏：18 秒
低栏：28 秒	铁球：40 英尺（12.20 米）
铁饼：100 英尺（30.48 米）	标枪：130 英尺（39.62 米）
跳远：19 英尺 8 英寸（6.0 米）	三级跳远：40 英尺（12.20 米）
撑杆跳高：10 英尺 6 英寸（3.20 米）	跳高：5 英尺 5 英寸（1.65 米）

△ 为参加体育联合会，各学长与校长会议，规定学生做制服，以期划一。学生服上身为藏青色，品质为细呢；下身系灰色，用人字呢。但各科4年级同学一律做西服，因毕业期近也。惟女生制服，尚未核定。

9月末 北校各部原皆借用教室作办公室，近来添招新生，扩充班次，原有房间已不敷用，孙国封、高惜冰二学长商准校长，在西大楼迤西隙地建筑楼房一所，专做各部办公室之用，此项工程由广升建筑公司承办，计需国币3万余元。

10月6日至9日 吉黑奉三省联合运动会在奉天冯庸大学举行，东北大学各项选手于9月24、25日经体育主任马惠五选定。田径赛百米：4人；二百米：4人；四百米：4人；八百米：4人；千五百米：4人；高栏：4人；低栏：4人；铁饼：4人；铁球：4人；标枪：3人；跳高：4人；跳远：4人。足球选手：15人。篮球选手：10人。队球选手：11人。

10月13日 东北大学工厂营业概要函送奉天省公署政务厅：东北大学工厂设置完备，工料精良，特请中德日著名技师指导，本厂营业概要如下：

> （1）制造各种客货车辆，机车及其附属品，铁路应用各种工具，各种钢铁工具，各种工作机械，各种暖气材料及安装，普通日用器具，各种木类家具、一切土木建筑工程。
>
> （2）修理：各种机关车，各种铁工机械，各种电器机械。
>
> （3）刷印：各种有价证券，画片，雕刻各版。

10月14日 上午在南校礼堂举行运动优胜庆祝大会，有校长、各学长以及学生演说，并发奖。东北大学在东三省联合运动会的成绩：跳远第二梁伟民，撑杆跳高第三王宝桓、卢文硕，八百米接力第一丁玉璠、史廷芳、胡葆珩、蔡芳圃，五千米第三陈凤生，万米第一陈凤生，四百米第二蔡芳圃，高栏第三麻秉钧，铁球第二温久丰、第三许世藩、第四樊广武，铁饼第二曲长陆，标枪第二樊广武，三级跳远第二周子彬，篮球第一陈德浩、关文启、陈凤生、张东之、陶鹏飞、麻秉钧、史廷芳、温久丰等。

10月15日 东北大学礼聘法科政治系专任教授江之泳到校。江教授留美多年，政法兼修并善，讲学于东南诸省，望重一时。

10月18日 工科教授石树德先生率领机械系学生15人，赴皇姑屯站，参观京奉铁路局，参观各生颇有心得。

10 月 20 日 工科矿学会成立，会长王子佩，出版主任关绍宗。

本月 南校体育教授耿伯威先生组织垒球队，欢迎同学参加，男生报名 30 余人，女生报名 20 余人。

本月末 东北大学学生掀起抵制日货运动，校内师范部首先成立国货供销社，其他院部也先后成立。

11 月 3 日 本学期开学以来，各种学术团体：哲学会、社会科学会、东北研究社、夏声学社等先后成立。

11 月中旬 为培养人才，张学良、刘风竹二校长决定，以文法理工 4 科 9 系第一届学生，于 1929 年夏毕业者，为奖励优秀分子，拟于每系中拔萃 1 人，资送出洋就学，以资深造。

11 月 19 日 理工科消费社正式开始营业。

11 月 20 日 《东北大学周刊》发布消息：理工科各系设有“通常会”，每周开会一次。开会时由系主任为主席，本系教授及本科学长一律出席。讨论事项：（1）对于本系教学方法之进行；（2）关于本系学生学业成绩考察方法；（3）对于本系设备方面兴革事宜；（4）关于本系未来之计划；（5）其他事项与本系有直接、间接关系者；均得于开会时，由教授提出讨论之。

△《东北大学周刊》发布建筑图书馆讯：东北大学各科部及附中学生总数近 1600 人，旧图书馆已嫌规模过小。学校当局拟提出公款国币 50 万元，建筑规模宏大之图书馆。

12 月 5 日 校长张汉卿夫人于凤至来校，旁听政治、经济及外交史数科，并同在校女生劳作。

12 月 25 日 日本帝国主义提出修筑吉会等 5 路路权的无理要求，激起人们的反日怒潮，东北大学学生举行抗日示威游行。

12 月 29 日 时任东北边防军司令长官的张学良校长，宣布东北易帜，捍卫了国家主权的完整，粉碎了日本帝国主义分割吞并东北的阴谋。

12 月 30 日 东北大学召开全体学生会议，为奠崇孙总理，拟决定由明年起一律改着中山装。

12 月末 东北大学化学系教授、美国哥伦比亚大学化学博士余泽兰在化学研究室对铝、镍、铜、镉四种金属进行研究，发现一种较快而且较准确的分开和新鉴别法。

本年度张学良校长不惜重金先后礼聘知名学者到东北大学任教，文法学院有黄侃、罗文干、梁漱溟等；理工学院有刘仙洲、梁思成、林徽因等；体育方面有郝更生、吴蕴瑞、申国权和宋君复等。

1929 年

1 月初　周守一、高惜冰二学长赴沪、平、津各地考察教育，历时一月余归校，对于校务兴革等多所建议。各科改院计划亦不久见诸实行。

1 月 17 日　东北大学足球队、篮球队远征日本，篮球队与东京商科大学篮球队对战以一分之差获胜；当日午后，足球队以 4 比 2 胜明治大学阿式足球队。

1 月 20 日　为便于女同学学习柔软体操及各种舞蹈，学校特请体育界有名专家苏于严女士担任女同学体育指导员。

1 月下旬　东北大学实行学院制，成立五大学院：文科改为文学院，法科改为法学院（同年 12 月文法两科合并为文法学院），理科改为理学院，工科改为工学院（同年 12 月理工合并为理工学院）。1928 年 3 月成立的师范部改为教育学院。文、法、理、工、教育 5 个学院仍以原任各学长为院长。

1 月末　南校的三位学长为郑重对待学生考试事项，组织了“考试委员会”，负责办理预科各项考试、本科各科毕业考试。该会委员不是学长就是教授，已经将章程草定。

1 月　孙绂生经中共哈尔滨党组织安排，到东北大学文法学院任学监，并开展革命活动。他于 1924 年加入社会主义青年团并转为中共党员。

2 月中旬　教育学院新校舍在北校落成，开始由南校迁入北校。并添招国文、体育、博物三专修科新生各一级。

3 月　张学良将军任本校校长后，为改善办学条件，先后共捐资 180 万现大洋，由校组织建筑委员会，筹划增筑北校校舍事宜。

3 月 1 日　理工学院新建之办公楼，现已全部落成，所有各部办公室均于开学时先后移入新楼。楼之上层为校长办公室。该楼建筑面积为 1417 平方米，砖混结构，高级水泥罩面，内部装修高雅。建筑特点为克林斯式柱头。

3月2日 本学期法律本科第一班4年毕业，为进行设身处地的实习，拟于下月将该班同学分为两组，一组在高等法院练习，一组在地方法院练习，时间为两月，每日下午前往。

3月6日 校工夜校正式开课。为解决失学同胞识字问题，南校同学成立了校工夜校。各部工人纷纷报名，教授雇佣之听差，学生使用之厨役亦皆热心向学，现已报名工人60多人，分初、高级两班，目前已正式上课。

3月11日 理工学院筹建大规模体育场。为准备5月间在辽宁省城沈阳举办华北运动会，本校张、刘二校长及省城教育行政人员，以省城原有各体育场规模均极狭小，恐不敷用。现已议决，在本校理工学院校舍后，建设大规模体育场一所，不日即可开工。

3月15日 教育学院迁入新校舍，其地北依清昭陵，南瞰新开河，理工科在其左，赴法（法库）路位其右，内部设施焕然一新。教育学院一开学，教授即全部到齐并正式上课。新聘者有韩秋圃、孙中钰、潘恩霖诸先生。

3月16日 工学院电工系无线电教授冯简，因外出调查工业请假半年，遗席另聘童凯担任，现已到校上课。

△ 教育学院新招国文、博物二专修科，业于9日初试，15日复试。计录取男女新同学正取80名，副取10余名。

3月19日 教育学院国货消费社选举董事，按每50股选举1人，计共得20余董事位。

3月20日 本日召开热心服务夜校同学会议，选出校务委员7人，成立校务委员会。

3月23日 理、工学院孙国封、高惜冰两院长为严肃校规特牌示，凡各科学生在本月25日以前未经请假，擅不到校者，均取消入学资格以示限制。

3月27日 工学院高惜冰院长为增长学生机械知识起见，曾获准当局发给飞机两架，以供研究。本日已运到一架，存于工学院实验室内。另外一架，不日即可送到。

3月29日 王文麟教授莅校。王教授为华北体育健将，曾留学美国，专攻体育，归国即在清华、民国诸大学任体育教师，几次华北运动会颇占主要角色。今王教授惠然莅校，同学颇为欢跃，相庆教导得人。

3月30日 工学院矿学会，为提倡矿学知识及各界研究矿学便利起见，特发行《东北矿学会报》，预定每年刊行6期，辑为1卷，其第一期已于3月底出版。

3月末 《东北大学概览》(1929年)一书正式出版，其主要内容如下。

一、东北大学占地情况

1. 北陵校地约共1000余亩。大南关校地约共80余亩，系沈阳高师旧址，1929年下季与省立第三高中互换可得校地100余亩。

2. 大学工厂占地面积约400亩，在省城西北长宁寺前方。

3. 植物园占地100亩，在省城西南十里码头。

以上共1580亩，下季可增至1600亩约值现洋60万元。

二、东北大学组织规模情况

已成立文、理、法、工、教育五学院，正在筹备农学院，商、医两学院亦在计划中。现设校长1人，副校长1人，5学院院长各1人，附属中学主任1人，组织校务会议，处理全校行政事宜。此外设注册部、图书馆、仪器部、会计部、庶务部，各部设主任1人；还有训育委员会、出版委员会、建筑委员会及其他常设及临时委员会等。

各学院设预科及本科各学系或专修科。文学院已开办中国文学系、英国文学系、俄国文学系、哲学心理学系、史学群学系等5系；理学院已开办数学系、物理系、化学系、天算学系、生物学系等5系；法学院已开办法律系、政治学系、经济学系等3系；工学院已开办土木学系、机械学系、电工系、冶金系、纺织学系、建筑学系等6系；教育学院已开办教育学系，以及国文、英文、数理、博物4专修科。教师组织设立校、院、系三级教授会。

三、校职员及各院职教员题名

1. 校职员，校长张学良等19名；

2. 文学院职教员，院长周守一等29名；

3. 理学院职教员，院长孙国封等33名；

4. 法学院职教员，院长臧启芳等19名；

5. 工学院职教员，院长高惜冰等44名；

6. 教育学院职教员，院长李树棠等13名。

四、各学院学生统计

各学院学生统计表

院别	男生	女生	总计
文学院	193	10	203
法学院	241	20	261
理学院	150	5	155
工学院	326	0	326
教育学院	202	36	238
总计	1112	71	1183

此外，《概览》一书还有课程大纲、图书馆、仪器、机械、学生名录等相关内容。

4月3日 本校第一班学生毕业之期临近，校方为作永久纪念拟刊行年鉴，就各科四年级学生中，每系推选2人担任编辑事宜。于本日午后3时，在南校会议室举行第一次编辑会议。

4月5日 东北大学设“穆太夫人奖学金”。兹有“多小公司”穆经理之太夫人，出巨款捐奖学金8000元，以每岁利息供本校奖励文、理、法、工四学院第三、四年级（每院一人）优秀学生之用。穆太夫人此举，为中国私人出资奖学之首创。基金保管委员会已成立，章程亦拟就，共8条。

4月6日 东北大学工学院特请建筑工程师杨廷宝为理工科学生讲演“建筑工程问题”。

4月7日 《东北大学周刊》刊登各地争聘理工学院第一期毕业生消息：东北大学第一期同学，自入学以来，殷殷研究，积6年而不倦，其学问之位置，社会早有定评。于本学期开始，本省各学校，即争聘理学院同学。工学院方面闻南京土地测量局要请4、5人，华北水利局又要请5、6人。最近四洮铁路局，函请10人，总计本年理工学院毕业者，不过50余人，恐不敷分配矣。

4月8日 《东北大学周刊》披露1927年度优待生。本校为鼓励学生成绩起见，曾经订有奖励规则，凡学生在一年内操行及学业成绩均优，得选定为优待生。优待生额数以班的实考人数十分之一为比例。凡本学年请假未满 25 小时，学年成绩平均在 85 分以上者免纳全部学费；在 80 分以上者，免纳学费半数。1927 年度全免者 20 名，免半费者 27 名。

△　日本庆应大学教授阿部胜马博士，于本日午后应邀来校演讲“鸦片中毒原因”。到场听讲者，除本校师生外，还有其他各界重要人士。

4 月 9 日　华北联合运动会筹备委员会已由本校张校长组织成立，委员共 25 人。本校副校长刘风竹、工学院院长高惜冰及附中姬振铎主任皆为委员。该会于本日在本校会议室开成立会，选定常务委员 7 人。

△　张君劢先生应刘风竹副校长和周守一、臧启芳二院长之邀来校讲演，讲题是“东西交通后中国思想上所起之反应”。

4 月 10 日　体育部因华北运动会临近，举行选手预赛，成绩显著者为百米、跳高两项，百米仅 11 秒有奇，跳高为 5 英尺 6 英寸（1.71 米）。

△　同日理、工学院孙国封、高惜冰两院长及陈国庆学监，主张统一穿着制服，以图整齐，而壮观瞻。近特牌示：由 4 月 15 日起，凡理、工学院各系学生，于上课时间，均需一律着制服。

△　本日晚 6 时，北校新任周刊编辑开会，讨论本部事宜，是时公推赵玉昌为主席。

4 月 11 日　文法科学生自治联席会议本日开会，出席人数 14 人，临时主席锺秀崎。议案：（1）审查本会组织大纲案；（2）饯别毕业同学仪式起草案；（3）组织消费合作案；（4）年鉴社征求照片案；（5）游艺部请求拨款案。

△　东北大学游艺团正式成立，该团共分两部，一是新剧部，二是音乐部。

△　北校同学王善为、刘致信、崔克明三君，联合本校摄影界名流，成立摄影学会，意在使盛会留痕、美景常在。

4 月 14 日　《东北大学周刊》公布东北大学国货消费合作社宣言和东北大学国货消费合作社简章。

4 月 15 日　文、法学院教务联合会于本日公布管理学生缺席新规则，共 8 条，规定请假者 20 小时扣半学分；旷课者 10 小时扣 1 学分。

△　刘强博士经本校聘请，任哲学系教授，现已到校授课。刘博士曾在圣约翰大学及光华大学任教授及主任教授。

4月19日 理学院由美国购买的化学仪器及药品，计90余箱，于本日由大连运到40箱，余者将陆续运到。

4月20日 学良体育场移我校建筑[①]。腾喧全国的张校长捐助之学良体育场，现决定在我校建筑。由我校建设委员会会长关颂声先生设计，建筑费24万元。跑圈半英里（804.67米），可容足球场一、篮球场二、庭球（网球）场二、队球（排球）场二。两旁看台作马蹄形，可容观众万余人。其主席台为罗马式建筑风格。由法国建筑公司包修，以俟华北运动大会过后，即行开始动工。

△　华北体育会原拟定在我校举行，嗣以城内各中小学力争，故改在小河沿公众体育场，近因该场集料过多，一时迁移不出。经华北体育委员会议决，决定在我校北校理工学院体育场举行。

△　本日在北校理工学院体育场，举行挑选参加华北运动会的选手大会，结果打破华北历年成绩记录的有7项之多。

4月24日 经教育学院各级级长提议，李树棠院长允诺，于本日召开教育学会成立大会，当场选举起草委员5人，以便制订简章。

4月26日 本日晚7时，文法学院召开东北大学诞生六周年庆祝大会。计演新剧2幕、女同学演唱及相声等。次日又演新剧和旧剧，皆甚精彩。

4月27日 理工学院英语学会，于本日在该会会议室开会讨论，请教育学院潘教授为指导，论题为“男女合校制度于今日中国之中学校可否采用”，皆用英语讨论，结果赞成者占多数。

4月30日 文法学院自治会组织大纲，在本学期自治会第二次通常大会上，组成的审查委员会进行修订后，改为《东北大学文法学院学生自治会总章》，共10章27条。“总章”明确规定：“本会以培养人格，发展群性，完成自治能力，增进互助精神”为宗旨。

5月初 中华职业教育社知名教育家黄炎培、江向渔在去朝鲜考察教育归国途中，来东北大学参观访问。

5月2日 文法学院为督促学生真正注意其所修科目，公布平时试验（考

---

① 编者注：《学良体育场移我校建筑》一文出自1929年5月3日出版的《东北大学周刊》第70期，文中公布原计划由张学良捐资、在小河沿建筑的“奉天体育场”移到东北大学北校建筑的消息。建成后俗称为罗马式马蹄形体育场。

试）暂行规则。主要内容有：平时试验每学期预科 3 次，本科 2 次；考试时间由任课教授提出，交由本院院长公布；除由院长准假之外，缺考者不得补试。

△　本校新聘哲学教授李证刚、伍剑禅二先生，已到校上课。二位先生在关内颇负盛名。伍氏对于中国哲学及西洋哲学均甚有研究；李则于周易及佛学研究有独到见解。

5 月 3 日　张学良将军接任校长后，为改善办学条件，先后共捐款 180 万现洋，建筑文、法学院教学楼各 1 座，可容数百人的凹字形学生宿舍 1 座，教授住宅 38 栋，完整的化学馆及纺织馆，大规模的图书馆、实验室及马蹄形体育场等。本日，东北大学建筑委员会技术部召开第一次常务会。建筑委员会技术部主任孙国封学长及监察员、监工员等 20 人参加了第一次会议。孙主任讲，本校此次建筑实为东三省伟大工程，建筑费由张司令长官个人捐助，诸君更当以知能之所及，各尽其职。会议还介绍部内各职员，说明监工进行程序等。

△　东北大学“穆太夫人奖学金”颁奖。穆太夫人奖学基金保管委员会发表颁奖名单，计文学院王吉恩、理学院沈启巽、法学院白世昌、工学院王际强等 4 名，皆各学院品学兼优者，应得本学期一次奖金现洋百元。

△　曹教授演讲“济南惨案”。本日为日本惨杀我济南同胞一周年国耻之日，是日晚 6 时，特聘曹先生演讲，座位拥挤，几难立足。曹先生言之痛快淋漓，满座听者，皆为掩泣。

△《东北大学周刊》发表消息：法学院肖纯锦教授为当代经济学名家，其近著《经济学》一册，已在商务印书馆出版。

5 月 9 日　经校务委员会讨论拟在本暑假招考农科。本日刘风竹副校长荐呈张校长拟添办农科。

5 月 13 日　工学院预科二年级于今年暑假后即入本科，因该级人数过多，将原定分为机械、电工两系，扩充至纺织、建筑、土木等系，每系有 10 余人。

5 月 16 日　年鉴委员会在文法学院会议室开会。各院派代表到会指导，讨论画片排列问题，闻共有画片数百幅，在商务印书馆印刷，定价每册约需 3 元。

△　本日午后 4 时，上海记者视察团一行 20 余人来校参观。该团对于东北大学各种新建设，极力称道。

5 月 17 日　为孙中山总理致哀。依东北政务委员会训令：自 5 月 26 日至

6月1日止，为孙中山总理葬日，全校下半旗并臂缠黑纱，停止宴会、娱乐7日，以志哀悼。

5月18日 华北运动会会场观望台即将竣工。

5月21日 东北大学考试委员会通则制就。

5月24日 编制第七届招生简章，招考科、系摘要如下。

1. 预科一年级

（1）文科2班90名：中国文学系、哲学系、史学系、英国文学系、俄国文学系。

（2）理科2班80名：天文学系、化学系、数学系、生物学系、物理学系、地质学系。

（3）法科1班60名：法律系、政治系、经济系。

（4）工科2班120名：机械系、采冶系、电工系、土木工程系、纺织系、建筑系。

2. 本科一年级

文科50名：中国文学系、英国文学系、俄国文学系、哲学系。

理科人数未定：天文学系、数学系、物理学系。

法科人数未定：法律系、政治系、经济系。

工科人数未定：建筑系。

3. 本科二年级人数未定。

5月29日—6月3日 第十四届华北运动会在东北大学理工学院体育场举行，推张校长为会长。参加运动会的有8个省，共136所学校，1431名运动员。在各省市选手荟萃中，东北大学体育成绩初露头角。东北大学学生刘长春一人，夺得一百、二百、四百米三项冠军，他创造了百米成绩10秒8的全国纪录。东北大学女生参加运动会10余人，其中富一厂、马素心创五十米新纪录，成绩8秒。此次大会东北大学得奖“殆居其半”，计得金标11个，银鼎2个，象匣5个、银盾6个、奖牌15个、银环18个、扎具器1套。

6月4日 本日下午，张学良校长特在北陵别墅，邀请参加华北运动会的各地选手，大开宴会，当时到者千余人，高朋满座，胜友如云。

6月6日 郝更生先生名闻遐迩，举国尽知，在关于体育上不但于术科有惊人之本事，且于学科亦有深邃之研究。故本校将聘先生为体育专修科主任教授。

△　东北大学教育学院拟招两个体育专修科班，宗旨是培养中等学校师资，造就体育专门人才。

6月10日　教育学院学生王延惠热心组织日语班，特聘盛先生担任讲席，因报名人数踊跃，乃分甲乙两组，分别授课。

6月12日　理学院第二批化学仪器及药品等50余箱运到。此次所购之仪器及药品多为研究有机化学之用。

6月14日　本校数日前购到大客车一辆，自本日起，往返于南北校之间，以便同学乘坐。全路分三段：（1）自北校至小西边门；（2）自小西边门至故宫；（3）自故宫至南校。每段收奉小洋4元。

6月末　东北大学制定了第一首校歌，由北京大学刘复（字半农）教授作词，著名作曲家、留美博士赵元任谱曲。歌词如下。

白山兮高高，黑水兮滔滔；
有此山川之伟大，故生民质朴而雄豪；
地所产者丰且美，俗所习者勤与劳；
愿以此为基础，应世界进化之洪潮；
沐春风时雨之德化，仰光天化日之昭昭；
痛国难之未已，恒愤火之中烧；
长蛇兮荐食，封豕兮喧呶；
灼灼兮其目，霍霍兮其刀；
苟捍卫之不力，奚宰割之能逃。
惟卧薪而尝胆，庶雪耻于一朝。
惟知行合一方为贵，无取乎空论之叨叨；
惟积学养气可致用，无取乎狂热之呼号；
其自迩以行远，其自卑以登高；
爱校爱乡爱国爱人类，期终达于世界大同之目标；
使命如此其重大，能不奋勉乎吾曹，能不奋勉乎吾曹。

7月1日　第一届毕业典礼。英国文学系、俄国文学系第一班（英文12人，俄文13人），法律学系、政治学系第一班（法律22人，政治13人）；理科数学系、物理学系第一班；工科电工学系、机械学系、土木学系第一班等，全校合计毕业学生120人，均修满学程，照章毕业。是日在理工科大礼堂举行毕业典礼。由张校长颁发毕业证书，授予学士学位。各系名列第一的毕业生（除俄文系外）共8名，皆由校送英美德各国留学。保送到英国的有文学院英文学系的陈克孚、法学院法律系的白世昌，保送到德国的是理学院数学系的沈启巽，保送到美国的有法学院政治系的应德田、理学院物理系的崔九卿、工学院机械系的金锡如、土木系的刘树勋、电工系的王际强。其余各生，或留校或分发到各机关服务。东北百年树人之根，于此发其端焉。

东北大学首届毕业典礼会场一隅

7月下旬 东北大学附中学生郭维城（1930年入东北大学政治学系本科学习）、李正文（1930年入东北大学经济学系本科学习）等7人创办了《冰花》刊物，郭维城任主编。《冰花》为16开本，共出14期，每期印刷5600份，由沈阳绿野书店发行，宣传革命思想，是沈阳地区第一份左翼刊物。是年冬，当时的中共满洲省委负责人刘少奇看到东北大学《冰花》后，十分重视，遂派杨易辰去取得联系，予以具体指导。1930年4月，《冰花》杂志被查封。

7月底 学校决定添招预科和正式决定添设农科，是月，招文法预科各一级，理预科二级，工预科三级，农预科二级。农科招预科生，由主任教授柳国明负责办理，暂附教育学院内，为设农学院做准备。

△ 学校决定利用暑假期间进行成人教育。法学院添招法律专修科学生一

班，政治经济学专修科学生两班。专修科学生均系各机关服务人员，在夜间授课。

8 月中旬　东北大学学生张希尧等人，参与阎宝航在沈阳建立辽宁省国民常识促进会进步组织。该会组织学校师生通过普及文化常识向群众进行反日爱国宣传。

9 月 1 日　教育学院夏季招新生两级：一为体专，一为农艺，共约 120 人。

9 月 15 日　东北大学为发展全校之体育，组织体育委员会，设委员 7 人。内有院长代表 2 人，即臧启芳、高惜冰二院长；体育主任 1 人（待聘）；体育教员 4 人，由郝更生等人担任。

△　1928 年以来，东北大学在文法学院成立了夏声学社、哲学学会、社会学会等学术团体。本日又成立了文法学院英文学会，并发表了学会简章。

9 月 18 日　本校为教授便利起见，于北陵道边及学生宿舍东首，建筑 20 余处教授住宅，现已先后竣工，各教授家眷均已纷纷迁居新屋。

9 月 24 日　东北大学为谋社会一般人无力深造，以公余之暇，而灌以专门学识起见，特于南校设夜校数班，内分法律、政治、经济，定期四年毕业。于开学时招考学生 200 余人，每日晚间授课 3 小时。

△　理学院原有化学、物理、天文、算学 4 系。自本学期起，添设生物系，已由预科二年级着手进行，聘请生物博士刘觉民担任课程。该系设备，已先后购置。开学后，又由国内外各大名埠运到大批生物标本。

9 月 25 日　电工系新聘教授到校。南开大学的台柱陈礼先生，前本校教授、南京建设委员会无线电技师冯简（字君策）先生，下半年均被聘到。陈先生担任交流电学，冯先生担任电报电话教学，均已分别上课讲授。

△　学校决定开设国术课程。理工学院本年春即聘李剑华先生担任国术教授。半年来成绩可观。秋季仍聘李先生担任该科教授，已经开始工作。

9 月 26 日　理、工学院共有学生 700 余人，只有陈国庆学监 1 人，颇有过劳不及之虞。因此，校方添聘于锡五先生担任斯职，今已到校视事。

△　文、法学院新建校舍，大半竣工，二学院悉迁北校新舍（遗址供附中使用），于本日正式开课。只宿舍与食堂工程尚待时日，现暂借工学院采冶系实验室作为食堂，而文法课堂底层当为寄宿舍。

9月28日 东北矿学会所刊之会报，已至3期，第4期会报又将脱报。东北矿学会每月请矿冶名人讲演一次，本日举行第五次公开讲演大会，特请采冶系主任薛桂轮先生讲“辽宁矿产之分布”。

9月30日 以校长之名，命名校内马路。本校原有马路3条，两通南北，一贯东西。将贯东西之马路命名岷源路，南北向在东者之马路曰海泉路，在西者之南北马路曰汉卿路。

△ 图书馆开始建筑，经招标由复新公司承包，以232126元之价，建筑图书馆。设计者为杨廷宝。砖混结构四层楼房，阅览室内圆形屋顶，地下室书库平面呈“士”字形，外墙采用棕色基调，庄重典雅，属哥特式建筑，建筑面积为5512平方米。图书馆为扩充西文书籍，特由外洋运到大批书籍，约值5000余元。

10月10日 东北大学出版第一部《东北大学年鉴》(1929年)，张学良校长题写书名并作序。

10月19日 张学良校长特邀德、日两国一流水平运动员来沈，举行中德日三国田径对抗赛。中国田径队是以东北大学田径队为基础组建起来的。对抗赛于19、20两日，在东北大学体育场举行。

10月23日 文学院院长周守一教授、教育学院王卓然教授东渡日本，代表中国参加10月28日在东京举行的太平洋国交会议。他们准备的论文是：“为东北外交史”。此外，并将历年日本在东省之暴行资料，译成英文，准备在大会中分送与会各国代表，以彰日人之丑迹，并求公理之卓裁。

10月25日 机械系主任陈有恒先生辞职，遗席由曾任北洋大学校长的刘仙洲先生担任。矿学名家、采冶学博士许粹士先生到校授课，许博士曾在中央大学任教授，来校讲授高等采煤学。

△ 中、日、德三国田径对抗赛闭幕后，为求东北大学体育之进步，校方特商请德国名选手步起（Bocher）先生留校指导，月薪800元，另配有专用的小轿车一辆，跑马两匹等优厚待遇。该君毕业于德国著名体育学校。此届对抗赛获1500米第一名，是当时世界5000米纪录保持者，对于长跑素有研究。

△ 因女生为数不少，校方决定于文法学院住宅后，建筑女生宿舍一所，于本日建完定竣，各院女生亦将乔迁一起。学校当局请金陟佳女士担任学监。金女士毕业于民国大学，学品兼优。

△　东北大学历年官费生的奖学规定：凡年终考试平均在 85 分以上，全年请假未过 25 小时，每学科均在 65 分以上，及未曾记过者，将全年学费完全免收；平均在 80 分以上者，将全年学费收半。

11 月 5 日　工学院电工三班同学为联络同志、研究电工问题及增长知识，特于课外会同电工一班同学组织电工学会，草拟会章，于是日晚在理工学院 104 教室召开筹备会，宣读章程草案、选举职员，约下周即可正式成立“东北大学电工学会”。

11 月 6 日　刘风竹副校长关于学校实行军事训练一事商请张学良校长，张校长极表赞成，决定由长官公署军事厅荣厅长负全权责任，并派校官以上之军官 12 人作军事教官。军装军械统由军事厅供给。预一、二及本一年级全体必修。本二、三、四年级选修。迄今报名者已超过 1500 人，约一团之众。其中理、工学院同学志愿练习工兵、炮兵者甚多，女同学也踊跃加入，拟组织救护队。

△　工学院机械三年级同学为增长机械知识及了解军械之构造，于上午 8 时乘学校汽车到兵工厂参观。厂内特派技师领导，并拆卸迫击炮，实地讲演。午间备有西餐饷客。下午 3 时始将炮厂、枪厂、子弹厂参观完毕，归校。

11 月 12 日　英国麦克唐纳首相公子毕业于牛津大学，专攻政治历史，现年 28 岁，为英国青年之领袖。因出席在日本举行的太平洋国交讨论会闭幕归国之游历，应张学良校长之请来校讲演，由王卓然教授翻译，大意叙其在校生活及其从事政治经过。

11 月 14 日　理工学院消费社召开第二次股东大会，由陈国庆主席报告该社成立一年来的经营成果，继由监察王玄基先生报告对各种簿记考察结果无错误；继由蔡凤歧、荣甫二经理报告营业情况。报告毕即改选职员。

12 月 2 日　由长官公署介绍上校鲍凤池等 12 位教官来校授课，讲授“国民军事学”“战术学”。“术科”要等来春开学再正式教练。

12 月初　《东北大学六周年纪念增刊》出版。该增刊内容极为丰富，卷首有插图：校平面图；第一次开学典礼照片；“读书勿忘救国，救国勿忘读书”图案。增刊刊有周守一的《东北精神》、孙国封的《六周年纪念日感言》、臧启芳的《我对于本校六周年纪念的感想》等文章共 46 篇。此外还刊有各院学生人数统计表。

院别	理学院	文学院	工学院	法学院	教育学院	农科
人数 / 人	215	288	517	569	284	77
总计 / 人	1950（男 1832，女 118）					

12 月 16 日 理学院院长孙国封博士于暑假赴平津开会期间，新聘到美国西里库斯大学天文学博士、燕京大学天文系主任教授孙华亭先生，美国麻省理工学院化学博士徐宗涑先生，美国康奈尔大学生物学博士、清华大学生物系主任教授刘觉民先生，美国密歇根大学化学硕士、曾任汉阳兵工厂工程师、著有《化学国防论》的唐嘉装先生，以及美国密歇根大学化学硕士、译有司密《高等无机化学通论及化学实验》的鄱心莲先生。这些教授皆为当代名选。

△ 晚 6 时，抗俄后援会开成立会。到会有男同学 800 余人，女同学 10 余人，刘风竹副校长、王卓然教授等 20 余人。来宾有商务会卢乃赓会长及一师教务长梅佛光先生。会议主席杨予秀首先讲：本会共分总务、宣传、研究、筹款四部分。次为王卓然先生讲述俄国侵我中东路的起因情况。接着由卢会长报告前方情形。

12 月 19 日 在参加日本京都举行的第三次国交讨论会后，周守一院长及王卓然教授为使同学了解会议经过及帝国主义对我之野心，故于本日晚 6 时在理工学院教室大厅举行报告大会。出席者同学千余人，教授 10 余人。周院长作报告：叙述该会以往的历史；叙述日本人之态度及我国所提议取消领事裁判权，收回租借地，讨论东三省等问题提案；最后为会外谈话。演说约两小时。

△ 东北矿学会于 1929 年第一届年会中成立东北矿学会基金委员会，其职员为：名誉委员长高惜冰，委员长凤冠绥，委员佟玉郎、赵玉昌、关绍宗、董为翘。同时公布东北矿学会基金委员会简章共 9 章 20 条。

12 月 24 日 文学院、法学院大楼改作“汉卿楼”。文学院、法学院之建筑工程行将告竣，在各楼之四层外墙正面饰有“文学院”“法学院”字样，本日晚饭后，刮去“文学院”字样，重修为“汉卿南楼”四个银光大字。闻“法学院”字样不日也将改为“汉卿北楼”。据学校当局言此二楼为张汉卿捐其家私所建，故为纪念张校长之盛举始易二名。汉卿南楼建筑面为 4589 平方米，汉卿北楼建筑面积为 4555 平方米。此两楼均为主楼三层，地下室一层，顶楼一层，砖混结构，楼的入口处雨篷有巴洛克特点。

12 月末　为减政关系，经张校长决定，将文、法两院合为一院；调东北交通大学副校长汪兆璠任院长；理、工两院合为一院，以孙国封任院长，李树棠仍为教育学院院长。原周守一、臧启芳、高惜冰三院长，调任东北政务委员会秘书。

林徽因设计的东北大学校徽

是年　张学良校长设奖征集东北大学新校徽图案，林徽因教授设计的白山黑水图案在众多的设计作品中，以其象征东北地理特色及其气魄的长白山和黑龙江而中选，并获奖金 400 元现大洋。这枚新校徽为圆形，其内有一个中心圆，里面书有“知行合一”四个字；在中心圆外之上半部是一个环形半圆，正中有八卦中的艮卦符号，它的两边各有两字，组成“东北大学”校名；在中心圆外之下方是白山黑水图案，图案两侧绘有两个动物的图形，其左侧是熊，其右侧是狼。这枚新校徽，象征着保卫、开发、建设祖国的东北和警惕帝国主义侵略的神圣使命。

1930 年

2 月 13 日　东北大学学生组织“抗路会”，反对日本以武力修筑吉会路。

2 月中旬　在中共满洲省委领导下，于沈阳成立“反帝大同盟”，东北大学参加这个反帝组织成为盟员的有刘振亚、邓云龙、徐文秀等，郑洪轩是赞助盟员。

3 月 2 日　文法学院新宿舍已竣工，开学时各级同学均已搬进新宿舍，每 4 人一屋，比过去 20 人一室的情况有较大改善，同学们个个称快。从此，全校一元化，再无南北校之分。

△ 文法学院更换学监。文法学院训育委员马、卢二委员因故辞职，遗席由孙祥麟、关广龄充任。二人视事后，规定6点半起床，晚7时在寝室自修到9点，9点半查寝，10点熄灯。

3月3日 东北大学选送之留美、留英生，已于去年出国。现在本学期开始之时，学校又发给现洋200元，以为膏火之助。

3月10日 文法学院汪兆璠院长召集本院学生开训话会。主要内容有：学生宜进德修业，教授宜热心授课，职员宜勤于任事，各守本分，使精神相互打成一片。

△ 张希尧等东大学生积极支持辽宁拒毒联合会进行的拒毒斗争，他们同阎宝航组织广大群众在小河沿体育场焚毁日本人贩运的大量海洛因和鸦片。

△ 本校文书股新由美国定铸钢印一件，做毕业证书等印用。

4月3日 学校决定所有校役（厨役例外）一律着制服，清洁夫着青色，余者着蓝色，同时发徽章一枚，质铜，色赤，较学员所佩者大，资以证明本校人员。

4月7日 社会学、家事学教授刘强去校后，所遗学程，由神学博士顾忠尧担任。

4月10日 农科决定招生，农科草创，百般困难，幸有柳国明先生极力经营，前途不无希望。日前校务会议业经决定本预科5年毕业，暑假添招预科生80名。

4月17日 刘风竹副校长请美国普林斯顿大学教授基布训博士来校讲演，题目是“世界战争政治以外之原因”。主张物质文明无国界，政治方面因历史民性之不同，应用固有文化，树政府之精神，譬张冠不可李戴也。

4月20日 第四届全国运动会已在杭州举行，以东北大学为主的辽宁代表队共170人。此届运动会之田径赛，总锦标被辽宁获得，厥功在东北大学，此次比赛得分者，打破纪录者如下：

百米决赛第一东北大学教育学院体育专修科学生刘长春，成绩11秒5分4；

二百米决赛第一刘长春，成绩22秒5分4；

四百米决赛第一刘长春，成绩30秒5分3，打破全国纪录；

千五百米第一东北大学教育学院国文专修科学生姜云龙，成绩4分26秒5分4，打破全国纪录；

万米第一东北大学教育学院国文专修科学生赵德新，成绩 35 分 16 秒 2，打破全国纪录。

为了纪念刘长春取得三项冠军的优异成绩，杭州市把通往田径运动场的大马路，改名为“长春路”。

△《东北大学周刊》发表《东北大学文法学院学生学业成绩评定规则》，共 22 条。主要内容：（1）学生学业成绩试验（考试）定之；（2）试验分为平时试验、学期试验、毕业试验三种；（3）平时试验由任课教授随时举行之，每学期预科举行 3 次，本科举行 2 次；（4）学生缺平时试验者不得补试，特殊者除外；（5）平时试验成绩平均后与听课笔录、读书札记及练习实验等成绩分别平均作为平时成绩；（6）学期试验每课目所得分数与该课目平时成绩相加用 2 除之为该课目之学期成绩；（7）学期成绩总平均成绩不满 40 分者，所习学分满二分之一成绩不及格者，所习学分满三分之一成绩不及 40 分者，不满 40 分之课目在二分之一以上者，不满 60 分之课目在三分之二以上者，有上列情形者，应勒令退学；（8）有下述情形之一者应令留级，总平均分数不及格者，不及格学分满总学分十分之三者；不及 40 分学分满总学分十分之二者；连续留级二次者即勒令退学；（9）学生于试验时违规者，科目试验成绩作 0 分或酌扣分数；（10）学生缺席逾授课时间三分之一者，不准学期试验，应令留级；（11）学生请假一学年内满 40 小时者应减学年成绩总平均 1 分，特殊者可免除扣分。

4 月 22 日　参加全国运动会之男女运动员一行 25 人，除刘长春等 6 人留沪训练准备加入远东运动会外，余皆于今晨返校，除各系级长到校欢迎外，拟定本日下午 6 时在文法学院食堂举行欢迎选手返校大会。

4 月 26 日　为庆祝东北大学成立七周年，学校决定放假 1 天，以示纪念，并在 25 日、26 日两晚召开新剧表演大会，以示祝贺。

△　东北大学自然科学会在理工学院 101 教室召开大会，正式宣告成立，并制定东北大学自然科学会草章。

5 月 4 日《东北大学周刊》第 98 期发表东北大学出版物信息：本校同学赵万琦署名琅然的《春之曲》属新诗类；李树青（字紫姗，号白云庐主人）的《倦吟集》属旧诗类；文学院同学任光甲（别署溪庐）的《联村自治法》属丛书类；工学院同学张露薇的《情曲》属新诗类；文学院李忏侬的《灵魂》、赵鲜文的《昭陵红叶》属创作类；杨义中的《投考良伴》属丛书类；《怒潮报》由本校文艺爱好者白小光、张景芹所办，文学院同学张鼎秋、李忏依所组织之竞进社即将成立并出版刊物。

5 月 5 日 东北大学政治学会成立大会在汉卿北楼举行。到会者有肖纯锦、江之泳、赵翰九、邱长渭、杨鹏等教授。主席报告本会成立目的有三：一为学识；二为政治生活训练；三为感情。大会选举结果：执行部常务委员王锡潘，研究部常务委员关德裕，交际部常务委员黄桂棠，编辑部常务委员王宝桓，监察部常务委员郑巩。并制定了东北大学政治学会章程。

5 月 14 日 省城大学辩论会将在青年会举行，东北大学参与反正组各 3 人，由各院检选。文法学院预赛，共加入 31 名，用淘汰法决胜负。本日，开正组辩论练习会。

5 月 15 日 东北大学政治学会召开第一次学术演说会，讲演者肖公权教授。题目："政治制度与政治思想"。其要点是中国政治史与西洋政治史差异之点；政治制度与政治思想关系；政治制度如何影响政治思想；政治思想如何影响政治制度；欲求政治之进步，一方亦研究新政治制度，一方更亦发明新政治思想。

5 月 18 日 本校体育教授高梓女士系体育主任郝更生之夫人，因远东运动会任副总教练一职，于本日下午 3 时去大连转乘轮船东渡日本。

5 月 21 日 昔任教育总长及司法部长之章士钊（字行严），应本校张学良校长之高薪礼聘到校，本日开始授课。授课科目：儒家思想、墨家哲学。此两科虽为文法学院哲本二之必修，而旁听受课者竟达 200 人之多。每周一、三、五下午上课。

△《东北大学周刊》第 99 期统计：东北大学同学自费出国留学者有 9 人。文学院英国文学系石丕玺、邱永和、崔永楫赴美国伊利诺伊大学研究政治经济；哲学系石英琪赴英国爱丁堡大学研究政治哲学，甘雨沛赴美国波麋那大学研究政治，李全林赴英国爱丁堡大学研究市政；法学院经济系杨士林、李显富赴英国爱丁堡大学研究实用经济学；教育学院高志清女士赴比利时。

5 月中下旬 《东北大学周刊》第 99 期刊登出版物消息：理工学院院长秘书、理工学院毕业生薛仲三著《中等农科教学概论》；理工学院教授赵明高著《英汉政治法律商业教育词典》；文法学院教授吴贯因著《经济学史》；文法学院学生廖民公著《日俄侵略东省小史》，以上著作即将出版。

5 月下旬　东北大学正式宣布自 1930 年度起，停招预科，并充实本科。

5 月末　法国里昂大学中国文学讲座主任马古烈博士来东北大学参观，向文法学院学生做了学术报告。

6 月初　《东北大学工厂概要》正式出版，主要内容有张学良的“业精于勤”题词和序，厂徽，厂史，职员一览表，职员办事通则，本厂警卫规则等。

7 月 1 日　文学院国文学系第一班，工学院采矿学系第一班，土木学系第二班均经修满学程，验章毕业。本日邀请各界来宾，在文法学院大礼堂举行毕业典礼。经张校长颁发毕业证书，授予学士学位。自建校迄今已毕业 12 班学生，共 160 余人。

7 月 18 日　添招新生。

7 月下旬　教育学院教育学系本科班开班，添招公民史地专修科，辽宁体育专修科亦并入之；农科开农艺、园林、垦牧三学系，于是各学院各学系均相衔接。

9 月 1 日　东北大学农学院正式成立。本校去年已招有农科生两班，今夏预科卒业，又续招编级生 20 余名，分农艺、园林、垦牧三系。暑假中经校务会决议，农科确有扩充之必要，遂正式公布农学院成立，委柳国明博士为院长。

△《东北大学理工学院概览》出刊。主要内容有：（1）东北大学 1930 年 9 月—1931 年 9 月的校历；（2）校史；（3）全校组织；（4）1930 年 9 月全校在册职员名录；（5）1930 年 9 月东北大学理工学院在籍的教授、讲师、助教名单；（6）建筑与设备；（7）学生生活；（8）学生费用；（9）学校医院；（10）学校奖学金；（11）穆氏奖学金；（12）校外旅行及假期实习；（13）名人讲演；（14）学生职业介绍；（15）东北大学第八届招生简章 （1930 年 6 月）；（16）理工学院教务总则；（17）理工学院各系详章（含各系的教师及课程表等）。

9 月 5 日　本校今年毕业生，文法学院国学系王德生，理工学院土木系王文华、采矿系赵玉昌，被学校选送留美，每月各津贴美元 50 元，一次治装费 400 元，定 3 年为限。第一届本校官费留学生 8 人，因金价骤涨，将原定现洋津贴改为美元，每人每月津贴美元 80 元。

△　本校副校长刘风竹，鉴于学生课外著述大增，其中不乏名著之现实，决定奖励学生优秀作品。凡学生课外作品，出版者均征收一份，以便择优给奖。

10月3日 刘书铭（字世傅）教授曾在美国专门讲授近代政治一科，名溢当时。对国际问题最有研究，到我校任教后讲授中国外交史。南开大学校长张伯苓先生为发展该校政治系之学程，特请刘教授到南开大学讲演，题目是“世界第二次大战”，受到欢迎。后又被天津青年会邀请讲演。

10月7日 张继、吴铁城来校参观，受东北大学政治学会邀请向全校学生讲话。

10月23日 理工学院举行教授会议，有58位教授参加，讨论了教学管理等5项内容。

10月26日 东北矿学会成立二周年纪念会在理工学院大楼内礼堂举行。与会者甚多，来宾有农矿厅代表温科长、教育会代表薛某。东北大学副校长刘风竹及理工学院院长孙国封、政治学系主任章士钊、土木系主任张豫生、采冶系主任薛志伊到会。余兰园、许粹士等十余教授也参加会议。

10月31日 本校学良体育场，又称罗马式马蹄形体育场工程已告竣，本日查验收工。该体育场的看台为砖混结构二层，东西入口处为三层，建筑面积为3189平方米。周边入口各门，以《千字文》的头两句话，共八个字，即：天、地、玄、黄、宇、宙、洪、荒，分别镶嵌在各门的上方，作为标记和序号，十分典雅。

是月 南京中央大学地质系同学在系主任张其昀率领下，到凤城作地质考察，曾到东北大学参观访问，地学教授王华隆会见并宴请招待。同时还接待了辽宁教育行政参观团一行百人。

11月1日 东北大学自然科学会，于本日召开全体大会，讨论会务及应兴应革事宜，理工学院院长孙国封及该院教授多人参加会议。

11月15日 理工学院呈请东北保安司令部公署，转函于兵工厂请求参观，名额200人，已获批准。本日由孙国封院长率领前往。

11月29日 《农业半月刊》已付印。该刊为农学院园林系王福时主办之农业丛刊，已编辑就绪，为东北拓创一光明之路。

11月末 梁思成、张锐两教授合著之《城市设计实用手册》已出版。地学教授王华隆新著《战后世界新形势纪略》《东方文库第十种蒙古调查记》《人文地理学》《新学制高中天文学》《新学制高中地文学》《辽宁省分县最新图》《辽宁省城市街全图》《东北四省分县新图》《中东铁路形势图》《东三省铁路全图》《中国地理词典》均已出版。

是月　东北大学农学院柳国明院长自创办农科以来，聘请教授工作十分注意，也很困难，今聘就程绍迥先生。程在美国爱荷华大学，两度求得博士学位，今春回国，曾在中央大学作兽医系主任。

12 月 1 日　教育学院教育行政系为考察当地教育行政状况，俾研究有所凭借起见，全级分为 30 组到中学、农村及外市县进行社会调查。

12 月 8 日　农学院成立年余，经柳国明院长于百感困难中，竭力前进，今春已耕种本校隙地，最近购到新式农具种包机、除草机等数件。

12 月　本年度，政府共发给东北大学免费护照 33 件，从德国、美国、英国、日本等国家进口物理、化学、天文、生物、建筑、纺织、机械、医疗等各种仪器、设备、化学药品、建筑模型、动力机、纺织机，共 455 箱。这些设备当时都是最先进的，装备了 39 个实验室和实习工厂。

12 月末　我校 1930 年每月预算和支出情况列表如下。

1930 年 1—12 月份每月预算、支出数字表　　单位：元

1 月	预算	89210.865	7 月	预算	88350.0853
	支出	89210.471		支出	88349.942
2 月	预算	87188.43	8 月	预算	98850.823
	支出	87188.237		支出	98850.56
3 月	预算	94118.14	9 月	预算	98850.831
	支出	94118.074		支出	98850.586
4 月	预算	94118.14	10 月	预算	107350.833
	支出	94117.625		支出	107250.626
5 月	预算	94118.14	11 月	预算	106100.833
	支出	94118.026		支出	106100.743
6 月	预算	94118.152	12 月	预算	87600.83
	支出	94116.682		支出	90100.195

1931年

1月1日 《东北大学周刊》为庆祝新年，发行一期“增刊”，即东北大学新年增刊《东北大学周刊》第110期。在卷头语说：“此次增刊内容是与平常一样的，不过稍有出入的，即是不载校闻，所以有一些重要事件，未能刊入，但是关于应征的作品总是尽先披露的”。“增刊”刊出“美国的民治与学生团体活动”“中国与苏俄之关系述略”等政治性文章以及诗歌、散文70篇，全书共260页，约21万字。

2月25日 由东北大学文法学院编辑的《东北大学文法学院一览》已印刷完毕。主要内容有：校图、校歌、校历；院史概略；组织大纲；教务通则；学程一览；各项规则；学生费用；职员题名；教授讲师题名；在校学生姓名录等；全书共202页。其中校歌的歌词作了部分改动：原词“沐春风时雨之德化，仰光天化日之昭昭”，改为“沐三民主义之盛化，仰青天白日之昭昭”；原词“长蛇兮荐食，封豕兮喧奴”改为“东人兮狡诈，北族兮骄骁”。

△ 教育学院校役夜校成立已两年。本学期复由该校各系科选出委员，继续举办。夜校主任由杨茂担任；教务由赫克勇、李振久担任。

2月末 农学院园林系为了东北园林事业的发展，特组织园林学会，以研究课业及如何改良东北园林为要旨。

宁恩承

3月2日 东北政务委员会第十五号文批准刘风竹辞去东北大学副校长职务的请求，并决定废除副校长制，设秘书长一人。张学良特邀宁恩承任秘书长，代行校长职务。宁恩承1922年进入天津南开大学学习。1924年奉天省举行选拔公费出国留学人才会考，宁恩承回省应试，取得第一名的好成绩。但是，由于官场腐败，其成绩被篡改而名落孙山。张学良将军了解此情况后，认为宁恩承是位有培养前途的人才，于是决定出钱资助他去英国留学深造。宁恩承到英国先后在伦敦大学、牛津大学攻读货币银行学科。1929 年回国，任边业银行总稽核。

3 月 30 日　奉东北政务委员会命，组建东北大学委员会，张学良校长自任委员长，张伯苓、臧式毅、王树翰、章士钊、肖纯锦、王卓然、汤尔和、罗文干、金毓黻、宁恩承等 10 人为委员。此委员会成员中既有学识渊博的学者，又有办大学经验丰富的名人，还有本地的重要官员，这是一个“知识与权力配合”的大学委员会。“大学委员会实际是董事会或校董会，是东北大学的建树”。

东北大学委员会委员合影

（前排左起章士钊、张伯苓、张学良、汤尔和、罗文干，后排左起宁恩承、金毓黻、臧式毅、王树翰、肖纯锦、王卓然）

3 月底　教育学院院长李树棠辞职，聘王卓然任代理院长。

4 月 17 日　文法学院政治学系教授吴翰涛被张副司令委为长官公署秘书，即日声明辞去教授职务。

4 月 18 日　文法学院政治学系教授田炯锦离职。汪兆璠院长新聘美国芝加哥大学法律博士、哥伦比亚大学政治博士乔万选教授到校授课。所任课程为“市行政问题”及“市政原理”。

4 月 19 日　宁恩承任秘书长后，为了节省经费，改《东北大学周刊》为《东北大学校刊》(周刊社改为校刊社)。校刊为 18 开小报，每周出刊 2 次 (周三和周六)。东北大学校刊于本日正式出刊，刊名——《东北大学校刊》，是章士钊所题写。校刊以专载校闻和公布校令为主。出刊至第 27 期时九一八事变爆发，乃行停刊。

△ 《东北大学校刊》公布《东北大学委员会试办章程》(民国二十年 3 月已奉东北行政委员会 3989 指令应准备案)。《东北大学委员会试办章程》共 9 款，主要内容有：东北大学为便利设施起见设立委员会襄助校长综理大学行政；设委员 11 人至 15 人，由校长聘任；委员会以校长为主席，校长缺席时由秘书长代理；委员会应办之事项：保管大学的动产不动产，筹划经费及基金并分配经费之用途，议决预算审核决算，计划建筑，规划大学之组织及制定各项重要规章，议决院、系之增设及变更，襄助校长处理全校其他重要事项；委员会设常务委员 3 人；常务委员须常川住校代行委员会职权等。

△ 教育学院组织学生自治会，由学生花连谱、李志纯、孙凤鸣起草会章。

4 月 22 日　《东北大学校刊》公布“校刊社简章”，共 6 条，主要内容有办刊目的、组织领导等。

△ 为丰富课余活动，东北大学各学院开始修理球场，合计网球场 22 个；篮球场 10 个；排球场 4 个。

4 月 23 日　东北大学委员会委员、南开大学校长张伯苓衔张学良校长之命偕南开大学教务主任黄钰生、体育主任章辑五，来教育学院视察，由王委员卓然先生带领参观了教室、宿舍、膳厅、图书馆等处。罗文干、肖纯锦到文法学院考查；胡庶华、胡刚到理工学院考查。

4 月 24 日　东北大学“黑白学会”出版了两期刊物《中国东北》和《关于中日铁路交涉问题》，颇惹社会及日人注目。

4 月 25 日　建筑学系主任教授梁思成于去岁学期考试时发现该系学生竟有私携夹带情事，特于今年开学后颁发新规：凡建筑学系学生不论月考、期考，如查有夹带或互相通融情事立即开除学籍，永不得回建筑学系受课，严重施行，决不宽贷。

△ 为庆祝东北大学建校八周年，即日晚举行纪念游艺会，由文法学院新剧团演出北平大学戏剧系主任教授熊佛西先生编著的四幕话剧“蟋蟀”。各幕

之标题分别是：（1）芙蓉如面柳如眉，对此如何涎不垂；（2）同是天涯沦落人，相逢何必曾相识；（3）和平山上和平石，不到和平不出来；（4）本是同根生，相残何太急。此剧，悬鹄较高，在暗示和平的幻灭。

4 月 26 日　东北大学师生千余人，在文法学院食堂举行建校八周年庆祝大会。东北大学秘书长、代校长宁恩承首先发表庆祝东北大学建校八周年的讲话，接着辽宁省教育厅厅长金毓黻代表省主席致贺词。参加大会的有东北最高法院院长孔昭炎等嘉宾数十人。

5 月 1 日　土木、电工、机械三班学生由各级主任教授率领，即日出发赴平、津、唐等市参观工厂，一周后返校。

5 月 4 日　博物专修科 33 人，在教授夏康农、田浩东二先生领导下从 5 月 1 日起赴营口海域采集水产动物标本，即日返回，成果显著。

5 月 9 日　本校为整顿在十里码头占地百余亩的苗圃，特购到美国大白杨种子 40 斤[①]（可培育树苗 2 万余株），丹枫 175 株，色木 3000 株，梨树 370 株，大叶杨种子 35 斤。计此后凡校中所需要之风景树、围墙树等一切树苗再不需以巨款外购。

5 月 13 日　罗文干先生对文法学院调查后，召集法律、政治、经济三系专任教授多人迭开会议，其中经济系教授会议拟订了学科方针，主要内容有：减少课堂钟点、改良授课方法等 8 项。

△　本日出版的《东北大学校刊》第 6 号刊出《东北大学会计规程》，共 11 章 33 条。主要内容有：总则、日记账、总账、经费账、银行往来账、暂记存欠款账、各学生收费付账、杂损益账、寄存账、保管账、附则等。

△　农学院园林系英文学会请美籍华人黄女士讲演，题目为“美国大学校园生活”。

△　校刊第七号刊载马兴忠、袁锡田撰写的“土木系第二级参观记”一文，对 5 月 1 日至 8 日赴山海关、秦皇岛、唐山参观工厂之情况，作了详细介绍。

5 月 21 日　本校大学委员会即日在校俱乐部开会议定发展全校体育、严定新生录取标准、充实图书馆之内容、每年度预算之分配（设备费、行政费、教授薪俸）比例等 10 项规定。

5 月 23 日　赴京参加国民会议的代表、本校委员王卓然教授于即日回校。

① 1 斤 = 0.5 千克，后同。

王代表在参加会议期间提出三案：一为提倡国语案；二为约法教育章加入学生奖学金之规定案；三为奖励小学教员之规定案，均经大会通过。

5 月 29 日　文法学院法律系四年级学生即将毕业，该院为此按校章规定即日开会成立毕业生考试委员会，并请赵翰九、梁仲理、杨叔翔、王聪彝、王振卿、付楫之、魏羡唐、刘甲一、吴晓峰诸先生充任考试委员会委员。会议对考试课程、时间、论文评定、成绩评定等事进行了议决。

5 月 30 日　应辽宁省高等检定考试委员会委员长金毓黻之聘请，原中央大学代理校长、现任东北大学经济学系专任教授肖纯锦（字叔迴）等 20 余名教授充任为检定考试委员会委员。该委员会设 6 名常务委员，其中有东北大学 3 人，他们是：农学院院长柳国明（字东雅）、物理学系主任教授何育杰、法律学系主任教授赵鸿翥（字翰九）。

△　理工学院纺织系实习部的机器安装接近完工。

5 月 31 日　在曾浩然教授领导下，教育学院国文、博物两班部分学生计 44 人，即日出发南下江、浙两省参观，定于 40 天后返校。

5 月底　从 1 月至 5 月，由国家发给东北大学购买仪器设备的免税护照 9 份，总共从德国和美国进口物理、化学、生物各种仪器设备、化学药品共计 44 箱。

6 月 1 日　教育学院国文、博物两班另部分学生 41 人，在杨杰教授领导下即日去平、津参观。25 天后返校。

6 月 3 日　经东北大学委员会议定张学良校长聘请东北大学工厂厂长杨毓桢（柏林工业大学毕业，瑞士曲里大学工学博士），于即日正式就任理工学院院长职。

6 月 5 日　经东北大学委员会议定由张学良校长牌示，聘刘百昭为文法学院院长。刘百昭，湘人，曾充任教育部专门司司长、辽宁艺术专门学校校长及锦县东北交通大学教务长等职务。

6 月 6 日　校刊即日刊载：经东北大学委员会议决，聘请中国文学系主任马宗芗教授主持全校训育委员会。

6 月 13 日　由宁恩承秘书长主持召开各院院长、附中主任及各系主任共 24 人（政治学系主任章士钊未到，由邱昌渭教授代表出席）联席会议，讨论招生、各学院必修课和选修课的课程设置、考试等问题。

△　由文法学院学生自治会编辑部编辑的东北大学文法学院院刊（第 1 卷第 1 号）出版。政治学系 22 年级第 3 班学生王宝桓为“院刊”撰写了“卷头语”和“编后”。在卷头语中写到：“伟大的‘文法’精神，要在这本小册子里追寻”；在“编后”中说明了院刊宗旨与方针。院刊共刊出 4 组论文，合计 40 篇，其中有吴贯因的《人生之趣味》、仲颐的《南满铁路用地与日本之非法侵略》等。

6 月 15 日　宁恩承秘书长主持召开课程标准委员会会议，参加者有马宗芗主任教授等 11 人，讨论国文、英文公共必修课之具体标准及每周时间与学分等问题。

6 月 16 日　教育行政系一年级为研究与改进教育有所凭借起见，特组织调查教育委员会，推举王卓然教授为委员长，同学为委员。

6 月 17 日　我校化学博士余泽兰（又名余兰园、余馥庭）教授编译勃赖克柯的《实用化学》一书完竣，材料丰富，插图甚多，适用于各专门学校。

6 月 24 日　东北大学委员会审查通过《东北大学建筑委员会简章》，共 11 条。《东北大学建筑委员会简章》规定：建筑委员会委员长由校秘书长兼任，负责筹划全校建筑事宜。

6 月 25 日　建筑学系主任教授梁思成受北平营造学社之聘即日离校。由童寯教授充任建筑学系主任。6 月 23 日，建筑系一至三年级全体同学在校俱乐部开会欢送梁思成教授。

东北大学部分教授合影

（坐者从左至右：刘崇乐、傅鹰、陈植、蔡方荫、梁思成、徐宗漱）

7月1日 苏尚达先生作“中日铁路交涉”讲演。对四洮、洮昂、吉长、吉敦铁路问题作了分析。

7月8日 校刊第22号刊载《东北大学助学基金会章程》和《东北大学助学基金会办事细则》。《东北大学助学基金会章程》含宗旨、会员、基金等12项。《东北大学助学基金办事细则》含基金、募集、基金管理、奖金支配、贷金、附则等5个方面，共19项。

△ 校刊第22号刊载：为慎重考试起见校组织考试委员会，聘请宁恩承、王卓然、章士钊、刘百昭、杨毓桢、柳国明、刘予英、庄长恭、郝更生、马宗芗、王陵南等为委员。同时，刊载了《东北大学考试委员会简章》，简章规定“考试委员会”的职权是：（1）计划各种考试事项；（2）拟订招生简章；（3）聘请主试员；（4）审定报考各生资格；（5）决定新生取录。

8月 新聘图书馆馆长桂质柏到任就职。桂质柏，湖北武昌人，留美5年专攻图书馆学，获纽约哥伦比亚大学硕士学位及芝加哥大学图书馆学博士学位。

9月1日 小河沿医专于1911年由英国人司督阁等创立，后因经费困难，于1929年曾向东北大学接洽，希望合并。经过多次协商，东北大学同意接收。本日，张学良校长复电沈阳政委会主席臧式毅并转东北大学宁秘书长，同意接收小河沿医专。东大原计划接收医专后，成立东北大学医学院。后因九一八事变爆发，此事未果。

△ 教育学院代院长王卓然辞职他就，聘姬振铎先生为该院院长，即日到任，姬先生为本校附中主任。

9月初 东北大学实行晨跑制度，以院为单位进行，文法学院为星期一、四，教育学院为星期三、六。晨跑由张学良校长聘任的德籍教师步起为先导，向北陵经牌楼折回操场，约3千米。

9月4日 宁恩承秘书长假理工大楼召集一年级与补习班全体新同学训话，大意如下：今年录取新生极为严格，报名者400余名，在沈阳取60余名，哈埠3名，北平12名。招取一年级新生70余名。另招收补习班学生80余名。本大学成立已8年，有学生1700余名，以人数而论，本大学为各大学之冠，全校校址大于沈阳砖城，为中国第一大学，而常年经费123万，在国内大学占第二位。秘书长强调指出：“东三省现在在国际间所处危机，久为诸君详知，吾校四围所处触目惊心之势，更足以使诸君奋勉。校前已扒之铁路，举目即见；塔湾之机关枪声，每晨入耳”。秘书长告诫新生：本校校训为知行合一。关于知的方面本校将授予诸生三事：（1）读书能力与增加求知识之效率；（2）养成清楚之思想完成建设新中国之使命；（3）养成表现己意之能力以言语或以笔墨达出。之外更宜严守校规，锻炼身体，诸君好自为之，则中国前途方可有望。

9月5日 为统一全校体育，特设体育部，统一负责全校体育管理。体育部由郝更生暂代主任事宜，并委郑玉卓为该部事务员。

9月12日 校刊载闻，农学院为表现知行合一，便利学生之室内实验及观摩起见，将在汉卿北楼增置实验室5所，即：土壤物理及土壤化学实验室；家禽及昆虫实验室；林学及园艺实验室；木工及农具实验室；家禽解剖实验室。

9月18日 晚10时20分，日本关东军一小股工兵，在沈阳城北中国东北军驻地北大营附近的柳条湖，蓄意炸毁了一小段南满铁路路轨，诬称这是中国军队有意“破坏”，并以此为借口，炮轰东北军驻地北大营，侵占了沈阳城，制造了震惊中外的九一八事变。东北大学距事件发生地仅1.5千米，为弄清真相，秘书长、代校长宁恩承先生先后打电话给代理张学良将军主持东北军务的大帅府参谋长荣臻、省主席臧式毅、省教育厅厅长兼省府秘书长金毓黻进行询问。被告知是“日本人攻打北大营，学生不要闹事”，“国难当头，我们必须忍辱负重”。宁恩承遂召集有关事务人员开会，研究如何保护东北大学女生避免被日寇侵害等应付危局的紧急措施。

日军侵占东北大学后，士兵在大学门前持枪站岗

9月19日 早6时，全校学生、教职员、工人、巡警等齐集在理工大楼，由秘书长、代校长宁恩承先生报告日本帝国主义关东军进攻北大营占领省政府、大帅府等事变的消息，并安慰大家说："我将尽我的一切能力维护东北大学，给教授、学生提供一切安全办法。如有任何逃生之路，我一定告诉你们，我要尽我全力来帮助你们。"然而，由于沈阳已陷入敌手，东北大学亦被迫停课，教师、学生开始离校。当日晚，为防止流氓、土匪乘夜入校抢劫，秘书长、代校长宁恩承先生召集体育系等身强力壮的学生共30人，组织三支义勇队进行护校活动。义勇队的领队是郝更生、宋君复和德籍教师步起，队员有刘长春、关印忱、刘德邻等。

9月23日 上午，日本侵略者派南满中学堂校长中岛守人，驱车到东北大学会见代校长宁恩承，伪致慰问，并要学校照常上课、可为提供经费。宁代校长严词拒绝："我是中国官方人员，虽然我们是教育界中人，我仍然站在中国的立场。在现在环境之下我不能接受日本帝国的任何援助。"

9月26日 东北大学大部员生搭乘火车去北平。学校图书、仪器、设备、建筑等公私财物未及运出，而落入敌手，损失惨重。

10月初 宁恩承秘书长绕道大连乘船抵天津再到北平，主持复校各项工作。借奉天会馆组设东北大学办事处，收容来平学生，分送部分学生到平、津各大学暂时借读。

10月上旬 为东北大学在北平复校事宜，教授们组成了"教授代表会"，由文法学院院长刘百昭、教育学院院长姬振铎负责推动工作。为协助"教授代表会"能有效地进行工作，学生成立了由陈彦之等11人组成的"东北大学临时学生会"。

11月中旬 张学良校长在顺成王府召见在平的东北大学全体教授，对他们进行了安慰，每人发临时补助费现大洋200元。

11月18日 东北大学借得南兵马司旧税务监督公署为校舍（后称第二分校），勉强复课，借读各生亦陆续返校赓学。经费临时捐募。

11月"东北民众抗日救国会"以几十名东北大学学生组成"东北抗日学生救国军"，责任张希尧负学生军总责，苗可秀任学生军大队长，张金辉、宋黎等协助张希尧工作。

11月 冯庸大学抗日义勇军在北平成立，同月，抗日义勇军开赴抗日前线，先后参加东北抗日义勇军、一·二八淞沪抗战、热河抗战，活跃在抗日救国的第一线。

是年　刘崇乐教授主持东北大学生物所研究工作，取得中美基金会的资助，设一昆虫研究所，一方面作生物学理的研究；另一方面着眼于病虫害的研究。

是年底　部分东北大学学生返回东北，参加抗日救国活动，联系和组织抗日义勇军，开展武装斗争。如宋黎到辽西一带，苗可秀去辽东一带，开展抗日武装斗争。本校文法学院教授刘永济回忆道：“辽吉沦陷，东北诸生痛心国难，自组成军，来征军歌以作敌忾之气”，应学生之邀，他填写了《满江红》一首，作为东北抗日学生救国军的军歌，这首《满江红》也成为最早的义勇军军歌之一。

是年　在九一八事变后留在东北就地参加义勇军和抗日工作的东大师生有傅嘉庚、宁匡烈、关大城、韦仲达、邹鲁风、左秀海。

1932 年

1 月 1 日　国民党政府教育部向我校颁发铜质校章一颗，文曰“东北大学关防”，即日启用，旧木印及驻平办事处印于是日截角销毁。

东北交通大学校门

2月 东北大学借得北平彰仪门大街原国货陈列馆旧址（时为北师大校舍）为校舍（后称第一分校）。政务委员会命由本校收容锦县东北交通大学（于1927年9月建立，亦称唐山大学锦州分校，校长由张学良兼任）逃来北平的150名学生，成立东北大学交通学院，由刘百昭兼任代院长。

2月 受"东北民众抗日救国会"委派，"东北抗日学生救国军"中的宋黎、张金辉、苗可秀等人被分批派往东北各地从事抗日工作。

3月 国民党北平政务委员会按期（35日为一期）拨给东北大学补助费，每期12530元。

5月初 本年春，日寇为了摆脱其在国际上的孤立处境，决定以"高官""厚禄"相许诺，妄图把东北大学学生刘长春由北平骗回大连，派其为代表参加夏季在美国举办的第十届奥林匹克运动会，以达到使世界各国承认伪满洲国的目的。这时，伪满的各报纸都先后刊登了所谓刘长春、于希渭（冯庸大学学生）将代表"满洲帝国"参加奥运会的消息。刘长春针对日伪阴谋，在《大公报》上发表声明："苟余良心尚在，热血尚流，又岂能忘掉祖国，而为傀儡伪国做马牛。"表示决不代表伪满洲国出席第十届奥林匹克运动会。

5月 东北大学学生宋黎和戴昊、那拯彬、江涛、金硬等到辽西一带开展武装抗日工作，把辽西地区分散的抗日武装组织在一起，成立了"东北抗日义勇军总指挥部"，宋黎任总指挥，江涛任参谋长，戴昊、那拯彬任军事负责人，共800多人，几百条枪，在辽西的法库、新民、沈阳东的清原一带活动。采取农村和城市轮番进行斗争的方式：当青纱帐起来便于掩护时，就在农村打击敌人；青纱帐倒了的时候，就转入城市做青年工作，搞宣传、策反，打击敌伪势力。

7月1日 东北大学第四届学生毕业者300余人，暑中未招新生，资送毕业生留学事亦寝。

△ 在东北大学体育系毕业典礼会上，张学良校长亲自宣布刘长春和于希渭（冯庸大学学生）为运动员，宋君复为教练员兼翻译，代表中国出席第十届奥运会。

7月30日 东北大学学生刘长春（运动员）、体育教授宋君复（教练员兼翻译）两人代表中国在美国洛杉矶参加第十届奥运会。这是中国第一次正式派运动员参加奥林匹克运动会。国民政府对奥运会采取漠视态度，从未正式派运动员参加。本届奥运会，国民政府亦有不及之参加经费，不派选手出席之宣告。此时正是日寇代伪满洲国在国际间搬弄是非的绝好机会，在这种形势下，中国若不派选手赴美参加奥运会，就不足以攻破敌人之奸计。张学良将军为此目的，决定资助 8000 元作为参加奥运会的经费，使之成行。

第十届奥运会开幕式上，中国代表队入场（第二位执旗者为刘长春）

刘长春在 200 米预赛中排名第四

7月 苗可秀从东北大学毕业后立即回到东北，被邓铁梅委任为东北民众自卫军参议。而后协助邓铁梅整肃部队，并建立军官学校，训练大批骨干，使邓铁梅部义勇军逐渐发展起来。

8月20日 《东北大学校刊》于本日正式复刊，自是规定以半年为一卷。九一八事变前为第1卷，出至26期（实为27期）；复刊后为第2卷，出至23期；第3卷出至26期；第4卷出至22期，总号已至97号。

10月 宋黎组织义勇军三路人马攻打新民县城，造成了极大的政治影响。

本年 我国著名剧作家、诗人田汉的剧本《乱钟》完成。该剧描写东北大学学生抗日救国的动人情景，揭露了国民政府的不抵抗主义。

1933年

2月 教育学院院长姬振铎赴欧美考查教育，遗缺聘方永蒸教授继任。

2月 高鹏作为东北民众抗日救国会军事部的联络副官，陪同辽吉黑热后援会慰问团从上海出发到东北、热河慰问义勇军。慰问团成员之一的聂耳此行听到“镇北军”创作的《义勇军誓歌词》，激发了创作《义勇军进行曲》的灵感。

3月10日 校长张学良将军准备出国赴欧考察，即日下午在北平顺城王府召集部下集会，对有关东北大学问题作指示：“武要保全东北军实力，文要发展东北大学”。“办东北大学，本人先后捐款近200万元。实在费了好多心血。当初的目的为培养实用人才，建设新东北，以促成国家现代化，消弭邻邦的野心。谁知变起仓促，尽失所有，师生来平复学，今后教育要在明耻自强上注意。”“保存东北大学，不是由于封建思想，而是因为东北土地亡了，要用东北大学作联系，它是东北的生命线，在国家可借此以维系东北人心，在东北人民可借此知道国家不忘东北，在国内同胞可借此睹物伤情，痛鉴覆车，更加效忠国家。所以东北大学除了它的本身使命外，实具有最深远的国家民族意义，一定会受到政府的维持，人民的援助的。”

3月14日 秘书长宁恩承适拜河北财政特派员之命，恳辞其秘书长职，遂由北平政务委员会委任王卓然为东北大学秘书长，代行校长职权，即日就任。

王卓然

3 月底　刘百昭院长辞职，聘曹国卿为文法学院院长兼代交通学院院长。

4 月 10 日　张学良校长乘意大利邮船康脱罗素伯爵号出国，去欧洲考察。

5 月 23 日　日军进犯，平津危急，北平国立各校皆提前放假。我校以处境特殊，更不能不另策安全，嗣得军委会何应钦委员长命暂行迁避。遂于本日晨全校师生乘平汉车南下，取道石家庄，西出太原。时晋建设厅长田维纲，以乡谊关系，竭诚招待，并为觅校舍于太原城北炮兵营房。塘沽协定成立后，平津政局小康，我校遂于月末迁返北平。

6 月　国民党政府财政部令于烟酒税下，月拨给东北大学 6000 元。

7 月 1 日　冯庸大学（1927 年 10 月 10 日，在沈阳市西郊浑河北岸，由冯庸私人创办的大学，九一八事变后流亡到北平）并入东北大学，其所占原陆军大学校址，由军委会拨为东北大学校舍。我校遂于即日迁入，设总校于此。以广安门内校舍为第一分校，交通、教育两学院及补习班附焉。南兵马司校舍为第二分校，工学院一、二年级附焉。

东北大学（北平）总校校门

冯庸大学全貌

7月底 本年度外国文学系的英文组、俄文组，哲学、法律、政治、经济、物理、化学、机械、电工、土木、建筑、纺织、公民史地专修科等系科的第五届毕业生231人毕业。因战乱未举行毕业典礼。

9月 华北财政已直隶国民党政府，财政部始月拨补助费25000元给东北大学。

9月初 东北大学自迁平以来首次招考新生，计招有中国文学、史地、边政、电工、土木等学系共145人。为了解决由东北流亡到北平的失学青年就学问题，经教育部核准本校附设大学补习班，本届招收补习班180人。惟史地系学生只有8人，人数过少，不能开班，校令准转入其他学系。

10月 重组东北大学委员会。本校在沈阳时期原有大学委员会委员11人，九一八事变后委员散处各方，不克执行职务，4月，张校长出国前命恢复大学委员会，充实力量，以辅助本校之进行，于是商得教育部王世杰部长之同意，恢复大学委员会。经国民政府教育部教字第八九二九号指令备案的东北大学委员会成员名单如下。委员长：宋子文；副委员长：张学良（字汉卿）；执行委员：王克敏（字叔鲁）、王树翰（字维宙）、刘哲（字敬舆）；常务委员：于学忠（字孝候）、王卓然（字迴波）、王树常（字庭五）、李煜瀛（字石曾）、何应钦（字敬之）、周作民、胡适（字适之）、张伯苓、黄郛（字膺白）、汤尔和、宁恩承、万福麟（字寿山）、刘尚清（字海泉）、蒋梦麟（字孟邻）；委员：于右任、孔祥熙（字庸之）、吴敬恒（字稚晖）、吴铁城、沈鸿烈（字成章）、陈公博、陈立夫、张群（字岳军）、张人杰（字静江）、章士钊（字行严）、蔡元培（字孑民）、罗文干（字钧任）、肖纯锦（字叔迴）、朱霁青、朱家骅。

11月 学校制作新的盾形校徽并下发全校师生佩戴。该校徽由“白山黑水、小舟、‘东北大学’字样、东北四省（黑龙江、吉林、辽宁、热河）地图”组成，成盾牌形状，象征着东北大学要乘风破浪，担负起抵御外敌、收复失地的责任。

12月9日 应代校长王卓然的邀请，王念劬先生来校讲演，题目是“中苏会议经过”，阐述中东路事件后中苏关系。王念劬先生曾任日内瓦中国全权代表、中苏会议专门委员，对中苏会议知之甚详。

东北大学校徽（1933 年 11 月开始使用）

本年 宋黎、张金辉、戴昊、江涛等人组成“中华青年抗日铁血团”，主要开展三项活动：一是派人打入伪军开展策反工作；二是在盛夏和初秋季节，利用青纱帐到农村组织义勇军，真枪实弹打击敌人；三是冬天进城组织民众进行反日斗争。

1934 年

1 月 1 日 校刊第 93 期公布东北大学图书馆规则，该规则共分 30 条，对图书馆书籍报刊的管理、教职员和学生的借阅做了严格的规定。

1 月 8 日 张学良校长由欧洲考察回国，抵上海。

1 月 14 日 本校举行演讲决赛会，全体同学出席听讲，理工学院院长杨毓桢作主席报告，教育界名人李云亭、祁大鹏、周守一、徐士达、鲍明衿、余天休、肖铁笛等 7 人到会，担任裁判。

2 月 1 日 苗可秀等人成立公开武装组织——中国少年铁血军，并向群众及各部义勇军正式宣告。铁血军的宗旨是“用黑铁赤血精神，采取全民手段，收复东北，振兴中国”。苗可秀亲自创作了铁血军四首军歌的歌词，其中一首名为《团结义勇军军歌》，歌词如下。

努力呀！
大家要团结救中华，团结起来力量大。
兄弟们醒吧！你看，你看小小的日本，
三岛的国家，野心真真大，侵略我中华。
组成满洲伪国家，待我同胞如牛马。
兄弟们想吧！要知，要知哥哥弟弟，
抗日的责任，比什么都大，团结奋斗吧。
看正义旗帜高高挂，灿烂光华遍天涯。
兄弟们醒吧！要知，要知我们的生命，
我们的财产，都在铁蹄下，快去夺回它。
大家团结救中华，团结起来力量大

2月28日　开学日张学良校长致东北大学学生电：余由欧观察，所得彼中者，教育印象至深，世界各国，生存竞争，无不以培养人才，阐明学术为根本之计，其教者之善诱，学者之攻苦，孜孜不倦，远非我所能及。我国文化落后，国势阽危，愿求急起直追，非倍力倍速不可。今当开学之期，不克亲临共话，特电勖勉。又致东大代校长王卓然及三院长（理工学院院长杨毓桢、文法学院院长曹国卿、教育学院院长方永蒸）电：方今我国文化落后，危机四伏，非才无以救国，非学无以成，往者诸兄和衷共勉，甚慰寸心。此后尤望对于校务，努力整顿，严格管理，设系宜切合需要，不必求多。招生须程度相当，不可滥取。注重实际，增益效能，庶几在校得一真才，在国即得一救亡分子。

3月19日　东北大学公布《东北大学教师暂行服务章程》，该章程共14条。其中第二条，规定了东北大学受聘教师的类别：（1）受聘按年专任本校授课责任者为教授，每周授课至少9小时，至多12小时，实验钟点2小时作1小时计算；（2）受聘按钟点担任授课者为讲师；（3）受聘辅助教授或讲师授课或学生自修者为助教。其他各条对各类教师应负之责任、校内外兼课及薪金待遇等也做了具体规定。

3月26日　东北大学公布对学生的《惩戒规则》，从本日起实行。该规则共分8章45条：第一章惩戒总则；第二章危害学校存在之惩戒；第三章妨害安宁秩序之惩戒；第四章妨害公务执行之惩戒；第五章荒废课业之惩戒；第六章妨害公益之惩戒；第七章怠忽责任之惩戒；第八章附则。该规则对各种违反校规的行为做了处罚的明文规定，处罚分开除、记大过、牌示、申诫、书面警告等九等。并规定记大过三次者开除学籍，记大过一次者罚伙食两个月，记大过两次者罚伙食一个学期。

3 月 28 日　张学良校长致电在平的东北大学领导，决定停办东北大学农科："我校农科弟已无力设备及其他关系，决定停办。俟将来局势有利，再行恢复。农场着即交还。车马物品，可酌量情形，留用或拍卖。办事学生可予半薪，暂令回校服务，听其自谋出路或外荐。原支经费，决定作补助毕业生留学之用"。我校农科学生，在九一八事变后，因在北平无设备，乃由柳国明主任率领借读于开封河南大学农学院，月支经费 800 元。后来，又购得北平北苑立水桥附近的官地 2000 余亩为农场。到汴后，学生努力，在三年级时即将课程学毕。近因校款支绌，故校长令暂行停办。并按校长令很快完成了善后处理工作。

4 月初　在共青团北平市委领导下，东北大学成立了共青团支部，书记由团市委宣传委员郑洪轩兼任，支部下有两个小组。

4 月 9 日　由东北大学体育部编印《东北大学体育概况》一书，业经出版，内分 5 篇，对于本校体育之过去、将来、实施目的、行政组织、设备建筑、经费支配等叙述颇详。

4 月 11 日　东北大学公布第 233 号布告：《军事训练临时请假规则》，共 6 条，其中第四条明文规定，凡未经请假而竟行旷操一次者记大过一次，在一学期内旷课三次者开除学籍。

4 月 16 日　在平各大学军训检阅，于本日开始举行。检阅结果，东北大学成绩最佳，名列第一。4 月 21 日张学良校长来电嘉勉："佳誉传来，欢慰万分。此故由高主任及各教官训导有方，亦诸生知耻自强，有以致之。可知有一分努力，既有一分成功，未有有因而无果者也。军事教育精神在纪律化，而纪律之价值在能保持永久。望诸生善保光荣之历史，倍加刻苦蹈厉无前，他日鹏程万里，有厚望焉"。

5 月 2 日　平绥路青龙桥南口一带地势险要，本校当局为增广学生军事学识，实地观察该处地形起见，于本日由各院长、林耀先事务主任及学生军各队长，率领全体学生军约 700 余人前往该地。早 5 时出发，当日晚 11 时返校。

5 月 11 日　本校当局为增进学生军射击经验及兴趣起见，于本日及翌日在地坛实地实弹射击。

5月21日 本校英三同学刘学思等发起组织东北大学英文学会，业经在本校训育委员会备案。

5月27日 东北体育协进会在东北大学南校（第一分校）大操场举行第一届运动大会，张学良任名誉会长，王卓然任会长，杨毓桢任总裁判，郭效汾任径赛裁判。东北大学获男子高级团体总分冠军。

6月4日 本日出版的《东北大学校刊》“记在心头”栏目中，刊出了张学良校长于本年5月20日亲自署名勖勉青年努力为国的题词。题词为：现在惟一救国之方是坚却决心，把我自己无条件的贡献于社会和我的国家。

6月8日 东北大学召开第三届校友会全体会员大会，选出21人为委员，并召开第一次执行委员会会议，选陈克孚、王文华、王同寅、张展、杨予秀、傅维钧、刘德邻等7人为常务委员，复经第一次常务委员推定陈克孚为总干事，王文华、王同寅为副总干事。

6月11日 张学良对年度招生的指示电：下季招生，要取严格人才主义，各院以招生两班为最高限度，宁缺毋滥。理工学院可招收电工土木各一级，课程要注重实用。文法学院可招收政治经济各一级，要注重国际外交、农村复兴之研究。教育可招收女子家政及史地系各一级，要注重贤妻良母师资之养成、边疆史地之研究。学生程度不佳或人数不足时，不得勉强成班，招生办法与新生成绩，要继续报告。

6月22日 东北大学代校长、秘书长王卓然分别“致教育部王世杰部长电”“致宋部长子文先生电”“致上海吴市长铁城电”“致北平军分会何应钦代委员长函”“致中央银行函”“致北平市政府公务局汪局长函”，请求为流亡到北平的东北大学部分毕业生安排工作。

7月1日 东北大学第六届毕业典礼在西直门内本校总校举行，到会来宾及东北父老30余人，全体职教员参加。会议主席王卓然秘书长致辞，宣读张校长从汉口寄来的对该届毕业生的训词。本届毕业生本来是252人，因为在北京大学借读的10名学生，后来都转到北大，由北大发给证书。在我校毕业242人，其中文法学院五系73人，理工学院六系72人，教育学院一系19人，农学院三系36人，交通学院一系42人。

张学良校长对第六届毕业学生训词的要点是：毕业是应用所学于实际社会

生活上的开始，大家要“活到老、学到老”，要从整个民族的生存问题上去着想，要认清个人的责任；我们每个人都要具有牺牲的精神，抱有坚强的意志，甘愿摒弃物质的享受，卧薪尝胆，献身为国。

△《东北大学校刊》第 112 期载：东北大学历届毕业生情况：1929 年第一届毕业生，9 个班 120 人；1930 年第二届毕业生，5 个班 114 人；1931 年第三届毕业生，8 个班 153 人；1932 年第四届毕业生，11 个班 303 人；1933 年第五届毕业生，11 个班 231 人；1934 年第六届毕业生，16 个班 242 人。前三届是在沈阳毕业，后三届在北平毕业。

7 月中旬　国民政府教育部关于东北大学进一步充实与发展的指示：（1）整理院系；（2）限制各院系科招收新生；（3）充实设备；（4）厉行教员责任制；（5）限制学生津贴，凡东北四省勤苦学生，自可酌于津贴，其家境尚裕及非东北籍学生，应减少或停止津贴；（6）集中校舍；（7）恪守法规。

7 月末　奉教育部令，整理院、系。暂办文、法、工三学院。（1）农学院，农艺、园林、垦牧三系，原有班次本年既届结束，以后该院应即停办。（2）理学院，生物系本年既届结束，化学系明年亦可结束，以后该院应即停办。（3）铁路管理系，明年暑假结束，以后应即停办。（4）教育学院，教育学系本年不招生。（5）文学院，外国文学系本年不招生，得添设史地系及女子家政专修科。（6）法学院，政治、经济两系，合并为政治经济系；边政系应注意东北方面之研究，法律系本年不招生。（7）工学院，机械、电工两系，合并为机电系；纺织系本年暑假结束，应即停办。该院暂定设土木、机电二系。

7 月 30 日　《东北大学校刊》第 113 期公布第十一届招生简章，共 12 条，招收新生的专业有，文学院：中国文学系、史地学系、女子家政专修科；法学院：政治经济学系、边政学系；工学院：机电学系、土木学系。以上专业各招收一个班。

8 月初　东北大学学生关梦觉、郑洪轩、王兴让 3 人组成中共东北大学地下临时支部（1935 年中共北平市委接收了这个支部）。同年秋，在临时支部领导下，东北大学建立了校内和校外两个反帝大同盟支部，开展反帝爱国宣传活动。校外反帝大同盟支部成员多为东北大学毕业同学和职员，由张希尧任支部书记；校内反帝大同盟支部分为两个小组，由郑洪轩任支部书记。

8 月 9 日　为统筹全校经费，组织并召开东北大学 1934 年度预算委员会，预算委员会委员有杨毓桢、曹国卿、方永蒸、赵鸿翥、王际强、姬振铎、林耀山、王邻虚。指定杨毓桢院长为主席。

8月25日 本届招生业于本月16、17、18三日在西直门内本校举行入学考试。兹于昨日晚将试卷分数评毕，于本日6时在本校门首放榜。计取文学院中国文学系新生31名，史地系新生33名，女子家政专修科新生42名。法学院政治经济学系45名，边政学系66名。工学院机电学系31名，土木学系35名。共取283名。

9月1日 本学期起，校址重新划定：西直门内大街之校址，为文、法二学院之校舍，教育学院四年级亦在此地。第一分校在彰仪门大街，工学院及交通学院四年级一班在此地。第二分校在东城南兵马司一号，文学院女子家政专修科在此地。并另租东总布胡同10号即旧俄文专修馆为补习班校舍（租期届满后，又租西直门外万寿寺为校址）。

9月18日 国丧三周年纪念日，东北大学秘书长、代校长王卓然发表文章——《九一八事变之演进与前途之展望》。主要内容有：事变之史的发展；事变前的东北之建设；暴风雨之来临；塘沽协定后之危机；日本未来之命运；应团结奋斗等，全文一万余字。

10月4日 《东北大学校刊》116期公布北平时期东北大学全校人员、经费、建筑面积一览表。

全校教职员总数一览表

职员总数	36人	男	34人	女	2人
教员总数	135人	男	133人	女	2人
教职员总数	171人	男	167人	女	4人

全校学生总数一览表

男生总数	954人	本科	736人	专修科（无）	补习班218人
女生总数	122人	本科	39人	专修科46人	补习班37人
全校学生总数	1076人	本科	775人	专修科46人	补习班255人

全校每年经费总数一览表

全校每年经费总数	334220 元（内有交通学院每年经费总数 34200 元）

全校房屋面积总数一览表

校本部房屋总数	361 间	校本部面积总数	79.2 亩
第一分校房屋总数	198 间	第一分校面积总数	91.0 亩
第二分校房屋总数	80 间	第二分校面积总数	23.0 亩
补习班房屋总数	94 间	补习班面积总数	25.0 亩
全校房屋总数	733 间	全校面积总数	218.2 亩

10 月 7 日　东北大学执委会成立。东北大学委员会成立后，因委员散处四方，召集不易，遂由大学委员会委员长等专聘王克敏、王树翰、刘哲为执行委员，成立执委会。复以刘委员驻平时间较多，公推为执委会代表，执行执委会职权。

△　校刊 116 期刊登九一八事变后本校概况：（1）校舍；（2）经费；（3）教育；（4）捐款；（5）器材及书籍之增添；（6）农场之借得与退还；（7）大学委员会之恢复。其中经费一项情况如下：本校复课之初，经费原无一定，皆由张校长慨解私囊及各方捐助。迨北平政务委员会成立，始于学款项下，每期（35 日为一期每年作 10 期）拨给补助费 12530 元。而本校各项开销，均系按月支付，故延至 1933 年 3 月，王秘书长接事之时，已亏欠经费两月，数达 2 万余元。时行政院虽已通过宋（子文）副院长提议按月补助本校 25000 元一案，并已令河北省财政特派员公署照付。惟以华北财政困难，拨付军费尚有不敷，故本校经费，迄未实领。嗣由政务委员会王委员克敏，极力赞助，始将啤酒税平均月约 6000 元拨增本校经费。连政务委员会所拨每月共有 18000 之谱。是年 9 月，华北财政划归中央主持，而本校亦赖财政部宋部长子文及王委员克敏之助，始实获每月 25000 元之补助费。1934 年 3 月，铁道部复令北宁铁路局，按月拨给 2850 元，补助本校，以为收容东北交通大学经费，此项补助至 1935 年该班毕业时为止。

10 月 24 日　本学期学生自动组织的党义（三民主义理论）研究会于本日

成立，并举定钱守仁为总干事，赵德民、杨彦超二人为干事。

11月6日 本校佛学研究会成立。本校职员林耀山、房熙永、王邻虚等发起组织佛学研究会，本日召开成立大会，研究会务及定期讲论佛经等事宜。

12月3日 东北大学校友会召开第七次执委会，讨论并通过了发起组织京沪校友分会的提议。

12月16日 本校历届毕业学生留京者，现有50余人，东北大学校友会南京校友分会于本日在首都励志社开成立会，张学良、王卓然到会训话。张学良训话的主要内容是要求校友记住三点：（1）时刻想念北陵校舍何等完备雄壮；（2）时刻记住东北是何等富饶伟大；（3）把国家放在心头，立志为它牺牲，大家要有自信心，互相勉励，要有勇于牺牲的精神。

12月17日 东北大学法学院教授赵明高在河北省无线电台作广播学术讲演，题目是“20世纪之青年”。

12月末 国民政府教育部和训练总监部先后给东北大学等学校发布军事训练令：要求东北大学等校继续坚持军事训练并提出在新的年度里实行如下四项规则：（1）高中以上学校军事教育奖惩规则；（2）高中以上学校学生军事训练成绩核算法；（3）高中以上学校军事教官和军事助教任用简章；（4）高中以上学校军事教官、军事助教、主任教官、总教官服务规则。

1935年

1月1日 《东北大学校刊》出版“新年号”（总号124）。在杨义中写的“编后记”中撰写了校刊历史，其中提到王卓然任秘书长后，校刊改版，从第5卷起，改印16开本样式。第5卷出16期，总号到113号，第6卷已出刊11期，总号124号。

1月3日 国民政府立法院院长孙科到校讲演并检阅学生军。

1月中旬 校方公布东北大学三、四年级寒假留校学生互相策勉温习功课为宗旨的自修团章程。

2月5日 国民政府教育部向东北大学发来第一五六六号训令，通知东北大学，政府已同意关于张学良转请政府在10年内每年补助该大学添置设备费

2 万元的请求。

2 月 17 日　秘书长、代校长王卓然因公赴汉口，所有校内例行校务均由杨毓桢院长代理。

2 月 20 日　寒假期间，东北大学按国民政府教育部、训练总监部关于学校军训的规定，有 60 余名学生到陆军二十五师受训，已毕业，并举行休业典礼。在典礼会上关麟征师长 3 次讲话，杨毓桢代秘书长参加了盛典。

2 月 21 日　遵张学良校长指示，王卓然秘书长电请各院长各系主任到汉开会。前往者有杨毓桢、方永蒸、曹国卿三院长，还有马竟荃、赵翰九、赵配天、刘奇甫、夏仲毅、王健庵、刘问凯、姬金声，大学执行会委员刘哲。会议主要讨论关于校务应兴应革事宜。

2 月　本校在广安门大街之第一分校，原与师范大学研究所同居一院，是月，师大以租期既满，自行迁让，遂由本校单独承租。至是，本校以西直门崇元观为总校，文法学院及总办公室在焉；广安门大街为第一分校，理工学院在焉；南兵马司一号为第二分校，女子家政专修科在焉。此外，补习班校址在东总布胡同。

3 月 1 日　本校今日先后在校总部、各分校举行新学期开学典礼，由秘书主任林耀山和各学院院长到会讲话。方院长在讲话中强调："这次到汉口去开会，张校长特别嘱咐我们三位院长关于训育方面，要特别注意，由院长负责辅导"。林主任强调安定团结，指出："今后我们师生要走向合作道路，共图学校之发展"。

3 月 16 日　校刊编辑部及讲义室合并改称出版部，并派杨义中负责办理该部事务。

3 月 18 日　王卓然秘书长主持召开本学期第一次行政会议，各院长出席。通过训育委员会、教务委员会、课余委员会章程草案等事项。

3 月 21 日　校召开本学期第二次行政会议，议决本校送外校借读生伙费、讲义费的供给，本学期末一律停止等事项。

3 月 23 日　为教职员精诚团结，由校秘书长、各学院院长发起，将教员公会扩大成立东北大学教职员俱乐部，于本日召开成立大会。该俱乐部以增进本校同人友谊及办理同人公益为宗旨，制定了东北大学教职员俱乐部简章（草案），并选举了王卓然、方永蒸、曹国卿、杨毓桢、吴贯因、马宗芗、潘君方等为干事。

3 月 25 日 校召开第三次行政会议，议决各级设教室日志，职员订服务规程，职员设上班签到簿，校本部由代校长王卓然核阅，第一分校由杨毓桢院长，第二分校由方永蒸院长，补习班由陈万毓主任分别核阅。

3 月 27 日 东北大学学生共 317 人，领取国民政府教育部东北教育救济处发放的教育补助费，大洋 1467 元。

4 月初 中国文化建设协会北平分会致函东北大学，为“纠正青年浮嚣荒学积习，造成良好学风”，定于本月 15 日举办读书运动周。为此，学校敬请教授们选出参考书目，令学生自习，准备好参加活动。

4 月 8 日 《东北大学校刊》第 7 卷 4 期（总 131 号）公布东北大学各学院教务会议章程，主要内容有各学院教务会议的隶属关系及职责等。同时还公布了军训处办事细则、新生活指导委员会办事细则、东北大学学生请假规则等。

4 月 15 日 校召开第六次行政会议，决定编印全体同学录等事项。

4 月 22 日 校召开第七次行政会议。决议：学生缺课过 1/3 者统令休学；工学院聘请李伯英任国术教员等事宜。

△ 东北大学按国民党政府教育部训令，公布由教育部制订、行政院批准的学位授予法，并遵照执行。

△ 东北大学公布由校第七次行政会议通过的东北大学音乐会章程。

4 月 28 日 本校法律学系第四班毕业生杨义中，领到律师证书，为本校在平法律学系毕业生领到此证书者之首。

4 月 29 日 东北大学召开第八次行政会议，讨论并议决学生参观补贴，严格考试纪律等事宜。

5 月 5 日 东北大学校友会举行第五届会员大会，119 人出席。会议对原校友会简章依照新颁布修正人民团体组织方案之规定进行修正，并选举王卓然等 21 人，为新一届校友会理事；王丕烈等 7 人为校友会监事。

5 月 6 日 校召开第九次行政会议，议决组织本届毕业考试委员会事宜。

△ 本校边政学系、史地学系同学组织西北考察团，其宗旨系以考查西北边疆土地、人口、气候等情况，以促国人注意并将东北实况传至西北，唤起西北人士之注意。

5 月 13 日　校召开第十次行政会议，议决本月 26 日召开校务会议，并请姬振铎、王之相参加会议。

5 月 19 日　第二届东北运动会于本月 18、19 日在我校彰仪门体育场举行。观众 5000 余人，运动员 428 人，创 20 余项东北新纪录，我校夺得男高级田径赛冠军。参加单位有五省区 12 个单位，到会者有名誉会长张学良的代表万国宾、名誉副会长邵文凯及会长王卓然、总裁判杨毓桢、总干事胡安善等。

5 月 20 日　《东北大学校刊》公布《东北大学校务会议章程》，章程内容有 7 项，内容主要有：（1）教务会议由大学委员会执行委员、校长、秘书长、各学院院长、各系部主任及特聘之教授讲师等人员组成；（2）会议以大学委员会执行委员及校长为主席；（3）讨论建议事项，有一般建议与改进、经常费及设备费预算、教育标准提高、学术研究。

△　校召开第十一次行政会议，议决本届毕业典礼举行时间等事项。

△　毕业考试委员会加聘校外委员 7 人：文学院聘杨子余；法学院聘刘世传、黄复生、李光忠；工学院聘刘仙洲、许厚庵、张豫生等。

5 月 26 日　东北大学召开校务会议，由东北大学委员会的执行委员会代表刘哲主持会议。会议通过了提高教学效率案、东北大学训育纲要、待遇学生办法暂定大纲案等议案。

5 月 29 日　校召开第十二次行政会议，议决事项：关于东北旧生来校请求复学者，均须受编及试验。

6 月 9 日　秘书长、代校长王卓然因事请假，所有校务暂由杨毓桢院长代理。

6 月 29 日　东北大学校令：决定 7 月 1 日开始放暑假，9 月 1 日开学，开学前三天报到注册。

7 月 1 日　东北大学举行第七届毕业生毕业典礼。本届毕业生共 280 人，其中东北籍学生 241 人，非东北籍学生 39 人；女生 4 人，男生 276 人；年龄最大 32 岁，最小 22 岁，平均 25 岁。毕业生成绩最高 88 分，最底 64 分，平均 78 分。毕业典礼会上，由秘书长、代校长王卓然颁发毕业证书，依法授予学位。并宣读了张学良校长对毕业生提出的书面训话，大意是：要活到老、学到老；要努力谋民族职业问题之解决；要有自信力，自信我们一切均可做到。参加毕业盛典的有各院教授及来宾共 700 余人，其中来宾有：政务委员会代委员长、东北大学委员会执行委员王克敏；前教育总长，东北大学委员会执委会代表刘哲；前东北大学秘书长、代校长、财政部河北特派员兼冀晋察绥四省统税局局长宁恩承；北平市袁良市长的代表袁祚祥等。

7月3日 东北大学公布《东北大学行政会议章程》《东北大学课余委员会章程》《东北大学出版委员会章程》《东北大学事务会议章程》。

7月25日 东北大学学生苗可秀由北平回到辽东后，参加了邓铁梅义勇军部（该部有四五千人），初任教育长，旋任参谋长，邓铁梅殉国后，苗可秀仍领其众，游击不辍。6月13日在与日军作战时，被炮弹击伤臀部，在养伤期间于6月21日被日军逮捕。苗可秀被俘后在狱中先后给东北大学秘书长、代校长王卓然等写信表示了誓死如归的精神，他说：古语谓“慷慨就死易，从容赴义难，自生观之，两皆易耳”。本日午后，日寇在凤城与凤凰山之间，在苗可秀面前置木柴一堆，为焚刑使用之物。日寇对苗可秀说，不降即被焚。苗可秀坚定地回答：“但愿一死”，并说：“中华民族千秋正气！”，高呼口号，从容就义，为抗日事业献出宝贵的生命，年仅29岁。

7月末 理学院、教育学院、交通学院停办。

8月初 本年度招考新生，计录取史地学系、经济学系、土木学系及女子家政专修科各一班，共137人。此外，招文、法、工补习班各一班，共录取165人。

8月30日 校召开第十七次行政会议，议决关于房舍分配等问题。

8月31日 校召开第十八次行政会议，议决补习班租用广安中学校舍等问题。

9月2日 本校在西直门内校本部礼堂举行开学典礼，秘书长、代校长王卓然以及杨院长、曹院长、方院长到会并讲话。

9月3日 校召开第十九次行政会议，议决有关学籍管理等问题。

9月4日 校召开第二十次行政会议，议决补习班原拟租用广安中学校舍，因故交回不租。另借用东北中学万寿寺校舍。

9月16日 校召开第二十一次行政会议，议决本校各级以讲义费移购书籍暂行办法。

10月1日 校召开第二十三次行政会议，议决关于向东北青年教育救济处申报补助勤苦学生的事宜。

10 月 1 日 法学院綦灵均、张无畏（张金辉）等本着“己饿己溺”的情怀，组织了东北大学水灾赈济会，东大师生加入者踊跃。11 月 18 日，在北平各校水灾赈济会的基础上，成立了北平市学生救国联合会（简称学联）。

10 月 5 日 校课余生活指导委员会召开第一次会议。王秘书长，方、曹院长，林主任，吴贯因教授等出席。讨论事项主要如下。成立 3 个新学会：速记研究会、健康促进会、化学研究会。课外生活指导委员会之常务委员会拟定由 7 人组成，拟聘请各学会之导师。政经学会：曹伟民、鲍明钤、许炳汉、赵配天。边政学会：刘奇甫、夏仲毅。史地学会：吴贯因、王华隆。国文学会柯昌泗。女子家政学会杨育淑、刘儒贞。土木工程学会：王茂春。电器工程学会：王健庵、杨大光、房克成。佛学会：邓高镜。国学读书会：王西征。英文读书会：方永蒸、顾亮忱。日文读书会：张仲直、汪大捷。蒙文读书会：黄成、包悦乡。俄文读书会：王之相、夏仲毅。书画研究会：吴伊贤、溥心畬。音乐研究会：阎述诗、周大文。戏剧研究会：熊佛西。雄辩会：鲍明钤。

10 月 16 日 本校校工夜校原主持人毕业，停办三四个月，现日三郭书田、国三郑万魁出面主持。本日又正式开班，公推林耀山主任为校长。

10 月 21 日 校召开第二十四次行政会议，讨论电子系学生请求成立无线电研究会，议决归电工学会，改为无线电研究组等事宜。同时还公布了《东北大学课外学术团体简章暂行通则》，对各学术团体的名称、宗旨、会员、导师等作了规定。

△《东北大学校刊》第 8 卷第 4 期（总 145 期）公布《东北大学倡导课外学术团体暂行大纲》，其目的是使学生各遂兴趣以发展其天才。

△ 本年黄河泛滥，鲁西 20 余县遭灾，灾民 500 余万。举国上下罔不力图救济，北平各大学均有水灾赈济会之组织。我校法学院边政学系学生綦灵均、张无畏等亦本己饿己溺之怀，组织水灾赈济会，加入者颇为踊跃。本日，东北大学公布《东北大学水灾赈济会会章草案》，对该会的宗旨和入会条件等作了规定。

10 月 24 日 校公布《修正学生请假规则》，共 12 条。

11 月 3 日 校公布补习班三项规则：《东北大学补习班教室规则》《东北大学补习班惩罚条例》《东北大学补习班寝室规则》。

11 月 9 日 王卓然秘书长召集文法两院同学训话，主要内容如下。一是关于国事，这次到京参加全国运动大会，看到观众对东北选手表示欢迎与同情，说明中国前途有希望，大家静心读书，不可轻举妄动游行请愿。二是校务者，二年前即有迁移西安的计划，今春已采好地址在陕西省华阴县，具体地址尚未借妥。

△ 校选出第二届校款稽核委员会委员：职员有方永蒸、曹国卿；教员有：王华隆、吴贯因；校友有王毓翔、王玉佩。

△ 校公布史地学会、政经学会、电气工程学会、佛学会、音乐研究会章程。

12 月 2 日 本日晚北平市学生救国联合会（简称学联）在燕京大学的体育房召开第三次代表会，出席会议的东北大学代表是郑洪轩和邹鲁风。这次会议针对日本对华北的侵略和国民党的妥协退让政策，讨论通过了发动请愿斗争的纲领、宣言、口号等。

12 月 6 日 东北大学级长会联合燕京大学、清华大学、北平大学等 13 校学生自治会发出通电，批评了蒋介石的对日妥协、退让政策，对政府提出如下要求：（1）誓死反对“防共自治”，请政府即下令讨伐叛逆殷汝耕！（2）请政府宣布对敌外交政策！（3）请政府动员全国对敌抵抗！（4）请政府切实解决人民言论、结社、集会之自由。

12 月 8 日 北平“学联”在清华大学召开了第四次代表会，会上除决定于 12 月 9 日发动各校学生到中南海向华北当局请愿和举行示威游行外，着重讨论并制定了行动计划和游行路线。参加会议的东北大学学生郑洪轩和邹鲁风返校后，当晚在法学院边政学系俄文组“第一班”三年级学生宿舍召开会议，向宋黎、关山复、唐杰生、林铎、王一伦、韩永赞等 10 余人传达了会议精神，为第二天参加游行请愿做准备工作。

△ 校水灾赈会公布捐款者名单。学生捐款者共 189 名。

△ 由本校注册部编印的历届毕业同学录，已印竣。

12 月 9 日 利用早饭开饭时间，在北校大饭厅由王一伦和胡焜（字开明）等同学讲话，传达了北平“学联”决定，号召同学们进行和平请愿。东北大学学生表示拥护北平“学联”决定，当场推定宋黎同学任东北大学请愿游行队伍的总指挥，由韩永赞、肖润和等同学组成纠察队。接着，同学们排着整齐队伍，冲破军警阻拦，与兄弟学校一起到新华门向何应钦请愿，不果，改为示威游行。东北大学学生走在游行队伍最前头，一路高呼“打倒日本帝国主义”“停止内战，一致对外”“反对华北五省自治”等口号。当游行队伍行至东交民巷附近时，遭到反动军警的镇压，许多学生的鲜血洒在北平街头。为了坚持斗争，东北大学学生成立了“东北大学学生救国工作委员会”（简称工委会），委员有 30 多人，宋黎、郑洪轩、邹鲁风被选为常委。

△ 当日晚，东北大学秘书长王卓然在北校大礼堂召开全体学生会议，指责游行请愿是“轻举妄动”。

12 月 12 日 校长张学良由西安发来电报，要求学生不要“卷入漩涡”“救国不忘读书”。

东北大学师生走在了一二・九运动的最前列（一）

东北大学师生走在了一二・九运动的最前列（二）

12 月 16 日 北平“学联”为反对“冀察政务委员会”成立，于本日在天桥召开了万人露天大会。参加大会的各校学生分四路进入会场。东北大学学生是第一路的领队，冲破军警阻拦，准时到达会场，参加大会。大会通过了不承认“冀察政务委员会”，反对华北任何傀儡组织等决议。会后举行游行示威。东北大学学生游行队伍行进到骡马市大街时，又遭到事先埋伏的反动军警皮鞭、大刀、棍棒的残酷镇压，许多学生受伤。

△ 校刊刊登三份告同学书：一是由北京大学、清华大学、东北大学、北平大学、师范大学、燕京大学等 6 校校长联合署名的《告同学书》，对同学爱国之心，深表同情，规劝同学勿荒废学业，立即复课。二是由东北大学校友会给在校同学的《告同学书》，希望同学勿别生枝节，勿虚掷光阴，即日恢复学业。三是由国民党二十九军军长、“冀察政务委员会”委员长宋哲元发表的《告同学书》，意思是，“学生四出请愿，是被人利用和驱使的，荒废了学业，至可痛惜。成立‘冀察政务委员会’系中央之命，有其应设之必要。学生应当觉悟，安心求学，勿再为无益奔走。

12 月 28 日 本校大学生辩论会工学院与法学院决赛结束，结果工学院胜利，个人第一为李学铭。此次辩论会题目是：“中国女子教育应以贤妻良母为目的”。

12 月 31 日 张学良校长的代表赵翰九携款 1000 元到北平慰劳参加一二·九运动的东北大学学生。于当日到校向学生讲话：“校长派我来，有两种使命，一慰问同学；二希望同学。慰问同学的意思是：校长远在西安，阅报得知同学为爱国心重，请愿时被警察打伤，校长不明真相，特派我来慰问诸同学，藉明真相。希望同学有三点：一是希望同学要团结，然后才有力抵御外侮；二是希望同学要沉着，救国不忘读书；三是希望勿久荒学业。”

12 月末 中共北平临时市委学委在女一中召开会议，讨论“一二一六”后，学运如何深入发展问题，东北大学学生宋黎参加了会议。

1936 年

1 月 2 日　校长代表赵翰九处长，领校长意旨，于本日在半亩园举行欢宴全校教职员会，略谓：校长以诸位同人努力，学校得以维持，自身虽远在西安，而心中常为念念，仅奉薄酒一杯，代表校长敬祝诸位同人新年健康。

1 月 3 日　北平“学联”组成了“平津学生南下扩大宣传团”，把抗日救亡的学生运动发展成为抗日救亡的人民运动。宣传团下设 4 个小团，东北大学宋黎等部分学生参加了第二团，宋黎担任宣传团总团的副总指挥。美国著名记者埃德加·斯诺对南下宣传团进行了现场采访。

1 月 4 日　由校长张学良、秘书长王卓然联合署名发布“选举赴京代表”的东北大学布告（第五三三号），其主要内容是传达教育部转来的行政院的训令：由教育部召集交通较便各省及直辖市专科以上重要学校之学生，每校得来 1~3 人，随同校长于 1936 年 1 月 15 日在首都会见，由南京行政院院长说明时局及政府方针，并得由该生等陈述意见。同时学校公布“东北大学选举赴京学生代表方法”。

1 月 7 日　东北大学秘书处接到西京校友会发来的慰问参加一二·九运动学生的电报：“我校同学懔国难之严重，念匹夫之有责，参与游行运动，忍饥茹痛，备尝艰苦，爱国热诚至所钦佩，本会会员身在西京特电慰问”。

△　学校颁布第五三四号布告：工学院院长杨毓桢请假，所遗职务聘电工系主任王际强暂行兼代。

△　奉张学良校长命令，各级选举代表一人，赴西安听训。所选代表是：李正风、金锡禄、严鸿福、查庆丰等 6 人，于 6、7 两日分别到达西安。张校长接见了李正风等人，询问了北平学生运动和东北大学同学的情况。

1 月 8 日　“平津学生南下扩大宣传团”第二团到达河北固安县，用召开群众大会、深入农家访问等方式进行抗日救亡宣传，走向了与工农兵相结合的正确道路。

1 月 11 日　本校王卓然代校长及各院院长因公不克分身，东北大学委托法学院教授鲍明钤为本校赴京代表，即日起程前往南京。

1 月 14 日“平津学生南下扩大宣传团”第二团在河北新城县辛立镇被反

动军警包围，宣传团指挥部的副总指挥宋黎连夜回北平汇报情况，中共北平市委根据实际情况决定撤回宣传团，终止南下宣传。不久成立了“中华民族解放先锋队”，东北大学李正风、李荒等部分学生先后参加了这个共产党领导的先进青年群众性组织。

东北大学西安分校校门

1月底 王卓然接张学良校长电报：“请学生派民主代表赴西安”，东北大学学生救国工作委员会派宋黎、韩永赞、马绍周去西安，向校长汇报东北大学学生运动情况。之后，校长张学良把宋黎留在身边工作。

2月初 东北大学勘定西安西门外陕西省立农林职业专科学校旧址为西安分校校舍，校方决定将工学院、补习班由北平迁往西安。

2月中旬 为学校人事更动事宜，张学良校长提出接替王卓然秘书长的人选：第一要进步，有名望，跟学生合得来；第二得有真才实学；第三要有钱，假如南京政府不发经费，他也能继续办学。思索良久，是年春节，张学良给东北保安副司令张作相写信祝贺春节，同时请他劝周鲸文来东北大学接替王卓然工作。周鲸文，1908年生，辽宁锦州人，曾留学美国密歇根大学，毕业后又赴英国伦敦大学，获博士学位。九一八事变后回国，创办《晨光晚报》，之后，在其舅父张作相部下做政治宣传工作，组织“东北民众自救会”，刊行《自救》周刊。

2月12日 张学良校长的代表赵翰九处长于本日再次莅校，向学生报告工学院及补习班迁往西安之意思，校长恐同学荒废学业，故有意组织西北旅行团之举。

2月13日 校秘书处发表通告，奉代理校长谕：派秘书主任林耀山为西安分校主任，本校秘书主任职务由会计主任王邻虚暂行兼代。

2 月 17 日 本校工学院及补习班所合组之西北旅行团，经保定、郑州，于本日顺抵西安。

2 月 19 日 西安分校召开第一次校务行政会议。出席会议的有工学院王际强院长、补习班陈万毓主任、校秘书林耀山主任。会议讨论工学院和补习班教务工作的分工，校机关部、室工作人员的安排等。

2 月下旬 张校长接到东北大学文学院方永蒸院长发来的电报：北平当局对学生进行了大逮捕，东北大学被捕去 43 名学生（总共捕去 46 人，其中 3 人是在东北大学借宿的）。张学良校长决定派宋黎以其秘书的身份（化名宋孟南），带着他给北平东北宪兵司令部司令邵文凯的亲笔信，去北平营救被捕的学生。信中说："东北沦陷，我有责任，对家乡子弟要多加爱护。特派秘书宋孟南全权代表处理学生问题"。

2 月 22 日 西安分校召开第二次校务行政会议，出席会议的有王际强院长、陈万毓主任、林耀山主任，会议讨论了教室、教授住房、学生注册及学生伙食等问题。

2 月 24 日 西安分校于本日正式上课，教授已将到齐，并经王际强院长新聘李仪祉、雷孝实、寿星南为名誉教授。此时，西安分校共有教职员 41 人，学生 263 人。

2 月 25 日 西安分校召开第三次校务行政会议，出席人员有王院长、陈主任、林主任、孙教官，讨论事项有出操、升旗、学生宿舍及膳厅管理等。

2 月 27 日 东北大学发布第二七号牌示，规定办理赴西安报到程序：查本校工学院及补习班，前赴西北旅行，已在西安觅妥永久校舍，即行迁往该地开课，定为本校西安分校。所有该工学院及补习班未及随去学生，自应续行前往入学，以重课业。兹定以 3 月 5 日为报到截止日期。仰各该生等于期前到第一分校导师办公室报到，以便备车运送。倘逾期仍不报到，工学院学生即予休学，补习班学生即予除名。

3 月 5 日 西安分校召开第四次校行政会议。出席的有王院长、陈主任、林主任，讨论工学院和补习班 60 人签名请添国术课并拟请李伯英来校任教以及与总校联系事宜。

3 月 6 日 本校工学院学生第二批赴西安者，于本日起程。此次学生起程后，不再独送工学院学生去西安。

3月16日 东北大学师生为营救被捕同学积极捐款，共计捐洋137元整。

△ 请于斌博士莅校讲演“复兴运动之基本修养”。于先生留学意大利10年，任罗马大学哲学史教授4年，曾获政治法律及哲学博士。并获得意大利王冠爵士位。

3月23日 本校同学镡福祯被选为中国足球队运动员，将参加于8月间在德国开幕的世界足球赛。

3月26日 经多方营救，本校被逮捕同学先后分三批释放归校，最末之一批共24名，届时本校全体同学，候于校门外热烈欢迎。

3月28日 本日上午10时，张学良校长首次到西安分校训话，全体学生出席，张校长训勉学生吃苦耐劳，安分向学。训话毕，视察了分校之周围，至11时半离校。

△ 总校及南校（第一分校）、东校（第二分校）全体同学在总校大礼堂召开欢迎被捕同学归来大会，会后在学生膳厅聚餐。

4月初 东北大学音乐教师阎绍璩（字述诗）根据著名诗人光未然写的诗《五月的鲜花》，谱写出《五月的鲜花》歌曲，在东北大学校内广为传唱，以后传遍全国。

4月7日 西安分校召开第七次校务行政会议。参加人员有王院长、林主任等。主要讨论了工学院及补习班未到西安分校报到且未请假者的学籍处理问题。

4月11日 西安分校召开第八次校务行政会议。参加会议的有王院长、林主任等。议决事项：组织消费社问题和对超假学生的处分问题。

4月16日 校本部公布牌示：查俄三学生邹鲁风、日三学生马绍周、政经二学生宋黎等3名，本学期逾限多日尚未到校注册，应令休学。

5月1日 东北大学西京校友会会刊第1卷第1期出版，张学良校长祝贺会刊出版，对大家提出三点希望：第一不要放弃了功课；第二不要忘记了团体；第三不要过鬼混颓废的生活。

5月11日 《东北大学校刊》第161期刊载“营救被捕同学捐款收支一览表”（第二次公布），共计捐洋194.1元。

5月20日 本校1936年度毕业考试委员会成立。刘奇甫、夏仲毅、梁其凯、张铭、张筱、陈伯韩、蔡亮澄、余天休、李景铭、刘甸忱、杨嗣荣、赵普巨、侯剑尘、李孟心、纪雅格、张重一（辅仁大学）诸教授为考试委员。曹院长、方院长及各部主任，各学院导师为监视委员。

6 月 20 日　本校召开教职员临时会议，讨论本学期期考是否如期举行，学生罢考应如何应对。议决：考试均如期在课室举行，教授分头劝告学生参加考试，如有学生旷考或妨碍他人考试者，按校章处理。

7 月 1 日　本校举行第八届毕业典礼并续招新生。

8 月初　《东北大学一览》(1936 年)出版，该书扉页上印有新“校徽”图案。新“校徽”为上宽下窄的盾形，白山黑水为背景，正中上方印有东北四省地图，下方有一小舟，小舟上写有东北大学四字。

8 月上旬　校长张学良邀周鲸文到西安金家花园巷将军府邸，就邀请周鲸文任秘书主任、代校长一事进一步商谈。在谈话中校长着重说明今后的办学方针：“我们这个学校的特殊性，不是一般的大学，而是为抗日造就干部，也可说我们要办抗日的大学”。

8 月中旬　张学良校长用旧东北三省官银号节余款 15 万元，修筑西安分校校舍。在修建大礼堂时，在礼堂奠基石上题词：“沈阳设校，经始维艰，自九一八，憬遭摧残，流离燕市，转徙长安，勖尔多士，复我河山”。

8 月 29 日　国民党陕西省党部奉蒋介石密令，在西安西北饭店逮捕了在张学良将军身边工作的东北大学学生宋黎等人。宋当即被西北军救出。张学良校长为营救被捕的抗日学生代表，派兵查抄了国民党陕西省党部。这就是著名的“艳晚事件”。

8 月下旬　东北大学人事更动：周鲸文任秘书主任、代校长，兼任法学院院长。杨毓桢任文学院院长；金锡如任工学院院长。

周鲸文

9 月初　新学期开学后，为落实张学良校长提出的办抗日的大学的方针，周鲸文代校长先后请许德珩、杨秀峰、张友渔、徐冰、齐燕铭等知名人士到东北大学授课。

9 月中旬　周鲸文代校长在东北大学新学年开学典礼大会上向全校 2000 多名学生讲话，告诫学生不要忘记在东北的亲人们尚过着亡国奴的生活，“希望在校的同学好好地完成大学教育，备将来服务于社会，但我们这个大学有特殊性，我们是东北流亡的学校，我们的任务就不单纯作课堂课本学习了，我们要担负起抗日回家的任务。简单说，我来主持校务，是来办抗日大学，是为国家培养抗日骨干！”

9月18日 “东北民众救国会筹备会”在西安召开万人大会。东北大学西安分校全体师生参加了这个大会。东北大学工学院院长金锡如在大会上作了讲话。会上发言人一致呼吁：“张学良将军率领东北军团结御侮，抗日打回老家去”。张学良将军到西安后第一次在群众大会上讲话，他激动地说：“东北军没有忘记东北的父老兄弟姐妹和白山黑水，一定打回东北老家去”。东北大学学生和群众报以经久不息的掌声。

10月中旬 全校学生到北平西郊上军训课——作实地打游击的演习。演习地点在旃檀寺附近的山地。代校长周鲸文任总指挥，以某目标作假想敌人，演习游击战。演习由午夜开始，延续到第二天天明。

12月9日 东北大学西安分校师生参加了西安各校和市民纪念一二·九运动一周年的请愿示威游行，并走在队伍的最前面。当游行队伍去临潼向蒋介石请愿时，校长张学良赶到十里铺劝阻学生，说：“我与你们是站在一条战线上的，你们的要求也就是我的要求，也许我的要求比你们还急迫”，“临潼你们一定不要去，因为灞桥那边，就有中央宪兵，你们去那里很危险！”最后，张学良将军向站在面前的同学们挥泪发誓：“我张学良也不愿当亡国奴，也要抗日！”你们的要求，“在一个星期内，我准有满足你们心愿的事实答复你们”。学生们听后深受感动，便整队返校。

12月12日 凌晨，震惊中外的西安事变爆发。上午10时，工学院院长金锡如接到在南辕门西北“剿总”工作的应德田同学的电话：“联合成功”（捉蒋成功的暗语）。东大西安分校师生获悉事变发生后，兴奋万分，相互拥抱，有的甚至喜极而泣。

东北大学西安分校学生纪念一二·九运动一周年请愿示威游行

12月14日 以东大西安分校同学为主体的西安学生救国联合会，会同西北各界救国联合会等18个救亡团体联合发表通电，号召全国同胞万众一心，精诚团结，一致对外，共赴国难，以挽救危亡。

12月16日 东北大学西安分校同学参加西安10余万革命群众举行的抗日集会。会上东北大学校长张学良将军发表演讲时提到："在一二·九那天，我曾经向参加请愿的同学们讲，关于抗日问题，一星期以内，用事实答复你们，想诸位还记得。那天的事情，真是给我一个很大的刺激。现在我再把发动'一二一二'事件的近因，也是最主要的原因，简单地向诸位讲一讲。我同委员长私交感情很好，所争的就是政治主张。我几次用书面诤谏，请他放弃他的错误的违反民意的主张，领导全国民众从事于全国民众所愿意做的工作，做一个全国民众所爱戴的领袖，可是他不但不接受，近来反而变本加厉了。因为一二·九西安学生运动，我同委员长在言语上发生了很大的冲突，我认为学生请愿的动机是纯洁的，处置的办法，只有和平劝导。而他却说：'对于那些青年，除了用枪打，是没有办法的。'各位同胞们，我们的枪，不是打中国人的，我们的枪，所有中国人的枪，都是打日本帝国主义的。由于上项事情看来，我们认为，蒋委员长的主张和决心，用口头或书面的劝谏，是不能改变的，所以才同杨主任和其他西北各将领，发动了'一二一二'事件。"张学良激动地说：

“这次事件（西安事变）完全为了实现救国主张，置生死毁誉于度外”。

是年 在北平的东北大学学生准备排演《阿银姑娘》，经学生们的请求，东北大学音乐教师阎绍璩为其序曲的词谱曲后，首先由东北大学师生在校园中传唱，又从东北大学传遍全国，成为家喻户晓的抗日救亡歌曲。

1937 年

1 月 7 日 国民党政府教育部为彻底“整顿”东北大学，连发三份密令，令臧启芳会同北平社会局雷局长接收东北大学，并令接收后由臧启芳代理校长职务。此事，遭到东北大学多数学生的反对。臧启芳于九一八事变后离开东北大学，与陈立夫一起组织东北协会，来往于南京、上海之间，从事抗日救亡工作。1934 年起先后担任盐城和无锡地区专员兼保安司令。

1 月中旬 西安事变后，西安“学联”发动戏剧界宣传抗日救国和进行募捐活动，募到一批慰劳品。由“学联”派同学分别到红军、东北军和十七路军前线指挥部慰问。东北大学西安分校学生参加了慰问团，到泾阳慰问红军，受到中国工农红军北上抗日先遣队司令员彭德怀的接见。

1 月 28 日 国民党政府教育部以东北大学拒绝接收，反对臧启芳任代校长为由，决定停发本校经费。

2 月 10 日 东北大学学生会为反对臧启芳任东北大学校长，假校本部举行记者招待会，主持人向到会各报记者介绍了东北大学的历史和现状，并着重指出：（1）东北大学是私立大学；（2）私立大学的校长是大学委员会推选的；（3）张学良校长并未声明辞职。

2 月 10 日 北平学联在本校大礼堂举行隆重的欢送会，欢送“华北学生请愿团”赴南京向国民党三中全会献旗请愿。要求国民党、蒋介石停止内战，一致对外。欢送会上本校同学代表北平学联致欢送词，并向献旗团授旗。本校学生严洪顺参加了献旗请愿团。

2 月 20 日 按国民党政府教育部关于南迁东北大学的指令，经当时的河南省政府同意，东北大学代校长臧启芳在河南省开封市河南大学商借到校舍，在其大礼堂设东北大学办事处，并命令在北平的东北大学文、法学院全体师生到河南大学报到，先后约有 500 名师生到达。

东北大学师生举行“庆祝东北大学建校 14 周年大会”后，部分教职员在东北大学办事处合影

2 月下旬　东北大学在河南大学挂牌后，臧启芳兼文学院院长，白世昌任法学院院长，曹树钧为事务长。聘王文华教授为工学院院长，去接办在西安的东北大学工学院。

2 月底　臧启芳来西安接收东北大学工学院，被学生拒绝后，学校被军警包围，大部分学生有组织、有步骤地撤出包围后由西安回到北平，与不去开封仍留在北平的东北大学师生汇合。

3 月 3 日　留在西安的东北大学工学院和补习班学生，本日开学上课。

4 月 20 日　东北大学由北平来河南大学的学生本日正式开课。因部分教授未能前来，则由河南大学教授代为授课，或与河南大学学生合班上课。

5 月 17 日　南京政府教育部令：东北大学改称国立东北大学。

5 月 19 日　留在北平的东北大学师生约 400 余人，以反对臧启芳任校长、要求张学良校长实际长校、要求政府恢复东北大学每月 2.5 万元的补助费（1936 年底该费停发）、反对迁校开封、维护东北大学完整等事为由，组成“东北大学护校赴京请愿团”，赴南京向国民党政府请愿。请愿活动于本日从北平出发，经天津、济南向南京行进。

5月22日 “东北大学护校赴京请愿团”由济南南下到柳泉，受到国民党2000余名军、警、宪兵的包围。在被围困的3天中，东北大学学生代表与教育部代表达成三项协议：（1）在张校长（汉卿）长校原则下，重新决定代理校长人选；（2）教育部继续拨发东北大学每月2.5万元补助费；（3）在接受教育部改组东北大学的原则下，在平学生仍不离平。在达成协议后，于本月25日返回北平，并发表《东北大学护校赴京请愿团南下归来告社会人士书》，宣告南下请愿的结束。

6月14日 南京政府教育部为东北大学颁发铜质校章，“国立东北大学关防”及铜质小官章“国立东北大学校长”，即日启用。

6月23日 东北大学西安分校增建校舍次第竣工。遵教育部集中办学令，文、法两学院教职员、学生由河南开封迁入西安分校。本届毕业生于各院校集中前，已就业离校，未及举行毕业典礼。

7月初 国立东北大学布告第七十九号，主要内容有：凡有学籍之留平各生，如能于本年9月1日以前赶来本校者，仍准注册；其已开除之各生如能在9月1日前呈递悔过书，请求恢复学籍，经查确有悛悔实据者于填具保证书后，暂准入学试读，以观后效，并经呈奉教育部核准在案。

7月7日 卢沟桥事变爆发，东北大学在北平的所有印卷、款物、图书、仪器，率与平津同归沦陷。事变后，滞留在北平的东北大学学生，一部分直奔抗日解放区，一部分在周鲸文的协助下，经天津、青岛、济南等地，逃离沦陷区，有的走上抗日战场，有的继续就学。

7月中旬 卢沟桥事变后，留在北平的柳文、赵雪寒、王蕴华、王速振等东北大学女同学到卢沟桥前线慰问二十九军抗战将士。

7月 本校政经学系分为政治学系和经济学系。

8月中旬 东北大学在平、陕等地招考新生。聘李光忠为经济系主任教授，兼任文学院院长。东北大学改组国立大学后，将事务长裁缺，改设秘书长，聘政治学系教授娄学熙兼任之。

9月5日 国立东北大学在西安开学。

9月29日 本校文学院院长李光忠教授，已于本日到校视事。

10月1日 下午3时，校方特邀前中央大学文学院院长汪东先生来校讲演，题目是“国难与文学”。

10 月 4 日　学校公布《国立东北大学医院诊病给药暂行办法》，共 9 项，主要有：本大学职教员及学生患病就诊领药均不收费；家眷免费就诊，按成本酌收药费。

10 月 10 日　举行学生军事训练检阅典礼。

10 月　国民党政府教育部决定将原有国立北平大学、北平师范大学、国立北洋工学院合组国立西安临时大学（后改称西北联合大学），校址设在城固，假东北大学一部校舍筹备开学。

11 月 1 日　学校在“总理纪念周”活动中请考试院考选委员会委员长陈大齐先生讲演，题为“人生与苦乐”。

△　校发表“国立东北大学防空大队组织大纲”。

11 月初　因南北抗战方殷，交通时生梗阻，散在各地同学未能到校者仍不乏人，校方特将注册期限展至本月 15 日。

△　本校英文教授顾亮忱先生因事请假一年，所遗课程已聘妥东北青年教育救济处副主任陈述言先生担任，日内即可到校授课。

11 月 3 日　河南焦作工学院因战事关系，迁至西安，暂借本校房舍上课。

11 月 8 日《国立东北大学周刊》第 1 卷第 10 期刊载：中国国民党本校区分部即将成立，教师方面负责人是文学院院长李光忠，学生方面负责人是杨楫、王心波、焦海学。

11 月末　本校部分师生前往医院慰劳负伤官兵，并组织二十队前往各县宣传兵役。

12 月中旬　由于国立东北大学西安校址靠近西安飞机场，敌机空袭频繁，校方派李光忠院长赴四川重选校址，为必要时南迁之计。

1938 年

1 月 1 日　国立东北大学校刊启事：自本期（第 2 卷第 1 期）起周刊改校刊，并定为不定期刊。

△　陕西国民党军训委员会与委员长西安行营派员莅校检阅学生军训。

3 月上旬 敌机扰陕日频，无法上课，敌图西犯，潼关戒严，西安行营主任蒋鼎文密劝学校南迁。适逢李光忠已向四川三台县借到旧试院（川军二十九军军部）和草堂寺之全部，另潼属联立高中一部为校舍，学校决定南迁四川三台。

3 月 19 日 午夜，在春雨蒙蒙中，国立东北大学流亡师生，从西安火车站坐上夜车，3 月 20 日到达陇海路终点站宝鸡。

3 月 22 日 国立东北大学 500 余名师生在宝鸡编成 3 个中队，开始步行，向四川三台进发。

4 月 13 日 国立东北大学第一、第二中队到达三台（23 日第三中队到达）。当地政府和各界群众召开了有 3000 人参加的欢迎大会。此时，图书仪器及重要校具，亦分批运到。

5 月 10 日 国立东北大学在三台复课。奉部电令于暑假将工学院并入西北工学院，文学院改为文理学院，增设化学系。此时东北大学只有文理学院和法学院，共有国学、史地、化学、政治、经济等 5 个系。共有学员 283 名。

国立东北大学校门（三台）(都江堰市档案局赠)

5 月 著名剧作家吴祖光根据东北抗日义勇军本校毕业生苗可秀的事迹，写出的剧本《凤凰城》于 1937 年完成，本月在重庆国泰大戏院首演，本校原代校长王卓然观看了首演。

7 月中旬 国民党政府教育部复令将在城固古路坝的西北联合大学原有之北洋工学院、北平大学工学院与东北大学工学院、私立焦作工学院合组设立西北工学院。东北大学工学院师生员工共 142 人并入。

7 月 17 日　遵教育部令，本校成立社会教育推行委员会。

8 月 1 日　臧启芳代校长商准中英庚款董事会补助本校国币 1.2 万元整，设教席四座，分配给文理学院国学系及史地学系教席各一座，法学院经济学系教席二座。

8 月初　全校学生集中成都受军事训练。

8 月中旬　暑假，娄秘书长学熙、白院长世昌辞去兼职，专任教授。改聘李光忠兼法学院院长，并聘政治学系主任教授赵明高兼秘书长，黄乃刚为文学院教授兼文理学院院长。

9 月初　国立东北大学成立抗敌后援会，主持人刘继良，在校内外开展抗日救亡宣传活动。

9 月 3 日　东北大学工学院并入国立西北工学院的人员主要有：院长王文华，土木系主任教授金宝桢，教授田鸿宾；机电系主任教授王际强，教授徐庆春、黄昌林；体育部主任刘化坤。

11 月 1 日　国立东北大学学生在成都军训结束，回三台上课。

1939 年

1 月初　为联络感情，团结互助，砥励学行，协进抗战工作起见，国立东北大学旅陕校友会成立并拟定章程。现任理事为韩启荣、王锡玲、解茂棣、徐维范、杨义中等 5 人。

1 月 22 日　学校新旧各生陆续到齐，教学均已就绪，遂于本日补行 1938 年度开学典礼，邀请地方人士莅校参观。

1 月 28 日　正值“一·二八战役纪念日”，全体师生分赴城乡宣传兵役。

4 月 12 日　全体教职员、学生分赴城乡等 7 处，向民众报告国势，宣传兵役、禁烟，并领导举行国民公约宣誓。

4 月 26 日　东北大学成立十六周年纪念日，学校举行运动大会。开放全校各部分，招待地方各界人士参观。

5 月中旬　国民政府教育部令修改本大学组织大纲，校务会议下设教务、训导、总务三处及考试、体育、卫生、公费审查、图书、仪器等委员会。

6月17日 校举行第十一届毕业典礼，本届毕业生：文理学院史地学系7名，法学院政治系7名，经济学系22名。

6月下旬 国民政府教育部令：暑假后，我校法学院增设工商管理学系。

6月底 《国立东北大学一览》出版。此书刊载：校徽图案、校训、校歌、校址平面图、校历、校史（附国立东北大学院系沿革表）、组织大纲（附系统表）、章则（含各种会议规则、各种委员会组织章程等8章）、学则、各学院的设置、历届毕业生、在校学生的各项统计等11个方面内容。其中，校徽图案为等边三角形，以白山黑水为背景，书有国立东北大学六个字，在白山的顶端还绘有圆形青天白日旗图形。校歌的名称为“国立东北大学校歌”，歌词是：白山黑水，镇国之东，育才扬化，吾校日隆。伟大时代，激荡中流，转资磨砻。风雨如晦，勤不辍薪，胆矢成功。励志节笃学行，毋忘使命重，励志节笃学行，毋忘使命重。

臧启芳

7月初 国民政府教育部任命代校长臧启芳为国立东北大学校长，废除秘书处，设总务处，陈克孚为总务长。

7月上旬 东北大学在草堂寺建图书馆、洗漱室、膳厅，并增筑教室及学生宿舍。另于魁星阁上为杜工部辟杜公纪念堂。

8月中旬 聘李光忠为教务长兼法学院院长，肖一山为文理学院院长。

9月 中共党员胡鹏考入东大经济系，入校时失掉党组织关系。中共党员吴志云（女）被中共南方局安排到东大学习。

10月 中英庚款管理委员会拨给东北大学设备补助费1.5万元。

11月 聘白世昌为训导长；李光忠教务长辞法学院院长兼职，聘赵鸿翥为法学院院长。

是年 到校的教授有：丁山，中国文学系教授；杨曾威，史地学系教授；田克明，经济学系教授。

是年　中共国立东北大学支部建立，属三台特支领导，屈义生任书记。屈义生在成都成公中学入党，1938 年 8 月考入东北大学经济系。该支部成员还有胡鹏、吴志云（女）、青帮泽、吕寺蔌、周林等。

1940 年

6 月中旬　国立东北大学举行第十二届毕业典礼，计有毕业生：文理学院史地系学生 14 名，法学院政治学系学生 12 名，经济学系学生 27 名，共 53 名。

6 月　奉教育部令，本校改史地学系为历史学系及地理学系。

6 月底　经统考分来国立东北大学新生 178 名。这时，全校 6 系 18 个班，共有学生 479 人，其中男生 422 人，女生 57 人。

7 月　国立东北大学于四川三台北郊建化学实验室。

8 月中旬　国民政府教育部令，国立东北大学设东北史地经济研究室，聘金毓黻为研究室主任。遴选本届史地、经济两系毕业生 5 人为研究生，并筑室于三台城西之马家桥，后期迁回城内龙王庙。东北大学的硕士研究生教育由此开始。

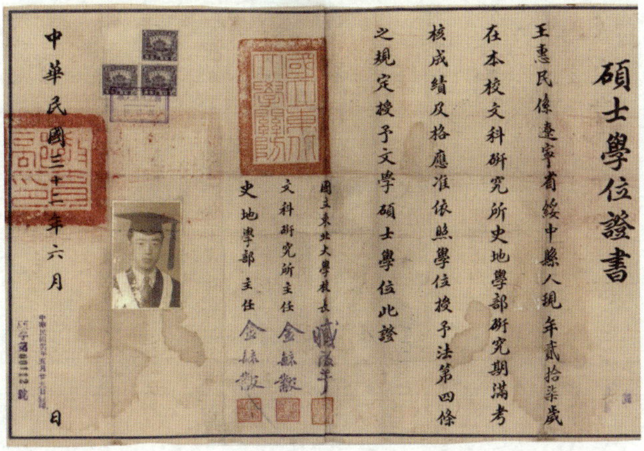
碩士學位證書
王惠民係遼寧省綏中縣人現年貳拾柒歲
在本校文科研究所史地學部研究期滿考
核成績及格應准依照學位授予法第四條
之規定授予文學碩士學位此證
國立東北大學校長
文科研究所主任
史地學部主任
中華民國三十二年六月　日

东北大学硕士学位证书
（王艳、王力、王功捐赠）

9 月初　本校租得陈家巷工字楼为教授宿舍。中英庚款管理委员会复拨给国立东北大学设备补助费 2 万元。

9 月中旬　中共地下党员高尔公进入国立东北大学政治系学习。高尔公于 1938 年 5 月在上海加入中国共产党，一二·九运动时期任北平念一中学的民先队小组长。到重庆时失掉组织关系，到东北大学后利用其特殊关系作掩护，在同学中传阅进步书刊。同时，中共党员吴兆光考入东大，在校内隐蔽活动。

10月 彭志芳遇害。彭志芳1931年冬加入中国共产党，1933年秋考入东北大学工学院电工系。1935年积极投身于一二·九运动，东北大学工学院迁往西安后，是中共地下党组织和中华民族解放先锋队的负责人，领导了学生的抗日救亡活动。一二·九运动一周年时，西安分校中共地下组织发动学生开展纪念活动，举行群众大会，彭志芳是会后游行队伍的领导人之一。1937年后，按党组织的指导去山东开展抗日救亡工作，曾任泰山区青年抗日救国会主任等职务，组织了抗日武装青年大队。1940年10月，不幸遇害，时年28岁。

1941年

2月 由国立东北大学志林编辑委员会编印的学术性刊物《志林》第二期出版，发表有校长臧启芳撰写的《论大学精神》、蒙文通教授的《儒家政治思想之发展》及金毓黻教授的《辽海先贤志——王浍》等论文10篇。

6月中旬 国立东北大学东北史地经济研究室编辑的《东北集刊》第1期出版发行。发表了著名学者金毓黻、陈述、张亮采、王家琦、高福珍等人的专题研究论文，如《肃慎挹娄勿吉三系语义考》等共5篇，合计约8万多字。

6月下旬 东北大学文理学院教师剧团，排演《雾重庆》《国家至上》《北京人》《草木皆兵》《日出》《祖国在召唤》等话剧，进行抗日宣传。

7月初 国民政府教育部批准我校法学院恢复法律学系。另，校决定设新生院，租得蚕丝改进所旧舍为新生院院址，增筑院舍，并在西门外牛头山凿有长达千余米可容数千人的十字形防空石洞。

8月初 国立东北大学东北史地经济研究室编写的《东北通史》上编之上（卷一至卷六）出版发行。该研究室主任金毓黻教授为该书写了《编印东北史缘起》，叙述了该书的出版历程。

8月中旬 法学院院长赵鸿翥教授在东北大学任教14年，特奉部令休假一年，聘娄学熙为法学院院长。

秋季 高尔公与胡鹏取得联系，并在同学中通过交朋友、传阅进步书籍等方式宣传进步思想，发展进步力量。

10 月　《东北集刊》第二期出版发行。发表了金毓黻的《清代统治东北之二重体系》，吴希庸的《近代东北移民史略》，以及陈述等人撰写的文章，合计约 10 万字。

12 月初　国民政府教育部令，改法学院为法商学院。

12 月中旬　东北大学经济系四二年班统计组同学在田光明教授指导下，运用所学理论知识，通过社会调查，编写了《四川三台物价特刊》，其中刊有东北大学学生马伟地、钱寿康二人撰写的论文《三台零售物价变动之分析》等。

1942 年

1 月　国民政府教育部部长陈立夫到国立东北大学视察，嘉许学校之成绩，并奖以 7 万元给学生作制服。

3 月 6 日　国民政府教育部令：暑假后改东北史地经济研究室为文科研究所，暂设史地学部，研究生毕业者授予硕士学位。

4 月 19 日　丛德滋英勇牺牲。丛德滋 1933 年毕业于东北大学史地专修科。1938 年加入中国共产党。在谢觉哉、伍修权领导的八路军驻兰州办事处工作。1940 年打入敌第八战区政治部，以合法身份为党做了大量工作。中华人民共和国成立后，毛泽东主席为其家属签发字第（00001）号烈属证。

4 月 26 日　在十九周年校庆之日，东北大学主办第一届川北联合运动会，川北各县选手参加了比赛。连日到校参观者达七八万人，对于国民体育之提倡，影响甚巨。

5 月上旬　臧启芳校长请准由军事委员会月拨款万元，在东北大学组设东北建设设计委员会，聘校内教职员 15 人为委员。委员会内分设调查、研究、设计 3 组，以规划东北之收复建设事宜。

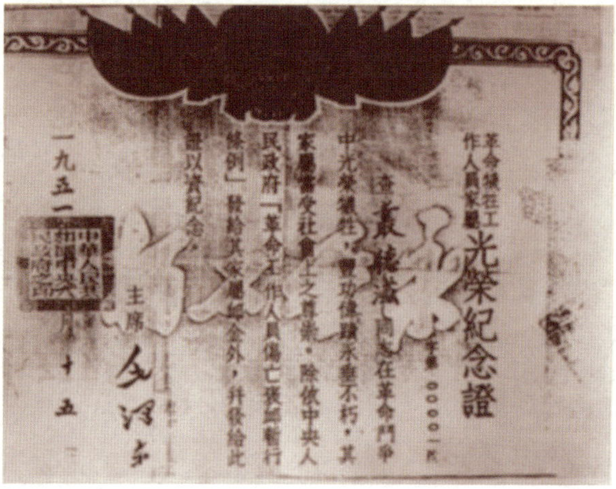

毛泽东主席签发的字第（00001）号烈属证

5 月中旬 《东北集刊》第三期出版发行，计有金毓黻撰写的《今后东省流人之动向》，隋觉撰写的《明清萨尔浒之战》等 6 篇论文，约 8 万多字。

6 月下旬 东北大学举行第十四届毕业典礼，毕业生有：文理学院中国文学系 9 人，历史学系 4 人，地理学系 4 人，化学系 7 人；法商学院政治学系 15 人，经济学系 41 人。合计 80 人。

7 月初 经济学系学生胡鹏、政治学系学生高尔公，发起成立“读书会”，开展学习进步书报活动。主要成员有李江春（中文系）、石克基（中文系）、刘流（经济系）等人，以后陆续发展到六七十人，1943 年暑假以后，该读书会直接接受中共南方局青年部领导。

7 月 东北大学以 10 万元购得新生院院舍一处。

8 月中旬 《东北集刊》第四期出版发行。载有金毓黻的《金史所纪部族详稳群牧考》、肖一山的《清代东北屯垦与移民》、李符桐的《元代云南贝货之研究》、高福珍的《东北人口之饱和点》等专论共 6 篇，合计约 8 万字。

8 月末 国民政府教育部令改文理学院为文学院与理学院，聘肖一山为文学院院长（不久，由姜亮夫接任，姜辞职后由金毓黻接任），张维正为理学院院长。文科研究所史地学部正式成立，聘金毓黻为文科研究所主任，蓝文征兼任史地学部主任，肖一山兼任主任导师，并招收研究生，以前国本中学校舍为所址。

12 月末 据本年统计，国立东北大学学生创办的壁报共有 60 余种。壁报形式有综合版、新闻版、文艺专刊，某一事件的特刊，还有各系的学刊，如中文系的《文学报》、历史系的《史学》。影响较大的壁报有《合唱群》《黑土地》《时事萃报》《学声》等。《时事萃报》摘录了《新华日报》《华西晚报》中的有关材料进行宣传。成员有20人左右，负责人为高嵩朴、姜志衡。《学声》报性质与《时事萃报》相同，但言词更为激烈，负责人为李秀剑、陈微尘、姚汉，社员约40人，指导员为陆侃如教授、董每戡教授。

1943年

2月25日　国民政府教育部令，准于下半年度东北大学文学院增设外国文学系、理学院增设数理学系。

2月　东北大学筹划于校庆日举办第二届川北联合运动大会，邀请成都、重庆各大学及川北各县中学参加，并发起捐募考送毕业生留学基金100万元之运动。

4月26日　《国立东北大学二十周年纪念册》发行。该《纪念册》载有校徽，校歌，校长臧启芳写的序言，5篇纪念文章，教员、职员、学生名录，校平面图及各种统计表。在《国立东北大学近况》中提出了增设社会教育推行委员会，其职责是：学术讲座，职业补习教育，民众识字教育，合作指导，民众法律顾问，地方自治指导，防空防毒知识传习，公共卫生指导及各种展览会等。

6月　本校举行第十五届毕业典礼并续招新生。

7月初　《东北集刊》第五期出版发行。载有金毓黻的《渤海国志长编要删》，陈述、陶元珍、张亮采、肖一山等人分别撰写的专论等8篇，以及国立东北大学文科研究所起草、国立东北大学东北建设委员会通过的东北四省建设方案概要。该集合计约8万多字。

7月中旬　赵纪彬教授由著名史学家顾颉刚介绍，从中国文化服务社到我校文学系任教。途经重庆时，董必武、徐冰接见了他及夫人，并在曾家岩寓所为他们夫妇饯行，赠送旅费，介绍东北大学情况。

7月末　一批从东北流亡出来的青年陆续进入国立东北大学。这些学生发起组织了“东北问题研究社”。发起人有陈镇（经济系）、董雨（政治系）、李季若（政治系）、李康（经济系）、钟华（中文系）等，该社的宗旨：“研究东北，收复东北”。指导教师有文科研究所所长金毓黻，训导长吴希庸。

8 月中旬 读书会邀请到校任教的赵纪彬教授做指导教师，并发展了三台籍女学生 3 人入会，会员发展到 60 余人，加上联系朋友有 100 多人。读书会规模有所扩大，划分为文学组、历史组、哲学组、经济学组，以文学组为核心。参加核心组的有高尔公、李江春、刘黑枷、徐德明、刘流、郭秉箴等。

8 月下旬 东北大学教授丁山、高亨、孔德在三台创建“草堂书院”，11 月奉教育部令改为“三台草堂国学专科学校”，李宏锟为校董会董事长，杨向奎为代理校长，教务长赵纪彬，训导长杨荣国。陆侃如、冯沅君、姚雪垠、董每戡、叶丁易、陈述、孙道升等教授先后授课教学。

8 月 李光忠教务长、白世昌训导长、娄学熙院长辞职，学校聘白世昌为教务长、吴希庸为训导长、左仍彦为法商学院院长。

9 月 由于东北新来内地的学生日渐增多，为收容这些学生，本校请准教育部，特设补习班，由吴希庸为主任。

10 月初 东北大学“黑土地”社成立，负责人徐放，主要成员刘黑枷等。中文系主任陆侃如及冯沅君、董每戡、赵纪彬等教授担任该社导师。“黑土地”社每半月出一次大型壁报。该社曾参加了全国抗敌文协三台分会、川北分会的组建工作。“黑土地”社的活动，重庆《大公报》曾作报道。

10 月中旬 三民主义青年团东北大学分团部成立，干事会分总务、组织、训练、宣传、社会服务等五股。到 1945 年初有团员 300 余人，编为 7 个区队，28 个分队，2 个直属分队。

1944 年

1 月 4 日 佟彦博训练飞行员时不幸失事遇难殉职，被追认为空军英雄。佟彦博 1928 年考入东北大学机械系。九一八事变后，投笔从戎，考入中国空军。1938 年 5 月 19 日，和徐焕升驾驶两架“马丁”B-10B 型轰炸机，跨越东海远征日本进行“人道远征”空袭，投下 100 万多张反战传单，这是日本有史以来第一次被外国飞机袭击。周恩来代表中共中央向其赠送“德威并用　智勇双全”的锦旗。

1月中旬 《东北集刊》第六期出版发行，载有金毓黻的《苗可秀论》《中华民族与东北》，王惠民的《选定国都与建设东北》，单演义的《中国战后之宅都与东北》等8篇专论文章，共8万字。

6月10日 国立东北大学举行第十六届毕业典礼。应届毕业者133人。有文学院中国文学系8人、历史学系13人，理学院化学系11人、地理学系12人，法商学院政治学系32人、经济学系37人、工商管理学系20人。另有文科研究所毕业学生3人。

7月24日 1943年起，由东北来三台学生日多，东北大学乃添设补习班，陆续收容学生40余人，现已补习一年期满，经试验结果得毕业者14人，于是日举行毕业典礼，并授给证书。

7月25日 本校为恢复工学院募集基金，经校长赴西安、宝鸡、广元等地筹集，蒙各界人士热心匡助及校友之尽力，已募金100余万，现在陆续收款中。

7月27日 本校现有文、理、法商三院。文学院有：中国文学系、外国文学系、历史学系；理学院有：数理学系、化学系、地理学系；法商学院有：法律学系、政治学系、经济学系、工商学系等。10个学系27个班。在校一、二、三年级学生人数，男生494人，女生58人，计552人。

△ 据统计各院系之教授情况。文学院院长金毓黻兼文科研究所主任，中国文学系主任为陆侃如，教授有孔德、冯沅君、董每戡、霍玉厚、佘雪曼、赵纪彬、金景芳；外国文学系主任为殷葆瑹，教授有陈克孚、樊哲民、王般、于希武、张国奎；历史系主任为谢澄平，教授有丁山、金毓黻、杨向奎、佘文豪、陈述。理学院院长张维正，化学系主任为李家光，教授有陈时伟、左宗杞、兰蔚丰；地理系主任为杨曾威，教授有么枕生、楼桐茂、丁锡祉；数理系尚未设主任，教授有张维正、刘志杰、杨春田。法商学院院长为左仍彦，法律系主任为赵鸿翥，教授有白世昌、苍宝忠、戴成；经济系主任正在敦请中，教授有吴希庸、刘溥仁、孙述先、钱德富；工商管理系主任为刘全忠，教授有安永瑞、张骏五、刘志宏、任福履。总计全校共有教授、讲师、助教80余人。

7月28日 据统计，为便于学生课余时间从事讨论与研究而组织的学术团体有：政治学会、史地学会、写作协会、读书会、菩提社、经济园地等50

余个。组织的艺术团体有：青年歌咏队、抗敌国剧社、话剧社、川剧社等。纯由女生组织的团体有励进会与夜光壁报社两团体。

△ 校主办之暑期乡村服务队即将分队出发，其工作项目包括：兵役宣传、粮政宣传、战局之分析及报告、民众教育协助、抗属慰问、农村改进知识之灌输及农村生活调查等 10 余项。

7 月 30 日 文科研究所现设史地学部，分为历史、地理、经济史地等组。历史组由丁山、金毓黻两教授指导；地理组由杨曾威教授指导；经济史地组由吴希庸教授指导，侧重于东北史地之研究。编印之书凡 10 余种，在校研究生 7 人。

8 月 1 日 训导长吴希庸教授辞去训导长兼职，训导长一职先由生活指导组主任庞英代理，后由校方敦聘政治系主任杨丙炎教授担任。而政治系主任一职，校方聘请孙文明教授担任。

△ 国立东北大学校刊复刊。东北大学入川后校刊因故停刊。这时，虽有《志林》《东北集刊》印行，但属学术性质。学校决定恢复校刊，为事皆所需。臧启芳校长为复刊后的《东北大学校刊》撰写了发刊词。

8 月 2 日 学校决定实行导师制，聘请本校教授、副教授、讲师为导师，对所教课之班级中的学生训导，并评定分数，作为各该生操行总成绩三分之一。

8 月 10 日 本校今年分渝、蓉、西安、三台 4 处招生，报考学生共 3800 余人。预计 8 月末或 9 月初发榜。录取人数原拟 300 名左右，最近因奉部令土木招收双班，故已增至 330 人左右。

8 月 16 日 本校学生团体“东北问题研究社”开社员大会议决：拟于九一八纪念日演戏募捐，排演《草木皆兵》。

8 月 30 日 由东北大学文科研究所主编的《东北要览》已经编竣，即将出版。全书分 13 编，30 余万字，执笔者 30 余人，资料取自国内外人之记载，有百余种，而得自敌伪者尤多，实为研究东北之宝库。

9 月 4 日 新生录取，今日发榜。录取名额：文学院国文系 30 名，外国文学系 25 名，历史系 30 名；理学院数理系 16 名，化学系 27 名，地理系 26 名，土木工程系甲班 37 名，乙班 40 名；法商学院法律系 36 名，政治系 35 名，经济系 40 名，工商管理系 35 名，共录取 377 名。

9 月中旬　《东北集刊》第七期出版发行。载有金毓黻的《纪念九一八与收复东北》，汤晓菲的《战后东北经济建设之原则及细目》，满颖之的《从地理观点说明东北四省必须为中国领土》，杨锡福的《东北收复后省区缩小刍议》，傅胜发的《东北农业近况及其展望》等，共计 8 篇，约合 8 万字。

9 月 18 日　在校礼堂举行纪念九一八事变十三周年大会。臧启芳校长致词，分析了日寇崩溃之期将至，勉励同学应负有建设东北之特殊使命。

10 月 1 日　国民政府教育部令调整训导机构：于训导处下改设生活管理组、课外活动组及卫生组。学生日常之管理，由训导处训导人员统筹实施，军训教官专负军事学术教学与训练之责。依法聘定杨丙炎教授兼训导长；崔伯阜教授兼生活管理组主任，训导员张艾丁先生兼副主任；刘化坤教授兼课外活动组主任，训导员李德威先生兼副主任；李树萱校医代理卫生组主任。原有之军事管理、生活指导、体育卫生 3 组，均已取消。

△　辽宁韩新（字奇逢）先生以胜利将临，还乡有望，而将来复兴中国，建设新东北，需才孔殷，乃慷慨解囊捐赠本校东北籍学生奖学金 10 万元，以每年所得存息奖给成绩优异学生 9 人。其名额之分配计文学院 2 名，理工学院 3 名，法商学院 4 名。

10 月 12 日　为揭露日本对我国东北的侵略罪行，本校在渝举行东北文物展览会，展出内容主要是东北大学学者研究伪满的有关历史文献和资料。其中书籍百余种，最重要的东北文献是辽海丛书 83 本。图片 30 余种中有东北大学王惠民教授自绘的东北经济图 40 幅。该展览会由文科研究所主任金毓黻教授前往主持，图书馆主任王锡藩等同往协助，共展览 4 日。每日参观者达两三千人。中央各院、部的长官及朝野名流学者多人来览。

10 月 19 日　鲁迅逝世九周年。东北大学 14 个社团刊物——《文学日报》《文艺线》《绿野》《新生代》《剧哨》《合唱团》《诗战线》《菩提社》《黑土地》《火把》《奔流》《乐潮》《夜光》《艺苑》等召开纪念会，联合出刊大型壁报，发表了《鲁迅先生的思想》等文章。

11 月 16 日　国民政府教育部钟道赞督学偕四川省教育厅长郭有守视察本校。

11 月 19 日　因《铎声壁报》被销毁，加之校方处置不当，学生不满，开始罢课，并成立东北大学学生自治会，发表《驱臧（启芳）宣言》，引发持续 3 个月的东大学潮。

11月21日 四川省图书馆馆长蒙文通先生，曾任教本校，久为同学倾戴。今日应本校历史学会之邀，莅校讲演，题为《国史体系》，听讲同学颇为踊跃。

12月末 中共南方局青年组通过高尔公、王允中的联络，先后帮助几批同学去鄂豫皖和晋察冀解放区。去鄂豫皖解放区的有20多人；去晋察冀解放区的有10来人；还有3人去了华北解放区。参加东北大学读书会的东北大学学生，绝大部分都到了新四军第五师。

年末 在中华全国文艺界抗敌协会川北分会的领导下，以东北大学的师生为主体，成立三台实验剧团。由郭秉箴、高尔公、刘黑枷负责，董每戡、张艾丁任导演。先后排演了《北京人》《日出》《家》《国家至上》《草木皆兵》《祖国在召唤》等。

是年 东北大学文学院教授陆侃如、冯沅君、董每戡、赵纪彬、张艾丁及学生邹勇政、徐放、刘黑枷等以文学研究会、实验剧团、合唱团等三个组织的成员为基础成立了“全国文艺界抗敌协会三台分会”（后扩为川北分会），出版了大型文艺刊物《文学期刊》。

1945年

1月26日 臧启芳校长召集校各学术团体负责人谈话，提出三点要求：（1）办壁报目的是研究学术，练习写作，养成办事经验与服务精神，对于同学之进德修业大有好处；（2）壁报登载之学术问题，文字要大方，对于批评某学说，要善意，不要讽刺；（3）新闻性壁报消息要翔实，一面要练习文字，一面要练“心术”。

1月28日 化学系师生在新生院召开中国化学会三台分会成立大会。主席化学系主任李家光教授报告学会筹备经过，教授陈时伟讲演《中国化学会年史》、阎路教授讲演《煤炭提炼汽油之各种方法及今后中国国防问题液体燃料之展望》、左宗杞讲演《化学与人生之关系》。

△《志林》第八期出版，内容有赵纪彬的《释人民》、冯沅君的《古优解补正》、白世昌的《英国法法源论》《英国契约法论》等。

3月7日 本校国民党区党部召开全区党员大会（本区共有党员150余

人，分8个区分部）选举国民党六全大会代表、改选区党部执监委。六全大会初选代表当选者赵鸿翥、于希武、杨丙炎；区党部执行委员当选者为于希武、庞英、王锡藩、夏雨田、牟金丰，当选候补执委樊哲民、刘化坤；监察委员当选者赵鸿翥，候补监委臧启芳。

3月8日　本校庆祝三八节，由妇女励进会筹备。出壁报五大版，以冯沅君教授的《谈敬与爱》与《盲化学家孙锡洪的夫人表淑惠女士访问记》为最有价值的文章，当晚还开了座谈会，进行庆祝。

3月10日　文科研究所已毕业两届学生，第三届毕业生有4名，史学部由金毓黻、丁山二教授指导，地学部由杨曾威指导。毕业论文题目分别是：史亚民《补魏书职官志》；金铄《近世东北国际关系研究》；满颖之《东北农业地理》；杨锡福《东北收复后交通建设研究》。此外未届毕业生，作业也很忙，赵霁光致力于明史、陈健着重于气象、侯国宏则努力于史学之研讨。

3月20日　本校新招夜校生发榜，取政治经济学系新生31人、工商管理专修科24人。

3月28日　姚雪垠受聘于东北大学文学院，任教授。

3月末　东北大学郭秉箴等人去中共南方局青年组汇报学潮情况，经青年组指示，回校后与校方达成妥协。学校承认学生自治会，取消壁报检查，臧启芳继续任校长，教务长白世昌等5人离校，持续3个月的学潮胜利结束。

4月1日　许逢熙接替杨丙炎、白世昌任训导长、教务长。许先生早年留学美国，习心理学，曾任教育部督学，复旦大学训导长。

4月2日　本校夜校在校部举行开学典礼。出席者除校内全体师生外，还有三台各机关团体首长。会议首先由校长报告筹备夜校经过，继则有陆军新一旅彭斌旅长、川北盐务局长陈祥贻、县参议长霍新吾等来宾致贺词。

4月14日　由东北大学陆侃如、冯沅君、董每戡、姚雪垠等教授指导的壁报联合会召开成立大会，并举办文艺晚会。

4月16日　学校请樊怀义教授讲演《人格教育与科学教育》，讲演强调今后必须将人格教育与科学教育同时并重，始克与列强并驾。樊教授毕业于北京大学，留学法国，归国后历任国内各大学数理教授。最近新聘来东北大学任教，讲授立体几何、高等数学、向量分析等课程。

4月26日　今年校庆因经费问题，不以川北联合运动会方式，仅以举行校内运动会方式庆祝。本校自1943年起，校庆日也为毕业生返校节。是日，上午运动会，午间请同学会餐。

4月28日 学校为提高学生研究学术的风气，决定借本校二十二周年纪念周时间举办学术政治演讲系列活动，内容有：土木工程学会请水利委员会简任技正秦仲方讲演《中国水利之瞻望》；历史学会请杨季野讲演《关于周代社会性质问题》；政治系三七级会请孙浚卿教授讲演《罗斯福总统外交政策的回顾》；学校请美国空军军医沈德思博士讲演《美国14航空队之发展与任务》；学生自治会请伍慧农教授讲演《旧金山会议之内容与未来世界和平之关系》；学校请么枕生教授讲《东北在气候上的地位》；政治学会请叶叔良教授讲《苏联何日能对日宣战》；学校请叶叔良教授讲《世界和平与中国之任务》；学校请熊怀若教授讲《战后中国工业建设问题》；壁报联合社请徐文豪教授讲《从凡尔赛到旧金山》，历史学会请方心安讲《凉山的奴隶社会》。

5月5日 全国文协三台分会举行“诗人节”纪念晚会，会上陆侃如教授讲述了爱国诗人屈原的生平及词赋。

5月中旬 东北大学学生在中共南方局青年组所属的“新民主主义小组”的领导下，成立了“学习社”，主要成员有朱庭方等人。学习社于8月开始出版油印小报——《民报》，内容是揭露国民党的反动腐败等，每月出一期，共出了4期。

6月5日 校长臧启芳赴渝参加国民党第六届全代会，并到部述职，本日公毕返校，召开全体教职员会议，报告第六届全代会及向部接洽有关校务。

6月7日 学校召开1944—1945年度第二次校务会议，主要内容：讨论中华教育基金董事会增加本校教授补助金40万，总计前后应有15个名额如何分配问题；与武大、川大联合招生如何筹办案；期末考试严格案等。

6月15日 校举行第十七届毕业典礼。共毕业148人，其中文学院30人；理工学院11人；法商学院107人。

6月中旬 国立东北大学学生李秀剑等人成立“学声社”，社员有40余人，陆侃如教授任指导员。办有《学声》壁报，反映和报道各地学生运动，有东北大学的《新华日报》之称。

6月底 “文协三台分会”改名为“中华全国文艺界抗敌协会川北分会”，会员扩展到绵阳、射洪等地。冯沅君和赵纪彬任正、副主席，徐放负责日常工作。出版了《文学期刊》。

是年夏　文学院教授叶丁易，根据中共南方局的提议，在东北大学成立了“民主青年社”(简称“民青”)，主要成员有郭辛白、高桂林等。“民青社”以《时事萃报》为阵地宣传共产党的主张，揭露国民党法西斯统治的罪行，反映师生的民主呼声。

8 月 14 日　遭到严重打击的日本帝国主义，于 8 月 10 日召开内阁会议决定，在保留天皇体制的前提下，接受中美英三国联合发表的敦促日本投降的《波茨坦公告》，并于同日，将上述决定通过瑞士和瑞典政府通知中苏美英等国。8 月 14 日，日本天皇裕仁召开御前会议，正式决定接受《波茨坦公告》。中午，以广播《终战诏书》的形式，宣布无条件投降。国立东北大学师生，于当日晚 9 时得知这一消息后，欢喜若狂，同学们手持火把涌向街头游行，并高呼：“东北父老苦难的日子到头了！”8 月 15 日凌晨，全校师生在大礼堂举行了临时庆祝大会。

9 月 2 日　日本政府代表在美战舰密苏里号上签署了无条件投降书，至此，中国的抗日战争取得了最后的胜利。东北大学决定，自 5 日至 7 日举行盛大庆祝活动，校门口用柏树枝高扎起胜利牌坊，上挂庆祝联语。其中文学院文学系主任陆侃如教授撰写的对联，上联是：“万里流亡尝胆卧薪缅怀黑水白山此时真个还乡去”，下联是：“八年抗战收京降敌珍重禹时舜壤来日无忘守土难”，表达欢庆胜利的心情。

9 月 4 日　全校师生在新生院举行了欢天喜地的大聚餐，尽管前些天学校遭到水淹，大厨房、校医室淹没了三分之二，大礼堂、盥洗室、图书馆也殃及，却丝毫未影响庆祝抗战胜利的活动。

9 月 5 日　全校师生参加三台县庆祝抗战胜利大会。晚上，由“东北问题研究社”演出自行编排的话剧《胜利进行曲》。

9 月 6 日　全校师生参加庆祝抗战胜利火炬游行。当晚仍演出《胜利进行曲》。为了配合这次庆祝活动，“东北问题研究社”的壁报出了胜利特刊，《东大校刊》出了胜利特号。校刊在献词中说：“现在，抗战胜利了！东北收复了！流亡几年的东大也可以高高兴兴地回到她的故乡了！”

9 月 8 日　东北大学读书会在赵纪彬和三台共产党地下组织指导下，并取得中共南方局青年组同意，在盐亭县安家场创办的“为公初级中学”开学，为革命培养后备人才。

9月末 国立东北大学成立“东大复员委员会”，并推举许季康、李孝同、张德居、叶淑良4位教授草定组织规程，其要点为：（1）复员委员会以全体院处长系主任为当然委员，另由校长就职员中聘请若干人为委员共同组织之，负责本大学复员之全部计划事宜。（2）委员会下设常务委员会，由校长就委员中聘请5人为常务委员组织之。（3）委员会设总干事1人，副总干事2人。总干事以本大学总务长兼任，负责执行复员计划之总责；副总干事由本会就熟悉东北情形之委员推选之，担任协助执行复员计划。（4）总干事、副总干事之下分设总务、运输、联络三股，各股设干事1人，助理干事若干人，承总干事之命办理本股各项事宜。

10月 东北大学经济学会编印的《经济季刊》在四川三台创刊。

12月20日 《东北集刊》第八期出版发行，载有杨曾威的《我们研究东北的态度、方法和目的》、汤晓菲的《东北古代之文化》、张亮采的《金宋之争衡》、满颖之的《东北农业区域之划分》、杨锡福的《东北交通建设与地理环境》、王惠民的《东北九省敌伪币整理问题》等9位学者撰写的11篇专论文章，共约8万字。

1946年

3月15日 东北大学校部布告，宣布放假，决定学校迁回沈阳，并通知学生、教职员工于本年10月在沈阳东北大学北陵校园报到。

4月22日 《国立东北大学法律系同学录》编就，内容有法律系主任赵鸿翥教授作序，校长臧启芳题词及各系学生名录等。

6月上旬 王肃牺牲。王肃1934年暑期考入东北大学法学院边政系俄文组学习。不久，加入了“中华民族解放先锋队”。七七事变后，投笔从戎，到山西参加革命并加入中国共产党，历任营教导员、团政委等职。1945年9月到东北参加嫩江（后改黑龙江）省委工作，当年11月赴黑河开辟工作，任黑河军分区司令员、政委、黑河中心县委书记。1946年6月上旬，在北安的省委工作会议后，返回黑河途中，遭土匪伏击，壮烈牺牲，时年32岁。

东北大学全体职员迁回沈阳前在三台校门前合影

6 月 24 日　国立东北大学先修班（相当于东北大学预科）正式开学。本班于 5 月间经方永蒸主任遵奉国民政府教育复员辅导委员会命令着手筹备。6 月 1 日正式成立，开始学生登记，相继实行口试，于本日正式开学授课，文理两科分别编制：文科 16 班，计甲组 2 班，乙组 7 班，丙组 7 班；理科 34 班，计甲组 7 班，乙组 18 班，丙组 9 班。文理二科共计 50 班，招收学生 3495 名。先修班主任赵石溪，地址在沈阳北陵大街西侧。

11 月中旬　国立东北大学学生从三台陆续返回东北沈阳。最后一批是由校部率领的部分教职员工及家属，于此间从葫芦岛登陆回到沈阳，至此回校报到的教职员约百余人，学生约五六百人。

11 月 17 日　国民政府教育部特设的东北临时大学补习班学生结业，分配到东北大学文学院 265 名、法学院 473 名、理学院 88 名、工学院 437 名、农学院 233 名，共计 1496 人，开始入学。

12 月初　奉东北教育复员辅导委员会令，奉天农业大学、奉天工业大学、私立奉天商科学校及东北临时大学补习班部分学生并入本校，经编级分别插入各院系班就读。另外，又从北平、沈阳、长春招收一部分新生，于本月开始上课。

12 月末 本校复员后，奉教育部令，恢复工学院，成立农学院。聘刘树勋为工学院院长，郝景盛为农学院院长。时全校共有 5 个学院，24 个学系，3 个组，1 个专修科，1 个研究所。

1947 年

1 月底 从国民党青年军复员分配到东北大学学习的二三百人，开始入学，同时还有从国民党地方政府各部门派出的一批人到东北大学入学。

2 月底 国立东北大学在沈复校后，校长由教育部东北特派员臧启芳担任，总务长是罗云平，教务长是傅筑夫，训导长是侯家骕，文学院院长陆侃如，法商学院院长傅筑夫，理学院院长杨曾威，工学院院长刘树勋，农学院院长郝景盛，图书馆馆长王一之。

本月 先修班由校本部迁入维德街上课。

3 月初 国立东北大学开学时，设有 5 个学院，27 个系（科），文学院设有文学、中文、外语、历史、教育、哲学 6 个系，俄文、体育两个专修科；法商学院设有政治、经济、法律、工商管理 4 个系；理学院设有数学、物理、化学、气象、地理、地质 6 个系；工学院设有土木、建筑、化工、机械、电机、矿冶 6 个系；农学院设有农艺、畜牧、森林 3 个系。文法理工各院均在沈阳北陵大街东侧校园，农学院院址在沈阳塔湾地区。

3 月 16 日 东北大学呈请拨敌伪石丸果园为本校农艺学系学生园艺实验场的请示，已获东北行辕政委会批准。

4 月 26 日 东北大学各院学生举行校庆二十四周年纪念活动，连同返校校友，共有数千人。

5 月 13 日 由于物价上涨，教育经费短缺，教师不能正常发薪，在部分教授倡导下，全体教师宣布罢教 3 天，要求增加教育经费，提高工资待遇。先修班教师立刻响应，学生自治会召开紧急会议，宣布罢课，支持教师罢教运动。

5 月中旬 东北大学先修班贴出通知："奉南京教育部谕，东北大学先修班从即日起，改名为东北大学临时先修班，望全体师生一体周知。"全校学生反对更改校名，从 5 月 22 日开始罢课，向教育部请愿，历时 28 天，迫使教育部撤销更改校名的决定。

6 月 2 日　由东北大学工学院学生自治会发起，全校学生响应，在校内举行示威游行并罢课，声援全国各地“五二〇”反饥饿、反内战、反迫害的爱国民主运动。

刘树勋

6 月 3 日　臧启芳校长请假 6 个月，校务由教务长刘树勋代理。刘代理校长已于本日到校视事。

6 月中旬　国民政府教育部长朱家骅来东北大学视察工作，学生派代表与朱交涉，要求增拨经费，改善师生待遇。

7 月初　国立东北大学举行复员后的第一届毕业典礼。

是月　本校增设附属小学。

8 月 1 日　东北大学《学习》杂志创刊号出版。

8 月 20 日　国民政府教育部同意东北大学代理校长刘树勋呈请的将东北大学南侧维德街、悌街至孝街的敌伪房屋 174 栋如数归东北大学使用。

8 月下旬　国立东北大学开始招考新生。

8 月　文学院院长陆侃如辞职，学校聘霍纯朴代理文学院院长。

9 月中旬　国立东北大学编印的 1947 年度第二学期文学院学生名册出版，内有中国文学系、外国语文系、历史学系、教育学系、体育专修科等学生名册。

10 月　国立东北大学先修班编制出 1947 年 8—10 月份学生公费生名册。

11 月　国立东北大学制定员工补助费名册：校长臧启芳、总务长樊哲民、教授高亨等 142 人在册。

12 月 8 日　国立东北大学遵部令，增设俄文先修班，经考试合格，录取 100 人，于本日报到入学。

12 月 17 日　学校向东北行辕委员会呈报东北大学概况，主要包括有：（1）学校行政及设备概况，学校设 5 个学院（文、法商、理、工、农），2 个研究所（历史、地理），另设总务、训导、教务三处，林场两处，果园饮料制造场、制果厂各一处，机器实习工厂、体育场各一处。（2）共有教师 328 人，其中专任教授 135 人，兼任教授 8 人，专任副教授 48 人，兼任副教授 5 人，专任讲师56人，助教76人。本校职员170人。（3）本校有本科生共2493人（其中一年级378人，二年级1100人，三年级587人，四年级428人）。

是年冬 臧启芳校长辞职，遗缺由刘树勋充任；工学院院长由曹树仁接任；陆侃如院长辞职，任霍纯朴为文学院院长（代）。

1948年

1月中旬 国民党东北行辕和国民党沈阳城防司令部为了控制学生，防止学潮再次发生，利用寒假在全市举办冬令营，遭到东北大学学生的抵制，后来学校采取四停（停伙、停水、停电、停发公费）办法，迫使部分学生参加冬令营。

2月25日 国民党沈阳城防司令部下令，从冬令营中逮捕80余名学生，东北大学、东北大学先修班部分学生被捕。

3月初 国立东北大学开学，学生自治会要求国民党东北行辕释放被捕学生。

3月9日 国民党沈阳城防司令部罗织罪名，报国民党东北行辕政委会批准，将东北大学85名学生，先修班13名学生开除学籍。

3月下旬 东北大学经济系主任卢伯殴教授偕同夫人投奔解放区，参加革命。

4月 国民党在东北战场的败局已定，国民党政府教育部令将东北大学迁到北平，引起许多学生反对。

5月31日 为迁校事宜，国立东北大学向国民党政府主席、东北行辕政务委员会呈报本校图书仪器清册及教职员学生清册：档案（文卷、账簿、学生册籍、会计、统计、人事表册等）6吨；图书（共计20余万册）52吨；仪器47吨，合计105吨。其中教职员学生人数清册如下表。

教职员学生人数清册

人数	教员	职员	学生	共计
校本部	321	164	2128	2613
先修班	87	77	1398	1562
俄文先修班	15	10	85	110
附属小学	11	1	288	300
全校	434	252	3899	4585

6月3日 国立东北大学代电国民党东北行辕政委会：查本校为适应目前情势，分别缓急拟分三期逐步疏散，经切实估计共需流通券487亿余元。现在各项准备工作亟待积极展开，需款至为迫切。

6月初 本校预做迁校准备，先将教职员眷属分批疏散至北平。吴希庸教务长、侯家驌训导长辞职，学校聘崔九卿为教务长，邓质卿为训导长。

6月中旬 本校派员到北平，在灯市口设办事处。罗云平总务长辞职，校方聘庞英为总务长。

6月底 本校教职员生及档案、图书、仪器等，先后分三批空运北平。部分不赞成迁校学生，滞留沈阳。迁平后，校总办公室设在武王侯胡同燕京造纸厂旧址，原设办事处撤销；文法两学院在光明殿；理工两学院在棉花胡同；农学院在铁狮子胡同；先修班在国子监、文庙。霍纯朴代院长辞职，学校聘陈克孚为文学院院长。

7月5日 东北大学、长白师范学院等东北赴平学生不堪忍受国民党当局的迫害，要生存、要自由，5000余人向北平国民党当局请愿，遭到北平军警镇压，造成“七五惨案”，死亡8人，受伤100余人。

7月9日 国立东北大学学生参加了北平和东北学生联合举行的抗议“七五惨案”的示威游行，并成立了“东北大学抗议七五惨案联合会”。

7月中旬 本校举行第二十届毕业典礼。续招新生。

7月下旬 中共东北大学地下党支部正式成立，领导人是沈勃，党支部书记是韩复兴（韩光）。到10月间，由于住地分散，加之党员数量增多，乃分为文法和理工农两个支部，文法支部负责人为周克，理工农支部负责人为韩复兴。本年12月间中共东北大学总支委员会正式成立。

是月 东北大学留沈阳的百余名同学派出代表参加“东北在沈学生抗议七五惨案联合会”，并参加该联合会组织的抗议集会、游行和募捐活动。

8月 校长刘树勋去南京办事，由教务长崔九卿代理校长职务。

崔九卿

10月底 国立东北大学迁到北平不久，学校当局又传出，将再迁校到福建长汀，为反对迁校，学生自治会组织全校总投票，结果反对迁校的票数占绝对多数，迁校的主张被完全否决。

年底 国立东北大学中的中共党员已发展到150多人，参加“中国进步青年同盟”的学生达130余人，还成立了许多进步社团。为配合人民解放军解放北平，避免国民党军队对北平文物的破坏，东北大学组织了护城队，担负南至西单，西起西四大街，东到北海、中南海等一大片区域的护城工作，重点保护北平图书馆。

1949年

1月31日 北平和平解放，东北大学由北平军管会文化接管委员会接管，在东单广场召开大会，号召同学参加军队南下。会后有120名学生参加“南下工作团”，随军南下，开辟新区工作。

2月 东北全境解放后，百废待兴，急需建设人才。2月，东北行政委员会高等教育委员会决定在沈阳建立一所高等工业学校，受东北工业部领导，派阎沛霖、张立吾为正、副院长并负责筹办成立沈阳工学院。指定位于沈阳铁西地区的原奉天工业大学和市第二工科学校的旧址为校舍。

2月28日 中共中央东北局大学委员会、东北行政委员会教育部发布《关于在平东北各校学生处理办法的规定》。根据《规定》，将本校文学院、法商学院、部分理学院并入长春东北大学（后改为东北师范大学）；工学院、部分理学院到沈阳，成立沈阳工学院（后改为东北工学院）；农学院回沈阳后，原一、二年级学生并入新成立的沈阳农学院，三、四年级学生除少数分配到东北农业部工作外，其余全部转入哈尔滨东北农学院。至此，民国时期的国立东北大学解体。

2月至3月初 由国民政府迁往北平和天津的东北大学工学院和长春大学工学院及其他学校师生一千余人（流亡到北平的东北大学工学院、部分理学院的师生800多人，其中学生775人）被东北行政委员会接回东北。其中，教师参加沈阳工学院的筹备工作，学生全部到吉林与东北高职学生一起参加吉林工专第二期政治训练班学习。

第二编

1949年3月—1993年3月

1949 年

3 月　中国共产党沈阳工学院支部委员会成立，支部书记郭文之。

4 月初　成立沈阳工学院筹备委员会，设教务和建设两个委员会。开展教师聘请工作，并派人去长春、天津、北平、上海等地购买图书、仪器等。

4 月中旬　学院成立学习委员会，组织教师学习毛泽东的《整顿党的作风》《改造我们的学习》《反对党八股》及解放区教学改革有关文件。

6 月　教务委员会召集全体教师，议订《教育纲要》《教育计划》《课程纲要》。规定本院教学方针为："理论与实际统一，技术与政治结合"。根据东北工业建设的实际需要，以原东北大学工学院的学系设置为基础确定本院系、组的设立和教学重点。设采矿系、冶金系、化工系、机械系、电机系、建筑系。学制四至五年。

采矿系，设煤炭开采、金属采矿、选矿 3 个组，以采煤为重点。冶金系，设钢铁冶金、非铁冶金 2 个组，以钢铁冶金为重点。化工系，以油脂、酸、碱、燃料为重点，窖业、纤维造纸、塑胶、酿造为辅。机械系，以动力与制造工程为重点。电机系，以电力工程及电机制造为重点。建筑系暂定为综合性质。

原东大化工系主任聂恒锐、电机系主任佟昱秀、建筑系主任郭毓麟继续担任系主任；原东大教授刘致信、关绍宗分别担任机械系与采矿系主任。

8 月　中共沈阳工学院支部改为中共沈阳工学院分总支委员会，书记周鸣岐，由东北工业部机关直属党委第七总支领导。下设教工、学生两个支部。

8 月中旬　在吉林工专第 2 期政治训练班的原东北大学、长春大学四年级学生由工业部分配工作。东大工学院一、二、三年级学生经过甄别考试，合乎标准的学生重新调整年级，与安东科学院 162 名学生一起，被东北工业部分配到沈阳工学院学习。

8 月底　吉林工专政治训练班和安东科学院共 906 名学员，到沈阳工学院报到并参加五天建校劳动。

9 月初 经过五个多月的修复和修补，修好教室 144 间，实验室 36 间，教职工宿舍 79 栋。新建材料实验室、电机实验室。扩充了机械厂的车工和锻工实验规模。修复和新建面积 34000 平方米。图书馆有各种专业书籍两万余册。可以开出实验项目 30 余个。

阎沛霖

9 月 17 日 沈阳工学院举行成立大会暨首届开学典礼。在校学生 937 人，其中一年级 545 人，二年级 175 人，三年级 217 人。教授 171 人，其他职员 189 人，工勤人员 93 人。沈阳工学院隶属于东北行政委员会工业部，院长阎沛霖，副院长张立吾。

10 月 15 日 中国新民主主义青年团沈阳工学院总支委员会成立，书记符荣，副书记吴吟。

共青团沈阳工学院总支委员会成立大会

10 月 17 日　张立吾副院长作整编组织机构和精简人员的报告，整编后学校机构设一室、二处、一馆。秘书室，设秘书科、人事科（院警附人事科）。教育处，设注册科、出版科、指导科、仪器保管科。总务处，设会计科、庶务科、工程科、福利科。图书馆分三室：图书管理室、阅览室、资料室。

10 月 29 日　沈阳工学院召开教育（扩大）会议，讨论教育会议组织条例；教务暂行通则（即学籍管理办法）；学生学业成绩管理规程；校历等。

11 月中旬　在总务处职工中开展反贪污、反浪费运动，历时 45 天。追回赃款赃物折价流通券 2.69 亿元，查出浪费财物合流通券 8.86 亿元，逮捕法办 4 人，开除 2 人，留校察看 2 人，记过处分 12 人，还有些人受到批评教育。

本年成立院学生会，第一届学生会主席刘庆和。

1950 年

2 月　赵超（采矿系）、佟昱秀（机电系）二人随东北人民政府招聘团，去京、津、宁、沪、渝等地招聘，有教授多人，5、6 月到校。

3 月 10 日　院务会议决定出版院刊，定名为《沈工院刊》，9 人组成编委会，张立吾副院长兼任主编；成立教职工联合会，由聂恒锐、白长和二人负责筹备。

3 月 23 日　东北师范大学地质系停办，学生 35 人转入本院，5 月 19 日成立地质系。

3 月 24 日　教育处指导科科员仇雪，由东北工业部携款返校，路遇匪徒抢劫，为了保护人民财产与匪徒搏斗，壮烈牺牲，年仅 22 岁。3 月 26 日学院举行追悼大会。

4 月 2 日　焦作工学院院长张清涟和部分教师及冶金系学生 80 余人转入本院。

4 月 8 日　东北人民政府工业部发出成立东北工业大学的通知："兹决定成立东北工业大学（包括沈阳工学院、抚顺矿专及鞍山工专），派阎沛霖、汪之力、张立吾、林干、门晋如等同志组成筹备委员会进行筹备，并以阎沛霖、汪之力为正副主任委员。"

4月12日 东北工业大学筹委会成立，一切筹备工作从即日开始，校址确定在长沼湖。教学、图书、仪器的增添、教师的增聘和行政工作在进行中。

4月15日 院召开沈阳工学院第一次工会会员大会，白长和作《关于沈阳工学院工会筹备委员会的筹备经过和今后方针任务》的报告，选举产生第一届工会委员会，主席聂恒锐。

4月26日—5月5日 沈阳工学院土木系二年级全体学生，参加南湖新校舍的测量工作。《沈工院刊》通讯——《新校址的测量》载“东北工大校址，位于沈阳市的西南隅，南滨浑河，北界南五马路，西止清华路，面积共四百万平方米”。

5月2日 铁西校址采冶地学馆、学生宿舍、教职员住宅陆续开工建设。

5月4日 经中国新民主主义青年团沈阳市委员会批准，中国新民主主义青年团沈阳工学院委员会成立，书记符荣，副书记先后有吴吟、张绍先。

5月15日 东北人民政府工业部“关于东北高等工业学校分组分工计划”，规定东北工业大学系、组设置如下：

一、沈阳工学院设9个系

机械系：工作机组、机械制造组、机械设计组、汽车组；

化工系：化工机械组、纤维造纸组、油脂组、染料组、分析组、液体燃料组；

电机系：输配电组、电机制造组、电器制造组；

冶金系：有色重冶金组、有色轻冶金组、有色合金组；

土木系：结构组、水利组、公路组；

建筑系：建筑设计组、建筑工程组、卫生设备组；

地质系：物理探矿组、经济地质组、地质组；

数学系；

物理系。

二、抚顺矿专设3个系

机械系：蒸汽动力组、矿山机械组；

电机系：发电厂组、工矿动力组；

采矿系：矿山工程组、矿山运输组、采煤组。

三、鞍山工专设3个系

化工系：窑业组、煤焦工业组；

冶金系：铁冶金组、钢冶金组、钢铁加工组；

采矿系：矿山工程组、金属采矿组、金属选矿组。

东北工业大学规模定为 9200 人，学制 4~5 年。

5 月 20 日　建校委员会通过东北工业大学校舍建筑计划方案。其建筑方针是：既照顾目前的急需，又照顾将来发展的需要。一方面考虑到国家目前的经费情况和建筑技术方面的困难，另一方面又考虑到学校发展的需要，建筑要坚固、耐久、实用。规模以 5000 学生为标准，同时又考虑到长远的发展，留出扩大一倍的建筑面积。

△　本院举行首届体育运动大会。

沈阳工学院首届体育运动大会颁奖仪式

5 月 26 日　中国科学院副院长竺可桢来院视察。

6 月 24 日　我院重庆招聘团招聘教授多人到校。

6 月 27 日　张立吾率招聘组赴关内各地招聘教师、招收学员。

7 月 24 日　首批在湖南招考的新生到校，5 月初上海新生到校，9 月初东北、华北等地区新生到校。各地到校新生共 1012 人，先后赴吉林，借用吉林工科高职校舍进行政治学习。

靳树梁

8月初 东北军事工业专门学校副校长孙景斌、教务处长郝屏奋等部分干部和教师及一年级学生转入本院。

8月23日 东北人民政府命令：一、兹决定沈阳工学院、抚顺矿专专门部、鞍山工专专门部合组为东北工学院。院部设在沈阳，抚顺、鞍山设分院。二、派靳树梁为东北工学院院长，汪之力为第一副院长，张立吾为第二副院长。三、派刘放兼抚顺分院院长，林干为副院长；王勋兼鞍山分院院长，杜若牧为副院长。

8月29日 东北人民政府工业部发出《关于东北工学院成立后几项问题的通知》：一、东北工学院已正式成立，原东北工业大学筹委会即行取消。二、东北工学院抚顺分院设采矿（偏重采煤）、机械、电机三系，鞍山分院设冶金（偏重钢铁）、采矿（偏重金属采矿）、化工三系，沈阳不另设采矿系，其冶金系钢铁部分分至鞍山分院。通知同时还对经费，与抚顺矿专、鞍山工专两专门学校的原高职部分的隶属关系也做了相应的规定。

8月30日 根据东北人民政府工业部通知的精神，举行第一次院政会议，议决如下事项：一、关于学生的调整；二、关于教师的调整：① 沈工采矿系采煤组教授 3 人、讲师 1 人去抚顺。冶金系钢铁组教授 2 人、讲师 2 人及采矿系选矿组教授 3 人去鞍山。② 鞍山机、电两系教学人员，除教员留本校外，沈工来的教授、讲师由院部分配工作。三、组织机构：① 院部设：办公室——人事科、秘书科；教务处——教务科、指导科、仪器科、出版科；总务处——会计科、庶务科、院产科、福利科；工程处——施工科、材料科。② 分院设秘书室、教务处、总务处，处以下可根据工作繁简设若干科。

8月31日 冶金工业部下发任命东北工学院处级干部名单。

8月 第一批新生录取 1042 名，因总院校舍不足，全部到吉林借工专校舍进行政治学习。

9 月 5 日　组成东北工学院第一届院务委员会，委员 42 人。主席：靳树梁，副主席：汪之力、张立吾。并于本日召开第一次院务委员会会议，通过了新的教学计划，新生教育及房屋调整计划。

第一批教学计划是根据高等学校课程草案，理工两学院的总则制定的。其特点为：① 为适应现代专业化的形势，密切联系中国实际，特别是东北的实际，而分组安排课。② 课程分必修课程（占 31%）；基础课程（占 31%）、专业课程（占 16%）、技术课程（占 22%）。③ 明确培养目标为工程师。④ 矿冶系分为采矿工程系和冶金工程系。

9 月 10 日　召开东北工学院成立大会，并举行首次开学典礼，东北人民政府教育部部长车向忱应邀出席大会并讲话。总院教师 388 人（教授 58 人，副教授 41 人），学生 937 人。抚顺分院教师 38 人（教授 5 人，副教授 7 人），学生 401 人。鞍山分院教师 20 人（教授 3 人，副教授 4 人），学生 290 人。吉林新生 1042 人。

9 月 11 日　东北工学院成立建校委员会，靳树梁、汪之力为正副主任。成立设计室，郭毓麟、刘鸿典教授为设计室正副主任。

△　第四次院政会议，决定以广泛地发扬民主，开展批评与自我批评的办法，进行整风、检查工作，总结经验。

9 月 16 日　世界民主青年联盟代表团一部共 20 余名代表来院参观。成员来自苏联、美国、法国、朝鲜、德国、保加利亚、加拿大、叙利亚等国。院长靳树梁致简短的欢迎词。张立吾副院长概括地报告了本院建设及青年活动的情况。代表团参观了工厂、教室、寝室、实验室等。

9 月 23 日　第一次教务会议，审查新的教学计划，确定实行学年制，规定降级标准及不及格课程的处理办法，规定选课条件及办法。

9 月 26 日　举行全院学生大会，选举产生第二届学生会，主席苏禾。

10 月 1 日　校报《沈工院刊》改名为《东工生活》。

△　本院聘请日本原子能专家小田博士到院讲学。这是化工系和物理系为了提高一般助教业务水平而安排的。小田博士每周一、三、五作原子构造、量子力学的专题报告。

10 月 5 日　院教务会议根据中央教育部指示，决定在各系科普遍组织教学研究指导组（简称教研组），以发挥集体研究力量推动教学，教研组负责人选须由学术水平最高者担任。成立出版委员会，负责本院图书编著的审查、出版等事宜。

10月7日 美帝国主义把侵朝战火烧到鸭绿江边，威胁我国安全。东北人民政府工业部指示：东北工学院包括两个分院迁往长春。10月15日工业部再度指示，迁校工作即日进行。

10月11日 汪之力在报告中指出：本院“实行院长负责制”，“院务委员会决议，由院长批准执行”。

10月24日 新生结束政治学习，动员分系，建立各种班级组织。数学、物理、化学、国文、体育各科教师由沈阳到长春，11月1日开始陆续上课。

10月26日 冶金系全体师生举行盛大联欢晚会，欢迎最近来本系任教的张清涟主任和许冶同、岳立、左耀先教授。张立吾副院长出席了联欢会并讲话。他说，“东工包括近20位教授老师及300多名学生的冶金系阵容是国内少有的，希望老师们搞好教学研究工作，有步骤培养大量的冶金事业建设人才”。

10月 公布《东北工学院组织规程》，规定本院实行院长负责制，设院务委员会，由院长、副院长、教务长、副教务长、秘书长、图书馆长、各系主任、工会代表4~6人、学生代表2人及各处处长组成之。院长为当然主席。院务委员会职权为：一、审查各系或组教学计划、研究计划、工作报告；二、通过预、决算；三、通过各种制度；四、议决学生的重要奖惩事宜；五、议决全院重大兴革事宜。院务委员会决议，由院长批准执行。

11月6日 在吉林市参加政治学习的学生和鞍山分院一年级学生，1400余名全部迁往长春。经过一周的时事学习，11月16日开始上课。

11月8日 总院全体教职工、学生集会，响应中国共产党和各民主党派联合宣言的号召，向全国发出“东北工学院抗美援朝大会通电”。广大学生积极要求参军参干，陆续有40名一年级学生被批准光荣参军。

11月25日 第二次工会会员大会，选出28人组成的第二届基层委员会，主席聂恒锐，副主席赵超、关实之、周鸣岐、张清涟。

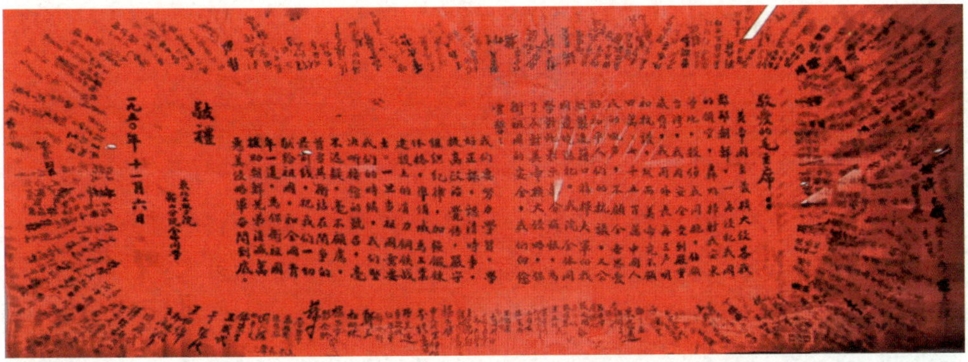

东北工学院鞍山分院全体同学致毛泽东主席的签名旗

12 月 4 日　本院教学研究指导组第一次会议召开。张立吾副院长在会上作了报告。他的报告共六个部分。一、教研组的任务及目前的工作重心。目前教研组的工作应以研究教学、教材的选择审查，教学大纲的讨论和拟订为首要任务。二、各教研组最近也取得了一些经验。三、各教研组提出希望解决几个问题：（1）迅速恢复实验；（2）参观问题；（3）教师与学生的参考书与杂志问题。四、教研组的组成问题。五、教研组的领导关系。根据苏联的规定和国内其他大学的经验，应该是：公共学科的教研组直属于主持教学的副校（院）长领导，专门学科的教研组则由主持教学的副校（院）院长和系主任共同领导。六、四年级的毕业论文问题，各学系考虑意见，提交教务会议讨论。

12 月 26 日　东北人民政府工业部决定，撤销东北工学院抚顺及鞍山分院，成立长春分院。任命汪之力兼长春分院院长，林干为副院长。免去抚顺分院院长刘放、副院长林干，鞍山分院院长王勋、副院长杜若牧的职务。撤销沈阳总院的迁校命令。已搬迁的家属、专业图书和设备等开始陆续运回沈阳。

是年　为加强学生的政治理论学习，本院成立了政治理论教研组，直属院长领导。有专职教师 4 人，兼职教师若干人（院、处干部担任）。

本年年末统计：学校现有教师 417 人（其中教授：71 人，副教授：60 人，讲师：108 人，助教：178 人）。职员 516 人（行政：386 人，教辅：61 人，技术人员：69 人）。工人 533 人（技工：205 人，勤杂工：286 人，校警：42 人）。现有在校学生：2963 人（一年级：1766 人，二年级：772 人，三年级：229 人，四年级：196 人）。

1951 年

1 月 13 日 “东北工学院中苏友协分支会”成立大会召开。东北友协总会姚建参加了成立大会。筹委会主委靳树梁院长致辞。他指出：中苏两国是有着深厚友谊的，我们要发展巩固这个友谊，我们要学习苏联先进的斗争经验和科学技术上的成就。成立友协就是为这些工作开辟了道路。大会选举了白季眉、伊里春、张立吾等 17 名正式委员及 5 名候补委员，组成中苏友好协会东北工学院分支委员会。

1 月 15 日 本院遵照东北人民政府教育部指示，参加本年春季东北区高等学校统一招生。计机械、电机、采矿、冶金、土木、建筑、地质、化工、数学、物理等 10 系。共预计录取新生 200 名，编为特别班，补习半年后，升入本科时分系。

1 月 19 日 院召开第五次教务会议，部分决议如下：……（五）教研组调整：① 机械系教研组改组为：内燃、蒸气、设计及制图、制造四组。② 化工系内增设化工机械、液体燃料二组。③ 力学为公共必修课，由薛镕等 13 人组成力学组。（六）报告 1950 年仪器采购情况：支出东北币 660 亿元，其中国外订货 430 亿元，余系以现金在国内采购。（七）本届毕业生虽由于各种客观条件不足，但仍应就所习专业课内容及参观实习所得材料，在系主任及导师指导下，早日着手计划论文题目。……（九）教研组最近的工作：① 下学期的教学计划；② 个人教学大纲；③ 课外辅导问题的进一步研究，特别着重“习明纳尔教学法”的研究。

1 月 20 日 院公布《东北工学院人员任免调动暂行条例（草案）》，规定“本院除处级以上干部由中央或东北人民政府任免外，所有教职员工任免由院长决定之。工警人员，各处在不超过编制原则下可自行决定采用（须履行人事手续）”。

1 月 21 日 东北工学院长春分院成立，汪之力兼分院院长，林干为副院长，抚顺分院一年级学生并到长春分院，二、三年级并到沈阳总院。

2 月 26 日 召开第四次院务会议，通过关于 1951 年上半年中心工作的决定。“决定”中规定：贯彻计划教学、严格掌握学时制、认真精简课程、加强教研组工作、努力提高师资、开展学术研究和整顿健全各种规章制度是本院近半年的中心工作。

此外还通过了总院与分院关系的决定。一、东北工学院长春分院在总院的领导下，实施分院的教学计划，分院的性质是新生院或基础学院。二、分院工作受分院院长直接领导，但分院各处在业务上除受分院院长领导外，并应受总院有关处的指导。三、分院的教学组织，为若干公共学科教学研究指导组，分院若干教研组在执行教学计划和处理教学设备上，受总院若干系、科的指示。四、分院各项经费由总院统一分配，其中如图书仪器经费，应以集中使用为原则。教育费根据分院之实际需要，由总院规定标准执行之。五、分院每月向总院作书面汇报一次，分院之主要设施（如建设、组织、人事、制度）等项应事先取得总院之同意。

2 月 28 日　院成立学习委员会，指导全院教职工的政治学习，靳树梁为主任委员，汪之力、张立吾为副主任委员。召开了第一次会议并确定当学期的学习内容，即结合抗美援朝深入开展爱国主义教育，吸收非会员参加学习，以工会小组为基础，组织教职工学习。

汪之力

3 月 1 日　东北局组织部通知：东北工学院党组由阎沛霖（书记）、汪之力（副书记）、林干、孙景斌（以上四人为常委）、刘仲甫、翟颖、赵超、蔡贡庭、周鸣岐、白长和、李万杰 11 人组成。1952 年 8 月免去阎沛霖书记职务，汪之力任书记。1956 年 7 月党组撤销。

3 月 6 日　院召开第二次教学研究指导组会议，张立吾副院长报告了教学大纲审查情况，教育学时、参观实习计划等问题。

3 月 10 日　东北教育部副部长邹鲁风来我院作关于苏联高等教育情况的报告，介绍了苏联大学在国家建设中作出的贡献。

3 月 11 日　院教务会议决议，4 月 1 日起从各年级中选出 35 个班级，试行“习明纳尔教学法”。

3月 本院左耀先、刘宇放、赫元明作为代表出席铁西区第一届各界人民代表会议。

4月9日 院政会议决议，进一步改善学生健康情况、开展文体活动。副院长汪之力负责组织体育委员会，副院长张立吾负责组织文艺委员会。13日在张立吾副院长主持下，成立了文艺活动筹委会，下设京剧、话剧、音乐、歌咏等8组。14日在汪之力副院长主持下，召开了体育会议，讨论通过了“东北工学院体育章程”。5月4日成立体育委员会，汪之力为主任委员。5月5日，院长宣布将体育科改为体育部，王衡为主任。

4月14日 长春分院举行公开党和宣布党委成立的大会。党委书记周鸣岐在大会上讲话。

△ 体育会议通过《东北工学院体育规程》，5月4日公布实施。

4月27日 靳树梁、汪之力在全院大会上，作开展镇压反革命运动的动员报告。至年底共清除反革命分子23名。

4月28日 大连工学院冶金系师生37人和东北农学院水利系学生15人转入本院。

5月6日 东北工学院总院召开全体党员大会，成立东北工学院党总支委员会，党的关系隶属于东北人民政府党委领导。会上听取了上届分总支委员白长和同志作的总结和今后党的工作的报告。5月10日，召开了第一次总支委员会，白长和任党总支书记。

5月15日 东北人民政府工业部召开工业高等院校和高职学校会议，讨论暑期学生实习的问题。我院实习地点有沈阳、长春、哈尔滨、西安等关内外22个地区、49个厂矿企业，参加实习的学生有1300多人。

5月21日 中国人民赴朝慰问团一行30余人来院参观。靳树梁院长首先介绍了本院建校及发展情况，陪同慰问团参观实验室。

5月31日 总院健康委员会召开第二次会议，讨论改进健康、改善伙食、推进卫生、加强宿舍管理等问题。健康委员会原包括体育、文艺两项，均已分别成立了委员会，此次会议将健康委员会改名为卫生委员会，原组织不变。

6月1日 本院举行第一次体育检阅大会。东北工业部部长王鹤寿、副部长吕东、安志文到会。

6月5日 院工会、院学生会、各处处长的联席会议召开。会议决定全院师生员工响应全国抗美援朝总会的号召，踊跃参加捐献活动。截至 9 月 15 日，总院捐献折合人民币 84 365 365 元。分院捐献人民币 115 736 565 元，金银首饰 230 件，其他贵重物品 193 件。

师生踊跃参加捐献飞机、大炮活动

6 月 11 日　第十八陆军医院来信表扬：长春分院同学为志愿军献血 269855 毫升，占长春市总献血量的 51%。

6 月 18 日　东北工学院召开第五次院务会议，部分决议如下：……三、通过各项条例：（1）东北工学院组织规程；（2）东北工学院组织系统；（3）讲授时数标准等。四、关于调整工薪之基本原则：（1）实行新标准：调整标准应以学术水平、教学成绩为主，克服过去单纯依靠资历的偏向；（2）废除过去民主评议的方法，学校领导在民主基础上收集情况分别决定。

6 月 23 日　本院招收 266 名在职干部，组成干部班，在分院学习，9 月学习结束后，参加全国统一高考。

7 月 10 日　自抗美援朝总会发出号召后，本院人员立即展开了热烈的捐献运动，截至本日止，捐献数字简单统计如下：

教职工方面共捐献：现金 57 785 600 元，金戒指 17 个，银圆 22 块，金十字架 2 个，金链 1 个。

学生方面共捐献：现金 37 952 965 元，金戒指 96 个，手表 84 块，钢笔 103 支，银圆 89 块，公债 77.5 份，布料 76 块，毯子 22 条，白金戒指 1 个，手电筒17支，唱机2支，唱片49张，口琴22支，无线电零件17件，安培计2只，伏特计1只，六灯收音机1架，可容变电器5个，金镏子1只，金链1条，照相机6台，望远镜2架，十字架1个，药品66瓶，其他物品309件。

8月13日 院布告公布：聘任机械制造教研组、汽车教研组、蒸汽动力教研组、机械设计教研组、制图教研组、选矿教研组、采矿教研组、采煤教研组、物理冶金教研组、钢铁冶金教研组、有色冶金教研组、电机教研组、输配电教研组、电工学教研组、化学工程教研组、染料教研组、分析化学教研组、结构教研组、水利教研组、公路教研组、营造教研组、工程教研组、建筑设计教研组、美术教研组、普通化学教研组、普通物理教研组、俄文教研组、国文教研组、微积分教研组、测量教研组、力学教研组等主任名单。

8月29日 我院五四届学生结束一年级的学习，除数学、物理二系学生留长春外，其他各系回沈阳总院学习。

8月1—30日 建筑系、土木系、机械系部分师生利用暑假时间参加建校工作，分别承担了南湖校舍的工程设计草图绘制、正式施工图样绘制、地形测绘和暖气工程等工作。

9月3日 本院五一届开学典礼举行。靳树梁院长首先讲话，他要求教师们肃清崇美的残余，努力学习俄文，接受苏联的先进科学技术，改进教材教法，加强课堂辅导。汪之力副院长着重指出，本学期工作的重点是在加强政治思想教育，密切与厂矿的联系和学习苏联的先进经验。

9月10日 东北人民政府工业部任命孙景斌为东北工学院长春分院副院长，任命林干为东北工学院秘书长、郝屏奋为院教务处长。

9月15日 举行全院学生会会员大会，选举产生了由38人组成的第三届学生会执委会，主席周刚。

9月24日 本院举行第六次院务会议，通过了东北工学院1951年度工作计划、东北工学院暂行规程、东北工学院各学系及教研组工作条例。

《东北工学院暂行规程》：规定本院设机械、电机、采矿、冶金、化工、地质、土木、建筑、数学、物理等学系，修业年限4~5年；以理论与实际一致的教育方法，培养有高级文化水平、掌握现代科学与技术成就、全心全意为人民服务的高级专门理工人才。

9月24日 本院举行反贪污浪费反官僚主义动员大会，靳树梁院长、汪之力副院长对教职员工做了重要讲话。

9月26日 俄文教学研究会议决议本院俄文教学的方针是：训练学生在三年内能阅读并翻译原文。

9月27日 院长会议决定在全院开展反贪污反浪费反官僚主义运动。

9月29日 本院召开第三次工会会员大会，选出15名委员和5名候补委员组成第三届基层委员会，主席白长和。

10月2日 中共东北工学院总支委员会召开全体党员大会。会上由总支委员符荣作了《四个月（1951年5月—9月）工作情况的报告》。大会选举出第二届总支委员会，白长和任总支书记。

10月6日 本院举行首届毕业典礼，毕业生209人。

中央新闻纪录电影制片厂到东北工学院拍摄资料片时，我校在铁西校园北门内搭建了一座彩门。图为东北工学院在该彩门前欢送首届毕业生离校

10月8日 东北人民政府工业部基建处批准本院南湖基建工程开工申请。冶金学馆18000平方米，建筑学馆9000平方米，学生一、二宿舍两栋25000平方米。1952年又增建家属住宅14000平方米，仓库1200平方米，锅炉房两栋1400平方米。

10月10日 东北人民政府命令，佟冬任东北工学院长春分院院长，免去汪之力所兼分院院长职务。

10月11日 冶金系学生叶茂，作为青年和学生代表参加第二届中国人民赴朝慰问团。

10月26日 院长会议讨论贯彻中央教育部工学院院长会议精神，决定精简课程，修订教学计划。要求土、建两系取消化学课，机械系保留、电机系部分保留化学课。物理课争取一年讲完。

11月14日 全国政协委员、我院院长靳树梁向全院人员作关于中国人民政治协商会议第一届全国委员会第三次会议的传达报告。他传达了会议的决议精神，着重谈了继续加强抗美援朝工作，增产节约及思想改造问题；并传达了刘少奇同志关于共产党员的条件的报告。

11月28日 沈阳市政府、东北工学院就南湖校舍修建问题召开联席会议，市政府焦若愚副市长、东北工学院汪之力副院长等人出席了联席会。决议如下。

> 一、建校面积问题：市府同意东北工学院已计划之修建范围（南五马路以南，辽沈公路以西清华街南段折角以东，浑河以北，根据1950年工学院在市府备案原图），每年按建筑具体需要拨给土地……四、公园问题：决定将公园划归为东北工学院校园，由工学院整修，但在星期天及假期应对外开放，供职工及市民游览。五、修建铁路问题：同意工学院修建铁路专用线计划。六、工学院之建筑设计结构方面，要照顾到教学区与住宅区的适当距离及住宅区与市区之联系问题。

高景芝

11月29日 院长会议决定成立人事处，由秘书长直接领导，下设人事科、学生科、档案科。

11月 中国共产党东北工学院委员会成立，下设支部，中共中央东北局任命高景芝为中共东北工学院委员会书记。党的隶属关系由东北人民政府党委改为中共沈阳市委领导。

12月18日 东北人民政府人民经济

计划委员会，同意修建自沈阳瓦斯厂至我院长 7 千米的铁路专用线，供本院工程运输及附设工厂生产原料与产品运输使用。定名 83 号铁路线。1956 年 6 月 1 日，中央重工业部批准全线产权无价调拨给沈阳市农业机械工业公司。

12 月 22 日　苏联对外文化协会代表团代表基斯洛夫来院参观。在院领导及有关部门负责人陪同下先后参观了专馆和实验室，随后同院领导及师生代表进行了座谈。院党委书记高景芝、院长靳树梁、中苏友协东工支会白季眉会长、团委书记符荣出席了座谈会。

12 月 29 日　东工总院党委按上级指示，开始进行整党教育活动。党委书记高景芝向全体党员作了整党学习动员报告。报告说："这次整党教育是对党员普遍进行一次共产党与共产主义的教育。提高党员与党的工作，完成伟大的历史任务。同时号召党员下定决心，努力学习，争取做一个完全具备党员标准的党员。"

本年　在校学生为 4210 名（一年级：1514 人，二年级：1656 人，三年级：719 人，四年级：204 人；预科 117 人），教师 496 人。

1952 年

1 月 4 日　本院举行第十一次教务会议决定，从 1952 年起，全部实行四级记分制。

1 月 15 日　全院师生员工大会，动员继续深入普遍开展反贪污、反浪费、反官僚主义运动。

2 月 22 日　根据中央教育部的指示，本院决定缩短部分系、组、班级学生的修业年限。一、冶金系有色冶金三、四年级均于暑假毕业后，改为有色轻金属冶炼。二年级改为轻金属加工，3 年毕业。一年级调出一部分成立有色重冶金组，3 年毕业。钢铁组春三班改为炼钢组，秋甲、乙两班改为钢铁加工组，3 年毕业。二年钢铁组甲、乙班调 120 人及二年金属加工组 63 人改为钢铁加工组，其余 60 人一半为炼钢、一半为炼铁，3 年毕业。一年级调出一部分成立炼钢及炼铁组，3 年毕业。二、采矿系采煤组、金属采矿组 3 年毕业。选矿组改为浮选组，3 年毕业。二年选矿组分浮选、洗煤两组，3 年毕业。二年金属采矿组、采煤组均3年毕业。三、地质系三年春班3年半毕业。二年级改为3年半毕业。四、数学系二年级改为3年毕业。

2月25日 本院接东北人民政府教育部通知，在二年级学生及教职员中，选拔25名优秀者派赴苏联留学。经报名、审查，初榜名单为74人，教职员报名30人。进入初榜的师生送中央教育部参加统一考试。

3月8日 本院全体女教职员、女同学及员工家属热烈庆祝“三八”节，特邀劳动英雄火车女司机田桂英作报告。

3月14日 本院师生员工4000余人参加沈阳市人民反对美国侵略者进行细菌战的示威游行。

3月15日 根据国家建设需要对系组设置调整如下：机械系设机械制造、矿山机械、蒸汽动力、汽车工程4个组。电机系设电机制造、发电厂、输配电3个组。化工系设染料、化工机械、电工化学、窑业、炼焦5个组。土木系设路工、水利、房屋结构3个组。采矿系设采矿、采煤、选矿3个组。冶金系设钢铁加工、有色加工、钢铁冶炼、铝冶金4个组。建筑系设设计、设备2个组。地质、数学、物理三系暂不分组。

3月28日 本院举行欢送留苏同学大会。大会由张立吾副院长致欢送词。院党委书记高景芝勉励同学们说：“留学苏联……这是祖国人民交给你们的艰巨而光荣的任务，而不是单纯为了做专家。大家必须随时以祖国的建设重任来勉励自己，彻底消灭个人主义思想，才能成为祖国最需要的人民的红色工程师。”

4月10日 成立东北工学院学习委员会，领导全院人员进行思想改造。主任委员靳树梁、副主任委员汪之力、高景芝。东北人民政府教育部邹鲁风副部长、沈阳市委宣传部副部长徐志出席了会议。

4月26日 东北人民政府教育部副部长邹鲁风来院向全体教职工作思想改造动员报告，8月2日，汪之力作《关于思想改造运动的总结报告》。

5月7日 第十七次院长会议决定：长春分院于暑期结束，全部迁沈。

5月24日 由于祖国经济建设的迫切需要，上级决定从本届毕业生中调出6名学生到新疆工作，总院全体同学于当日召开欢送会，张立吾副院长等院领导出席欢送会并讲话，勉励赴新疆的同学努力做好组织分配给自己的工作，号召本届毕业生学习赴新疆同学热爱祖国、服从组织分配的伟大爱国主义精神。

6 月 21 日　彭达被授予烈士称号。当本院合作社出纳员于黎娟为维护国家财产与持枪拦路抢劫匪徒搏斗负伤时，建筑系二年级学生彭达闻枪声赶到，奋不顾身与匪徒搏斗，身中两弹，壮烈牺牲，被东北人民政府授予烈士称号。

7 月 5 日　东北及沈阳各界代表集会于我院广场举行追悼大会。学校为与匪徒搏斗和抓获匪徒有功人员于黎娟、刘宇放、周士文、徐先义、于教有等人记功，并给以物质奖励。

8 月 4 日　经中央人民政府教育部批准，按照东北人民政府关于东北地区高等学校院系调整方案，要求本院集中力量办好冶金、采矿、机械、电机、建筑等系有关专业，其调整方案如下：调来大连工学院电机系师生 261 人，哈尔滨工业大学采矿系师生 47 人。原在哈尔滨工业大学工作的 4 名苏联专家和 22 名研究生，随之调来本院工作和学习。苏联专家顾问组长谢·谢·斯马罗金任院长顾问。

本院机械系教师 2 人，汽车组四年级学生 20 人，化工系师生 378 人，土木系部分师生 133 人，数学、物理教师各 1 人，调往大连工学院工作、学习。地质系师生 231 人，土木系教师 1 人，机械系教师 1 人，物理系学生 61 人调往长春地质学院工作、学习。数学系学生 57 人，化学系教师 3 人调往东北人民大学工作、学习。物理系学生 31 人，调往东北师范大学学习。土木系教师 1 人调往哈尔滨工业大学工作。同时撤销土木系、化工系、地质系、数学系、物理系建制。

院领导与苏联专家在冶金馆门前合影

8月11日 本院应届毕业生和三年级提前毕业的采冶学生374名召开毕业典礼。

佟冬

8月 撤销长春分院，师生员工全部迁回沈阳。佟冬任东北工学院党委书记、高景芝任副书记。

8月末 院系调整结束，东北工学院设机械、电机、冶金、采矿、建筑五个系。

9月 南湖校园内的建筑学馆，冶金学馆，学生第一、二宿舍和部分教职工宿舍等第一批建筑相继竣工，我院从铁西校园开始部分迁入。

10月6日 院政会议决定：一、设总政治辅导员办公室，各系设辅导员办公室。二、取消院政会议。设立院务委员会常委会，其任务是：讨论决定中心工作、决策重大问题。讨论专题报告。常委会由靳树梁、汪之力、张立吾、林干、佟冬、高景芝、高广平、吴健、郝屏奋、吴锦、赵超、蔡贡庭、周鸣岐13人组成。11月16日公布东北工学院第二届院务委员会30名委员名单。

10月15日 本院成立新生部，林干任主任。负责一年级学生的教学和思想教育工作。

10月20日 经中共沈阳市委批准，中共东北工学院委员会第一届纪律检查委员会成立，书记吴健、副书记王太明，委员7人。

10月26日 学院召开第二届体育检阅大会。夏桂芳女子跳远4.03米破市3.96米纪录。另有1人1项破院纪录。

10月 第二届院务委员会产生，共有委员30名，13名常委，主席：靳树梁，副主席：汪之力、张立吾。

11月7日 东北工学院中苏友好协会支会根据总会的要求，在苏联十月社会主义革命三十五周年纪念日内，举行“中苏友好月”活动，开展庆祝会、报告会、文艺演出、向街道宣传、放映电影等活动。

11月17日 根据上级指示，我院成立夜间大学，汪之力兼夜间大学校长，首先办预科。1953 年 1 月 19 日，235 名学生开始上课。

12 月 17 日　院第三次修订教学计划结束，靳树梁院长在全院大会上做《关于新教学计划的几个显著特点》的报告，指出在苏联专家的直接帮助下，制订的新教学计划与旧的计划有根本的不同。第一，明确了目的性；第二，加强了计划；第三，注意了系统性，由浅入深，并充分考虑到课程先后左右的关系。

1953 年

1 月 6 日—2 月 8 日　全院举行测验与考试，考试前苏联专家马汉尼克向全院教师及学生干部报告了“苏联高等工业学校中的考试与测验问题”，这次考试在全院采用了苏联的口试制度。

吴健

1 月 15 日　中共沈阳市委员会组织部通知：东北局指示，吴健同志任东北工学院党委书记、牛犇同志任党委副书记。

1 月 19 日　为了提高在职干部文化技术水平，我院举办业余大学，首先开办预科，235 名沈阳各厂矿、工业管理机关的行政、党群、团体领导干部等参加学习。

1 月 23 日　中央人民政府重工业部指示本院从三年级或二年级学生中调出 15 名，送沈阳俄文专科学校学习，培养专业俄文教员。学校决定由冶金系调出 5 名，采矿系调出 4 名，建筑系调出 3 名，机械系调出 2 名，电机系调出 1 名学生去俄文专科学校学习。

2 月 5 日　汪之力、佟冬、高广平、各系主任及部分教师代表到鞍山与鞍钢经理会谈。双方同意：鞍钢允许东北工学院教师到所属厂矿学习与进修，收集必要的资料。东北工学院帮助鞍钢业余学校制订教学计划，派教师到鞍钢讲课。

2月23日 汪之力在全院大会上宣布，经高教部同意，本院组织机构改革如下。

一、设4个系13个专业41个教研组

机械系、电机系合并成立机电系：设矿山机械、矿山电机和工业企业电气化3个专业，附设矿山机电和工业用电两个专修科，12个教研组。

采矿系：设矿区开采、有用矿物精选、矿山企业建设3个专业，附设矿区开采专修科，8个教研组。

冶金系：设钢铁冶炼、金属压延、有色金属冶炼、冶金炉4个专业和7个教研组。

建筑系：设工业与民用房屋建筑结构、工业与民用房屋建筑设计、暖气通风3个专业和8个教研组。

数学、物理、化学3个公共教研组分别划归建筑、采矿、冶金3系领导。政治理论教研室，俄文、体育2个教研组直属院长领导。

二、行政机构调整

取消教务长、总政治辅导员办公室、新生部、秘书室、宣传科、学生科、卫生科和人事处。设三处一室。

教务处设：出版科、科学研究科、生产实验科、教务科、图书馆。仪器科与总务处庶务科供应组合并成立供应科，归总务处，取消教学研究科。

总务处设：庶务科、宿舍管理科、供应科、食堂管理科、电气组、交通组、修缮组、卫生所、合作社、土工队和木工队。

基本建设处设：计划科、工程科、设计室。

办公室设：秘书科、人事科、档案科、院刊编辑室。

另，会计室直属院长领导。

三、干部任命

机电系主任：高广平。采矿系主任：郝屏奋。冶金系主任：吴健。建筑系主任：赵超。政治理论教研室（不久改为马列主义教研室）主任：林干。教务处长：吴锦。总务处长蔡贡庭。基建处长周鸣岐。办公室主任暂缺。

四、关于学生转系问题

原电机系一、二年级电机制造专业学生，转到机电系矿山机电专业。发电、输配电专业一、二年级学生合并为机电系工业企业电气化专业。原机械系一、二年级机械制造专业学生转到冶金系金属压延专业，其中一年级 56 名转到机电系矿山机电专业。蒸汽动力专业学生转到建筑系暖气通风专业。

五、改革说明

提出加强党委、团委、工会、学生会的工作。在一、二年级学生中设学习辅导员。在各系设专职党支部书记，专职团总支书记。

2 月　采矿系学生成立凿岩爆破及开井送道研究小组。

3 月 5 日　遵照中央人民政府教育部关于工农速成中学附设于高等学校的规定，原东北实验工农速成中学及沈阳工农速成中学已移交本院领导，称东北工学院附设工农速成中学。原沈阳工农速成中学张天宇校长为东北工学院附设工农速成中学副校长，代行校长职务。

中国第一个女火车司机田桂英，全国劳动模范马恒昌、苏长有、杜先扬、郑锡坤等数十名全国知名劳动英雄模范均在附中学习。东北工学院工农速成中学 1955 年移交辽宁省教育厅领导。

3 月 9 日　院第八次常务委员扩大会议决定，电机系三年级学生全部于 1953 年暑假提前毕业，机械制造专业于 1953 年寒假提前毕业，机械系三年级蒸汽动力专业于 1953 年暑期提前毕业。

3 月　本院采矿系矿区开采专业 65 名学生首次进行毕业设计。

4 月 6 日　第 22 次院长会议决议：留助教 55 人，其中采矿系 11 人，机电系 19 人，冶金系 14 人，建筑系 11 人；由应届毕业生中提前调出 110 人进行研究生培养。

4 月 17 日　国家重工业部、高教部经过多方面的考虑研究决定：“东北工学院发展规模，按原计划缩小。在第一个五年计划中学员发展到 6000 人，五年计划后发展到 8000 人（1953 年招生按 1620 人）。校址确定在南湖，铁西的房产移交给工农速成中学，工学院的人员逐渐迁往南湖校区。东北工学院仍直属重工业部领导。

4 月 27 日　东北工学院第一次工会会员代表大会召开。选举出 19 人组成第四届基层委员会，主席牛犇。

5月3日 中央人民政府批准靳树梁为东北行政委员会委员。

5月16日 院召开第三届体育检阅大会。男子跳远、跳高、铁球、1500米等8个项目打破我院纪录；女子跳远、手榴弹等4个项目11人打破我院纪录；职工跳远等3个项目3人打破我院纪录。

6月9日 本院附设业余大学职工班正式成立，报名人数共有72人。

7月 中央高教部同意我院建筑系增设房屋建筑学专业。

7月28日—8月25日 本院1047名毕业生分别在冶金、采矿、建筑、机电等四系举行毕业典礼，四年及三年毕业生各为413和634人。

柳文

9月7日 中央任命柳文为东北工学院第三副院长、党组副书记、党委书记。

9月中旬 本院选举产生出席沈阳市南市区第一次人民代表大会代表：柳文、刘致信、肖碧君。

9月26日 东北工学院举行第一次学生代表大会，选举产生第四届学生会执委会，主席郭金荣，副主席邵炳炯、宋激、王洪泽。

9月 高教部委托本院负责修订的第一类中的矿山机电专业、矿区开采专修科的教学计划及第2类中的矿山企业建设、有色金属冶炼、有色金属加工、暖气供应与通风4个专业教学计划，已修订完毕。现正在对二至四年级的现行计划进行修改。规定每学期课程不超过8门，周学时不超过32学时，加强基础课程及专业基础理论课程的教学，缩减与专业无关的课程。

本月 苏联莫斯科矿业学院专家来校与我校关绍宗教授联合承办我国第一个“矿山通风安全”研究生班。为我国高校培养一批高水平的“矿山通风安全”教师。

10月12日 本院冶金系黑色加工专业三年级学生陈永明，代表沈阳市学生参加中国代表团出席在波兰华沙举行的世界第三届国际学生代表大会后，本日返校。

10月12日　举行1953年度新生开学典礼。本年新生共有1447名。

10月15日　在张立吾主持、靳树梁参加的科学研究座谈会上，根据高等教育部马叙伦部长在全国高等工业学校行政会议上的报告中提出的“在加强教学工作的基础上，并与教学工作密切结合起来，逐步开展科学研究工作”的精神，提出科学研究的任务是：保证教学质量不断提高；帮助生产部门解决问题；培养师生逐步掌握科学研究方法和独立工作能力；进行科学普及工作。

10月17日　本院动员增产节约及奖励优良工作者大会举行。

11月5日　王禾副教授参加1953年全国田径赛、体操、自行车运动大会，以3.45米的成绩获撑杆跳全国决赛第二名，机电系学生许文彦，在东北区预赛中以35.60米的成绩获东北区掷铁饼第一名。

11月　制定了东北工学院学生会章程，共五章四十条。

12月7日　全院教职员工和学生分别收听了关于国家在过渡时期的总路线和总任务的传达。

12月18日　中共沈阳市委批准我院各系建立党的总支委员会。各系分别召开党员大会，成立第一届总支委员会。

12月　本院成立专家工作办公室，有关各系设翻译室，负责与苏联专家的有关各项工作。

12月末　本院机电学馆落成，建筑面积14200平方米。

本年　1953年我院基建工程量为51807.22平方米。其中包括机电馆、三宿舍、加工车间、锻工车间、车库、卫生所、小学校、托儿所等共31项。迎湖里、带湖里10栋三层教职工家属宿舍12月5日竣工，240户教职工迁入新居。

本年　在校研究生92人，本科学生4894人，补习班学生114人，教师595人，职员449人，工人470人。

1954年

1月16日　本院做出关于培养研究生的决定。研究生的教学计划由该专业教研组拟定，学制为2年，研究生在研究班毕业后，即授予高等学校讲师职称。

苏联专家在指导研究生学习

1月21日　机械系机械制造专业114名学生提前毕业，陆续奔赴建设岗位。

1月24日　为了解我国厂矿的实际情况，便于帮助本院进行教学改革，本院苏联专家那扎洛夫、萧米克、瓦纽考夫、基里洛夫、苏沃洛夫同志在靳树梁院长，汪之力、张立吾、柳文副院长的陪同下，参观了鞍钢三大工程（无缝钢管厂、大型轧钢厂、七号炼铁炉）。

2月2日　国家高教部聘任苏联专家组长依·沙·那扎洛夫为我院院长顾问。

3月5日　在本院会议室举行“东北工学院与沈阳冶炼厂的社会主义合作合同”签字仪式。本院张立吾副院长和沈阳冶炼厂厂长李光在合同上签字。这是本院第一次正式和厂矿签订合作合同。

3月8日　本院举行科学研究工作报告会。那扎洛夫专家报告了“如何组织高等学校的科学研究工作”。

3月20日　中国新民主主义青年团东北工学院第一次代表大会召开。党委书记柳文同志向大会作了《全院青年团员们积极响应党的号召，为培养德才兼备、体魄健全的社会主义高级建设人才，以保证国家总路线的贯彻而奋斗》

报告。张绍先代表上届团委作工作报告。大会选举产生了 25 人组成的第四届团委会，书记张绍先、副书记李庚心。

3 月　我院党委宣传部组织在职干部政治学习。教师学习辩证唯物主义与历史唯物主义，大专以上文化的干部学习政治经济学，其他干部学习新民主主义论，在院职工夜校学习文化的一律学习政治常识。学习时间为一年。

4 月 8 日　数学教研组翻译的《高等数学简明教程》（恩·恩·米海尔逊著）一书被高教部指定为与兄弟国家进行文化交流的书籍之一。

4 月 10 日　下午，院召开了五四采煤甲、乙两班学习经验介绍大会，采矿系主任郝屏奋对五四采煤甲、乙两班学习经验做了介绍，采矿系教授关绍宗、副教授张家连也在会上报告了该两班同学的学习情况和特点，最后汪之力副院长报告了如何学习运用五四采煤经验和提高学习质量的问题，并宣布授予五四采煤“学习模范班”称号，发布了《关于介绍五四采煤甲、乙两班学习经验的通令》。4 月 12、13 日两个下午又分别在南湖和铁西作了专题经验介绍。

采矿系教师介绍五四煤班学习经验

4 月 16 日　我校发布修订教学大纲的指示：根据培养目标及教学计划的要求，明确课程的任务和目的，进一步解决课程间的关系、内容、分量，规定教学形式。4 月 29 日学校发布“教学通报”，介绍机电系的电机教研组修订《电机原理》教学大纲的经验。

4 月 18 日 343 名同学提前毕业，全部服从分配走上工作岗位。本年暑假又毕业 337 名。第四届毕业生共 680 名。

4 月 28 日 院召开第四届体育检阅大会。石步岩男子跳远 6.40 米、张开山男子三级跳远 13.30 米、王正坤男子 200 米 23 秒 6 均破东北区、沈阳市纪录；李百鹏跳高 1.75 米，单人騉三级跳远 13.165 米，邹凤珍 400 米 1 分 13 秒、800 米 2 分 53 秒均破沈阳市纪录。另有 22 人破 20 项院纪录。

4 月 29 日 志愿军一级英雄、特等功臣杨育才及二等功臣张贤能应邀来我院作报告。

5 月 5—8 日 本院举行毕业生返校座谈会。这次返校的有 121 名第一、二、三届毕业生代表，分别来自鞍钢、重工业部等部门。毕业生们根据在实际工作中的体会，对修订后的教学计划和教学大纲提出重要意见。

6 月 15 日—8 月 15 日 全院人员利用每周三、六的下午，学习讨论中华人民共和国宪法草案。

7 月 6 日 高教部批准：我院金属压延专业分为钢铁压力加工和有色金属压力加工两个专业；新增设矿山企业经济与组织专业、金相学与热处理专业、铸造专业。从 1954 年起招生。

8 月 30 日 本日上午，在冶金馆四楼俱乐部举行了“东北工学院 1954 年度新生开学典礼”。本年共招收新生 1579 人。

9 月 18 日 本院靳树梁院长，东北工学院工农速成中学学生、全国劳动模范马恒昌、姜万寿、孙孝菊、苏长有、郑锡坤、杨茂林等 7 人当选为全国人民代表大会代表。

9 月 26 日 东北工学院第二届学生代表大会在冶金馆召开，选举产生第五届学生会执委会，主席邵炳炯、肖春霖。

10 月 5 日 以罗马尼亚工人党中央政治局委员、书记处第一书记阿波斯托尔为首的罗马尼亚人民共和国政府代表团，在沈阳市副市长张力克的陪同下来院参观。汪之力副院长陪同客人进行了参观。

10 月 12 日 苏联文化代表团团员、苏联国立莫斯科大学校长、数理学博士伊·格·彼德罗夫斯基来院访问并举行座谈会。出席座谈会的有我院靳树梁院长，汪之力、张立吾、柳文副院长，哈尔滨工业大学高副校长、大连工学院屈院长，萧米克专家也应邀参加了座谈会。

东北工学院第二届学生代表大会

10 月 14 日 鞍山钢铁公司副经理刘克刚和本院副院长张立吾代表各自单位签订合作合同。此次合作的内容有：双方互派教师、技术人员和生产革新者进行答疑和作报告，交换资料以及共同进行科学研究；本院对鞍钢夜间大学做一系列的帮助，鞍钢则供给本院装备实验及研究室所需的资料、样品，供给借阅毕业设计和科学研究所需要的重要资料以及对生产实习的指导等。

10 月 30 日 本院举行全院大会，由全国人大代表靳树梁院长传达第一届全国人民代表大会会议精神。

11 月 25 日 对于有关专业分设专门化问题，高教部对我院答复如下：钢铁冶炼专业分为炼钢和炼铁两个专门化；钢铁压力加工专业暂设轧钢一个专门化；金相热处理专业仅培养钢铁方面的人才；有色金属冶炼专业分设铜与铝两个专门化。

11 月 26 日 为适应深入教学改革需要，根据苏联专家、院长顾问那扎洛夫的建议，将我院原有院务委员会加以改组，使其逐渐发挥学术委员会的作用。选举产生第三届院务委员会，本届委员 53 人，外设秘书一人，主席：靳树梁，副主席：汪之力、张立吾、柳文（女）。本届委员除聘各级教学行政及党群工作负责同志外，着重聘请有一定学术水平和教学经验的教研组长及教师参加。11 月 29 日召开改组后的第一次会议，靳树梁院长讲：“本届委员会在苏联专家帮助下，逐渐转向学术委员会，一般行政工作不在本会讨论。”

12 月 6 日 缅甸联邦总理吴努及缅甸驻华大使吴拉茂等人，在我国驻缅甸大使姚仲明的陪同下来院参观。参观结束后，吴努总理题词留念：“祝院长、全体教师及学生身体健康、愉快。祝你们能够迅速建设伟大的新中国”。

12 月 11 日 华东地区上海交通大学、同济大学、浙江大学、南京工学院、华东航空学院、华东化工学院、华东水利学院、华东纺织学院等校的校（院）长、教务长、系主任及华东高等教育局、上海市教育工会和青年团上海市委代表所组成的华东高等工业学校参观团一行 30 余人抵达沈阳，来本院参观访问。

12 月 28 日 本院关于新学期教学工作的若干规定：一、改变现在的大班组织为小班（25~30 人），实行大班讲授、小班练习的制度。二、改变 6 节一贯制为上下午两段排课的方法。

本年 朝鲜留学生 1 名入本院选矿专业学习。

本年 中国民主同盟东北工学院支部成立，第一届主任委员沙莹，委员赫贵忱、俞晋祥、陈尚炯。

本年 1954 年本院专业设置为：有色金属冶金、钢铁冶金、有色金属及合金压力加工、黑色金属压力加工、冶金炉自动装置、铸工、金相学热处理、矿区开采、有用矿物精选、矿山企业建筑、矿山企业经济与组织、矿山机械制造、矿山电机、工业企业电气化、建筑学、工业及民用建筑、暖气煤气供应及通风、工业民用建筑结构。

本年 在校研究生：91 人，本科学生：5775 人，教师：641 人，职员：650 人，工人：373 人。

1955 年

1 月 17 日 经院务委员会讨论通过，院长批准，刘灵清等 80 人提升为讲师。

1 月 29 日 本院第一次科学讨论会召开。靳树梁院长致开幕词。在大会上，萧米克专家作了《冶炼某地铁矿石几点特性》专题报告，采矿系地质矿物岩石教研组曾繁礽教授做了“本溪大关区侵入岩的时代问题”专题报告。

本次讨论会共举行了2次全会和9个分组会，报告和讨论了52篇论文。本院全体教师及研究生、高年级学生、学生科学研究小组成员等参加，来自全国65个单位的代表669人出席了讨论会。

靳树梁院长在东北工学院第一次科学讨论会上致开幕词

2月11日　本院决定改大班组织为小班，即将原有50~60人的班级改为25~30人的班级。

2月12日　本院马克思列宁主义业余大学成立并举行开学典礼。本院副院长兼党委书记柳文任校长，马列主义教研室主任林干任副校长。

3月4日　学院专家工作检查组检查井巷教研组向苏联专家学习情况。会议由教研组组长马宇航教授报告学习专家工作的总结。之后3月25日的《东工生活》发表了《必须更有效地发挥专家的作用》社论。社论对怎样才能更有效地发挥专家的作用提出了五个方面的问题，其中提出“必须从思想上把向专家学习的任务摆在教研室工作的最重要地位”。

3月7日　根据中央的指示，学校党委和行政联合通知，决定在3月到10月间集中地对青年（主要是学生）进行共产主义道德教育。6月10日制定并公布了《学生守则》。

3月20日　我院出版的《科学研究资料》更名为《东工学报》。6月，高教部选定本院学报为对人民民主国家进行交流的学术刊物，每月 25 日送高教部。

3 月 25 日　全院 11 个专业 873 名学生开始进行毕业设计，到 10 月 19 日毕业设计答辩结束。

4 月 18 日　经中共辽宁省委批准，柳文为东工党委第一书记，吴健为中共东北工学院委员会第二书记。

4 月 28 日　院召开第五届体育检阅大会。李百鹏以 6.25 米的成绩打破沈阳市男子跳远纪录。另有 3 人打破 4 项院纪录。冶金系、采矿系、建筑系、机电系 4×100 米接力、4×200 米接力破院纪录。

5 月 6 日　波兰人民共和国科学院代表团一行 4 人来院参观。团长是波兰科学院副院长、土木工程学家维日比茨基院士。靳院长接待来宾并陪同参观了建筑系、冶金系与机电系的部分实验室。

5 月 9 日　在本院举行“东北工学院与沈阳重型机器厂科学技术合作合同”签字仪式。本院张立吾副院长和沈阳重型机器厂张玉厂长在合同上签字。此次合作合同属于全面合作性质。合同中规定：东北工学院供给厂方培养干部的资料，协助开办中等技术教育，为技术人员做专题报告，接受厂方派技术干部来院旁听课程，进行有关生产方面的科学研究工作；沈阳重型机器厂作为东北工学院的实习基地；尽量先给本院的教师、研究生、学生参观和实习以便利条件，并派专人指导，重型厂供给本院各种技术资料，赠送或让价各种报废零件、样品及特殊材料，派技术人员协助评阅毕业设计并参加毕业设计答辩工作。

靳树梁

5 月 26 日　为了总结我院苏联专家工作经验，根据高教部指示，院专家工作办公室当日召开了专家工作检查座谈会。

5 月 31 日　在国务院第七次会议上，我院院长靳树梁当选为中国科学院技术科学部学部委员。

5 月　为了推动我院翻译工作和加强《东工集刊》的编译工作，

我院成立编译委员会。

6月14日 应邀来我国访问的苏联科学院代表团团长、苏联科学院副院长、冶金学家伊·普·巴尔金院士来本院作《低炉身炼铁炉的炼铁问题》的学术报告。陪同前来的有中国科学院副院长张稼夫。

6月18日 中华人民共和国高等教育部通知本院学制自1955—1956学年度入学新生班次起改为五年。

7月5日 经国家高教部、重工业部同意，东工设8个系21个专业。调整如下。

采矿系设：矿区开采、矿山企业建筑、采矿企业经济组织与计划3个专业；采矿、采煤、井巷掘进及支护、通风安全技术、地质矿岩、矿井建筑、矿山测量、矿山企业经济组织8个教研组。

机械系设：机械制造工艺、矿山机械制造、冶金厂机械设备3个专业；矿山机械制造、制图、机械原理及零件、理论力学、材料力学、金属工艺6个教研组。

电力系设：工业企业电气化专业；电力拖动、自动控制、电机、电工原理、电工学5个教研组。

矿山机电系设：矿山机电专业；矿山运输、水力学、热工、矿山电工、矿山机械设备5个教研组。

建筑系设：建筑学、工业与民用建筑、工业与民用建筑结构、供热供煤气及通风4个专业；建筑设计、工业与民用建筑、结构、混凝土及基础、施工、美术、建筑史、测量、设备9个教研组。

钢铁冶金系设：钢铁冶金、冶金炉自动控制、冶金工业经济与组织3个专业；炼铁、炼钢、冶金炉、冶金原理、冶金工业经济与组织5个教研组。

钢铁工艺系设：钢铁压力加工、金相学及钢铁热处理、铸造作业3个专业；钢铁压力加工、铸工、金相热处理3个教研组。

有色冶金系设：有色冶炼、有色金属及其合金压力加工、有用矿物精选3个专业；重金属冶炼、轻金属冶炼、有色加工、分析化学、选矿5个教研组。

7月6日 应我国政府聘请来院工作的苏联轧钢专家N.A.苏沃洛夫，因工作期满，本日离校返国。

7月12日 高教部函复：同意东北大学院撤销采矿企业经济组织与计划

专业。26日又通知：从1955—1956学年度开始，将工业民用建筑结构与工业民用建筑设计两个专业合并为一个专业，定名为工业民用建筑结构专业。

7月15日 根据上级指示，开展肃反运动。到1956年8月，清除了反革命分子和刑事犯罪分子442人，为330人的政治历史问题作了结论。中共十一届三中全会后，经复查为其中4名被捕人员改变了原处分。

9月30日 在庆祝国庆节报告会上，院颁发国家“劳卫制”证章和证书。第一批达一级标准者221名、二级标准者121名；第二批批准“劳卫制”预备级测验中达一级标准者649名，二级标准者194名。两批达标1185名。

10月1日 为迎接中华人民共和国成立六周年，全院4000人参加沈阳市各界人民的游行队伍。

10月6日 应邀来我国参加全国青年社会主义建设积极分子大会的苏联青年代表团、越南青年代表团、蒙古青年代表团，在中央和团市委负责同志的陪同下，来本院参观。

10月19日 印度师生代表团来我院参观。

10月22日 重工业部任命郝屏奋为东北工学院教务长。

10月24日 院长公布由53人组成的东北工学院第四届院务委员会名单。

10月30日 院第三届学生代表大会在冶金馆四楼阅览室开幕。大会选举产生第六届学生会执委会，主席徐扬。听取了院党委第二书记吴健代表党委对学生会的指导。一、号召同学们提高革命警惕性，深入肃反斗争；二、号召同学们加强锻炼，成为全面发展的人才；三、加强劳动锻炼，积极开展文化艺术活动和劳卫制的锻炼；四、运用各种方法推动同学们自觉遵守纪律，努力学好功课。

10月 院各部门工会，分别召开会员大会或工会干部会，选举出17名委员和3名候补委员，组成我院第五届工会基层委员会，主席吴健。

11月12日 本院举行学生科学技术协会成立大会，学生科协会员442人参加了大会，各系学生252人列席了会议。靳院长、张副院长、郝屏奋教务长和苏联专家那扎洛夫、索苏诺夫、胡加考夫，以及沈阳农学院、东北药学院、财经学院等兄弟院校代表，团省委、团市委等来宾和本院教师100多人到会。

张立吾副院长向大会作了《关于学生科学技术协会工作任务》的报告。采矿系教师代表杜嘉鸿在会上作了采矿系组织学生科学研究工作经验的报告。

大会选举史占彪等 18 名同学为学生科技协会第一届委员。主席：史占彪。

11 月 30 日 沈阳市房地产局、城建局勘察我院土地使用情况，决定收回南湖校园周围土地 720330 平方米，铁西校址东、南两侧苗圃 118564 平方米。

12 月 6 日 我国著名科学家钱学森来院参观并作学术报告。

12 月 10 日 中国共产党东北工学院第一次党员大会召开。大会听取了党委书记柳文代表党委作的大会报告，选出了 17 人组成的中共东北工学院第二届委员会。柳文、吴健、孙伟、王太明、张绍先、陈守昆、荣恒山组成常委会。柳文为第一书记，吴健为第二书记。

△ 由东北工学院、北京钢铁学院、昆明工学院、重庆大学及中南矿冶学院联合召开的第一次全国工业炉热工科学讨论会在本院举行。靳树梁院长致开幕词。40 余家单位，200 余人出席了这次会议。

第一次全国工业炉热工科学研讨会会场

12 月 15 日 为欢送工作期满回国的那扎洛夫、萧米克、吉里洛夫和哈廖夫四位苏联专家，本院特举行了隆重的宴会。靳院长代表我国政府向四位专家致感谢词并代表国务院总理周恩来赠送四位专家“中苏友好纪念章”。

△ 本院第一次举行教师学位论文答辩会。出席这次答辩会的有苏联专家那扎洛夫教授、靳院长、张立吾副院长和部分教师、研究生、学生以及参加第一次全国工业炉热工科学讨论会的部分代表。答辩人、冶金炉教研组梁宁元副教授论文题目是《东北煤的一般特征》。答辩委员一致认为梁宁元副教授的论

文“是合乎技术科学副博士学术水平的”。

12 月 31 日 采矿系 56 采矿的廖先鍨等五六名同学联名写信给团中央，申请把他们分配到祖国最需要的地方去。他们在信中写到：“我们是党教育出来的伟大祖国的儿女，我们迫切希望和苏联青年一样在祖国边疆建立一座共青团矿。申请组织把我们分配到这个地方，用自己的青春和智慧把她建设成为世界上第一流的矿山。”

本年 毕业生 1031 人，新生 1746 人；在校研究生：94 人，本科生：6454 人；教师：815 人，职工：849 人。

1955 年学院行政机构为二室三处。

院长办公室：下设秘书科、计划统计科、院刊编辑室、附小。

会计室。

教务处：下设教务科、图书馆、生产实习科、夜大、附中。

总务处：下设供应科、庶务科、宿舍科、食堂管理科、卫生所、托儿所、交通组、电器组、修缮组、安全组、合作社。

基本建设处：下设设计室、工程科、铁路专用线。

另外有科研科、研究生科、出版科、资料室、编译室、专家办公室等直属副院长领导。

人事科、档案科、学生科直属副院长领导。

1956 年

1 月 5 日 中共沈阳市委同意我院增设中共东北工学院党委教师工作部。

1 月 31 日 全院人员收听周恩来总理《关于知识分子问题的报告》。在报告的鼓舞下，东北工学院制定了《1956—1962 年的七年规划》，经全院人员讨论，5 月 5 日通过。

2 月 18 日 院长靳树梁报告“学校规划草案”，经全院人员讨论，于 5 月 15 日通过。规划总精神：继续贯彻全面发展的教育方针，加强政治思想教育工作，继续提高培养干部的质量，尽可能地扩大数量，适当地增设我国建设急需的新专业。发展夜大及函授教育，在两年半内完成教改，加强培养学生工作能力，进一步开展科研工作，提高教师的教学与科研能力。加强政治思想工作，开展文体活动，培养壮大教辅队伍，提高行政工作能力。规划规定到1962年我院的规模为12150人，每年招生2430人。

△ 中国新民主主义青年团东北工学院第二次代表大会召开，选举产生19人组成的第五届委员会，书记李庚心、副书记朱森。

2月22日 经院务委员会讨论通过，院长批准，王德棣等54人提升为讲师。

△ 国家高教部聘任苏联专家盖·依·索苏洛夫为本院院长顾问。

3月19日 国务院任命高广平为东北工学院副院长。

△ 高教部批准我院与沈阳机器制造学校交换铁西采矿馆、学生宿舍及职工宿舍的协议书。

3月24日 中国共产党东北工学院第二次党员大会召开，吴健代表党委作《反对右倾保守思想，加强领导，全面规划，贯彻中央关于知识分子问题的指示，动员全党为实现我院规划而奋斗》的报告；选举出席沈阳市第二次党员代表大会的代表和本院第二届监察委员会委员。监委会由委员9人组成，书记吴健，副书记王太明。

4月6—9日 东北工学院第二次科学讨论会及第一次教学法讨论会召开。来自全国26所兄弟院校的代表和50余个厂矿、科研机关的人员参加了第二次科学讨论会。来自20余个兄弟院校及8个夜间大学及专科学校的来宾参加了院第一次教学法讨论会。教学法研讨会上提交了包括讲课、习题课、实验课、课程设计，毕业设计等各个教学环节在内的论文26篇。

东北工学院第二次科学讨论会、第一次教学法讨论会

4月16日 国家高教部批准本院邱竹贤、孙能为副教授。

4月27日 院召开第六届体育检阅大会，汪副院长出席并讲话。本次赛会，共有3人破3项本院纪录。

4月30日 本院物理教研组教授沈洪涛同志被选为全国先进生产者代表大会代表，出席了在北京召开的全国先进生产者代表会议。

6月12日 我院召开各系主任和直属教研组长联席会议，研究高教部颁发的试行国家考试草案基本精神。会议决定以毕业设计答辩方式试行国家考试。

6月29日 高教部决定以本院建筑系4个专业为基础，组建西安建筑工程学院。建筑系师生陆续去西安，1956届学生在东北工学院毕业。

学院欢送赴西安的建筑系职工及家属

7月3日 为欢送胡加考夫、邱普隆诺夫专家在华期满回国，张立吾副院长代表周恩来总理将“中苏友谊纪念章”赠给两位专家。

7月13日 本院部分机构调整如下。

撤销基建处，其所属工程科、设计室合并成立基建科，归副院长领导；二、宿舍管理科、修缮组、电气组合并为房产管理科；总务科、交通组合并为行政管理科；会计室改为会计科；卫生所改为卫生科；食堂管理科改为伙食管理科；以上各科及出版科隶属于总务处。

7月 本年南湖校园的采矿学馆，学生第三、第四宿舍等相继竣工，本院采矿系最后由铁西新华街迁往南湖校区。至此，我院各系全部集中到南湖校舍办学，铁西校址移交给工农速成中学。

8月15日 在全国冶金、化工、建材等系统所属院校学生篮球、排球比赛大会上，我院学生男女排球队分别获大专组冠军。

8月20日　汪之力调到冶金工业部另行分配工作。免去其东北工学院第一副院长职务。

暑期根据高等教育部的指示，本院于1956年暑期开办函授教育，设置“矿区开采”及“钢铁冶金”两专业。其中“矿区开采”专业与北京矿业学院合办；“钢铁冶金”专业与北京钢铁学院合办。函授专业的修业年限为六年。“矿区开采”和“钢铁冶金”两专业分别录取235名和102名学生。

9月10日　院长公布：本院院务委员会改为学术委员会，并公布聘任的56名委员名单。院长决定：原教研组改称教研室，并公布各教研室正副主任名单。

9月13日　中共东北工学院委员会第一书记柳文，赴京出席中国共产党第八次全国代表大会。

9月17日　院党委组织全体党员干部学习整风的5个文件，检查自己工作中的教条主义和经验主义。同时向全院人员布置学习中国共产党第八次全国代表大会文件。

9月24日　第一次学术委员会议（第五届院务委员会会议）召开，委员由56人组成，主席：靳树梁，副主席：张立吾、柳文（女）。

9月　东北工学院电力系研制出国内第一台模拟电子计算机，课题组负责人是李华天教授。当时苏联著名计算机专家卡冈在参观过我国几所大学的模拟计算机后，认为东北工学院的模拟电子计算机是他看到的中国最好的模拟机。

10月8日　院党委做出“关于加强院刊工作的决定”，《东工生活》编辑室自本学期起由党委直接领导。

10月13日　院举行第四届学生代表大会，选举产生第七届委员会，主席徐扬。

10月20日　本院学生第一次科学讨论会闭幕。

10月26日　9名越南留学生来院学习。4名入矿区开采专业，1名入矿山机械专业，3名入有色重金属冶炼专业，1名入冶金机械设备专业。

11月3日　本院召开第二届工会会员代表大会，选出21人组成的第六届基层委员会，主席刘海晏，副主席刘景琨、张绍先、杜景清、娄东亚。

11月19日　中共辽宁省委通知：康敏庄任中共东北工学院委员会代理书记。

12 月 5 日　冶金工业部委托本院冶金炉教研室主办窑炉热工训练班。

12 月　本院选举产生出席南市区第二届人民代表大会代表，他们是：管家骝、吴理云、王德宝。

本年　本院竣工的工程项目有：采矿学馆，学生第三、四宿舍，矿山运输实验室，选矿机械实验室，中心化验室等。东北工学院全部同铁西校园迁到南湖校园。

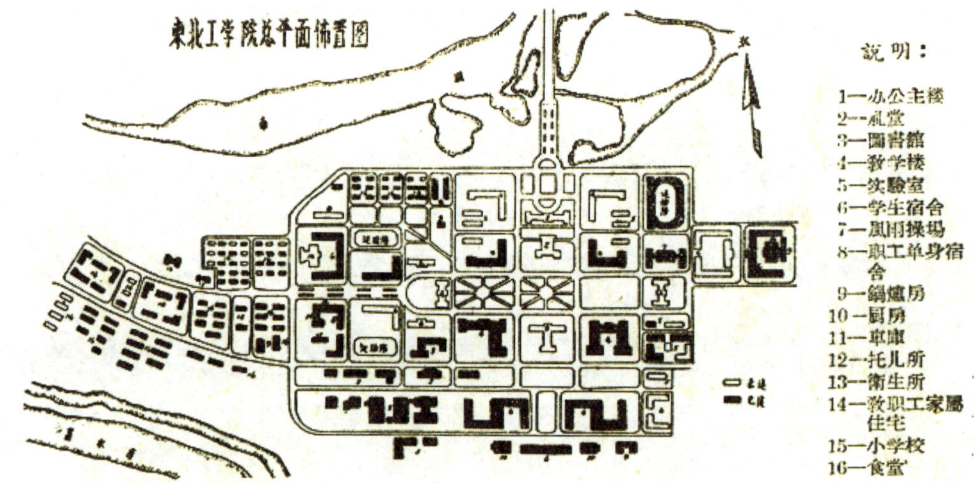

20 世纪 50 年代末东北工学院总平面图

本年我校参照苏联莫斯科矿业学院等先进国家“矿山通风安全”实验室的模式，自行设计，建成了国内第一个“矿山通风安全”（包括“矿山通风”“矿内大气”“矿山救护”“矿山安全检测”等内容）实验室。

1957 年

1 月 6 日　院党委在机电馆召开“深入学习‘八大’文件，克服宗派主义情绪大会”，教职员工党员 200 多人参加会议。党委书记柳文同志主持会议，康敏庄同志在会上作了“学习中国共产党第八次代表大会文件的启发报告”。

3 月 12 日　冶金部批准我院将铁西民丰街两栋职工宿舍（1332 平方米）

换给辽宁画报社，并以该社基建指标在南湖校园内修建宿舍。

3 月 14 日　院团委邀请上甘岭战役参加者胡昌闾中尉给全院同学、教师、职工作英雄事迹报告。会后，院团委发出向上甘岭英雄学习的号召。

3 月 31 日　九三学社东工支社正式成立，主任委员关绍宗。到会的有九三学社沈阳分社及各兄弟支社的代表，本院党、行政、工会、青年团、民盟的负责同志应邀列席了大会。

4 月 13 日　中国共产党东北工学院第三次党员大会召开。全院 800 余名正式和预备党员参加了大会。

康敏庄代表上届党委作了《贯彻八大决议精神，加强党对教学工作的领导，调动一切积极力量，为进一步提高教学质量而努力》的报告。大会选举产生了由 17 人组成的中共东北工学院第三届委员会。康敏庄、柳文、李士彬、王太明、张绍先、陈铭卿、李庚心、侯万一为常委，柳文为书记、李士彬为副书记。党委选举产生柳文等 7 人组成的第三届监察委员会，柳文为书记，王太明为副书记。

中国共产党东北工学院第三次党员大会会场一隅

4 月 25 日　东北工学院成立学习指导委员会，靳树梁院长为主任委员，康敏庄为副主任委员，各系成立学习指导组。康敏庄分别向教职员和学生做了学习动员。5月6日到14日，全院停课学习毛泽东《在最高国务会议上的讲话》《在中国共产党宣传工作会议上的讲话》和《人民日报》社论《论无产阶级专政的历史经验》《再论无产阶级专政的历史经验》。

5月17日 根据中共沈阳市委的指示，院党委宣布：中国共产党开始整风，党内动员并向党外做介绍，欢迎党外人员帮助党整风。5月23日到29日，党委分别邀请党外人员座谈，征求对党委各项工作的意见。

6月8日 国务院任命康敏庄为东北工学院副院长。

6月11日 冶金部任命刘致信、吴锦为东北工学院副教务长。

6月19日 全院停课进行政治学习，开展反右派斗争。7月26日复课。1958年5月和7月院分两批宣布对188名右派分子的处理决定。1978年11月根据中央〔1978〕55号文件关于改正错划右派的指示精神，院决定对被错划为右派的188人全部予以改正，对因此受到的党团行政处分予以撤销，并安排工作。

7月22日 高教部批准本院设“发电厂电力网电力系统”专业，在工业企业电气化专业中设“生产过程自动化”专门化。

9月7日 院长会议决定机构调整如下：撤销院办公室。秘书科、计划科、专家工作办公室合并成立秘书科。图书馆直属副院长领导。供应科改为实验室科，归教务长领导。原供应科负责的家具备品供应工作划归行政管理科。修造厂归实验室科领导。科学研究科、编译室归教务长领导。基建计划科归总务处领导。成立人事处，下设人事科、学生科、档案科。

9月23日 冶金工业部批准本院设立采矿、热工、自动控制3个研究室。采矿研究室以黑色矿山为主要研究对象。热工研究室应结合工作培养人才。自动控制研究室，针对工业建设需要开展工作。

10月12日 澳大利亚共产党主席狄克逊、政治局委员坎贝尔来本院参观。

10月20日 院召开第七届体育运动会。车向忱副省长到会并讲话。在这次运动会上，11人打破13项院纪录。

11月2日 康敏庄代表院党委宣告，本院反右派斗争结束，立即转入以整改为主的整风第三阶段。并先后成立环境卫生、院庭秩序、伙食、住房、服务业、学生生活纪律、医疗卫生、电影等10个方面的突击队，着手改进有关方面的工作。

11 月 4 日　靳树梁随中国劳动人民代表团赴苏联，参加苏联十月革命四十周年庆典。

11 月 23 日　院召开第三届工会会员代表大会，选举第七届基层委员会，主席刘景琨。康敏庄在代表大会上作了《精简机构下放干部》的动员报告。从 12 月 23 日起我院陆续有 389 名干部下放到农村、工厂参加劳动锻炼。1959 年 1 月 13 日起根据需要绝大部分人员陆续调回学校。

东北工学院工会第三届会员代表大会

12 月 6 日　于 6 月 10 日开始施工的 3200 平方米的风雨操场（现称体育馆）工程竣工。

12 月 14 日　院举行第五届学生代表大会，21 日闭幕。选举产生第八届学生会执委会。主席徐景舜。

12 月 18 日　沈阳市房地产管理局经勘察决定收回本院东南角、东北角面积为 473745 平方米的两块土地，并定界。

12 月 19 日　整风运动进入专题鸣放、专题整改阶段，进行知识分子改造，开展知识分子阶级属性的大辩论。

12 月 23 日　380 余名教师及干部下放到工厂、农村参加劳动锻炼。1959 年后，大部分人陆续调回东北工学院工作。

本年　毕业：研究生：18 人、本科生：957 人。

在校研究生：25 人、本科生：6063 人、留学生：12 人。

本年 专业设置：矿区开采、矿山企业建设、钢铁冶金、冶金炉、工业企业经济与组织、钢铁压力加工、金相、铸工、选矿、有色金属冶炼、有色金属压力加工、机械制造、矿山机械制造、冶金厂机械设备、矿山机电（内含电气化专门化）、工业企业自动化、发电厂电力网电力系统共 17 个专业。

1958 年

1 月 9 日 院举办反浪费展览会。中共沈阳市委组织全市高等学校、中等专业学校领导 50 余人来院参观。22 日起全院开展反浪费运动。

1 月 16 日 根据上级指示精神，高广平副院长向全院职工作退职退休动员报告。到 3 月底，有 155 名职工退职退休。

2 月 24 日 院学术委员会召开扩大会议，刘致信报告寒假期间学生在机械厂进行勤工俭学试点情况。市委书记焦若愚参加会议，支持我院开展勤工俭学活动。院长靳树梁提出："扩大生产门路，提高生产能力，争取今年创 100 万元的财富，明年收入 300 万元，1960 年争取达到 500 万元"。

3 月 23 日 院党委召开干部会议，引火烧身，烧掉官气、傲气、阔气、暮气和娇气，烧掉缺点。决定靳树梁兼炼铁教研室主任，种试验田。康敏庄、李士彬搬到学生宿舍住。

3 月 29 日 院决定本学期将原定授课时间延长 3 周，以补足学生因参加除"四害"[苍蝇、蚊子、老鼠、麻雀（后改为臭虫）]、搞"双反"(反浪费、反保守）运动所耽误的课时。

△ 全院 8164 名选民投票选出吴理云、管家骝、李宝池（女）等 8 人为南市区人民代表。

3 月 冶金工业部任命柳运光为东北工学院副院长。

△ 召开院务委员会，选举产生了东北工学院新一届（第六届）院务委员会，有委员 23 人，主席：靳树梁，副主席：柳运光、康敏庄、高广平。

4 月 1 日 柳运光向全院人员作关于教育方针的报告。全院师生围绕着教育方针的根本问题展开大辩论，学生集中辩论培养普通劳动者还是红色工程师，教师则辩论理论联系实际等问题。

4 月 23 日　靳树梁被批准为中国共产党预备党员。

4 月 28 日　本日晚党委举行新党员入党宣誓大会。在会上宣誓的有靳树梁（院长）、左耀先（有色系教授）、肖文政（机械系学生）。

5 月 3 日　本院卫生所护理员刘桂英，在辽宁省自行车代表队和沈阳市自行车代表队女子 5000 米对抗赛中，以 9 分 23 秒 8 的成绩达到运动健将的标准（9 分 32 秒）。

5 月 6 日　参加我国“五一”观礼的德意志民主共和国工会代表团和蒙古人民共和国工会代表团也来院参观我院“贯彻社会主义教育方针展览会”。

5 月 20 日　沈阳地区生产协作会议从 5 月 8 日开始举行，本日结束。我院与本市第一、第二、第三工业局所属的 49 个单位签订了长期全面协作协议。根据协议要求，学校协助工厂进行新产品的设计、试制、鉴定等工作及有关生产技术问题，并协助工厂培养技术干部。

6 月 8 日　本院出版科打字员于桂兰，在沈阳、鞍山、抚顺、旅大四城市自行车对抗赛中，女子 1500 米以 2 分 33 秒 5 的成绩打破 1957 年全国纪录（2 分 33 秒 8）。女子 3000 米以 5 分 20 秒 5 的成绩打破 1957 年全国纪录（5 分 32 秒 7），达到运动健将标准。在 9 日女子 5000 米比赛中又以 9 分 30 秒 8 的成绩达到运动健将标准。获自行车 3 项全能运动健将称号。

6 月 13 日　我院召开第一次勤工俭学积极分子大会。

6 月 23 日　院决定成立数学物理系，设物理专业（分理论物理、金属物理两个专门化）、数学专业，下学期招生。增设热能动力专业与电机及电器两个专业，分设于矿电、电力两系。有色系设稀有金属冶炼教研室。

6 月 28 日　为培养专门人才，适应国家的需要，学校成立稀有金属教研室，属有色系建制。

7 月 27 日　院举行教学改革经验交流会。会议介绍了矿电系“四结合”（即在党的领导下，教师、学生、厂矿干部和工人结合）的经验。

8 月 1 日　为适应国家建设及促进尖端科学的发展，本院新设工程物理系。

8 月 2 日　柳运光在全院大会上宣布：“我院整风运动取得伟大胜利，立即掀起教育革命高潮”。

8 月 12 日　辽宁省勤工俭学展览会在我院开幕，我院展出 63 项成果。

8月16日 本院决定成立教学、科学研究、勤工俭学部（简称教学部），下设：教务科、出版科、业余高等教育科、科研科、资料科、生产管理科、设计及对外协作管理科、生产供销及实验室设备科、图书馆、体育教研室、外国语教研室、老干部班、工农预科。

8月20日 采矿系办的沈北煤矿破土兴建，此矿由采煤教研室设计，设计年产量45万吨，第一期建井任务由该系60名同学承担。

8月29日 本院成立理学系，设数学、计算数学、无机化学、物理化学、理论物理、金属物理、工程力学和半导体8个专业。设物理、数学、普化、分化、物化、材料力学、理论力学7个教研室和中心化验室。撤销数学物理系、钢铁工艺系建制。钢铁压力加工教研室划归钢冶系领导。金相热处理和铸工两个教研室划归机械系领导。

柳运光

9月8日 根据中央指示，我院共派教师67人、学生998人奔赴16省（区），支援地方大炼钢铁，为夺取1070万吨钢的跃进计划而奋斗。

9月20日 中国共产党东北工学院第四次党员大会召开。10月8日闭幕。选举产生22人组成的中共东北工学院委员会。10月17日，党委会选举王太明、李士彬、苗柏洁、柳运光、高广平、商立敬、康敏庄、张绍先、郝屏奋为常务委员，柳运光为第一书记，康敏庄为第二书记，李士彬为副书记。选出第四届监察委员会，书记商立敬、副书记王太明，委员7人。

9月27日 中共中央书记处书记李雪峰，候补书记杨尚昆、刘澜涛来本院视察，并作了重要指示。院党委书记康敏庄、副院长柳运光、高广平陪同中央领导视察。刘澜涛对师生讲话说："工业大学要生产两个重要产品，一个是造就共产主义思想的学生，一个是生产具有世界水平的产品"。杨尚昆说："大学校有两个任务，一个是出共产主义的人，一个是出科学。"

9月 我院研制出能解题的数字计算机样机。

东北工学院研制出数字计算机样机

10 月 5—6 日 院第八届体育运动大会举行。辽宁省副省长车向忱向大会发来祝贺信，靳院长致开幕词。本届运动会有 14 人打破 15 项院纪录，1 人达到一级运动员标准，90 人分别达到二级和三级运动员标准。

10 月 8 日 遵照中共中央关于教育工作的指示，我院实行党委领导下院务委员会负责制的体制。《东北工学院院务委员会暂行组织规程（草）》规定，院务委员会是在党委领导下的、按照民主集中制原则组成的院行政最高领导机关。院长必须根据上级领导机关、院党委和院务委员会的指示、决定，进行工作。院务委员会委员由党、政主要领导干部及优秀教师、工人、学生、职员组成，任期一年。院长、副院长为当然主任委员和副主任委员。各系和专业分别成立系务委员会和专业工作委员会，在总支及专业支部领导下工作。

10 月 11 日 东北工学院民兵师成立。院党委任命柳运光为师长，康敏庄为政委。

10 月 20 日 冶金工业部在本院召开教学改革现场会。参加会议的有北京钢铁学院、中南矿冶学院、西安建筑工程学院、本溪钢铁学院、鞍山钢铁学院以及新疆冶金局等十几个单位的负责同志。

代表们参观了本院的东风仪表厂、有色加工厂、炼铝厂、计算装置厂、小平炉车间以及钢铁联合企业等。下午，副院长柳运光介绍了本院教学改革的情况，书记康敏庄介绍了本院在贯彻中央指示、落实各级党组织领导下的院务委员会负责制的做法。

10 月 21 日 根据中共辽宁省委指示，本院党委宣布立即停课 20 天，6400 余名师生以民兵师的组织形式，赴绥中县突击秋翻地。

11 月 6 日 中共辽宁省委文教部在本院召开教学改革现场会议，强调：一、抓共产主义教育；二、破除迷信，解放思想，大搞科研尖端，以任务带科研；三、贯彻一切工作统一由党委领导的原则。

11 月 本院学生参加沈阳市马拉松竞赛，采矿系张连枝和钢冶系曹瑞琛分别获第一名和第四名。在 1959 年 3 月 8 日沈阳市马拉松比赛中，张连枝又获第一名，以 2 小时 30 分 12 秒的成绩达到了马拉松跑运动健将标准。

12 月 我院从 8 月至年末修订教学计划 76 份、教学大纲 147 份、编写教材 104 份、教学参考资料 27 份。

下半年 中共辽宁省委决定本院设置工程物理、电子技术、精密机械与仪器等尖端专业，同时，与中国科学院辽宁分院合作建立原子能、电子技术、精密机械与仪器三个研究所。在冶金部与省委的支持下，双方合作，研究所初具规模。1960 年 4 月 19 日，省委决定将上述三个研究所划归中国科学院辽宁分院直接领导。

本年毕业生：1179 人；新生：2253 人；在校学生：6728 人；教师：734 人；职员：520 人；教辅人员：98 人；工人：620 人。

从在籍学生中抽调 264 人参加工作（其中留校从事教学、科研和政治工作的 189 人；中科院辽宁分院 42 人；国防部 15 人；教育部 15 人；沈阳市委 3 人。）

1959 年

1 月 4 日 院召开教职工学生代表会议，集思广益，制定体现教育方针的教育计划。460 余名代表参与了专题讨论。

1 月 27 日 原院党委书记柳文调辽宁省委另行分配工作。

△ 根据中央“在一切高等学校中，应当实行学校党委领导下的校务委员会负责制”的指示精神，学校实行了三级党组织领导下的三级委员会负责制。

1 月 28 日 根据中央关于高等学校实行“整顿、巩固、提高”的方针，党委确定学校应以教学为主，实行教学、科研、生产三结合，提出教好、学好、安排好、师生关系好的工作原则。

2 月 7 日 中共辽宁省委第一书记黄火青，第二书记、省长黄欧东，沈阳市委第一书记焦若愚等，在院党委第一书记柳运光、第二书记康敏庄等陪同下，来院慰问教师。

2 月 21 日 在全院人员欢迎支援地方大炼钢铁师生返校大会上，院部表奖支援地方大炼钢铁的 8 个先进集体、201 名积极分子（其中 10 名教师）。会议还宣布新一届学生会组成，主席魏全金。

3 月 3 日 中共沈阳市委决定：商立敬任东北工学院党委副书记，王太明任东北工学院党委副书记。

3 月 6 日 共青团东北工学院第三次代表大会召开，选举产生第六届委员会，书记张镇扬。

3 月 16 日 学校对部分行政机构和教学组织调整如下。

> 一、成立科学研究部，原教学部所属科研科、情报保密资料室、图书馆归科研部领导。教学、科学研究、勤工俭学部改称教学生产劳动部（简称教学部）。二、成立保卫处，下设：保卫科、科研保卫科。撤销人事处所属档案科。三、成立工程物理系、电子技术系，原电力系所属电子技术专业划归电子技术系领导。四、原机械系矿山机械制造专业归矿山机电系。

3 月 19 日 按照《东北工学院院务委员会暂行组织条例》，组成东北工学院第七届院务委员会（原称第一届），有委员 27 人，主任委员：靳树梁，副主任委员：柳运光、康敏庄、高广平。

3 月 23 日 院党委院行政联合发布《关于我院各级干部参加体力劳动和领导干部参加基层工作的通知》。

3 月 26 日 全国学联主席胡启立应本院团委和学生会的邀请来院视察并作国际形势报告。

4 月 25 日 钢冶系师生在本溪钢铁公司解决大型转炉炉衬寿命问题，使该炉衬寿命创 143 炉的纪录，受到冶金部通报表扬。

4 月 柳运光任中共东北工学院委员会第一书记。

5 月 9 日 教育部通知，矿山企业建筑专业改名为矿井建设专业。

△ 整顿校办工厂后，我院设 6 个工厂两个车间，两个小型电站，要求以教育为中心，结合专业为国家生产一定数量的高、精、尖产品。

5 月中旬 院召开生产劳动与现场教学工作经验交流会，采矿系党总支介绍巩固生产劳动基地的经验，矿电系介绍现场教学经验与问题。

5 月 16 日 教育部部长杨秀峰来院视察。

5 月 20 日 教育部、二机部通知本院停办放射性化学专业、反应堆工程专业，学生调往他校学习，保留核子物理专业。

5 月 23 日 本院召开第三次科学报告会，宣读论文 52 篇。

6 月 16 日 院颁布《关于修订和执行教育计划若干原则问题暂行规定》，强调以教学为中心，全面安排教学、生产、科研和生活；加强思想教育；把生产劳动列为正式课程；加强基础理论教学；加强科学技术教育；培养有社会主义觉悟、有文化的劳动者，使学生具有阶级观点、劳动观点、群众观点、辩证唯物主义观点，具有巩固的理论基础、系统的专业知识和丰富的生产经验。

8 月 27 日 院党委发出学习中共八届八中全会公报和决议的通知。

10 月 5 日 越南民主共和国党政代表团，由越南民主共和国外交部副部长拥文谦率领来本院参观。

10 月 6 日 我院 4000 余名师生赴新民县支援秋收，24 日返校。

11 月 10 日 全国人民代表大会常务委员会副委员长班禅额尔德尼·却吉坚赞和中国人民政治协商会议全国委员会副主席帕巴拉·格列朗杰来院视察。他们在院领导的陪同下，视察了本院材力实验室、钢铁厂、金相实验室，参观了电子数字计算机和模拟计算机。

本年 全院开展著书立说运动，院长靳树梁亲自参加《现代炼铁学》的编写。全院由国家出版社出版 46 种图书。

本年 本院钢铁厂副厂长王延隆获省、市劳动模范称号，教师金丰获市劳动模范称号。

本年 根据冶金工业部指示，本院协助组建沈阳矿山研究所。院党委决定在采矿系总支设研究所支部，采矿系主任、教授关绍宗兼任研究所所长，并开始设计建筑所实验楼。1962 年 10 月 20 日，院长联席会议决定，研究所设办公室、技术情报室及 5 个研究室，暂定人员 200 人；任务以研究黑色矿山为主兼顾有色矿山，以研究露天开采为主兼顾地下开采。

1960 年

1 月 20 日 院党委批准成立东北工学院科学技术协会，制订《东北工学院科学技术协会组织方案（草）》，规定技协是党委领导下的科学技术群众团体。

1 月 1960 届学生 1056 名和部分教师分布在各厂矿，提前两个月进行毕业前的科学研究和工业设计。

1 月 31 日 按照沈阳市人民委员会“关于工业支援农业”的通知精神，学院派代表团去昌图双庙子人民公社开展工农联欢活动，并送去车床、台钻、立钻、电动机等工具。

2 月 12 日 学院再次派代表团赴双庙子人民公社开展工农联欢活动。

2 月 15 日 1961 届、1962 届学生和教师 1639 人赴 80 多个厂矿参加技术革新和技术革命运动。

2 月 19 日 本院召开基础课教学工作会议，提出基础课改革的原则是依据各专业的培养目标和教学计划，基础课与专业课教师共同商定搞好基础课。会后，理学、有色两系制订化学课教学改革联合作战计划，理学、电力、电子 3 系制订数学课教学改革联合作战计划。

2 月 22 日 院成立白塔堡公社苏家岗子农场，耕地 2200 亩，要求保证全院 15000 余名师生员工肉类和蔬菜供应，并作为下放干部的劳动锻炼基地。1962 年 12 月 28 日停办。

3 月 5 日 “东北工学院业余大学”改名为“东北工学院夜校部”，开设 6 个专业。学制分别为 5 至 6 年。

3 月 12 日 中共辽宁省委批准郝屏奋任本院副院长，中共沈阳市委决定张绍先任本院党委副书记。

3 月 15 日 根据冶金部指示，本院设立技工学校培养技术工人，于本日举行开学典礼。招收学员 516 名，分 12 个专业，学制 3 年。1961 年 8 月 17 日，根据冶金工业部指示停办。

4 月 2 日 主楼建筑开工，建筑面积 15500 平方米。由于快速设计、快速施工出现问题，1961 年停工检查、维修、加固，仍不能使用。冶金工业部决定于1964年6月继续修建，1965年竣工，1966年3月启用。

4月9日 中国共产主义青年团东北工学院第四次代表大会召开，选举了28名同志组成第六届团委会，书记尚久亮。同时召开了学生第六次代表大会，选举产生了第九届学生会，主席刘国禄。

4月23日 以东北工学院为中心的长胜人民公社成立。长胜人民公社是以原长白、胜民、长胜三个街道人民公社为基础而建立，包括东北工学院、省委党校、音乐学院、鲁迅美术学院、辽宁纺专、体育学校、中国科学院辽宁分院、食品厂、无线电厂等几十个学校、工厂、机关、企业。柳运光任社长、社党委书记。在公社成立后的第一次负责人会议上改名为南湖人民公社。5月4日，市委组织部和高教部决定王太明任南湖人民公社党委副书记，总务处长乔荣庆任副社长。

4月26日 中共中央政治局候补委员、国务院副总理陆定一来院视察，在党委书记柳运光的陪同下，参观了院“春季大庙会”(即展览会)，并视察了采矿、电子工程物理等系师生进行科学研究的情况。陆副总理为本院题词：“我们的知识分子应当把劳动当作自己生活的第一需要”。

5月1日 院举行钢铁厂34.1立方米小高炉开炉典礼。市委高教部部长华子扬为小高炉剪彩，柳运光、靳树梁参加开炉典礼。

5月8日 根据冶金工业部指示，我院派出采矿、选矿、有色冶炼、矿山机电、冶金机械设备等5个专业217名师生参加14个省、市有色金属“小洋群”建设。至8月进行总结。

5月21日 我院举行春季田径运动大会，进行民兵检阅，把军事训练与体育结合起来。学生女子组1人破两项院纪录。

5月25日 院党委决定：在党委领导下设立民兵工作组，组长柳运光；民兵师师长柳运光、政委康敏庄；人民武装部部长商立敬；国防体育俱乐部主任商立敬；6月4日，中央军委民兵工作检察团来我院视察。

5月28日 冶金工业部部长王鹤寿、副部长吕东来本院视察。

5月30日 康敏庄号召全院人员帮助党委检查揭发官僚主义，5天内群众提出批评意见3561条。6月17日，商立敬向全院人员作《进一步深入开展反官僚主义、反铺张浪费运动》的动员报告。至7月20日，运动告一段落。

6月1日 本院在辽宁省文教群英会上，被推选出席全国文教群英会。院党委第一书记柳运光代表本院出席了群英会，电力系助教金丰作为个人代表也参加了全国文教系统群英会。

6月2日 院成立教师提职、提薪评议委员会，主任商立敬。至8月19日，教师提职、提薪总人数为1004人。11月12日，157名助教提升为讲师。

6月4日 全院民兵迎接中央军委民兵检查团来院检查。

6月22日 柳运光向全院人员传达全国文教群英会精神，传达了冶金工业部指示：要明确东北工学院性质是以冶金为主体的综合性大学，搞工也要搞理，理为工用。

6月 电力系主任郎世俊教授赴苏联参加国际自动控制联合（IFAC）世界大会第一次会议，在分组会上宣读论文。

6月底 院公布，从1958年起，陆续抽调在校学生663名（1960级181名；1961级225名；1962级142名：1963级115名）作预备教师，使教师人数不断增加。

7月12—31日 院党委派出3600多名民兵陆续赴康平县，参加灭虫害、灭草荒和夏收夏种劳动。

7月28日 全院有1118个毛泽东著作学习小组，参加学习人员达9086名，占全院总人数的83%。

8月上旬 东北工学院夜间大学55名首届学生毕业：矿区开采专业28名，工业企业电气化专业27名。

8月25日 院党委副书记李士彬离校，调至沈阳市文化局工作。

8月27日 冶金部与中共辽宁省委、中共沈阳市委同意本院增设国防尖端专业和承担尖端科研任务。决定新设3个专业：火箭弹体设计与工艺、发动机设计与工艺、放射性冶金；3个专门化：火箭飞行力学及控制、陀螺仪及自动驾驶仪、放射性金属加工。由旧专业扩大翻新1个专业：火箭控制与稳定系统；2个专门化：放射性开采、放射性选矿。并决定成立工程力学系。

8月28日 经教育部分配，6名越南留学生来院，学习黑色冶金，工业经济与组织专业2名、冶金机械设备专业4名，他们于1965年9月10日毕业，本院同意4名学习优秀生作研究生继续培养，学习期限3年。

8月 校报《东工生活》因纸张缺乏，停刊。

8月30日 党委动员全院教职工开展反贪污反盗窃运动。至1961年4

月，对有贪污、盗窃问题的 83 人分别做了处理。

9 月 本院新设并招生的专业 8 个、专门化 4 个：特种合金专业，高温合金专门化，精密合金专门化；特种合金加工专业，金属陶瓷专门化；工业电子学专业，无线电元件与材料专门化；技术物理专业；材料化学专业；放射性冶金专业；火箭弹体设计与工艺专业；火箭控制与稳定系统专业。上半年，电力系与电子系合并为电力电子系，矿电系并入采矿系为矿山机械化自动化工程系。

9 月 自动控制教研室讲师谢绪恺于 1957 年在全国第一届力学学术会议上宣读《研究线性系统稳定性的新方法》论文中，提出的多项式稳定性的必要条件和充分条件，被复旦大学数学系本月编著出版的《一般力学》引用，将其命名为“谢绪恺判据”。

9 月 21 日—10 月 13 日 院党委挑选 351 人（教师 159 名、学生 192 名）作为读书尖兵，组成尖兵营，开展读书运动。其任务是对本专业领域进行普察，找出本专业各学科的发展道路。

10 月中旬 4 月以来，9350 余名师生先后赴台安、康平、开原、昌图等地参加春耕、夏锄、秋收、修水库等劳动。秋收劳动返校后，立即开展知识分子劳动化大辩论。

10 月 15 日 院举行建院十周年庆祝活动。

10 月 21 日 中共沈阳市委决定郝屏奋兼任东北工学院党委副书记，中共辽宁省委同意何松亭任东北工学院总务长。

10 月 22 日 中共中央今日发出《关于增加全国重点高等学校的决定》。《决定》指出：为了更有力地促进全国高等教育事业和支援新建高等学校的工作，决定再增加一批重点高等学校。东北工学院为新增加的 44 所重点高等学校之一。

11 月 13 日 根据中共沈阳市委指示，在部分高级知识分子中采取“神仙会”形式进行形势教育，参加学习的七级以上教师及民主党派成员共 88 人，分成 10 个小组，利用每周政治理论学习时间进行。至 1961 年 3 月结束。

11 月 21 日 院内 21 个专业、13 个专门化编入机密专业，启用代号名称。至 1962 年 8 月 30 日，院长决定取消各专业及班级的一切代号。

12 月 13 日 为确保全校师生员工的工作、学习和生活，院长靳树梁、院党委第一书记柳运光联合发出《关于加强教学工作和执行劳逸结合的指示》。党委成立经济生活办公室，抓生活、健康工作。

12 月 25 日　为贯彻中共沈阳市委“动员城市人口下乡及调整粮食销量”的指示，我院决定抽调 122 人到农场和食堂搞代食品。

1961 年

1 月 29 日　院发出“紧急通知”。为确保全院人员的身体健康，特决定：（1）学生从今日开始停止考试；本学期考试不及格者不另补考，也不以“不及格”论处；实行半日复课，半日治疗和休息。（2）全院病号应严格服从治疗。（3）1 月 31 日至 2 月 27 日（假期除外），凡上班职工（包括干部）一律实行六小时工作制。

3 月 3 日　院党委决定：系办公室下设生活工作组，由一名副系主任及系办公室主任负责。院设一个营养食堂，照顾工作量大、任务重的讲师和系、部、处级干部，分批就餐，增加一些副食；设 4 个病号食堂，照顾浮肿、肝炎、肺病、妇女病患者，增加一些副食。

3 月 11 日　本院第八届院务委员会产生（原称第二届），即对第一届院务委员会进行改组，增加教师（尤其是党外教师）的比重，组成第二届院务委员会，主席：靳树梁；副主席：柳运光、康敏庄、高广平、郝屏奋；常委：靳树梁、柳运光、康敏庄、高广平、郝屏奋、刘致信、何松亭、佟昱秀、周自定、徐灏、李华天、沈洪涛；委员 55 人。

3 月 12 日　院党委转发中央统战部“关于帮助担任行政领导职务的非中共人士做好工作、充分发挥作用的几项试行措施”，提出：为在党的领导下，充分发挥行政组织的作用，各级党的组织和党员干部，都要注意帮助担任行政职务的非中共人士做好工作，使他们做到有职有权，守职尽责，发挥应有的作用。

4 月 10 日　院内选民进行普选工作，选出管家骝、吴理云、孙景昌、陈铭媛（区）、李文健（区）等 5 人为和平区第四届人民代表大会代表。

4 月 11 日　院务委员会发出《关于集中学校人事、财务、物资管理工作权限问题的决定》。

4月12日 中共沈阳市委同意荣恒山任本院党委副书记。

5月23日 中共东北工学院委员会发布了《关于建立基层党校的决定（草）》，《决定》中规定了党校的任务、形式、学员对象、教学内容、教学方针和学习方法、师资来源、组织与领导等。

5月29、30日 根据市委指示，我院民兵师组织3056名师生（教师120名、学生2936名）先后到达昌图县11个公社的197个生产队支援夏锄，完成锄地2802垧，同时进行农业技术革新。7月3日至6日返校。

6月9日 根据中央教育部和内务部通知精神，对1958年以来抽调在籍学生作预备师资的523人按人逐个进行审查后，保留226人，其余全部回班学习。

6月26日 根据中央及省、市委关于压缩城市人口、压缩办学规模的指示，本院提出《关于系及专业设置的调整方案（草）》。一、将原有8个系调整为7个系，撤销工程力学、工程物理2个系，新设1个特种冶金系。二、将原35个专业调整为29个专业（包括7个专门化）：（一）撤销6个专业，即：稀有元素矿床地质、冶金企业经济与组织、反应堆工程与材料、技术物理、火箭弹体设计与制造、火箭控制与稳定系统；撤销5个专门化，即：煤炭地下气化、无线电元件与材料、模拟装置、材料化学、计算数学。（二）合并8个专业（专门化），即：特种冶炼专业并入高温合金专业，成立特种冶金专门化；自动学与运动学专业并入工企专业，成立工业企业自动化专门化；固体物理专业、中子物理专业、半导体物理专门化并入金属物理专业；采煤专门化、露天开采专门化并入采矿专门化；放射性化工专门化转入放射性冶金专业。（三）专门化扩大为5个专业，即：钢铁压力加工、特种金属材料制品、金属学及热处理、高温合金、精密合金。同时提出师资、干部队伍、学生、教研室、实验室及校办厂的调整方案。

7月11日 院工会召开第四次会员代表大会，选举产生第八届基层委员会，主席王衡。

7月17日 院党委第二书记康敏庄调离本院。

7月20日 院党委常委会听取靳树梁参加中央教育部召开重点高等学校校长会议讨论《中华人民共和国教育部直属高等学校暂行工作条例（草案）》

（简称“高校六十条”）的情况介绍，院党委书记传达了林枫、陆定一、杨秀峰、蒋南翔讲话及书记处意见。

8 月 30 日　院党委书记柳运光向党员干部传达“高校六十条”的精神。院内废除“一竿子插到底”的领导体制，实行党委领导下的以院长为首的院务委员会负责制。

9 月 9 日　靳树梁院长向全院人员传达聂荣臻副总理《关于自然科学工作若干政策问题的请示报告》及《国家科委党组、中国科学院党组关于自然科学研究机构当前工作的十四条意见（草案）》(简称“科研十四条”）文件。

9 月　党委决定撤销专业支部建制，教师、学生分别成立党支部。

10 月　院党委书记在党委常委会上传达中央及省、市委关于甄别工作指示，开始研究 1958 年以来教育革命中存在的问题，进行甄别工作。至 1962 年 7 月完成。

10 月 27 日　本院高等函授教育矿区开采专业首届毕业生 80 名（其中采煤专门化 41 名、采矿专门化 39 名），分别在鞍山、本溪、鹤岗、阜新、鸡西等五个函授站，学完规定的全部课程，完成了毕业设计和毕业论文，最后通过了毕业答辩。

10 月　本院白塔堡农场经过两年的建设，获得较好收成。共产蔬菜 360 余万斤；粮食 40 多万斤。为此本院教职工和学生共付出了 7 万多个劳动日。为进一步搞好全院人员的生活，解决副食品供应，院决定在铁岭县新台子人民公社新建鲍家岗子农场，耕地 1300 亩，该农场于 1963 年 12 月 3 日停办。

11 月 4 日　本院向全院教职工传达“高校六十条”。11 月中旬，各系分别向学生传达。

11 月 24 日　全院共有 10 个党总支，本学期教师、职工和学生分别建立 127 个党支部，其中教师支部 43 个，职工支部 32 个，干部支部 4 个，学生支部 48 个。

12 月 1 日　校报《东工简报》出刊。

12 月 4 日　学院成立基础部。

12 月 9 日　共青团东北工学院第五次代表大会召开，选举产生第七届委员会，书记梁书林。

12 月 16 日　院召开第七次学生代表大会，选举产生第十届学生会，主席刘国禄。

1962 年

1 月 10 日 确定录取研究生 17 人（其中上期转入 2 名）。

1 月 13、15 日 召开院务委员会第六次（扩大）会议。会议提出，本年我院应继续以调整为中心贯彻执行“调整、巩固、充实、提高”的八字方针，着重抓好五个方面的工作：（1）以教学为主的业务工作；（2）生活总务工作；（3）贯彻执行党的知识分子政策和“双百”方针的工作；（4）思想政治工作；（5）实行党委领导下的以院长为首的院务委员会负责制的工作。

1 月 17 日 院决定撤销应用数学、应用力学、放射性冶金等 3 个专业，学生转到性质相近、基础较好、人数较多的专业学习。

1 月 22 日 院长靳树梁公布调整行政机构及部分系、专业设置的决定：（1）原院部办公室改为院长办公室；（2）原教学部改为教务处，下设：教学科、教材科（原出版科）、实验室科、生产实习与生产劳动科、师资提高科、业余教育科；（3）原科学研究与生产劳动部改为科学研究生产处，下设科学研究科、供应科（原供销科）、科学情报科（原保密资料科）、中心化验室、实习工厂（由原轧钢厂、机械厂、红旗电器厂合并组成）；（4）图书馆为处级建制，由教务长领导；（5）人事处，下设：人事科、学生科、档案科；（6）保卫处，下设：保卫科、保密科、安全科（原治安保卫委员会办公室）；（7）总务处，下设：总务科、房产科、伙食科、财务科、医院、托儿所、幼儿园、农场；（8）部分系的调整：① 成立基础部，下设数学、普通物理、普通化学、物理化学、分析化学、材料力学、理论力学、流体力学、热工、外语、体育等教研室；② 原矿山机械化自动化工程系改为采矿系；③ 原电力电子系改为自动控制系；（9）专业调整：原属矿山机械化自动化工程系的矿山电气自动化专业划归自动控制系，矿山机械专业划归机械系。

1 月 22 日 院务委员会决定马恩荣等 38 人由助教提升为讲师。

2 月 9 日 院党委在《贯彻“高校六十条”以来工作进展情况与 1962 年度工作要点的报告》一文中，检查贯彻教育革命以来工作中的缺点和问题，提出以教学为主、发挥教师主导作用的措施，执行党委领导下以院长为首的院务委员会负责制。

3 月 17 日 靳树梁院长在党委常委会上，传达在广州召开的科学规划会议情况及会议精神。

3 月 24 日 在全院干部会上，院党委书记柳运光传达广州科学规划会及中共中央东北局哈尔滨会议精神，检查“一竿子插到底”的领导体制（即由原来的院党委起领导作用、系总支起监督保证作用、专业党支部起保证作用的体制，改为党委、总支、支部均起领导作用的体制）及知识分子工作问题。

3 月 28 日 冶金工业部批准组成第九届（原称第三届）院务委员会，主席：靳树梁，副主席：柳运光、高广平、郝屏奋，委员 27 人。8 月 11 日补批副主任庞文华和委员 1 人。

4 月中旬 根据“高校六十条”的精神和教育部的要求，院成立修订教学计划和教学大纲领导小组，组长郝屏奋，副组长刘致信。各系（部）成立工作小组。这次比 1959 年增加 200 左右学时，以保证基础理论课，加强实验课、习题课、课程设计、生产实习和教学实习，纠正以生产劳动代替生产实习的偏向。

5 月 8 日 院长会议决定：对 1958 年以后，因政治课和劳动课不及格不予毕业的学生，对摘掉“右派”帽子及提前调出工作的学生，凡主要课程已经学完，给予补发毕业证书。

5 月 31 日 院决定：（1）负担过重年级，特别是 1963、1964 年级，从现在到期末考试前不再进行期中考试；（2）63、64 年级的第 2 外语即日停止上课；（3）各年级的考查课，一律按平时课堂讨论、实验和作业完成情况评定通过与否，不准再出题集体考查；（4）对工农兵学生加强辅导答疑工作。

6 月 5 日 院务委员会批准试行《东北工学院教研室工作条例》。

6 月上旬 庞文华任副院长。

6 月 12 日 院公布机构调整决定，科学研究生产处改为科学研究处；供应科与实验室科合并为教学设备科，由科研处领导；撤销师资提高科，该科的研究生工作由科研科负责，师资提高与进修生的工作由教务处安排。

6 月 15 日 院召开第四次科学报告会，历时 15 天，设 7 个分会场，提出 132 篇论文报告。兄弟院校、工厂、设计与研究部门参会的人员共 697 人。

6 月 22 日 院决定学生辅导员建制隶属行政系统，在系主任领导下进行工作。

6月30日 院长联席会议决定：成立金属加工系。调整后全院共设7个系、24个专业、1个部。各系专业设置情况如下。

（一）采矿系设矿区开采、矿井建筑等2个专业；（二）钢铁冶金系设钢铁冶金、冶金炉、冶金工业企业经济与组织等3个专业；（三）原有色金属系改为有色冶金系，设有色金属冶炼、稀有金属冶炼、选矿等3个专业；（四）金属加工系设钢铁压力加工、有色金属与合金压力加工、特种金属材料加工、金属学与钢铁热处理、高温合金、精密合金、铸工等7个专业；（五）机械系设机械制造工艺及其设备、冶金机械、矿山机械、冶金专用仪器仪表等4个专业；（六）自动控制系设工业企业电气化与自动化、冶金工业电子技术、矿山企业电气化等3个专业；（七）理学系设金属物理、金属物理化学等2个专业；（八）基础课部。

7月16日 冶金部教育司在我院召开修订教学计划座谈会。参加会议的有冶金系统所属各高等院校的70余名教师。会议认真贯彻“少而精”的原则，共修订了钢铁冶金、有色金属冶炼、冶金厂机构设备等三个专业的教学计划及21门课程的教学大纲。

9月1日 金属物理、金属物理化学两个专业学制改为5年半。

9月4日 教育部分配9名阿尔巴尼亚留学生到院。他们学习有色金属冶炼专业5人，有用矿物精选专业2人，工业企业电气化专业2人。

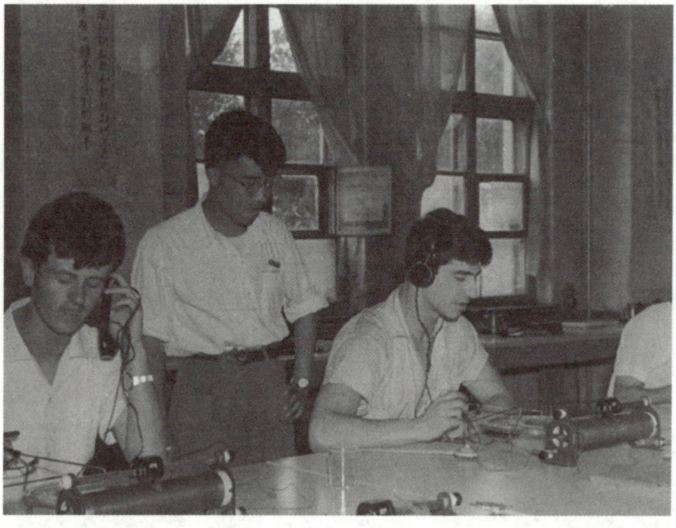

教师指导留学生做实验

9 月 8 日 遵照冶金工业部指示，院党委派副书记兼副院长郝屏奋了解和监督沈阳矿山研究所工作；通知建立中共沈阳矿山研究所总支委员会，撤销原采矿系总支所属沈阳矿山研究所支部建制。

9 月 10 日 院长靳树梁公布调整后各系的教研室设置情况。全院共有 59 个教研室，设置如下：采矿系设采矿、采煤、建筑工程、凿岩爆破与井巷掘进、矿山企业经济与组织、通风与安全技术、地质、测量等 8 个教研室；有色冶金系设有用矿物精选、有色轻金属冶炼、有色重金属冶炼、稀有金属冶炼等 4 个教研室；钢铁冶金系设炼铁、炼钢、电冶金、冶金炉、冶金企业经济与组织等 5 个教研室；金属加工系设钢铁压力加工、有色金属压力加工、特种金属加工、铸工、金属学与热处理、精密合金、高温合金等 7 个教研室；机械系设冶金厂机械设备、机床刀具、机器制造工艺、精密机械、流体机械、机械制图、机械设计、提升运输机械、采掘选矿机械、金属工艺等 10 个教研室；自动控制系设电气化（原电力拖动）、自动化、无线电、计算技术（原计算机）、电工原理、电工学、电机、矿山电工、电子技术等 9 个教研室；理学系设金属物理化学、金属物理、应用数学、应用力学等 4 个教研室；基础课部设高等数学、普通物理、普通化学、分析化学、物理化学、理论力学、材料力学、流体力学、热工、外语、体育等 11 个教研室；马列主义教研室。

10 月 17 日 院党委召开学生工作会议，集中研究加强学生政治思想工作和《政治辅导员工作条例暂行规定》，宣布成立院学生工作领导小组。

11 月 7—14 日 中国共产党东北工学院第五次党员大会召开，听取柳运光同志代表上届党委所作的工作报告，一致通过中共东北工学院第五次党员大会决议。选举产生第五届委员会，委员 27 人。柳运光、靳树梁、郝屏奋、高广平、庞文华、商立敬、王太明、张绍先、荣恒山、苏士权为常务委员，柳运光为书记，郝屏奋、商立敬、王太明、张绍先、荣恒山为副书记。选举产生第五届监察委员会，商立敬为书记，委员 11 人。1963 年 9 月 5 日，中共沈阳市委批准孙澄波任监委副书记。

11 月 10 日 辽宁省教育厅批准我院关广岳等 27 名讲师提升为副教授。

11 月 24 日 院召开第八次学生代表大会，选举产生第十一届学生会委员，主席杜松山。大会通过《关于动员全院同学积极参加以贯彻党的勤俭建国、勤俭办学方针为中心的社会主义教育运动的决议》。

11 月 30 日　院工会召开第五次会员代表大会，选举产生第九届基层委员会，主席王衡。

12 月 1 日　经中共沈阳市委同意，党委决定成立中共金属加工系总支；撤销原工程物理系总支；下列总支改变名称：原机关总支改为机关第一总支，原教学部总支改为机关第二总支，原有色金属系总支改为有色冶金系总支，原已合并的电力电子技术系总支改为自动控制系总支，原矿山机械化自动化工程系总支改为采矿系总支。

12 月 15 日　院党委召开教师党支部工作会议，炼铁、矿机、物理、建工、选矿、外语等支部交流了加强支部建设工作的经验。

12 月 21 日　靳树梁院长率领本院 23 名老教师赴上海参加冶金部召开的教材编审委员会工作会议。此次会议由靳树梁院长负责主持。

12 月 28 日　中共和平区委决定：东北工学院苏家岗子农场停办。

1963 年

1 月 12 日　第十一次院务委员会讨论通过了教务处拟定《东北工学院教师工作量试行办法（草案）》，决定在钢铁冶金系试行。

1 月 20 日　院组织有关教研室教师讨论国家十年科学技术发展规划。

2 月　各教研室开始制订三年教学任务、十年科学研究规划、四年教材规划、教研室师资提高规划以及实验室建设规划。

2 月 14 日　校报载，本院从本学期开始成立外语业余学习班，为教师和干部开设俄文初级、高级两班；英语初级、高级两班；德语初级班。由教务处领导，外语教研室负责讲课。

2 月 18 日　院党委号召：全院人员开展学雷锋的活动。

△　东北工学院与长白人民公社签订协议书，将我院教学主楼以东，标准运动场以西，采矿馆以北，北环行道以南，东西 93 米，南北 170 米，共 10500 平方米土地暂交长白人民公社洪家岗子生产队耕种，东工基建需要时，生产队应无条件交还。

2 月 20 日　阿尔巴尼亚驻华大使雷·马利列到本院参观，并会见了在本院学习的阿尔巴尼亚留学生。

2 月 22 日　教职工政治理论学习班开始上课。教师与行政干部学习“科学社会主义”“历史唯物主义”；职员学习“社会主义教育讲座”；为工人开设社会主义、爱国主义、国际主义教育课程。

3 月 2 日　院党委召开党建工作会议，研究加强党的建设和党员教育问题，历时 9 天。

3 月 9—13 日　共青团东北工学院委员会召开第六次代表大会。选举产生第八届委员会，书记梁书林。大会通过《关于响应毛主席的号召，更加广泛地开展学习雷锋的活动》的决议。

3 月 11 日　冶金工业部教育司在我院审查并批准了采矿、矿井建设、矿山机电、冶金企业电气化、冶金炉、有色金属压力加工、冶金机械等 7 个专业教学计划。

4 月 1 日　院召开教师工作会议，介绍教授赖祖涵、副教授张嗣瀛、讲师孙骆生和杨乃恒、助教糜克勤等人的成长经验，以及理论力学教研室运动稳定性学术讨论班、电工学教研室、1959 年创建的真空技术及设备教研室等单位的工作经验，介绍赖祖涵学习与工作计划和炼铁教研室的五年提高规划。

4 月 16 日　院设立技术安全检查组，作为监督和检查全院电气、锅炉、化学危险药品、房屋建筑、压缩气瓶等技术安全工作的职能机构，由保卫处领导日常工作。

4 月 29 日　辽宁省教育厅在本院召开培养提高师资工作会议。省内各高校主管师资工作的党委书记和院、校长等领导百余人参会。

5 月 11 日　院长会议决定：科技情报科从图书馆分出，由科研处领导；成立科技档案科，暂时仍由院长办公室领导。

5 月 13 日　根据市、区选举委员会指示，本院为一独立选区，选出管家骝、吴理云、张文福为出席和平区第五届人民代表大会代表。

5 月 17 日　院决定派教授、副教授、讲师、助教各 1 人担任总务处兼职顾问，派两名教师分别担任总务处兼职工程师和兼职技术员，以提高为教学、科研、生活服务的质量。

5 月 29 日　院党委决定宣传六四金加一班优秀学生王振范为革命而刻苦学习的事迹，校报刊载《介绍王振范》一文。

6月3日 本院召开全院职工大会，介绍瓦工姜忠有、采矿系教务员唐晓玉、幼儿园教养员张雅珍、宣传干事徐森林等人的先进事迹和学生第二食堂工作经验。之后党委决定在全院职工中开展“五好”（政治思想好、完成任务与服务态度好、调查研究好、业务建设与业务学习好、团结协作好）运动。

6月14日 本院召开实验员工作会议，党委决定成立实验员工作委员会，主持制订《东北工学院实验工作人员工作暂行条例（草案）》等三项条例草案。

6月17日 院长靳树梁公布院务委员会批准宁有义等61名助教提升为讲师。

6月22日 院务委员会讨论通过新制订的10项制度和编印《东工规章选编》。

7月中旬 院组织冶金机械、炼铁、外语、数学、物理、制图、设计等教研室联合调查冶金机械、炼铁两个专业1963届毕业生的学习质量。

7月25日 中共中央宣传部通知：靳树梁兼任中国科学院东北分院副院长。

7月 我院1880名应届毕业生陆续离校，走上工作岗位。

8月28日 经上级领导同意，我院成立应用数学研究组，由科研处、基础课部领导。

9月2日 本院动工修筑第一条柏油马路。马路东起采矿馆和冶金馆东头，中经科学广场，西至学生第三宿舍。路宽5米，投资4万元。学生利用课余时间劳动，献工1350个工作日。

9月 院党委与院行政总结自动控制系和数学教研室教师进行调查研究、教学质量分析和贯彻“少而精”的经验，推动全院的讲课与助课教师到学生中调查研究，进行教学质量分析。

9月 经中共中央宣传部批准，我院创办的《冶金工业自动控制译丛》为双月刊，每期8万字，由自动控制系组织编委会和编辑部，辽宁情报所排印出版。

10月19日 举行全院秋季运动大会，历时1天半，学生女子组1人破一项院纪录。

11月2日 院召开教职工代表会议。参加会议的代表有605名，讨论在东工有步骤地开展以贯彻勤俭建国、勤俭办学为中心的社会主义教育运动。

11 月 11 日　院党委《关于我院农业生产损失浪费情况的报告》记载：自办农场以来，学院用于农副业生产投资将近 75 万元，师生员工到农场劳动付出将近 25 万个劳动日。农场生产蔬菜 835 万斤，粮 130 万斤，扣除公粮、农民口粮和牲畜饲料，净供给我院粮食 43 万斤、肉 46000 斤、蛋 11000 斤、奶 25000 斤。三年中亏损 36 万元，积压浪费 10 余万元。

11 月 13 日　院召开第九次学生代表大会，选举产生第十二届学生会，主席杜松山。

12 月 3 日　本院副教务长刘致信部署冶金工业部委托修订和复查 18 门课程的教学大纲任务，介绍矿井通风和轧钢工艺两门课修订和复查教学大纲的工作计划。

12 月 4 日　院党委与院行政任命刘致信为教务长；沈洪涛、马龙翔、佟昱秀、成心德为兼职副教务长。免去郝屏奋兼教务长的职务。

12 月 24 日　院长靳树梁公布增设两个科级单位：师资提高科，设在科研处，由科研处和人事处共同领导，以科研处为主；修建科，设在总务处。

12 月 25 日　院通知本学期各门课（包括独立实验课和课程设计），在考试后都要作教学质量分析。决定将 1968 届“高等数学”、1967 届“普通物理”和“理论力学”（采、冶专业）、1966 届“外国语”等 23 门课程作为院、系教学质量分析重点。

12 月 28 日　院务委员会批准试行《东北工学院确定与提升教师职务业务评审委员会组织条例》，并批准评审委员会委员名单，主任委员靳树梁。

1964 年

1 月 5 日　院公布《东北工学院关于处理学生婚姻、生育等问题的几项规定》，提出今后招生除调干学生外，一般不录取已婚青年学生；学生在学期间不得结婚，违者取消学籍或勒令退学。

1 月 20 日　受冶金工业部委托，本院召开部属 8 所高等院校数学教学工作会议。

1月25日 院务委员会决定：(1)任课教师对自己所担负的课程(包括实习、实验等独立环节)在期末考试考查后，都要做出教学质量分析。(2)金属加工系分为两个系：金属加工系设钢铁压力加工、有色金属压力加工两个专业；金属学系设铸工、金属学与热处理、精密合金、高温合金等专业和“三〇八”研究室。(3)加强重点研究单位建设和重点研究项目的领导：“三〇八”研究室由金属学系和科研处领导；控制系统动力学及运动稳定性研究点由基础课部和科研处领导；矿井通风与安全研究点由采矿系和科研处领导。

3月4—14日 院召开第一次教学会议。介绍了副教授刘海宴、讲师徐炳松的先进事迹和通风与安全教研室、电工学教研室的工作经验。

3月21日 院召开实验室工作会议，交流物理教研室实验课教学的经验，介绍在实验室工作中成长起来的讲师陈祖荫和助教孙贵经的事迹。院党委副书记张绍先在报告中指出，全院已建成44个实验室(其中1958年后建立13个)和1个中心化验室。东北工学院建校10年，大多数课程按教学大纲规定完成基本项目实验，全院应开实验1140项，已开出760项，占66.7%。

3月23日 院党委决定成立政治部、教务部、院务部等三大部。政治部设办公室及组织、宣传、教师工作、学生工作、保卫、干部等6个部，并受党委委托代管统战部、武装部、工会、青年团的工作；管理13个总支(即政治部、教务部、院务部、基础课部及采矿、钢冶、有色、加工、金属学、机械、自控、理学等8个系和矿山研究所)；各系及院务部建立政治处，配备正、副主任，教务部配备协理员；矿山研究所配备教导员。教务部设2处1馆：教务处设教学、教材、研究生、生产实习、业余教育5个科；科研处设科学研究、科学情报、实验室3个科及中心化验室、实习工厂；图书馆。院务部设院长办公室、总务处。总务处下设财务、伙食、房产、总务、修建、教学设备、劳动工资7个科及附属医院、农场、幼儿园、托儿所。至1965年12月前，冶金工业部相继任命政治部主任商立敬、副主任王太明、荣恒山；教务部主任刘致信、副主任张绍先、苏士权；院务部主任苗柏洁、副主任李文健。

3月28日 院党委召开各系党总支书记和系主任联席会，以基础课部为重点，总结“三基”(基本理论、基本技能、基本知识)划线。1963—1964学年度第1学期，全院开出213门课程，107门课程进行“三基”划线，明确各课内容的深度、广度、重点、难点。

4 月 25 日　院党委书记柳运光同志传达中央有关教育工作指示，全院学习、讨论毛泽东的教育思想。至 6 月，各系师生分别总结学习的收获和体会。

5 月 10 日　中国共产党东北工学院第一次党员代表大会（第六次党员大会）召开，选举产生委员会，委员 28 人。柳运光、靳树梁、郝屏奋、庞文华、商立敬、王太明、张绍先、荣恒山、苏士权、李文健为常务委员。柳运光为书记，郝屏奋、商立敬、王太明、张绍先、荣恒山为副书记。选出 9 人组成监察委员会，王太明为书记，钱裕厚为副书记。

中国共产党东北工学院第一次党员代表大会（第六次党员大会）会场一隅

5 月 15 日　院召开第五次科学报告会，宣读 75 篇论文，院外 38 个单位 127 人参加了会议。

5 月 20 日—12 月 1 日　全院师生员工 2400 多人分六批赴农村参加社会主义教育运动，每批在农村生活一个月左右，坚持与农民同吃、同住、同劳动，扎根串联，访贫问苦、编写“三史”（家史、村史、厂史）等活动。

6 月 20 日　全国人民代表大会代表、全国著名劳动英雄、鞍山炼铁厂副厂长孟泰应邀来院向应届毕业生及职工作报告。

7 月 5 日　下午 5 时 25 分，中国共产党党员、全国人民代表大会代表、全国政协委员会常务委员、中国科学院学部委员、中国金属学会副理事长、中国科学院东北分院副院长、政协辽宁省委员会副主席、辽宁省科学技术协会主席、著名冶金学家、东北工学院院长靳树梁同志逝世，终年 65 岁。

靳树梁同志的治丧委员会由李维汉、郭沫若、宋任穷、黄火青、黄欧东等52人组成，中共辽宁省委第一书记黄火青同志任主任委员。

6日，东北局第一书记宋任穷，中央教育部，省、市党政领导，全院师生万余人向靳树梁遗体告别。8日，在沈阳友谊宫举行追悼会，送挽联和花圈的有：全国人大常务委员会、政协全国委员会、中国科学院、中共中央统一战线工作部和中央其他有关部门。周恩来、李维汉、郭沫若、徐冰等同志送了花圈。

8月26日 辽宁省第三届人民代表大会第二次会议召开，本院马龙翔教授、沈洪涛教授、佟昱秀教授、杨篪引教授（女）等4名教师当选为出席第三届全国人民代表大会代表。

8月 冶金工业部指示：沈阳矿山研究所与马鞍山黑色冶金矿山研究院合并。至1966年2月20日，沈阳矿山研究所工作全部结束，于本院内撤销。

9月5日 举行新生入学典礼。本学年有8个系26个专业（9个专门化）招生1294名，其中工科1231名，理科63名。

9月初 院党委决定，开展群众性的研究生培养工作总结活动，要求44名研究生与29名导师以整风精神暴露工作中存在的问题，总结经验教训，修改1963年以前入学的研究生培养方案和计划。至1965年2月结束。

9月30日 院召开全院教师、实验员学习毛主席著作心得交流会。

10月3日 本院举行1964年体育运动大会。此次大会，有4人（男生1，女生3）打破4项院纪录，有3人达到了国家二级运动员水平。

10月17日 朝鲜民主主义人民共和国平安北道代表团在朝鲜劳动党平安北道委员会委员长郑志焕率领下，来本院参观。

11月下旬 本院党政干部、马列主义教师和新教师共74人（教师51人、干部10人、实验员13人）第一批参加农村社会主义教育运动（“四清”运动）。下乡前，庞文华副院长作了动员报告，大家经过反复学习讨论，认清了这次下乡的意义。临行前，党委负责同志为他们送行，鼓励他们积极地自觉地接受锻炼和考验。12月分别进驻朝阳地区喀喇沁左翼蒙古族自治县两个公社六个大队工作。至1965年7月末返校。

12月3日 院党委发出“关于开展群众性考试制度革命运动”的十条规定。至1965年1月底，发动250多名教师、4073名学生，围绕36门课程，主要通过务虚、命题、考试、评分、讲评等五个环节，开展考试制度革命运动。

12月17日 冶金工业部政治部主任胡立声来院作报告，讲了怎样培养无产阶级革命接班人问题，支持本院教育革命运动，支持本院开展的研究生整风总结。

12月19日 共青团东北工学院委员会召开第七次代表大会，选举产生25名委员组成的第九届委员会，副书记张明卿。1965年3月，张明卿调至全国学联工作，1966年初，院党委任命王春清、黄启明任院团委副书记。

1965年

1月17日 省、市委文教部执行中共中央东北局宣传部电报指示，派工作组来院了解开展教育革命情况。

1月26日 院党委向全院党员传达《农村社会主义教育运动中目前提出的一些问题》(简称二十三条)。

2月 院工会召开干部会议，选举产生第十届工会基层委员会，主席原立。

△ 1720余名1965届学生和300余名教师陆续分赴65个厂矿、设计部门进行毕业实习和设计。

3月20日 院召开第十次学生代表大会，选举产生第十三届学生会，主席任永杰。

3月 院党委决定撤销教师工作部和学生工作部，两部管理工作合并成立干部部；政治思想工作并入宣传部；将劳动工资、工人管理等工作分出成立劳动工资科，由院务部领导。

4月5日 我院召开函授教育座谈会，着重研究函授教育如何进一步贯彻毛主席关于教育工作的指示以及中央关于半工半读的指示问题。

4月16日 院体育运动委员会成立，主任商立敬。院务委员会批准《东北工学院体育锻炼标准试行办法（草案）》

4月中旬 5000余名师生员工分批赴农村和厂矿参加社会主义教育运动。

4月 函授部、夜校部分别在锦州函授站和沈阳冶金机械修造厂进行半工半读试点。

5月7日 院决定采矿专业采矿专门化1970届学生进行半工半读试点，担任教学任务的19个教研室28名教师（干部），赴杨家杖子矿进行现场备课。

7月15日 在省委及冶金部党组的指示下，柳运光停职“检查”。郝屏奋代理党委书记职务。

7月21日 机械系1968届、自动控制系1969届学生及部分教职工共400余人组成一个民兵营，到部队当兵锻炼两个月。

7月23日 院党委分别向各级干部和教师传达毛泽东“七三指示”，并组织力量在部分班级中，调查学生学习负担过重的情况。

8月 5名越南留学生来院，学习冶金工业经济与组织专业4人、学习机械制造专业1人。

9月1日 研究生开学。目前在校研究生共70名，分布在21个专业中学习。其中一年级28名、二年级7名、三年级3名、四年级6名、五年级26名。

另，本学年8个系24个专业（9个专门化）和一个英语师资班共招收本科生1346名。

9月7日 院党委与院行政发布《东北工学院关于学生劳逸安排的几项规定（试行草案）》。规定：凡由本院部、处向学生班级布置的任务，事前均要到政治部办公室登记，未经统一安排，各系可以不接受，以便控制学生活动总量。

10月1日 根据冶金工业部教育司委托，我院开办50人的政治师资班和25人的英语师资班，学习年限初定2年至2年半，结业后回原校工作。

12月 本院选民选举吴理云、管家骝为出席和平区第六届人民代表大会代表。

1966年

2月1日 院党委做出《关于学习金丰同志用毛泽东思想改造自己、培育新人的决定》。金丰同志是无线电教研室讲师，教研室副主任，共产党员。

1958 年以来先后被评为沈阳市青年社会主义建设积极分子、先进工作者和劳动模范，并于 1960 年出席了辽宁省和全国文教系统群英会。

2 月上旬　全院开展学习毛主席的好干部、中共河南省兰考县委书记焦裕禄的活动。

4 月 2 日　院党委向全院教职工传达全国工业交通工作会议、全国工交政治工作会议、冶金工业部工作会议及冶金工业部政治工作会议精神。全院开展突出政治、政治与业务关系问题的大检查、大辩论。

5 月 7 日　根据冶金工业部指示，本院在甘肃省兰州市白银地区设立分院，分院筹备处公章已刻制，文曰“东北工学院白银分院筹备处”，公章即日起正式启用。1969 年 3 月 15 日，冶金工业部决定撤销东北工学院白银分院筹备处。

5 月 18 日　院决定撤销原院务部所属总务处、院长办公室及院长办公室下属的文书档案科；设置秘书科，划归院务部领导。

5 月　李导来院，任党委副书记。

6—7 月　高教部先后通知各校停止招收研究生、本科生，外国留学生和停派出国留学生，学校停止“三招一派”工作长达 6~12 年。

8 月 4 日　校报《东工简报》停刊。

8 月末　高教部分配 80 余名越南留学生来院，分别在 6 个专业学习。9 月 19 日，高教部要求在华外国留学生回国休学一年。10 月 27 日，我院派人护送越南留学生离院返国。

10 月　全院师生员工赴新城子区农村参加秋收劳动。

1967 年

3 月 6 日　中国人民解放军毛泽东思想宣传队（简称“军宣队”），正式进驻我院。

4 月 12 日　外出串联师生陆续返校。

1968年

7月下旬 本月，中央先后发表“七三”“七二四”关于制止广西、陕西等地武斗的布告。我院于本月下旬成立了 “七三”“七二四”布告宣传队。

8月28日 由沈阳拖拉机制造厂和东北制药厂人员组成的沈阳市工人毛泽东思想宣传队（简称工宣队）90名队员进驻东北工学院。至1969年1月，进驻东北工学院的沈阳市毛泽东思想宣传队队员共204名。

9月7日 鞍山钢铁公司工宣队122名队员进驻东北工学院。至1969年1月，进驻东北工学院的鞍山钢铁公司工宣队队员共247名。

9月19日 东北工学院校报《东工简报》更名为《东工战报》。

11月15日 中共辽宁省军区委员会向辽宁省革命委员会呈交了《关于成立东北工学院革命委员会的请示报告》。该《报告》对东北工学院革命委员会的人员构成及主任、副主任人选提出了建议，并附有35名委员的名单。

11月29日 辽宁省革命委员会颁布了《辽宁省革命委员会关于成立东北工学院革命委员会的批示》，“省革命委员会同意中共辽宁省军区委员会关于成立东北工学院革命委员会的请示报告”。

11月30日 东北工学院革命委员会成立，主任：安华（军宣队）；副主任11人（其中军宣队3人、工宣队4人、干部1人、教师1人、学生1人、工人1人）；委员37人。东北工学院革命委员会自成立至1973年3月间，都是由进驻东北工学院的“军宣队”成员担任主任职务，他们分别是安华、冯建中、马兆臣。1977年5月，“军宣队”奉命撤离东北工学院。

12月7日 院举行欢送1966届、1967届、1968届毕业生大会。三届学生共毕业3100余人。

12月8日 东北工学院革命委员会决定，全院体制改变为营连建制，整编营连为：一营（采矿系）；二营（有色系）；三营（机械系）；四营（钢冶系）；五营（自控系）；六营（金属学系）；七营（金属加工系）；八营（院后勤、机械厂）；直属连（理学系）；毛泽东思想学习班：政治部为一连、教务部为二连、基础课部为三连及四连。各营连配备了干部。

12月11日 召开首届活学活用毛泽东思想讲用会。200多名代表参加，革委会主任、军代表安华作报告。

1969 年

1 月 28 日　自 1968 年 8 月“工宣队”进驻东北工学院后，来院的工宣队队员共有 447 名，轮换已调出 200 名，在院工作共有 247 名。

2 月 1 日　院教育革命调查组到鞍钢等厂矿进行教育革命调查，进行教学改革试点。

2 月 1 日　院召开首届政治工作会议，号召全院师生以毛泽东思想为统帅，开展创四好连队的群众运动。

2 月 25 日　召开全院人员赴开原县农村政治野营誓师大会。即日起，全院共 3085 人以营连建制，分 4 批出发，经 4 至 5 天的徒步行军 150 余千米，到达驻地。政治野营期间与贫下中农“四同”(同吃、同劳动、同学习、同战斗)。于 6 月 3 日起分批徒步行军返校。

2 月　中共辽宁省委批准东北工学院成立整建党领导小组。

4 月 1 日　东北工学院校报《东工战报》更名为《东工通讯》。

5 月 19 日　学院在直属连召开整建党工作现场会，听取直属连整建党经验介绍，各营整建党领导小组主要负责人和学生代表参加会议。

6 月 25 日　中共东北工学院直属连支部成立。随后，全院各基层党支部也先后成立，正式恢复党组织生活。

7 月 8 日　学院召开首届活学活用毛泽东思想积极分子代表大会。

7 月 31 日　学院召开全院大会传达中央“七三”布告，并部署收缴武器。至 8 月 23 日，收缴各种武器、弹药、备品 17 种 255 件，上缴现金 2368 元、粮票 550 余斤，各种物品 400 余件。

8 月 10 日　辽宁省革委会同意冯建中（军宣队）任东北工学院革命委员会主任；免去安华东北工学院革命委员会主任职务。

8 月 14 日　学院决定：一、将原第八营撤销，其下属各连由机关各组领导；二、将原毛泽东思想学习班改编为第八营。

8 月 23 日　中共辽宁省委整党建党领导小组同意东北工学院整党建党领导小组由冯建中等 7 人组成。

10 月下旬 根据国家的要求，我院开始作战备疏散人口的工作。至 1970 年 5 月 10 日，战备疏散职工家属下乡和还乡共 269 户、909 人。1972 年 9 月，辽宁省革委会批准 161 户疏散家属迁回沈阳。

12 月 23 日 根据中央下放高等院校通知的精神，即日起，原由冶金工业部领导的东北工学院改为由辽宁省革命委员会领导。1970 年学院经费纳入省预算。

12 月 26 日 院“七二一”工科试验班开学。辽宁省革委会指定本院炼钢、金属切削机床设计与制造、工业企业电气化与自动化 3 个专业进行招生试点，以探索“社会主义大学如何办”的途径。招生采取推荐与选拔相结合，在 49 个厂矿招收 60 名学员（平均工龄 13 年，最长 20 年、最短 6 年；原有文化程度最高 12 年、最低 2 年，多数相当于高小毕业），学制 2 年。

院“七二一”工科试验班开学典礼

12 月 本年，院新建、扩建校办工厂 3 个：五七机械厂、五七半导体硅综合厂、五七金属材料加工厂，探索办社会主义大学路子。

△ 根据毛泽东主席“五七”“六二六”指示，我院 51 名教职工相继随其配偶到农村插队落户。1972 年 2 月至 1978 年，先后回校工作。

1970 年

1 月 4 日 早在 1969 年 12 月 19 日，学院决议在盘锦地区谭家堡生产队所在地建立农业生产基地。本日，得到省革委会的批复，并定名为“东北工学院革命委员会五七农场”(简称“五七”农场)。东工“五七”农场接收省属“五七干校”六大队尚未竣工的2000平方米房屋和600亩水田。首批参加劳动的教职工600余人。学院决定,全院每名教师和干部都要到“五七”农场劳动一年(后改为半年为一期)。1979年10月,经省教育局同意,东工“五七”农场被撤销。“五七”农场被撤销后,将其全部资产移交给辽河石油勘测局。

1月9日 学院会议决定,院机关的机构设置,分为4个大组:办事组、政治工作组、教育革命组、人保组。

1月11日 学院会议决定筹建3个校办厂和1个车间,巩固机械厂。至本年末,已将校内部分实验室改建为:电子综合仪器厂(设计算机、电视、半导体元件、装配、钣金等5个车间);有色冶炼厂(设镍、镁、钼、单晶、多晶等5个车间);金属材料厂(设板带、型钢、热处理、粉末4个车间及1个测试中心);炼钢(电冶金)车间;机械厂(设加工、修造、铸工、锻焊、军工七〇一等5个车间)。

2月14日 我院基础课部3名教师受学校委派与一二五灯泡厂合作研制新光源——溴钨灯成功。

3月9日 珍宝岛十位战斗英雄代表来院作报告。

3月22日 受中共辽宁省委委托,我院举办电视工业试验班。全班39名学员来自省内9个市,32个工厂和单位,于11月26日全部结业。

7月 学院提出“把大学办到社会上去”,中捷人民友谊厂与我院以“厂办校助”的形式,创办了“七二一”工人大学,设金属切削机床设计与制造专业,学制暂定2年,首批学员41名。

8月4日 1969与1970年两届共2575名毕业生走上工作岗位。

8月31日 院召开“深入学习清华经验,落实毛主席教育思想动员大会”,介绍赴京学习清华大学、北京大学“教育革命”等内容的4个典型材料。

9月14日 学院召开扩大会,学习清华大学经验,提出院体制改革方案。

一、关于领导体制改革意见:院革委会机关由4组1部(武装部)改为1室3组,各组下设小组如下:办公室下设秘书组;政工组下设办公室、组织组、人事组、人保组、宣传组、办报组、武装部;教育革命组下设办公室、教学组、生产组、科研组;院务组下设办公室、管理组、供管组、房管组、伙食组、财务组。各系(部)厂(农场）改变现有营建制，成立基层革命委员会，设办事、政工、教育革命3个组。党组织：院建立党委，各系（部、厂）建立总支，专业连队建立支部，实行一元化领导。

二、关于教学体制改革意见：从校办工厂、厂校挂钩着手，按科研生产实践的联系，把有关专业纳入办工厂、科研单位和厂校挂钩系统，实行厂带专业。将原有8系1部调整为采选、有色金属冶金、钢铁冶金、金属材料、自动控制、机械等6系（4个校办工厂），撤销金属压力加工、理学两系。调整7个专业：选矿调入采选系；有色金属压力加工、轧钢、金属物理调入金属材料系；冶金物理化学调入有色冶金系；铸工调入机械系；热工自动控制与装置调入自动控制系。另将特加专门化并入轧钢专业，改名为黑色压力加工专业。合并1个教研室：电冶金并入高温教研室。改造3个专业；自动化改为计算机专业；矿井建筑改为地下工程专业；仪器仪表改为热工自动控制与装置专业。增设5个新专业；半导体材料、半导体器件、粉末冶金、耐火材料、射流技术与器件（前两个专业准备招生，后三个筹建）。调出1个专业；拟将采煤专业调到外校办。基础课与专业密切结合，将材料力学、理论力学、水力3个教研室放到机械系；将热工教研室放到自动控制系；将体育教研室放到院武装部；暂时保留外语、数学、物理、三化教研室，组成新的基础部，大多数教师也要到专业连队去，留下少数人进行科学研究和提高工作。

11月 开始建小型水泥厂，解决战备工程用的水泥问题。

12月17日 沈阳重型机器厂工宣队进驻本院。

12月20日 鞍钢工宣队队员离院回原单位。

△ 院第一批在“五七”农场劳动的教职工返校，第二批到“五七”农场劳动的百余名教职工于本月到达。

12月31日 省革委会政工组同意增补马兆臣（军宣队）、商立敬（干部）、廖英凡（工宣队）、白雨盛（工宣队）、戴文奎（军宣队）等为院整建党领导小组成员。

1971 年

1 月 3 日　院整建党领导小组陆续批准各系、组、厂先后召开党员大会，选举产生各自单位的总支部委员会。

2 月 4 日　辽宁省革委会同意马兆臣（军宣队）任东北工学院革命委员会主任；免去冯建中东北工学院革命委员会主任、委员职务。

3 月 31 日　遵照毛泽东关于一切高校实验室和附属工厂“都应当尽可能地进行生产”的指示，有些实验室已改为或部分改为校办工厂和车间。目前，实验室具体情况为：（1）全改为生产车间的 6 个：电冶金、无线电、计算机、电子技术、金属加工、机床刀具；（2）部分改为生产车间的 7 个：轻冶、重冶、稀冶、金相热处理、新型材料、提升运输、铸工；（3）教学使用（主要供工科试验班用）的 5 个：炼钢、拖动、公差、材料、物理化学；（4）科学研究使用的 8 个：选矿、材料、通风、炼铁、冶物化、金物、普通物理、中心化验室；（5）暂时尚未用的 19 个：测量、地质、爆破、岩石力学、冶金炉、热工、电工原理、电工学、电机、矿电、仪表、零件、冶备、真空、水力、流体机械、采掘机械、普化、分化。

到目前为止，对 17 个实验室调整合并：（1）采选系岩石力学、建筑材料合并为井建实验室；（2）材料系高温合金、精密合金、“308”合并为材料研究室（即测试中心）；（3）自控系自动、拖动合并为工企实验室；（4）自控系自动化一部分、冶金仪表合并为冶金仪表实验室；自控系自动化一部分、计算机合并为计算机实验室；……（7）基础部的分析化学、物理化学、普通化学合并为化学实验室；（8）材料系金属加工、金属材料厂一部分合并为板带车间；（9）机械系的机床刀具、机械厂一部分合并为七〇一车间（军工）；（10）自控系自动化实验室拆散，分别并入该系仪表和计算机两个实验室。

调整合并后，现有 1 个中心化验室，35 个实验室，分布如下：采选系 6 个：选矿、测量、地质、井建、爆破、通风；钢冶系 4 个：炼钢、炼铁、冶金炉、热工；材料系 3 个：金相、金物、材料研究室；有色系 4 个：轻冶、重冶、稀冶、金物化；自控系 8 个：电工原理、电工学、工企、无线电、矿电、电子技术、计算机、仪表；机械系 8 个：零件、冶备、真空、公差、水力、材力、矿机、铸工；基础课部 3 个：化学、物理、中心化验室。

国家对实验室设计投资总值达 14374529.56 元，总件数为 23274 件。

3 月 自建的小型水泥厂开始生产。根据省、市三次战备会议精神，我院战备工程是从 1970 年 11 月开始筹备，本年 3 月组成战备工作领导小组。抽出 80 人组成专业班子，进行战备工程的总体规划。至今已完成 400 平方米战备医院和 350 平方米连通道的战备工程。

4 月 1 日 中国共产党东北工学院第七次党员大会召开，历时 3 日。大会选出中共东北工学院第七届委员会，由 36 名委员组成，马兆臣任书记。从 1969 年 4 月进行开门整党起，经过整党复查和整党补课，全院有党员 838 人，6 个总支委员会，55 个支部。

中国共产党东北工学院第七次党员大会会场一隅

4 月 16 日 为适应我省电视广播事业发展的需要，辽宁省革委会政工组决定在我院举办电视技术学习班，时间暂定 10 个月。从 12 个市、地共选拔 43 名学员，学后由省革委会分配。该电视技术学习班本日开学。

6 月 28 日 经院党委决定，把原院革命委员会物资清查领导小组改为清产核资领导小组。

6 月 院对落实知识分子政策情况进行调查，全院现有教师 1124 名（不包括在院、系两级机关工作的 51 人）。其中正、副教授 65 人、讲师 360 人、助教 695 人、教员 4 人。

9 月 22 日 本院开始对三年来教育革命工作进行检查。三年来，我院共派出教育革命小分队 144 个，538 人。他们分布在沈阳、鞍山、抚顺、大连、本溪、长春等 14 个地区。在 65 个厂矿单位，进行教育革命实践活动。小分队大体分四种类型：（1）编写教材小分队，78 个小分队担负 119 种教材的编写任务，已编写出教材 44 种，其余正在编写；（2）科学研究小分队，共担负 76 个科研及技术革命项目；（3）办工人大学及短训班小分队，协助厂矿举办 4 所工人大学及 18 期各种类型的工人短训班，共培训学员 1028 名；（4）专业调查小分队，搞 4 个专业方向的调查。

9 月 25 日 根据辽宁省革委会关于招收新职工等问题的指示，我院从下乡到康平县的知识青年中抽调 40 名来院当工人。

10 月 4 日 院 500 名教职工去“五七”农场参加秋收。

10 月 17 日 从本日开始，根据中共辽宁省委、中共沈阳市委指示，我院先后举办学习毛主席批示的中共中央 7 个文件的支部副书记以上党员干部学习班、党员学习班，向群众传达中央这 7 个文件，声讨控诉林彪叛党叛国罪行。学习班历时 1 个月。

11 月 院从下乡到新宾县、清原县的知识青年中，各抽 200 名，来院当工人。

1972 年

年初 沈阳市分配 250 名应届初中毕业生来院当工人。

1 月 5 日 院党委常委会议决定 1972 年院“五七”农场种植面积为 1500 亩。

1 月 共青团东北工学院的各基层组织陆续恢复组织生活。

2 月 7 日 院第二批去“五七”农场劳动的教职工，今日返校。3 月 1 日，第三批去“五七”农场劳动的教职工到达农场。

2 月 8 日 院工科试验班 59 名学员和电视试验班 43 名学员举行毕业典礼。学员在校期间，学“政治”、学“文化”，批判“资产阶级思想”，参加教育革命实践，实行“上大学、管大学、用毛泽东思想改造大学”（简称“上管改”）。

2月25日 本院在辽宁招收的第一批工农兵学员先期到校，5月3日，在外省招收的学员也相继到校，首先组织文化补习。

3月9日 院党委决定调整部分机构：（1）院政工组增设劳动工资组和青年工作组；人保组增加安全保卫职责；通讯报道组划归宣传组。（2）院务组增设政工组；行政管理组取消安全保卫任务。（3）印刷厂归教育革命组领导。（4）将机械系的机械厂、材料系轧钢车间、钢冶系炼钢车间合并成立冶金机械厂，由院革委会直接领导。（5）全院食堂、房产、财务分别由院务组的粮管组、房管组、财务组管理。设正、副主任，连队干部随之免除职务。

3月11日 党委陆续批准组、系、厂党总支委员会、专业连队分总支委员会及专业连队干部任免名单。

3月27日 学院发布《关于改变基础课部领导体制的决定》，撤销基础课部领导小组，成立基础课部革命委员会，下设办事、政工、教育革命3个组，设置物理、化学、数学、外语4个教研室和1个中心化验室。基础课部下到各系连队的教师一律返回到基础课部。

4月13日 院成立外事领导小组，组长商立敬。

5月4日 召开共青团东北工学院第八次代表大会。大会选举产生第十届委员会，王德民任院团委书记。从本年1月起开始恢复团的工作，全院825名团员已有99.6%恢复组织生活。

5月5日 学院决定：（1）院教育革命组改为院教学改革组（教改组）、教育革命组教改组改为教学组。（2）原院务组行政管理组改为院务组总务组。（3）原院务组粮食管理组改为院务组伙食组。并决定：（1）原东北工学院印刷厂连队改为东北工学院印刷厂，设厂长、政治指导员。（2）原东北工学院卫生队改为东北工学院医院，设院长、政治指导员。（3）原东北工学院托儿所、幼儿园连队改为幼儿园，设主任、政治指导员。

5月16日 沈阳市确定我院1972年战备施工任务是：修筑主楼至采矿馆、机电馆至学生第二宿舍、幼儿园至学生第三宿舍等三处通道；改造采矿馆原地下室；完善去年施工战备医院。

6月1日 院召开科学研究工作会议，交流经验，介绍国内外有关科技动态，明确政治与业务、理论与实践、长远规划与短期规划三个关系，落实专业与系的3年或5年科学研究规划。

院科研工作会议

6 月 10 日 院举行首届（即 1975 届）工农兵学员开学典礼。这批工农兵学员的招生工作，从 1971 年 12 月初起至 1972 年 4 月末止，历经 5 个月，我院派出 88 名招生干部，在 19 个省、自治区、直辖市共招收 1173 名学生（男 823 名，女 350 名；文化程度：高中 341 名，初中三年级 376 名；初中一、二年级 456 名；党员 232 名，团员 701 名），到校后他们被分配在 6 个系 29 个专业学习。采矿系：矿区开采、有用矿物精选、矿井建筑；钢铁冶金系：炼铁、炼钢、金属加热及设置、电冶金；有色冶金系：重金属冶炼、轻金属冶炼、稀有金属冶炼、冶金物理化学、半导体材料；金属材料系：金属材料及热处理、高温合金、精密合金、钢与合金压力加工、有色金属压力加工、金属物理、粉末冶金；自动控制系：冶金生产机械化自动化、无线电电视、计算机、矿山自动化、热工自动控制与装置；机械系：机械制造工艺、矿山机械、铸造、真空技术与装置，冶金机械。普通班学制暂定 3 年半（含预科半年）。

6 月 16 日 中共沈阳市委批准我院成立民兵师，商立敬同志任师长，马兆臣同志任政治委员。19 日，召开民兵师成立大会。

7 月 28 日 院成立体育运动委员会，下设秘书、政宣、办事、竞赛 4 个组。

工农兵学员入校

7月31日 院党委决定撤销专业连队，改为专业教学研究室（简称专业教研室）。

8月1日 国务院批准冶金工业部派3至4人以观察员身份前往布加勒斯特参加9月18日至23日由联合国欧洲经济委员会召开的“铁矿石直接还原法”的国际学术会议。我院的李殷泰老师参加了这次会议。

8月16日 学院向冶金工业部打报告，呈请修建8000平方米家属宿舍、1200平方米的装配车间。8月22日，冶金部批复同意，投资80万元、设备费30万元。

9月1日 院举行军事体育运动大会，历时两天。

10月15日 东北工学院与南湖公园联合修建的围墙本日验收。围墙高2米、宽27厘米。围墙产权各半，东段：由院北门往西667延长米归南湖公园所有；西段：由院西门往东667延长米归本院所有。未经双方同意，任何一方无权擅自拆毁。

11月20日 院召开政治工作会议，中心议题是关于加强党支部建设问题，全院有党员1107人，85个党支部。会上7个党支部介绍了“加强党的一元化领导的经验”。

12月 今年学院组织1126名工农兵学员分四批步行到盘锦和抚顺进行野营军训。

年末 1972年校办工厂情况调查列表如下：

厂名	产品名称	1972 年产值 / 元	固定工人数 / 人
自控系校办厂	可控硅、稳压电源	220000.00	29
有色系冶炼厂	链、镀、银、单晶硅	58847.55	46
材料系校办厂	硬质合金刀头、钼片、热处理加工	124617.24	25
冶金机械厂	G618K 车床、PmB50 减速机 高速钢、加工圆钢、华一装岩机	1009700.00	411

1973 年

2 月 9 日　院党委决定：（1）院革命委员会政工组理论教育组改为政治理论教研室；（2）原教改组的教学组撤销，成立教务组和教学研究组。

2 月 19 日　为解决师资不足问题，学院决定从 1972 届在籍学员中抽出 100 名办物理、化学、数学、制图等学科师资培训班，学习时间 3 年，毕业后留校担任教师。

3 月 18 日　中共辽宁省委任命霍遇吾为中共东北工学院委员会第一书记、东北工学院革命委员会主任；马兆臣任院革命委员会副主任，免去其院革命委员会主任职务。

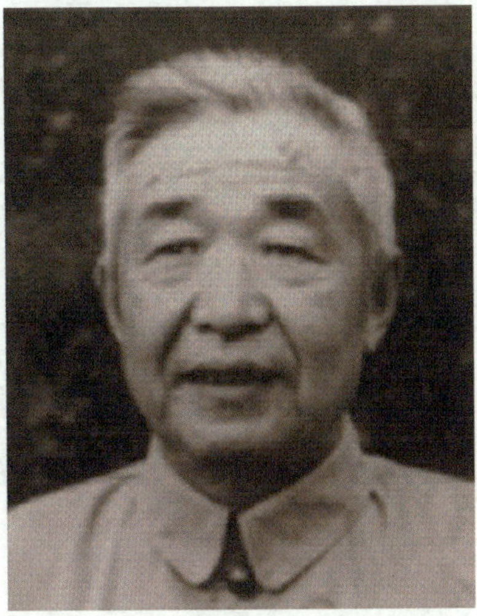

霍遇吾

3 月 21 日　经省教育局批准，院党委决定《东工学报》复刊，编辑部设在科研组。

4 月 27 日　学院通知教研室和机关各组试行教改组拟订的《关于修改教学计划的几点意见（试行草案）》，制订各专业教学计划，落实 1973 年 9 月至 1974 年 9 月一年预科和本科的教学安排。

5月4日 成立工农兵学员学生会。

6月26日 全院召开庆祝中国共产党成立52周年大会，有150名新党员举行入党宣誓。战斗英雄郅顺义应邀来院作发扬党的光荣传统的报告。

7月21日 为纪念“七二一”指示发表五周年，院召开“教育革命经验交流会”。

7月26日 29个专业1975届工农兵学员到厂矿进行学工劳动，实行开门办学。

8月22日 院党委常委学习讨论中发〔1973〕30号文件和张铁生的一封信，并组织全院学习。

8月28日 在冶金工业部领导下，院党委组织7个专业、12个教研组（其中有5个基础课教研组）、共32名教师到攀枝花钢铁公司同兄弟单位一起进行技术攻关，历经4个月基本完成工艺、设备和自动化7个攻关项目。

9月18日 院举行1973年新学员开学典礼。本年共招收来自全国28个省、自治区、直辖市的新学员1925名，其中普通班坚持选拔具有2年以上实践经验、相当于初中毕业以上文化程度的工农兵学员1506名。机械系射流技术及器件、自动控制系工业企业电气化自动化两专业老工人学习班招收59名学员，学习年限1年；1968与1969两届大学毕业生进修班招生360名。

9月28日 院举行第二届军事体育运动大会，历时两天。有7人9次打破4项院纪录。

10月 为执行中阿科学技术合作协定，我院金属材料系讲师李见、钢铁冶金系助教肖泽强受中国科学院委派，赴阿尔巴尼亚地拉那大学全面传授冶金专业教学经验，分别讲授组织金相学、冶金学基础。1974年7月，完成任务返院。

本年 我院炼钢专业科研小组同沈阳第一钢厂结合，创造全氧侧吹转炉炼钢法成功。

1974年

2月7日 全院3740名师生和干部分别到昭乌达盟和清原县共1492个小队或作业组，与贫下中农（牧）一起学习中央的文件，宣传农业学大寨，接受再教育。3 月 13 日起分批返校。

2 月 10 日 早在 1973 年 11 月，辽宁省革委会决定由我院与重型机器厂进行厂校交流干部试点。本日，学院选派机械系 10 名干部到重型机器厂第一金工车间分别担任支部书记、副书记、副指导员和技术工作，先劳动 3 个月，后顶岗位劳动；重型机器厂派来动力车间 7 名干部，担任机械系总支书记、支部书记和教学工作，此做法至 1976 年 7 月中旬结束。

4 月 28 日 院举行学生代表大会，158 名工农兵学员代表参加大会，选举产生东北工学院第十五届学生会，委员 18 人。

5 月 26 日 本院选派第一批上山下乡知识青年带队干部 10 名即日出发赴“青年点”工作。按市革委会规定：各单位的下乡知识青年，由本单位负责组织管理。至 1979 年，先后有 5 批 122 名带队干部到新民县梁山公社、新民县东郊公社、辽中县茨榆坨公社及其所属大队工作。从知识青年“上山下乡”开始，至 1978 年 9 月，本院教职工的子弟（中学毕业生）共有 800 余人上山下乡。

6 月 21 日 目前，全院有 28 个专业在全国各地 51 个厂矿实行开门办学，参加 3255 人次（在厂最长 8 个月，最短 4 至 6 周），采取以厂校挂钩为主，实行校内外结合，校内基地承担校外任务。基础课 420 名教师中已有 312 名下到专业进行教改。

6 月 29 日 共青团东北工学院第九次代表大会召开，有 220 名代表及列席代表参会。院党委第一书记霍遇吾同志致贺词并讲话，选举产生第十一届委员会，委员 29 人，书记冯素琴。

7 月 1 日 从去年“三深入”运动开展以来，发展 56 名新党员（其中 35 名是工农兵学员）。

7 月 6 日 院召开知识青年上山下乡和选派第二批带队干部动员大会。我院教职工应届和往届中学毕业的子女 200 余人参加大会。

7 月 11 日 全院人员欢迎沈阳重型机器厂向我院增派 16 名工宣队员。

7 月 12 日 学院发出《关于改变专业年级称呼的通知》：因我院招收学员的班别不同（有普通班、进修班、短训班等），学习年限不一，毕业年度不同，特决定各专业年级的称呼均改为按招生年度称呼，如七六采矿改为七二采矿、七七炼铁改为七三炼铁；工人进修班可在年级后边加“进修班”字，如七四工企进修班改为七三工企进修班。

8月上旬 “五七”农场遭受洪水灾害。农场职工及家属奋战三天三夜，院领导赴农场组织抗灾，抢修农田，抢救物资。院内各单位积极支援农场恢复生产。

9月11日 院党委召开教育工作会议，研讨开门办学问题。已进行教学体制改革的政治课、基础课、专业课的绝大多数教师到学生班级，与学员一起成立开门办学小分队。各专业组成三结合专业委员会，从院系机关和院内工人中抽调干部充实基层，选拔113名学员到各级领导班子中，加强工人阶级对开门办学的领导。

9月16日 5名外国留学生到校学习。阿尔巴尼亚留学生4人（重金属冶炼专业2人，轻金属冶炼专业2人）；索马里留学生1人（采矿专业）。学制3年半，均于1978年2月毕业。

9月28日 院举行第三届军事体育运动大会。

10月4日 院举行1974年（即1977届）工农兵学员开学典礼。1595名新学员来自全国27个省、自治区、直辖市。今年招生的6个系27个专业如下。采矿系采矿、选矿、矿建；钢冶系炼钢、炼铁、冶金炉、电冶金；有色系重冶、轻冶、稀冶、半导体材料、冶物化；材料系金属材料及热处理、金加、轧钢、精密合金、粉末冶金、金物；自控系工企、仪表、无线电、计算机；机械系机制、冶金机械、矿机、铸工、真空。有3个系6个专业（采矿系：采矿、通风、地质；钢冶系：炼铁、炼钢；材料系：轧钢）招收175名老工人学员，学习年限1年，于1975年10月毕业。

11月10日 本年“五七”农场耕地面积1000亩，粮食估产315000斤，至本日止，农副业纯收入可达61957元。

11月18日 院教改组召开“普及、深入、持久地开展批林批孔运动，艰苦奋斗、自力更生建设实验室经验交流会”。会上材力、制图、电工学、冶备等实验室介绍“建设实验室的事迹和经验”，展出部分实验室自制的模型、仪器、装置等。

12月末 经市、区战备办公室批准，我院战备工程计划2100平方米，分两年完成：1974年计划施工1000平方米，实际完成960平方米；1975年计划施工1100平方米。今年还将开始修建2100平方米左右的地下战备指挥部。于主楼西侧。

1975 年

1 月 4 日 院曾组织有关人员分批到朝阳参观、学习朝阳农学院教育革命的经验，从本日开始至 8 日止，分别进行传达。

2 月 4 日 海城、营口地区发生里氏 7.3 级地震，沈阳地区裂度为 6~7 度，我院房屋遭到程度不同的破坏。从 2 月 6 日起我院共接待震区灾民 1400 余人，广大师生取消寒假，抗震救灾。

2 月 5 日 院举行工农兵学员代表大会，总结几年来工农兵学员“上、管、改”（上大学、管大学、改造大学）的经验，选举产生工农兵学员院“上管改委员会”。

2 月 6 日 商立敬同志调冶金工业部另行分配工作。

2 月 20 日 学院决定矿井建筑专业立即搬到邯（郸）邢（台）基地办学。3 月，矿井建筑专业师生 137 名到邯邢基地冶金矿山指挥部第一、第二井巷工程公司等施工现场，进行开门办学。

2 月 22 日 院召开 1974 年工作总结、表奖誓师大会，表奖 29 个先进集体和 347 名先进个人。

3 月 25 日 院党委为打破旧的教学体制，克服机关机构重叠和分工过细现象，加强校内外基地建设，发布《关于部分体制调整及干部任免的决定》。

一、将政工组、人民保卫组与人民武装部合并成立人民武装保卫组（简称武保组）由党委直接领导；将人民保卫组所属战备施工组与院务组所属基建办公室合并成立战备工程基建组，归院务组领导。撤销政治工作组所属的办公室、人事组、学生工作组、知识青年上山下乡办公室、政治理论课教研组；撤销教改组所属的办公室、教学研究室、保密资料室；撤销院务组所属的办公室、房产管理组、劳动工资组、计划生育委员会、爱国卫生运动委员会；撤销人民武装部所属的军事体育课教研室；撤销基础部及其所属的数学、物理、化学、外语教研室；撤销机械系机械设计、材料力学、理论力学、机械制图、金属工艺学教研室；撤销自控系电工原理、电子技术、电工学教研室；撤销钢冶系热工教研室以及已经建立专业委员会的全院各专业的教研室，尚未建立专业委员会的教研室待专业委员会建立后随即撤销，教研室撤销后，其所属的教学工作和教师，分配到各专业委员会，在其领导下，进行教学工作。

二、成立生产组，由院党委直接领导；成立招生毕业生工作组，归政工组领导；成立《东工学报》《冶金文摘》编译室，归教改组领导；成立东工汽车队，归院务组领导。

三、将教改组所属的图书馆组改名为图书馆。

4月2日 根据中共辽宁省委、中共沈阳市委关于厂校交流干部扩大试点的指示，有色系1名中层干部、1名基层干部、2名教师与沈阳冶炼厂1名中层干部、1名基层干部、2名技术员互相交流，时间1年。

4月10日 院严令分散在全国各地190多个厂矿和农村的3400名工农兵学员、教职工立即返校，组成民兵团，先后赴台安县和辽中县参加抢修辽河、浑河、太子河受震堤防大会战。共修复堤段长3899米，处理喷砂孔10个，共完成土方量13.1万立方米。5月10日返校。

6月24日 “五七”农场举行农电短训班开学典礼，学员均来自盘锦和辽中县农业第一线，共43名，于10月14日结业。

9月1日 7名外国留学生到院学习，其中几内亚1人，巴基斯坦1人，斯里兰卡1人，也门4人，学习有色金属冶炼专业，学制均为三年。

9月30日 中共辽宁省委同意免去马兆臣东北工学院党委书记、革命委员会副主任职务，调离东工。军宣队全部撤离东工。

10月10日 院举行第四届军事体育运动大会，历时两天，有3人5人次打破3项院纪录，其中跳高男子组预师班张玉民以1.81米、女子组钢冶系王平以1.43米的成绩打破了沈阳市大学生男、女跳高的纪录。

10月20日 院举行1975年（即1978届）工农兵学员开学典礼。本年共招学员779名，普通班学制3年。招生的专业有：采矿、选矿、矿建、炼铁、炼钢、冶金炉、电冶金、轻冶、重冶、金属学及热处理、高温、粉末、金加、轧钢、铸工、矿机、冶金机械、真空、机制、工企。11月25日，新学员分赴丹东五龙背、蛤蟆塘、宽甸县学军。

10月21日 邯邢基地冶金矿山建设指挥部在第一井巷公司举行东北工学院矿建专业1978届和指挥部“七二一”工人大学开学典礼。

12 月 15 日　1972 年级（1975 届）工农兵学员举行毕业典礼。

本年　完成或阶段完成 13 项军工科研任务、4 项新产品试制任务。

1976 年

1 月 9 日　1 月 8 日，敬爱的周恩来总理逝世。本日全院学生及教职工怀着沉痛心情，分别在校园内举行悼念周恩来总理的活动。

2 月 25 日　院制定校办厂 5 年发展规划。当前全院共有 4 个校办工厂和 1 个校办车间，共 20 个小车间：冶金机械厂（设加工、锻造、维修、铆焊 4 个车间），电子仪器厂（设电控、仪表、计算机、无线电、加工 5 个车间），材料系校办厂（设轧钢、金加、热处理、粉末、测试、维修 6 个车间），有色系校办厂（设金属镁、镍、钼、半导体材料 4 个车间），钢冶系炼钢车间。厂房建筑面积 16967 平方米；共有职工 514 人；计划今年总产值 521 万元。

4 月 5 日　北京发生了广大人民群众到天安门广场悼念周总理、抗议“四人帮”篡党夺权的四五运动。其间我院在北京地区“开门办学”的大部分师生也到天安门广场进行了悼念周总理的活动。

4 月 12 日　院、系两级组织的主要负责人 50 余人赴朝阳农学院学习“教育革命经验”。

6 月 5 日　院党委召开创办东北工学院营口农村分院誓师大会。被批准参加分院建设的首批干部、教师共 18 人。分院设在我院的“五七”农场，以江西共大为办学榜样。设农业机械、农村电工、铸造、热处理等 4 个专业。学制 1 年或半年。7 月 21 日，营口分院首届新学员 50 人举行开学典礼，学员来自营口、辽中、北镇等地的农村。8 月 18 日，院党委决定：营口分院建立党的核心小组、成立分院革命委员会（下设政工、教革、生产、后勤等 4 个组）；“五七”农场归营口分院领导，撤销“五七”农场党总支、革命委员会建制。

7 月中旬　我院与沈阳重型机器厂从 1974 年 2 月起实行的厂校对口交流干部试点工作结束。

7 月 18 日　院党委在邯邢基地召开“教育革命现场会”，22 日，参加现场会的 180 余人去大赛参观学习。

8月1日　7月28日唐山、丰南一带发生强烈地震后，我院于本日组织300余人到东塔机场接运灾区来沈阳的伤员，历时7天。

8月17日　院召开大会，欢送1976届3名毕业生赴西藏工作（1973年入学：金物化专业于向文，物理师资班张晓东，金相一班雷光荣）。9月4日，全院又欢送10名1976届毕业生赴西藏工作。

7月21日　经辽宁省教育局和营口市委批准，在东工“五七”农场建立营口分院，分院受营口市委和东北工学院党委双重领导。分院坚持“社来社去”的办学方针。

8月25日　中央教育部分配来院5名阿尔巴尼亚留学生，分别在矿山自动化、冶金炉、选矿、炼铁、矿山机械5个专业学习。

9月9日　毛泽东主席逝世。11日，全院师生员工及家属在院体育馆举行隆重的吊唁仪式。18日，全院人员分别在市人委广场和院内参加毛泽东主席追悼大会。

10月6日　中共中央代表人民意志，一举粉碎王、张、江、姚反革命集团。16日，院传达中共中央关于粉碎“四人帮”文件和“四人帮”罪行材料，各级党组织和全院人员举办学习班，揭批“四人帮”。22日至25日，全院举行各种庆祝活动，庆祝粉碎“四人帮”反党集团的伟大胜利，愤怒声讨“四人帮”罪行。

10月11日　院党委在主楼后广场召开授予1976届炼钢赴唐山毕业实践小分队（1973年入学的炼钢专业18名学员和2名教师组成的）为“震不垮的教育革命模范小分队”命名大会，向小分队赠送马列著作、毛泽东著作和锦旗。在唐山地震发生后，小分队党小组迅速地把脱险的师生组织起来，在唐钢第一炼钢厂党委领导下，救出近百名受难的群众，转运800多名伤员，并和唐钢工人一起日夜奋战，使我国独创的氧气侧吹转炉迅速恢复生产，受到中共河北省委、河北省革委会、唐山钢铁公司和唐山钢铁公司第一炼钢厂的嘉奖，并光荣地出席了中央在北京召开的唐山、丰南地区抗震救灾先进集体、英雄模范代表会议。

10月15日　院举行第五届军事体育运动会，历时两天，1000多人参加比赛，有2人打破1项院纪录。

11月15日　院举行1976届（1973年入学）工农兵学员毕业典礼。

12月13日 院召开1979届（1976年入学）工农兵学员开学典礼。有7个系28个专业招生：采矿系采矿、选矿、矿建；钢冶系炼铁、炼钢、冶金炉、电冶金；有色系轻冶、重冶、稀冶、半导体材料、冶物化；加工系金加、轧钢；材料系精密合金、粉末冶金、金属学及热处理、金属物理；自控系工企、仪表、无线电、计算机；机械系机制、冶备、矿机、液压、铸造、真空。

1977年

1月7日 全院师生员工隆重集会，纪念敬爱的周恩来总理逝世一周年。

1月17日 院教改组举办全院各专业委员会干部以上人员学习班，历时4天，总结我院教育革命的经验，批判“四人帮”破坏教育革命的罪行。

1月24日 院党委决定：成立金属加工系，下设有色金属加工、轧钢、冶金机械、液压4个专业；撤销冶金物理化学与半导体材料两个专业合建的党分总支委员会与专业委员会，各自按专业建立党分总支委员会与专业委员会；撤销武装保卫组，恢复人民武装部、人民保卫组、知识青年办公室，划归政工组领导。

3月8日 霍遇吾、康敏庄去北京参加全国冶金工作会议。

3月16日 院召开揭批“四人帮”大会，有5人在大会上发言。

3月19日 从17日开始至本日，院党委向全院党员、教职工、学员传达中共中央10号文件（“四人帮”罪行材料之二）。

△ 院党委常委和院革命委员会副主任学习中央文件，开展清查工作，清查与“四人帮”篡党夺权活动有牵连的人和事，清理打砸抢问题。至1979年6月，基本完成清查工作。

5月7日 从4月10日到5月7日期间，用11天半的时间，院举行院、系、专业三级干部会议。会上，康敏庄传达了全国冶金工作会议精神，院革命委员会领导人还传达了中共中央12号文件和中央办公厅6号文件。与会人员联系实际清查与“四人帮”有牵连的人与事、批判“四人帮”罪行。

5月11日 院召开揭批“四人帮”、毛远新罪行大会。

5月21日 院党委第一书记、院革委会主任霍遇吾调离我院，任中共丹东市委书记。

6月7日 院革命委员会副主任李导向全院人员传达市委关于大学工宣队撤出学校回厂集训的决定。25日，全院人员欢送驻院工宣队回厂集训。

6月17日 院举行第六届军事体育运动大会，历时两天。

7月1日 中共沈阳市委决定董桂林任东北工学院党委副书记、革命委员会副主任。

7月13日 为了调动广大教师和全院人员搞好教育革命的社会主义积极性，迎接全国科学大会的召开，院党委召开教师代表会议，200余人参加会议。会议内容：（1）学习党中央有关教育革命和知识分子问题的指示，学习省、市指示，开展“三大讲”；（2）研究解决教育革命规划、教学体制问题，开展教育革命竞赛。7月29日结束。会议制定的教育革命规划要点如下。

> 三年奋斗目标：在校生达到6000人左右；院、系两级班子成为教育革命核心；建立一支1600人又红又专的师资队伍；建立一支又红又专的职工队伍，1985年全院大部分实验员达到中专水平；总结一套完整的教育革命经验，编写相对稳定的教材；建立一批稳定的三结合基地；在教学、科研、生产三结合上摸出新经验；科学研究要取得一批重大成果，某些学科方面达到国内或国外先进水平。今年以整顿为主，在整顿中前进。

8月1日 教育部同意1976—1978三届学员延长半年学习时间（学制仍为三年）。

8月13日 中共沈阳市委决定卫之任东北工学院党委副书记、革命委员会副主任。

9月10日 院制订《东北工学院3年、8年科学研究规划草案及1978年科学研究计划草案》。

9月15日 院举行1977届（1974年入学）学生毕业典礼，1370余名学员毕业。

9月29日 院举行“东北工学院基础课部成立大会”。院党委副书记康敏庄讲话中指出：基础课部不是简单恢复，而是重新建立，这是为了适应社会主义革命和建设新时期、新形势的需要。基础课部设数学、物理、化学、外语、体育、理力和材料力学7个教研室。

10 月 13 日　东北工学院科学大会召开。院党委副书记卫之作了报告。该报告回顾了建校以来在科研工作中所取得的重要成果：共完成科研和技术革新成果达 2164 项，出版各种刊物 22 种。为迎接全国科学大会的召开，大会通过了向全国科学大会献礼的 25 项科研成果。

10 月　院成立清查办公室，清查与“四人帮”阴谋活动有牵连的人和事。至 1979 年 6 月，清查工作基本完成。查清 18 起与“四人帮”阴谋有牵连的人和事、6 起经济案件、38 起非正常死亡案件和 32 起伤残案件及其责任者。对犯有打砸抢罪行和错误的人，分别进行处理。对受害者及其家属进行了善后工作：按因公死亡处理 23 人、按因公致残处理 6 人，为受害者子女安排工作 8 人、调房 6 人，后经有关部门审查确定按比照工伤处理 20 人。

11 月 12 日　中共沈阳市委决定康敏庄任中共东北工学院委员会书记、东北工学院院长。

康敏庄

11 月 26 日　院成立审干办公室，为冤、假、错案平反，至 1979 年 11 月审干复查、“三案”平反工作基本结束。纠正了“文革”中做出的错误结论和处理决定。院、系共召开 14 次平反大会，为 465 人平反昭雪，恢复名誉，消除影响，做了善后处理（包括清理档案）工作。

11 月 29 日　院决定：由于基础课师资数量不足，从各系抽调 1964、1965、1969、1970 届毕业留校的部分教师到基础课部助课。

12 月 24 日　材料系金相专业赴辽阳化纤厂热处理队与该厂工人、技术员合作，奋战 38 小时，实现了我国第一台大球罐退火的一次性成功。

12 月 29 日　教育部教高字 515 号文件通知：1975、1976 两届学员毕业时间延长半年。

1978 年

1 月 18 日　本院参加全国冶金工业学大庆会议的代表从北京归来。在这次大会上，炼铁教研室被评为全国冶金战线红旗单位，基础课部副教授张嗣瀛被评为全国冶金战线先进工作者。与此同时召开的全国冶金工业科学大会上，炼铁教研室、通风防尘教研室、氧气侧吹转炉炼钢科研组被评为先进科技集体，张嗣瀛、黄万吉、王光兴被评为先进科技工作者。我院有 39 项重大科研成果受奖。

1 月 18 日　院举行 1974 年级留学生毕业典礼。本届毕业的有阿尔巴尼亚和索马里留学生共 4 名。

1 月 25 日　据《东工通讯》载，本院成立了研究生招生工作领导小组，从当年开始招收研究生，本年有 8 个系 21 个专业（室）招收 80 名研究生。

2 月 13 日　中共沈阳市委同意王太明任中共东北工学院委员会副书记。

2 月 14 日　国务院批准教育部《关于恢复和办好全国重点高等学校的报告》，确定全国重点高等学校 88 所，东北工学院仍然是全国重点高等学校之一。经过调整领导关系，恢复了冶金部和辽宁省对我院的双重领导，以冶金部为主的领导体制。

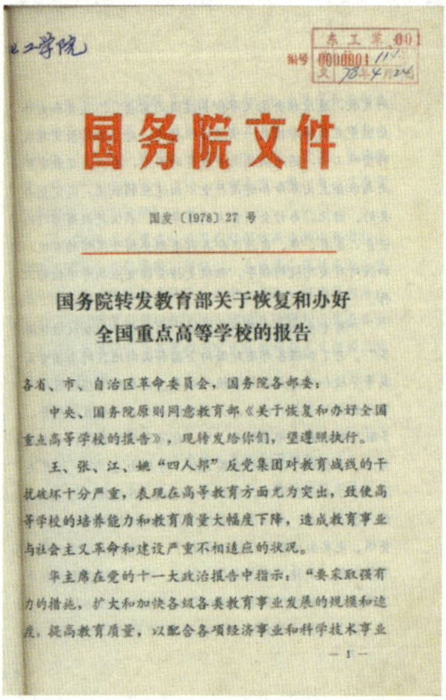

编号 0000001

国务院文件

国发〔1978〕27 号

国务院转发教育部关于恢复和办好全国重点高等学校的报告

各省、市、自治区革命委员会，国务院各部委：

中央、国务院原则同意教育部《关于恢复和办好全国重点高等学校的报告》，现转发给你们，望遵照执行。

王、张、江、姚“四人帮”反党集团对教育战线的干扰破坏十分严重，表现在高等教育方面尤为突出，致使高等学校的培养能力和教育质量大幅度下降，造成教育事业与社会主义革命和建设严重不相适应的状况。

华主席在党的十一大政治报告中指示：“要采取强有力的措施，扩大和加快各级各类教育事业发展的规模和速度，提高教育质量，以配合各项经济事业和科学技术事业

— 1 —

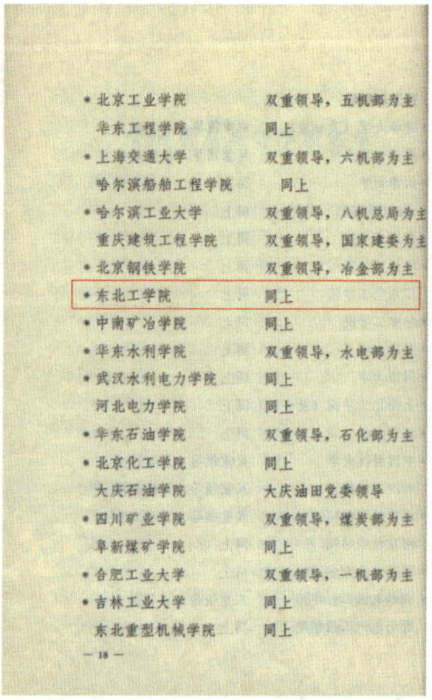

• 北京工业学院	双重领导，五机部为主
华东工程学院	同上
• 上海交通大学	双重领导，六机部为主
哈尔滨船舶工程学院	同上
• 哈尔滨工业大学	双重领导，八机总局为主
重庆建筑工程学院	双重领导，国家建委为主
• 北京钢铁学院	双重领导，冶金部为主
• 东北工学院	同上
• 中南矿冶学院	同上
• 华东水利学院	双重领导，水电部为主
• 武汉水利电力学院	同上
河北电力学院	同上
• 华东石油学院	双重领导，石化部为主
• 北京化工学院	同上
大庆石油学院	大庆油田党委领导
• 四川矿业学院	双重领导，煤炭部为主
阜新煤矿学院	同上
• 合肥工业大学	双重领导，一机部为主
• 吉林工业大学	同上
东北重型机械学院	同上

— 18 —

《国务院转发教育部关于恢复和办好全国重点高等学校的报告》

3月1日　由于高等学校招生制度改革，1977年秋由各省、自治区、直辖市统一组织招生考试，我院录取1667名七七年级新生，本日举行开学典礼。我院经考试录取的新生有7系1部29个专业及3个师资班，具体情况如下。采矿系：矿区开采、有用矿物精选、矿井建筑；钢铁冶金系：炼铁、炼钢、冶金炉、电冶金；有色冶金系：重金属冶炼、轻金属冶炼、稀有金属冶炼、冶金物理化学、半导体材料；金属加工系：钢铁压力加工、有色金属压力加工；金属材料系：金属学及热处理、高温合金、精密合金、粉末冶金、金属物理；自动控制系：工业企业电气化自动化、冶金自动化仪表；机械系：冶金机械、矿山机械、真空技术与装置、铸造工艺及设备、液压；基础课部：数学、物理、化学等师资班。

3月29日　院党委召开全院教职工大会，党委副书记董桂林代表党委宣读了《关于给马龙翔等五十六名同志平反的决定》。

3月31日　本院在全国科学大会上获表彰的有：先进集体炼铁教研室、先进科技工作者张嗣瀛，另有优秀科技成果22项。

4月1日　受冶金部委托，我院举办的第一期电子计算机短训班已正式开学。260多名学员来自全国冶金系统的70多个学校与科研院所。

4月10日　本院建立走读生制度，本届招收155名走读生，分别在钢冶、材料、机械、自控4个系15个专业学习。

5月16日　院党委常委、革委会副主任庞文华离院，调至国家科委工作。

5月19日　院党委召开全院教职工大会。院革命委员会副主任毕克桢做了题为《立即行动起来，认真制定规划，为实现新时期总任务而奋斗》的报告，报告中提出把本院办成教学和科研两个中心，以适应新时期总任务的需要，制定八年规划。

5月20日　共青团东北工学院委员会召开第十次代表大会，选举产生第十二届委员会，书记王春清，委员22人。

5月21日　院召开学生代表大会，学习、宣传、贯彻新时期总任务，选举产生了第十六届学生会，主任李荣希，委员16人。1979年6月，第十六届学生会第三次全委会根据全国学联章程，决定将学生会主任、副主任改称为主席、副主席，选举李华为主席。

6月7日　辽宁省革委会批复提升我院教师张嗣瀛等8人为教授，确定毕克桢为教授。省教育局批准我院教师白光润等35人为副教授。

6月中旬 院制订出《东北工学院八年规划（讨论稿）》。

7月1日 院召开全体教师大会，党委副书记董桂林传达了省教育工作会议精神。大会宣布组成院学术委员会，主任委员康敏庄；副主任委员郝屏奋、毕克桢，委员26人。

7月13日 应本院和中科院沈阳金属研究所邀请，美国里海大学教授周以苍来院，在本院作材料科学及国外发展情况的学术报告。

7月22日 《东工通讯》改为《东北工学院》院刊，为我院党委机关报，改刊后的院刊期数延续建校以来院刊的总期数。

8月2日 院党委发出通知，决定成立工会筹备组，恢复工会组织。

8月7日 我院学术委员会召开第一次会议。院长、学术委员会主任委员康敏庄主持会议。

9月8日 冶金工业部通知：从10月起，启用"东北工学院"印章，"东北工学院革命委员会"印章作废。

9月23日 东北工学院第六次工会会员代表大会召开，院党委书记兼院长康敏庄、党委副书记董桂林，各系、部、处、厂的领导同志和院团委、学生会代表参加了大会，大会听取了战长伟《恢复工会组织和今后工作》的报告。选举产生了工会第十一届基层委员会，主席：李导。

10月10日 "文革"后，全国高校举行第一次统一招生考试，我院21个专业（学科）招收学制两年的研究生76名和学制四年的本科生1506名。本日举行开学典礼。

10月10日 省教育局同意东工停办"五七"农场，将房屋、土地及部分设备移交给辽河油田。

10月13日 院党委副书记卫之调至辽宁省委文教部。

10月14日 本院举行第十七届体育运动大会。

10月23日 院党委召开干部会议，布置在学生中开展整顿秩序的教育活动。要健全政治工作队伍，改进思想政治工作，修订和制订学生工作制度。

11月25日 本院召开"东北工学院为因天安门革命行动而受迫害的同志平反"大会，党委宣布决定：对本院因悼念周恩来总理、声讨"四人帮"而遭打击迫害、追查的782人予以平反，恢复名誉，并对他们当中积极参加天安门革命行动的同志予以表扬。

辽宁省高等教育局批准我院教师王廷溥等 9 人晋升为副教授。

12 月 11 日　院党委批准我院 571 人晋升为讲师和 2 人晋升为工程师。

12 月中旬　全国冶金工业学大庆群英会授予炼铁教研室“学大庆红旗单位”称号、张嗣瀛“劳动模范”称号。

12 月 28 日　院党委批准成立中共东北工学院纪律检查委员会筹备小组，组长李导，副组长苗柏洁，成员 7 人。

△　东北工学院沈阳分院举行开学典礼。1978 年初，辽宁省、沈阳市为了适应地方经济建设的需要，借用东北工学院的办学条件，挖掘潜力，扩大招生，多出人才，以加速实现“四个现代化”，决定在东工院内办“东工沈阳分院”。首届招生 425 名，设机械制造与工业企业自动化两个专业，执行东北工学院同类专业的教学计划，学生一律走读，由地方政府负责分配工作。由东北工学院负责教学及管理工作，学院派李树木、于绍文二同志主持分院的工作。只招收一届学生，1982 年毕业后，沈阳分院即自行撤销。

1979 年

1 月 16 日　机械系矿机专业师生与沈阳第一砂轮厂技术人员、工人共同设计制造的自同步概率筛鉴定会在沈阳第一砂轮厂召开。这是我国第一台自同步概率筛。我院的主持者是闻邦椿副教授。

1 月 18 日—2 月 9 日　党委召开扩大会议，学习、讨论贯彻十一届三中全会精神：迅速实现工作重点转移，早日把东工办成“两个中心”。会议认为：我院的工作重点必须转移到教学和科学研究上来，才能适应四个现代化的需要。必须以“两个中心”为目标，努力实现教学、科研手段的现代化，大力提高教学和科研水平。参加会议的有院党委委员，各系、部，院机关各部、处党政主要领导以及基层单位的代表等。

3 月 15 日　中共沈阳市委同意我院成立行政领导小组，实行集体领导，讨论决定院行政、教学、科研、后勤供应等重大问题。领导小组成员有毕克桢、王太明、苏士权、马龙翔、刘致信，组长毕克桢，副组长王太明。

4月18日、23日 民盟东北工学院支部、九三学社东北工学院支社分别召开会议，恢复组织生活。

4月18日 院党委副书记王太明在支部书记以上干部会上宣布：中共沈阳市委批准毕克桢、苏士权、刘长庆、原立、杨佩祯、田日新、苗柏洁、尚久亮为东北工学院党委常委。

4月27日 为更好地把我院办成教学、科研两个中心，院党委决定：撤销革命委员会的政工组、教改组、院务组、生产组及各组下设的二级组；撤销系（厂）革命委员会及其下设的各组；原院、系两级革命委员会各组正、副组长一律免去原职。根据“高校六十条”规定精神，党委机关设办公室、组织部、宣传部、统战部、武装部、保卫部、学生工作部。院行政机关设院长办公室、人事处、教务处、科研处、生产设备处、总务处、基建处、财务室。各系设主任、副主任，下设系办公室。

4月 在辽宁省高等教育局直接领导下，本院进行实验技术人员晋升职称工作试点，至9月止，经院研究批准晋升54人为实验工程师。

5月 冶金工业部在我院举办了第二届物理、电工学、计算机教师进修班和首届体育教师进修班。

5月 我院党委书记兼院长康敏庄作为冶金教育考察团的成员到联邦德国进行考察，回院后给全院干部、教师作考察报告。

6月3日 加拿大诺瓦斯克西亚工学院电子工程系杜清波博士应我院邀请前来讲学，主题是通信工程和微波工程，讲学时间计划5周。

6月8日 本院举行第十八届体育运动大会，学生组6人（男3、女3）打破7项院纪录。

6月 在教育部、卫生部、国家体委和共青团中央委员会组织，于扬州召开的全国学校体育卫生工作会议上，本院被评为体育卫生先进单位，获一面锦旗。

7月2日 受冶金工业部委托，我院举办的企业经济管理干部学习班第一期64名学员（均是厂矿主要领导）举行开学典礼，冶金工业部副部长李东冶到会讲话。至9月26日第一期学习班结束。此后又办两期学习班。

7月13日 中共中央组织部任命：康敏庄任东北工学院院长、党委书记；董桂林任党委副书记；郝屏奋任副院长、副书记；李导任党委副书记；王太明任副院长、副书记；荣恒山任党委副书记；毕克桢、苏士权、刘致信、马龙翔、李华天、成心德、关广岳为副院长。

7 月 17 日　院党委公布《关于加强政治辅导员队伍建设的决定（试行）》，提出一般两三个班级设 1 名政治辅导员。辅导员的来源为：从毕业生和党政干部中挑选少量人员任专职；多数从教师中挑选任兼职，毕业生留校后先兼职两年；从三年级学生中挑选品学兼优的学生兼任两年政治辅导员。

7 月 19 日　沈阳市计委批准本院成立集体所有制的“东北工学院后勤服务队”，经济实行独立核算，自负盈亏，为全院人员生活服务。

暑期　东北工学院领导班子成员参加中共沈阳市委文教部在沈阳农学院召开的全市高校领导班子（党员校长、副校长，党委常委）“学习党的十一届三中全会精神，实现党的工作重点转移”会议。

9 月 8 日　院举行了 1979 届新生开学典礼（共有新生 1143 名）。

9 月 18 日　院举行研究生新生开学典礼。

9 月 24 日　在建院 30 周年之际，院举行第六次科学报告会，设 29 个分会场，宣读 230 篇论文，兄弟院校、厂矿、研究部门负责人及本院历届毕业校友共百余人来院参加会议。

9 月下旬　院党委决定成立中共东北工学院委员会党校，作为常设机构，承担全院党员轮训工作。并任命专职负责干部和工作人员。

10 月　第一期支部书记学习班开学。

10 月　在辽宁省 1979 年科学技术成果表奖大会上，本院荣获一等奖 1 项、二等奖 4 项、三等奖 2 项。

11 月 16 日　院公布：冶金部教育工作会议决定本院专业设置调整如下。轻冶、重冶、稀冶 3 个专业合并为有色金属冶金专业；炼铁、炼钢、电冶金 3 个专业合并为钢铁冶金专业；金相、精密、高温、粉末 4 个专业合并为金属材料专业；金加、轧钢两个专业合并为金属压力加工专业；矿机、冶备两个专业合并为机械工程专业。取消半导体材料专业。冶金炉专业改为冶金热工及热能利用专业；液压专业改为流体传动及控制专业；计算机应用专业改为电子计算机科学专业。增设管理工程、应用数学、物理、工程力学、科技外语 5 个专业。经调整后设 24 个专业：采矿、矿井建筑、选矿、有色金属冶金、冶金物理化学、钢铁冶金、冶金热工及热能利用、管理工程、金属材料、金属物理、铸造、金属压力加工、机械工程、机械制造工艺及设备、流体传动及控制、真空技术、工业自动化、冶金自动化仪表、电子计算机科学、无线电技术、应用数学、物理、工程力学、科技外语。

为落实冶金部教育工作会议精神，我院开始全面修订教学计划，贯彻德、智、体全面发展和重点提高质量的方针，决定本科学制 4 年，要求前 3 年安排公共课、基础课、技术基础课教学，后 1 年学专业概论、选修课和进行科学研究基本功训练。

11 月 26 日 院长会议决定：改体育教研室为体育部，由院长直接领导。

11 月 28 日 根据冶金工业部教育工作会议决定，撤销半导体材料专业，该专业 1979 届（1976 年入学）、1981 届学生按原教学计划学习毕业；1982 届学生转到金属物理专业；1983 届学生转到八三冶物化专业。

12 月 4 日 冶金部教育司在本院召开部属 17 所院校制订教学计划会议，讨论制订教学计划指导思想、原则、学历，每门公共课、基础课、技术基础课的教学内容、教学环节、时数、类型；审议北京钢铁学院、鞍山钢铁学院、东北工学院等提出的钢铁冶金、炼焦化学、金属压力加工、工业自动化、机械工程等 5 个专业典型教学计划草案；研究制订各门课程教学大纲问题。

本年 本院（炼铁、冶金物化、选矿、分析化学、地质等教研室和中心化验室）与攀枝花钢铁研究院等 5 个单位研究的“钒钛磁铁矿高炉冶炼新工艺”项目获得 1979 年国家科委颁发的科技发明一等奖。

1980 年

1 月 31 日 基础课部副教授黄士璧被评为冶金部劳动模范。

3 月 辽宁省政府批准晋升赵惠元、俞晋祥为教授。省高教局批准郭坚等 177 人晋升为副教授，傅文章等 57 人晋升为讲师。

3 月 6 日 院党委决定成立党校，李导任校长。

4 月 25 日 我院举行 1979 届（1976 年入学）学生毕业典礼，1348 名学生毕业。

4 月 经院学术委员会评议，党委、院长批准，晋升杨春林等 111 人为工程师，晋升张维庆等 108 人为讲师。

5 月 3 日　经院技术职称评审委员会评议，院长会议决定，晋升刘德桓等 19 人为助理研究员。

5 月 8 日《东北工学院学报》经国家有关部门批准，从今年起在国内外公开发行。副院长马龙翔教授任主编。

5 月中旬　东北工学院党委副书记、副院长郝屏奋和副院长苏士权代表中共东北工学院委员会，向中共辽宁省委副书记、东北大学老校友李荒提出恢复东北大学校名的要求。理由是，国家实行改革开放后，东北工学院在进行国际学术交流中遇到两个问题：一是《东北工学院学报》，应该以大学（University）名义与外国各大学进行交流，如果还以学院名称与国外各学校交流，容易被认为是独立学院（College）而降格。二是容易被误解为国外大学之下的工学院，也被降格，影响学术交流的拓宽。因此，学院改为大学，是改革开放后进行国际交流的需要。

6 月 1 日　本院夜间大学、函授大学恢复招生。夜间大学设机械制造工艺及设备、工业自动化两个专业。函授大学设机械工程、工业自动化、金属压力加工 3 个专业。在大连、鞍山、本溪、抚顺、杨家杖子五处设函授站。

6 月 16 日　我院赖祖涵教授、闻邦椿教授和电工学教研室经沈阳市人民政府推荐，辽宁省人民政府批准，分别授予辽宁省劳动模范和辽宁省先进集体称号。

6 月 19 日　辽宁省高教局批准我院吕松涛等 6 人晋升为副教授。

6 月 26 日　以玄炳哲为团长的朝鲜劳动党平安北道代表团到我院参观访问。

6 月 30 日　冶金部同意本院设立数学系和物理系。

暑期　院党委常委全体成员参加沈阳市在沈阳农学院办的高校领导干部学习班。主题是加强班子建设。

9 月 1 日　我院举行 1980 级新生开学典礼。参加开学典礼的新生有 810 名本科生，34 名研究生，308 名夜大生，600 名函授生。

9 月 15 日　应本院邀请，美国阿巴拉契大学伍茨教授来院为本院自控系教师讲授计算机管理等内容。毕克桢、苏士权、李华天副院长同伍茨教授就本院与阿巴拉契大学建立交流关系进行了交谈。

9 月 18 日 东北工学院选区选举原立、栾瑰馥、王成金、恩毓田 4 人为和平区第九届人民代表大会代表。

9 月 19 日 经与中共辽宁省委商得一致，冶金部党组决定：王端庆任东北工学院教务长，刘福三任东北工学院总务长。

9 月 29 日 受冶金工业部委托，由本院承办的科技外语专修班正式开学。学习期限暂定 2 年。本次举办科技英语和科技日语两个班共 85 人。

10 月 10 日 院召开第十九届体育运动会。有 4 人打破 4 项院纪录。

10 月 18 日 中共沈阳市委免去董桂林东北工学院党委副书记职务，调离东工。

10 月 22 日 冶金部批准东工成立矿山工程、冶金、金属材料、机械工程、自动化 5 个研究所。

10 月 29 日 共青团东北工学院第十一次代表大会召开，选举产生 19 人组成的第十三届委员会，书记窦胜功。同时召开东北工学院第十七次学生代表大会，选举产生第十七届学生会，主席任大勇。

11 月 10 日 院举行管理工程系成立大会，并举行了冶金部第一期干部专修班开学典礼。

11 月 22 日 冶金部批准本院成立矿山工程、冶金、金属材料、机械工程、自动化 5 个研究所。

12 月 10 日 中国共产党东北工学院第八次党员大会召开，13 日闭幕。选举产生第八届委员会，委员 25 人，康敏庄、荣恒山、杨佩祯、毕克桢、王太明、关广岳、田日新、原立、李润吉为常委，康敏庄为书记，荣恒山、杨佩祯为副书记。选出原立等 11 人组成纪律检查委员会，原立为书记，李皎为副书记。

12 月 27 日 院召开教学工作会议，强调教学为主，加强教学管理，提高教学质量。会议制定了《教学管理工作条例》《教师工作量试行办法》。

12 月 29 日 院党委及院行政会议决定：（1）成立科学技术服务部、业余教育部、外事工作处，隶属院长领导。（2）将保卫部改为保卫处，受党委及院长双重领导。

中国共产党东北工学院第八次党员大会会场一隅

1981 年

2 月 9 日 应本院院长邀请，美国北卡罗来纳州阿巴拉契大学校长约翰·托马斯率代表团一行 4 人来我院参观访问。在访问期间双方签订了《中国东北工学院同美国阿巴拉契州立大学学术交流协议书》及《1983 学年度执行计划》。

东北工学院院长康敏庄（前排坐者左一）与美国阿巴拉契大学托马斯校长（前排坐者左二）签订建立校际关系协议书。

3月7日 科学技术服务公司正式成立。该公司工作职责，对外有：科研成果转让及专利的管理；签订科技服务或协作合同；承担化验、检测和加工任务；技术培训；咨询；翻译、顾问等项科技服务。对内有：院基金管理及制定管理政策；制定各种科技服务项目的收费标准及分配原则；组织多学科多专业科技服务的协调工作。1984年初改为科技开发公司，1986年3月公司下设国际部。

3月12日 1978级研究生举行毕业典礼，共毕业研究生77名，分别在7个系21个专业学习。

3月25日 院决定在数学和物理两系试行教学任务书制度，首批接受任务书的共有61人，其中教授1人，副教授16人，讲师38人，助教6人。

3月底 本院开始执行教育部向部属高等工业学校印发的无线电技术等6个专业本科4年制教学计划，作为有关专业的参考性教学计划。鼓励教师在教学内容和教学方法上进行改革试点。

4月24日 本院第七次工会会员代表大会召开，选出第十二届基层委员会，委员25人，主席战长伟。

毕克桢

5月19日 中央组织部通知：毕克桢为东北工学院院长；郝屏奋、李导为东北工学院顾问；免去康敏庄东北工学院院长职务；免去李华天、郝屏奋副院长职务。

5月23日 冶金部教育司在我院召开辽宁省冶金院校协作委员会第一次会议。会议研究了协作委员会的任务及工作方法。商定由东北工学院领导任协作委员会主任。本院院长办公室主任为委员会秘书，办理各项事务工作。

5月25日 本院成立高等教育研究室，隶属院长领导。

5月30日 院召开第二十届体育运动会，有10人打破6项院纪录。

6月16日 东北大学在北京的部分校友，在韩光的召集和主持下，研究和起草了关于恢复东北大学校名给国务院的建议书（讨论稿）。建议书分四部分：第一部分，介绍了东北大学的创建；第二部分，介绍了九一八事变后，东北大学的流亡历史；第三部分，阐述了东北大学的爱国主义光荣传统；第四部分，根据叶剑英委员长关于台湾回归祖国的谈话，说明了恢复东北大学对统一祖国的重大意义。人民日报社于 11 月 5 日编印的《情况汇报》刊登了这份建议书。后来，东北大学许多校友也通过各种方式向中央领导同志提出了恢复东北大学校名的建议。

6 月 29 日 本院召开全体党员大会，隆重庆祝中国共产党诞生六十周年。党委书记康敏庄就如何学好《关于建国以来党的若干历史问题的决议》进行了动员。

6 月底 辽宁省高教局批准我院马恩荣等 36 人为副教授。经院学术委员会评议，院长会议讨论批准孙道智等 23 人为讲师。

7 月 6 日 本院举行授予美国哈佛大学特座教授何毓琦博士名誉教授典礼。院长毕克桢向何毓琦博士颁发了名誉教授证书并赠送了院徽。

8 月 15 日 中共东北工学院委员会向教育部报告关于恢复东北大学校名问题。报告指出："前年即有东大部分校友提出，我们从有利于东工的建设和发展着想也曾提议东工改换名称问题。现在在京及在沈的东大部分校友又把问题正式提出来了。我们感到在目前集中力量进行四化建设的形势下，恢复东北大学校名，对于实现台湾回归祖国，开展国际学术交流，对青年一代继承和发扬革命传统都具有重大意义。同时，东北工学院地处沈阳，是在东北大学工学院的基础上建立起来的，经过 30 余年的发展，校舍、师资、设备都具有一定基础，改名为东北大学不需国家另外投资，而且又具备发展条件，从政治上、经济上考虑确是好事"。"以上情况，我们已经报告冶金部、中共辽宁省委和中共沈阳市委"。

9 月 2 日 院举行 1981 级新生（831 名）开学典礼。

9 月 3 日 经院学术委员会评议，院长办公会议批准，提升崔文英等 8 名同志为工程师。

9 月 15 日 院召开第七次科学报告会，宣读论文 672 篇。

10 月 5 日 经国务院批准，日籍台胞吕戊辰博士被聘为本院教授并在本院成立表面加工技术研究所，吕戊辰被授予名誉所长称号。辽宁省副省长张知远、沈阳市副市长张荣茂以及冶金部教育司领导参加大会。

10 月 8 日 李华天被聘为国务院学位委员会第一届学科评议组成员。

10 月 15 日 经院决定，由教务处、高等教育研究室共同主办的文科选修课正式开课。美术欣赏、音乐欣赏和教育学这三门课分别由鲁迅美术学院、沈阳音乐学院和沈阳师范学院选派有经验的老师担任主讲。

11 月 3 日 国务院批准本院 7 个专业（学科）有博士学位授予权。20 个专业（学科）有硕士学位授予权。

博士学位授予权学科和指导教师名单：机械制造（后改称机械制造及其自动化），郑焕文教授；机械学（1997 年撤销），徐灏教授；压力加工（后改称材料加工工程），马龙翔教授；钢铁冶金，杜鹤桂教授；有色金属冶金，邱竹贤教授；计算机应用（后改称计算机应用技术），李华天教授；工业自动化（后改称控制理论及控制工程），郎世俊教授。

硕士学位授予权学科有：应用数学、固体力学、一般力学、机械制造、机械学、工程机械、金属物理、金属材料及热处理、压力加工、冶金物理化学、钢铁冶金、有色金属冶金、流体机械及流体动力工程、冶金热能工程、计算机应用、自动控制、工业自动化、矿产普查及勘探、选矿工程、采矿工程。

11 月 9 日 辽宁省高教局通知：经辽宁省人民政府批准，晋升谢绪恺等 16 人为教授。

11 月 11 日 冶金部教育司同意本院成立热能工程系。同意将冶金热工及热能利用专业改名为工业热工及热能利用专业。

11 月 22 日 院团委书记窦胜功，在全国新长征突击手、先进团支部代表会议上被团中央命名为优秀团干部。

11 月 23 日 东北工学院与日本东北大学校际协议签字和授予大谷正康、辛岛诚一名誉教授仪式在我院举行。

11 月 23 日 经冶金部批准，东北工学院学位评定委员会由 25 人组成，主席：毕克桢，副主席：关广岳、苏士权、马龙翔、师昌绪。即日公布委员名单。

11 月 30 日 冶金部同意本院成立研究生部（处级）。

12 月 19 日 国务院批准本院有权授予本科毕业生学士学位。

12 月 30 日 院长会议决定，院学术委员会由 42 人组成，主任委员毕克桢，副主任委员：苏士权、刘致信、马龙翔、成心德、关广岳。即日公布委员名单。

本年　物理系教授赖祖涵、基建处水暖队队长王成金获沈阳市劳动模范称号。

1982 年

1 月 26 日　辽宁省委第一书记郭峰同志、副省长张知远同志来院视察。

2 月 8 日　经各系推荐，院长会议讨论确定的 17 个重点学科是：表面加工技术、炼铁、三传、工业热工及热能利用、计算机应用、自适应快速控制系统、对策和决策在控制系统中的应用、疲劳强度、强力磨削、流体机械、矿山机械、熔盐电化学、压力加工、金属物理、岩石力学、 选矿、自然辩证法。

3 月 10 日　本院学生会副主席、钢冶系七八炼钢二班学生卢铿，被评为全国三好学生，受到团中央、教育部的表奖。

3 月 24 日　院第七届工会会员代表大会第二次会议通过开展“五好科室”“五好教工”“五好家庭”活动的决议，把社会主义精神文明建设推向高潮。

4 月中旬　材料系施廷藻副教授获省、市劳动模范称号。

5 月 30 日　院召开第二十一届体育运动会。赵宏铁饼、吴启辉铅球分别破省、市、院纪录；刘亮跳高破市纪录；还有 8 人打破 8 项院纪录。

6 月 2 日　中科院副院长李薰来院视察。

6 月 28 日　本院邀请 25 所省内重点中学校长来院座谈，畅通大学与中学沟通的渠道，相互了解，互相促进。

8 月 27 日　党的十二大代表、院党委书记康敏庄赴京出席中国共产党第十二次全国代表大会。9 月 18 日返校，向全体党员传达十二大精神。

△　体育教研室划归院长直接领导。

9 月 4 日　本院首次向 105 名硕士研究生颁发硕士学位证书（工学硕士 101 名，理学硕士 4 名）。

9 月 15 日　应美国匹兹堡大学和阿巴拉契大学的邀请，毕克桢院长率代表团去美国进行校际交流和教育考察活动，同上述两校签订校际交流协议。

9月22日 党的十二大代表、本院党委书记康敏庄向全院党员传达十二大精神。

9月25日 中国科学院学部委员、我国著名青年数学家杨乐来本院作学术报告。

11月11日 在全国科学技术奖励大会上，本院有4项科研成果荣获国家发明创造奖。

11月27日 长春光机所蒋筑英事迹报告小组向我院师生介绍蒋筑英同志的光辉事迹。12月3日，院党委、工会、共青团发出了《关于开展向蒋筑英、罗健夫同志学习的通知》。

12月11日 东北工学院第十八次学生代表大会召开，选举第十八届学生会，主席杨金成。

12月13日 中共中央宣传部同意，免去康敏庄的东北工学院党委书记职务，同意郝屏奋、李导离职休养。

12月20日 院团委书记窦胜功作为中国共产主义青年团第十一次代表大会代表赴京参加会议。

本年 辽宁省高教局批准姚天顺等6人为副教授。院学术委员会评议、院长办公会议批准刘斌等26人为讲师。

本年 冶金部委托我院举办的思想教育培训班、物资管理班、冶金企业领导干部转业培训班、冶金工业财会师资班，学制均为1年，中青年干部进修班学制2年，于本年先后开班。

1983年

1月21日 院党委和行政采取10项措施改善中青年知识分子生活和工作条件。

1月底 院党委决定在调整系领导班子的同时，实行权力下放，使系在人、财、物方面拥有一定的权力，发挥系作为一级领导机构的作用，在钢冶、热能、管理3系试点。

2月底 春节前夕院党委召开离退休老干部座谈会，向李导、刘春芝（老红军）等20名同志颁发了荣誉证书。

3月初 我院从3月初开始为中年知识分子设营养灶，首批近百名教师已在营养灶就餐。在落实中年知识分子政策中，学院对患有各种慢性病和身体较弱的中年知识分子，安排轮流到营养灶就餐，每批两个月。伙食费自费一部分，院里补助一部分。

3月3日 冶金部教育司同意我院将金属材料系分为金属材料系和加工系。

3月7日 徐灏被增聘为国务院学位委员会第一届学科评议组成员。

3月21日 我院召开纪念马克思逝世一百周年学术报告会，各系（部）政工干部参加报告会。

3月26日 国家科委基础研究和新技术局同意我院建立软件培训点，培训软件研究生和在职软件人员。

3月 董桂林任东北工学院党委书记。

董桂林

4月1日 本院与中国医科大学从本年起联合培养生物医学工程学硕士研究生。本院副院长苏士权和中国医科大学副校长何维分别代表本单位在协议书上签字。

4月 本院在沈阳市工业科技交流交易会上与东陵区签订长期全面技术协作的协议。

4月 有色系轻冶教研室主任邱竹贤教授参加在日本京都举办的第一届国际熔盐化学与技术会议，并在会上宣读了题为《铝电解中的阳极效应》的论文。

5月20日 “中国保尔”吴运铎来到本院为本院2000多名学生作了报告。

5月27日 院召开第二十二届体育运动会。刘亮跳高破市高校纪录、院纪录。

5月 经冶金部同意，机械系分为机械一系和机械二系。

5月30日 我院收到中国民用航空总局和中国民用航空沈阳管理局写给

全国政协委员、机械二系主任闻邦椿教授和我院的感谢信。表扬闻邦椿教授在5月5日班机被一小撮武装暴徒劫持往韩国的事件中，立场坚定，临危不惧，与机组人员团结一致，顽强斗争，用实际行动维护了祖国的尊严和荣誉。院党委号召全院人员要像闻邦椿那样把祖国的利益和荣誉放在高于一切的地位。

8月5日 冶金部批准本院建立计算机应用技术开发研究所。

8月19日 冶金部批准本院机构设置如下。

行政机构：院长办公室、教务处、研究生部、科研处、外事工作处、学生工作处、人事处、保卫处、生产物资处、财务处、总务处、基建处、图书馆、科技服务公司。

教学科研机构：采矿系、钢铁冶金系、有色金属冶金系、金属压力加工系、金属材料系、自动控制系、计算机科学与工程系、机械一系、机械二系、热能工程系、物理系、数学系、管理工程系、基础课部、马列主义教研室、体育教研室、业余教育部、表面技术研究所、机械厂。

9月2日 我院举行与日本东北大学学术交流协议签字仪式。

9月28日 冶金部同意本院成立综合节能研究所。

11月11日 冶金部批准陶学文任我院教务长。

12月16日 教育部批准：我院有色金属冶金、工业自动化、冶金工业自动化仪表、无线电技术、矿山建筑、选矿、铸造、金属材料、机械工程、真空技术、工业热工及热能利用等11个专业从1984年开始接受外国留学生。

12月底 中国科学院上海冶金研究所、沈阳冶炼厂与本院合作研究的“石英器皿杂质去除新工艺”获1983年国家发明三等奖。

本年 机械二系主任闻邦椿获市特等劳动模范称号，热能系教授陆钟武、材料系副教授施廷藻获市劳动模范称号，炼铁教研室获市先进集体称号。

1984年

2月23日 院党委做出关于《贯彻中央书记处纪要精神　发挥工会组织作用的决定》。

2 月 25 日 冶金部干部司来院宣布，中共中央宣传部同意董桂林同志任东北工学院党委书记，陆钟武任院长，蒋仲乐、毕梦林任副书记，毕克桢任顾问；关广岳、杨佩祯、王太明任副院长。3 月 3 日，中共沈阳市委同意董桂林、蒋仲乐、毕梦林、陆钟武、关广岳、杨佩祯、王太明组成中共东北工学院常务委员会，免去荣恒山、毕克桢、苏士权的常务委员职务。

陆钟武

2 月 25 日 国务院批准本院第二批博士学位授予权学科、指导教师和第二批硕士学位授予权学科名单。

博士学位授予权的学科和指导教师：工程机械（后改称机械设计及理论），闻邦椿教授；自动控制理论及应用（1997 年撤销），张嗣瀛教授；采矿工程，徐小荷教授；选矿工程（后改称矿物加工工程），丘继存教授。

硕士学位授予权学科有：自然辩证法、铸造、自动化仪表及装置、应用化学（表面加工）、矿山建设工程。

4 月 24 日 在教育部召开的“申请世界银行贷款的高等学校院校长会议”上，本院被列为第二个大学发展项目的大学之一。5 月 6 日，我院成立贷款办公室，主任：关广岳。5 月 19 日，院召开了“关于使用世界银行贷款问题动员大会”。7 月 3 日，教育部使用世界银行贷款评估组来院工作五天，听取了我院使用世界银行贷款的报告，同意给予东北工学院世界银行贷款 372 万美元，以改善和发展重点学科。

4 月 28 日 本院团委、学生总会在冶金馆门前举行“纪念‘五四’点燃理想、信念篝火晚会”，万余名师生及美国、日本、联邦德国等外籍教师参加了活动。

5 月 10 日 本院成立社会科学部，撤销马列主义教研室建制。

5 月 25 日 院召开第二十三届体育运动会。有 1 人破 1 项院纪录。

6 月 8 日 辽宁省高教局批准我院关于体制改革的方案，并作为辽宁省高等学校改革的先行单位。

6月9日 六届全国人大代表马龙翔教授、全国政协委员赖祖涵教授和闻邦椿教授向全院教职工传达了全国第六届人民代表大会第二次会议和全国政协六届二次会议的会议精神。

6月13日、14日 院召开党委扩大会议，院党委书记董桂林同志再次动员改革工作；党委常委、副院长杨佩祯同志作《我院管理体制改革工作情况和期末前改革工作安排》的报告；党委副书记蒋仲乐同志代表党委作题为《解放思想，发扬勇于改革和创新的精神，上下结合，搞好全院改革》的总结。

6月30日 院成立外语部和计算中心，隶属于院长领导，撤销外语教研室。

7月5日 东北工学院向辽宁省人民政府、冶金工业部提交《关于成立东北工学院沈阳分院的请示报告》。20日，总院收到冶金工业部教育司复函，称"部原则上同意你院在铁岭地区和沈阳市设立分院"。8月16日，辽宁省政府批复《关于成立东北工学院沈阳分院的请示报告》，同意东北工学院建立分院。

8月10日 经冶金工业部同意：本院设矿物工程系、化学系、力学部、体育部；撤销基础课部建制；成立材料测试中心、热能工程中心、冶金测试中心。

9月3日 院举行1984级1275名本科生、291名研究生和来自冶金工业部系统、省市政府系统的124名干部专修科学生的开学典礼。

9月6日 院举行矿物工程系成立大会。

9月10日 我院在体育馆召开体育部（原为体育教研室）成立大会。

9月12日 冶金工业部、教育部、辽宁省人民政府批准成立东北工学院辽宁分院，设管理信息系统、工民建、计算机软件、机械设计及制造4个专业。隶属省高教局领导，由本院负责管理。首批招生219人，自费、走读、不包分配。

9月25日 根据教育部《高等学校工科本科专业目录》(以下简称《目录》)的要求，本院工科本科专业名称整理和调整如下：

现有专业24个，有13个专业与《目录》相符，即地质矿产普查、采矿工程、选矿工程、钢铁冶金、有色金属冶金、冶金物理化学、铸造、金属压力加工、机械制造工艺与设备、流体传动及控制、工业自动化仪表、无线电技术、应用数学。

有8个专业与《目录》不符，整理调整后：原矿山建筑改为矿井建设；原金属材料科学调整为金属材料与热处理、材料科学、粉末冶金；原工业热工及热能利用改为热能工程；原真空技术改为真空技术及其设备；原机械工程调整为矿山机械、冶金机械、机械设计及制造；原工业自动化调整为工业电气自动化、自动控制；原计算机科学调整为计算机软件、计算机及应用；原管理工程改为工业管理工程。

工业会计、工业统计为财经类，金属物理为理科仍保留。调整后全院共有专业30个。

9月26日 闻邦椿、梁志德、徐小荷被批准为国家级有突出贡献的科技专家。

10月10日 本院首届教职工代表大会开幕，代表们审议并通过院长陆钟武向大会作的《东北工学院发展纲要》的报告，通过了《关于东北工学院教职工住房分配原则》。

9月25—29日 澳大利亚伍伦贡大学校长率一行7人来院访问，并草签了校际学术交流协议。

9月27日 省劳动模范、我院科研处处长施廷藻随市总工会国庆观礼代表团前往北京，参加新中国成立35周年国庆观礼。

院首届教职工代表大会

10 月 24 日 冶金工业部第 179 号文件通知：王师同志任本院教务长、免去陶学文同志教务长职务。

10 月 31 日 我院召开首届研究生代表大会暨研究生部团总支成立大会。

11 月 24 日 在院工会召开的第八次会员代表大会上，选举产生了本届工会委员会。委员 19 人，主席毕梦林。

12 月 3 日 本院工会被沈阳市总工会授予“职工之家”称号。

12 月 8 日 共青团东北工学院第十二次代表大会召开，选举产生第十届委员会，委员 27 名，书记王雷，副书记杨跃武、蒙建波。

12 月 8 日 院召开第十九次东北工学院学生代表大会，选举产生第十九届学生会，委员 45 人，主席吴良。

12 月中旬 机械二系教授闻邦椿、科研处处长施廷藻副教授获辽宁省劳动模范称号。

1985 年

1 月 16 日 本院和沈阳军区 81065 部队举行军民共建、开发人才协议签字仪式。协议规定：本院为 81065 部队定向培养研究生、本科生和专科生。81065 部队为本院培训预备役军官，承担军训任务，提供军事教员和必要的训练器材、场地。

1 月 23 日 中国金属学会副理事长、中国科学院学部委员王之玺同志，北京钢铁研究总院副总工程师、中国科学院学部委员邵象华同志被我院聘为名誉教授。

1 月 根据中共中央关于整党的决定和中共沈阳市委的整党工作部署，我院从 1 月下旬开始全面整党。成立以党委书记董桂林为组长的整党领导小组。设整党办公室，由党委副书记蒋仲乐任主任，处理整党日常工作。

2 月 26 日 本院 7 位专家受聘为国务院学位委员会学科评议组第二届成员。哲学评议组：陈昌曙；工学评议组：李华天、杜鹤桂、张嗣瀛、闻邦椿、徐灏、徐小荷。

3 月 18 日 教育部决定，从 1985 年起，在东北工学院等 12 所重点院校进行培养工程硕士研究生试点工作。

4 月 1 日　和平区法律顾问处委派律师黄云轩、宋大海担任本院常年法律顾问。即日起受理本院法律事务。

4 月 29 日　教育部批准我院增设安全工程（试办）、机械设计及制造、计算机软件、物资管理 4 个专业。从 1985 年起招生。

5 月 5 日　国家专利局批准我院成立专利事务所，正式向全院广大发明创造者提供专利咨询和专利代理业务。

5 月 27 日　美国管理科学院院士、国际企业研究所所长颜彼德教授应聘为本院名誉教授。

5 月 30 日　院召开第二十四届体育运动会。贾辉 100 米，杨杰慧、朱久霞 3000 米竞走，谢忠诚 5000 米竞走等项目破市高校纪录。还有 2 人破 2 项院纪录。

6 月 8 日　参加对越自卫反击战的大连陆军学校中队教导员宋可正同志来我院，以亲身经历为我院应届毕业生和沈阳市各大专院校毕业生代表讲述中越战场上保卫祖国、不怕牺牲的感人事迹。

6 月 10 日　首届保送生班正式开课，41 名优秀学员来自 11 个省、自治区、直辖市，他们单独设班开课，加强英语和计算机语言的学习，一年后按学生意向调整专业。。

7 月 1 日　据 7 月 1 日《光明日报》报道，国家科委发明评选委员会最近召开第十七次会议，审查批准了 72 项发明奖。其中三等奖“惯性共振式概率筛”一项为我院和首钢设计院发明，发明人闻邦椿等。

7 月 27 日　院学位评定委员会根据《中华人民共和国学位条例》和《中华人民共和国学位条例暂行实施办法》的规定及有关文件，对三名申请博士学位的博士生的政治表现、学位课程、学位论文及论文答辩的情况进行了认真的审查和讨论，最后做出决定：授予蔡光起、张明杰、柴天佑工学博士学位。他们是我院建院 35 年来培养出的第一批博士生，也是由我院首次授予博士学位的研究生。

8 月 16 日　文化部批准我院成立“东北工学院出版社”，同时要求东北工学院出版社要为教学和科研服务，立足本校，发挥自己的优势和特色，主要出好教材和本校教师的著作。

8月19日 应本院邀请，弗吉尼亚理工州立大学代表团来我院访问，与我院签订两校交换学者、研究生协议。

8月24日 东北工学院正式成立东北大学校友会，选举东北大学老校友关绍宗教授为理事长。从此，东北工学院加强了与沈阳地区及全国各地校友之间的联系，为恢复校名开展了海外校友的联络、互访和接待工作。

△ 东北工学院实验工程技术协会成立。有工程技术人员及教师345人参加协会。

8月24—28日 由我院青年跨学科研究会主办的首届全国青年技术与社会学术讨论会在我院举行。

9月1日 1.6万平方米的新建图书馆正式开馆。该图书馆1980年11月开始施工，1985年8月交付使用，国务院副总理方毅题写了“东北工学院图书馆”馆牌。暑假期间将原分散在冶金馆、建筑馆等教学馆里的书刊杂志，集中于图书馆，新学年开始面向全院人员开放。

9月9日 院召开第八次科学报告会，宣读论文645篇，1031位来宾参加大会。

9月10日 院举行庆祝首届教师节和建校三十五周年纪念活动，返校校友千余名，沈阳军区首长、冶金工业部、辽宁省、沈阳市党政领导出席了庆祝会。

图书馆

10 月 9 日　全国首届发明展览会召开，共展出全国 30 个部门 29 个地区科委、发明协会推荐的成果 345 项。我院“振动式多层水平圆运动干燥机”“用选矿方法提取超级铁精矿”两项发明参展。

10 月 15 日　东北工学院科学技术协会成立大会召开，我院教师和科技人员 700 多人参加了大会。大会通过了东工科技协会章程，选举第一届委员 56 人。

10 月　由党委副书记蒋仲乐等组成的代表团访问意大利，按照“沈阳—都灵友好城市协议”，本院与都灵理工学院签订校际交流协议。

11 月 15 日　在太原钢厂召开的全国冶金系统计算机和自动化仪表推广应用技术交流会上，本院被评为计算机和自动化仪表推广应用先进单位。

11 月 16 日　院党委召开在我院任职的各级人民代表、政协委员、民主党派成员及部分中老年教师座谈会，希望教师们配合党团组织向学生进行时事政策教育。一二·九纪念日前夕，不少老教师以亲身经历和生动事例，对学生进行教育，马龙翔教授向研究生作了题《继承一二·九光荣传统，勤奋学习立志成才》的报告，杜鹤桂教授做了《从“七五”规划看钢铁工业的发展》的报告。

△　国务院学位委员会批准本院为第一批在职人员申请硕士学位试点单位。

11 月 26 日　冶金工业部东北工学院管理干部培训中心在本院成立。该中心的任务是根据冶金工业部统一安排，对大中型企业领导干部和总工程师、总会计师、总经济师进行高质量的培养。

12 月 5 日　继 11 月院学生困难补助基金会成立，本日为首批 32 名困难学生分甲、乙、丙三级发困难补助金。

12 月 23 日　我院党委副书记毕梦林同志调任北京冶金管理干部学院院长。

本年　本院有 127 项科研项目通过鉴定，其中达到国际同类项目先进水平的有 47 项，达到国内同类项目先进水平的有 61 项。

本院与有关单位合作研究的项目共获得 1985 年国家科学技术进步奖 10 项，其中二等奖 6 项，三等奖 4 项。

本年　施廷藻教授获辽宁省劳动模范称号。

1986 年

1 月 15 日　肖泽强教授被批准为国家级有突出贡献的科技专家。

1 月 24 日　沈阳市科委与沈阳 6 所高等学校，在本院联合举办科技成果信息发布会。本院发布 160 余项成果信息，占发布会发布成果信息的 40%。

2 月 28 日　院函授部与上海第二冶金专科学校协商，同意在该校设立东北工学院函授部上海函授站，设钢铁冶金和金属压力加工两个专业。

2 月底　本院邀请鞍山、抚顺、本溪、丹东、营口等地百余名中学生在本院举行了冬令营活动。

3 月 1 日　本院高世杰（足球国家级裁判员）、胡嘉樵（篮球一级裁判员）、周玉年（排球一级裁判员）、孙继芬（体操一级裁判员）、阎玉兰（游泳一级裁判员）被国家体委批准为我国优秀裁判员。

△　电工学教研室与电教中心联合录制的电视教材《电工学》,《异步电机》上、下集,《直流电机》上、下集，经中央音像出版社审查合格，向全国发行。其中《异步电动机》，于 1984 年在辽宁省高校电教研究年会上，被评为优秀电视教材。

3 月 4 日　院党委召开学生思想政治工作会议，杨佩祯代表党委作《贯彻全国党代会精神，开创我院学生思想政治工作新局面》的报告。会议通过《关于加强学生思想政治工作队伍建设的决定》。

3 月 22 日　我院与沈阳市机械工业管理局结成教学、科研、生产联合体签字仪式在东工举行。

4 月 3 日　院党委召开扩大会议，传达、学习中共中央关于实行专业技术职务聘任制的有关文件，部署我院实行教师职务聘任制工作。

4 月 5 日　参加在职学位进修的 46 名中青年教师，首批被授予硕士学位。

4 月 14 日　院长会议决定：成立审计室，负责全院的内部审计工作。1987 年 12 月，审计室与经打办合并成立检查审计室。

4 月 18 日　按照《高等院校和高级中学学生军事训练试行办法》，本院决定对 1986 年入学的本科新生进行军事训练。

4 月　国家科委、冶金工业部表彰在“六五”低合金钢、合金钢科技专项攻关中，本院负责或参加的项目，获重大成果专题奖 2 项；重要贡献专题奖 4 项；有重要成果人员奖 2 名；有重要贡献人员奖 2 名。

5 月 14 日 刘庆国、陈世海、费寿林、栾瑰馥、彭庆霁、刘桂兰被批准为省级有突出贡献的中青年科技人员。

5 月 17 日 国家教育委员会〔1986〕教研字 012 号文件通知：经国务院批准，同意本院试办研究生院。目前在全国重点院校中经国务院批准试办研究生院的共有 32 所院校。

5 月 25 日 国务院学位委员会批准本院有博士学位授予权的学科及导师有：矿山建设工程（后改称结构工程），林韵梅教授；矿产普查及勘探，关广岳教授；冶金热能工程，陆钟武教授；冶金物理化学，冀春霖教授；金属物理（后改称材料物理与化学），赖祖涵教授；博士生导师陈昌曙（挂靠在中国人民大学自然辩证法博士点招生）。原有博士点新增加的导师有：采矿工程，王英敏教授；钢铁冶金，李殷泰教授；压力加工，白光润教授、梁志德教授；工业自动化，顾兴源教授；自动控制理论及应用，潘德惠教授。新批准的硕士点：安全技术工程、矿山工程力学、工业管理工程、液压传动及气动、系统工程、电力拖动与自动化、基础数学、通信与电子技术、冶金化学分析、固体物理、真空工程、矿山机械工程等 12 个学科。

5 月 30 日 院召开第二十五届体育运动会。苏国琴跳高、朱久霞 3000 米竞走、关浩 800 米、谢忠诚 5000 米竞走破市、院纪录。另有 7 人破 6 项院纪录。

6 月 4 日 国际机械设备故障诊断技术会议第一次国际会议在我院举行，来自美国、澳大利亚、英国、南斯拉夫、丹麦、瑞典、日本、意大利和中国等 9 个国家的 300 名专家、教授参加会议，宣读和发表 110 篇论文。

6 月 6 日 经中共冶金工业部党组批准，我院组成新的领导班子。费寿林同志任东北工学院党委副书记，主持党委全面工作；蒋仲乐、周广有同志任党委副书记；陆钟武同志任院长；杨佩祯、王师、刘之洋同志任副院长；刘永信同志任纪委书记；党委常委由费寿林、蒋仲乐、周广有、陆钟武、杨佩祯、刘永信、王镛等 7 名同志组成。董桂林、关广岳同志不再担任领导职务；毕克桢同志不再担任顾问；同意王太明同志离职养病；刘福三同志不再担任总务长职务；免去王师同志教务长职务。

6 月 20 日 美籍华人、著名学者顾毓琇夫妇来东北工学院讲学。

7月12日 从1985年起，学生学习成绩考核实行复合学分制。

8月3—9日 在全国大运会上，我院两名同学代表辽宁队参加竞赛。谢忠诚同学在5000米竞走比赛中获得银牌，苏东同学获链球银牌，二人同时刷新省、市高校竞走和链球纪录。

8月30日 我院1986级千余名新生开学典礼在俱乐部举行。

8月31日 我院在沈阳军区的大力支持下，学校自费进行学生军训试点工作。本日院召开新生军训动员大会。次年，开始列入国家军训试点计划。

9月9日 本院举行研究生院成立大会。

东北工学院庆祝教师节暨研究生院成立大会

9月10日 院召开教学工作会议，着重研究和解决加强本科生教学问题，会议通过《加强教学工作的决定》。

9月13日 我院1500名新生为期两周半首次军训结束，举行阅兵式，沈阳军区司令员刘精松、政委刘振华、省委副书记孙奇、副省长林声等领导同志和院党政领导以及各系、部、处负责人参加了检阅。

9月底 冶金工业部任命王启义为本院教务长。

9月20日 经冶金工业部同意、辽宁省出版总社批准，我院校报恢复使用《东工生活》报名，成为正式出版物。

9月 本学期全院开始试行本科生班导师制。

10月5日 辽宁省高教局与共青团辽宁省委在本院召开暑假学生社会实践汇报表奖大会，我院被授予红旗单位称号。

10月11日 院第三届研究生代表大会召开。

10月12日 东北工学院向中共辽宁省委、辽宁省政府提交《关于恢复东北大学的建议》，提出“以东北工学院为基础，恢复东北大学”。

10月20日 以芬兰赫尔辛基工业大学副校长莎勒赫教授为团长的代表团来本院讨论建立校际学术交流事宜。

11月5日 我院首次参加在广州举办的第十六届“中国出口商品交易会”。交易会期间，广交会技术交易团共与外商签订31项合同、协议和意向书，其中东北工学院8项。

11月6日 李鹏副总理到我院视察。冶金工业部戚元靖部长、辽宁省代省长李长春等陪同。我院陆钟武院长等向李鹏汇报了教学、科研、师资队伍、仪器设备以及产业等全面情况。李鹏察看了重点实验室，与教师、学生交谈。对东北工学院辽宁分院实行“自费、走读、不包分配”的办学模式给予肯定，并给我校题词：“坚持改革，为国家培养更多的优秀人才”。陆院长向李鹏副总理面呈了要求恢复东北大学的报告。

12月31日 在布鲁塞尔举行的三十五届尤里卡世界发明博览会上，本院展出了25个项目，其中李荣久副教授等人发明的“新型金属陶瓷热电偶保护管”和刘世贵副教授等人发明的“K411镍基铸造合金及其吊牙” 获得世界发明银质奖。

本年 东北工学院管理楼竣工，建筑面积7000平方米。

1987年

1月17日 根据中共辽宁省委对“东北工学院关于恢复东北大学的建议”的指示，辽宁省教育局对东北工学院进行了调查研究和论证。在此基础上向省政府提出了《关于对东北工学院〈关于恢复东北大学的建议〉的意见》。意见指出：“以东北工学院为基础，恢复东北大学的方案是可行的”。

2月初 卢英林副教授等研究设计的“振动式多层水平圆运动干燥机”先后在东京、大阪、布鲁塞尔展出。其间与日本有关公司签署了技术出口意向书。国内有数个厂家争相订购此项专利。

2月3日 中共冶金工业部党组与辽宁省委商得一致意见，决定费寿林同志任中共东北工学院党委书记。

费寿林

2月20日 本院团委被评为1986年度辽宁省先进团委、沈阳市红旗团委标兵，团委书记王雷被授予“辽宁省优秀团干部”称号。

2月 机械二系卢英林副教授等4名同志研究设计的“振动式多层水平圆运动干燥机”，通过部级鉴定。

3月2日 院长跑队再次获得市高校长跑赛冠军。至此，我院已连续十年夺得该比赛冠军。

3月6日 全国总工会在中南海举行全国先进残疾妇女座谈会。我院自控系包涤生老师作为先进代表，在座谈会上发言。

3月10日 国家教委批准本院今年在采矿工程、选矿工程、钢铁冶金、压力加工、金属材料及热处理、机械制造、真空工程、自动化仪表与装置、工业自动化、计算机应用、工业管理工程等11个学科，招收有3年以上实践经验的在职人员，报考硕士研究生，由我院单独进行考试。

4月23日 中国共产党东北工学院第九次党员代表大会召开，25日闭幕，选举产生第九届委员会，委员25人。费寿林、蒋仲乐、周广有、陆钟武、杨佩祯、刘永信、王镛等7人组成常务委员会。费寿林为书记，蒋仲乐、周广有为副书记。大会选举产生刘永信等9人组成的中共东北工学院纪律检查委员会。刘永信为书记、王贵和为副书记。

4月30日 研究生院召开第一次教学会议，通过《东北工学院研究生教学委员会章程》。原则通过《东北工学院研究生学籍管理暂行条例》《东北工学院硕士研究生导师条例》。

中国共产党东北工学院第九次代表大会会场一隅

4 月底　本院选举产生出席和平区第十一届人民代表大会代表，田春芳、王琦、宋如林 3 人当选。潘德惠和施廷藻教授获辽宁省劳动模范称号。

5 月 16 日　共青团东北工学院第十三次代表大会召开，选举产生第十五届委员会，委员 36 人，书记王雷，副书记郝树满、厉军。

5 月 22 日　院长陆钟武在院图书馆学术报告厅举行超导体研究成果新闻发布会。新华社、中央人民广播电台、光明日报社等新闻单位记者到会听取了成果介绍。我院从 1985 年开始超导技术研究。5 个系的 40 多名教师、研究生组成了联合攻关队伍。

5 月 25 日　中共辽宁省委书记全树仁在省委宣传部、省高教局、团省委负责同志陪同下来本院调研思想政治工作情况并召开座谈会。

6 月 5 日　面积 20000 平方米、可容纳 12000 人的封闭式体育场竣工。院第二十六届体育运动会在此举行。有 3 人破 2 项院纪录。

6 月 21 日　彭达烈士牺牲三十五周年，我院举行彭达烈士塑像揭幕仪式，原院党组书记、第一副院长汪之力和党委书记费寿林为塑像揭幕。

6 月　在辽宁省党代会上，我院党委书记费寿林同志当选为党的十三大代表。

7 月 31 日　第二届冶金高校运动会在本院体育场举行，来自全国 17 所冶金高校的 400 名运动员参加比赛。本届运动会 8 月 2 日闭幕。

8 月 22 日　国家教委〔1987〕教计字 108 号文件和冶金工业部〔1987〕

冶教字第829号文件，批准秦皇岛冶金地质职工大学改名为东北工学院秦皇岛分院。王镛同志为秦皇岛分院党委书记，李名俊同志为院长，9月7日，东北工学院秦皇岛分院成立大会在秦皇岛分院旧校址举行。

东北工学院秦皇岛分院成立大会

9月9日　东北工学院秦皇岛分院举行首届新生开学典礼暨军训动员大会。本年共招收新生36名。

9月10日　在第三十六届尤里卡博览会上，我院闻邦椿教授荣获“个人发明骑士勋章”；李正修教授等人发明的“X射线衍射仪微机辅助实验系统”、杨文恭副教授等人发明的“钢锭（坯）旋转修磨方法和修磨机”、栾瑰馥教授等人发明的“三辊楔横轧技术”和闻邦椿教授等人发明的“惯性共振式概率筛”获世界发明金质奖；卢英林副教授等人发明的“振动式多层水平圆运动干燥机”、闻德明高级工程师等人发明的“新型DG防水堵漏综合技术”获世界发明银质奖。本院由于发明项目多，技术水平高，被大会授予“优秀发明”团体奖。

9月11日　院党委向冶金工业部、辽宁省政府提交《关于更改校名的请示报告》。

9月14日　沈阳国际粉尘爆炸学术会议在我院举行，来自美国、日本、法国等10个国家的20名学者和国内70余名专家参加了会议，共宣读论文35篇。

10 月中旬　齐齐哈尔钢厂、冶金工业部钢铁研究总院、东北工学院等 5 个单位共同研究的“采用新工艺提高轴承钢冷拔材质量”获 1987 年国家科技进步三等奖。

11 月 6 日　党的十三大代表、院党委书记费寿林，于十三大闭幕返校后，分别向院教职工、学生党员传达大会盛况。

11 月 13 日　辽宁省省长李长春等领导在 9 月 11 日东北工学院向省委、省政府提交的关于更改校名的请示报告上批示：同意东北工学院更名为东北大学。

11 月 17 日　自控系教师包涤生（双目失明）与辽宁省盲协合作研制的“MW-I 型多用盲文插字盘”和“DGM-1 型盲人电子计算器”，通过省级鉴定。

△　经奥斯陆大学化学系格罗泰姆教授推荐，挪威技术科学院批准邱竹贤教授为国外学部委员。1989 年 5 月 3 日，邱竹贤教授应邀去挪威，挪威科学院数学自然科学部又授予他国外院士称号及院士证书。

11 月 21 日　美国的三大电视台之一“CBS”，连续三天播映以东北工学院为背景的介绍中国教育改革情况的纪录片。

11 月 26 日　冶金工业部教育司向部长和部党组报告：东北工学院于 7 月 31 日向部党组和教育司写了“关于恢复东北大学校名的请示”报告，8 月 31 日经教育司司务会议讨论表示同意，现将东北工学院的请示报告及有关材料呈上，请批示。冶金工业部戚元靖部长于 12 月 17 日签批“同意”后，由冶金部向国家教委呈送了关于东北工学院更名为东北大学的请示报告。

11 月 28 日　举行第二十次学生代表大会。

11 月 30 日　东北工学院首届青年艺术节开幕，历时 10 天，于 12 月 9 日闭幕。

11 月 30 日　《人民日报》以《东北工学院走进国际技术市场》为题，报道了东北工学院努力开拓国际市场取得的成果。

12 月 6 日　参加过一二·九运动、关心青年工作的老同志郭峰、李荒、李涛和省市领导李长春、孙奇、李泽民、沈显惠、武迪生、丁世发，到我院与学生代表座谈。

12 月 19 日　院举行第八次科学讨论会。

12 月中旬　本院有 4 项研究课题被批准列入国家“863”（高技术工程）

计划。被批准的项目是徐心和等承担的“CIMS 系统仿真、建模、分析、控制和优化方法的研究”，王光兴等承担的“计算机网络技术”，郑怀远等承担的“数据库技术及知识库管理系统”；冀春霖、鲜于泽承担的“超导技术研究”被批准为国家 C 级队。

年底　我院团委被团中央、全国学联授予全国大学生社会实践活动“先进单位”称号。

本年　施廷藻教授、潘德惠教授获辽宁省“劳动模范”称号，李荣久副教授获沈阳市“劳动模范”称号。李殷泰教授、姜永林副教授、孙金治副教授、王明恕教授、张嗣瀛教授、于纯让副教授、闻邦椿教授获沈阳市“有突出贡献的科技人员”称号。

1988 年

1 月 9 日　辽宁省政府向国家教育委员会发出关于请求将东北工学院更名为东北大学的函件。信函说明：“东北工学院是一所在原东北大学理工学院基础上建立起来的以理工科专业为主，设有管理和社会科学专业的多学科、综合性的重点大学。东北大学创办较早，是国内外闻名的最高学府之一，培养了大批人才。为了团结国内外东北大学校友和加强国内外的学术交流，为统一祖国大业做贡献，根据东北工学院请求并征得冶金工业部同意，我们同意将东北工学院改为东北大学。请予批准。”

1 月 13 日　院党政联席会议决定，成立经济技术总公司，发展学校的第三个功能。

1 月 15 日　东北大学在北京的老校友顾卓新、高扬、吕东、郭维城联名致信国家领导人并国家教育委员会：“关于东北大学复校的事已酝酿了五年多，我们也于 1986 年 8 月 25 日给中央写过报告。根据当前改革、开放和对台工作的形势，辽宁省、冶金工业部都已表示同意的情况，似有必要提前批准，最好能在今年 4 月 26 日，东北大学建校六十五周年，张学良长校六十周年在沈阳开庆祝会以前，用简易的办法，把东北工学院（原东北大学理工学院），改个牌子，建制、领导、教学内容暂均不变。请核示。”

1 月中旬 王英敏教授编写的《矿井通风与安全》《矿井通风习题》，王常珍教授编写的《冶金物理化学研究方法》获得国家优秀教材奖。

1 月底 体育部王永祥、程明分别被国家体委批准为速滑和排球国家级裁判员。

2 月 2 日 本院成立档案馆，下设文书财务档案室、科技档案室、人事档案室。

3 月 16 日 冶金工业部通知：经与辽宁省协商，同意王启义任东北工学院副院长，免去其教务长职务。

4 月 14 日 冶金工业部东北工学院继续教育中心于本院成立。

4 月 26 日 800 名国内外东北大学校友，在本院举行东北大学建校六十五周年庆祝活动。全国政协常委郭维城、全国人大常委会委员李剑白、辽宁省政协主席徐少甫、沈阳市市长武迪生参加了大会。原东北大学秘书长宁恩承专程从美国到沈，代表海外校友在会上讲了话。

5 月初 学院决定，全面开展院情调查工作，摸清实力、肯定优势、找出差距，制定出长期战略任务和近期工作目标。院长陆钟武部署了校情调查工作。党委书记费寿林在会上作了重要讲话。

5 月 22 日 出席七届全国人大一次会议和出席全国政协七届一次会议的我院教师马龙翔教授、梁志德教授、赖祖涵教授、闻邦椿教授，连日来，先后与民主党派成员、青年学生代表和教师代表座谈，介绍“两会”盛况，传达会议精神。

5 月 26 日 群众性的学术组织，东北工学院青年教师协会成立。

5 月 27 日 院召开第二十七届体育运动会，温东光三级跳远和王成东标枪破沈阳市高校纪录，还有 1 人破 1 项院纪录。

5 月底 张嗣瀛教授的“微分对策及定性极值原理的研究”获国家教委科技进步奖一等奖；8 月，获国家自然科学三等奖。

6 月 15 日 联合国技术信息促进系统（简称 TIPS）中国分部沈阳中心站成立大会在我院召开。该中心站挂靠在东北工学院经济技术开发总公司国际部，对外独立行使职能。

6 月 20 日 由本院主办的《工程师论坛》杂志经国家科委、国家新闻出版署批准，正式改名为《中国工程师》。

6 月 22 日 东北工学院与本溪钢铁公司 1988 年联合招收培养研究生签字仪式在本溪钢铁公司举行。按协议规定，我院 1988 年在本钢各部门推荐的在职人员中，经入学考试录取 30 名委托培养研究生。

6 月底 33 岁的计算机系讲师刘积仁被破格提升为教授。

6 月 25 日—7 月 2 日 院举行第二次教职工代表大会，第九次工会代表大会。会上，院长陆钟武作《关于院情分析和今后设想的报告》、党委书记费寿林作《同心协力，振兴东工》的报告。

7 月 22 日 东工采矿工程、钢铁冶金两个学科被评为国家重点学科。

7 月底 本院决定试行推荐夜大（函授）优秀学生转“日大”学习的办法。条件：一、坚持四项基本原则；二、是本单位的生产、技术骨干；三、工龄在 3 年以上，年龄在 30 岁以下；四、在夜大（函授）学习 1 年以上，学习成绩平均 80 分以上。

8 月 16 日 著名科学家、美国天普尔大学教授牛满江来院作学术报告。

8 月 27 日 郑焕文教授被推选为国际生产工程学会（CIRP）正式会员。

9 月 10 日 冶金工业部批准本院撤销成人教育部，成立成人教育学院。

9 月 24 日 本院 70 余位台胞眷属集会，成立台湾同胞眷属联谊小组。费寿林等党政领导到会祝贺。

10 月 7 日 全国高等院校科学技术协会联合会成立会在我院召开，首届理事会挂靠在本院，院长陆钟武教授担任理事长，科研处处长郭燕杰教授担任秘书长。

10 月 30 日 本院刘亮、李国权、杨宗山、李德祥被批准为省级有突出贡献的科技人员。

11 月 1 日 经与西北有色金属研究院协商，决定组建东北工学院研究生院西北分部。研究生院副院长吴成烈代表学院宣布研究生院西北分部正式成立，并向兼职教师颁发了聘书。

本年 刘兴国、胡茂弘、解世俊、闻德明、李国权、李正修、朱泉、高魁明、郭伯伟、林韵梅等同志获沈阳市有突出贡献科技人员称号。

本年 我院有 166 项科研成果通过鉴定。其中 3 项获国家科技进步奖；5 项获国家教委科技进步奖；6 项获省科技进步奖；1 项获机械委科技进步奖；还有 6 项获其他奖。

1989 年

1 月 30 日　经国家教委、国家计委批准：压力加工专业轧制技术与连轧自动化实验室为国家重点实验室。

2 月 21 日　我院“热溶型道路标示涂料”“铝或铝合金表面乳白色膜生成法”等 19 项成果参加在香港举行的“第二届内地大学科技成果介绍会”。

3 月 10 日　王光兴、李德祥、刘亮 3 人被批准为国家级有突出贡献的中青年专家。

3 月 30 日　我院首次举办青年教师岗前培训班，设教育学、大学心理学、演讲三门课，聘请有经验的老教师讲课，以帮助青年教师尽快完成由受教育者到教育者的转变。

4 月 5 日　校报《东工生活》报道，1988 年度本院科研经费首次突破千万元。

4 月 7 日　国务院学位委员会批准我院在部分一级学科中自行审批新增硕士学位授予权的学科。这些学科是：数学（暂缓自行审批）、力学、机械工程、材料力学与工程（金属材料）、冶金、动力工程及热物理、自动控制、计算机科学与技术、地质勘探、矿业、石油。

4 月 10 日　陆钟武院长、王师副院长会见了德意志联邦共和国斯图加特大学校长冯·艾芬博格先生。双方签订了东北工学院与斯图加特大学合作协议书。

5 月 15 日　遵照冶金部的指示，为了适应社会需要，增强专业活力，对部分专业进行改造。具体办法：一、适当压缩供大于求专业的招生额；二、对现有供大于求专业的在校学生，实行拓宽服务范围培养；三、抽调部分供大于求专业的学生改学供不应求的专业；四、应部属企业的急需，培养连铸专门化和低温工程（制氧）方面的人才。

5 月 17 日　冶金工业部情报所摄制的反映我院科研成果的电视片“堵漏防水、防渗材料”在中央电视台第二套节目“星火科技”中播出。

7 月 6 日　中共辽宁省委、省政府领导来院，看望和慰问师生员工。

8 月 29 日　院党政联席会议通过《东北工学院党政干部保持廉洁的若干

规定》。

9月8日 东北工学院第二届教代会第二次会议召开，会议提出：经济秩序整顿、教学秩序整顿和治安秩序整顿的三整顿，使学校秩序全面恢复正常。

9月10日 我院刘长青副教授获得“全国教育系统劳动模范”称号，马龙光副教授获得“全国优秀教师”称号。

10月6日 原“东声”广播站，易名为“东工之声”广播站并正式开始播音。院党委决定“东工之声”广播站由院宣传部直接领导。

10月11日 经国家科委批准，国际金矿与地质勘探学术会议在本院图书馆学术报告厅举行。参加会议的有来自欧、美、亚、大洋洲的270位专家与学者，52位国内外学者宣讲论文。大会组织委员会和学术委员会主席、我院关广岳教授致开幕词，我院院长陆钟武教授致欢迎词。

10月13日 院召开第二十八届体育运动会。有1人破1项院纪录。

10月17日 中国民主同盟东北工学院委员会成立，主任委员潘德惠教授。

10月下旬 《光明日报》报道我院研究生院毕业生于彬毕业下基层事迹后，10月30日院长及党委书记致信祝贺，11月1日学校派出以周广有为首的代表团前往大连钢厂看望于彬。

11月16日 在国家教委召开的全国高校科研管理研讨会上，52所工科重点大学按国家级科研成果的获奖数、国外及全国性刊物发表学术论文的篇数、专利批准的件数三项指标综合排名次，本院名列第九。

11月25日 在原保卫处的基础上，学院成立了公安处。

12月2日 辽宁省教委公布1989年普通高等学校优秀教学成果项目：本院钢冶系芮树森等“改造老专业培养高质量人才”项目获国家级特等奖。机械一系田春芳等“金属切削变化过程静态显微观察与动态显微电视观察”和师资处胡永翔等“组织在职学位进修，加速中青年教师成长”两个项目获国家级优秀奖。还有2个项目获省一等奖，14个项目获省二等奖。

12月底 本院获得1989年冶金部科技进步奖共16项，其中一等奖1项、二等奖3项、三等奖7项、四等奖5项。

本年 钢冶系获沈阳市“模范集体”称号，自控系教授张嗣瀛、材料系副教授冯泽民获沈阳市“劳动模范”称号。

1990 年

2 月 14 日　院党委召开政治工作会议，研究、讨论加强和改进思想政治工作问题。

3 月 1 日　院党委号召全院人员开展“学雷锋、树新风、迎校庆”活动。接着于 3 月 29 日，党委宣传部、工会、团委等单位倡议，在后勤、机关等部门的职工中开展“校庆杯”学雷锋、爱岗位创优竞赛活动，至 7 月中旬结束。

3 月 22 日　东北工学院科学园建设委员会召开首次会议，会议认为应当抓住科技兴辽的大好时机，发挥东北工学院人才、技术、知识密集的优势，把科学园办成高新技术产业的孵化器、辐射源。

4 月 1 日　东北工学院建院以来第一个国家级重点实验室“轧制技术及连轧自动化实验室”开机轧钢。

4 月 11 日　院召开党员重新登记动员会，全院党支部书记、委员、科级以上党员干部 800 多人参加了会议。

4 月 12 日　学院召开 1989 年教学科研表彰大会。1989 年学院获国家教学特等奖 1 项，国家优秀教学奖 2 项，科研工作获各级科技进步奖共 48 项。

4 月 13 日　院召开首次计算机软件产业研讨会和座谈会。

4 月 21 日　东北工学院各群众团体组织联合举办的首届文化体育节开幕。在文化体育节期间，6388 人次参加各种项目的比赛，演出 264 场，观众达 59000 人次。

5 月 4 日　院党委书记费寿林在全院党员大会上作党员重新登记动员报告。

5 月 9 日　辽宁省召开有突出贡献的中青年科学技术管理专家证书颁发会，我院共 10 人受奖。分别是：费寿林（采矿）、刘庆国（采料）、彭庆霁（采矿）、刘桂兰（材料）、陈世海（热能），栾瑰馥（加工），李德祥（有色）、刘亮（有色）、李国权（机二）、杨宗山（热能）。

6 月 6 日　庆祝张学良将军九十寿辰大会在沈阳隆重举行。我院与张学良暨东北军史研究会等 8 个单位、团体联合举办了这次大会。

6 月 13 日　我院在全国高等学校后勤工作和表奖会议上被授予“全国高等学校后勤先进集体”称号，总务处处长古兴甲被授予“高校后勤先进个人”

称号。

6月17日 张学良将军在台北接受日本广播协会电视台（NHK）记者采访时，谈起东北大学，他说："我父亲死后留下很多遗产，留下很多钱，我把这些钱差不多都捐出来了，……我为什么要那样做呢？那时我的脑子里想一个国家要强，主要靠造就人才，教育为基本。"

7月14日 东北工学院成立科学园区办公室（处级建制），任务是：制定科学园区发展规划，对经济实体进行宏观管理；制定发展高新技术产业的相关政策，并负责高新技术的产业化工作。

7月底 国家教委授予东北工学院"全国普通高等学校优秀教学成果奖励工作先进单位"称号。

9月10日 国家教委电贺东北工学院建院四十周年，电文如下：值你院建院四十周年之际，谨向全体师生员工致以热烈祝贺！东北工学院是我国建国初期重点建设的冶金院校之一，40年来广大教职工在党的领导下，坚持社会主义办学方向，为国家培养了大批高级专门人才，为发展我国冶金建设事业和高等教育事业做出了重要贡献。希望你们更加紧密地团结全院师生员工，按照党的教育方针，继续深化教育改革，为我国社会主义"四化"事业，做出新的贡献。

9月19日 美籍华人陈香梅女士来院参观访问，并为学生作了《当代大学生怎样爱国》的讲演。陈香梅女士还愉快地接受了东北工学院名誉教授的称号。

9月22日 《东工生活》报载，自1954年到1989年12月，全院已完成科研成果2637项，1978年以来先后有525项成果获各种奖励，其中获国家级奖励56项，内有国家发明奖9项；部委级奖励210项；省级奖励97项；在35届、36届国际尤里卡发明博览会上获奖10项。从1985年实施《专利法》以来共申请专利220项，已获国家专利权的有110项。随着对外开放的不断深入，我院已同美国、英国、日本、德意志联邦共和国、澳大利亚、瑞典、朝鲜民主主义人民共和国等国家和我国香港地区建立了学术交流及合作关系。到1989年为止，已发表科技论文7842篇，其中在国际发表590篇。每年在我院召开的国际性学术会议及国内大型专业学术会议有50余次。

9月25日 我院举行建校四十周年庆祝大会，第二十九届体育运动会、

1990 级新生军训阅兵式隆重举行。校庆期间各系分别举行了庆祝活动和学术报告会。

△　东北工学院召开靳树梁基金会成立大会，院长陆钟武教授和东北工学院毕业生、中共抚顺市委书记刘振华（六六真空）在图书馆二楼为靳树梁铜像揭幕。

9 月 26 日　东北工学院授予蔡冠深先生荣誉校友称号。香港同胞蔡冠深先生为支持东工的发展，倡议建立东北工学院教育发展基金，并率先捐赠 100 万元港币。

10 月 5 日　国务院学位委员会批准东北工学院 4 个博士学位授予权学科：金属材料及热处理（后改称材料学）、自动化仪表及装置（后改称检测技术及自动化装置）、矿山工程力学（后改称工程力学）、安全技术及工程。新批准博士生导师：蔡春源、王启义、彭兆行、曾梅光、窦士学、肖泽强、宁宝林、徐心和、柴天佑、张宏勋、王光兴、陈炳辰、李造鼎、王泳嘉。另外还有周士昌、杨乃恒、姚天顺、佟杰新 4 位博士生导师，挂靠在外单位博士授权学科。

11 月 5 日　我院接到国家教委通知，巴基斯坦已派一名留学生来我院学习，该生将在李华天教授指导下攻读计算机应用专业的博士学位。这是本院第一次接收国外留学生来校攻读博士学位。

11 月 12 日　院长陆钟武等院领导与日本阿尔派音公司社长沓泽虔太郎举行会谈并签订合办软件工厂的意向书。

12 月 15 日　共青团东北工学院第 14 次代表大会和院第 21 次学生代表大会召开。选举产生了 25 人组成的十六届团委会，厉军任书记；产生东北工学院第二十一届学生会，主席赵科。

12 月 17 日　在全国科技工作会议上，东北工学院钢冶系被评为“科技工作先进集体”。张嗣瀛、徐小荷、肖泽强、连法曾被评为“全国高校科技先进工作者”。

本年　东北工学院科研项目获国家科技进步奖一等奖一项，获国家发明四等奖一项。

1991 年

蒋仲乐

1 月 14 日 学院召开教研室工作会议，表彰在教学、教书育人工作中作出贡献的先进个人和先进集体。会议通过了《教研室工作条例》《教研室评估办法》等文件。

1 月 19 日 冶金工业部派员来东北工学院宣布学院领导班子成员调整名单：蒋仲乐任院长、李树森任党委副书记、齐书聪任纪委书记，赫冀成任副院长兼研究生院院长。陆钟武不再担任院长及研究生院院长，刘永信不再担任纪委书记。

△ 经学院优秀课程评审委员会评审，院长批准：机械设计、电工学、画法几何及机械制图、高等数学等 4 门课程被评为优秀课程。

3 月 21 日 辽宁省委书记全树仁等省市党政领导来我院视察参观科学园高新技术产业。

3 月 31 日 研究生院试行硕士研究生提前攻读博士学位。

3 月 我院被辽宁省政府授予“科研工作先进集体”荣誉称号。

4 月 1 日 沈阳市九三学社批准成立九三学社东北工学院委员会。汪林任主任委员。

4 月 9 日 著名学者、美国纽约科学院院士、东北大学在美校友会会长、恢复东北大学促进委员会会长、美籍华人张捷迁教授偕夫人张素坤女士来东北工学院访问。10 日上午，蒋仲乐院长主持了我院授予张捷迁先生为名誉教授的仪式。

4 月中旬 东北大学在美校友会会长张捷迁先生来东北工学院，此期间曾数次与学校领导就恢复东北大学的总体思路和具体作法交换意见。学校党委书记费寿林和张捷迁先生在一次交换意见中就三个原则性问题取得共识：一、原有办学领导体制不变；二、不涉及索要原东北大学北陵校址（现辽宁省人民政府、辽宁省军区、沈阳体院等单位所在地）和房产等复杂问题；三、关于是在东北工学院或东北师范大学两所学校同时恢复东北大学校名，还是在其中一所恢复校名的问题，由中央有关决策部门决定。

4月24日　国务院副总理吴学谦和国务院对台办主任王兆国来沈阳，视察辽宁大学和东北工学院。他们来到东北工学院后，听取了校领导的汇报，党委书记费寿林在汇报中重点阐述了东北工学院在国内高校中的地位、实力，东北工学院与东北大学的渊源以及在东北工学院基础上恢复东北大学的意义及现实可能性。二位领导还详细地了解了东北工学院的教学水平，科研水平，师资队伍状况、办学规模等，重点听取了恢复东北大学的意见，并巡视了校园。

4月26日　东北大学北京校友会召开大会，庆祝东北大学建校六十八周年。会后，东北大学北京校友会理事长郭维城向参加这次会议的北京、沈阳、长春3市校友会有关人员和东北工学院副院长杨佩祯、苏士权及东北师范大学党委周书记等通报了情况。

4月30日　以陆钟武为团长的东北工学院代表团到香港，参加东北工学院教育建设基金会成立典礼。

5月7日　在全国助残先进集体、个人暨自强模范表彰大会上，我院包涤生老师被授予“全国自强模范”称号，受到江泽民、杨尚昆、李鹏等党和国家领导人的接见。

5月9日　院举行科学研究工作会议，总结工作，落实“八五”科技规划。

△　东北工学院与日本阿尔派音公司合资建立阿尔派音软件研究所，双方在东北工学院软件研究中心举行了签字仪式。

5月15—17日　日本关西大学代表团来我院访问，并与我院签订两校互相交换学生的协议。

5月20日　我院举行与美国阿巴拉契大学校际交流十周年庆祝大会。

△　在美国马里兰州巴尔的摩市举行的第六次世界大学科学园会议上，东北工学院成为中国唯一一个世界大学科学园协会的正式会员。

6月1日　中国在美的东北同乡会在美国华盛顿为张学良将军九十一岁华诞举行寿宴。参加这次寿宴的有张学良将军的亲友和旧部。旅美的顾渝宁及其丈夫安岳教授、在大陆的吕正操将军也参加了这次寿宴。东北工学院委托安岳教授带去了蒋仲乐院长的贺电和东北工学院画册。在寿宴间，安岳教授把贺电和画册交给了张学良老校长，并说，东北工学院就是在东北大学工学院和部分理学院的基础上建立起来的。张学良校长翻阅了东北工学院画册，掉下了眼泪，马上把画册收了起来，说："恢复东北大学就在东北工学院基础上恢复。"

6 月 20 日 在"863"国家高科技自动化领域"七五"总结表彰会上，我院获集体一、二等奖各 1 项，王光兴获个人一等奖。

6 月 23 日 辽宁省省长岳岐峰、副省长林声等省市领导同志在蒋仲乐院长等院党政领导的陪同下，视察了我院软件开发中心和维用科技大厦建设工地。

6 月 30 日 我院召开东北工学院教育建设基金会会议。会议由基金会董事长、辽宁省副省长林声主持。名誉会长、中共辽宁省委书记全树仁，向董事长林声、名誉会长徐少甫及董事武迪生、董九洲、费寿林等颁发证书。名誉会长、香港新华集团主席蔡继有先生，副董事长陈寿同、蒋仲乐出席了会议。

6 月底 国家人事部、全国博士后管理委员会批准东北工学院在 3 个学科设博士后流动站：（1）冶金学科；（2）自动控制学科；（3）地质勘探、矿业、石油学科。

7 月 16 日 中国共产党东北工学院第十次代表大会召开，至 20 日结束。出席大会的 302 名代表，代表了全院 2413 名党员。会议期间，代表们听取、审议并通过了费寿林代表上届党委、齐书聪代表纪委所作的工作报告，通过了关于加强党内监督的若干规定，选举产生了新的党委会和纪律检查委员会。中共东北工学院第十届委员会委员共 23 人。费寿林、蒋仲乐、周广有、李树森、杨佩祯、赫冀成、齐书聪等 7 人组成常务委员会，费寿林为书记，周广有、李树森为副书记。齐书聪为纪委书记。

7 月 26 日 东北工学院召开党建研究会成立大会。会议通过了党建研究会章程，选举产生了党建研究会 12 名常务理事，院党委书记费寿林为理事长，院党委副书记李树森、社科系主任丁晓春教授为副理事长，东北工学院党校校长罗世凯为秘书长。

中国共产党东北工学院第十次代表大会会场一隅

8 月 27 日　院党政召开有院党委委员、纪委委员、教代会执委会委员、博士生导师、民主联席会议成员、院中层以上干部等人参加的会议，部署本学期工作。会议由院党委副书记李树森主持。会上分发了《本学期工作计划要点》。《要点》指出，我院本学期，要坚持院第十次党代会确定的“坚持办学方向、提高整体素质、立足第一层次、发展东工特色”的工作目标，要抓好“加强思想政治工作，坚持把德育放在首位，树立反对‘和平演变’的政治观念，加强马克思主义理论建设，抓好反对自由化的斗争，切实开展‘三育人’，修筑反‘和平演变’的长城”等 10 个方面的工作。

9 月 5 日　上午，1991 级新生开学典礼暨军训动员大会在图书馆前广场隆重召开。大会由院秘书长王宛山主持。1500 名 1991 级新生共编成 4 个营 16 个连，将进行为期 1 个月的军事训练。

9 月 10 日　院党委组织全院正处级以上干部，学习江泽民《在庆祝中国共产党成立七十周年大会上的讲话》，为全院人员学习《讲话》拉开了序幕。

△　今日是教师节，我院一批教职工，在教学、科研、后勤、管理等方面作出了突出成绩，受到国家、省、市以及学院的表奖。其中有：刘积仁获“全国模范教师”称号；陈宝智获“全国优秀教师”称号；徐心和获“辽宁省优秀教师”称号。

9月22日 今年5月以来，皖、苏、豫等省遭受了百年不遇的特大洪涝灾害，我院师生员工都以焦急的心情关注灾区人民，慷慨解囊进行赈灾活动，截至7月末，共捐赠人民币55893.69元，全国粮票37556.5斤，并立即上交沈阳市教委汇往灾区。本学期开始，学校继续进行赈灾活动。至本日，全院师生员工11759人，捐献衣服、被褥等物品共30569件，捐赠人民币8871.81元，即将送往灾区。

9月27日 院举行第三十届田径运动会。上午8时，运动会暨新生阅兵式开始。

10月12日 东北工学院经济技术开发总公司与日本东洋特殊钢业株式会社在沈阳成立沈阳东洋异型管有限公司。

10月21日 香港广播电视有限公司董事长、香港邵氏影业公司董事长邵逸夫先生专程来沈阳，向东北工学院捐赠300万元港币。

△ 在第三届全国高温超导学术讨论会上，我院冀春霖教授被国家超导专家委员会和国家超导研究中心评选为“超导研究先进个人”，以表彰他本人及其课题组5年来在氧化物高温超导材料研究方面作出的贡献。

11月8日 院召开第六次研究生代表大会。

12月3日 《光明日报》连续两天发表《东北工学院引导学生参加社会实践的调查（上）、（下）》。认为由于东工“社会实践活动的开展，实践性教学环节的加强，使广大青年学生增加了与工农相结合、与实践相结合的紧迫感和自觉性，使他们坚定不移地走上正确的成才之路”。

12月4日 东北工学院举行第十次工会会员代表大会和第三次教职工代表大会。

闻邦椿

12月9日 院举行首届学生科技节。

12月26日 本院召开首届党建理论研讨会。

12月28日 中国科学院通知：东北工学院闻邦椿于1991年11月当选为中国科学院（技术科学部）学部委员。

本年　我院共获各级奖励的科技成果78项次，其中国家级10项（国家自然科学三等奖一项，国家科技进步三等奖两项）。

本年　在第二届全国高等学校优秀教材评选中，我院3种教材获全国优秀奖。

1992年

1月6日　我院刘之洋副院长随国家教委代表团暨院校代表团赴香港参加接受邵逸夫先生赠款仪式。

2月27日　院长蒋仲乐应邀参加国家教委组织的21所重点院校校长考察团，到广州、中山、珠海、深圳四市参观考察。目的是促进科技成果转化为生产力，推动高等院校参与国民经济建设。东北工学院的一些科研成果已在当地引起了重视。

3月22日　学院召开教学工作会议，强调指出：本学期各系部工作重点，要以教学工作为主，以抓好四级英语考试为突破口；还对专业改造、优秀课程建设、实践教学等提出了要求。

3月26日　第二批优秀课程现场验收会，通过对电子技术、工科物理实验、塑性加工力学、无机化学优秀课程的验收。

4月10日　报载，潘德惠教授获“全国优秀思想政治工作者”称号。

4月18日　本院召开国际交流中心成立大会。国际交流中心主任蒋仲乐院长向国际交流中心委员（25人）颁发聘书。

4月20日　本院7名教授被聘为国务院学位委员会第三届学科评议组成员，分别是：陈昌曙教授（哲学）；闻邦椿教授（机械工程）；杜鹤桂教授（材料科学与工程）；陆钟武教授（动力工程及工程热物理）；王光兴教授（计算机科学与技术）；柴天佑教授（自动控制）；徐小荷教授（地质勘探、矿业、石油）。

5月3日　国务委员、国家科委主任宋健来院视察并参观了东北工学院CT研制室。

5月6日　东北工学院与东北大学校友会联合举办的“张学良教育思想研究会”成立，推选蒋仲乐为理事长。

5月7日 陆钟武、李玉娟、闻邦椿荣获“辽宁省优秀专家”称号；崔建忠、刘积仁荣获“辽宁省青年科技拔尖人才”称号。

5月8日 刘积仁教授获全国“五一”劳动奖章和证书。

5月11日 东北工学院科学园第一期工程——东工科学馆奠基仪式举行。

5月25日 东北工学院正式成立恢复东北大学校名筹备工作委员会，全面负责筹备工作。筹委会主任委员蒋仲乐，副主任委员杨佩祯、周广有、苏士权、刘福三，委员由各单位的负责人共23人组成，秘书长王宛山。筹委会下设办公室，主任魏向前。

6月13日 为了解决学生负担过重问题，我院本学期以来，各专业本着“削枝保干”的精神，将工科和理科各专业的总学时分别控制在2700和2800学时以内，对现行教学计划进行了修改，1991级学生将执行这个教学计划。现行的教学计划，已超过了国家教委规定的2500学时，达到了3100学时左右。

6月18日 经冶金工业部批准，我校成立“干燥技术研究所”。

6月25日—27日 院党委书记费寿林在省党代会上，被选为出席中国共产党第十四次全国代表大会代表。

6月27日 中共东北工学院委员会被中共沈阳市委授予“先进党委”称号。

6月27日 院党委书记费寿林主持召开党委全委会，讨论本院管理体制改革方案。本学期初，院党委决定先从学科建设、院内管理体制和产业发展三个方面进行深化改革，并成立了以党委书记费寿林为组长，院机关部门负责人参加的院内管理体制改革小组。改革小组于4月中旬至5月上旬先后到天津、北京、南京等地六所改革起步较早的院校进行了考察学习，起草了《东北工学院院内管理体制改革设想》。这次深化院内管理体制改革的基本思路是：以人事制度改革和分配制度改革为主要内容，逐步进行住房、医疗和社会保险制度的改革。

7月5日 经冶金部同意，任命段曰瑚为我院教务长。

7月18日 辽宁省科委批准，辽宁CAD应用工程培训中心在东北工学院成立，培训中心主任由院长蒋仲乐担任。

8月11—14日 我院被国家教委授予“全国普通高校成人高教先进单

位”称号。

8 月中旬　国家教委李铁映主任在北京接见张学良先生的侄女张闾蘅女士。张闾蘅女士向李铁映主任转达了张学良先生十分关心东北大学复校之事，并希望在沈阳的东北工学院基础上恢复东北大学校名。李铁映主任请张闾蘅女士转达对张学良先生的问候，并希望张学良先生对复校有所书面表示，或写一书信，或题写几个字。

8 月 26 日　学校党政联合，再呈冶金工业部、辽宁省人民政府《关于在东北工学院的基础上恢复东北大学校名的报告》。

9 月 7 日　冶金工业部和辽宁省人民政府联合行文，以题为《关于东北工学院更名为东北大学的请示》报国家教委。报告分三部分：一、恢复东北大学的必要性。恢复东北大学校名是张学良校长及广大海内外东北大学校友的多年愿望，对团结海内外广大东北大学毕业生，促进海峡两岸关系的发展，汇聚各方面力量，发展祖国教育事业会产生积极作用。二、在东北工学院基础上恢复东北大学的可行性。三、对东北工学院更名为东北大学后几个问题的意见：1. 实行冶金工业部、辽宁省双重领导，以冶金工业部为主，积极为发展辽宁经济建设服务；2. 适当扩大办学规模，把东北大学办成以理工为主的综合性全国重点大学；3. 请张学良将军担任东北大学名誉校长，或成立东北大学校董会，请张将军担任校董会名誉主席。

9 月 12 日　全国 1990 级本科生四级英语统考，我院总通过率为 76.25%。

9 月 16 日　院党委召开扩大会议，听取了党委书记费寿林所作的关于深化我院管理体制改革的报告和对“东北工学院院内管理体制改革方案”的说明。

9 月 17 日　我院为来自波兰、喀麦隆、利比亚、毛里塔尼亚、加纳、布隆迪的 7 名攻读硕士学位的研究生举行开学典礼。

9 月 18 日　本院举行第三十一届田径运动会及 1992 级新生阅兵式。

9 月 30 日　东北工学院与上海宝钢共同决定，从 1989 级本科生开始，实行毕业生预分配办法，即大学生在 3 年学习结束后，到宝钢见习 1 年，然后再回到学校学习 1 年，简称“311”计划。

10 月中旬　东北工学院党委书记费寿林在参加中国共产党第十四次全国代表大会期间向与会的国家教委副主任朱开轩面呈请求尽快复名的请示报告，

向与会的国家教委主任李铁映陈述东北大学建校七十周年即将来临，希望能尽快实现恢复东大校名。

10 月 20 日 在首届中国大学生实用科技发明大奖赛中，东北工学院参赛项目 22 个，有 10 个项目获奖。夺得团体总分第 2 名，并获得优秀组织奖。

10 月 22 日 冶金工业部办公厅“关于东北工学院更名意见”复函国务院办公厅。函告中说：无论张学良先生是否还乡，建议都在东北工学院的基础上恢复东北大学，这是考虑到恢复东北大学是张学良先生的亲属提出的，反映了张先生的愿望；恢复东北大学对团结海内外广大原东北大学毕业生，促进海峡两岸关系的发展，进一步开展对台事务都有特殊意义。这不同于其他要求恢复原校名学校的情况。

10 月 24 日 冶金工业部宝钢—东工继续教育中心成立仪式在宝山钢铁总厂举行。

10 月 31 日 1992 年，东北工学院在自然科学基金申报中，取得了两个突破。一是重大项目的申报实现了零的突破，取得两项自然科学基金重点项目；二是批准资助经费首次突破百万元。

11 月 21 日 在第二届全国高等学校优秀教材颁奖会上，我院 3 种教材获国家优秀教材奖。

11 月 30 日 东北大学原秘书长、代校长宁恩承先生在台北面见张学良将军时，张将军亲自题写“东北大学”校牌，并用公历 1992 年 11 月 30 日落款。题字由宁恩承老先生带去美国，交给了张捷迁老先生。

12 月 4 日 我院第三届第二次教职工代表大会，审议通过《院内管理体制改革方案》及其实施细则，该方案从 1993 年 1 月起实施。

12 月 15 日 张捷迁先生从美国给我院发来张学良将军为东北大学题写的校牌手迹传真。

12 月 20 日 东北工学院以鲜于泽为首的国家超导攻关科研组，于 9 月份采取独创的新工艺研制成新型材料 C60，10 月份经北京大学化学系检测确认。

12 月 23 日 东北工学院向国家教委写出《关于恢复东北大学校名的再次请示》的报告。请示报告说明了张学良将军“惟盼其亲手兴办之东北大学早日复名”的心情；介绍了张学良将军写“东北大学”校牌的经过。请求为东北大学复名。

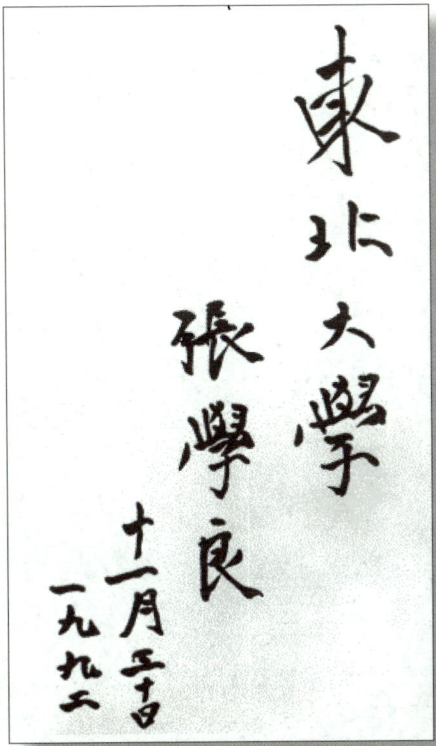

张学良校长题写的“东北大学”校名手迹

12 月 24 日　东北工学院党委书记费寿林、院长蒋仲乐、副院长杨佩祯，持张学良先生题写的“东北大学”校牌手迹到国家教委、国务院台办汇报关于恢复东北大学校名的工作。

本年　我院共外聘教授 27 名，其中国内 16 名，国外 11 名。

本年　我院被国家教委评为“学生军训先进单位”“全国普通高等学校体育课程评估优秀学校”；我院电工实验室和设备处实验室管理科被评为“全国高校实验室工作先进集体”。

本年　我院科研项目获国家科技进步奖一等奖一项，国家科技进步二等奖三项，国家科技进步三等奖三项。

本年　我院连续三年被评为“冶金部高等院校毕业生分配工作先进集体”。

本年　连法增同志被批准为 1992 年度全国有突出贡献的中、青年科学、技术、管理专家。

1993年

1月1日 东北工学院向国家教委发出请示报告《关于聘请张学良先生为东北大学名誉校长的意见》。报告说明："恢复东北大学校名后，聘请张学良先生为名誉校长是合适的，符合广大东大校友的共同心愿"。东北大学原秘书长宁恩承先生近日在台北问及张学良先生对聘请他为东北大学"名誉校长"、校董会"名誉主席"是否愿意接受时，张学良先生表示"可以接受"。

1月5日 辽宁省人大常委会主任王光中来校参观，视察我校自动化研究中心。

1月6日 以王师副院长为团长的东北工学院代表团赴韩国访问，与浦项工科大学签订合作交流协议。

2月2日 国家教委和国务院台湾事务办公室再次联合行文，就恢复东北大学的有关事宜提请国务院审批。主要内容：一是同意将东北工学院更名为东北大学，在对外工作中可以称恢复东北大学校名。二是同意聘请张学良先生为东北大学名誉校长。三是同意以东北大学校长、师生和校友会的名义邀请张学良先生回大陆参加东北大学建校七十周年校庆活动。

2月12日 学院召开中层干部会议，布置本学期工作。院长蒋仲乐指出："恢复东北大学，即将成为现实，有组织有计划地实施恢复东北大学的工作，是本学期的中心工作"。党委书记费寿林强调："抓住机遇，锲而不舍，坚持下去，取得成果"。

2月19日 冶金工业部第5批增列博士生导师情况汇报会在我校召开，我校党委书记费寿林、院长蒋仲乐、副院长王师参加会议。

2月19日 计算机系王光兴教授在国家科委"863"计划表彰大会上荣获1991—1992年度"863计划先进工作者"称号。

2月26日 冶金工业部同意我院增设为地方服务的4个专业：管理信息系统（计算机系）、经贸外语（外语部）、工业外贸（管理系）、工业工程（机械一系）。

2月26—27日 由我院与大连理工大学共同参加的"CAD应用培训网络——东北培训中心"通过国家教委、国家科委的专家论证，该中心负责为辽宁及东北地区推广 CAD 技术，培训 CAD 人才。

2 月　冶金工业部〔1993〕冶人字第 030 号文件通知，我院有 97 人获得 1992 年国务院颁发的政府特殊津贴。

3 月 2 日　沈阳市科委和南湖科技开发区组织中国人民银行沈阳分行、工商银行沈阳分行等五大金融机构代表来院听取东工科学园产业贷款项目介绍，并决定对我院软件村计划、自动化中心产业项目给予贷款支持。

3 月 8 日　国家教委下发《关于同意东北工学院更名为东北大学的通知》，批准我院恢复东北大学校名。

3 月 12 日　院长蒋仲乐主持召开了院第二次学术委员会会议，讨论学校复名后学科发展和专业建设思路。会议建议增设文、法、工商管理、经贸等专业，向综合化发展。工科要增设建筑、化工、生物技术、汽车专业。

3 月 13 日　东北大学党委决定《东工生活》更名为《东北大学校报》。

3 月 16 日　研究生院召开全校各系主管研究生工作的主任会议，决定实行研究生论文评分制，以钢冶系做试点单位，1994 年开始在全校推广实施；决定从 1993 年开始实行导师与研究生双向选择。

△　中共冶金工业部党组和冶金工业部下达文件，任命东北大学党政领导班子：费寿林同志任校党委书记，周广有、李树森同志任校党委副书记；齐书聪同志任纪委书记；蒋仲乐同志任校长，杨佩祯、赫冀成、王师、刘之洋、王启义同志任副校长。

3 月中旬　校长蒋仲乐专程赴京，把聘请张学良先生为名誉校长的聘书面交在京参加政协会议的张学良侄女张闾蘅女士。张女士接到聘书后，表示一定尽快赴台转送。

3 月 22 日—4 月 7 日　为了快速将名誉校长聘书送到张学良先生手中，在请张闾蘅女士呈递的同时，东北大学派副校长杨佩祯和苏士权教授赴美，拜访宁恩承先生和张捷迁先生，请他们赴台给张学良先生呈送名誉校长聘书。

张捷迁先生在美接待杨佩祯副校长和苏士权教授时，立刻给张学良先生打电话，告知 4 月 22 日要开复名庆典大会，请老校长任名誉校长、校董会名誉主席。张学良先生得知后在电话里连说“好，好”，并对宁恩承先生将委派张捷迁先生赴台北专送聘书表示欢迎。

3 月 22 日　沈阳市人民政府授予我校“科技兴沈先进单位”称号。

3 月 23 日 辽宁省科委批准我校软件中心为辽宁省省级工程技术中心。

3 月 我校赵军副教授获中国博士后科学基金会第十二批博士后科学基金资助，成为我校第一位获此基金资助的博士后。

3 月 我校柴天佑教授获 1992 年度国家自然科学基金委员会优秀中青年人才专项基金资助，资助金额 30 万元。

3 月 30 日 报载，我院 12 项科研成果被列入“八五”国家科技成果重点推广计划：（1）节能型电弧炉；（2）高炉矿焦混装技术；（3）变加热段空气热管预热器；（4）转炉污泥处理及应用技术；（5）铝电解综合节能技术（我院为参加单位）；（6）钢材热浸镀铝技术；（7）振动式水平圆运动干燥机；（8）敞燃少（无）氧化加热炉；（9）稀土钡复合变质剂及应用技术；（10）轧钢机工作状态在线监测；（11）钢锭坯旋转修磨新工艺；（12）生产指挥信息处理与过程监控系统的推广。

3 月 29 日—4 月 18 日 校党委书记费寿林率冶金系统部分高校院、校长代表团访问芬兰、瑞典。

3 月 31 日 辽宁省副省长张榕明一行 4 人来校视察。

第三编

1993年4月—2023年4月

1993 年

4 月 2 日　我校软件中心、自动化中心、轧钢机监视系统等产业实体的科技产业项目被市科委列为“沈阳市第一批火炬科技计划产业项目”，并获得 2100 万元科技贷款。

4 月 5 日　北美中国教育交流中心主任柏乐先生一行来校访问。

4 月 13 日　居住在台北的张学良先生接受东北大学聘请，担任东北大学名誉校长和东北大学校董会名誉董事长。同时，张学良先生为我校题词“东北大学复校典礼，教育英才”，为我校七十年校庆题写“东北大学七十周年纪念”。

4 月 20 日　我校召开校友代表大会，来自全国各地的 500 余名校友代表到校出席大会。大会通过了“建立东北大学教育发展基金的决定”和《东北大学校友联谊会章程》。

4 月 21 日　东北大学举行东北工学院更名暨恢复东北大学校名新闻发布会，有 45 家新闻单位、百余名记者参加。

4 月 22 日　我校在辽宁体育馆举行“庆祝东北工学院更名暨恢复东北大学校名大会”。参加大会的有：我校领导和名誉校长张学良先生的代表宁恩承及全校师生员工；全国政协副主席、著名科学家钱伟长，全国政协常委、祖国统一委员会副主任杨拯民，国家教委代表、教委原副主任黄辛白，冶金工业部副部长殷瑞钰，中共辽宁省委书记、省人大常委会主任全树仁，辽宁省省长岳岐峰，沈阳军区副政委艾维仁中将，辽宁省政协原主席宋黎等中央和省市领导；北京大学、清华大学、东北师范大学等兄弟学校和科研院所的代表；宝钢、鞍钢等大企业代表；张捷迁、徐放等海内外东北大学校友会的代表。体育馆内座无虚席。大会由校党委书记费寿林教授主持。上午 10 时整，大会在庄严的国歌声中开幕。在宣读国家教委《关于同意东北工学院更名为东北大学的通知》之后，国家教委代表、教委原副主任黄辛白，冶金部副部长殷瑞钰，东北大学名誉校长张学良将军的代表宁恩承和东北大学校长蒋仲乐，为东北大学新校牌揭幕。会上，东北大学校长蒋仲乐和到会的国家、省、市领导人，兄弟院校代表，著名大企业集团代表，校友代表等作了热情洋溢的讲话，庆贺东北大学复名。

学校召开“庆祝东北工学院更名暨恢复东北大学校名大会”

校长蒋仲乐教授（前右二）与原东大秘书长、代校长宁恩承（前左二），国家教委代表黄辛

白（前左一），冶金工业部副部长殷瑞钰（前右一）为东北大学校牌揭牌

4 月 24 日　校工会主席苏凤贵同志出席中国教育工会第四次代表大会，当选为中国教育工会第四届全国委员会委员。

4 月 27 日　中共辽宁省委书记全树仁等省市领导视察我校软件中心和自动化中心。

4 月 28 日　东北工学院秦皇岛分院更名为东北大学秦皇岛分校，李彻任党委书记、曹大本任校长。

4 月 29 日　沈阳市政府授予我校“沈阳市火炬型院所”称号。

4 月　沈阳市政府授予我校“沈阳市先进单位”称号，授予刘积仁教授“沈阳市特等劳动模范”称号，授予校长蒋仲乐教授、博士生导师柴天佑教授“沈阳市劳动模范”称号。

5 月 3 日　校团委书记张国臣出席中国共产主义青年团第十三次全国代表大会。

5 月 16—20 日　沈阳中美国际技术转移研讨会在我校举行。

5 月 17 日　国家科委副主任、火炬办主任李绪鄂来校视察软件中心、自动化中心。

5 月 22 日　我校举行第三十二届田径运动会，社科系学生破学生男子铅球校纪录；管理系学生破学生女子 4×100 米接力校纪录。在闭幕式上校领导与老校友张捷迁先生向获奖单位颁奖。

5 月 25 日　东北大学研究生院宝钢分部在宝山钢铁总厂成立。

5 月　我校自控系刘晓平教授当选为“第三届沈阳十大杰出青年”及“辽宁青年科技先锋”。

6 月 1 日　东北大学隆重举行庆祝张学良名誉校长九十三寿辰大会。

6 月 2 日　我校软件中心、自动化中心申请贷款的 6 个项目通过专家论证，获得 60 万元科技贷款。

6 月 4 日　我校在图书馆学术报告厅召开东北大学首届校办产业工作会议。

6 月 9 日　校机关迁入新办公楼。

6 月 28 日　韩国明知大学校长李荣德一行 4 人来校访问，蒋仲乐校长和

李荣德校长代表学校签订了校际学术交流合作协议书。这是东北大学复名后建立的第一个国外校际合作关系。

6 月 30 日 《广东科技报》刊登中国管理科学学院广东分院撰写的《中国大学评价——1991 年研究与发展》一文。文中对 1991 年全国本科大学研究与发展进行评价，我校排行居前，冠以“黑马——东北大学”称号。

7 月 10 日 中国共产主义青年团中央委员会书记处书记巴音朝鲁来我校视察团的工作。

7 月 12—14 日 辽宁省教委在我校召开辽宁省高等学校一校两制暨东北大学辽宁分校现场交流会。

7 月 15 日 国家科委副主任邓楠来校视察。

△ 我校自动化研究中心主任柴天佑教授及自控系刘晓平教授、计算机系苏士权教授等应邀参加在澳大利亚悉尼举行的“IFAC”国际会议，柴天佑教授被推荐为国际自控联低成本自动化委员会副主席。

7 月 17 日 交通银行向我校科学园贷款 1000 万元。

△ 在原东北大学机械一系、机械二系及机械厂的基础上，成立了东北大学机械工程学院，并于 22 日召开了成立大会。学院下设机械制造工艺与设备、机械设计及制造、流体传动及控制、真空技术及设备、矿山机械、冶金机械设备等 6 个专业；机械制图、机械零件、机械原理、机械制造基础等 4 个直属教研室；1 个机械厂和 1 个研究所（即沈阳机械工程技术研究所）；4 个博士学位授予学科；11 个硕士学位授予学科。

7 月 21 日 东北大学经济技术开发总公司实行全员聘任制并举行签字仪式。

7 月底 蒋仲乐校长与沈阳东宇集团总经理庄宇洋先生正式签订“东宇集团奖学金”协议书。根据协议，东宇集团每年向东北大学赞助人民币 5 万元作为奖学金。

7 月 中共辽宁省委授予我校“先进党委”称号。

8 月 14 日 东北工学院校友会同东北大学旅美校友会合并为东北大学在美校友会，合并大会在美国华盛顿召开，老校友张捷迁先生等 30 名新老校友参加大会。

8 月 17 日 辽宁省科委、辽宁省计委、辽宁省财政厅批准我校自动化研究中心为省级工程技术中心。

9 月 4 日　日本早稻田大学教授、教育学博士铃木慎一到我校讲学，题目为《日本教育改革动向及发展趋势》。

9 月 5 日　在辽宁省首届产学研联会上，我校“多媒体触摸屏”及“陶瓷射线成管”被列为省产学研联合工程高新技术产业化项目，“铝钛硼晶粒细化剂”等 13 个项目被列入省产学研联合工程技术开发计划。

9 月 13 日　中国沈阳软件周开幕式暨东北大学软件大厦落成、东北大学阿尔派软件有限公司成立庆典举行，国家科委火炬中心主任刘凤翘及省市领导参加了庆典仪式。东北大学副校长杨佩祯任阿尔派软件股份有限公司董事长，刘积仁任公司总经理。

9 月 14 日　校教务处组织 1993 级优秀生选拔考试，选拔 46 名优秀学生组建“尖子班”。

9 月 20 日　东北大学皇岛分校成立了东北大学研究生院秦皇岛分部。

9 月 21 日　东北大学首届文法学院院长汪兆璠的外孙女——美国陈氏企业公司总裁陈蔼蒂女士，在学校设立“纪念汪兆璠基金”，每年捐赠 5000 美元，用于我校教师和研究生在国外发表学术论文之用。即日，举行捐款仪式，连续两年共捐款 1 万美元。

9 月 28 日　东北大学研究生院本钢分部揭牌仪式暨本钢首期硕士研究生毕业典礼在本钢举行。

9 月中下旬　我校柴天佑教授被评为 1993 年全国优秀教师，并被授予全国优秀教师奖章。

9 月底　在国家教委组织的高等教育教材管理先进集体和个人评选活动中，我校教务处被评为全国教材管理工作先进集体，姜亚顺被评为全国教材管理工作先进个人。

9 月　我校 1991 级四级英语统考通过率提高到 82.4%，超过全国重点院校的平均通过率（67.1%）。

10 月 15 日　由我校与鞍钢等 10 个单位联合发起的首届冶金检测与仪表学术会议在我校召开，来自中、英、俄等 10 个国家的 80 名专家、学者参加大会，会上宣读论文 80 余篇。

10 月 15 日　第三届粉体检测与控制国际学术年会在我校召开。英国、俄罗斯、德国、波兰、荷兰、芬兰、挪威、埃及、蒙古、中国的代表参加了会议。

10月18日 我校举行“庆祝东北大学建校七十周年大会暨张学良教育思想国际学术讨论会”。东北大学校友方庆瑛代表宁恩承先生专程从美国回国参加大会。宋黎、柳文等东北大学的老校友百余人参加了讨论会。会上交流学术论文60余篇。

10月19日 我校软件中心通过计算机软件国家工程研究中心立项专家论证。

△ 第三届中国青年选矿学术讨论会在我校召开，会期3天，我校陈炳辰教授作了《选矿发展战略》的报告。

10月19日—11月18日 蒋仲乐校长率代表团访问日本东北大学、关西大学等。

10月28日 国务院副总理李岚清为东北大学建校七十周年题词“为造就更多德智体全面发展的优秀人才而努力奋斗”。

10月29日 中共辽宁省委授予我校“辽宁省党的建设和思想政治工作先进单位”称号。

10月底 国务院总理李鹏为东北大学建校七十周年题词：“弘扬东北大学优良传统，培养四化建设优秀人才”。

11月13日 国家计委批准我校软件中心为计算机软件国家工程研究中心。

11月15日 中共中央总书记、国家主席江泽民为东北大学建校七十周年题词：“多出成果，多出人才，为社会主义现代化建设服务”。

11月16日—12月1日 蒋仲乐校长、赫冀成副校长一行5人应邀访问台湾成功大学及台湾清华大学、台湾大学等8个单位，会见了台湾的著名学者、知名人士及东北大学部分校友。在访问期间专程拜会了我校老校长、现名誉校长张学良先生将军，实现新、老校长历史性会见。

11月中旬 我校被国家教委吸收为高等工业学校计算机辅助教学（CAI）协作组成员单位。协作组由全国26所院校组成，东北地区有东北大学、大连理工大学、哈尔滨工业大学三所院校。

11月17日 我校共青团召开第十五次代表大会。张国臣代表上届团委作了《务实求是、开拓创新，在培养社会主义现代化建设需要的合格人才中建功立业》的工作报告。大会选举产生了共青团东北大学第十七届委员会。委员 29 人，书记张国臣。

11 月 22—26 日　王启义副校长率代表团一行 10 人访问山东省济宁市，并与济宁市人民政府签订了经济科技教育合作协议。

11 月　我校第五批申报的学位授权点获国务院学位委员会批准。新增真空工程（后改称流体机械及工程）、计算机科学理论（后改称计算机软件与理论）、科学技术哲学等 3 个博士学位授权点；新增冶金资源工程等 7 个硕士学位授权点；增列 24 人为博士生指导教师。

12 月 4 日　国家教委“211 办”下发〔1993〕8 号文件，同意我校进行“211 工程”预审工作。

12 月 5 日　我校 12 项科研成果列入国家科技成果重点推广项目，名列全国高校第二。另，我校 16 种教材获得全国高等学校优秀教材奖。

12 月 7 日　一二·九运动五十八周年前夕，中共辽宁省委、中共沈阳市委领导来我校与学生座谈，希望学生弘扬东北大学爱国主义传统，努力把自己培养成为国家建设合格人才。

△　国家教委副主任张效文来校视察。

12 月 11 日　在东北大学社会科学系基础上恢复建立了东北大学文法学院，聘请原辽宁省社科院副院长彭定安教授任文法学院院长，王太金同志任院党总支书记。该学院设有法律、行政学、政教 3 个系，马克思主义原理、中国革命史、社会主义建设、中文 4 个直属教研室，1 个博士学位授权点，1 个硕士学位授权点。

12 月 23 日　刘积仁教授入选首批“跨世纪优秀人才”，他是这项人才计划 42 名首批入选的专家之一。

12 月 30 日　由东北大学秦皇岛分校研制的我国首台工业 ICT 商业样机通过技术鉴定，它的研制成功填补了我国工业计算机断层扫描成像技术与产品的空白。

△　“东北大学冶金工业部鞍山热能研究院奖学金”颁奖大会召开，15 名学生受到表彰。该项奖学金从 1993 年开始，每年 10 月评选一次。

本年　我校获国家级优秀教学成果奖项目：王长民、左斌等人的“校企合作招收培养工程硕士的研究与探讨”获一等奖；田志芬、李永基等人的“深化教学改革，提高电子课教学水平”获二等奖；毛添玉、贺家齐等人的“511 人才培养模式的构想与实践”获二等奖。

本年 我校获国家自然科学基金 25 项，总经费 187.5 万元，分别比去年增长 47% 和 29%；获国家技术发明三等奖和国家科技进步三等奖各 1 项。

1994 年

1 月 10 日 中共辽宁省委书记顾金池到校视察，参观了自动化中心、CT 实验室和软件中心，会见了学校党政班子成员，听取了学校工作汇报；表示赞成东北大学进入“211 工程”。

1 月 12 日 辽宁省高科技产业项目论证会在我校举行，我校十余位专家参加了论证，软件中心研制的多媒体电脑触摸屏系列产品被列为省高科技产业项目，并得到省政府 200 万元的贷款支持。

1 月 14 日 东北大学被评为“全国教材管理工作先进集体”。

1 月 22 日 辽宁省科委、计委、财政厅领导为我校软件中心、自动化研究中心授“辽宁省软件工程技术中心”“辽宁省自动化工程中心”牌匾。

1 月 国家教委和共青团中央授予我校机械工程学院 1991 级机制一班“全国先进班集体”称号；授予工商管理学院学生郭斌“全国三好学生”称号。

1 月 冶金工业部及辽宁省领导为学校七十年校庆题词。冶金工业部部长刘淇题词“加速东大发展，创办一流大学，为冶金工业发展做出更大贡献”。辽宁省委书记顾金池题词“着眼二十一世纪，培育现代化英才”。辽宁省省长岳岐峰题词“培养高层次科技人才，为辽宁二次创业服务”。辽宁省人大常委会主任全树仁题词“坚持党的教育方针，发扬东大优良传统”。辽宁省政协主席孙奇题词“弘扬东大爱国主义光荣传统，为振兴中华培育优秀人才”。

2 月 2 日 辽宁省人大常委会主任全树仁等来我校视察工作。

2 月 20 日 学校召开“211 工程”立项预备论证会，校党政领导、校学术委员会委员、211 工程办公室人员及有关单位负责同志出席会议。

东北大学“211 工程”立项预备论证会会场

3 月 12 日　辽宁省副省长张榕明来校听取“211 工程”申报情况汇报。

3 月 28 日　冶金工业部人教司领导来校听取“211 工程”预审准备情况汇报。

3 月 30 日　学校举行研究生毕业典礼，校长为 18 名博士、266 名硕士学位获得者颁发证书。

3 月　在沈阳市教委组织的“百万师生献爱心”活动中，全校师生共捐资 25875 元。

4 月 1 日　上海宝钢集团董事长黎明来校访问。

4 月 13 日　国家教委在我校召开表彰全国普通高校先进教务处大会。我校教务处被国家教委授予“全国普通高校先进教务处”称号。

4 月 19 日　在“辽宁省 94 新技术、新产品展交会”上，我校签订正式合同 18 项，成交额为 1457 万元，签订意向合同 22 项，成交额为 989 万元。我校荣获全省唯一的优秀展团奖。

4 月 22 日　沈阳市青年科技专家联合会成立，并挂靠我校工作，刘积仁教授任理事长。

△　王启义副校长随冶金工业部冶金科技代表团出访瑞典、芬兰。在芬兰访问期间，王启义代表我校与赫尔辛基工业大学签订了钢冶、连铸及熔融还原

的理论研究三项合作协议。

4月23日 蒋仲乐校长同德国斯图加特大学校长载格勒女士签署了延长两校合作的协议书。我校与斯图加特大学于1987年正式建立校际合作关系，此次签署协议再延长5年合作期。

4月25日 国家教委考试中心在我校召开计算机等级考试第一次考务工作会议，我校是全国首批设立的计算机等级考试28个考点之一。

5月5日 东北大学工商管理学院成立，聘请国务院发展中心主任孙尚清为名誉院长。该学院暂设经济、管理工程、市场学、国际贸易、会计学、统计学等6个系和1个硕士学位授权点。

5月6日 学校召开“211工程”东北大学建设子项目可行性论证会，会议邀请包括庄育智等9名中科院院士在内的专家教授33人参加论证。会议一致通过“211工程”东北大学可行性论证；同时审查通过工业自动化、工程机械、热能工程、金属材料及热处理、有色金属冶金5个部级重点学科点。

5月11日 东北大学名誉校长张学良先生之子张闾琳教授偕夫人莅临我校参观。

5月19日 我校被国家教委评为全国普通高校毕业分配工作先进集体，学生处副处长闫卫东被评为先进工作者。

5月23日 我校旅美校友会名誉会长、名誉教授张捷迁先生及夫人来校访问、讲学，作了题为《张学良先生历史上对祖国和平统一的贡献》的报告。

5月28日 冶金工业部副部长徐大铨来校视察。

△ 我校召开第三十三届田径运动会。学生男子跳高、学生男子铅球、学生男子铁饼、学生女子铅球等4项校田径纪录被刷新。

5月底 我校复名后的第一本年鉴——《东北大学年鉴（1993）》由东北大学出版社正式出版。

6月7日 南非斯塔德卢德普尔特市副市长威利谢夫和市议员约翰布莱德先生来校访问。

6月10日 学校党政联合下发《关于机械工程学院试行分级管理的决定》(〔1994〕4号)，决定机械工程学院试行校、院、系三级分级管理体制。学校主要通过制定内部政策法规、总体规划、发展计划、经费筹集与分配、监督评估和提供服务等进行管理。学院是具有一定自主权、有明确责权利、有相应的学科群体结构和一定规模的教学科研实体。系是组织教学和科研等业务活动的基层单位。通过深化管理体制改革，强化学院的管理职能，增强办学活力。

6 月 18 日 国家教委正式下文批准东北大学为第二批自行审定博士生导师单位，我校可在 23 个博士授权学科自行审定博士生指导教师。

6 月 21 日 由我校自动化研究中心完成的“清河发电厂 1—4 号 4 台 10 万千瓦发电机组计算机集散监控系统”通过辽宁省科委技术鉴定。

6 月 22 日 辽宁省授予我校“全心全意依靠教职工办好学校”先进单位称号。

6 月 24 日 以四川省重庆市副市长窦瑞华为首的重庆市政府代表团来校参观访问。

6 月 28 日 中共沈阳市委授予我校党委“先进党委”称号。

6 月 29 日 中共辽宁省委书记顾金池出席我校召开的庆祝中国共产党建党七十三周年暨“三先两优”表彰大会，并于 7 月 1 日给全校党员上党课。

6 月 30 日 世界银行贷款“重点学科发展项目”中方专家、中国工程院副院长师昌绪教授一行来我校对轧制技术及连轧自动化国家重点实验室进行了现场检查，并参观软件中心、自动化中心及 CT 研究室。

7 月 1 日 “东北大学设计研究院”经国家建设部批准正式成立。

7 月 6 日 辽宁省国家安全厅授予我校“国家安全工作先进集体”称号。

7 月 18 日 我校计算机影像研究中心研制的我国第一台 CT 全身扫描机，通过冶金工业部及国家医药总公司联合组织的国家级鉴定，以及国家科委火炬计划预备项目验收。全身 CT 的自行研制成功填补了我国在这一领域的空白，结束了我国 CT 机全部依赖进口的局面。

7 月 21 日 东北大学申报“211 工程”冶金工业部预审会召开，24 位来自高等院校和科研院所的专家出席会议。专家组由冶金工业部常务副部长徐大铨任组长，中科院院士师昌绪、庄育智等任副组长。会上，蒋仲乐校长作了“211 工程”东北大学整体建设子项目论证报告，专家们观看了东北大学申报“211 工程”录像片，并听取了 9 个学科的简要汇报，考察了重点学科实验室、研究中心。对东北大学的建设规模、资金预算、学科结构、人才培养等问题进行了提问和解答。预审顺利通过。评审意见指出，鉴于东北大学进入“211 工程”对冶金工业和冶金高等教育发展将产生重大作用，建议将该工程纳入冶金工业 2000 年总体发展规划并及早向国家教委申报立项。

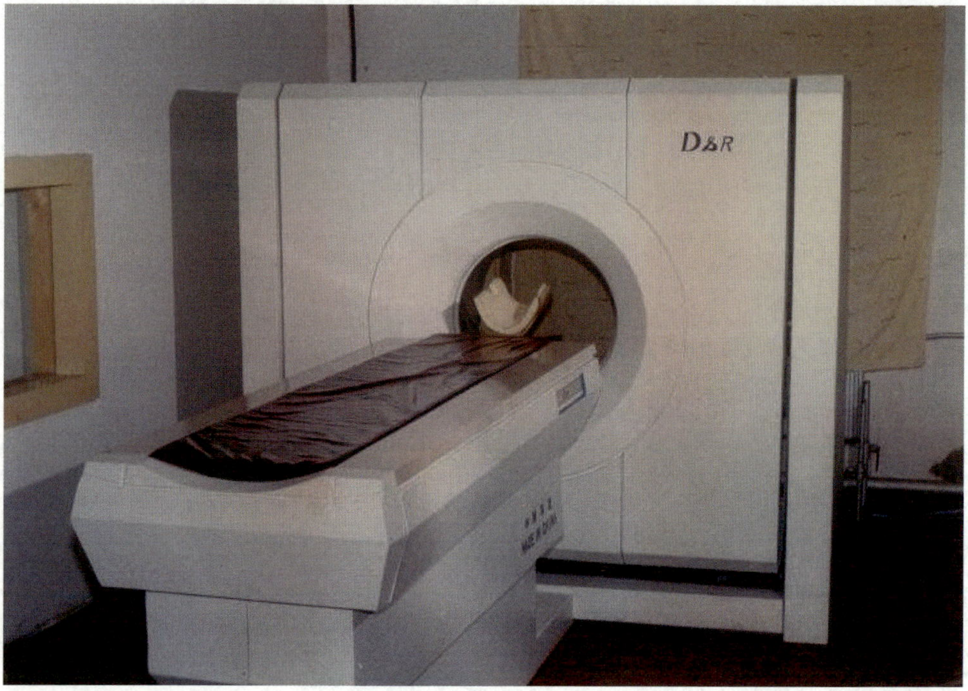

我国第一台自主研制的 CT 样机在东北大学诞生

7 月 31 日　我校 1953 届机电系毕业生、时任国家民航总局局长陈光毅来校访问。

8 月 6—8 日　在辽宁省专利局举办的“1994 年辽宁高新技术专利产品评选及电视展播”活动中，我校 5 个项目获得了金奖。

8 月 8 日　由蒋仲乐校长带队与抚钢技术中心达成合作协议，并签订 6 项合同，成交金额 150 余万元。

8 月 11 日　在冶金工业部部属院校、职工大学教学改革成果奖评审会议上，我校获一等奖、二等奖、三等奖各 1 项。

8 月 17 日　冶金部部长刘淇来校视察。

8 月 21—24 日　东大—宝钢第 5 次合作年会在我校举行。

8 月 22 日　首届中国智能控制与智能自动化学术会议在我校召开，会议由国家冶金自动化工程技术研究中心主任柴天佑教授主持。

8月27—29日 由中国高等教育学会、冶金高等教育学会、辽宁省高等教育学会共同主办的“建设有中国特色社会主义理论和邓小平教育思想研讨会”在我校召开。中国高教学会会长何东昌等到会并讲话。

8月29日 由我校工业爆炸及防护研究所所长邓煦帆教授主持的第六届国际粉尘爆炸学术会议在我校召开，来自德、美、英、俄、荷、挪等15个国家的33位外国专家及国内100余位学者到会。

8月31日 1994级1700余名新生开学典礼暨军训动员大会召开。

9月1日 我校首批招收的27名硕士—博士连读研究生入学，学制4年半。硕博连读研究生不做硕士论文，只做博士论文，毕业时授予博士学位。

△ 学校举行1994级研究生开学典礼。

9月5日 日本冶金学者西田礼次郎先生来我校讲学。蒋仲乐校长代表学校聘其为我校顾问。

9月7日 国家教委副主任韦钰来校视察。

△ 东北大学与抚顺钢厂技术中心首批合作科研项目全面启动。

9月9日 美籍教师、东大中美现代技术培训中心主任唐世礼荣获国务院颁发的国家友谊奖，并应邀赴北京参加国庆观礼。这是我校历史上第一位获此殊荣的外国专家。

9月10日 李华天教授、王永军教授荣获“辽宁省优秀教师”称号。

9月23日 美籍华人、著名画家王绮女士及其儿子刘中兴先生来校，决定自1994年起在我校设立“中兴奖学金”。这是在我校设立的第8个命名奖学金。

9月26日 东北大学理学院正式成立。学院设有数学系、物理系、材料科学系、化学系、力学系、高等数学部、大学物理部等7个系部。

9月30日 在1993年全国普通高等学校第二届优秀教学成果奖励工作中，我校获国家级一等奖1项，二等奖2项，获省级优秀教学成果奖一等奖2项，二等奖12项。学校获“1993年全国普通高校优秀教学成果奖励工作先进单位”称号。

9月 我校科研成果获辽宁省科技进步奖20项。其中一等奖4项，二等奖7项，在全省获奖单位中得奖最多。

10月5日 我校驻京办事处成立。

10月6日 蒋仲乐校长率队到海城特大洪涝灾区，将全校师生的27400多元捐款、14302件衣物及学校捐赠的5万元人民币，送交海城市政府。

10月10日 国际岩石力学与工程新进展学术会议在我校召开。

10月12日 国务委员、国家科委主任宋健来我校视察科学园区，为软件中心题词“建好东大软件园，发展我国信息产业”。

10月21日 国家自然科学基金东北地区网点会在我校召开。

10月22日 东北大学第二十二次学代会召开，全校294名代表出席大会。大会选举产生第二十二届学生委员会，王强任主席。

△ 国家教委决定，中国教育和科研计算机网（CER-NET）东北地区网络结点设在我校。我校是全国10个网络结点之一。副校长赫冀成任中国教育和科研计算机网示范工程网络中心管委会成员，兼任该网东北地区管委会主任，软件中心主任刘积仁教授任中国教育和科研计算机网专家组成员兼任该网东北地区专家组组长。

10月24日 我校化学系原主任，赴加拿大、澳大利亚访问学者，博士生导师，超导研究专家窦士学教授当选为澳大利亚工程科学院院士。

△ “东北大学尖子班教学指导委员会”正式成立，委员会举行了第一次全体委员工作会议，讨论尖子班培训的总体思路、课程设置的框架。

10月25日 陕西省副省长姜信真来校访问。

10月 经国家人事部批准，我校1994年共有如下10名同志荣获政府特殊津贴：王维纲、刘之洋、孙德志、杨兆祥、单守志、金成洙、贺家齐、赵渭国、蔡光起、魏绪钧。

11月3日 我校有色系张显鹏教授荣获“全国冶金系统先进工作者”称号。

11月8日 国家“八五”重大攻关项目“硼镁铁矿资源综合利用”高炉冶炼硼铁分离试验成功，各项技术指标均达到和超过国家合同规定的指标。

11月9日 校召开“三育人”经验交流暨“三育人”工作者协会成立大会；博士生导师潘德惠教授任“三育人”工作者协会理事长。

11月10日 德国AEG公司总经理布朗特先生来校考察并讲学。

11月23日 国家教委、科委表彰了获得美国工程师协会（SME）“大学领先奖”的国家计算机集成制造系统实验工程（即CIMS）的有关专家和技术人员，东北大学是受奖的11个单位之一。我校以计算机系郑怀远教授为组长的课题小组得到国家教委科技进步奖一等奖证书和国家科委颁发的奖状。

11月26日 我校与兰州钢铁集团公司就“70吨电炉及薄板坯连铸连轧工程三电部分设计”项目举行签字仪式，设计费1675万元。

△ 东北大学辽宁分校在科学馆举行建校十周年庆典，辽宁省副省长张榕明讲话。

11月 在第六次冶金科技期刊质量检查评比会议上，我校编辑出版的《东北大学学报（自然科学版）》名列榜首，《控制与决策》名列学术类期刊第四。

△ 东北大学科研荣获冶金工业部科技进步奖14项，其中特等奖1项，一等奖1项；被国家教委评为“1993年度科技统计工作先进单位”；专利申请项目获辽宁发明创造奖11项，其中一等奖3项，二等奖5项，三等奖3项；柴天佑教授在宝钢教育基金特等奖获得者中排名榜首。

12月12日 东北大学工会第十一次、教代会第四届代表大会召开。大会听取和讨论了校长蒋仲乐《深化改革、加快发展，为实现东北大学“211工程”建设的宏伟目标而奋斗》的报告和苏凤贵代表校工会第十届委员会、教代会第三届执委会作的《在党委领导下，团结全校职工，为推进学校改革和发展做贡献》的工作报告。大会选举产生了东北大学工会第十一届委员会、教代会第四届执委会，苏凤贵任主席。

12月19日 我校机械工程学院教授谢里阳荣获“全国青年科技标兵”称号。

12月20日 我校1993年度代理专利申请43项，授权37项，居辽宁省高校和冶金工业部高校专利申请量之首。

12月21日 国家科委综合计划司及中国科技信息中心新闻发布会召开。我校1993年在EI系统发表论文79篇，居全国高校第十位；我校被国家教委评为“1993年度科技统计工作先进单位”。

12月29日 由我校干燥技术研究所设计、干燥机厂制造的“东大牌DLG型塔式粮食干燥机”，在营口港务局投入运行近一个月，各项技术指标均达到并超过设计标准。这一系统工程，从主机的设计、制造、调试，到辅机的配置及整体布局，均由东北大学干燥技术研究所负责完成。

12月 我校1994年科研成果获国家教委科技进步奖（甲类）9项。其中一等奖1项，二等奖4项。

年末 我校采矿系博士生导师唐春安教授获国家教委1994年度跨世纪人才基金资助，同时荣获第四届中国青年科技奖。

本年 我校1992级学生四级英语通过率达86.5%。比1991级高出4.1个百分点。

1995年

1月6日 我校在沈阳市政府召开的“双拥工作”表彰大会上被市委、市政府、沈阳军区授予“拥军优属模范单位”称号。

1月11日 我校召开研究生工作会议。会议传达了国务院学位办有关自行审批博士生导师的文件和我校自行审批博士生导师的实施方案。研究生院相关负责人作了《加大改革力度，开创我校研究生教育新局面》的工作报告。蒋仲乐校长对我校的研究生教育工作做了总结发言。

1月13日 校工会在学术报告厅召开1994年度“两优一先”表彰会。

2月6日 我校顺利完成1994年度“科技统计”与“人文社科统计”年报工作。全校科技经费进款额7028万元，科技课题858项，鉴定科研成果62项，获奖成果81项，申请专利43项，授权37项，发表学术论文1279篇，出版科技专著41部。人文社科科研经费41.3万元，课题35项，发表学术论文101篇，出版专著38部。

2月8日 韩国汉城（现称“首尔”）大学校工科大学学长鲜于仲浩教授等4人代表团来我校访问，并与我校签署校际合作协议。

2月19日 我校首次开展自行审定博士生指导教师工作。学校成立了以校学位委员会正、副主席为核心的自审试点工作领导小组，制定了《东北大学开展自行审定博士生指导教师试点工作的实施办法》。由校内博士生导师7~9人组成学科组，组长由国务院学科评议组成员担任。全校23个博士点中，22人当选博士生导师，名单如下。矿山建设工程：黄宝宗；冶金物理化学：王之昌、翟玉春；金属塑性加工：刘相华、温景林；金属材料及热处理：左良、徐家祯、杨洪才；材料物理：鲜于泽、魏国柱、马常祥；工业自动化：王伟、张化光；自动控制理论及应用：汪定伟；计算机应用：刘积仁；计算机科学理论：朱伟勇；机械学：丁津原、谢里阳；工程机械：张国忠；机械制造：张玉；真空工程：庞世瑾（校外）；科学技术哲学：关士续（校外）。

2月27日 中国教育和科研计算机网东北地区网络工作会议在我校召开。

3月初 经全国博士后管委会第十五次会议批准，我校新增设机械工程、计算机科学与技术两个博士后流动站。

3月10日 中央候补委员、辽宁省政法委书记刘振华视察学校高新技术产业。

3月13日 校党委副书记、校兵役登记工作领导小组组长周广有主持召开首次兵役登记工作会议，并建立兵役登记组织机构。

3月17日 为了尽快使宝钢的技术人员认识、掌握并应用Windows软件系统，冶金工业部宝钢—东大继教中心于2月20日—3月17日举办了两期“Windows系统培训班”，来自宝钢（集团）公司各部门的近百名工程技术人员参加学习。

△ 在中国专利局举办的“中国专利十年成就展”上，我校的“振动式多层水平圆运动干燥机”作为辽宁省推荐的两个优秀项目之一参加了展出。

3月20日 国家教委来我校检查“中国教育科研计算机网络信息共享服务研讨会纪要”落实情况。

3月21日 柴天佑、刘积仁被批准为1994年度国家级有突出贡献的中青年专家。至此，自1984年国家开展有突出贡献的中青年科学技术、管理专家的选拔评审工作以来，我校共有11人获此殊荣。另9名是闻邦椿、梁志德、徐小荷、肖泽强、王光兴、李德祥、刘亮、连法增、周士昌。

△ 校第四届学位评定委员会第八次会议做出决议：授予28人工学博士学位，授予339人硕士学位（其中包括首次授予4名来华留学生工学硕士学位）。截至此时，我校共授予工学博士学位185人，授予哲学、理学、工学硕士学位3626人。

3月24日 我校在辽宁省专利局召开的庆祝中国专利法施行十周年大会上荣获“辽宁省专利系统先进单位”称号。

△ 辽宁省副省长高国珠视察学校高新技术产业。

3月25日 冶金工业部副部长吴溪淳视察东北大学。

△ 东北大学与葫芦岛锌厂全面合作协议签字仪式在我校举行。蒋仲乐校长向葫芦岛锌厂郭余昌厂长和白汝孝总工程师颁发了东北大学兼职教授聘书，并与郭余昌厂长分别在协议书上签字。

赫冀成

3月26日 东北大学举行1995届研究生毕业典礼。

3月27日 我校在科学馆召开干部工作会议，冶金工业部人教司副司长崔宝璐宣布了经冶金工业部、辽宁省、沈阳市共同调研考核后确定的东北大学新一届领导班子。党委书记：蒋仲乐；校长：赫冀成；党委副书记：齐书聪、李树森；纪委书记：李树森（兼）；副校长：杨佩祯、王启义、周广有、刘积仁、王宛山；党委常委：蒋仲乐、赫冀成、齐书聪、李树森、杨佩祯。

3月28日 校党委召开全校中层干部会议，传达全国"两会"精神。

△ 经国家人事部批准，我校10名同志荣获政府特殊津贴。

3月 我校1993级尖子班在全国六级英语统考中通过率达60%。

4月初 1994年度，我校刘积仁教授当选为全国先进工作者；东北大学被评为辽宁省先进集体；柴天佑教授当选为辽宁省特等劳动模范；费寿林、李华天教授当选为沈阳市劳动模范。

4月5日 我校发动33个单位在全校范围内开展义务植树活动。

4月8日 冶金工业部科技司司长、俄罗斯工程院院士翁宇庆来我校检查指导工作，为我校教师作了《冶金"九五"科技计划》的报告。翁宇庆司长还被我校聘为名誉教授。

4月10日 东北大学党校第一期党支部书记培训班开班。

4月18日 国家教委全国高等工业学校教学信息统计中心在我校成立。

△ 校组织参加中国政策研究会和中央电视台联合举办的全国爱国主义知识电视邀请赛，夺得团体总分第二名。

4月20日 国家科委副主任徐冠华视察我校高新技术产业。

△ 国家教委外资贷款办公室专家组一行四人来我校检查世界银行贷款项目——轧制技术及连轧自动化重点实验室仪器设备管理使用情况。重点实验室负责同志就110万美元贷款的使用等情况作了汇报。

4月23日 台湾成功大学工学院院长欧善惠教授来我校访问。

4月24日 中共沈阳市委副书记丁世发，陪同国务院台办、国家科委台办、国家科委火炬办等领导来校考察东大自动化中心和软件中心。

4月26日 我校“软件中心”“工程图纸自动设计处理管理系统”“钢水连续测温技术”“复合板技术”和“双辊异径连续铸轧技术”等5个项目参加“第二届全国工业企业技术成就展览会”，并在冶金馆展出。作为冶金行业唯一的参展院校获得冶金工业部的重大贡献奖。

△ 校工会和教代会工作委员会举办以“敬业、成才、挑战、未来”为主题的成才经验交流会。

4月28日—5月2日 澳大利亚新南威尔士大学材料科学与工程学院院长、澳大利亚科学院院士大卫杨教授来我校进行学术交流。

4月29日 为适应科技体制、教育体制改革形势的需要，我校决定成立“控制仿真研究中心”“网络与通信中心”。其行政、人事归属原单位领导，经费全部进入校财经处统一管理。

4月 经国家人事部批准，我校1994年共有10名同志荣获政府特殊津贴。至此，从1990年到1994年我校共有241人获得此项待遇。

5月初 国务院办公厅批复，同意我校组建“国际粉体检测与控制联合会”。这是此时国内仅有的几个国际性学会组织之一，也是辽宁省唯一的国际性学会组织。

5月8日 中国科协副主席高潮到我校视察。

5月10日 辽宁省政协副主席高擎洲来校与我校研究生、本科生及专科生代表座谈。

5月12日 我校获得国家科委颁发的“第二届全国技术金桥奖”集体奖。

5月16日 我校举行香港新华集团总经理、东北大学名誉校友蔡冠深先生赠书仪式。此次蔡先生通过国际著名华人数学家、美国哈佛大学丘成桐教授从美国购买了价值5000美元的数学期刊并捐赠我校。丘成桐教授于本日被我校聘请为名誉教授。

5月20日 国家教委确定我校为国家教育和科研计算机网东北网管中心。

5月22日 我校开展向孔繁森同志学习活动。

5月26日 我校举行第三十四届田径运动会。2人次1队打破3项沈阳市高校纪录，4人次打破4项校纪录。

△ 我校与中国教育报联合举办的“勿忘国耻、振兴中华”演讲会在校学生活动中心举行。中共辽宁省委副书记王怀远出席演讲会并发表讲话。

5月30日 秦皇岛分校领导班子调整，李文宪任党委书记、王振范任校长。

6月9日 我校进行校园电话网改造，原4000门纵横式总机脱离市话网改为校内电话，该网上住宅电话改为市程控电话，原512线程控总机继续并入市话网作为校内办公电话。

6月初 我校新增设了“国际金融”和“生物医学工程”两个专业，并定于1996年开始面向全国招生。

6月20日 辽宁省委副书记曹伯纯、省委常委王充闾、副省长张榕明等省领导来校检查工作，校党委书记蒋仲乐、校长赫冀成等部分校领导向省领导汇报了工作。

6月21日 东北大学校董会筹备会议召开。东北大学原秘书长、代理校长宁恩承，民政部副部长阎明复，台湾地区“中研院院士”、老校友张捷迁，辽宁省政协原主席宋黎，我校党委书记蒋仲乐，校长赫冀成及宝钢、鞍钢、辽化、东电等单位领导和知名人士参加了大会。会议讨论了校董会章程草案、校董会成立时间及有关事宜。老校长张学良之子张闾琳及夫人到会。

6月23日 东北大学软件园开始全面动工建设。辽宁省省长闻世震、沈阳市副市长孙祥剑、电子部计算机与信息化推进司领导及东北大学有关领导、日本阿尔派株式会社的代表等为东北大学软件园奠基。

6月26—30日 我校代表队在东北协作区高校体育教师篮球赛中夺得冠军。

6月27日 由国际商业机器（IBM）大中华地区教育总监叶锦诚先生、IBM中国有限公司教学及大学业务部郭维德经理和IBM中国有限公司东北分公司李清平总经理等组成的IBM代表团来我校访问和探讨合作。党委书记蒋仲乐、校长赫冀成、副校长杨佩祯、刘积仁等会见了IBM代表团。叶锦诚总监代表 IBM 公司提出捐赠给我校一个技术中心的全套 IBM 计算机设备和软件，帮助我校进一步提高计算机系本科生培养水平。

6 月 28 日　我校举行庆祝中国共产党成立七十四周年大会。

△　我校在辽宁省科技大会上被评为“辽宁省科技工作先进集体”，刘积仁教授被评为“辽宁省优秀科技实业家”，柴天佑教授被选为“辽宁省优秀科技工作者”。

△　在辽宁省教育系统纪委监察工作会议上，我校纪委监察室被评为“辽宁省教育系统纪检监察工作先进集体”。

6 月末　我校党委被评为辽宁省先进党委。

6 月　我校有色金属冶金专家邱竹贤教授当选为中国工程院院士。

邱竹贤

△　我校承担的国家“八五”重点科技攻关项目“硼铁矿高炉分离生产含硼生铁及富硼渣技术研究”取得突破性进展。

△　我校唐春安教授获得国家自然科学基金杰出青年基金和国家教委第二批跨世纪人才基金资助。

△　由我校机械工程学院蔡光起教授负责申报的“钢坯修磨机器人专用技术开发”课题，经国家“863”高技术智能机器人专家组评审获得批准。

7 月 4 日　我校举行 1995 届学生毕业典礼。13 个系 33 个专业的 1479 名学生毕业。

△　东北大学校级领导干部开展廉洁自律自查自纠工作。

7 月 5 日　辽宁省人大常委会副主任徐廷生、原省人大常委会主任王光中等视察我校科技产业。

7 月 7 日　我校召开纪念抗日战争胜利五十周年座谈会。

7 月 12 日　中纪委驻冶金工业部纪检组组长仲恩荣来我校检查工作，内容是：我校贯彻、落实中纪委五次全会和冶金工业部纪检监察工作会议的情况，以及学校领导带头廉洁自律等情况。

△ 校党委统战部召开党外中青年知识分子代表座谈会。

7月15日 学校召开东北大学学生思想政治工作会议，党委副书记齐书聪作了《开拓进取、扎实工作，努力把我校的学生思想政治工作推向新阶段》的工作报告。副校长杨佩祯对《东北大学德育实施细则》和《东北大学贯彻爱国主义教育纲要实施计划》作了详细说明。校党委书记蒋仲乐和校长赫冀成在讲话中要求各级行政领导切实抓好教师教书育人工作，严格管理，从严治校，优化校园环境，保证德育的实施。

7月19日 全国地方钢铁企业技术进步联合网体会议在我校召开，冶金工业部原副部长周传典、李非平、林华及来自全国57个地方冶金企业的科技主管领导共110多人出席了会议。

7月25日 中国钢铁工业战略研讨会在我校闭幕。

7月27日 我校被评为“沈阳市人才交流先进集体”。

7月 我校第一期安居工程正式启动，建家属住宅三间房336套。

8月4日 东大阿尔派电脑俱乐部及计算机软件国家工程研究中心沈阳培训中心正式成立。

8月7日 在沈阳市遭受百年不遇的洪涝灾害中，我校教职工积极为灾区捐款捐物，共捐款516119元。

8月10日 我校被正式确定为国家教委开展大学生文化素质教育试点院校。

8月初 在高新技术产业化工作会议、第四次全国火炬计划工作会议上，我校杨佩祯副校长作了《建设大学科学园，促进高新技术成果产业化》的发言。

8月11日 由国家教委牵头，CERNET（中国教育和科研计算机网）管委会组织召开的CERNET第三次工作会议在计算机软件国家工程研究中心——东北大学软件中心召开。北大、清华等学校的校长和专家参加了会议。东北地区网络管理中心主任、我校副校长刘积仁教授汇报东北地区网络的建设情况。随后，与会者参观了东软的实验环境和东北地区网络管理中心。

8月16日 我校软件中心——沈阳市软件中心中试基地通过验收。

8月20日 首届中外控制领域杰出学者研讨会在我校召开。会议由我校柴天佑教授、韩国汉城大学自动化研究所所长权旭铉教授联合发起，并由两国专家各推荐 15 名此领域的中青年学者参加。

8 月 21 日　我校聘请中国科学院院士、中国自动化学会理事长、中国科学院系统科学研究所所长陈翰馥研究员为东北大学名誉教授。

8 月 25 日　我校制图教研室毛昕副教授被评为全国优秀教师并被授予全国优秀教师奖章。

8 月 31 日　学校召开 1995 级新生开学典礼暨军训动员大会。本年共招新生 1940 人。

9 月 1 日　校工会组织女职工自行车环城赛，迎接“世妇会”的召开。

△　我校召开 95 级研究生开学典礼。

9 月 6 日　我校李华天教授被辽宁省人民政府授予“省功勋教师”称号。

△　美国洛斯阿拉莫斯国家实验室奥本海默研究员，世界著名离散数学家、南开大学陈永川教授来我校讲学，并被我校聘为兼职教授。

9 月 8 日　校工会召开庆祝教师节暨“三育人”工作经验交流会。

9 月初　我校对研究生培养方案进行重大改革。主要内容有：培养类型多样化（按课程型、理论型、应用型三种模式培养）、学习年限有弹性（实行 2.5~3 年弹性学制）、实行完全学分制、推动课程改革、促进管理规范化。为适应社会对高层次专门人才的需要，我校在计算机系试办学—硕连读班。经过筛选，30 名优秀学生被录取。

9 月上旬　我校代表队参加第二届全国大学生电子设计竞赛，一组获一等奖；两组获二等奖。

9 月 14 日　我校“计算机多媒体办公自动化通用开发技术”项目被确定为国家自然科学基金重点项目。

9 月中旬　1995 年国家自然科学基金项目评审揭晓，我校共有 18 项获得批准，其中青年基金 4 项，总计经费 195 万元。

9 月 22 日　我校隆重举行 1995 级学生阅兵暨庆祝学生军训十周年大会。

9 月 23 日　我校举办全国高等工业学校教学信息统计培训班。

9 月 25 日　我校成人教育学院评估工作开始。

9 月 26 日　我校工业爆炸及防护技术研究所所长邓煦帆教授获得波兰科学院 Woclow Cybuski 奖章。

9 月 27 日　我校与沈阳铝镁设计研究院签订全面合作协议。

9月30日 应美国政府新闻总署邀请，赫冀成校长先后参观访问了马里兰大学、哈佛大学、麻省理工学院等十几所大学。

9月 我校同韩国庆南大学建立校际合作关系，蒋仲乐书记在率团访韩期间代表我校在协议书上签字。

△ 我校被评为全国冶金行业体育工作先进单位。

△ 刘晓平获陈香梅教育奖励基金一等奖，刘积仁获宝钢奖教金特等奖。

△ 在全国大学生数学建模竞赛中，我校荣获两个二等奖。

10月4—7日 我校参加在北京国际会议中心举行的“全国博士后科技成果及人才学术交流会”。

10月初 我校党委副书记齐书聪在中国共产党辽宁省第八次代表大会上当选为中共辽宁省第八届委员会候补委员。

10月12日 我校参加的高技术CIMS突破口工程受到国家教委的奖励。

10月13日 我校召开各地校友代表会议，张学良基金筹集工作开始启动。

10月16—17日 东北三省高等理工科学校第二届CAI会议在我校召开。

10月18日 IBM公司向我校捐赠98.1万美元的计算机设备。IBM公司代表叶锦诚先生和我校副校长刘积仁教授分别在协议书上签字。我校作为IBM首批合作的20余所重点大学之一，率先引进IBM先进的计算机技术，提高教学科研能力，促进东北地区信息产业的发展。

△ 东北大学第八次研究生代表大会召开。大会选举产生了十二届研究生总会。

10月20日 我校开始对机关干部进行计算机技能培训。

10月中旬 我校22项科研成果获得1995年度辽宁省科技进步奖。

10月23日 我校党委书记蒋仲乐、副校长杨佩祯率代表团参加锦州市科技周暨1995年度锦州科技洽谈会。会上，我校杨佩祯副校长和锦州市政府张百川副市长代表双方签署科技合作协议。

10月26—30日 冶金部高校教学工作互检互学专家组考察我校。

10月27日 我校学位评定委员会换届改选，成立了第五届学位评定委员会。主席：赫冀成，副主席：王启义、刘积仁、段曰瑚，委员21人。

10月 在辽宁省第二届青年学术年会上，我校15名青年教师被评为辽宁省优秀青年科技工作者，名单如下。工科：王伟、张化光、卢朝霞、刘德满、隋曼龄、杨文通、丁学勇、巩恩普、王青、韩跃新、冯夏庭。理科：胡全利、张铁。交叉学科：郭亚军。

△　我校18个科研项目获得1995年国家自然科学基金资助。

△　在第二届全国大学生电子设计竞赛中，我校代表队荣获二等奖，学校作为辽宁赛区的组织者荣获国家教委颁发的优秀组织奖。

10月27日—11月7日　校开展1995年税收、财务、物价大检查。

11月1日　在全国高校自然科学学报系统“优秀学报、优秀编辑、优秀编辑学论著”（三优）评比中，《东北大学学报（自然科学版）》获重点院校优秀学报一等奖。

11月7日　第五届校学位评定委员会召开第一次工作会议，批准授予21人博士学位，授予36人硕士学位。

11月8日　我校资源与土木工程学院成立。学院是由采矿和矿物两系合并成立，设有安全工程、资源和环境工程、地质、采矿工程、土木工程等5个系，1个国家重点学科——采矿工程学科，1个冶金工业部重点实验室——采矿工程实验室，1个省属重点学科——结构工程，6个博士学位授权点，1个博士后流动站。

△　按国家要求，经严格审查和考核，我校1992级107名本科生获得推荐免试研究生资格。

11月25日　国家教委首次跨世纪优秀人才计划座谈会在我校召开。1993、1994年度国家科委共评选出118名计划入选者。我校副校长刘积仁教授、博士生导师唐春安教授入选。

11月30日　在国家教委《面向21世纪高等工程教育教学内容和课程体系改革计划》教改立项项目中，我校在2个项目中担任主持单位，在3个项目中为参加单位。

11月　我校获国家科技进步奖特等奖（东北大学集体）1项；获国家科技进步奖二等奖2项；获国家科技进步奖三等奖2项；获国家发明奖四等奖1项。我校获国家科技进步奖和国家发明奖分别排在全国高校的第五位和第六位。

△　方昆凡等4名教师被聘为国家教委第三届高校工科、本科基础课程教

学指导委员会委员。

12 月 6 日 我校举行纪念一二·九运动六十周年歌咏比赛。

12 月 8 日 我校成立东北大学第一届语言文字规范化领导委员会，同时推出《东北大学关于加强语言文字规范化工作的几点意见》。

12 月 8—9 日 我校轧制技术及连轧自动化国家重点实验室通过国家教委组织的验收。该实验室是在我校原轧钢实验室的基础上，利用 125 万美元的世界银行贷款和约 575 万元人民币国内配套费，经过 4 年时间建成。在验收过程中，专家们认为我校轧制技术及连轧自动化实验室达到并超过国家计委验收大纲的要求，一些主要设备装备水平已居国内一流、国际先进水平。

12 月 13—15 日 中国共产党东北大学第十一次代表大会召开。蒋仲乐代表第十届校党委向大会作了《切实加强党的建设，为实现我校“211 工程”建设的宏伟目标而奋斗》的工作报告。李树森代表上届纪委作了《加强党风廉政建设，保证学校各项事业健康发展》的报告。大会选举产生了中国共产党东北大学第十一届委员会和纪律检查委员会。中共东北大学第十一届委员会由 23 人组成。党委常委：蒋仲乐、赫冀成、齐书聪、李树森、杨佩祯；书记：蒋仲乐；副书记：齐书聪、李树森。中共东北大学纪律检查委员会由 9 人组成。书记：李树森；副书记：宋志强。

中国共产党东北大学第十一次代表大会会场一隅

12 月 14 日 校党政领导召开联席会议，决定组建东北大学软件集团。

12 月 27 日 我国第一个计算机软件国家工程中心——以东北大学软件中心为依托的计算机软件国家工程研究中心顺利通过冶金工业部组织的竣工验收。该中心共投资 1007 万元。专家一致认为，该中心已建设成为一个体制健全、竞争力强、技术领先、很有发展前途的计算机软件国家工程研究中心。实验环境具有国际标准、国内一流水平。

12 月 1995 年学校全口径研究与发展经费达 10015.5 万元，科研处口径科研经费进款 2349 万元，其中横向 1292 万元，纵向 1057 万元，鉴定成果 34 项，获奖 70 项。申请专利 39 项，授权 23 项。发表学术论文 1277 篇，专著 76 部（含教科书）。

△ 我校国家“九五”科技攻关项目陆续启动，目前为止已签订专项合同 14 项、子专题 31 项，批准经费 830 余万元。

△ 我校与冶金工业部黄金研究院签订了全面合作协议。

△ 我校同澳大利亚新南威尔士大学建立校际合作关系，赫冀成校长代表学校签署协议书。

△ 我校蔡光起教授负责的“钢坯修磨机器人技术开发”课题被国家高技术智能计算机主题专家组批准立项，实现了我校该主题申报工作零的突破。

△ 辽宁省老教授协会在我校成立，省委书记顾金池、副书记曹伯纯等领导题词祝贺。

本年 我校 22 项科研成果获辽宁省科技进步奖，其中一等奖 3 项；二等奖 7 项；三等奖 12 项。

本年 我校 18 个科研项目获得 1995 年国家自然科学基金资助。

序号	课题名称	负责人	经费 / 万元	所属学部	系部
1	铝电解槽中的铁磁效应与磁场仿真研究	李国华	9.00	材料学部青年基金	有色系
2	铝土矿碱液矿浆电溶出机理研究	毕诗文	10.00	材料学部	有色系
3	低温铝电解机理与电流效率研究	邱竹贤	12.00	材料学部	有色系

序号	课题名称	负责人	经费/万元	所属学部	系部
4	二次资源中有价组分赋存状态冶化形变规律的基础研究	隋智通	12.00	材料学部	有色系
5	阵铸中间包——结晶器过程模拟仿真阵及优化设计的软件开发	朱苗勇	6.00	材料学部青年基金	钢冶系
6	含钒、钛、铌、铬和钽炉渣的氧化还原和非化学计量学	薛向欣	14.00	材料学部	钢冶系
7	高炉喷吹煤粉在风口处结渣性的基础研究	沈峰满	9.00	材料学部	钢冶系
8	Al_2O_3—SiC-YAG 新型复相纳米陶瓷材料制作、组织与性能	孙旭东	11.00	材料学部青年基金	材料系
9	高压逆过冷无热流大体积近快速凝固过程的研究	张国志	10.00	材料学部	材料系
10	非晶及纳米晶巨磁致伸缩合金的磁性和结构研究	程力智	11.00	材料学部	材料系
11	用微生物强化固液分离的研究	胡筱敏	8.00	材料学部	资源土木学院
12	利用金属尾矿制取建筑微晶玻璃的晶化行为研究	宋守志	13.00	材料学部	资源土木学院
13	颗粒增强铝复合材料超塑板材超塑性能及微观机制的研究	张彩碚	10.00	材料学部	理学院
14	混合稀土氧化物火法分离基本规律的探索	王之昌	8.00	材料学部	理学院
15	广义大系统的鲁棒性分析及其控制问题的研究	张庆灵	8.00	信息学部	理学院自控系
16	复杂大系统的容错控制	杨光红	5.00	信息学部青年基金	理学院自控系
17	基于 ATM 的分布式高速多媒体局网介质访问控制的研究	王光兴	9.50	信息学部	计算机系
18	分布式多媒体办公自动化通用开发技术	刘积仁	30.00	信息学部	计算机系

本年　我校自动化研究中心主任柴天佑教授被评为国家杰出青年科学基金评审委员、国家教委资助优秀年轻教师基金顾问委员会顾问。

本年　我校刘积仁、唐春安教授分别荣获全国冶金系统杰出科技青年和优秀科技青年称号。

1996 年

1 月 3 日　我校聘请著名科学家、全国政协副主席钱伟长为名誉教授。

1 月 5 日　在第二届全国大学生电子设计竞赛上，我校代表队荣获本届竞赛二等奖。

1 月 15 日　我校承办的国家 CAD 应用工程培训网络东北中心，通过国家科委、教委联合专家组的验收。

1 月 19 日　根据《中国教育改革和发展纲要》的精神，我校本年度开始实行招生并轨，改变学生上大学由国家包下来，毕业时由国家包安排职业的做法，建立收费制度和相应奖学金、贷学金以及毕业生就业相挂钩的专项奖学金制度，逐步建立学生上学缴纳部分培养费，毕业后多数人自主择业的机制。

1 月 23 日　我校党委书记蒋仲乐、校长赫冀成在香港拜会世界著名物理学家、诺贝尔奖获得者、美籍华人杨振宁教授，邀请他担任东北大学校董会常务董事并出席成立大会。

△　何世礼先生在香港向我校赠款 50 万美元。何世礼先生曾任张学良侍从副官、东北军团长。我校将以何先生捐赠的 50 万美元为基础，新建一座现代化教学大楼（何世礼教学馆）。

1 月 26 日　民盟东北大学委员会召开全体盟员大会，主委潘德惠代表第二届盟委会作工作报告。大会选举民盟第三届委员会，主任委员潘德惠，常务副主任委员陈宝智。

2 月 1 日　东北大学秦皇岛分校召开首届美国留学生开学典礼。

3 月 9 日　东北地区冶金高校毕业生就业供需洽谈会在我校举行，全国 16 所高校的 3200 多名应届毕业生和来自 27 个省、自治区、直辖市 180 多家单位的 256 名代表参加了这次洽谈会。

3 月 10 日 东北大学软件集团成立。集团是由东北大学软件中心投资组建的高科技企业集团，主要从事计算机软件、软硬件系统集成产品的开发与销售。

3 月 13 日 东北大学教职工四届二次代表大会召开，428 名教代会代表出席了大会。赫冀成校长作《东北大学教代会四届二次代表大会学校工作报告》。

3 月 22 日 在冶金高校第三届优秀教材评奖中，我校 9 种教材获奖。其中 6 种教材获一等奖；获教材二等奖 2 种；获教材中青年奖 1 种。

3 月 29 日 我校举行 1996 届研究生毕业典礼。共授予博士学位 32 人，硕士学位 357 人。

△ 全国教育工会主席蒋文良来我校检查工作。

△ 我校 11 名同志享受 1995 年政府特殊津贴。截至此时，我校先后共有 251 人获此殊荣。

3 月 31 日—4 月 3 日 冶金普通高校函授夜大学教育评估专家组对我校成人教育状况进行实地考察。考察结果为“优良”。

4 月 1 日 我校校园办公自动化系统正式运行。该系统经过对原有校园网络办公自动化系统软件版本升级和对各单位微机系统运行调整之后，正式开通。

4 月 10 日 在“九五”沈阳市产学研招标会上，我校教师近百人次参加各企业集团提出的难题招标，签订了正式合同 12 项，意向书 14 项，占本次招标会成交合同总数的 50%。

4 月 11 日 我校同日本丰桥技术科学大学建立校际合作关系，赫冀成校长代表东北大学签署合作协议书。

4 月 15 日 在原学科建设领导小组的基础上，我校学科建设委员会成立。学科建设委员会作为学校决策学科发展建设的高级咨询机构，其职能是：交流国内外有关学科领域的发展趋势和动向，分析研究我校学科建设的现状、存在的问题，提出解决问题的办法；制定学校学科发展近期和长期规划；根据学校发展的不同阶段提出学科建设方针、原则；对全校专业、学科的调整，新兴和边缘学科的设立提出意见；对全校的国家级、省部级、校级重点学科的发展建设提出意见；对全校学科建设的投资及资金使用原则提出意见。赫冀成校长任主席，蒋仲乐、王启义任副主席，委员 34 人。学科建设委员会下设工科 1、工科 2、理学等 3 个学科组。徐小荷、闻邦椿、陈昌曙分别任 3 个学科组组长。

4 月 19 日　根据国家教委《关于开展加强大学生文化素质教育试点工作的通知》精神，经国家教委高教司同意，1995 年 11 月，我校被正式确定为国家教委开展大学生文化素质教育试点工作学校。我校出台实施方案。该方案主要内容有：成立校文化素质教育试点工作领导小组，试点工作实行归口管理，逐步增加人文、社会科学及艺术类选修课门数，定期开展各种素质教育系列讲座和举办各种知识竞赛，规定学生必读书目等，培养时代需要的全面发展的优秀人才。

4 月 26 日　国家自然科学基金“九五”首批 17 个重点项目之一“连续工业过程的综合自动化应用理论与新技术”，总经费 80 万元，经国家自然科学基金委员会批准，由我校自动化研究中心、清华大学自控系、浙江大学工业控制研究所三家共同承担。该项目是建立符合中国国情的连续工业过程综合自动化的结构分析、综合方法、总体设计方法和系统评价的指标体系。

5 月初　我校柴天佑教授当选为国家教育委员会科学技术委员会第三届委员和该委员会下设的信息学部委员。

5 月 10 日　我校机械工程学院鄂中凯教授主编的教材《齿轮承载能力分析》，获国家教委第三届高等学校优秀教材二等奖。

5 月 16 日　我校博士生指导教师评审工作圆满结束。校学位评定委员会对 12 个学科的评审对象进行审查，其中 13 人通过，这是我校第七批增列的博士生指导教师。至此，我校的博士生指导教师由 76 人增至 89 人。

5 月 17 日　我校柴天佑教授成为国际自控联（IFAC）技术局 10 名成员之一。柴天佑教授被选为制造和仪表协调委员会主席，负责 IFAC 的制造、建模、管理和控制委员会，机器人委员会，企业集成技术委员会，装置和仪表委员会，低成本自动化委员会和先进制造技术委员会等 6 个技术委员会的工作。

5 月 22 日　以我校党委书记蒋仲乐为团长的东北大学友好访问团赴朝鲜进行访问。

5 月 24 日　我校召开第三十五届田径运动会，有 2 人破两项校纪录。

5 月 28—30 日　冶金工业部在我校召开“全国冶金系统跨世纪优秀人才

培养”工作座谈会。参加这次会议的代表有冶金工业部直属单位，十大钢铁公司，各省、自治区、直辖市冶金厅（局、公司）的领导和有关同志，我校党政领导全体成员出席了会议。

5月 我校在全国首次科普工作会议上被国家科委和中国科协评为“全国先进科普工作集体”。

6月1日 赫冀成校长、杨佩祯副校长前往美国夏威夷向张学良老校长贺寿。张学良老校长为校董会题词：“东北大学校董会”。

6月3日 我校出售公有住房工作全面展开。

6月4日 东北大学校董会常务董事、美国加州大学伯克利分校校长、中科院外籍院士田长霖先生来校访问。田长霖先生参观了软件中心及自动化工程中心，并作了《教育是立国之本》的精彩演讲。

6月5日 东北大学“工业生产过程综合自动化”实验室被列为冶金工业部重点实验室。

△ 国际粉体检测与控制联合会正式成立，联合会秘书处设在我校。

△ 我校工商管理学院的物资管理专业调整为国际贸易专业，统计学专业调整为国际金融专业。

6月8日 国家科委常务副主任朱丽兰视察我校。

6月12日 应我校邀请，世界著名物理学家、诺贝尔奖获得者、美籍华人、美国石溪大学理论研究所所长、东北大学校董会常务董事、名誉教授杨振宁先生在辽宁人民剧场作《近代科学在中国的发展史》报告。省市党政领导和各部门负责人，在沈阳的中国科学院、中国工程院院士，在沈阳的高校、部分重点中学领导、师生共800余人，以及东北大学1200余名师生到会听取报告。

6月13日 东北大学校董会成立。成立大会在科学馆学术报告厅举行。世界著名物理学家、诺贝尔奖获得者、美国石溪大学理论研究所所长、美籍华人杨振宁，原东北大学秘书长、代理校长宁恩承，美籍华人、台湾地区“中央研究院院士”张捷迁，香港新华集团总裁蔡冠深等海外来宾；全国政协副主席钱伟长、冶金工业部部长刘淇、民政部副部长阎明复、中国工程院副院长师昌绪、辽宁省省长闻世震、辽宁省委副书记曹伯纯、辽宁省副省长张榕明、沈阳市市长张荣茂及冶金工业部有关领导；国内有关企业代表、校友会代表、在校全体党政领导和部分师生代表等出席了校董会成立大会。大会由校党委书记蒋仲乐主持。校董会主席、冶金部部长刘淇讲话。他在讲话中宣布：经国家教委、国家计委、财政部批准，东北大学首批进入国家重点建设的“211 工程”。这是我国冶金高等教育发展史上的大事喜事，而东北大学校董会的成立，正是推进“211 工程”建设，迎接跨世纪转折的一项重要举措。我校校长赫冀成作了《东北大学学校工作及校董会筹备工作》报告。大会一致通过了《东北大学校董会章程》（5 章 16 条）和《东北大学校董会基金管理办法》（4 条）。钱伟长、闻世震、张荣茂、杨振宁、宁恩承、张捷迁、蔡冠深、刘玠等相继发表讲话。校董会名誉主席张学良，名誉副主席钱伟长、吕正操、宁恩承、吴大猷；主席刘淇，副主席阎明复、师昌绪、张榕明、赫冀成；秘书长阎明复、赫冀成，副秘书长周广有；常务董事蒋仲乐、宋黎、杨振宁、张捷迁等 31 人；名誉董事王淀佐等 17 人，董事 135 人。

东北大学校董会成立大会

东北大学第一届校董会部分成员合影

（前排左起：赫冀成、左铁镛、阎明复、张捷迁、杨振宁、钱伟长、宁恩承、张榕明、崔宝璐、蔡冠深）

6月14日 经东北大学老学长张捷迁先生推荐，美国工程研究院院士、国际著名半导体专家施敏教授来我校讲学，“精解”《半导体器件——物理与工艺》。24日，赫冀成校长代表学校聘请施敏教授为东北大学理学院名誉教授。

△ 中国科学院、中国工程院院士师昌绪教授、香港新华集团总裁蔡冠深先生分别在我校作学术报告。

6月16日 按国家教委《工科本科引导专业目录》，我校对部分专业进行调整：选矿工程专业调整为矿物加工工程专业；钢铁冶金、有色金属冶金专业合并为冶金科学与工程专业；复合材料、金属学及热处理、铸造专业合并为材料科学与工程专业；机械制造工艺及设备、机械设计及制造、机械电子工程专业合并为机械工程及自动化专业；热能工程专业调整为热能工程与动力机械专业；检测技术及仪器仪表专业调整为测控技术与仪器专业；工业自动化专业调整为自动化专业；通信工程专业调整为电子与信息技术专业；计算机及应用、计算机软件专业合并为计算机科学与技术专业；交通土建工程专业调整为土木工程专业。

6月18日 东大阿尔派公开发行股票并上市。东大阿尔派为国内首家上市的软件公司，在上海证券交易所挂牌交易。

东大阿尔派软件股份有限公司股票上市新闻发布会

6月21日 我校与中科院沈阳分院签订全面合作协议。辽宁省副省长郭廷标，中科院常务副院长、两院院士路甬祥及省、市、中科院有关部门的领导出席了签字仪式。中科院沈阳分院骆继勋院长、我校赫冀成校长在协议书上签字。

△　我校软件中心与曙光信息产业有限公司合作的“行业信息系统平台及其应用产品”、加工系与鞍山铁东区合作的“液固相复合轧制材料”两项成果在“中国高科技研究发展计划（863 计划）十周年赴辽宁展览会”上成交。两个项目共需投资 1 亿元以上，产值将达到 5 亿元以上。

6 月 26 日　中共沈阳市委授予东北大学党委“先进党委”称号，蒋仲乐荣获辽宁省“优秀党委书记”称号。

7 月 5 日　我校 3 种教材分别获机械工业部、中国有色金属工业总公司第三届普通高等学校优秀教材奖二等奖。

7 月 8 日　我校在辽宁省委党校礼堂召开了 1996 届学生毕业典礼。本年我校共有 1817 名学生毕业，其中本科生 1556 名。

7 月 10 日　东北大学首届青年教师教学基本功大赛决赛举行。

7 月　由东北大学软件中心承担的国家自然科学基金重点项目“分布式多媒体信息处理方法及支撑平台的研究”，分别在清华大学和东北大学通过国家验收。

8 月 21 日　国务委员、国家科委主任宋健，在国务院副秘书长徐志坚、辽宁省省长闻世震、副省长郭廷标等省、市领导的陪同下，视察了东北大学软件园。东北大学副校长刘积仁教授详细介绍了东大软件园建设情况和远景规划。

8 月 28 日　学校召开 1996 级新生（1900 余人）开学典礼暨军训动员大会。

△　我校在全国高等学校体育工作表彰会议及全国第五届大学生运动会上荣获全国“贯彻《学校体育工作条例》优秀高校”称号。

9 月 1 日　我校参与“96 中国沈阳首届科技周”，签订技术合作合同 7 项，占合同总数的 1/3，其中有两项被沈阳市列为 1996 年度重大科技攻关项目。

9 月 2 日　1996 年全国软件产业工作交流及研讨会在我校软件中心召开。会议由国家科委火炬计划办公室主办。来自国家科委、电子工业部及北京、上海等地的科委、大学、科研院所及计算机软件企业的 100 多名代表参加了会议。

9 月 5 日　1996 年有色冶金和材料国际学术会议在我校召开，会议由中国工程院院士、挪威皇家科学院院士、我校著名教授邱竹贤主持。来自美国、日本、瑞典、芬兰等 10 余个国家和我国台湾地区，以及大陆的著名专家及在校的部分教师、研究生130多人出席了开幕式。会上，诺贝尔化学奖评委哥罗泰姆，中国著名冶金专家、中国科学院院士肖继美，美国得州大学材料系主任、著名固体化学家古德伊娜夫等代表进行了学术交流。

9月5—6日 辽宁带状城市群开发研究第一次中日国际会议在我校召开。28位日本客人和中方代表136人出席了会议。

9月9日 我校在科学馆举行庆祝试办研究生院十周年暨研究生院正式成立大会。中国学位与研究生教育学会、冶金工业部人教司、本溪钢铁公司、辽宁省政府学位办，以及哈尔滨工业大学等20余所院校研究生院（部）的领导和嘉宾参加了大会，我校党政领导、在校的博士生导师以及研究生代表200余人出席了大会。

9月14日 在第七次冶金科技期刊质量检查评比中，《东北大学学报（自然科学版）》得分名列第二，荣获一等奖，并被推荐参加全国科技期刊的评比。

9月22日 我校荣获沈阳市“国防教育达标创优最佳单位”称号。

9月23日 1996年中国国际精密制造工程会议暨第六届中日精密加工技术研讨会在我校召开。来自美国、德国、英国、日本、澳大利亚、新加坡、芬兰、中国10个国家的近百位专家学者出席了会议。

9月下旬 中共辽宁省委高校工委、省教委、团省委联合发出《关于表彰辽宁省普通高等学校“三好学生”“优秀学生干部”“先进班集体”的决定》，我校1名同学被评为省三好学生标兵；17名同学被评为省三好学生；10名同学被评为省优秀学生干部。

9月末 我校轧制技术及连轧自动化国家重点实验室为宝钢研制的卷径测控系统成功，并通过宝钢生产部、技术部及热轧厂联合验收。

10月初 1996年国家自然科学基金评审揭晓，我校有27项申请项目获得资助。资助总经费325万元。其中：材料学部21项，经费247.5万元；信息学部5项，经费70.5万元；管理学部1项，经费7万元。

10月10日 我校“鞍钢高炉氧煤强化炼铁新工艺”“包头铌资源综合利用选冶新工艺研究”等3项成果获国家“八五”攻关重大成果奖。

10月11日 我校研究生院宝钢分部第一期硕士研究生毕业。1992年我校在上海宝钢设立了研究生院宝钢分部，1993年开始招收第一批校企联合培养的工程类型硕士研究生。我校党委书记蒋仲乐、校长赫冀成等党政领导及研究生院领导、部分教师出席毕业典礼。

10 月 12 日　中国劳动保护科学技术学会防火防爆专业委员会粉尘爆炸研究会首届会员代表大会在我校举行。

10 月 25 日　我校 4 项教学成果课题参加 1996 年冶金工业部属院校教学改革成果奖的评选，荣获一等奖 1 项，二等奖 1 项，三等奖 2 项。

10 月 28 日　我校信息科学与工程学院、材料与冶金学院成立。至此，我校已全面实行了学院制。

信息科学与工程学院是由原自控系和计算机系合并组成。学院下设计算机、自控两系，6 个专业，1 个国家一级学科，2 个国家工程研究中心，2 个国家“211 工程”重点建设学科，3 个省部重点学科，6 个博士学位授权点，9 个硕士学位授权点，2 个博士后流动站。

材料与冶金学院是由钢铁冶金、有色金属冶金、热能工程、金属压力加工及材料科学与工程 5 个系及 1 个国家重点实验室合并而成。学院下设 6 个系：钢铁冶金系、有色金属冶金系、热能工程系、金属压力加工系、材料科学与工程系、冶金与材料化学系；1 个国家重点实验室，1 个研究所，1 个国家重点学科，5 个省部级重点学科，6 个博士学位授权点，12 个硕士学位授权点，1 个博士后流动站。

△　全国冶金院校教师住房建设及房改工作座谈会在我校召开。冶金工业部副部长王万宾出席会议并讲话。

11 月 1 日　校学位委员会召开会议，决定授予 28 人博士学位，75 人硕士学位。

11 月 11 日　我校有 6 项科研成果荣获国家教委科技进步奖。

△　我校宝钢教育基金理事会理事、副校长周广有，教师代表王国栋，学生代表李建新及学生处领导等 4 人参加“1996 年宝钢教育奖颁奖仪式”。我校教师王国栋、王福利、李景银、迟汉忠获优秀教师奖；15 名研究生、本科生获优秀学生奖。

11 月 18 日　东大阿尔派软件股份有限公司正式进驻位于东大软件园中的软件开发与生产基地。

11 月 25 日　我校副校长刘积仁教授作为 APEC 工商理事会的中国代表出席亚太经合组织领导人非正式会议。

12月初 我校承担的国家自然科学基金重点项目“硼铁矿资源综合利用应用基础研究”通过国家自然科学基金委员会的验收。这是我校第一个得到国家自然科学基金委员会资助的重点项目。

12月6日 东北大学设计研究院正式挂牌运营。该院的前身是我校1981年建立的建筑设计所，1994年经冶金工业部批准更名为东北大学设计研究院。设计研究院下设建筑分院，以及矿山、冶金、加工、热工、自动化、机械、表面加工、环保、技术经济等设计研究室和办公室。

12月中旬 东北大学研究生教育委员会成立。赫冀成校长为主任，委员由学校、研究生院、各学院、机关部处的领导和导师代表共25人组成。委员会是研究并审议研究生教育与管理工作，并发挥辅助决策作用的组织。

12月19日 我校博士后工作会议召开，会议通过了《东北大学博士后研究人员管理工作暂行规定》和《东北大学博士后研究人员经费管理暂行办法》。我校1991年经国家人事部、全国博士后管理委员会批准，开始设立博士后流动站。此时，我校共有冶金、机械工程、地质勘探、矿业石油和计算机科学技术5个博士后流动站，在校博士后研究人员25人。

12月 我校被评为沈阳市“尊重知识、尊重人才”先进单位。党委书记蒋仲乐被评为沈阳市“尊重知识、尊重人才”优秀领导干部；王德俊被评为沈阳市“尊重知识、尊重人才”先进工作者；闻邦椿、徐心和、邱竹贤、陈昌曙、柴天佑、郑怀远、王国栋、高文录被评为第二批辽宁省优秀专家；刘积仁、卢朝霞、原培新、唐春安、刘晓平被评为第二批辽宁省青年专业技术拔尖人才。赫冀成被评为沈阳市首批优秀专家；王伟、左良、刘相华、赵宏被评为沈阳市青年专业技术拔尖人才。

1997年

1月6日 应北美—中国教育交流协会的邀请，我校党委副书记李树森等一行赴美国和加拿大进行考察和友好访问，并与加拿大西安大略大学签订了校际交流协议，在双方教师与学生的交流、教学研究、材料与信息的交流及合作研究等方面达成协议。

1月22日 沈阳黄金学院并入东北大学，作为东北大学二级学院进行管理。原中共沈阳黄金学院党委书记、院长王智担任东北大学党委常委、副校长；原中共沈阳黄金学院党委副书记兼纪委书记田梦平任中共东北大学纪委书记。沈阳黄金学院是直属冶金工业部黄金局领导的我国黄金系统唯一的一所高等学校，原隶属于冶金工业部，已有 44 年的发展历史，现有校园面积 330 亩，建筑面积 12 万平方米。教职工近 700 人，各类学生共 3700 多人。

沈阳黄金学院校门

1 月 24 日 香港新华集团总裁、东北大学校董会常务董事蔡冠深先生决定自 1996 年起出资 100 万元人民币在我校设立奖励博士研究生基金，其全部利息用于奖励成绩优异、科研成果突出、毕业后自愿留校任教的东北大学在籍的国家计划内非定向培养博士研究生，首次颁奖大会在我校行举行，25 名博士生获奖。

1 月 “西门子东北大学自动化培训中心”在我校机械工程学院正式成立，该中心的任务是对西门子数控系统的用户进行高质量的培训，为我校相关专业的学生开设数控技术课程。王启义副校长、机械工程学院相关负责人代表东北大学与西门子（中国）有限公司在北京签订了合作协议书。

△ 我校与加拿大西安大略大学签订校际合作协议。

2 月 6 日 在国家教委、国家人事部联合召开的“全国留学回国工作会议”上，我校被评为25个全国留学工作先进单位之一。此次会议上，我校赫冀成校长荣获第二批全国优秀留学回国人员奖。

2月26日 我校新建成的3500平方米的餐饮中心正式启用。

3月7日 1996年我校有11项科技成果荣获辽宁省科技进步奖。其中一等奖3项，二等奖3项，三等奖5项。

3月8日 1997年冶金高校毕业生就业计划协调会暨东北地区冶金高校毕业生双向选择洽谈会在我校召开，240余家用人单位到会。几天来，共有6000余名学生参加了“双选”洽谈，其中东北地区冶金高校到会4400余人，签约1300余份，我校到会约1200余人，签约470余份。

3月14日 由东北大学干燥技术研究所、东北大学机械厂、东北大学干燥设备制造厂联合出资组成的股份制公司——沈阳东大干燥设备有限公司正式成立。公司实行董事会领导下的总经理负责制。

3月21日 国家冶金自动化工程技术研究中心（沈阳分中心）通过国家科委、省科委、冶金工业部组织的专家论证，依托于东北大学自动化研究中心在我校正式成立。至此，我校已有两个国家级研究（工程）中心。东北大学自动化研究中心创建于1992年5月，已建设成为辽宁省及沈阳市自动化工程技术中心、冶金工业部工业生产工程综合自动化重点实验室、工业自动化博士点及博士后流动站，成为集教学、科研、技术转移、学科建设、人才培养于一体的新型科研实体。该中心承接及完成科研项目100余项，科研经费总额近8000万元，获得一批具有国际领先水平的科研成果。国家冶金自动化工程技术研究中心（沈阳分中心）成立后，国家将投资2100万元用于建设。

△ 由东大阿尔派投资4000万元兴建的计算机世界广场日前在沈阳正式投入运营，建筑面积达11000平方米。计算机广场的建成和投入使用，不仅意味着东大阿尔派在发展民族软件产业、规范软件及信息产品市场方面又迈出了重大的一步，同时，也标志中国计算机软件开始向大流通、大市场、规模化、规范化的产业发展格局迈进。

△ 我校刘晓平教授荣获第五届中国青年科技奖。

3月27日 东北大学1997届研究生毕业典礼暨授予学位仪式举行，434名研究生获得学位，其中博士生52名，硕士生382名。到此时为止，我校共授予316人博士学位，4501人硕士学位。

3月28日　共青团东北大学第十六次代表大会召开。大会选举产生了21人组成的第十八届委员会，孙雷任书记。

3月31日　校四届三次教代会召开。

3月末　王国栋教授、姚广春教授被评为冶金工业部1996年有突出贡献的科技管理专家。赵宏教授被评为第七届国家级有突出贡献的中青年科学技术管理专家。

4月4日　冶金工业部1996年度教学成果奖评选结果揭晓，我校共有9项获奖，其中一等奖3项，二等奖4项，三等奖2项。

4月8日　全国人大代表梁志德教授、全国政协委员赖祖涵、闻邦椿教授向校理论中心组成员、各分党委书记及校党务部门负责人传达了八届五次全国人大、政协会议精神。

△　日本驻沈阳领事馆大和滋雄总领事、畔津知朗文化领事访问我校。

4月15日　我校资源与土木工程学院和本溪钢铁公司南芬露天铁矿共同承担的“八五”国家重点科技攻关项目“深孔扩孔爆破可行性研究”通过冶金工业部鉴定。

4月16日　东北大学后勤服务总公司正式成立。其目的是以社会化服务为方向，强化经济核算，提高经济效益，逐步形成自我发展、自我约束的运行机制。

4月18日　随着黄金学院并入东北大学工作的完成，原民进沈阳黄金学院支部正式并入东北大学，即民进东北大学支部。

4月19—20日　1997年冶金工业部高校教务处长会议在我校召开。

4月23日　我校召开科研工作会议。辽宁省副省长赵新良，冶金工业部科技司，省科委、省教委、省经贸委、省冶金厅、市科委领导出席了会议，校党政领导和科研课题组组长等教师500余人参加了会议。大会表奖了科研先进集体11个、科研标兵7个和科研先进个人49个。

4月25日　辽宁省省长闻世震视察东北大学软件园。东北大学副校长、东软总裁刘积仁教授汇报了东软的成长发展。

△　在沈阳市人民政府召开的先进集体和劳动模范表彰大会上，我校被授予先进单位称号；王启义、赵宏、柳玉辉被命名为沈阳市劳动模范。

5月6—9日　由辽宁省科委和国家科委工业司联合举办的“辽宁省实施

CAD 应用工程动员大会暨 CAD 展示会”在东北大学软件集团召开。会上，辽宁省科委正式确立东北大学软件集团为辽宁省计算机辅助设计（CAD）软件开发应用基地。

5 月 16 日 在 1997 年普通高校国家级教学成果奖评审会上，我校王常珍、刘亮、韩其勇等 5 人的《冶金物理化学研究方法》(教材）获一等奖；邹宗树的“冶金传输原理及反应方程教学内容和方法改革的探索与实践”和李景银、王永军、王家华等 5 人的“科技外语与专业课同步是科技外语教学的有效方法”项目获二等奖。

5 月 22 日 我校召开第三十六届田径运动会。1 人破市高校 110 米栏纪录，1 人破 400 米、800 米校纪录，1 人破铅球、铁饼校纪录。

5 月 23 日 我校东软集团研制成功具有世界水平的新型全身 CT 机 CT-C2000，并正式通过国家医药管理局审查，获得生产许可证。东大阿尔派被国家医药管理局确立为我国 CT 研制生产基地。

△ 国家科委在北京钓鱼台国宾馆举行了“国家火炬计划软件产业基地”命名授牌仪式。国家科委副主任徐冠华院士为首批获得“国家火炬计划软件产业基地”之一的“东大软件园”授牌。

5 月 27—28 日 冶金工业部专家组对东北大学“211 工程”建设可行性研究报告及建设项目进行论证与审核。我校顺利通过“211 工程”建设可行性研究报告论证和立项审核。

5 月 31 日—6 月 6 日 赫冀成校长、王启义副校长代表全校师生专程前往夏威夷，庆贺老校长张学良将军九十七寿辰。

5 月 东北大学被评为沈阳市文明单位。

△ 我校团委书记孙雷被评为“沈阳市优秀青少年工作者”，材料与冶金学院青年教师孙旭东被评为“沈阳市十大杰出知识分子”。

6 月 6 日 我校与日本三建产业株式会社合资成立沈阳东大三建工业炉制造有限公司的签字仪式在我校举行。校党委书记蒋仲乐与日本三建产业株式会社万代峻社长出席了签字仪式。我校产业处负责人、产业发展公司相关负责人与日方代表在协议书上签字并相互交换了协议文本。

6 月 9 日 校党委召开全体委员会议，讨论《东北大学社会主义精神文明建设规划》。会议原则上通过了该《规划》和《东北大学师德规范》《东北大学学生行为规范》《东北大学职工规范》《东北大学领导干部行为规范》。

6月13日 我校召开复名后的第二届校友代表大会。来自美国、英国、澳大利亚和全国26个省、自治区、直辖市的37个校友会共80位校友代表出席。在校的全体校领导、辽宁省政协原主席宋黎和辽宁省人大常委会原副主任柳文两位老校友也出席了大会。通过了校友总会章程并选举产生了第二届理事会。

△ 世行检查团由世界银行东亚太平洋地区中国蒙古局中国项目经理毕和熙（Beemer）教育学家为团长，库彼曼（Koppemann）教授及夫人罗莎、木村教授及教委贷款办项目处丁文正先生为团员一行于本日来东北大学检查世行贷款重点学科发展项目的总体执行进展情况，以及项目取得的效益、项目未来的行动计划等。王启义副校长介绍了东北大学情况及世行贷款项目——国家重点实验室“轧制技术及连轧自动化”项目执行进展情况。国家重点实验室王国栋、刘相华教授分别介绍了实验室项目进展并回答了检查团提出的问题。

6月24日 冶金工业部属高校首届CAI汇报会在北京科技大学召开。13所高校的41名代表提供33个CAI课件参加汇报、演示。我校汇报演示9个CAI课件，其中8个课件获奖，获奖率为88.9%。

6月27日 我校庆祝中国共产党成立七十六周年暨表彰大会召开。

6月28日 下午3点30分，我校在图书馆广场上召开由全校师生参加的庆祝香港回归大会。

6月26—28日 全国高校IBM计算机技术中心第三次联席会议在我校举行。来自国家教委科技司、外事司和高教司的有关领导、IBM公司负责教育及大学合作项目的官员，以及全国23所高校的有关领导、专家共60人参加会议。本次会议就IBM公司如何进一步加强与国家教委及有关高校在学科建设、人才培养等方面的合作，就如何促进高校IBM技术中心发展等内容进行了充分研讨与交流。国家教委科技发展中心主任兼科技司副司长陈清龙先生、IBM大中华地区教育及大学合作部经理方澄先生及东道主东北大学校长赫冀成教授到会讲话。

6月29日 由我校材料与冶金学院刘祥教授组织研究的“螺旋连铸结晶器内钢水流动水模拟试验及钢坯切分热模拟试验研究”、耿殿奇教授主持研究的“152型热采自封式封隔器”通过由辽宁省科委组织的技术成果鉴定。

7月4日 我校1997届学生毕业典礼隆重举行，2773名学生毕业。

△ 我校有七位教授被聘为国务院学位委员会第四届学科评议组的成员，他们是：陈昌曙、闻邦椿、翟玉春、赫冀成、柴天佑、王光兴、金成洙教授。

△ 我校材料与冶金学院材料化学研究室承担的“九五”期间国家发展高科技、实现产业化的15个重点项目之一的“500吨氢氧化氩镍生产线”试车成功。

7月9日 根据国务院学位委员会关于进行学位授权点对应调整工作的通知，我校研究生院对博士、硕士学位授权点做了对应调整：博士学位授权点由原来的23个，按新的学科专业代码和名称调整为21个；硕士学位授权点由原来的52个，按新的学科专业代码和名称调整为39个。

7月11日 由辽宁省委书记顾金池、省长闻世震等率领的全省市委书记、市长研讨班一行百余人，对东大软件园进行视察。我校领导蒋仲乐、齐书聪、杨佩祯、刘积仁参加了接待。

7月18日 我校1993级尖子班22名学生经过四年本科阶段学习，全部以优异成绩毕业。22名学生中，有13名学生免试推荐进入我校研究生院学习，6名学生考取外校攻读硕士研究生，参加毕业分配的有3名。

7月19日 东北大学—宝山钢铁（集团）公司板带热轧技术联合研究室在我校挂牌成立。宝钢副总经理郭廉高、我校校长赫冀成为研究室揭牌。该研究室由我校轧制技术及连轧自动化国家重点实验室与宝钢联合成立，它把实验室优势和现场经验结合起来，实现了技术的转化和应用，从体制上解决了科学、技术和应用之间的关系。宝钢集团副总经理郭廉高和我校副校长王启义分别在协议书上签字。

7月 我校六种教材选题被确定为“九五”国家级重点教材选题，分别是：史维祥的《采矿学》、邹宗树的《冶金传输原理及反应工程》、翟玉春和田彦文的《冶金及材料制备过程物理化学》、梁志德的《材料近代物理测试技术》、王廷溥的《轧制理论与工艺》等。另有5种教材选题被确定为“九五”部委级重点教材立项选题。

8月12日 由我校材料与冶金学院蔡九菊教授科研组承担的国家教委下达的“吨钢综合能耗e-p分析法及企业节能降耗决策计算机软件”项目通过辽宁省科委组织的技术成果鉴定。

8月19日 中共中央政治局委员、国务委员兼国家体改委主任李铁映视察我校东软集团，提出以高新技术产业为突破口，带动国有企业改造的经验值得推广，并为东软集团题词："东方软件，力闯世界"。

9 月 2 日　我校举行 1960 名新生开学典礼暨军训动员大会。

9 月 5 日　我校潘德惠、王德俊教授获沈阳市优秀教育工作者称号，27 名教师获优秀教师称号。

9 月 9—11 日　我校在 1997 年辽宁省产学研合作项目洽谈会上荣获省政府颁发的"94—97 年度辽宁省产学研先进单位"称号。会上，我校共签订合同 32 项，成交额 1150 万元，协议 28 项，成交额 1280 万元，累计成交额 2430 万元。

9 月 12 日　我校赫冀成校长作为代表出席党的十五大。

9 月 19 日　为进行"211 工程"建设，做好本科教学评价工作，学校曾于 9 月 9 日召开教学评价工作会议，成立了以赫冀成校长为组长、段曰瑚教务长为副组长的本科教学评价工作领导小组，下设办公室。根据此次会议精神，学校制定了《东北大学学院（系）本科教学评价指标体系》，作为各学院教学工作建设和评价的主要依据。本日，由校教学评价办召开有各学院（系、部、中心）的教学副院长（副主任）等人参加的教学评价工作会议，系统研讨上述文件，正式启动教学评价工程。

9 月 22 日　学校召开传达贯彻党的十五大精神大会，我校十五大代表赫冀成校长返校后在全校大会上传达十五大精神。校党委书记蒋仲乐主持大会，全校中层以上干部、基层党支部书记、民主联席会成员、教代会执委、部门工会主席和全体博士生导师出席了大会。

9 月 23 日　占地 50 多万平方米、投资 5 亿元人民币的东大软件园正式开园并投入使用。国家教委、冶金工业部、省市有关领导、日本阿尔派株式会社代表、我校领导及有关部门负责人 400 余人出席开园庆典仪式。

9 月 27 日　东北大学秦皇岛分校召开建校十周年庆祝大会。秦皇岛市市长、市人大常委会副主任、市政协副主席、市教委主任等部门负责人和东北大学党委书记蒋仲乐、校长赫冀成、副校长杨佩祯等学校党政领导出席了会议。

9 月 28 日　97 中国民族软件产业发展青年论坛在东大软件园举行。来自东软集团、北大方正、清华紫光、深圳华为等国内信息产业界的知名企业，以及有关科研院所的青年精英代表共 50 多人云集东大软件园。本次活动是由东北大学软件集团和东软集团沈阳东大阿尔派软件股份有限公司联合发起并主办的。

9月30日 学校举行1997年（秋季）研究生毕业典礼。

10月7日 冶金系统中青年学术技术带头人培训班开学典礼在我校举行。冶金工业部原副部长殷瑞钰、校党委书记蒋仲乐等到会。培训班中50多名来自全国大中型冶金企业的学员都是企业的学术技术骨干。东大冶金部继教中心开展此次培训班旨在培养并带动一大批既懂技术又懂经济、懂管理的适应市场经济新形势的复合型人才。

10月8日 旅居美国的我校老校友方庆瑛先生偕夫人来到东北大学，向母校捐赠他珍藏多年的图书50余册。校党委书记蒋仲乐代表学校接受赠书。

10月11日 全国首家军民合作的集高科技信息开发和利用机构——中国人民解放军沈阳军分区东北大学国防信息研究发展中心（简称东大国研中心）挂牌成立。东北大学多年来一直承担着国家赋予的国防新材料、新技术的研发任务，其中有一批国防科研成果先后得到国家和军委的奖励；在科技和智力拥军中，由于成效显著，曾先后被沈阳市和辽宁省评为先进单位。沈阳军区副司令员石宝源和沈阳市委副书记丁世发为“东大国研中心”揭匾。

10月11—13日 我校科研处被评为冶金工业部新技术推广先进集体。

10月12日 全国人大常委会副委员长雷洁琼及全国人大科技进步执法检查组一行视察东大软件园。

10月24日 我校在“第三届全国大学生电子设计竞赛”中获全国一等奖1项、获全国二等奖2项。

10月26日 我校又一批三室一厅住宅竣工、交付使用，总面积20311平方米。

10月28日 中日合资沈阳东大三建工业炉制造有限公司成立。

10月29日 国家教委与美国SUN公司在人民大会堂举行了“十所大学授权JAVA培训中心签字仪式”，SUN公司向这十所大学（包括东北大学）捐赠价值达几百万美元的计算机设备，提供相关培训及技术支持服务。

11月2日 国家军委副主席刘华清在沈阳军区司令员李新良、中共辽宁省委书记兼省长闻世震等人的陪同下视察了东大软件园，并题词“东大软件，屹立世界”。

11月4日 东大阿尔派与IBM公司建立全球战略合作伙伴关系签字仪式

在东大软件园举行。

11 月 5 日　东北大学被国家教委评为文明校园。

11 月 19 日　东北大学档案管理工作通过国家考评，晋升为科技事业单位档案管理国家二级。

方肇伦

11 月 24 日　亚太经济合作组织第五次领导人非正式会议在加拿大温哥华举行，国家主席江泽民出席会议。全国政协委员、东北大学副校长、东软集团董事长兼总裁刘积仁教授作为 APEC 工商理事会的 3 名中国代表之一参加此次会议。

张嗣瀛

11 月 26 日　国家计委正式批复我校建设“211 工程”。

△　在中国民主同盟第八次全国代表大会暨八届一中全会上，我校陈宝智教授、朱伟勇教授再次当选为民盟中央委员。

11 月 30 日　沈阳市委书记徐文才视察东大软件园。

陆钟武

11 月　我校新增 3 名院士。分析化学专家方肇伦教授、自动控制理论专家张嗣瀛教授当选为中国科学院院士；冶金热能专家陆钟武教授当选为中国工程院院士。

12月5日 东北大学工商管理学院95工业外贸班王江宁同学被国家教委、团中央评为全国“十佳三好学生标兵”。

12月10—12日 我校获得冶金工业部“实习工作先进单位”称号。

本年 在1997年国家自然科学基金项目评审会上，我校共有21个项目获得了资助，资助经费335.8万元。其中：重点项目1项，经费100万元；青年基金2项；自由申请项目18项。

本年 经校学位委员会审批，增列18名博士生指导教师，其中校内12人，外单位6人，校内12人中有9人具有博士学位。

1998年

1月5日 我校刘晓平教授与左良教授被冶金工业部评为冶金系统杰出（优秀）科技青年。

1月10—11日 东北地区冶金高校1998年毕业生就业双向选择洽谈会在我校举行，这是我校第三次举行毕业生就业双向选择洽谈会。到会用人单位145家。有6000名应届毕业生到会，我校到会约1350人，签约400人。

2月27日 学校召开中层以上干部会议，赫冀成校长作了《加强内涵建设，提高办学效益，促进学校持续发展》的报告；蒋仲乐书记作了《加强干部队伍建设，抓住机遇求发展》的报告。

3月5日 我校柴天佑教授当选为第九届全国人民代表大会代表，闻邦椿、刘积仁当选为全国政协第九届委员会委员。

△ 学校召开由各学院教学院长（系主任）、全体指导教师共280余人参加的大学生毕业设计（论文）工作会议，并下发《东北大学毕业设计（论文）工作规范》《东北大学毕业设计（论文）质量评价项目要求》及《东北大学毕业设计（论文）编写格式》等文件，从而使我校毕业设计（论文）工作走上科学化、规范化的轨道。

3月12日 经过辽宁省计委、省教委的充分论证、考察，“辽宁省21世纪人才开发培养国际合作工程培训基地”在我校设立。

△ 我校1997年有8名同志享受国务院政府特殊津贴。他们是：冯乃祥、

邹宗树、张显鹏、王长民、刘滨婵（黄金学院）、李景银、陈良玉、肖兴国。

3 月 14 日　莫斯科钢与合金学院阿达莫夫教授来我校讲学，介绍复杂矿产资源微生物处理技术的国际研究新动向及环境污染微生物治理技术研究的新进展。

3 月 19 日　在首届“辽宁省青年科技奖”评选活动中，我校材冶学院左良教授荣获一等奖，信息科学与工程学院于戈、理学院杜安、机械工程与自动化学院高航三人荣获二等奖。

3 月 26 日　根据教育部指示精神，在原有管理办法基础上，结合新时期出国工作的新情况，我校制定了新的《东北大学出国人员管理办法》。

3 月 30 日　我校 1998 届研究生毕业典礼暨学位授予仪式在学生活动中心举行。50 名博士生和 342 名硕士生获得学位证书。

3 月末　我校姜正义、于戈、何雪浤获教育部霍英东基金资助，沈峰满、孙旭东获教育部优秀青年教师资金资助。

4 月 8 日　日本著名冶金专家、京都大学教授一濑英尔来我校讲学，作了《日本国研究生教育与管理概况》的报告。

4 月 20 日　为了发展东北大学及中国的足球机器人技术，我校控制仿真研究中心应邀组团前往韩国科学院（KAIST）进行友好访问，我校徐心和教授与韩国科学院金钟焕教授签署了科学技术合作协议。

5 月 1—4 日　应北京大学的邀请，我校赫冀成校长赴京参加“面向 21 世纪高等教育——大学校长论坛暨北京大学百年校庆国际会议”。会议期间，赫冀成校长与美、日、德等国家的部分大学以及国内 20 多所著名大学的校长们，交流了面向 21 世纪的办学思想。

5 月 7 日　中国科学院院士、张嗣瀛教授荣获全国“五一”劳动奖章。

5 月 11 日　在 1998 年春季昆明国际医疗器械博览会上，东大阿尔派公司推出了由该公司生产的我国第一台全数字化彩色多普勒超声诊断仪 NAS-1000。

5 月 20 日　为学习第一次全国普通高校教学工作会议有关文件，为办好东北大学献计献策，东北大学民盟委员会在校部 428 会议室召开了高等教育改革与发展研讨会。参加会议的有民盟沈阳市委原主委成心德教授，民盟东大主委潘德惠教授，常务副主委、资土学院院长陈宝智教授，以及若干离退休老教授及中青年盟员教师等。

5月21日 东北大学第三十七届田径运动会举行。文法学院打破女子100米13秒2的校纪录及4×100米接力53秒7的校纪录。

5月28日 中央纪委副书记刘丽英在中共沈阳市委书记徐文才，东北大学党委副书记齐书聪，东软集团副总裁赵宏博士、李春山研究员的陪同下视察了东大软件园及东大阿尔派软件开发大厅。刘丽英说："你们缔造了东软，同时也推动了我国民族信息产业的发展。"

6月12日 我校在科学馆举行建校七十五周年庆祝大会，辽宁省及沈阳市的领导到会祝贺并讲话。我校赫冀成校长在会上作了《继往开来，迎接东北大学21世纪的新发展》的报告。会后举行了何世礼教学馆馆牌揭幕和学校南大门开通仪式。

下午两点，在何世礼教学馆揭牌仪式上，分别从美国和中国香港赶来的宁恩承和何世礼先生为新教学馆——何世礼教学馆揭牌。新教学馆总面积11000平方米，可同时容纳5000多名学生上课，张学良先生为该教学馆题写馆名。南大门由四川明日集团捐资50万元，我校自筹资金30万元兴建而成。

6月22日 中共中央政治局原常委、中组部原部长宋平在省、市领导陪同下，视察了东大软件园。宋平听取了东北大学校长赫冀成，副校长、东软集团总裁刘积仁的汇报。他说："辽宁老企业多，技术改造任务重，希望东软有所作为。"随后，宋平视察了东软CT研究中心。

6月25日 校团委书记孙雷当选为共青团第十四届中央委员会候补委员。

6月29日 全国政协副主席李贵鲜在全国政协常务副秘书长王巨禄、辽宁省政协常务副主席肖作福、沈阳市政协主席任殿喜等省市领导陪同下来我校科学园视察。

6月29—30日 美国杜克大学法学教授戴维·沃伦来我校为文法学院师生讲学，题目分别是：《美国法律教育》和《环境法规及其法律事务》。

6月 宝山钢铁（集团）公司与东北大学合资组建宝钢东软信息产业集团的签字仪式在北京人民大会堂隆重举行。

宝山钢铁（集团）公司是我国钢铁行业中的龙头企业，在国内外享有较高声誉，并被国家经贸委等有关部门确定为科技创新试点企业之一。东北大学软件集团多年来在软件研究与产业化方面取得了突出的成绩，以东大阿尔派为核心企业的东北大学软件集团已经发展成为中国最大的软件企业之一。双方的此次合作不仅成为我国跨行业、跨地区、强强结合的典范，而且也为国内大学企业的发展提供了崭新的思路。

7 月 1 日 中共辽宁省委副书记张行湘来东大调研党建工作。我校党政领导汇报了学校党建和思想政治工作开展情况。

7 月 1—3 日 在东北地区高校 CAI 协作组第四届年会上，我校参评的 6 个 CAI 课件中，获一等奖 5 个，二等奖 1 个。

7 月 2 日 全国高等学校第七次党建工作会议在北京召开，我校被中共中央组织部、中共中央宣传部、国家教育部党组联合表彰并授予“党的建设和思想政治工作（1993—1998）先进高等学校”光荣称号。

7 月 3 日 我校在辽宁省火车头体育馆隆重举行 1998 届学生毕业典礼。本年我校共有毕业生 2857 人，其中本科生 2119 人，专科生 738 人。

7 月上旬 由于戈、郑怀远主持的“基于 CORBA 信息集成平台的 CIMS 工作流管理系统的研究与原型系统的实现”和由汪定伟主持的“面向敏捷制造的新一代企业资源计划（ERP）的研究”两项课题，获国家高技术自动化领域 CIMS 主题 1998 年度基础研究课题批准立项。

7 月 16 日 在国家第七批博士、硕士学位授权学科、专业的申报工作中，我校的材料科学与工程、冶金工程、控制科学与工程、管理科学与工程等 4 个学科获国家一级学科授权；模式识别与智能系统，导航、制导与控制，系统工程，管理工程等学科获国家批准的博士学位授权点；行政管理、生物医学工程等 7 个学科获国家、辽宁省和我校自审的硕士学位授权点。至此，我校博士学位授权点由 21 个增加至 25 个；硕士学位授权点由 39 个增加至 46 个（包括 MBA）。在 33 所设有研究生院的高校中，我校的一级学科，博士、硕士学位授权点名列第 17 名。

7 月 22 日 在我校中层以上干部会议上，国家冶金工业局代表宣布了对我校领导班子调整的决定：党委书记蒋仲乐和副校长杨佩祯、王智由于年龄原因不再担任领导职务，同意王启义调出东北大学；赫冀成任党委书记、校长；补充孙家学为党委副书记，姜茂发、左良为副校长；补充孙家学、周广有、王宛山、姜茂发为党委常委。

7 月 24 日 教育部召开筒子楼改造工作会议，正式批准我校筒子楼改造总面积22216平方米，总经费1765万元，其中学校自筹400万元。

8月2—4日 第七届东大—宝钢合作年会在我校管理楼举行，由宝钢集团公司副总经理郭廉高率领的11人代表团来校参加年会。

8月5日 我校王宛山副校长代表学校出席在香港殡仪馆举行的公祭仪式，并会见了何世礼先生的亲属，表达了对何先生爱国兴教的感激之情，并代表东北大学校长赫冀成和全体师生员工敬献了花圈。

8月12日 全国人大常委会副委员长、全国妇联名誉主席陈慕华视察东北大学，在孙家学副书记、王宛山副校长的陪同下先后参观了东北大学软件中心和东大软件园。

8月18—24日 由团中央、全国学联、国家教育部、中央电视台联合举办的第二届中国大学生电脑大赛在北京举行。我校获2项一等奖，1项二等奖，2项三等奖，按综合名次评比，我校位居第二。

8月22日 中共中央政治局委员、中国社会科学院院长李铁映视察东北大学，在校有关领导的陪同下，李铁映同志参观了校园及东北大学软件中心。

8月下旬 国家正式批准我校招收企业管理人员在职攻读工商管理硕士（EMBA）研究生。

8月23—28日 我校理学院张凤鹏荣获“1998年全国高等学校工科基础力学中青年教师讲课竞赛”材料力学组唯一一个特等奖。

9月1日 国务院国发〔1998〕21号和国办发〔1998〕103号文件决定，将东北大学等10所高校自今年9月1日起划转为教育部直属高校，实行“中央与地方共建，日常管理以地方为主，重大事项以中央为主”的新管理体制。

9月2日 1998级新生开学典礼暨军训动员大会在图书馆前召开。

9月3日 我校召开1998级研究生开学典礼。

9月8—10日 国际自动控制联合会（IFAC）组织的国际低成本自动化会议在我校召开。

9月9日 我校召开1998年教师节表彰大会，表奖了34名优秀教师、18名先进教育工作者、5名先进生产者和10个校先进集体、59名“三育人”先进个人等。

9月14日 张天保副部长一行是我校归属教育部之后，首次来我校访问的教育部领导，在赫冀成、王宛山等校领导的陪同下，对我校筒子楼改建情况进行了仔细的调研。

9月15—18日　教育部“跨世纪优秀人才培养计划”基金评审会暨98年度高校优秀年轻专家科技交流研讨会在我校举行，来自全国高校的评审专家学者和科技学术骨干共80余人参加了此次大会。我校党委副书记齐书聪、副校长左良及教育部有关部门负责人到会。

9月17日　中国有色金属学会第三届青年学术年会在我校召开，会议由本届年会工作委员会主席、我校材料与冶金学院张廷安博士主持，校党委书记、校长赫冀成教授到会致贺。全国有色金属行业的主要科研院所、企业代表70余人参加了年会。

9月18日　德国国家应用技术研究所所长、德国人工智能中心执行委员会副主席、信息科学博士哈德维希·斯岛依斯洛夫教授来校作了《信息技术与企业发展》的学术报告。

9月24日　我校材料与冶金学院王嘉麟、信息科学与工程学院于戈、机械工程与自动化学院高航被评为第四届沈阳市优秀科技工作者。

9月下旬　根据我校“211工程”建设总体部署和1999年接受教育部进行教学工作优秀评价的要求，学校本年已投入经费800万元改善教学条件。上半年第一批投资400万元，主要解决全校非计算机专业学生基础教学所用的微机及工作站、服务器及相应的辅助设备；全校外语所用的语音室设备；多媒体微机室、多功能教室及新教学馆教室所需的投影及扩音设备。此项工作取得显著成效。

9月末　我校教师王伟获国家杰出青年人才基金资助，左良获首届辽宁省青年科技奖一等奖，于戈、高航、杜安获二等奖。

10月初　在1998年辽宁省产学研合作项目洽谈会上，我校共签订合同36项，合同额2391万元，协议4项，成交额270万元。王国栋、袁巍被评为“1993—1998年度辽宁省产学研联合先进工作者”。柴天佑、赵宏、闻邦椿、张宝砚、才庆魁、胡筱敏6位教授被聘为辽宁省高新技术产业重点领域技术顾问团专家。

10月12日　我校举办大学生邓小平理论读书节。

10月15日　我校举行西北有色金属研究院奖学金颁奖仪式，21人获得此项奖学金。

10 月 16 日 东北大学澳中商学院成立。

10 月 19 日 香港城市大学校长、美国斯坦福大学结构工程学博士张信刚教授来校，在科学馆国际学术报告厅作了《从活字版到万维网》的学术报告。

10 月 22 日 我校校友、兼职教授、西北有色金属研究院常务副院长周廉院士被授予 1998 年度何梁何利“科学技术奖”。

10 月 26 日 东北大学与西北有色金属研究院联合主办的第七届中日双边融盐化学与技术讨论会在陕西西安举行。中国工程院院士、东北大学邱竹贤教授，中国工程院院士、西北有色金属研究院副院长周廉，分别担任会议主席和副主席。日本名古屋大学等多位融盐化学专家和学者参加了讨论会。

10 月下旬 我校教职工响应校党委发出的赈灾募捐号召，共捐款 475033 元，衣物 14889 件。

10 月 29 日 我校王国栋、张宝砚两位教授获得“辽宁省优秀教师”荣誉称号。

10 月末 《东北大学学报（自然科学版）》在国家冶金工业局举办的“第八次（1996—1997 年度）冶金科技期刊质量检查评比”中，得分名列学术类刊物榜首，获一等奖。

11 月 1 日 美国科罗拉多大学教授、总统顾问委员会环境事务委员会委员、国际环境伦理学学会主席、生物学博士、物理学博士霍尔姆斯·罗尔斯顿爵士来我校讲学。

11 月 7—8 日 为加强学校与校董会的董事及董事单位的联系，我校在北京钢铁研究总院召开北京、天津、内蒙古、山东、山西、河南、河北 7 省区市的东大校董座谈会，东北大学校董会副主席、原民政部副部长（正部长级）阎明复，校董会副主席、中国工程院副院长、两院院士师昌绪，校董会常务董事、工程院院士左铁镛等到会并讲话，对东北大学发展提出积极的建议。东北大学党政领导赫冀成、周广有、王宛山及有关部门的负责同志出席了座谈会。

11 月 9 日 中共沈阳市委书记徐文才为我校大学生“走进沈阳”考察团授旗。

11 月 12 日 由东北大学与宝钢共同出资组建的我国大型软件企业——宝钢东软信息产业公司开业典礼在软件园举行。宝钢东软信息产业公司是以东北大学软件集团为基础，由合作双方各出资 2.4 亿元组建而成的控股公司，公司注册资本 4.8 亿元，员工 1500 人。校长赫冀成，副校长、宝钢东软信息产业有限公司董事长刘积仁，宝钢总经理谢企华女士在开业典礼讲话中都高度评价了东北大学与宝钢的友好合作及公司成立的深远意义。参加开业庆典的有科技部、信息产业部等有关部门的领导，中科院院士、省市有关领导。

11 月 19 日　在 1998 年辽宁省科技进步奖评审中，我校又有 12 项科研成果获奖，其中一等奖 1 项，二等奖 6 项，三等奖 5 项。一等奖为“钢球磨中储式制粉系统的智能解耦控制”（柴天佑等）。

11 月上旬　东北大学软件中心赵宏教授组织研究的“具有信息分析功能的防火墙系统”、刘积仁教授等组织的“多媒体数据库管理系统 Open-BASE”通过辽宁省科委组织的科技成果鉴定。

11 月 25 日　我校工会主席张忠生当选为沈阳市总工会十三届委员会委员。

11 月 28 日　沈阳先进材料工程技术中心在我校挂牌成立，东大与海虹先进材料制造有限公司合作签字仪式在沈阳迎宾馆举行。沈阳市有关党政领导、中国银行沈阳分行有关领导、苏家屯区党政领导、沈阳海虹集团负责人及我校党委书记、校长赫冀成，副校长王宛山、左良出席了仪式。

12 月 4 日　我校与《中国教育报》联合举办“我与改革开放同行”演讲会。

12 月 9 日　我校首届东软奖学金颁奖仪式在软件园举行，5 名博士、15 名硕士、30 名本科生成为首届东软奖学金获得者。

12 月 18 日　由我校机械学院、信息学院与东北制药集团公司合作的“荷兰粉针生产线国产化改造”项目通过辽宁省科委组织的技术成果鉴定。

12 月 29 日　我校召开庆祝改革开放 20 年座谈会。

12 月末　我校承担的《通用大学英语》多媒体学习光盘和配套的文字教材由高等教育出版社出版。这是高教出版社推出的第一个大学英语多媒体光盘和配套教材。

12 月　东北大学志愿服务队被中共中央宣传部、教育部、共青团中央评为 1998 年度中国大中学生志愿者暑期科技文化卫生“三下乡”活动优秀志愿服务队。

△　我校试行新的干部任用办法。新办法对部分部门的干部实行聘任制、

任期制和目标责任制。

1999 年

1 月 7 日 我校获国家技术发明三等奖 1 项，国家科技进步三等奖 4 项。

1 月 11 日 冶金工业部原副部长、宝钢集团董事长黎明及副董事长沈成孝来我校参观访问。校党委书记、校长赫冀成代表我校向黎明和沈成孝颁发了名誉教授聘书。

1 月 13 日 我国和美国罗克韦尔公司签订合作协议，罗克韦尔公司向我校捐赠 35 万美元的实验室设备，联合成立东北大学罗克韦尔自动化实验室；此外，公司每年出资 10 万元人民币在我校设立奖学金与奖教金。

1 月 14 日 计算机设备生产公司 CISCO 宣布与中国教育科研网合作建立 10 所 CISCO 网络学院，投资培养网络人才。我校成为 10 所网络学院之一。

1 月 18 日 全国政协委员、香港新华集团总裁、我校校董会常务董事蔡冠深先生在党委书记、校长赫冀成等陪同下为荣获 1998 年度教育建设基金奖学金和蔡冠深奖励博士研究生基金奖学金学生颁奖。教育建设基金自 1991 年设立以来，共有 143 名同学荣获该项奖学金；1996 年设立的奖励博士奖学金，已有 59 名博士生获该项奖学金。

1 月 22 日 我校第一项文学奖学金——“包一民女士文学奖学金”举行颁奖仪式。包一民女士是我校 1932 年毕业的校友。其女儿韩效忠任台湾中流文教基金会与喜马拉雅研究发展基金会理事长，为纪念自己的母亲，推动两岸文学交流设此奖学金，主要奖励从事文学与社会科学研究的师生。

1 月 22—24 日 东北地区部分高校 1999 届毕业生就业双选会在我校召开。近 200 家用人单位到会，需求各专业 3000 人，参会毕业生共计 6250 人。其中我校到会毕业生 1826 人，签约 477 人，签约率 26.2%。

1 月 25 日 中共东北大学委员会全委（扩大）会议召开，会议中心议题是讨论我校人事制度、干部制度、后勤、基层组织建设、公用房配置的指导方针等五项改革实施方案。

1 月末 校报《东北大学报》正式启用国内统一刊号 CN21-0824/G。

1 月　我校方肇伦院士获国家自然科学基金委员会 95 万元专项资助。

3 月 3 日　教育部召开全国教育系统纪检监察工作会议及表彰会，我校纪委、监察室荣获“全国教育系统纪检监察工作先进单位”称号。

3 月 4 日　我校两个 CAI 课件——“计算机信息管理基础”CAI 软件和“计算机硬件技术及应用”CAI 课件通过教育部鉴定。

3 月 11 日　教育部批准我校和沈阳音乐学院、鲁迅美术学院联办国家大学生文化素质教育基地，我校负责基地建设的组织和协调工作。

3 月中旬　教育部公布 1998 年普通高校新增专业名单，我校申报的公共事业管理专业经过审批与论证获准通过。文法学院从 1999 年开始招收该专业的首批学生。

3 月 17 日　东北大学第五届教职工、第十二次工会会员代表大会召开。会议期间，代表们审议了赫冀成校长作的《抓住机遇，迎接挑战，深化改革，锐意进取，争取东北大学跨世纪的新发展》的工作报告和张忠生代表东北大学第十一届工会委员会作的工作报告。会议还选举产生了新一届教代会和工会委员会。

3 月 18 日　继控制理论与控制工程学科后，我校计算机应用技术、钢铁冶金、采矿工程 3 个学科获准设置“国家级领军人才奖励计划”特聘教授岗位。

3 月 29 日　东北大学 1999 届研究生毕业典礼在学生活动中心举行。61 名博士和 382 名硕士获得学位。

3 月 30 日　我校召开校内管理体制改革动员大会，决定将校内机构调整为 45 个，分别是校机关 18 个，学院（部、系）13 个，直属部门 14 个。其中，提到黄金学院时，特作说明：待实质性合并后，该学院撤销。

4 月 1 日　国家人事部组织的全国博士后流动站审定、增设、新设工作结束，我校上报的 9 个学科全部通过。我校博士后流动站由原来的 5 个增加到 9 个。这次审定的 5 个流动站为：冶金工程、矿业工程、控制科学与工程、计算机科学与技术、机械工程；增设的两个站为：力学、地质资源与地质工程；新设的两个站为：材料科学与工程、动力工程及工程热物理。

4 月 6 日　辽宁省副省长张榕明在省教委领导陪同下来到我校进行调研。

△　我校荣获“辽宁省优秀学风校”称号，理学院 1996 级材料物理班等

12 个班级被授予优秀学风班称号。

4 月 22 日 中共中央政治局常委、国务院副总理李岚清在教育部部长陈至立等中央领导和辽宁省、沈阳市党政领导的陪同下，视察东大软件园和东北大学校园。李岚清和陈至立分别发表讲话，高度评价东大的发展。陈部长说：东大在高新技术产业化方面取得了成功的经验，东大阿尔派和北大方正一样，都是中国高校优秀的高科技产业。

4 月 28 日 由我校外语系和教务处共同承办的辽宁省第二届大学生英语演讲比赛总决赛在我校举行。

4 月 29 日 东北大学被评为辽宁省先进单位。

5 月 4 日 我校“系列办公自动化软件产品”和“数字化医疗诊断设备”两个项目被批准列入沈阳市“特别快车”计划。

5 月 8 日 东北大学六七千名大学生到美国驻沈阳总领事馆门前举行示威游行，最强烈抗议以美国为首的北约轰炸我国驻南联盟大使馆的野蛮暴行。9 日上午，东北大学部分研究生和黄金学院千余名学生又分别到美国领事馆前举行游行示威。

5 月 11 日 辽宁省 CAD/CAM 工程技术中心在我校组建。

5 月 13 日 我校举行第三十八届田径运动会。

5 月 18 日 东北大学英文电台成立。

5 月 20 日 奖励我校热能专业师生的“七七炉”教育基金、LOI 教育基金捐赠仪式暨首次颁奖大会在计算机世界广场会议中心举行。

5 月 24 日 教育部副部长张保庆来我校调研，听取了关于我校现状和发展规划、后勤社会化、筒子楼改造等工作情况的汇报。

5 月 26 日 由中央统战部副部长朱维群为团长的全国政协委员、党外知名人士考察团一行 50 人，考察了东北大学软件园。

5 月 27 日 美国工程信息公司副总裁玛丽伯格以电子邮件的方式正式确认《东北大学学报（自然科学版）》已经全文进入 EI 的核心期刊。

5 月 28 日 我校机构与人事制度改革第一阶段基本结束。主要完成了调整学校机构设置及职能、深化干部制度和人事制度改革两方面的改革内容。学校机构调整后，机构总数由 51 个缩减为 45 个，校机关处级机构由 25 个减少到 18 个。校机关工作人员由 430 名减少到 281 名，本科以上学历比改革前提高 19.1%，大专以下学历下降 18.1%，平均年龄下降 2.2 岁。

5 月 30 日　党委书记、校长赫冀成赴夏威夷拜见张学良老校长及夫人，祝贺张学良老校长百岁华诞。

6 月 3 日　辽宁省人事厅、计委、科委、教委、财政厅、科协、科技基金会联合发出通知，公布辽宁省青年领军人才计划首批入选人员名单，我校有 33 人进入此列。

△　我校于戈、张庆灵等 8 名同志获 1998 年政府特殊津贴。

6 月 4 日　东北大学校友会庆祝张学良老校长百岁华诞大会在北京全国政协礼堂举行。

6 月 17 日　我校机械工程与自动化学院 CAD/CAM 研究中心承办的辽宁省 CAD 技术应用发展中心，改建为“辽宁省 CAD/CAM 工程技术中心”，成为在软件中心和自动化中心之后，我校三个省级以上的工程技术中心之一。

6 月 24 日　辽宁省高校校报研究会成立十周年纪念大会在我校召开，《东北大学报》被辽宁省教委评为优秀校报。

6 月 29 日　为落实科教兴国战略，加强科研院所与高等学校的联系，共同培养面向新世纪的高科技人才，中科院决定在全国 20 所高校中设立“中国科学院奖学金”，东北大学是设此奖学金的高校之一。中科院每年将出资 70 万元，在这 20 所高校中每所每年奖励 20 名学生，其中，优秀本科生 10 名，优秀硕士生 5 名，优秀博士生 5 名。

6 月 30 日　东北大学召开庆祝中国共产党成立 78 周年暨表彰大会。

7 月 2 日　东北大学 99 届学生毕业典礼在辽宁省火车头体育馆举行。本年我校共有 2754 名学生毕业。

7 月 9—10 日　为落实《面向 21 世纪教育振兴行动计划》，推进直属高校内管理体制改革，教育部在我校召开直属高校工作咨询委员会专题会议，会议的主题是研讨校内管理体制改革的有关问题，侧重校内教学科研组织的设置、调整，以及管理模式、运行机制等问题。清华、北大、复旦等 18 所高校的校领导参加会议。

7 月 12—13 日　专家考核组对我校自动化研究中心申报的 1999 年国家科技进步奖一等奖项目“多变量智能解耦控制技术及应用”进行现场考核工作。

7月16日 黄金学院召开干部会议，校长赫冀成等校党政领导参加会议。赫冀成宣布黄金学院实质合并进入操作阶段，为适应改革要求，黄金学院实质合并必须在本年9月1日前完成，并就总校对黄金学院实质合并问题做了说明。他指出，实质合并的原则是：学科打通、教研室打通、教师融合。管理模式是：一段时间内，高等职业教育、成人教育、现有黄金学院学生的教育等几种教学模式并存。为使实质合并顺利进行，成立东北大学东校区管理委员会筹备领导小组来负责策划、运作实质合并的具体问题。东校区管理委员会筹备领导小组组长：王宛山，副组长：孟庆先，成员：张廷刚、杨立等7人。

7月19日 教育部学生司领导在我校党委副书记齐书聪和辽宁省教委有关负责人的陪同下，视察了我校远程录取工作。

7月24日 池田大作（日本创价学会名誉会长、国际创价学会会长）受聘为我校名誉教授。

8月4日 我校机器人“牛牛”在巴西举行的第四届机器人足球世界杯比赛中，获微型组第五名，并在标准动作比赛中获得金杯，实现了我国在机器人足球世界杯赛上金牌“零”的突破，这也是我国在机器人足球国际比赛中所取得的最好成绩。

8月15日 中共中央总书记、国家主席、中央军委主席江泽民视察东北大学软件园。视察期间，江泽民总书记听取了东北大学校长赫冀成，副校长、东大阿尔派总经理刘积仁关于我校发展高新技术、东大阿尔派成长及发展历程的汇报，对东北大学兴办高新技术企业及东大阿尔派的发展给予了高度评价。

9月1日 我校隆重举行1999级新生开学典礼暨军训动员大会，本年我校共招收本科生4100名。

9月3日 我校召开1999级博士、硕士研究生开学典礼。1999级统招硕士研究生475人，博士研究生91人。

9月8日 校长赫冀成会见日本驻沈阳新任总领事渡边先生，双方表示将继续加强产业、科研、教学等方面的交流合作。

9月10日 中共东北大学委员会全委（扩大）会议在管理楼召开，校党政领导及各单位党政负责人近70人出席了会议。党委书记、校长赫冀成作了《抓住机遇、迎难而上，大力推进校内管理体制改革》的报告，希望全校各级干部统一思想，坚定信心；加强领导，狠抓落实；处理好改革、发展和稳定的关系；紧密结合改革，加强干部队伍建设。

△　张嗣瀛院士被评为辽宁省功勋教师；娄成武、钟田丽、王宝森、车向凯、郭星辉、樊占国、蔡九菊、徐家振、蔡光起、汪定伟、许桂清、李耸、陈永生、赵广耀被评为沈阳市优秀教师；曹云凤、张国臣被评为沈阳市优秀教育工作者。

△　我校自动化研究中心主任柴天佑教授的留学生吉亚·吉伯瑞尔·丹拉迪（1996 年 8 月由尼日利亚来华学习，受中尼政府留学生基金资助）圆满地通过论文答辩，成为我校第一位获得博士学位的外国留学生，也是国内控制理论与控制工程专业培养的第一个留学生。

9 月 13 日　经校党政联席会议研究决定，东北大学东校区管理委员会正式成立，成立仪式于本日在黄金学院校区举行。

9 月 15 日　在原外语系基础上，成立东北大学外国语学院。新成立的外国语学院设有英语系、日语系、大学外语本科教学部、研究生外国语教研部、语言教学及多媒体应用中心、外语语言培训中心。

9 月 16 日　东北大学罗克韦尔自动化实验室成立。该实验室设备由罗克韦尔自动化公司捐赠，公司还在东北大学设立"罗克韦尔自动化奖学金"和"罗克韦尔自动化奖教金"。

9 月 20 日　中国工程院院士、清华大学自动化系吴澄教授受聘为我校名誉教授。

9 月 20—21 日　我校自动化研究中心主持的辽宁省排山楼金矿选矿生产过程综合自动化系统，顺利通过由吴澄院士、胡启敏院士、罗中兴总工程师（国家黄金局）等人组成的国家级鉴定委员会的鉴定。鉴定委员会成员一致认为：该项目技术难度大，在黄金选矿生产过程实现自动化方面有重大突破，整体技术水平达到国际先进，是采用高新技术改造传统产业的成功范例，在应用先进控制技术解决金矿选矿生产过程控制难题方面达到国际领先水平。

△　东北大学、营口市全面合作签字仪式在我校举行。副校长左良、营口市常务副市长黄文海分别代表东北大学与营口市签订了全面合作协议。此次合作包括人才培养、科技合作与共建实验室等方面，仪式上，双方签订了由营口流体设备制造集团公司与我校国家重点实验室合作的"钢材轧制控制冷却系统"等 8 个项目的合作协议。

9 月 21 日 在国家自然科学基金项目评审中，我校共有 22 个项目获得资助。本年国家自然科学基金全国平均获资助率为 16.8%，我校达到 25.97%。

9 月 23 日 根据《国务院学位委员会关于授予具有研究生毕业同等学力人员硕士、博士学位的规定》，我校学位评定委员会讨论通过了东北大学《关于授予具有研究生毕业同等学力人员博士学位的实施细则》和《关于授予具有研究生毕业同等学力人员硕士学位的实施细则》。并根据《细则》决定授予 70 人博士学位，授予 114 人硕士学位。

9 月 24 日 东北大学在东大体育场举行万人大会，隆重庆祝中华人民共和国成立五十周年，师生表演了各种形式的文体节目。

△ 我校在科学馆举行纪念靳树梁诞辰一百周年座谈会。会上，赫冀成校长指出，纪念靳树梁先生，同时也是纪念五六十年代为我国冶金工业的发展、为学校建设做出贡献的老前辈。赫冀成校长号召全校师生学习靳树梁先生为发展科学事业献身的崇高精神和思想品格，并向全校师生及海内外校友发出《关于进一步征集纪念靳树梁基金》的倡议。

10 月 8 日 在辽宁省工会第八次代表大会上，我校工会被授予“模范职工之家”光荣称号。

10 月 14 日 教育部公布了全国优秀高校自然科学学报评比获奖名单，《东北大学学报（自然科学版）》总分排序名列第 7，获得一等奖。

10 月中旬 我校制定了 2000—2004 年学科建设与发展规划，规划到 2004 年东北大学的学位授权学科专业点建设与发展的总体目标，预计到 2004 年学校学科建设的格局将变为以工为主，理、工、文、管、经、法、哲、教育等多学科协调发展的格局。

10 月 21 日 1999 年国家自然科学基金评审结束，我校获 22 项资助，资助研究经费约 800 万元。

10 月 25 日 赫冀成校长分别与各学院院长在“211 工程”学科建设项目协议书上签字，这标志着我校“211 工程”学科建设项目正式启动。为加强对“211 工程”建设项目的领导，学校制定了《东北大学“211 工程”建设实施管理细则》《东北大学“211 工程”建设项目仪器设备管理办法》《东北大学“211 工程”建设项目专项资金管理办法》。文件规定，“211 工程”建设领导小组对“211 工程”建设全过程负责。

10 月　我校方肇伦院士、蔡光起教授、左良教授、柴天佑教授被聘为教育部第四届科学技术委员会学部委员。其中方肇伦为化学学部委员，左良为材料学部委员，蔡光起和柴天佑为工程技术学部一部委员。

△　我校团委被确定为“全国五四红旗团委创建单位”，并收到了共青团中央组织部的贺信。

10 月 10 日　我校自动化中心两项科研成果“先进控制技术在线材步进式加热炉生产过程中的应用”和“先进控制技术在特殊钢连轧生产线上的应用”分别通过辽宁省科委和国家冶金局的鉴定。

10 月 14 日　我校与日本创价大学签订交流备忘录。创价大学副校长兼经济学部部长福岛胜彦教授和我校党委书记、校长赫冀成教授代表两校在备忘录上签字。

10 月 16 日　为落实江泽民总书记关于军队干部培养的指示精神，东北大学和沈阳军区签订了东北大学为沈阳军区培养干部的协议书。

10 月 18 日　教育部和长江基建（集团）有限公司合作实施的“国家级领军人才奖励计划”第三批特聘教授岗位产生。我校计算机软件与理论、材料加工工程两个学科获准设置特聘教授岗位。

△　我校新闻中心大学生电视台成立。

10 月 30 日　我校东软集团“全身 X 射线计算机体层摄影装置（CT-C2000）”项目获沈阳市科技振兴奖，奖金 30 万元。

10 月　我校原党委书记蒋仲乐教授，副校长、计算机软件国家工程中心主任、宝钢东软集团总裁刘积仁教授在省政府表彰中获得科技功勋奖，每人奖金 10 万元。两位教授将全部所得捐赠给学校，资助特困学生。

11 月 1 日　我校在第六届“挑战杯”全国大学生课外学术科技作品竞赛中，参赛的 4 件作品获一等奖 1 件，三等奖 1 件。同时我校还获评“挑战杯”竞赛高校组织奖。

11 月 2 日　我校筒子楼改造工程基本结束。学校新建成的公寓楼共有 305 套，可以解决 300 多名青年教职工的住房问题。为利用好青年教师公寓，学校出台《青年教师公寓楼租赁和管理办法》。

11 月 10 日　中国工程院院士孙优贤被聘为我校名誉教授。

11 月 12 日　秦皇岛分校领导班子调整，汪晋宽任校长。

11 月 16 日 东北大学为沈阳军区培养干部协议书签字仪式在我校举行。沈阳军区将在东北大学设立后备军官选拔培训办公室，负责大学生和研究生的选拔、训练、管理、考核和毕业时向部队输送等工作。

11 月 18 日 我校新闻中心大学生电视台成立。

11 月 19 日 我校兼职教授、博士生导师赵新良副省长一行来校听取《公路交通控制与通信系统设计》的专题讲座。

11 月 22 日 第二届江河奖教金颁奖仪式在管理楼会议室举行。江河集团副总经理周韩平先生及夫人出席颁奖仪式，并为获奖者颁发证书和奖金。

11 月 26 日 我校举行辽宁省 21 世纪人才开发培养国际合作工程培训基地暨东北大学与美国加州州立大学、中央城州立大学联合开发的 MBA 课程培训项目开学典礼。本次研修班 55 名学员来自辽宁 44 家企业，全部课程由美方教师用英语授课。

11 月 29 日 学校召开进一步推进后勤改革动员大会。赫冀成校长提出 3 年内实现学校后勤社会化改革目标。

12 月 3 日 我校聘任沈阳军分区司令员赵钧大校为东北大学兼职教授。

12 月 6 日 我校闻邦椿院士当选为中国振动工程学会理事长。

12 月 7 日 我校刘晓平、王国仁、刘常升和唐立新教授荣获“第二届辽宁省青年科技奖”。

12 月 8 日 我校参加 3 项“973”项目。分别为“提高铝材质量的基础研究”、“汉英机器翻译评测系统”以及“材料的环境行为与失效机理”。

12 月 13 日 香港顺昌有限公司董事长杨耀松先生向东北大学捐款人民币 200 万元，我校向其颁发“东北大学校董会常务董事聘任状”。

12 月下旬 第二届辽宁省青年科技奖评选揭晓，我校 4 名青年教师榜上有名，其中信息科学与工程学院刘晓平教授获一等奖，信息科学与工程学院王国仁教授、材料与冶金学院刘常升教授、信息科学与工程学院唐立新教授获二等奖。

12 月 30 日 我校获得国家级科技奖励 6 项。其中：国家科技进步奖一等奖 1 项；二等奖 2 项；三等奖 2 项；国家发明四等奖 1 项。

12 月 我校左良、冯夏庭教授分别荣获霍英东教育基金会第七届青年教师基金，张霞副教授获青年教师奖。

△　我校科研经费总额突破 2 亿元。

△　我校获“辽宁省拥军优属模范单位”称号。

2000 年

1 月 13 日　在近日召开的教育部直属高校咨询工作委员会第十次会议上，中共中央政治局常委、国务院副总理李岚清在人民大会堂召开 45 所直属高校领导座谈会。我校党委书记、校长赫冀成以《高校发展高科技产业的问题》为题在会上作了典型发言（我校和北京大学、浙江大学、四川大学四所高校在会上作了典型发言）。

1 月 14 日　东北大学外国语学院美国研究中心成立新闻发布会举行。出席发布会的嘉宾有美国驻沈阳总领事司马安国、沈阳市文化局领导、兄弟院校代表以及我校党委书记、校长赫冀成，副校长王宛山、左良及有关单位负责人。

1 月 18 日　教育部副部长吕福源在辽宁省副省长张榕明以及教育部有关部门负责人、辽宁省教委负责人、我校党政负责人的陪同下，先后考察了东北大学软件园、轧制技术及连轧自动化国家重点实验室、何世礼教学馆和机电馆，对东北大学的发展给予了充分肯定。

△　蔡冠深奖励博士研究生基金本日颁奖，8 位博士生荣获该奖项的 1998—1999 年度基金奖，每人获奖金 6000 元（人民币）。颁奖后，蔡冠深接受我校的聘请，出任东北大学顾问。

1 月 19 日　科技部、教育部在我校联合召开国家大学科技园试点工作会议，我校科学园成为首批 15 家国家大学科技园试点建设单位之一。

1 月 28 日　我校轧制技术及连轧自动化国家重点实验室与江西新余新钢特殊钢有限责任公司签定“热轧窄带钢生产线设计、建造工程”合同，这是近年来我校与企业合作的最大项目。

2 月 4—7 日　在美国举行的第 16 届国际数学建模 / 第 2 届国际交叉学科建模竞赛（2000 Mathmatical / Interdisciplinary Contestin Modeling）中，我校代表队首次参加，3 个参赛组全部获奖，其中 1 个优秀奖，2 个提名奖。

2 月 15 日　东北大学原秘书长、原代校长、东北大学校董会名誉副主席、东北大学校友总会名誉会长宁恩承先生于当地时间2月15日（北京时间2月16日）上午10时在美国旧金山逝世，享年100岁。18日，东北大学校长赫冀成致电宁恩承先生治丧委员会，对宁恩承先生的不幸逝世，表示深切哀悼。

2月19日 宝钢—东大材料电磁过程（EPM）联合研究中心在我校成立。该中心由宝钢和东大共建，双方共有，赫冀成教授任中心主任。该中心的成立，是我校进行产学研结合的又一次有益尝试。

3月5日 我校举行“包一民文学奖”颁奖仪式。文法学院5名教师和5名学生分别获得5000元和2000元奖金。

3月6日 中共东北大学纪律检查委员会召开会议，学习江泽民、尉健行在中纪委四次全会上的讲话以及教育部纪检监察工作会议精神，并结合我校实际情况，讨论了2000年东北大学纪检监察工作要点。校党委常委、纪委书记田梦平主持了会议。

3月9日 由柴天佑教授为主要完成人的“多变量智能解耦控制理论、方法及应用”的科研成果，被教育部评为1999年度中国高等学校十大科技进展之一。

△ 据教高函〔2000〕2号文件精神，我校于1999年申报设置的“经济学”“日语”“电子信息工程”等3个新专业获正式批准，3个专业2000年开始招生。至此，我校共设有38个本科专业。同时“资源勘查工程”专业调整为“勘查技术与工程”专业备案通过。

△ 东北大学聘任兼职教授高金吉院士为博士生指导教师。我校有关党政领导及机械工程与自动化学院负责人出席了会议，并陪同高金吉院士及随行人员参观了机械工程与自动化学院。

3月15日 东北大学开通“校长热线”、校长信箱、校长电子信箱。

3月16日 我校刘会立、朱苗勇、唐立新等3人荣获教育部优秀年轻教师基金。自1991年以来，我校共有17名年轻教师得到了该项基金。

3月30日 《东北大学学报（自然科学版）》1999年第5期、第6期总共载有的61篇论文的摘要全部被EI（美国工程索引）光盘版收录。

3月31日 学校举行2000届研究生毕业典礼暨学位授予仪式，授予81人博士学位，授予448人硕士学位，其中工程硕士78人，这是学校第一次授予工程硕士学位。

3 月　我校与沈阳音乐学院、鲁迅美术学院联合申报的文化素质教育基地被正式批准为国家 32 个大学生文化素质教育基地之一。这是对我校自 1995 年成为素质教育试点单位以后工作的充分肯定，同时标志我校文化素质教育进入新阶段。

△　我校信息科学与工程学院于戈教授、材料与冶金学院孙旭东教授被列入 1999 年度教育部“跨世纪优秀人才培养计划”，至此，我校已有 6 人入选该计划，另外 4 人是刘积仁（软件中心）、唐春安（资源与土木工程学院）、左良（材料与冶金学院）、刘晓平（信息科学与工程学院）。

△　在全校干部会议上，校领导班子确立了 2000 年学校工作的总体思路：以创建高水平教学科研型大学为目标，树立“以人为本，以人才为核心”的办学理念，实施“人才工程”。以改革为动力，不断提高办学水平和办学效益，争取东北大学新的发展。

4 月 12 日　我校召开第三次归侨侨眷代表大会。学校党委副书记孙家学、市侨联副主席、市侨办副主任及沈阳地区 8 所高校的统战部长和侨联代表出席大会，学校台胞台属联谊会、满族联谊会等其他统战组织的代表也应邀参加大会。45 名归侨侨眷代表全校 200 余名侨界教职工出席大会。

4 月 17 日　在党委书记、校长赫冀成，党委副书记齐书聪，副校长、东大软件集团总裁刘积仁的陪同下，全国人大常委会副委员长、全国妇联主席彭珮云一行 12 人视察了东大软件园。

4 月 20 日　中共中央政治局常委、国务院总理朱镕基在国务院有关部门负责人、辽宁省委书记闻世震等省市负责同志的陪同下视察了东北大学软件园。

△　我校数字化医疗影像设备工程研究中心通过科技部认证，成为我校第 3 个国家级工程研究中心。

4 月 23 日　校长赫冀成一行赴西部部分省份进行西部大开发调研，并与青海省签署了科技教育合作备忘录。

4 月 25 日　我校承办中国大学生电脑节沈阳地区主体活动。中国大学生电脑节是由教育部高教司、人民日报社新闻信息中心等单位及 45 所重点大学共同举办的公益性大学生校园科技文化活动。

4 月 27 日　1999 年度国家经济贸易委员会的黄金科学技术进步奖评审结

果公布。我校共有6项科技成果获奖，特等奖2项、一等奖1项、二等奖2项、三等奖1项，占获奖总数的11.32%。

5月9日 张榕明副省长等省市领导一行来到东北大学现场办公，与我校共商发展大计。赫冀成向省市领导汇报了我校的改革发展情况、学科结构及其发展设想。

5月13日 我校第三十九届田径运动会开幕。

5月16日 中国金属学会能源与热工专业委员会成立大会暨2000年学术年会在我校召开。本次大会的主题是："节能降耗环保，开创21世纪能源热工新局面"。中国金属学会能源与热工专业委员会挂靠在我校，主任委员由赫冀成校长担任。会上，殷瑞钰院士与我校陆钟武院士先后为大会作学术报告。

5月17日 经沈阳市科委组织专家学者并会同市计委、经贸委、政策研究室等部门对我校建设科学园工作进行考察和论证，认为我校科学园的发展对沈阳市高新技术产业的发展起到了积极的引导作用，对周边地区的经济科技发展起到了积极的推动和示范作用。为进一步支持和鼓励我校科学园的发展，经市政府批准，并以市政府的名义将我校科学园命名为"沈阳市大学科学园"并授予牌匾，享受市政府关于支持大学科学园建设和发展的有关优惠政策。

5月18日 我校梁志德教授当选为亚太材料科学院成员。亚太材料科学院由中、俄、日、印、韩、澳等国的材料科学家于1992年4月正式成立。

△ 京、津、东北地区教育部直属高校审计工作研讨会在我校召开，这是我校进入教育部后首次承办的地区性审计会议。

5月20日 赫冀成校长在接受《光明日报》记者采访时提出：建立面向新世纪的现代大学。他把我校进行的探索概括为四个方面：建立人才培养目标的新标准，树立教师队伍建设的新目标，构建内部管理体制和运行机制的新模式，寻求立足社会、服务社会的新支点。他说，我们进行的探索，不仅为培养学生的创新能力提供了条件，而且也为广大教师提供了施展才能的广阔舞台，使一批跨世纪的优秀人才脱颖而出。同时，促进了学校科研水平的提高，带动了学科建设的发展，一些新兴学科也应运而生，使学校实现了跨越式发展，步入了一个良性循环的发展轨道。

5月25日 东北大学"宁氏基金"成立暨首批宁氏奖学金颁奖仪式举行。该奖学金是宁恩承先生于1999年初出资5万美元设立的。专门奖励考入我校的新生中成绩最优者。每年奖励 5 人，其中 3 人为辽中县考生。每人每年奖励人民币 3000 元，直到毕业。会上，校领导向首次获奖的学生颁发了奖金。

5 月下旬　我校 41 名教师获得教育部首批“高等学校骨干教师资助计划”资助，资助经费为每人 6 万元。首批“高等学校骨干教师资助计划”优先支持从事生命、信息、能源、环境科学及新材料等重点学科的骨干教师，注重支持交叉和新兴学科前沿问题的探索研究。

5 月 26 日　自沈阳市和平区政府等部门的《违章建筑拆除通告》发出后，全校各部门和广大教职员工积极配合政府彻底清除违章建筑，营造一个绿、静、美、安的校园环境。本日，清除违章建筑已经进入具体操作阶段。

△　我校文法学院 40 多位新老马列主义理论课教师欢聚一堂，举行“纪念千年伟人马克思暨马列教研室成立五十周年座谈会”。

6 月 4 日　我校“智能解耦控制技术及其产品开发”被国家计委列入工业自动化重大产业化示范工程，拨款 1000 万元。这是我校建校以来独立承担的经费最高的国家级项目。

6 月 5—6 日　教育部与科技部在我校联合召开“大型矿产资源评价及综合利用研究”“十五”科技攻关立项研讨会。

6 月 7 日　教育部公布 1999 年全国高校科技实力排名：在科研经费排行榜中我校名列第六；在校办产业及科研产业年销售收入超过亿元企业排名表中，我校名列第五和第四。

6 月 12 日　东北大学轧制技术及连轧自动化国家重点实验室与上海宝钢益昌薄板有限公司成立的冷轧技术联合研究室揭牌。上海宝钢益昌薄板有限公司董事长赵昆博士和我校校长赫冀成、副校长左良参加了揭牌仪式，赫冀成校长为联合研究室揭牌并讲话，并向赵昆博士颁发了东北大学兼职教授的聘书。

6 月 16 日　沈阳军区与东北大学签订协议，在东北大学计算机科学与技术专业为沈阳军区部队招收培养 30 名本科定向生。军队定向生单独设班，在正常完成大学专业学习的同时经过必要的军政训练，毕业后定向分配到沈阳军区部队工作。

6 月 25 日　东北大学自动化有限公司被科技部正式认定为“863”产业化基地。

6 月 27 日　在中共沈阳市委科教工作委员会召开的沈阳市科教系统“庆

祝七一暨两先两优表彰大会”上，我校共有 3 个集体和 7 名个人受到了表彰。

6 月 30 日 中国工商银行沈阳市分行、东北大学国家助学贷款协议签字仪式在我校管理楼会议室举行，这标志着国家助学贷款在我校正式启动。中国工商银行辽宁省分行负责人和我校党委副书记、校助学贷款工作领导小组组长齐书聪分别代表甲方和乙方在贷款协议上签字。仪式上，甲方还向东北大学特困生代表发放了第一批贷款。

6 月下旬 我校以自动化工程开发公司为依托提出的“智能解耦控制系统的开发及其应用”项目，近日被列入国家计委组织的第一批产业化项目实施计划。项目总投资 8088 万元，其中国家投入 1000 万元，自筹 3088 万元，银行贷款 4000 万元。

7 月 3 日 东北大学 2000 届学生毕业典礼举行。

7 月 7 日 根据中央关于搞好高校“三讲”教育的部署，省委派驻“东北大学三讲教育巡视组”进驻我校。

7 月 11 日 科技部副部长马颂德一行在省市等领导陪同下视察我校国家自动化工程技术研究中心。

△ 校党委在学生活动中心召开副处级以上干部工作会议，党委书记、校长赫冀成传达了第九次全国高校党建会议精神，并布置了学校“三讲”教育理论学习阶段的具体工作。

7 月 15 日 全国部分高校统战工作研讨会在我校召开。全国 50 余所高校统战部部长参加会议并进行了理论研讨。

7 月 17 日 学校召开“三讲”教育动员大会。辽宁省委常委、东北大学“三讲”教育工作联系人、省委书记闻世震来到我校指导“三讲”教育工作并进行调研。

8 月 4 日 “中韩合作稀土磁性材料及技术研究所”挂牌仪式在我校理学院举行。左良副校长与韩国忠南大学金钟吾教授为仪式剪彩。

8 月 15 日 以原中联部副部长蒋光化为组长的中央驻辽宁省“三讲”教育检查组听取了东北大学“三讲”教育工作汇报，对我校“三讲”工作给予充分肯定，并对我校下一阶段的“三讲”工作做出具体指导。

△ 以左铁镛院士为组长的科技部“973”计划超级钢项目检查团一行四人，来我校国家重点实验室——轧制技术及连轧自动化实验室对“973”计划

课题进展进行中期评估。评估的课题是“新一代钢铁材料（超级钢）的重大基础研究”，赫冀成教授负责“外场对钢铁材料组织细化及均质化的作用”，王国栋教授负责“轧制过程晶粒细化的基础研究”。赫冀成和王国栋分别介绍了课题组工作状况、工作目标和目前所取得的科研成果。

8月17—23日　第一届国际沈阳语言处理及国际互联网技术学术会议和第五届国际粉体检测与控制学术会议在我校召开。

8月18日　我校王福利教授获“第四届辽宁省优秀科技工作者”称号。

8月31日　我校申报的“材料电磁过程研究实验室”被批准为教育部重点实验室。我校1997年成立“材料电磁过程研究中心”，并于1999年获宝钢集团700万元资助成立了“宝钢—东大EPM联合研究中心”。该中心曾先后获得国家自然科学基金重点项目、国家重大基础性研究计划（“973”项目）等的资助。实验室由左铁镛院士领衔组成学术委员会，由崔建忠教授任主任。

9月2日　我校2000级新生开学典礼暨军训动员大会在图书馆门前广场举行。今年我校37个专业共招生3330人，新疆预科生20人。

△　我校2000级研究生开学典礼在俱乐部召开。今年我校共招各类研究生1547人，其中博士生265人。

9月8—12日　由东北大学材料与冶金学院主持的第八届全国高校金相学术会议在我校召开。会上，我校的梁志德教授作了学术报告。同时与会人员共同发起成立了“全国高校金相与显微分析学会”，学会秘书处设在我校材料与冶金学院。

9月上旬　在科技部启动实施的“国家重点基础研究发展规划”42个重大项目中，我校部分教师参加了“新一代钢铁材料重大基础研究”“提高铝材质量的基础研究”等7项研究工作，总经费达1000余万元。

9月15日　教育部副部长韦钰来我校视察。

9月18日　我校在学生活动中心召开“三讲”教育总结大会，党委书记、校长赫冀成对我校“三讲”教育进行了全面的总结。

△　经CIMS主题办批准，国家863计划CIMS主题“流程工业综合自动化工程实验室”在我校自动化中心成立。

9月中旬　由我校教师承担的25个国家自然科学基金项目，经过3年的努力，已按计划全部通过核准结题，并取得了重要成果。共发表论文278篇，其中国外学术刊物上发表的论文 53 篇；国际会议特邀报告 9 个；出版专著 4 部；获得 2 项发明专利；获国家科技进步奖 1 项；省部级科技进步奖 9 项；培养博士研究生 35 人、硕士研究生 47 人、博士后 2 人。

9 月 25—28 日 国家自然科学基金会在我校召开“东北地区第四届国家自然科学基金工作研讨会”。

10 月初 我校 17 名教师荣获国家自然科学基金项目 17 项，资助金额共计达 433 万元，比去年增加了 23%。

10 月 10 日 为响应党中央实施西部大开发战略的号召，落实辽宁省与青海省高校对口支援和《青海省人民政府与东北大学关于开展科技教育合作的备忘录》中的合作意向，东北大学与青海大学对口支援合作协议书在我校正式签订。

10 月 13 日 我校与东莞市政府正式签订有关共建协议，标志着东北大学正式进入东莞市“中国著名大学科技城”。东莞市“中国著名大学科技城”是 2000 年 8 月，经教育部和科技部共同批准，东莞市出资 20 亿元人民币兴建的。

10 月中旬 经国务院学位委员会第八次会议审核批准，我校新增博士学位授权一级学科 3 个（计算机科学与技术、矿业工程、机械工程），博士点 4 个（分析化学、机械电子工程、车辆工程、计算机体系结构）。至此，我校有博士学位授权的一级学科 7 个，博士点 29 个。

10 月 23 日 我校教务处再次被教育部授予“全国普通高校优秀教务处”称号。

10 月 30—31 日 在辽宁省普通高等学校科技与产业工作会上，东北大学分别获得了“辽宁省普通高等学校科技管理先进单位”“辽宁省普通高等学校校办产业管理先进单位”称号；东北大学自动化工程技术开发公司获“辽宁省普通高等学校‘十佳’校办企业”荣誉称号。左良教授和刘晓平教授被评为科技战线“十佳标兵”。

11 月 1 日 本年 7 月 12 日，我校被教育部确定为国内开展现代远程教育的 5 所试点院校之一。本日，东北大学网络教育学院正式成立，院长段曰瑚。

11 月 5 日 应香港城市大学校长张信刚教授的邀请，赫冀成校长于 10 月 30 日至 11 月 5 日对香港城市大学进行了友好访问。

△ “第四届全国周培源大学生力学竞赛”颁奖大会在清华大学举行。全国 21 个省、自治区、直辖市及香港特别行政区 81 所院校的 2725 名选手参加了本次竞赛。我校获全国一等奖 1 项、全国三等奖 1 项。

11 月 7 日　宝钢—东大第八次年会召开，至此我校与宝钢合作已经 10 年，成为校企合作的典范。

11 月中旬　东北大学秦皇岛分校获批设立电子商务专业。

11 月 17 日　遵化市建龙钢铁总厂在我校设立“建龙基金”与厂校合作签字仪式在我校举行。东北大学党委书记、校长赫冀成向张志祥厂长颁发了东北大学校董会董事的聘书，并共同签订了东北大学与建龙钢铁厂的合作协议。建龙钢铁厂从本年起连续三年共计出资 240 万元，在东北大学设立“建龙基金”，用于奖励我校优秀教师和学生。

△ 我校原党委书记蒋仲乐教授、文法学院副院长陈凡教授分别被聘为中共辽宁省委、辽宁省人民政府第四届咨询委员会科教工作咨询组委员和精神文明建设咨询组委员。

11 月 24 日《东北大学校内分配制度改革方案（试行）》公布。

11 月 27—28 日　学校全面启动“乐居工程”，346 套面积在 100~160 平方米不等的砖混、高层住房，由教职工认购完毕。这是我校继 1995 年实行“安居工程”、1999 年在国家“筒子楼”改造工程中建设青年公寓后，又一次大幅度、大面积地改善教职工的居住条件。

12 月 6 日　我校召开 1998—2000 年思想政治工作总结表彰大会，会上对学校 1998—2000 年在思想政治战线上涌现的 10 个先进集体和 30 名先进个人进行了表彰，校党委书记、校长赫冀成在会上作了《总结过去，前瞻未来，努力开创我校思想政治工作新局面》的讲话。

12 月 9 日　东北地区部分高校 2001 届毕业生就业双向选择洽谈会在我校召开。这是 1996 年以来我校举办的第五次双选洽谈会，共有 340 个单位、530 多名代表出席会议，有 20 余所学校的上万名毕业生参加了双选洽谈。我校有 2213 人参会，签约率达 23.6%。

12 月 10 日　首届建龙奖教金和建龙奖学金颁奖仪式在我校举行。校党委副书记孙家学、副校长姜茂发以及有关部、处、院的领导和学生代表共 300 余人出席，建龙钢铁总厂总经理张志祥等领导到会。会上有 20 名教师和 125 名本科生、研究生获奖，教师每人奖励人民币 3000 元，学生一等奖 3000 元，二等奖 2000 元。建龙钢厂与我校 2001 届 45 名毕业生签约。

12 月 13 日 科学技术部公布统计结果：我校被 ISTP（科学技术会议索引）收入论文数，在全国高校中排名第 18 位。我校主办的《控制与决策》双月刊，1999 年“影响因子”在信息与系统科学类期刊中排名第 2 位。

12 月 19—21 日 左良副校长等一行赴广东省南海市进行考察，并就科技教育全面合作达成协议。

12 月 24 日 我校被教育部授予“全国学校艺术教育工作先进单位”称号。

12 月 28 日 校内分配制度改革取得实质性进展，岗位津贴从 2000 年 7 月起计算补发到位。

△ 东北大学“世纪曙光”迎接新世纪元旦联欢晚会在我校学生活动中心举行。联欢晚会分为第四届十佳大学生颁奖典礼、沈阳市校园歌星演唱会、迎接新世纪师生联欢会三个主要部分。校党委书记、校长赫冀成等校党政领导及有关部门负责人与广大同学共同欢度了世纪之夜。

12 月 31 日 我校“先进材料制备技术工程研究中心”被批准为教育部工程研究中心。《东北大学学报（自然科学版）》2000 年全年被 EI 收录的论文数达 187 篇。

本年 我校学位授权点覆盖面、专业布局调整实现突破性进展。增设了“分析化学”博士点，实现了我校理学学科门类博士点“零的突破”；增设了“国际贸易学”“数量经济学”硕士点，实现了我校经济学学科门类硕士点“零的突破”；增设了“宪法学与行政法学”硕士点，实现了我校法学一级学科“零的突破”；增设了“外国语言学及应用语言学”硕士点，实现了我校文学学科门类“零的突破”；增设了“音乐表演”“艺术设计”本科专业，实现了我校本科专业艺术学科门类“零的突破”。我校授予博士学位的学科门类由原来的哲学、管理学、工学三个学科门类进一步拓展为哲学、管理学、工学、理学 4 个学科门类；授予硕士学位的学科门类由原来的哲学、管理学、工学、法学 4 个学科门类，增加为哲学、管理学、工学、法学、经济学、文学 6 个学科门类。至此，我校已拥有一级学科博士学位授权点 7 个、博士点 29 个、硕士点 56 个（含 MBA、MPA）。本科专业由 39 个增加至 45 个，其中，电子商务属专业目录以外的专业，音乐表演、艺术设计属艺术类专业。

本年　我校 3 个项目获首届中国高校科技奖励。

本年　我校 9 个项目荣获辽宁省科技进步奖，其中：一等奖 2 项、二等奖 3 项、三等奖 4 项。

2001 年

1 月 6 日　我校举办毕业生就业双向选择洽谈会，来自大连地区的 72 家企事业单位提供 1806 个需求，共 1500 余名应届毕业生参加，当场签约 150 余人。

1 月 8 日　我校举行 2000 年度“优秀博士后”表彰会，5 名博士后人员获奖，校领导和省人事厅专家处领导出席表奖大会。

1 月 12 日　校长赫冀成代表学校与广东省南海市市长陈仲元签署战略合作协议。副校长、东软集团有限公司总裁刘积仁与南海市信息网络中心负责人唐毅敏签订东大南海信息技术学院建设协议。

1 月 15 日　我校“先进材料制备技术工程中心”作为教育部工程研究中心开始立项建设。

2 月 16 日　我校获“九五”国家科技攻关计划重大科技成果奖 1 项；获“九五”国家重点科技攻关计划优秀成果奖 6 项。刘积仁教授获“九五”国家重点科技攻关计划先进个人称号。

2 月 19 日　我校有 4 项成果荣获国家科学技术进步奖，其中国家技术发明二等奖 1 项；国家科技进步二等奖 3 项。

2 月 22 日　我校获沈阳市荣誉优秀专家、第二届优秀专家和青年专业技术拔尖人才称号的名单如下。沈阳市荣誉优秀专家：闻邦椿、张嗣瀛、方肇伦、邱竹贤、陆钟武；第二届沈阳市优秀专家：赫冀成、姜茂发、汪定伟、赵宏、郑全录；第二届沈阳市青年专业技术拔尖人才：左良、王伟、王福利、赵海、江根苗。

2 月 28 日　校友张策先生拜访张学良老校长报告会在学生活动中心举行。张策校友 2000 年 7 月赴美考察期间三次拜访老校长，他用图片和录像等多种形式，报告了见到老校长的详细经过。

3月初 新学期伊始，学校决定投入1.1亿元用于学科建设。这笔资金来源：辽宁省政府贴息贷款5000万元，教育部投入6000万元（分两年到位）。

3月2日 校召开纪检工作会议。校党委副书记孙家学传达了中纪委第五次全体会议精神，校纪委书记田梦平传达了教育部纪检工作会议精神及今年教育部纪检监察工作部署。

3月6日 辽宁省中青年学科带头人和优秀青年骨干教师初评工作完成。我校有15人被确定为省中青年学科带头人，36人被确定为省优秀青年骨干教师。2000年度辽宁省中青年学科带头人15人：左良、姜茂发、孙旭东、李本文、薛向欣、张廷安、任凤玉、高航、谢里阳、张庆灵、刘晓平、于戈、张斌、王子彦、赵希男。2000年度辽宁省优秀青年骨干教师36人：孙挺、杜安、辛子华、张祥德、邢伟、张镭、韩清凯、宋伟刚、刘常升、茹红强、张殿华、赵宪明、许茜、都兴红、朱苗勇、姜周华、付高峰、王兆文、王恩刚、薛定宇、郝培锋、毛志忠、刘建昌、唐立新、庞哈利、王国仁、李晶皎、王兴伟、高福祥、王宏、王兴元、冯夏庭、韩跃新、樊治平、刘德学、许开立。在辽宁省第二批青年领军人才计划评选中，姜茂发教授等53人入选。

3月上旬 经教育部批准，我校从本年开始招收艺术类专业全日制本科学生，学制4年。招生来源计划分布在辽宁、吉林、黑龙江、山东、河南、河北、内蒙古等七个省、自治区，计划招生90人。招生专业为：音乐表演专业、艺术设计专业。

3月中旬 学校下发关于严格执行《东北大学文化素质教育系列选修课有关规定》的通知。通知指出，对凡因2学分未达到规定学分者，允许参加正常的毕业设计（论文）工作，毕业答辩合格后，按结业办理。但必须于一年内回校参加有关的文化素质教育选修课的课程学习，考查合格后方可换发下一届毕业证书。学习期间的课程学习费按学校有关规定缴纳。凡因4学分或4学分以上未达到规定学分的，予以降级办理，学费按下一年级学费标准缴纳。

3月15日 辽宁省2000年优秀学位论文评审结果揭晓，东北大学有5篇博士论文、9篇硕士论文荣获辽宁省优秀学位论文。

3月16日 学校举行欢迎殷国茂院士来校工作暨殷院士学术报告会。会上，殷院士为与会者作《中国钢管》的学术报告。

3 月 20 日　学校召开部分校领导、各分党委（直属支部、总支）书记、党群部门负责人及部分学院院长参加的会议。校党委书记、校长赫冀成传达了教育部直属高校党委书记工作会议中关于高等教育的形势与当前思想政治工作。

3 月 26 日　校党委常委、副校长王宛山主持召开了八十周年校庆筹备工作第一次会议。会上，王宛山副校长代表校党政领导班子对八十周年校庆筹备工作进行了全面布置。迎接 2003 年东北大学八十周年校庆筹备工作正式启动。

3 月 30 日　学校举行 2001 届研究生毕业典礼暨学位授予仪式。本年春季我校共毕业研究生 384 人，其中博士研究生 62 人，硕士研究生 322 人。今年我校第一次授予工商管理硕士学位（MBA），有 6 人获得该专业学位。

4 月 1 日　美国军用侦察机在我国海南岛沿海空域撞毁我军用飞机事件后，我校师生纷纷召开座谈会，愤怒谴责美国的霸权主义行径，坚决拥护我国政府的严正立场。

4 月 2 日　辽宁省常务副省长郭廷标在省教育厅、计委、财政厅等部门负责人陪同下视察东北大学，并听取了我校党委书记、校长赫冀成所作的学校建设发展状况以及在全国高校中所处位置层次等情况的汇报。

4 月 2—5 日　东北大学首届艺术设计、音乐表演专业招生工作启动。

4 月 5 日　我校与英国伦敦大学玛丽女王学院决定建立校际合作关系，签署了本科生联合培养的合作协议。

△　我校网络教育学院首次招生，计划在计算机科学与技术、信息技术与商务管理、会计学等三个专业招生 2850 人。东北大学是教育部批准开展现代远程教育的试点单位之一。

4 月 5—9 日　中国高等学校自然科学研究会在我校召开科技编辑学研究基金工作会议，来自全国 20 余个省、自治区、直辖市，40 余所大学的代表参加了会议。

4 月 13 日　在辽宁省企业技术创新工作会议上，学校被评为省“九五”产学研联合先进集体。

4 月 17 日　我校和济南钢铁股份公司签订联合培养复合型人才协议。协议规定，从大学高年级开始，济钢提前到学校招聘优秀学生，根据公司发展需要安排学生选择第二专业学习，使学生掌握两个以上专业知识。对应聘并签订协议的学生采用双学位制，即在原本科 4 年的基础上，延长 1 年时间进行第二学位的学习。

4 月 18 日 我校召开曾宪梓教育基金颁奖大会，50 名大学生受到奖励。该基金会从 2000 年 3 月开始实施《优秀大学生奖学金计划》，奖励在全国 35 所高校中就读的品学兼优的贫困大学生，每校 50 名。我校被教育部列入实施该计划的大学之中。

4 月 20 日 东北大学 MERIC 日本语教育中心成立。该中心是我校与日本 MERIC 日本语学校共同建立的，归我校外国语学院领导。

△ 我国台湾中区大学教授篮球队来校访问并与东北大学教授篮球队进行了友谊比赛。

4 月 26 日 东北大学学生在学生活动中心门前组织了声势浩大的“严正抗议日本篡改历史教科书”签名活动。

4 月 自动化研究中心的“先进控制技术在冶金生产过程中的应用”项目荣获辽宁省科技进步奖一等奖。

5 月 15 日 学校隆重举行第 21 届世界大学生运动会辽宁省火炬传递交接仪式。

5 月 16 日 我校与辽宁电信公司沈阳分公司签订校园信息通信网络合作协议。王宛山副校长代表我校在协议上签字。双方在我校电话网改造、IP 宽带网和网络教育三方面达成合作协议。工程将接通东大校园内教职工住宅与学生宿舍校园宽带网络，实现 1000M 到小区，100M 到大楼，10M 到用户的目标。

5 月 17 日 学校党委理论中心组学习讨论江泽民同志在庆祝清华大学建校 90 周年大会上的重要讲话。

5 月 18 日 轧制技术及连轧自动化国家重点实验室与首都钢铁集团有限公司签订了“首钢中厚板改造工程”项目，合同金额 2430 万元。

5 月 25 日 我校召开第四十届田径运动会。工商管理学院学生以 11.23 米的成绩打破 9.82 米的校男子铅球纪录。

5 月 26 日 我校举行二级单位主页设计大赛。校长赫冀成，党委副书记齐书聪，副校长姜茂发、左良到会。

5 月 29 日 赤峰富龙矿物材料工程技术研究中心成立签字仪式在赤峰富

龙大厦举行。富龙集团董事长景树森、我校副校长左良和韩跃新教授共同在共建协议书上签字。

5 月 30 日　东北大学自 20 世纪 80 年代末期开始创办大学科技园，经过 10 年的努力，到 20 世纪 90 年代末期已经形成相当的规模。园区占地达千亩，建有 4 个国家和教育部的工程中心、20 多家高新技术企业，已建设成为以信息技术为核心，以计算机软件和数字化新产品研究开发和生产为主体，不断向机电控一体化、新材料及先进制备技术等领域延伸发展的技术创新基地、高新技术企业培育孵化基地和人才资源开发基地。1999 年 9 月，科技部和教育部联合发出试办国家大学科技园的通知。经过遴选，同年 10 月，清华大学、北京大学、东北大学等 15 家单位被批准为国家大学科技园试点建设单位。新规划的东北大学科技园由东大科学园、东大创业园、东大产业园三个部分组成。其中东大科学园以东北大学校内各工程研究中心、重点实验室和研究所为依托。东大创业园是东大科技园的创新创业基地。东大产业园主要由沈阳软件园、大连软件园、南海软件园和即将兴建的自控技术产业园与新材料产业园等构成，是高新技术产品开发与生产基地。

5 月 31 日　我校举行庆祝中国共产党成立 80 周年党的知识竞赛。来自 12 个分党委的 360 名选手参加竞赛。

△　杨叔子院士应邀来校。我校在举办迎校庆一百名院士及著名学者系列讲学报告活动中，本日邀请华中科技大学前校长、中国科学院院士、教育部高等学校文化素质教育指导委员会主任委员杨叔子来校作报告。报告中他提出新世纪高校办学的主导思想是培养具有爱国情操和创新能力的优秀大学生。赫冀成校长向杨叔子院士颁发了东北大学名誉教授聘书。

6 月 1 日　学校举行“世纪朝阳”庆祝建党 80 周年文艺汇演开幕式，拉开了学校庆祝建党 80 周年系列活动的帷幕。

6 月 6 日　辽宁省副省长赵新良来校调研，并就高校省部共建问题发表讲话。

6 月 10 日　我校举行“MPA（公共管理硕士）教育中心成立暨开展 MPA 教育新闻发布会”。赵新良副省长和东北大学校长赫冀成共同为东北大学 MPA 教育中心揭牌，并分别发表讲话。

6 月 11 日　我校在校图书馆举行基础学院成立大会。基础学院设在东校区，是学校的二级学院之一，主要负责一年级新生、高职生的教学、管理及东校区的成人教育学院学生的总体协调、稳定工作。基础学院的成立，意味着黄金学院实质性合并工作基本完成。校党委书记、校长赫冀成到会并发表讲话。

6月16日 我校举行庆祝建党80周年知识竞赛，这是我校党委组织部、党委宣传部、工会、团委联合组织的庆祝建党80周年主题教育活动之一。

△ 东北大学—建龙实践教学基地揭牌仪式隆重举行。我校副校长姜茂发和建龙实业有限公司董事长张志祥共同为仪式剪彩。姜茂发副校长还向企业兼职指导教师颁发了聘书。

6月21日 科技部、财政部、国家计委、国家经贸委和总装备部等机关对在“九五”科技攻关计划和“863”计划中做出突出贡献的集体和个人进行了表彰。我校8项研究成果和4名个人受到表彰。其中获重大科技成果奖1项，优秀成果奖7项。刘积仁被授予“九五”国家重点科技攻关计划先进个人及“为国家‘863’计划做出突出贡献”的先进工作者。柴天佑、崔建忠、于戈被授予“为国家‘863’计划做出贡献”的先进工作者。

△ 东北大学与吉林大学等联合组建的“新材料与功能材料网上合作研究中心”通过教育部可行性论证。

△ 我校教工合唱团在辽宁省首届合唱电视大赛中荣获金奖。

6月22—25日 中国科学技术协会第六次全国代表大会在北京人民大会堂隆重举行，冯夏庭同志荣获“中国青年科技奖”。

6月25日 东北大学旧址与北京大学的未名湖燕园建筑、清华大学早期建筑、武汉大学早期建筑一起被列入全国重点文物保护单位。

6月28日 教育部近日下发了教高函〔2001〕11号文件，批准成立了2001—2005年教育部高等学校有关科类教学指导委员会，我校有16名教师分别当选为新一届委员会的副主任委员及委员：娄成武当选为公共管理类学科教学指导委员会副主任委员；赵宏当选为计算机科学与技术教学指导委员会副主任委员；姜茂发当选为材料科学与工程教学指导委员会委员、金属材料工程与冶金工程专业教学指导分委员会副主任委员；刘玉英等13名教师当选为委员。

△ “新材料与功能材料网上合作研究中心”成立。新材料与功能材料网上合作研究中心是我校与吉林大学、大连理工大学等单位联合组建的。我校左良副校长任该研究中心的学术委员会副主任，材料与冶金学院院长刘春明任研

究中心副主任。研究中心在我校材料与冶金学院等单位设站点，建立研究平台，进行网上合作研究并在网上开展国际合作。

6月29日 美国CA公司投资东软集团战略合作签字仪式暨新闻发布会在沈阳举行。根据协议，CA公司将对东软集团投资4000万美元。科技部、教育部和辽宁省政府代表到会并讲话。校长赫冀成教授出席了签字仪式。

△ 教育部副部长赵沁平视察东大软件园，听取赫冀成校长关于学校近几年发展情况的汇报。

6月30日 我校隆重举行庆祝中国共产党建党80周年大会。庆祝大会在校图书馆前广场举行。大会在雄壮的国歌声中开始，首先由632名新党员进行入党宣誓，接着表彰了1999—2000年度的先进党委、先进党支部、优秀共产党员标兵、优秀共产党员、优秀党务工作者；还表彰了“世纪朝阳”东北大学庆祝建党80周年文艺汇演中的优秀组织、优秀节目和积极分子；表彰了在庆祝中国共产党建党80周年党的知识学习竞赛活动中的优胜集体和个人。颁奖结束后，校党委书记、校长赫冀成发表了讲话。

△ 东北大学2001届学生毕业典礼在沈阳市火车头体育馆举行。应届2705名毕业生参加了大会。

6月 在“纪念中国民主同盟成立60周年暨表彰先进集体、先进个人”大会上，民盟东北大学委员会被民盟中央授予“先进单位”荣誉称号。民盟东北大学委员会是辽宁省唯一获此殊荣的基层盟组织。

7月1日 东北大学举行海外校友座谈会，海外校友和部分留学回校人员近百人出席了座谈会。赫冀成校长代表全体师生对此次海外校友的归来表示热烈的欢迎；并向校友们介绍了学校近几年的发展变化，与校友们共商学校发展大计。

7月2日 清华大学校长、中国科学院院士王大中教授访问我校。

7月3日 党委理论学习中心组学习江泽民同志在庆祝中国共产党成立80周年大会上的重要讲话。

7月4日 柴天佑、左良教授被聘为“十五”863计划第一届领域专家委员会和主题专家组成员。

7月6日 举行东北大学东软信息技术学院落成庆典，科技部、辽宁省政府、大连市政府领导到会祝贺。东软集团、大连软件园斥资1.8亿与东北大学在大连创办了东北大学东软信息技术学院。

7月8日 东软集团有限公司举行成立十周年庆典活动。信息产业部部长吴基传，辽宁省、沈阳市领导到会并讲话。校党委书记、校长赫冀成，我校原党委书记蒋仲乐也在仪式上发表讲话，向与会者阐述了东北大学的办学理念和办学方向。1991年，东北工学院成立东大阿尔派软件研究所（有限公司），正式开始产业化进程。1996年建设国内第一个大学软件园——东大软件园。1996年，东大阿尔派股票正式上市。1998年宝钢参股东软集团，成立宝钢东软信息产业有限公司，2001年5月更名为东软集团有限公司。

7月12日 在辽宁省新闻出版局的大力支持下，东北大学出版社4种图书选题被列入《2001—2005年国家重点图书出版规划》，使我校实现了国家重点图书出版零的突破。这4种图书选题分别是：《产业技术论》，作者远德玉；《非平衡态冶金热力学》，作者翟玉春；《计算冶金学》，作者赫冀成；《成形过程中钢材的组织演变与性能预测》，作者王国栋、刘相华。

7月20日 辽宁省教育厅、科技厅和经济贸易委员会联合确认我校“东北大学自动化工程技术开发公司”等5家企业为“首批重点扶持的辽宁省高等学校科技企业”。

7月26—27日 我校“211工程”“九五”期间建设项目验收会议在东大软件园举行。以中国工程院院士左铁镛为组长的教育部专家组，对我校“211工程”项目建设情况进行了严格的检查验收。在26日举行的验收会议上，我校党委书记、校长赫冀成作了《以“211工程”建设为牵动，实现东北大学跨越式发展》的报告，向专家组汇报了我校“211工程”总体建设目标与任务和子项目完成情况及标志性成果。经过为期两天的验收，我校“211工程”项目顺利地通过了教育部专家组的检查验收。

7月 我校辽宁分校最后一届学生毕业离校，分校的管理人员转到新的工作岗位，辽宁分校停办。辽宁分校建于1984年8月，1998年停止招生。辽宁分校先后设工业自动化、计算机应用等20个专业，连续招收14届学生，共培养7000余人。

8月8日 国家发展计划委员会副主任于广洲在辽宁省副省长赵新良和省政府有关部门同志的陪同下来校视察。

8月10日 学校与白银市联合建立的“白银市博士、硕士研究生实习工作站”挂牌并正式启动。

8 月 29 日 学校召开干部会议。在会上，赫冀成校长宣读了《教育部关于陈德祥、娄成武任职的通知》，通知任命陈德祥、娄成武同志为东北大学副校长。

8 月 30 日 我校 2001 级迎新工作全面展开，本年是基础学院首次迎接全校新生。

8 月 学校掀起在全校开展学习江泽民“七一”讲话及“三个代表”重要思想活动热潮。

△ 学校与中国人民解放军总参谋部技术局建立科技合作关系。

9 月 3 日 我校 2001 级新生开学典礼暨军训动员大会在基础学院广场隆重举行。本年我校 40 个专业共招生 3315 名。

△ 我校 2001 级研究生开学典礼在俱乐部召开。本年我校共招收国家计划研究生 1290 名，其中硕士生 950 名，博士生 340 名。接受学位进修生和课程进修生 350 名；还将招收工程硕士生 300 名，在职工商管理硕士生 120 名，公共管理硕士生 100 名。合计招收各类研究生将达到 2160 名。

9 月 4 日 美国教育基金会—东北大学合作培养 MPA、MBA 签约仪式在管理楼举行，校党委书记、校长赫冀成代表东北大学与美国教育基金会代表、基金会顾问陈绍武先生签约。签约仪式后，赫冀成校长向陈绍武先生颁发了东北大学国际交流与合作顾问证书。

△ 我校在管理楼举行聘请陈难先院士为东北大学名誉教授仪式。聘任仪式后，陈难先院士作了《物理学中的反问题》的学术报告。

9 月 6 日 我校共有张雷、姚广春、刘相华、冯跃兵等 17 名同志被评为沈阳市优秀教师（优秀教育工作者）。

9 月 7 日 我校网络教育学院首届学生开学典礼在网络教育学院及各地教学中心举行。我校网络教育学院在全国已建立 5 个分院，14 个教学中心，分布在辽宁省、河北省、广东省、上海市。今年有 4 个分院，13 个教学中心进行了招生，共招收学生 2500 名。

9 月 10 日 校团委在学生活动中心举行“东北大学大学生学习江泽民‘七一’讲话，实践‘三个代表’活动”动员会暨报告会，标志着全校学习“七一”讲话，实践“三个代表”活动的全面启动。

△　中国工程院院士张懿校友应邀回母校作《关于绿色过程工程》的学术报告，并被聘为我校名誉教授。

9月15日　首钢集团和东北大学全面合作协议签字仪式在我校举行，党委书记、校长赫冀成，首钢总经理朱继民在协议上签字，双方长期全面战略合作伙伴关系正式确定，合作内容包括科技、人才培养和技术与产业整合等方面。

△　第五届全国大学生电子设计竞赛结束。我校2个参赛队获得国家一等奖，2个参赛队获得辽宁省一等奖。其他参赛队分别获得辽宁省二等奖、三等奖及成功参赛奖。

9月16日　我校举办纪念九一八事变70周年演讲赛。

9月22日　国家MBA教学评估专家组莅临我校，对我校MBA教学工作进行检查评估。我校管理学院院长就我校MBA三年来的教学及教学管理工作做了总结汇报。经过评估，专家组成员认为东北大学MBA教学工作取得了快速发展，办学方式新颖，值得推广。

9月23日　第七届"挑战杯"全国大学生课外学术科技作品竞赛在西安交通大学落下帷幕。我校参赛作品"般若企业互联网综合应用平台"获一等奖，"虚拟排球比赛"和"电梯群控模型"获三等奖，社会调查报告《论我国农业灌溉设施管理体制改革》获二等奖。本次"挑战杯"竞赛共有来自全国300多所高校的764件作品参加决赛。

9月25日　学校承办的CERNET第八届学术年会在辽宁大厦举行。来自全国400多所高校、科研机构的500多名代表出席了会议。

9月27日　东北大学艺术学院正式成立，学院下设音乐表演专业、艺术设计专业，有学生91名，标志着东北大学艺术类专业零的突破。

9月末　在辽宁省普通高等学校第一批省级优秀课评审中，我校"电子技术基础""机械基础理论与设计""高等数学"等3门课程获辽宁省第一批省级优秀课；《冶金工程与材料成型多媒体教学系统》《计算机辅助机构设计》《计算机组成原理课件》等3份教学软件获一等奖；1份教学软件获二等奖；7份教学软件获优秀奖。

10月6日、27日　国家发展计划委员会分别批准我校两项高技术产业化示范工程项目，项目承担单位为东方软件和东大新业公司。

10 月 11 日　我校与沈阳药科大学、沈阳军区总医院、东软集团有限公司全面合作签字仪式在东北大学软件园举行。我校党委书记、校长赫冀成，沈阳药科大学党委书记李蕴能，沈阳军区总医院院长陈兴华，东软集团有限公司副总裁郑全录分别在协议书上签字，标志着四方长期全面稳定合作伙伴关系正式确定，全面合作内容包括教育教学、学科建设、科学研究、高新技术产业等方面。

10 月 15 日　伟大的爱国者、千古功臣、东北大学老校长、现名誉校长、校董会名誉主席张学良先生在夏威夷逝世。今日，东北大学党委书记、校长赫冀成，校友总会，校老领导费寿林、蒋仲乐、杨佩祯，校老教授协会等分别向张学良先生家属发去唁电。

10 月 17 日　我校隆重举行追悼大会，沉痛哀悼张学良老校长。

10 月 18—20 日　沈阳市科学技术协会第六次代表大会召开，左良副校长当选为沈阳市科协副主席，许开立、高起元同志荣获“沈阳市优秀科技工作者”光荣称号。

10 月 19 日　我校党委书记、校长赫冀成，副校长王宛山前往夏威夷，参加 10 月 23 日举行的张学良老校长的葬礼和公祭活动。

10 月 25 日　我校第十一次研究生代表大会在图书馆召开。会议选举出 51 名委员，组成了东北大学研究生第十六届委员会。

10 月 26 日　由联合国世界人民委员会援助，我校与美国教育文化基金会合作培养辽宁省公务员（MPA）培训班开学典礼在东大软件园举行。首批学员 200 人。

10 月 30 日　中国金属学会第七次全国代表大会在北京隆重举行，赫冀成校长当选为中国金属学会副理事长。

10 月　我校逸夫教学楼建成并投入使用。该楼总建筑面积达 10200 平方米，投资 600 万元。其中国家拨款 900 万元，学校自筹 900 万元，香港同胞邵逸夫先生资助 800 万元。

11 月 2 日　辽宁省经贸委、教育厅组织我校与省内 37 家大中型国有企业，在东北大学召开了“东北大学校企合作委员会”成立大会。辽宁省副省长赵新良及我校与各大企业领导出席了本次会议。该委员会通过定期会议、高层会商的方式，增加校企领导层和工作层的接触，促进校企合作。

11月7日 中国科学院青年科学家前沿科学报告团来我校作学术报告。这次学术报告会是我校“迎校庆——百名院士及知名学者讲学活动”的一部分。

11月16日 国家自然科学基金委员会—上海宝钢集团公司长期合作意向签字暨“钢铁联合研究基金”首批资助项目颁证仪式在北京人民大会堂举行。我校6名同志获得资助，总经费达174万元，其中左良教授的“高品质硅钢制造技术的应用基础研究”获得重点资助。

11月20日 东北大学自动化工程技术开发公司项目“多媒体数据采集监控系统”和东大新业信息技术股份有限公司项目“信息电器半封闭嵌入式系统”被列为沈阳市“特别快车”项目。

11月23日 我校国家大学科技园大厦联建协议书签字仪式在外事处举行。校党委书记、校长赫冀成和深圳市中达实业有限公司总经理贺江峰分别在协议书上签字。科技园大厦位于校区东部与科学园交界处，占地面积约4500平方米，建筑面积约22000平方米，工程计划投资7000万元人民币，双方合作经营期限25年，产权归我校所有。此资金由我校职工刘继宁引进。

11月28日 学校开展加强机关作风建设活动。

11月29日 我校在本年度的辽宁省科技奖励评审中，获一等奖3项，二等奖4项，三等奖10项，包括10项自然科学奖。

12月1日 继“八五”之后，由我校承担的“硼铁矿资源综合利用”项目被列入国家“十五”科技攻关计划项目。

12月2日 东北地区部分高校2002届毕业生就业双向选择洽谈会在我校举行。这次“双选会”由东北大学、长春工程学院、黑龙江工程学院等7所高校联合举办。本次到会的用人单位有405家，共向毕业生提供1.15万个用人需求。

12月3日 中国科技信息研究所公布2000年中国高校科技论文排行榜。我校共被EI收录296篇，排名第九。《东北大学学报（自然科学版）》2000年被EI收录187篇，在全国高校中名列第四。另据2001年版《中国科技期刊引证报告》报道：《东北大学学报（自然科学版）》2000年总共被引频次为229篇，在全国理工科高校学报中名列第十名；影响因子在全国理工科高校学报中名列第五，在理工科高校工业综合类学报中名列第一。

△　科技部信息研究所举行“2000 年度中国科技论文统计结果新闻发布会”，我校《控制与决策》在同类期刊中排名第一。

12 月 5 日　经教育部和发展计划委员会共同批准，我校获批首批试办示范性软件学院。东北大学示范性软件学院的宗旨是培养各类复合型软件人才，用信息技术改造传统产业、为发展现代工业打下坚实的人才基础。

12 月 10 日　学校有 3 项科技成果获中国高校自然科学奖，其中一等奖 2 项，二等奖 1 项。

△　涂赣峰、张霞、张斌、谢里阳同志荣获“辽宁省青年科技奖”。

12 月初　根据《国务院、中央军委关于建立依托普通高等教育培养军队干部制度的决定》精神，我校被教育部首批列入“高层次人才强军计划”的 27 所高校之一。据此计划，我校每年将在沈阳军区、北京军区、空军、海军、二炮等 5 个单位招收硕士研究生 60 名。

12 月 14 日　我校召开学生工作总结表彰大会。

12 月 19 日　国家高技术开发计划（简称“十五 863”）高性能结构材料主题的课题合同签订会在京举行。我校 PAL 课题组申报的“500MPQ 碳素钢先进生产工艺研究”“连铸连轧过程组织性能预测与在线监控系统开发”两项课题均被会议列为重点课题。

12 月 20 日　通过科学技术处办理的横向科技进款总额跃上新台阶，比去年增长 27.9%；签订合同金额比去年增长 84.6%。

12 月 22—23 日　“十五”国家重大技术装备研制项目“首钢 3500mm 中厚板轧机核心轧制技术和关键设备研制”通过专家论证。

12 月 24 日　教育部对“九五”期间全国普通高等学校科研管理成绩突出的先进集体和先进个人予以表彰。我校科学技术处被授予先进集体称号。

12 月 28 日　我校“命名奖学金颁奖大会”在学生活动中心举行。会上，有关领导公布了中国科学院奖学金，宝钢奖学金，西北有色金属研究院奖学金，教育建设基金会奖学金，维用奖学金，华为奖学金，中光电子奖学金，我校原校长蒋仲乐、副校长刘积仁设立的“东北大学优秀特困生奖学金”，东北大学原秘书长周鲸文之子周昆先生设立的“周鲸文奖学金”，台湾老人祖国卿先生设立的王仰曾、王雨山、邱崇明奖学金等共 10 种奖学金获奖者名单，并颁发了获奖证书及奖金。

本年 我校国家自然科学基金项目获得重大突破，共获批 28 项，资助金额合计为 1140.3 万元。其中材冶学院 12 项；信息学院 7 项；资土学院 3 项；理学院 2 项；机械学院 2 项；重点实验室 2 项。

2002 年

1 月 7 日 本日起至 10 日止，学校召开“2001 年中层正职领导干部年度考核述职测评大会”，共有 49 名中层正职干部依次进行了述职报告。

1 月 8 日 学校召开 2001 年度实验室评估工作总结会，各学院主管实验室工作的副院长、实验中心主任、实验室主任以及教学秘书等近 60 人参加了会议。

1 月 9 日 我校李广田教授领导的科研组，与辽宁科英耐火材料有限公司联合研制的“直流电弧炉用导电热补料”，通过了辽宁省科技厅的鉴定。鉴定认为该成果各项技术指标达到了国际先进水平。

△ 我校首届冰上运动会在基础学院冰上运动场举行。本次运动会旨在突出我校冬季体育教学特色，打造体育教学品牌，提高学生的参与意识，营造健康向上、积极进取的校园文化氛围。赫冀成校长等领导出席了开幕式。

1 月 11 日 学校召开“东北大学 2001 年勤工助学工作总结表彰大会”，校党委副书记齐书聪、学生处领导及各学院的学生工作负责人参加了大会。

1 月 14 日 中国科学院院士陈颙教授，美国纽约州大学研究生院院长黄庭芳教授，香港理工大学土木与结构工程系副主任周锦添教授、黄凯珠博士、黄玉龙博士一行 5 人于本日专程来我校访问、讲学。

1 月 23 日 教育部、辽宁省人民政府、沈阳市人民政府在东北大学软件园签署重点共建东北大学协议。教育部副部长张保庆、辽宁省副省长赵新良、沈阳市副市长吕亿环分别代表教育部、辽宁省和沈阳市在协议书上签字。协议规定，在对学校的正常经费安排外，在 2001 年到 2003 年 3 年内，教育部向我校投入教育经费 2 亿元人民币，辽宁省、沈阳市分别投入 1 亿元人民币。2003 年后三方将根据学校改革和发展的情况继续给予必要的支持。共建协议还提出，重点共建东北大学，旨在促进学校各项事业的改革和发展，把东北大学办成我国特别是东北地区的创新人才培养、高新技术研究和成果转化、高层次决策咨询的重要基地和国内外知名的高水平大学。

教育部、辽宁省人民政府、沈阳市人民政府重点共建东北大学协议签约字仪式会场一隅

1 月 27 日　根据《中共教育部党组关于进一步加强直属高校领导班子和干部队伍建设若干问题的通知》等文件的要求，学校举行领导班子成员年度述职报告会。学校领导班子每位成员结合 2001 年度的工作，从德、能、勤、绩四个方面进行了述职报告，校党委书记、校长赫冀成主持会议，并代表学校领导班子在会上作了述职报告。

2 月　在《教育部关于公布 2001 年教育部备案或批准设置的高等学校本科专业名单的通知》中，我校又新增社会体育、俄语、新闻学、环境科学等 4 个本科专业，其修业年限均为 4 年。其中社会体育、俄语两个专业本年开始招生。

3 月 2 日　为进一步密切我校与宝钢的合作关系，我校组织了以校党委书记、校长赫冀成为团长，校党委副书记孙家学，副校长左良、陈德祥、娄成武及相关部处负责人参加的访问团，于 2 月 27 日至 3 月 2 日，访问了上海宝山钢铁公司。宝钢集团董事长徐大铨、总经理谢企华、党委书记关壮民等领导分别会见了我校访问团。

3月14日 教育部公布高等学校重点学科名单，我校的控制理论与控制工程、计算机应用技术、钢铁冶金、机械设计及理论、有色金属冶金、材料学、采矿工程等7个学科被评为国家重点学科。

△ 我校辛子华教授申报的“层状磁性材料相变性质研究”获教育部“优秀青年教师资助计划”的资助，项目总经费9万元。我校已有19名教师先后获得过该计划的资助。

△ 我校唐立新教授获第八届霍英东青年教师基金资助，金额1.5万美元；王国仁教授和徐新阳副教授分别获青年教师研究类和教学类三等奖。我校先后有9名教师获得资助，5名教师获得奖励。

3月18日 校党委书记、校长赫冀成会见了来访的英国谢菲尔德大学副校长汤姆林森教授和该校自动控制及系统工程系主任欧文斯教授。

3月19日 学校召开全国重点学科评审工作总结表彰大会。校党委书记、校长赫冀成，副校长王宛山、娄成武以及各学院院长、主管学科建设工作的副院长，申报国家重点学科的学科带头人共40余人参加了总结表彰大会。王宛山副校长作了学校重点学科评审工作总结报告。娄成武副校长宣读了《关于表彰在2001年全国重点学科评审工作中做出突出贡献的集体和个人的决定》。

3月20日 我校首次召开新增博士生指导教师工作会议。会议由王宛山副校长主持。娄成武副校长、姜茂发副校长等就如何当好博士生导师等问题作了讲话。

3月26日 学校根据教育部、辽宁省委和沈阳市委的部署及市教科工委相关的要求，决定在全校开展“应对入世挑战，谋求我校跨越式发展”思想解放学习教育活动，并做了具体的部署安排。

3月27日 东北大学第五届二次教代会隆重召开，校工会主席张忠生作了《认真实践“三个代表”重要思想，努力开创教代会工作新局面》的工作报告；校党委书记、校长赫冀成作了《为把东北大学建成国内一流、国际知名的现代大学而努力奋斗》的工作报告。

3月28日 学校召开2002年春季校学位评定委员会会议，会议决定授予58人博士学位，554人硕士学位。至此，我校已授予博士学位901人，硕士学位6821人。

△ 学校举行 2002 届研究生毕业典礼暨学位授予仪式。

3 月 29 日 学校召开布置 2002 年度重点工作会议。在校的两院院士和中层以上干部、博士生导师参加了会议。校党委书记、校长赫冀成主持会议。校党委副书记、副校长等各位校领导分别对所分管的工作进行了具体布置安排。

3 月 31 日 我校会同东宇、和光、东电、北方航空公司等十几家大型企事业单位创建的 MBA 实战训练系统建成，本日在沈启动。

3 月下旬 我校学生城建设正式启动。学生城工程总投资 5500 万元，总建筑面积 44000 平方米，可同时容纳 3064 名学生住宿，并建有配套的学生食堂和多功能活动厅。建成后，将成为辽宁省乃至东北地区规模最大、设施最齐全、现代化程度最高的学生城之一。由辽宁省投资 2000 万元的博士后公寓也同时开工建设，该公寓为两栋 16 层点式建筑，总建筑面积 15000 平方米。

3 月 柴天佑教授负责的项目“金矿企业自动化系统”获国家科技进步二等奖。

4 月 9 日 本钢集团公司与我校全面合作协议签字仪式在我校举行。本钢集团党委副书记、副总经理姜明东宣读了《本钢集团公司、东北大学全面合作协议书》。本钢总经理于天忱，我校党委书记、校长赫冀成分别在协议书上签字。辽宁省副省长赵新良、辽宁省经贸委等有关部门领导出席了签字仪式。

4 月 10 日 东北大学军工科研管理办公室成立。《东北大学军工科研管理办法（试行）》开始实施。

4 月 12 日 受国家档案局委托，辽宁省档案局、辽宁省教育厅、沈阳市档案局联合组成认定组，对我校档案管理工作进行了全面检查，认定我校档案工作目标管理达到了国家一级标准（国家档案局 5 月 22 日正式批准认定组对我校的国家一级认定，时间从通过认定之日起）。

4 月 19 日 莱钢集团与我校全面合作协议签字仪式举行。双方决定在人才培养、科技成果转让、共同科研攻关等方面进行全面合作，建立长期合作关系。副校长陈德祥和莱钢集团副总经理齐儒柱分别在《莱芜钢铁集团有限公司—东北大学全面合作协议书》和《联合建设企业博士后工作站培养博士后研究人员协议书》上签字。

4 月 23 日 我校召开校企合作委员会工作会议。来自鞍钢集团、本钢集团公司等 34 个会员单位的总工程师、技术中心主任、科技处处长及我校 6 个学院、国家重点实验室负责人等校企合作委员会成员单位代表共 50 余人出席了会议。

4 月 25 日 我校王国栋、汪定伟荣获沈阳市劳动模范光荣称号。

4 月 26 日 我校在学生活动中心举行“庆祝东北大学建校八十周年暨汉卿会馆接受首批捐赠新闻发布会”。新华社、人民日报社、光明日报社等 20 多家新闻单位到会采访。校党委书记、校长、80 周年校庆筹委会主任赫冀成在会上宣布，我校 80 年校庆工作全面启动，学校将深化各项改革，落实以校园文化建设和基础设施建设为核心的八大工程，全面提高学校教育质量、学术水平和综合实力，早日把学校建设成为“多学科、研究型、国际化”的国内一流、国际知名的现代大学。80 周年校庆筹备委员会副主任、副校长王宛山向与会者介绍了东北大学 80 周年校庆的总体安排。接着举行了辽宁荣昌装饰装修工程有限公司向我校捐赠 100 万元支持筹建汉卿会馆的捐款仪式。

△ 辽宁荣昌集团董事长石俊庆被我校聘为校董会常务董事。

4 月 27 日 我校与南钢集团淮钢有限公司全面合作签字仪式在沈阳举行。根据协议，双方正式确立长期战略合作伙伴关系，淮钢作为科研、教学实践及技术转让基地为我校发展提供支持，我校在人才培养、科技成果转化等方面全力支持淮钢的发展。

4 月 30 日 我校召开网络教育工作指导委员会工作会议，全体委员听取了网络教育学院和东软信息技术学院的工作汇报，党委书记、校长赫冀成在会上讲话。我校和东软集团签署了《合作举办网络教育的协议》。

5 月 9 日 我校举行学习贯彻江泽民总书记在中国人民大学讲话精神座谈会。赫冀成、齐书聪、娄成武等校领导，党委宣传部、文法学院、外国语学院领导，教师和博士生代表参加座谈。与会者一致表示要以讲话精神为指导，努力加强哲学社会科学建设。

△ 教育部第三届“高等学校青年教师奖”揭晓，我校左良和樊治平教授获此殊荣，获奖科技经费分别为 50 万元和 30 万元人民币。

5 月 11 日 由我校校友总会主办，天津校友会承办的“东北大学校友会八十周年校庆筹备暨第四次经济技术协作大会”在天津举行。来自全国 23 个省、自治区、直辖市的 100 多位校友会代表参加了大会。校党委书记、校长赫冀成到会讲话。会议期间，校友代表还进行了广泛的经济技术交流，达成十几项经济技术合作协议。经协商成立了东北大学校友会经济技术协作会。东北大学原副校长杨佩祯任经协会理事长。

5 月 17 日　科技部副部长程津培来我校视察。左良副校长就我校科技发展情况作了汇报。自动化研究中心和国家重点实验室负责人就“973”“863”项目的研究进展情况作了介绍。

5 月 20 日　学校决定成立东北大学软件学院，作为学校所属二级学院管理。

5 月 22 日　为全面树立现代大学的办学理念，提高教育质量和办学效益，进一步明确校机关各部门的工作职责、理顺工作关系，学校发布《东北大学关于校机关机构调整的决定》，对校机关现有的机关设置进行调整，调整后的机关设置为 18 个。

△　在机器人足球世界杯比赛中，我校参赛的机器人足球代表队“牛牛”在“五对五”微型机器人足球实战比赛中，获得第 3 名；在“五对五”“十一对十一”的机器人足球仿真比赛中分别获得亚军和第三名。

△　我校有 16 项科技成果获冶金科技进步奖。其中，一等奖 4 项，二等奖 9 项，三等奖 3 项。

△　九三学社东北大学新一届委员会选举产生。新一届委员会成员由 13 人组成，艺术学院院长、博士生导师巩恩普任主任委员。

5 月 23 日　校机关召开第二轮岗位聘任工作动员大会。校党委书记、校长赫冀成到会讲话，他强调，第二轮聘任工作实现的目标体现在两个方面：一是管理工作要下移，建立科学的管理体系；二是学科建设重心要下移，要向学院下放权力。在建设目标上要加强校院两级学习型领导班子建设，并通过聘任制的改革，切实把校机关建设成为服务型机关。

△　我校第四十一届田径运动会在校体育场隆重举行，共有 9 人次打破 7 项校纪录。

5 月 25 日　我校党委书记、校长赫冀成教授，在中国共产党辽宁省代表会议上，当选为出席中国共产党第十六次全国代表大会代表。

5 月 27 日　应江苏省淮安市人民政府和淮钢的邀请，我校副校长左良率代表团出席“2002 淮安科技洽谈会”。会议期间我校与淮钢签订了科技合作和人才培养协议。

5 月 29 日 同方奖学金设立仪式在我校举行。沈阳市同方律师事务所每年投资 2 万元，在我校文法学院设立奖学金，激励法律专业人才成长。首次有 16 名文法学院法律系学生获奖。

5 月 为进一步增强党组织的凝聚力、向心力、战斗力，校党委在全校范围内开展“基层党组织活动议案立项”活动。

6 月 2 日 2002 年全国大学生英语竞赛圆满结束，我校有 5 名学生获特等奖；4 名学生获一等奖，24 名学生获二等奖，45 名学生获三等奖。

6 月 4 日 欢迎张学良老校长“教育英才”手迹环游太空归来仪式在我校管理楼举行。“教育英才”手迹是我校原校长臧启芳先生的女儿臧雪莲女士代表她的儿子、美籍华人宇航员卢杰先生专程来我校转交的。

6 月 5 日 2001 年高等教育国家级教学成果奖今日公布，我校有 3 项教学成果获得二等奖。分别为：翟玉春和姜茂发等主持的“冶金工程专业人才培养方案及教学内容体系改革的研究与实践”、郝世栋和滕超等主持的“更新思想观念，推进平台课程建设，制定新世纪培养计划”、吕亚文和原松梅等主持的“加强东北地区高校间的交流与协作，推动现代教育技术的应用”。

6 月 6 日 2002 年罗克韦尔自动化奖教金、奖学金颁奖仪式及我校与罗克韦尔自动化公司 2002 年合作协议签字仪式举行。我校自动化专业有 2 名教师、2 名博士生、5 名硕士生和 3 名本科生获奖。奖金总额 6.4 万元人民币。美国驻沈阳领事馆总领事和东北大学副校长王宛山出席仪式并讲话。

6 月 14 日 中共中央政治局常委、国家副主席、中央军委副主席胡锦涛视察东北大学软件园。我校党委书记、校长赫冀成介绍了东北大学发挥服务社会的重要功能和孵化东软集团的情况，东软集团总裁刘积仁汇报了东软集团的创业发展史、公司现状以及未来前景。胡锦涛副主席对东北大学在科技成果产业化方面的工作给予高度评价，并强调：“东大给我的印象很深，早就知道东大在科技成果产业化方面做得非常突出，我也在许多高校，包括在清华、北大都提起过你们的成功经验，我还多次在展览会上见到过东软发展状况及高科技产品的宣传和介绍，高校和科研院所是我国科技创新的重要力量，是我们实施科教兴国战略的主力军，东北大学在全国高校中走在了前面。”最后，胡锦涛副主席和大家合影留念。辽宁省委书记闻世震，省委副书记、沈阳市委书记张行湘，副省长、沈阳市市长陈政高等随同胡锦涛副主席来校视察。

△　以阿巴拉契州立大学名誉校长托马斯博士为团长的美国北卡罗来纳州阿巴拉契州立大学代表团一行 9 人访问我校。我校与美国北卡罗来纳州阿巴拉契州立大学的合作已有 21 年的历史。20 年来，我校共有包括东北工学院院长毕可桢在内的 80 余人次先后访问阿大或作为访问学者与阿大进行交流，阿大也派出 100 余人次到我校进行教学、交流和访问。陆钟武、费寿林、关广岳、杨佩祯等学校的老领导会晤了托马斯校长一行。

6 月 17 日　我校举行李正邦院士聘书颁发仪式暨学术报告会。我校聘请李正邦院士为“东北大学双聘院士”，李正邦院士作了《材料科学进展》学术报告。

△　我校举行聘请香港科技大学郑平教授为名誉教授颁发聘书仪式。郑平教授曾荣获美国机械工程师学会在传热学上的最高个人成就奖——传热学纪念奖。

△　奥地利经济学家、维也纳大学教授、台湾问题研究著名学者陶在朴先生访问我校。赫冀成会见了陶在朴教授，并聘请陶先生为我校教授。自 2002 年 8 月起，陶先生将在文法学院工作，聘期 2 年。

6 月 18 日　民盟东北大学委员会召开换届选举大会，选举产生了民盟东北大学第五届委员会，陈宝智任主任委员。

6 月 19 日　辽宁省科学技术协会第六次代表大会召开。赫冀成校长当选为辽宁省科协副主席。

△　姜茂发副校长代表赫冀成校长出席日本名古屋大学“2002 国际论坛”。论坛主题是 21 世纪的大学建设。来自 13 个国家、25 所大学的代表出席大会。论坛就大学面临的挑战和现代大学的职责、任务进行了广泛探讨。姜茂发副校长发表了关于东北大学的“产学研”的讲演。

6 月 23 日　共青团东北大学第十七次代表大会召开。大会选举了共青团东北大学第十九届委员会，委员会由 20 名委员组成，王强任书记。

△　教育部公布普通高等教育“十五”国家级教材规划选题评审结果，我校 5 种教材选题入选“十五”国家级教材规划。分别是：娄成武和郑文范《公共事业管理》、娄成武《社区管理》、陈宝智《系统安全评价与预测》、齐克敏和丁桦《材料成型工艺》、王永军《数字逻辑与数字系统》。

6月24日 辽宁省材料电磁过程重点实验室通过辽宁省科学技术厅组织的可行性论证。

6月28日 我校赫冀成、王国栋、汪定伟、赵宏4位教授被授予“辽宁省优秀专家”称号。

△ 根据《辽宁省普通高等学校加强课程建设工作的实施意见》及有关会议精神，我校有8门课程被评为省级第二批优秀课程。

△ 我校与香港明基国际投资控股有限公司合作，成立教育部先进材料制备技术工程研究中心暨沈阳东大先进材料有限公司。

6月29日 我校在火车头体育馆召开2002届本科生毕业典礼。本年我校共有本科毕业生3658人（含秦皇岛分校），其中63人获校优秀毕业生称号，66人被评为辽宁省优秀毕业生，54人获校优秀学生干部荣誉称号。

6月 我校有3项科技成果获沈阳市科技振兴奖。

7月4日 《东北大学学报（自然科学版）》被EI收录的篇数在全国科技期刊中名列第十三。在全国高校自然科学版中名列第五。

7月13日 我校秦皇岛分校举行庆祝建校十五周年庆典，6000余名师生、校友和各界人士参加了在分校图书馆前广场召开的庆典大会。15年来，秦皇岛分校由小到大，办学层次和办学水平逐步提高，成功地完成了由职工大学向普通高等学校的转变。分校已拥有11个本科专业、成人教育和网络教育两个分院，形成信息类和现代管理类两大学科群，向社会输送各类优秀人才6000多人。

7月18日 我校向辽宁省经济贸易委员会申报的辽宁省机械产品设计技术服务中心等四个中心获得批准。

7月20日 由我校承办的“岩石力学物理及数值模拟进展暨第七届全国岩石破碎学术会议”在东北大学软件园举行。清华大学、同济大学等30多个单位、130多位代表参加了会议，共提交论文53篇。

7月21日 辽宁省第六届大学生田径运动会闭幕。我校代表队以244分获得团体总分第1名。

8月13日 东大—宝钢第九届全面合作年会在我校管理楼举行。会议总结了自1990年双方合作以来所取得的成绩，并对双方今后进一步的合作进行了讨论和部署。我校今年首次从宝钢选出技术骨干担任学校的兼职导师。

8 月 18 日　我校党委书记调整和行政领导班子换届大会在校科学馆国际学术报告厅举行，国家教育部副部长周济代表教育部党组宣布教育部关于东北大学党委书记调整和行政领导班子换届的决定。教育部决定孙家学同志任中共东北大学委员会书记，赫冀成同志任东北大学校长，不再担任党委书记职务，任命刘积仁、王宛山、姜茂发、左良、陈德祥、娄成武为东北大学副校长。

孙家学

△　国家教育部副部长周济来我校视察逸夫教学楼、国家重点实验室和即将竣工的学生城，听取了信息学院进行学术基层组织改革的情况汇报。

8 月 26 日　根据沈阳市委教科工委精神，学校发布《关于实行发展党员公示制的通知》，决定在我校实行发展党员公示制。

8 月 29 日　材料电磁过程研究教育部重点实验室在校部召开会议，校长赫冀成、副校长娄成武以及左铁镛院士等专家出席会议。实验室由左铁镛院士任主任、赫冀成任副主任，共有 13 位材料电磁过程专家学者组成学术委员会。

8 月 30 日　老校长张学良先生的亲属将他曾经使用过的部分生活遗物无偿赠送给东北大学。这批遗物于本日下午从大洋彼岸运抵我校。

9 月 2 日　我校 2002 级新生开学典礼暨军训动员大会举行。今年我校校本部共招收新生 3459 名，其中文史和理工类 3112 名，艺术类 130 名，社会体育专业 21 名，软件工程 163 名，软件工程第二学士学位 7 名，另有保送生 14 名，2001 年招收的新疆民族预科学生经考核合格的 5 名。

△　我校软件学院举行首届新生开学典礼，300 多名本科生和 70 多名研究生参加了大会。

9 月 3 日　我校研究生院召开 2002 级新生开学典礼。今年我校共招收硕士研究生 1355 人，博士研究生 404 人，专业学位生 650 人。

9 月 4 日　校党委理论中心组在管理楼举行会议，听取党委书记孙家学传达第十一次全国高等学校党建工作会议精神。

△　学校决定成立东北大学引进人才工作领导小组，下设办公室。

9月9日　校党委印发《关于深入学习宣传江泽民总书记在北师大建校一百周年大会上重要讲话的通知》，号召全校师生员工以江泽民总书记讲话精神为指导，努力实现“多科性、研究型、国际化”的国内一流、国际知名的现代大学的奋斗目标。

△　我校举行庆祝教师节暨先进集体、先进个人表彰大会。会上表彰东北大学2000—2002学年度先进集体8个，优秀教师24人，先进教育工作者22人，先进生产工作者4人；2002年度“三育人”先进集体4个，“三育人”先进个人29人。

9月14日　我校网络教育学院在采矿馆举行2002级新生开学典礼。辽宁省各地及秦皇岛分校等12个远程教学点同时利用网络进行了开学典礼。

9月15日　校团委在学生活动中心召开2002年暑期社会实践总结表彰大会，授予文法学院等3个学院的暑期社会实践先进集体、14名教师为优秀指导教师、“理论之光”赴山西大寨考察队等11支团队为优秀团队、68名同学为先进个人。

9月18日　我校“十五”“211工程”建设工作部署大会在科学馆举行。会上，校长赫冀成作了动员报告，副校长王宛山对我校“十五”期间“211工程”建设工作作了具体安排和部署，最后由校党委书记孙家学作了总结，号召全校师生把各项工作做好。

△　我校成人教育学院在俱乐部举行2002级新生入学典礼。

9月21日　教育部材料电磁过程研究重点实验室顺利通过教育部评估。

9月24日　国家环保总局在我校召开论证会，专家组通过了由东北大学、中国环境科学研究院、清华大学联合申请（以东北大学为主）建立“国家环境保护生态工业重点实验室”的可行性论证报告。该实验室在我校建成后，将成为我国第一个国家环保生态工业重点实验室。

9月26日　中国工程院院士、昆明理工大学教授、冶金学家戴永年先生来我校作《有色金属真空冶金》学术报告。

9月28日　全国首批35所示范性软件学院之一——东北大学软件学院成立庆典仪式在校学生活动中心举行。辽宁省委常委、副省长赵新良，省人事厅、沈阳市信息产业局领导以及IBM沈阳分公司，惠普（中国）有限公司沈阳分公司等 IT 业界的代表，东北大学党委书记孙家学、校长赫冀成等党政领导出席了会议。会议由姜茂发主持。孙家学首先宣读了中共东北大学委员会、东北大学关于成立中共东北大学软件学院直属支部委员会和软件学院的决定。赵新良和赫冀成共同为东北大学软件学院揭牌。赫冀成作了讲话。

9 月 28 日　教育部北戴河教工活动中心并入东北大学大会在中心多功能厅举行。该中心占地近 43000 平方米，建筑面积 15000 平方米。中心的干部和职工由东北大学秦皇岛分校根据学校总体规划统筹安排。

9 月 29 日　校学位评定委员会召开审批硕士、博士学位会议。会议决定授予 75 人博士学位、188 人硕士学位。至此，我校已授予博士学位 976 人、硕士学位 7309 人。

9 月　东北大学校标、校色、校歌、校训、校风正式确定。

△　我校被授予“辽宁省产学研联合工作十周年先进单位”。

10 月 9 日　中国科学院院士、清华大学教授沈珠江先生来我校访问并作了《岩石力学数值方法综述》的主题学术报告。

10 月 10 日　由东北大学、中国岩石力学与工程学会东北分会主办的“第二届岩石力学与工程新进展国际学术会议”在东北大学软件园隆重召开。来自 30 多个国家和地区的专家学者出席了会议。会议围绕 6 个主题，深入探讨了岩石力学与工程最新研究进展，特别是岩石力学基本问题、现代技术在岩石工程中的应用等，共作了 15 个主题报告。

10 月上旬　由全国学位与研究生教育发展中心首次开展的全国一级学科整体水平排名评估中，我校在控制科学与工程一级学科排名中以 94.15 分荣登榜首。

10 月 16 日　柴天佑教授获何梁何利基金科学与技术进步奖。

10 月 18 日　东北大学、大连铁道学院等五院校与澳大利亚伍伦贡大学合作办学的开学典礼在东大科学馆举行。我校通信工程专业与伍伦贡大学的相应专业进行合作办学。本科教育实行 2+2 模式，即学制 4 年，在国内学习两年后，雅思考试成绩达到 6.0 分者即可赴澳留学两年，完成学业后，由辽宁省五院校和伍伦贡大学分别颁发大学本科毕业证书、学士学位证书。教学计划及大纲由双方共同制定，首届共招收五所院校大一学生 100 人。

10 月 19 日　值张学良老校长逝世一周年之际，我校举行“张学良研究会成立暨汉卿会馆奠基仪式”，以此纪念老校长。辽宁省副省长赵新良，沈阳市政协副主席金厚家，以及张学良老校长的亲属谢雪萍女士等出席了仪式。全国政协原副主席吕正操，美国总统亚太顾问委员会主席祖炳民，农业部原副部长、张学良先生旧部刘培植，香港新华集团总裁蔡冠深，中国科协副主席、中国工程院院士、北京工业大学校长左铁镛等发来贺电。会上，校长赫冀成、辽宁省副省长赵新良作了讲话，张友坤、彭定安代表来宾讲话，谢雪萍女士代表老校长的家属讲话。会议通过了《张学良研究会章程（草案）》和张学良研究会的理事会组成人员名单：民政部原部长阎明复、张学良老校长的儿子张闾琳等任名誉会长，张学思的夫人谢雪萍、张学良的女儿张闾瑛、张学森的女儿张闾蘅等任特别顾问，东北大学校长赫冀成任会长，东北大学副校长王宛山任常务副会长。会后，在东北大学校园内举行汉卿会馆奠基仪式。

△　张学良研究会第一届理事会第一次会议在管理楼举行。会议由王宛山副校长主持，赫冀成校长作了讲话。出席会议的 60 多名理事，共同研讨张学良为中华民族不懈奋斗的辉煌人生，弘扬张学良的爱国思想。会议决定，2003 年 9 月 20 日我校 80 周年校庆时举行第一次张学良国际研讨会，出版《张学良与东北大学》和《张学良与东北大学画卷》。

10 月 24 日　我校“十五”“211 工程”建设项目可行性研究报告专家论证会在东北大学软件园举行。校长赫冀成向专家组作了关于学校“十五”“211 工程”建设项目可行性研究报告的汇报。辽宁省副省长赵新良出席了讨论会并发表讲话。以中国工程院院士黄伯云为组长的教育部专家组经过论证，一致同意通过我校建设项目报告。

11 月 3 日　我校第二十三次学生代表大会在大学生活动中心召开。会上，与会代表审议并通过了东北大学第二十二届委员会工作报告，选举产生了东北大学第二十三届委员会，宣读了全体代表致全校同学的倡议书，号召全体同学为把我校建设成为“多科性、研究型、国际化”的国内一流、国际知名的现代大学而努力奋斗！

11 月 5 日　赫冀成校长赴北京参加中国共产党第十六次代表大会。

11 月 5—7 日　我校举行学生工作会议。校党委副书记齐书聪作了《与时俱进、求真务实，开创东北大学学生工作新局面》的工作报告。

11 月 8—10 日　国家大学生文化素质教育基地中期检查评估专家组到我

校检查评估。副校长姜茂发就东北大学、沈阳音乐学、鲁迅美术学院三校共同承建的国家大学生文化素质教育基地近四年的建设情况向专家组作了汇报。专家组一致认为：东大、沈音、鲁美国家大学生文化素质教育基地取得富有成效的进展。

11 月 11 日 国家第十个五年计划期间学校体育卫生科研课题工作会议（北方片）在我校举行。本次会议共有来自 8 个省、自治区、直辖市 93 个单位的 161 人到会，提交大会开题报告 45 份。

11 月 15 日 秦皇岛分校与秦皇岛市海港区国土资源局签订划拨土地协议书。该区国土资源局将与秦皇岛分校毗连的 14 万平方米土地划拨给秦皇岛分校。秦皇岛分校将在此建筑新式教学楼，扩大学校规模。

11 月 19 日 校党委学习传达党的十六大精神报告会在学校礼堂举行。出席党的十六大的代表赫冀成校长，向全校师生代表传达了党的十六大精神，强调要结合我校实际，在全校范围内掀起学习、宣传、贯彻十六大精神的热潮。

11 月 22 日 我校和平区人大代表换届选举工作圆满结束。经和平区第十四届人大常委会第三十八次会议确认，我校王宏、石清泉、冯跃兵、金哲男等 4 人为和平区第十五届人大代表。

11 月 25 日 教育部批复东北大学第七届学位评定委员会组成人员名单，同意由赫冀成等 25 人组成东北大学第七届学位评定委员会。赫冀成任主席，姜茂发、左良任副主席。

△ 张国臣、孙雷、颜云辉等 17 人当选政协沈阳市第十二届委员会委员。

△ 学校 2001—2002 学年学生表彰大会在俱乐部举行。大会对 2001—2002 学年度辽宁省三好学生标兵、三好学生、优秀学生干部、东北大学先进班集体、校优秀学生标兵、优秀学生、优秀学生干部、开拓创新优秀个人进行表奖。

11 月 我校有 33 个项目获得国家自然科学基金资助，经费 879 万元，获批率 30.6%，获批项目数及获批率均创历史新高。

△ 我校有 20 项科技成果获辽宁省科技进步奖。其中：一等奖 1 项，二等奖 8 项，三等奖 11 项。

△ 我校有 18 项科技成果获辽宁省第八届社会科学优秀成果奖。其中：一等奖 1 项，二等奖 11 项，三等奖 5 项，优秀奖 1 项。

12 月 1 日　中国科技信息研究所公布了 2001 年中国高校科技论文排行榜。我校被 EI 收录论文 245 篇，在全国高校中排名第十三。

12 月 6 日　东北大学庆祝建校 80 周年暨一二·九运动 67 周年歌咏比赛隆重举行。

△　教育部决定对在首批"高等学校骨干教师资助计划"中作出突出成绩的优秀骨干教师予以奖励，我校左良教授、谢里阳教授、张化光教授、于戈教授入选奖励名单。

12 月 7 日　东北地区部分高校 2003 年毕业生就业双向选择洽谈会在我校举行。这次洽谈会由东北大学等 7 所院校共同主办，30 余所学校的 12000 名学生参加了双选洽谈。

△　我校"WTO 研究与创新中心"在科学馆举行成立暨揭牌仪式。中国复关首席谈判代表、外经贸部原副部长谷永江，入世谈判代表团副团长、中国 WTO 研究会副会长徐秉金，入世关税谈判小组组长、中国 WTO 研究会秘书长吴家煌，校党委书记孙家学，校长赫冀成等出席了成立大会。孙家学书记主持成立仪式。赫冀成校长在会上致辞。"东北大学 WTO 研究与创新中心"还将本着服务地方经济发展的宗旨，植根辽宁，以区域特色创研究品牌，为辽宁省经济发展做出贡献。

12 月 10 日　我校主办的《东北大学学报（自然科学版）》《控制与决策》两种科技期刊今年首次荣获"百种中国杰出学术期刊"称号。

12 月 17 日　鞍钢集团总经理助理、技术中心主任郭惠久一行 3 人访问我校国家重点实验室。双方签署了关于成立"轧钢新技术联合研究室"的合作协议，并举行了联合研究室牌匾的揭幕仪式。

12 月 30 日　东软正式通过由 QAI India 公司进行的 SEI-CMM（软件能力成熟度模型）5 级评估，标志着东软成为首家获得 CMM5 级评估的中国企业，中国也因此成为世界上继美国、印度之后，第三个拥有 CMM5 级软件企业的国家。

12 月 31 日　我校通过科学技术处办理的横向科技进款总额又上新台阶，在去年突破 4000 万元的基础上，今年突破 5000 万元，达到 5395.8 万元，比去年增长 31%。

12 月末　我校 16 项科技成果获冶金科学技术奖，其中包含 2000—2002

年申报的项目。总计一等奖 4 项，二等奖 9 项，三等奖 3 项。

12 月　由我校柴天佑教授、清华大学吴澄院士共同担任首席科学家的国家重点基础研究规划项目“复杂生产制造过程实时、智能控制与优化理论和方法研究”获得科学技术部批准，总经费 2500 万元。

2003 年

1 月 3 日　我校材料电磁过程研究教育部重点实验室被列入首批省部共建国家实验室培育基地计划。

1 月 7 日　香港大学副校长李焯芬为我校资土学院师生作《缓解滑坡危险性的研究》的报告。我校副校长王宛山向李焯芬颁发兼职教授的聘书。

1 月 10 日　我校基础课教学实验室圆满通过省教育厅评估验收。

1 月 17 日　《东北大学学报（自然科学版）》荣获国家期刊奖提名奖。

2 月 5 日　由我校孙平老师指导的团队在国际大学生数学建模竞赛中获国际一等奖。

2 月 10 日　国家教育部党组任命田梦平同志为中共东北大学委员会副书记。

2 月 26 日　美国新资本国际研究基金会董事长王戈与校长赫冀成代表双方签定《美国新资本国际研究基金会—东北大学全面合作协议书》，“美国新资本国际研究基金会—东北大学亚太地区金融教育中心”正式成立，中心设在东北大学。

2 月　东北大学校长赫冀成当选为第十届全国人民代表大会代表。

3 月 7 日　国家发展计划委员会正式将东软数字医疗系统股份有限公司医用磁共振成像系统批准确立为高技术产业化示范工程，并将该项目列入国家高技术产业发展项目计划。

△《东北大学学报（社会科学版）》2002 年首次参加辽宁省期刊评级，被评为辽宁省一级期刊。

3 月 10 日　我校 2003 年党风廉政建设和反腐败工作会议在管理楼召开。校党委副书记、纪委书记田梦平传达了全国教育纪检监察会议精神。

3月15日 由东北大学轧制技术及连轧自动化国家重点实验室主办的先进钢铁材料发展国际研讨会在我校召开。重点实验室主任王国栋教授主持会议。会议出版了论文集，共收录论文40篇，其中英文21篇，中文19篇。

3月17日 在第十届全国人大一次会议第七次全体会议上，我校校长赫冀成当选为第十届全国人大民族事务委员会委员。

3月21日 东北大学学习贯彻全国人大十届一次会议精神大会在俱乐部举行，赫冀成校长向全校师生代表作学习贯彻全国人大十届一次会议精神的报告。

3月23—24日 我校轧制技术及连轧自动化国家重点实验室顺利通过国家自然科学基金委实验室评估专家的现场考评和评估。

3月25日 学校下发《关于在学生党员中开展保持共产党员先进性教育活动的意见》，决定在学生党员中开展以学习实践“三个代表”重要思想为主要内容的保持共产党员先进性教育活动。

3月26日 学校发布《东北大学关于调整学院（部）及直属部门机构的决定》。调整后的学院（部）有13个，分别为基础学院、文法学院、外国语学院、艺术学院、工商管理学院、理学院、资源与土木工程学院、材料与冶金学院、机械工程与自动化学院、信息科学与工程学院、软件学院、秦皇岛分校、体育部；调整后的直属部门有16个，分别为图书馆、计算中心（网络中心）、成人教育学院、网络教育学院、继续教育中心、档案馆、出版社、学报编辑部、软件中心、自动化研究中心、轧制技术及连轧自动化国家重点实验室、医院、后勤服务中心、后勤服务总公司、实业总公司、产业集团。

3月27日 我校在学生活动中心举行学院（部）机关、直属部门第二轮岗位聘用（任）工作动员大会。

3月28日 2003届研究生毕业典礼暨学位授予仪式举行，全校共有71人获得博士学位，847人获得硕士学位。

3月30日 中国科学院院士、中国无神论学会副理事长何祚庥教授来校为我校师生代表作了《弘扬科学精神，反对伪科学》的报告，并受聘为我校名誉教授。

3月 为继续探索新形势下高校党建工作的新思路、新方法，充分调动全校各基层党组织和广大党员的积极性、主动性和创造性，校党委继续在全校范围内开展“基层党组织活动方案立项”活动。

4 月 12 日　我校国家大学生文化素质教育基地获教育部正式授牌。

4 月 18 日　我校成立预防非典型性肺炎工作领导小组，全面部署学校防控非典工作。

4 月 21 日　我校首次召开部门预算“听证会”，规范学校二级单位预算编制程序，增强部门预算编制的透明度，提高资金的使用效益。

4 月 23 日　我校制定防治非典型性肺炎工作预案，将防控非典工作作为一切工作的重中之重。

4 月 24 日　辽宁省副省长鲁昕来我校视察非典型肺炎的预防工作。

4 月 28 日　材料与冶金学院副院长、博士生导师刘常升教授获沈阳市十大杰出青年荣誉称号；信息科学与工程学院唐加福教授获沈阳市十大杰出青年知识分子荣誉称号；东软软件股份有限公司副总裁徐洪利获沈阳市十大杰出青年厂长（经理）荣誉称号。

4 月 30 日　东北大学下发《关于学习中共教育部党组〈致高等学校全体共产党员的信〉的通知》，教育部党组在信中要求高校各级党组织和广大共产党员在非典型性肺炎防治工作中，严格按照党中央、国务院的要求，做好学生的组织管理和教育引导工作，保证学生的健康安全和高校的有序稳定。

4 月　我校“流程工业综合自动化实验室”被确定为省部共建教育部重点实验室。

5 月 2 日　学校召开处级以上领导干部，团委、研究生院和学生处副职及各学院（部）主管学生工作副书记参加的防治非典工作会议，会议总结前一阶段学校防治非典工作情况，并对下一阶段非典防治工作提出十点要求。

5 月 3 日　我校对出入校门实行特别通行证管理。

5 月 13 日　党委常委会专门研究落实省市防治非典工作会议精神，并召开预防非典干部工作会议，对全校预防非典工作进行进一步动员和部署。

5 月 20 日　宁恩承先生之女宁克良女士将宁老生前的部分物品、资料从美国寄到我校。

5 月　东北大学“十五”学科建设项目全面启动。

6 月 2 日　中共中央政治局常委、国务院总理温家宝一行在省市领导的陪同下视察我校软件园。

6月3日 我校7人被聘为国务院学位委员会第五届学科评议组成员。名单如下：陈凡（哲学）；蔡光起（机械工程）；翟玉春（材料科学与工程）；赫冀成（动力工程及工程热物理）；柴天佑（控制科学与工程）；于戈（计算机科学与技术）；唐春安（地质勘探、矿业、石油）。

6月18日 根据国务院学位委员会《关于第九次博士、硕士学位授权审核中部分学位授予单位自行审批硕士点工作的通知》及东北大学自行审批增列硕士点方案的有关规定，我校新增硕士点21个，分别是（按学科代码排序）：马克思主义哲学、伦理学、政治经济学、金融学、产业经济学、政治学理论、体育人文社会学、英语语言文学、日语语言文学、概率论与数理统计、理论物理、高分子化学与物理、测试计量技术及仪器、电力系统及其自动化、信号与信息处理、岩土工程、大地测量学与测量工程、化学工艺、生物化工、地球探测与信息技术、环境科学。

△ 学校下发《东北大学关于深入学习〈“三个代表”重要思想学习纲要〉的通知》，对我校学习《纲要》的有关工作做了统一部署，要求“各级组织要把学习《纲要》作为近期党员组织生活的重要内容，针对师生员工的不同特点，有重点、分层次地开展学习活动。通过举办研讨会、座谈会、报告会等多种形式，组织有声势、有深度的宣传活动，推动学习的不断深入”。

6月25日 我校在学生活动中心举行庆“七一”暨“两先两优”表彰大会。

6月29日 我校2003届学生毕业典礼在宁恩承图书馆前广场举行。本年我校共有3511名毕业生（不含秦皇岛分校）。

7月4日 为进一步贯彻落实中央和省市的工作部署，学校下发《关于在全校掀起学习贯彻“三个代表”重要思想新高潮的通知》，对学校有关学习贯彻工作进行具体的部署。

7月13日 学校被授予“非典型性肺炎防治工作贡献单位”称号，后勤服务中心主任王永臣被授予“沈阳市非典型性肺炎防治工作先进个人”称号。

7月25日 东北大学国家大学科技园通过科学技术部、教育部联合专家组的评估。

7月 为迎接东北大学80年校庆，我校教学区主要道路、学馆、园林重新统一命名。

8 月 12 日 教育部副部长吴启迪视察我校及东软集团。

8 月 12—14 日 韩国庆星大学访问团来我校访问，校长赫冀成同庆星大学总长朴镜文签署合作协议。

8 月 19 日 第十届全国人大民族委员会副主任委员、我校校友武连元先后视察东大软件园和校园。

8 月 21 日 在马斯特杯 2003 中国机器人大赛中，代表东北大学参赛的“牛牛”获两项冠军。

8 月 29 日 我校荣获首届“中国技术市场协会金桥奖”。

9 月 1—2 日 我校被评为“辽宁省省院校合作工程先进集体”，副校长左良被评为“先进个人”。我校与抚顺特钢有限责任公司合作的“抚顺 2# 生产线洁净钢的生产工艺技术攻关”项目被评为优秀项目。

9 月 2 日 我校举行 2003 级开学典礼暨军训动员大会。3532 名新生和 50 名留学生参加大会。

9 月 3 日 2003 级研究生开学典礼举行。

9 月 4 日 教育部副部长章新胜视察我校。

9 月 13 日 刘玠院士受聘为我校名誉教授和校董会副主席，校长赫冀成向刘玠颁发了东北大学名誉教授和校董会副主席的聘书。刘玠结合鞍钢技术改造工作，向师生作了《高起点、少投入、快产出、高效益——老工业技术改造的探索与实践》的报告。

9 月 15 日 东北大学建校 80 周年校庆新闻发布会在管理楼举行。新华社、《人民日报》、《光明日报》、中央广播电台、中国教育电视台、《香港大公报》、《文汇报》等数十家新闻单位到会采访。

9 月 19 日 教育部向东北大学发来 80 周年校庆贺信。信中称赞东北大学“是一所具有光荣办学历史和爱国主义传统、享誉海内外的高等学府”，希望学校“继承和发扬优良传统，进一步深化教育教学改革，积极进行教育创新，全面推进素质教育，为实施科教兴国战略作出新的更大贡献”。

△ 国内第一个纪念张学良将军的纪念馆——“汉卿会堂”在我校落成。

△ 在第三届沈阳市优秀专家暨沈阳杰出专业技术人才命名表彰大会上，我校闻邦椿、邱竹贤、张嗣瀛、方肇伦、陆钟武、殷国茂等六位院士荣获“沈阳市荣誉优秀专家”称号， 左良、柴天佑、郑全录三位教授被评为“第三届

沈阳市优秀专家暨沈阳杰出专业技术人才”。

9 月 20 日 东北大学举行建校 80 周年庆典。全国政协副主席李贵鲜，辽宁省委书记、省人大常委会主任闻世震，山西省省长刘振华出席庆典仪式。4000 多名嘉宾、校友与 2 万多名师生一起，见证了这一规模宏大的盛会。

中共中央政治局常委李长春发来贺信，贺信说：“东大人传承‘自强不息，知行合一’的校训，弘扬爱国主义的光荣传统和献身、求实、团结、创新的优良学风，积极探索产学研相结合的有效途径，培育了一批又一批的优秀人才”；全国人大常委会副委员长李铁映为东北大学建校 80 周年题词：“为振兴中华而服务”；国务委员陈至立，全国人大常委会副委员长钱伟长，张学良老校长之子张闾琳，教育部、中国科学院、清华大学、北京大学等个人和单位向大会发来贺信。

教育部副部长章新胜代表教育部向东北大学全体师生员工及海内外校友致以热烈的祝贺和崇高的敬意，充分肯定了东北大学建校 80 年来，人才培养成就卓著，科学研究硕果累累，相信东北大学将以建校 80 周年为契机，早日实现“多科性、研究型、国际化”的国内一流，国际知名现代大学的奋斗目标，为我国高等教育和经济建设的进一步发展谱写更加辉煌的新篇章。

9 月 23 日 在中央组织部、中央宣传部、中央统战部、人事部、教育部、科学技术部等六部委联合评选的“全国留学回国人员先进个人”中，我校左良、刘积仁光荣入选，此次评选的留学回国先进个人全国共计 311 名。

9 月 24—26 日 教育部评估组对我校软件学院的评估工作圆满结束。

9 月 29 日 我校召开第七届学位评定委员会第二次会议，经审议授予博士学位 82 人，硕士学位 348 人。至此，我校共计授予博士学位 1129 人、硕士学位 8504 人。会议还就人才培养和建立健全研究生培养质量保证体系等改革举措进行了讨论。

△ 我校第四十二届田径运动会在改造一新的体育场举行。本届运动会有 4 人刷新 5 项校纪录。

9 月 我校成为首批参加“教育科研网络”项目的高校。

10 月 9 日 我校举行庆祝建校 80 周年活动总结表彰大会。

△ 中共东北大学第十一届委员会全委（扩大）会议召开。

10月12日　辽宁省博士后公寓竣工仪式举行。博士后公寓大楼与学生城五区合计占地17000多平方米，包括地下室共计17层。

10月15—18日　在2003年全国大学生电子设计竞赛中，我校13支代表队参赛，有8支代表队（24人）荣获国家一、二等奖，其中一等奖3人，二等奖21人。

10月17日　沈阳科技政策研究中心在我校成立。

△　辽宁省高校防控非典经验交流会在我校召开。

11月10日　由我校东大自动化公司承包建设的酒泉钢铁集团公司选矿自动化工程交工验收会在甘肃省嘉峪关市酒钢宾馆举行，工程通过验收。酒泉钢铁集团公司副总经理刘菲、东北大学校长赫冀成、东大国家冶金自动化工程技术研究中心主任柴天佑等出席交工验收会议。

11月14日　东北大学学科建设理论研究项目论证会召开，学校决定从2003年起设立学科建设理论研究项目基金，每年投入20万元资助学科建设理论研究。经过专家论证，共有18个项目获得立项批准。

11月15日　东北大学第十二次研究生代表大会在学生活动中心举行。选举并产生第十八届东北大学研究生委员会。

11月20—21日　教育部"振兴东北老工业基地问题"专家座谈会在我校举行。

11月23—24日　东北地区部分高校2004年毕业生双选洽谈会在我校举行。本次洽谈会到会单位356家，共提供需求岗位8000余个。

12月2日　学校向教育部发展规划司报送《东北大学关于中长期事业发展规模的报告》，报告提出，学校同意教育部核定的我校中长期研究生发展规模为10000人。因学校新增土地（秦皇岛分校）及新建示范性软件学院等原因，学校请求增加本科生规模3500人，即将高等教育普通本科生规模由20000人调整为23500人；增加留学生规模340人，即将留学生规模由260人调整为600人。

12月3日　校机关党委举行学习"三个代表"重要思想理论研讨会。

12月6日　我校与抚顺市人民政府签订全面合作协议书。

12月9日　中国科学技术信息研究所公布2002年度中国科技论文统计结果。本年度我校被IE收录科技论文412篇，创历史新高，名列全国高校第六位。我校材料科学学科 SCI 论文产出量居全国高校第 20 位。此外，我校主办的学术期刊《控制与决策》影响因子为 0.529，在信息与系统科学类期刊中排名第二位，再次荣获“百种中国杰出学术期刊”称号。

12 月 14—16 日 我校召开中国共产党东北大学第十二次代表大会。大会听取和审议中共东北大学第十一届委员会工作报告，审议中共东北大学纪律检查委员会工作报告，选举中共东北大学第十二届委员会，选举中共东北大学纪律检查委员会。

中国共产党东北大学第十二次代表大会现场

12 月 16 日 中共东北大学第十二届委员会举行第一次全体会议。会议选举产生了党委常委、党委书记和副书记。孙家学、赫冀成、田梦平、熊晓梅、王宛山、姜茂发、左良、陈德祥、娄成武等人当选为党委常委。孙家学当选为党委书记，田梦平、熊晓梅当选为党委副书记。

12 月 16 日 中共东北大学纪律检查委员会第一次全体会议召开。会议选举田梦平为新一届纪律检查委员会书记，卜宪勇为副书记。

12 月 24 日 我校王国栋教授等 10 个科研组荣获辽宁省科学技术奖励。其中，科技进步奖一等奖 1 项，二等奖 3 项，三等奖 1 项。自然科学奖二等奖 1 项，三等奖 3 项；技术发明奖二等奖 1 项。

△　柴天佑教授荣获辽宁省科学技术功勋奖。

12 月 30 日　教育部批复、同意东北大学与大连鸿德艺术传播有限公司合作试办东北大学大连艺术学院。该学院实行新的办学机制和模式，教学组织和教学管理由东北大学负责，学院办学所需的各项条件和设施由合作者大连鸿德艺术传播有限公司负责；学院具有独立法人资格，并实行相对独立管理。

12 月　我校柴天佑教授当选为中国工程院信息与电子工程学部院士。

柴天佑

△　国家中长期科学和技术发展规划领导小组办公室发函通知我校：陆钟武同志已被聘为规划战略研究“制造业发展科技问题研究”专题骨干研究人员，参加规划战略研究。

△　我校“流程工业综合自动化实验室”获批省部共建教育部重点实验室。

△　我校左良教授、张化光教授、冯夏庭教授入选国家杰出青年科学基金资助行列，资助经费 300 万元。至此，我校国家杰出青年获得者累计达到 5 人。

△　我校闻邦椿院士科研组获教育部提名国家奖一等奖。

△　我校材料电磁过程研究教育部重点实验室王强教授获教育部本年度“优秀青年教师资助计划”资助。

年末　我校党委宣传部被授予“辽宁省高校 2003 年度宣传思想工作先进单位”称号。

2004 年

1 月 18 日　在辽宁省第四届教育研究大会上，我校学科建设处被授予“辽宁省‘十五’中期教育科研先进集体”荣誉称号。

1 月　东北大学纪委被授予“全国教育纪检监察工作先进集体”称号。这是我校纪委第二次获此殊荣。

2 月 19 日 我校被授予“辽宁省普通高等学校学生思想政治工作先进单位”称号。

△ 加拿大驻华大使柯杰来校访问，并在汉卿会堂为师生作了主题演讲。

2 月 26 日 教师聘任制改革动员大会在管理楼举行，副校长娄成武作动员讲话，全校各单位负责人参加会议。

2 月 28 日 2004 年春季博士研究生开学典礼在学生活动中心举行。本年春季新入学博士研究生达到 336 人，本次开学典礼是我校首次单独为博士生举行开学典礼。

2 月 经教育部批准，我校成为全国 28 所自主招生院校之一。

△ 教育部公布第五届科学技术委员会（简称科技委）学部委员名单，我校有 4 名教授当选。他们是：化学化工学部方肇伦院士；材料学部左良教授、薛向欣教授；工程技术二部蔡光起教授。教育部同时决定该委员会的材料学部挂靠在东北大学，左良教授任该学部常务副主任。

3 月 11 日 我校“教育部科技查新工作站”在校图书馆挂牌并正式开展查新服务工作。

3 月 15 日 学校党委下发《东北大学关于试行新闻发言人制度的通知》，决定从 2004 年 3 月开始试行东北大学新闻发言人制度。新闻发言人的主要任务是通过发布新闻、接受采访等方式，发布信息、讲解政策。新闻发言人经请示学校领导后，可以代表学校就有关规定及具体工作措施向外界和师生员工发布，并可以代表学校与新闻媒体做好沟通与协调工作。实施新闻发言人制度后，学校宏观宣传工作的整体策划和协调仍由党委宣传部负责。结合学校现状，学校初步确定首批新闻发言人 7 人。

△ 台湾明基电通董事长李焜耀来校作报告，校长赫冀成在汉卿会堂会见了李焜耀。

3 月 22 日 全国人大代表、校长赫冀成在图书馆报告厅传达十届全国人大二次会议精神，校党委书记孙家学主持会议。

3 月 23 日 我校与中国国家培训网人事人才培养合作签约仪式举行，国家人事部人事信息中心领导与我校副校长姜茂发代表双方签署合作协议，并为合作远程教育揭牌。

3月24日 我校将学科建设委员会与学术委员会合并，组建了新的学术委员会，重新修订了《东北大学学术委员会章程》，并依据章程调整了委员会的与会人员，召开了新一届学术委员会。

3月29日 我校举行2004届研究生学位授予仪式。本年共向106人授予博士学位，953人授予硕士学位，共计1059人，是东北大学首次一次性授予研究生学位超过千人，也使东北大学自1982年建立学位制度以来，累计授予研究生学位超过万人。

3月30日 辽宁省学校国防教育教学工作专家组来我校检查指导工作。

4月5—6日 国家“十五”重大装备研制项目——“首钢3500mm中板轧机核心轧制技术和关键设备研制”通过国家鉴定验收。该项目由国家发展和改革委员会组织，中国钢铁工业协会主持，首钢总公司、东北大学等单位共同承担完成。其中东北大学轧制技术及连轧自动化国家重点实验室作为负责单位完成了“TMCP工艺技术研究”“轧制过程材料组织性能预测及控制”“中厚板自动化系统集成”“中厚板轧机过程控制模型与人工智能研究”“控制冷却设备的研制”等5项专题研究工作。

4月21日 辽宁省政府在辽宁人民会堂举行表彰大会，授予4名在科学技术研究领域做出重大贡献的科技工作者“2003年度科学技术功勋奖”。我校国家冶金自动化工程技术研究中心主任、中国工程院院士柴天佑教授获此殊荣。辽宁省委、省政府领导闻世震、张文岳等接见获奖者并颁发了奖励证书。

△ 我校10项科技成果荣获辽宁省科学技术奖。

4月22日 由教育部和总政治部联合组织的学校国防教育教学专家组一行在校部会议室听取了我校国防教育教学开展情况的工作汇报。

△ 学校决定首批将出版社等46家科技型和经营型企业划转东北大学科技产业集团统一管理，并授权科技产业集团代表东北大学对其出资的企业行使出资人的权利，履行出资人的职责。

4月26日 锦州市人民政府与我校签订全面合作协议。

4月28日 教育部批复，同意东北大学与东软集团有限公司合作试办东软信息学院，该学院为独立学院；该学院的教学组织和管理由东北大学负责，办学所需的各项条件和设施由东软集团有限公司负责；国家和东北大学不负责该学院建设和发展所需的经费投入及其他相关支出。

4月29日 东北大学与中国（海南）改革发展研究院就合作建设“东北大学研究生院中改院分院”相关事宜签署合作协议书。

4月 我校11个实验室被批准为省级高校重点实验室。分别是：材料电磁过程、轧制技术及连轧自动化、流程工业综合自动化、新材料技术、现代冶金技术、采矿工程、先进制造与自动化技术、面向先进装备业的嵌入式技术、硼资源生态化综合利用技术与硼材料、微流控芯片及流动分析和生态工业重点实验室。

5月18日 投资7000多万元的东北大学科技企业孵化基地落成并正式对外营业。东北大学科技企业孵化基地由东北大学与深圳中诚达实业有限公司合作兴建，基地建筑面积22000平方米，采取校企合作、府校合作、以企业为主的市场化运作方式。

△ 东北大学国家大学科技园大厦正式投入使用，同时沈阳东大科技企业孵化器有限公司开始运行。

5月19日 为总结本科教学工作水平评估第一轮自评工作经验，我校召开本科教学工作水平评估经验交流会，全面推广信息学院“以评估为契机，推动建设国内一流学院”、艺术学院“以评创优，‘看板式’目标管理”的先进经验。

5月20—21日 东北大学第四十三届运动会在校体育场举行。本届运动会共有13人打破15项校纪录，是历届校运动会打破纪录最多的一届。

5月24—26日 教育部专家组一行莅临我校，对国家工科机械基础课程教学基地进行评估验收。26日，专家组正式宣布“东北大学国家工科机械基础课程教学基地验收评估报告”，认为“东北大学国家工科机械基础课程教学基地已经全面完成了预期的建设目标和各项任务，达到了教育部规定的基地建设各项标准和要求”，基地顺利通过验收。

6月4日 在中国科学院第十二次院士大会和中国工程院第七次院士大会上，我校生态学专家陆钟武院士荣获“光华工程科技奖”。

6月6日 美国纽约科技大学校长张钟浚先生一行到校访问。访问期间，张钟浚代表纽约科技大学与东北大学签署了校际合作协议与交换学生相关协议备忘录。

6月7日 中国科学院院士、我国控制科学领域专家、北京大学力学与工程科学系教授黄琳受聘为我校名誉教授。

6 月 8 日　我校被列入国家“985 工程”二期建设的 38 所高校之一。

6 月 9 日　由中国教育和科研计算机网（CERNET）和日本信息通信网络产业协会（CIAJ）联合主办的中日 IPv6 合作技术报告会在图书馆学术报告厅举行。

6 月 15 日　辽宁省委副书记王万宾来我校考察指导工作。

△　第二届先进钢铁材料发展国际研讨会——“汽车用钢新进展”在我校举行。

6 月 17 日　我校第二届“五四奖章”“五四奖状”暨 2004 年度团内“三优两先”表彰大会举行。

6 月 18 日　我校与首钢全面合作第二届年会在汉卿会堂举行。

6 月 22 日　东北大学首届国防生毕业典礼暨优秀国防生表彰大会在图书馆学术报告厅举行。沈阳军区政治部副主任张世显，辽宁省军区政治部副主任侯民生，我校党委副书记熊晓梅等军区和学校领导出席典礼。我校于 1999 年与沈阳军区达成为军队培养人才的协议，2000 年依托计算机科学与技术专业，从应届高中毕业生中定向招收首批国防生。本期毕业的国防生（定向招收和校内选拔两部分）共计 60 名。

6 月 24 日　学校党委常委会议听取并原则同意王宛山副校长关于我校“985 工程”二期建设管理体系和建设项目可行性研究报告编写内容及分工的报告，明确自即日起正式启动我校“985 工程”二期建设并就相关问题形成决议。

6 月 24—28 日　学校党委常委会、东北大学“985 工程”领导小组、“985 工程”建设工作小组分别召开会议，部署“985 工程”二期建设的各项工作，正式启动东北大学“985 工程”二期建设。

6 月 28 日　“先进钢铁材料技术国家工程研究中心”经国家发展和改革委员会批准，在北京正式成立。东北大学是 13 家成员单位之一。

△　我校 2004 届学生毕业典礼在宁恩承图书馆前广场举行。本年我校共有毕业生 4255 名（不含网络教育学院）。

6 月　53 名教授（研究员）(其中校外 12 名）被遴选为我校第 11 批博士生指导教师。

△ “东北科技政策研究中心”在我校成立。

7月5日 美籍华人、东北大学校董会常务董事、东北大学旅美校友会名誉会长、著名科学家张捷迁先生因病医治无效，于当地时间7月5日逝世，享年95岁。张捷迁，1928年考入东北大学纺织系，1940年赴美留学，与钱学森、卢嘉锡同为世界著名大师冯·卡门的研究生，此后定居美国。晚年的张捷迁曾为恢复张学良自由和恢复东北大学校名作出重要贡献。

7月7日 由教育部科技司主办，东北大学承办的“部分原行业重点高校科技研讨会”在我校举行。教育部副部长赵沁平等领导以及20余所兄弟院校的副校长、科技处负责人参加研讨会。本次研讨会的主题为“发挥行业特色高校的重要作用，为行业技术进步作出更大贡献”。

7月24日 校党委常委会议决定，成立中共东北大学软件学院委员会和中共东北大学网络教育学院委员会，撤销中共东北大学软件学院直属支部委员会和中共东北大学网络教育学院直属支部委员会。

8月7—9日 由中国科学技术协会主办、东北大学协办的第91届青年科学家论坛在我校举行。

8月26日 教育部材料先进制备技术工程研究中心顺利通过教育部组织的专家验收。

9月2日 我校2004级新生开学典礼暨军训动员大会在基础学院运动场举行。

9月4日 我校与吉林市人民政府签订全面合作协议。

9月5日 中国工程院院士陈国良受聘我校名誉教授。

9月6—7日 由东北大学举办的“亚-欧材料电磁过程学术研讨会”在我校材料电磁过程研究教育部重点实验室学术报告厅举行。材料电磁过程研究领域的创始人之一日本名古屋大学教授浅井滋生教授作大会报告。来自德国、日本、波兰、俄罗斯、拉脱维亚等国家，以及国内从事材料电磁过程研究的主要高校、研究所和企业技术中心等单位共计85人参加了大会。胡壮麒院士、陈国良院士、殷国茂院士参加本次研讨会。

9月9—11日 第二届有色金属冶金及材料国际学术会议在东北大学举行。来自挪威、新西兰和清华大学、中南大学等国内外大学和企业的学者参加会议。

9 月 10 日　我校获得中国公路学会科技进步奖一等奖。

9 月 16 日　我校在图书馆门前举行了 2004 级研究生开学典礼。本年秋季入学的各类研究生近 2800 人。

9 月 21 日　我校老校长张学良先生之子张闾琳教授携其妻子陈淑祯、长子张居信及美国中国同乡会副会长、东北大学名誉校友雷平等一行到我校访问。

9 月 26 日　我校获得 4 项冶金矿山科学技术奖，其中：一等奖 1 项，二等奖 2 项，三等奖 1 项。

9 月 27 日　中国共产党东北大学第十二届委员会第二次全体（扩大）会议在汉卿会堂召开，会议通过了《东北大学关于实行教师聘任制改革的意见》。

9 月 29 日　中国共产党东北大学网络教育学院委员会、软件学院委员会成立大会召开。

9 月　左良教授被评为全国模范教师。唐春安教授和王兴伟教授被评为省级优秀教师。孙旭东、张化光两位教授入选国家首批青年人才计划。

△　沈阳东大自动化有限公司“选矿过程综合自动化系统高技术产业化示范工程”项目获国家发改委批准，经费 1000 万元。

10 月 3 日　中共中央政治局常委李长春在校党委书记孙家学，校长赫冀成，副校长、东软集团总裁刘积仁的陪同下视察东软集团。陪同视察的省市领导有辽宁省委书记、省人大常委会主任闻世震，省长张文岳，沈阳市市长陈政高等。

10 月 4—8 日　由我校承办的“第一届物理学与信息产业国际会议暨第三届磁性产业国际会议”举行。来自朝鲜、韩国、日本、印度、中国的 100 多名专家学者出席会议。

10 月 10 日　我校研究生院大连分院在东软信息学院成立。

10 月 12 日　我校教师聘任制改革动员会在汉卿会堂举行，教师聘任制改革工作正式展开。

10 月 14—15 日　东大—宝钢全面合作第十届年会在上海宝钢宝山宾馆召开。

10 月 17—19 日　我校工科基础课程电工电子教学基地通过教育部专家组评估验收。

10 月 17—20 日 在全国高校优秀科技期刊评比颁奖大会上，我校自然科学版学报在所有参评期刊中总分名列第二，荣获全国高校优秀科技期刊一等奖。

10 月 18 日 我校下发《中共东北大学委员会关于学习贯彻落实〈中共中央、国务院关于加强和改进大学生思想政治教育工作的意见〉的实施意见》，要求全校要不断加强和改进大学生思想政治教育工作。

10 月 25 日 我校获得 8 项冶金科学技术大奖，其中特等奖 2 项，一等奖 1 项，二等奖 2 项，三等奖 3 项。

10 月 28 日 校理论学习中心组召开扩大会议学习贯彻第十三次全国高等学校党建工作会议精神。

10 月 辽宁省教育厅数字化设计制造工程技术研究中心、辽宁省教育厅材料成型与控制工程技术研究中心获得批准建设。

11 月 1 日 辽宁省安全文明校园检查评估专家组莅临我校。校党委书记孙家学就我校创建安全文明校园工作做了汇报。

11 月 4 日 为全面推进实验室体制改革，加快学分制进程，充分利用实验教学资源和设备，学校出台《东北大学实验室开放有关规定》。

11 月 11 日 学校决定成立东北大学研究院，研究院直属学校管理，实行院长负责制。

11 月 26 日 我校电子信息工程专业张石老师指导完成的作品“车载多媒体远程临近服务系统”获 2004 年全国大学生电子设计竞赛——嵌入式系统专题竞赛一等奖。

△ 2004 年我校有 17 项科技成果获得辽宁省科学技术奖励。其中自然科学奖一等奖 1 项，二等奖 1 项。科技进步奖一等奖 1 项，二等奖 4 项，三等奖 10 项。

11 月 在全国一级学科排名中，我校 12 个一级学科跻身前二十强，其中控制科学与工程学科名列第一。我校进入前二十强的 12 个学科是（括号内数字是名次）：机械工程（18）、控制科学与工程（1）、计算机科学与技术（9）、生物医学工程（12）、管理科学与工程（15）、冶金工程（3）、电气工程（18）、测绘科学与技术（5）、化学工程与技术（18）、地质资源与地质工程（8）、矿业工程（5）、工商管理（19）。

△　我校邱竹贤院士荣获何梁何利基金科学与技术进步奖。

△　辽宁省高校流程工业综合自动化重点实验室、面向先进装备业的嵌入式技术重点实验室、采矿工程重点实验室、材料电磁过程重点实验室、现代冶金技术研究重点实验室通过验收。

12 月 5 日　11 月我校“985 工程”二期建设可行性研究报告顺利通过教育部专家审核。本日，教育部、财政部联合下发《关于同意“985 工程”二期建设项目可行性研究报告立项的通知》，我校“985 工程”二期建设正式启动。

△　我校首届公共管理硕士（MPA）专业学位授予仪式在汉卿会堂举行。我校是国务院学位委员会授权批准的全国首批 24 所 MPA 试点单位之一。

12 月 16 日　设计研究院建筑分院实现了设计资质由乙级升为甲级，并完成了 ISO 9000 质量管理体系认证。

12 月 28 日　外事处更名为国际合作与交流处，港澳台事务办公室和国际交流中心继续挂靠在国际合作与交流处。

12 月 31 日　校办产业累计实现企业收入总额 35 亿元，首次突破 30 亿元大关，实现利税总额 7.19 亿元。

12 月　我校获得 3 项国家科技进步奖。其中：国家科技进步奖一等奖 1 项；国家科技进步奖二等奖 2 项。

本年　我校教授刘积仁、唐春安、左良、孙旭东、张化光入选国家级青年人才计划。

2005 年

1 月 16—17 日　我校召开学生工作干部贯彻 16 号文件精神学习总结大会。校党委书记孙家学、副书记熊晓梅出席会议。

2 月 8 日　农历年三十上午，辽宁省委书记李克强到我校亲切慰问寒假留校学生。

2 月 28 日　《东北大学学报（自然科学版）》获国家期刊奖百种重点科技期刊奖。此次评比有 60 种期刊获国家期刊奖，100 种期刊获国家期刊奖提名奖，197 种期刊获国家期刊奖百种重点期刊奖。

3月18日　理学院分析科学研究所所长王建华从2005年1月起受聘为国际著名Elsevier Science出版集团“Talanta”期刊的主编。

3月22日　中共中央政治局常委、全国政协主席贾庆林一行视察东北大学软件园。陪同视察的有辽宁省委书记李克强、省长张文岳、省政协主席郭廷标，沈阳市委书记张行湘、市长陈政高等省市有关领导。

3月28日　王国栋教授、唐春安教授和冯夏庭教授应邀出席国家科技奖励大会，受到胡锦涛等党和国家领导人的接见并合影留念。

3月29日　EPM实验室通过国家重点实验室培育基地验收。以左铁镛院士为组长的专家组对材料电磁过程重点实验室的建设情况进行检查验收，专家组认为，材料电磁过程重点实验室已具备申报进入国家重点实验室序列的条件。

△　我校举行聘请左铁镛为特聘院士仪式，左铁镛院士是我校首位特聘院士。

△　我校在南湖剧场举行2005届研究生毕业典礼暨学位授予仪式，共授予博士学位143人，硕士学位1422人。

4月2日　我校综合科技大楼、体育运动中心举行开工典礼，辽宁省副省长鲁昕等省市领导及学校师生600余人出席开工典礼。

4月18日　中共辽宁省委书记、省人大常委会主任李克强到我校调研。李克强充分肯定我校在培养人才、技术创新和产学研结合方面所取得的成绩。他强调，将进一步整合全省教育资源和人才资源，倾力打造一所具有重要国际影响、跻身国内先进行列的领军名校，进一步提升我省高等教育整体水平。

4月中旬　我校以柴天佑院士为学术带头人的“复杂工业过程控制与实时调度研究团队”入选教育部创新团队发展计划，成为东北地区三个教育部创新团队之一。

4月22日　美国MTI公司向我校材料研究所捐赠设备仪式在冶金馆举行。我校校友、美国MTI公司董事长江晓平博士出席了捐赠仪式。2004年9月，江晓平博士为支持东北大学材料学的学科建设，在美国风险投资公司Newbox公司的支持下与我校材料研究所签订了捐赠两台价值百万元的单晶生长设备的协议。

4月23日　由我校承办的第十一届工业工程与工程管理国际学术会议在

我校汉卿会堂召开。来自香港科技大学、美国普渡大学、加拿大卡尔加里大学、英国剑桥大学、天津大学、韩国釜山国立大学等 12 个国家和地区高校的学者出席会议。

5 月 11 日　东北大学与荷兰埃因霍温科技大学联合创建东北大学生物医学与信息工程学院的签字仪式在汉卿会堂举行。双方宣布，利用各自优秀的教育资源，依托校企联合，共同携手为中国以及全球生物医学与信息工程领域培养高端专业化人才。作为两校的出资方，东软集团和荷兰飞利浦公司除了对该学院的创建提供资金支持外，还将通过东软飞利浦医疗设备系统有限公司提供实习和研发基地，致力于该学科产学研一体化的探索，共同推动中国乃至全球医疗产业的发展。埃因霍温科技大学代表 Frank Baaijens 教授，飞利浦公司大中华区首席执行官金定义和我校校长赫冀成，副校长、东软集团总裁刘积仁签署协议。

5 月 12 日　东北大学研究生院秦皇岛分院成立大会在秦皇岛分校召开。

5 月 16 日　为适应高水平研究型大学建设的需要，保证学校的可持续发展，不断提高我校的教育质量和办学效益，经学校研究决定，对校机关的机构设置进行调整，调整后的机构共 21 个，分别是党委办公室［统战部］、组织部［党校］［机关党委］、宣传部、纪委办公室（监察室）、东北大学工会委员会、共青团东北大学委员会、校长办公室［信访办公室］、研究生院（研究生工作部）、学科建设与发展处（高等教育研究所、985 工程办公室、211 工程办公室）、教务处、科学技术处（军工项目管理办公室）、人事处、学生工作处（学生工作部）［武装部］、计划财经处、审计处、资产管理处、国际合作与交流处（港澳台事务办公室、国际交流中心）、公安处（保卫部）、后勤管理处、基建管理处、离退休工作处［离退休党委］，另有临时机构新校区建设办公室。其中，研究生院（研究生工作部）下设培养处和管理处。同时，学校对直属部门的机构设置进行了调整，调整后的机构共 18 个，分别是：图书馆、档案馆、学生服务中心、网络教育学院［网络教育学院党委］、继续教育学院、计算中心［网络中心］、软件中心、自动化研究中心、轧制技术及连轧自动化国家重点实验室、材料电磁过程研究教育部重点实验室、研究院、学报编辑部、校友总会校董会基金会管理办公室、医院、后勤服务中心［后勤党委］、实业总公司、出版社、科技产业集团［科技产业党委］。

5 月 19—20 日 我校第四十四届田径运动会在校体育场举行，2 人打破 1 项校纪录。

5 月 21 日 由东北大学与中国改革发展研究院共同组建的“中国经济转轨研究中心”在东北大学成立，国务院发展研究中心副主任李剑阁、辽宁省副省长鲁昕、我校校长赫冀成、中国改革发展研究院执行院长迟福林为中心揭牌。

东北大学将中心计划开展的研究课题纳入“985 工程”哲学社会科学创新建设项目，将中心各个层次的人才培养纳入全校招生计划。中心将以经济转轨理论与实践方向的博士研究生培养为重点。

5 月 21—22 日 由东北大学、中国改革发展研究院、辽宁省人民政府台湾事务办公室、沈阳市人民政府台湾事务办公室联合主办，东北大学和中国改革发展研究院联合承办的“振兴东北老工业基地海峡两岸研讨会”在东北大学召开。本次论坛的主题是“振兴东北老工业基地”。

5 月 23—24 日 由中国金属学会电磁冶金与强磁场材料科学分会、教育部科学技术委员会材料学部和我校主办，我校材料电磁过程研究教育部重点实验室承办的第二届亚洲材料电磁过程学术研讨会在我校举行。

5 月 28—29 日 由辽宁省人民政府主办，沈阳市人民政府、辽宁省教育厅承办的首届中国辽宁（沈阳）国际大学校长论坛在东北大学举行。辽宁省政府副省长鲁昕主持开幕式。辽宁省委副书记、沈阳市委书记张行湘致开幕辞。沈阳市有关党政领导及省市有关部门领导和美、英、法、俄、韩、日等国外交使节出席开幕式。来自英国、法国、德国、韩国、乌克兰、匈牙利、芬兰、美国、加拿大、日本、澳大利亚等国家的 53 所国外大学校长和专家学者，以及 70 所省内高校校长出席了会议。会上，来自美国密歇根大学、大连理工大学、英国牛津大学、德国亚琛大学等 9 所国内外高校的校长及专家作了主题演讲；日本东京农工大学、韩国祥明大学、美国印第安纳州立大学、英国威尔士爱博斯维达大学等 20 所高校的校长及专家进行了分论坛的演讲，与会校长和专家学者从教育价值观、教育国际化、大学的社会职能、大学资源整合等视角，深入探讨了新形势下，大学的发展理念、大学定位、管理模式等关键问题。

5 月 31 日 我校“特聘院士”聘任仪式暨殷瑞钰院士学术报告会在汉卿会堂举行，校长赫冀成为殷瑞钰颁发“特聘院士”聘书。殷瑞钰为与会师生作了《钢铁与工程科学——冶金工程流程问题》的学术报告。

6 月 5 日　中共中央政治局常委、中央纪委书记吴官正在辽宁省委书记李克强、沈阳市委书记张行湘、市长陈政高，我校党委书记孙家学、校长赫冀成等领导的陪同下视察东软集团，并听取我校副校长、东软集团董事长刘积仁的汇报。

6 月 21 日　我校成立沈阳鼓风机（集团）有限公司国家技术中心东北大学分中心。沈鼓（集团）公司董事长兼总经理苏永强、党委书记张乐群，我校党委书记孙家学、中科院院士闻邦椿等出席了仪式。孙家学和苏永强共同为分中心的成立揭牌。

6 月 29 日　我校 2005 届学生毕业典礼在火车头体育馆隆重举行。本年我校共有毕业生 4239 名。

6 月 30 日　由中国大学生在线主办、东北大学承办的"中国大学生在线建设与发展暨网上宣传工作研讨会"在我校举行。

6 月　经国务院学位办批准，我校"研究生创新工程"日前正式启动实施。我校研究生创新工程主要内容为"与企业共建面向东北老工业基地振兴的研究生创新中心"，包括三方面的内容：建立"研究生创新技术交流网站"；创建"研究生创新中心"；举办"振兴东北老工业基地的博士生暑期学术论坛"。

△　我校两部教材被选为教育部学位管理与研究生教育司推荐的"研究生教学用书"，分别为金敬红主编的《研究生英语口语教程（上、下）》和郝士明主编的《材料热力学》。

7 月 5 日　教育部批复，同意东北大学将东北大学产业发展公司（东北大学全民所有制企业）改制为国有独资有限责任公司，即组建东北大学科技产业集团有限公司，并由集团公司授权经营国有资产。

7 月 6 日　民盟东北大学委员会召开换届选举大会。民盟中央副主席、民盟辽宁省委主委张毓茂和民盟沈阳市委有关负责人，东北大学党委副书记、纪委书记田梦平出席了会议。陈宝智主委代表民盟第五届委员会向大会作了工作报告。大会选举产生民盟东北大学第六届委员会，陈宝智担任主任委员。

7 月 12 日　按照中央《第二批保持共产党员先进性教育活动指导意见》和省市委有关精神，学校党委印发《东北大学开展保持共产党员先进性教育活动实施方案》的通知，决定从7月14日开始，全面开展以实践“三个代表”重要思想为主要内容的保持共产党员先进性教育活动，并制定了具体实施方案。

7月14日 按照中央关于在全党开展以实践“三个代表”重要思想为主要内容的保持共产党员先进性教育活动的总体部署，以及辽宁省委、沈阳市委的具体要求，我校在汉卿会堂召开“东北大学保持共产党员先进性教育活动动员大会”，我校保持共产党员先进性教育活动正式全面启动。

8月31日 “985工程”科技创新平台与哲学社会科学创新基地首席教授与方向责任教授聘任仪式在汉卿会堂隆重举行。赫冀成教授等6人被聘为“985工程”科技创新平台（基地）首席教授。

9月3日 我校2005级新生开学典礼暨军训动员大会在图书馆前广场举行。

9月5日 按照《全市第二批保持共产党员先进性教育活动分析评议阶段工作安排》和市委教科工委的有关要求，我校保持共产党员先进性教育活动于本月转入分析评议阶段，该阶段将于10月末结束。本日，校党委印发《东北大学保持共产党员先进性教育活动分析评议阶段的工作安排》的通知，对学校保持共产党员先进性教育活动分析评议阶段的工作做了具体部署。

9月10日 教育部批准设立东北大学中荷生物医学与信息工程学院。

9月15日 东北大学与荷兰埃因霍温科技大学联合创建的东北大学中荷生物医学与信息工程学院在汉卿会堂举行揭牌仪式。生物医学与信息工程专业2005年已招收本科生60人，研究生50人。

9月20日 国务委员陈至立在教育部副部长吴启迪，科技部副部长马颂德，辽宁省省长张文岳，辽宁省委副书记、沈阳市委书记张行湘，副省长腾卫平，沈阳市市长陈政高的陪同下视察东软集团。

9月 我校2项教学成果获第五届高等教育国家级教学成果一等奖，5项教学成果获得二等奖。一等奖：（1）公共事业管理专业课程体系建设研究（娄成武，孙萍，司晓悦）；（2）创新型IT职业人才培养模式的探索与实践（温涛，张伟，马君）。

10月9日 辽宁省以我校为依托单位成立“镁合金工程技术中心”。中心成立大会在EPM实验室举行。中心办公地点设在我校EPM实验室，中心主任由崔建忠教授担任。

10月12日　学校决定将东软集团有限公司等34家校办企业投资的资产无偿划转到东北大学科技产业集团有限公司。集团公司代表东北大学统一持有对34家校办企业投资的股权和享有权益的净资产，负责经营、监督和管理，并承担相应的保值增值责任。

10月15—21日　按照教育部统一部署，教育部本科教学工作水平评估专家组一行17人对我校进行了为期7天的本科教学工作水平评估与实地考察。校长赫冀成向专家组作《以本科教学为立校之本，建设高水平研究型大学》的学校本科教学工作汇报。

在调研和考察的基础上，专家组向学校反馈了评估和考察意见，充分肯定了我校在本科教学工作中取得的主要成绩。专家组建议学校根据自身发展目标的要求，进一步加强师资队伍建设，特别是新办专业的师资队伍建设；不断探索研究型大学本科教学模式；不断优化和充分利用实验室、网络、多媒体等教学资源。

10月18日　教育部副部长袁贵仁在辽宁省副省长鲁昕的陪同下视察我校。

10月20日　为进一步落实教育部、公安部、民政部、总参谋部、总政治部联合下发的《关于进一步做好从全日制高等学校在校学生中征集新兵工作的通知》精神和国防部、辽宁省人民政府2005年冬季征兵命令，学校决定成立东北大学冬季征兵工作办公室。办公室设在学生工作处［武装部］。

10月26日　中央精神文明建设指导委员会做出关于表彰全国文明城市（区）、文明村镇、文明单位和全国精神文明创建工作先进单位的决定，东北大学是辽宁省受表彰的31个全国文明单位之一。

10月31日　学生服务中心更名为学生指导服务中心。

11月2日　根据沈阳市委有关要求，我校保持共产党员先进性教育活动于本月转入整改提高阶段，整改提高阶段于12月初结束。本日，学校党委印发《东北大学保持共产党员先进性教育活动整改提高阶段工作安排》的通知，对学校保持共产党员先进性教育活动整改提高阶段的工作进行具体部署。

11月4日　第三届先进结构钢与轧制新工艺国际研讨会在我校汉卿会堂

举行。此次大会由东北大学轧制技术及连轧自动化国家重点实验室主办。来自德国亚琛大学、日本大阪大学、澳大利亚伍伦贡大学、韩国浦项科技大学以及首钢、宝钢、北京钢铁研究院、中科院金属所等单位的知名学者参加此次会议。

11月12日 校长办公会议就在望湖路23-4栋南侧地块和望湖北路4号西侧地块兴建家属住宅事宜进行讨论，本着“使群众购房最便宜”的原则，形成若干决议。

11月16日 国家自然科学基金委员会专家组莅临我校，对“复杂工业过程控制与实时调度的理论、方法及其应用研究”创新研究群体进行了实地考察。专家组对该群体的研究目标和研究成果给予了高度评价。这是我校首次成功申报国家自然科学基金委创新研究群体。

11月18日 由我校作为第一承担单位组织完成的“十五863计划课题——500MPa碳素钢先进工业化制造技术”日前通过了“863计划新材料技术领域高性能结构材料技术主题专家组”的验收。

该课题由东北大学、北京钢铁研究总院、北京科技大学共同承担，专家组认为：该课题各项技术指标均达到了合同标准；课题组取得了大量创新性的研究成果，形成了具有自主知识产权的技术体系并在生产制造技术等方面有所突破，对我国国民经济和钢铁工业的可持续发展具有重要意义。

12月2日 我校在汉卿会堂召开本科教学评建工作阶段性总结暨整改工作动员大会。

12月6日 我校主办的《东北大学学报（自然科学版）》和《控制与决策》两种期刊被评为“第四届百种中国杰出学术期刊”，是获此荣誉称号的7家大学学报之一。

12月8日 我校在汉卿会堂举行“纪念一二·九运动70周年”座谈会。

12月12—14日 东北大学教职工第六届暨工会第十三次代表大会在汉卿会堂召开。赫冀成代表学校党政领导班子作了《以科学发展观为指导，全力推进高水平大学建设》为题的工作报告。东北大学工会第十三届委员会暨第六届教代会执行委员会第一次会议选举出执行委员会常委，季长生为东北大学工会主席。

12 月 13 日　我校博士生导师王国栋教授当选中国工程院化工、冶金与材料工程学部院士。

王国栋

12 月 15 日　教育部科技司和辽宁省教育厅组织了以中国科学院院士戴汝为为组长的专家组，对我校承建的流程工业综合自动化教育部重点实验室进行了现场验收。专家组认为，实验室整体上完成了预定建设任务及建设目标，达到了申报国家重点实验室水平，一致同意通过验收。

12 月 17 日　校党政联席会议研究决定，成立专门的“引进人才”机构——东北大学引进人才工作办公室，副处级建制，挂靠在人事处。

12 月 24 日　教育部国家级实验教学示范中心评审组对我校国家级实验教学示范中心进行评审。

12 月 26 日　学校决定成立东北大学科技产业规范化建设领导小组。领导小组负责研究确定改革方案，制定有关政策，协调解决改革中的重大问题。组长赫冀成，副组长左良、刘积仁、陈德祥、田梦平。领导小组下设工作办公室。同日，学校印发《东北大学科技产业规范化建设实施方案》。

12 月 29—30 日　“东北地区部分高校 2006 届毕业生就业双向选择洽谈会”在我校举行。

12 月　我校 5 篇博士学位论文入选 2005 年辽宁省优秀博士学位论文。

12 月末　45 名教授被遴选为我校第十二批博士生指导教师，其中校内 34 人，校外兼职 11 人。

2006 年

1 月 9 日　我校 4 项科技成果获得 2005 年度国家科学技术奖励，其中，科技进步奖一等奖 1 项，二等奖 2 项，技术发明二等奖 1 项。谢植教授作为获奖代表出席全国科学技术大会并受到党和国家领导人的亲切接见。

1月10日 学校党委决定，利用三个月的时间在全校开展巩固和扩大整改成果工作并“回头看”，下发《东北大学关于开展先进性教育活动巩固和扩大整改成果工作并进行“回头看”的安排意见》，对该项工作做了具体的部署。

1月25日 辽宁省副省长许卫国视察轧制技术及连轧自动化国家重点实验室。

△ 东北大学与首钢公司签订全面合作协议书及宽厚板联合研发中心建设协议。

2月16日 东北大学与新疆众和股份有限公司签订校企合作协议。

3月3日 我校张化光教授、刘炯天教授入选国家级人才项目计划。

3月12日 2006级博士研究生开学典礼在汉卿会堂举行。校党委书记孙家学、党委副书记熊晓梅，校长助理王福利出席典礼。从本年起，我校招收博士研究生改为一年一届，2006年招收505名博士研究生。

3月17日 经学校党委研究，同意中共东北大学艺术学院支部委员会改建为中共东北大学艺术学院总支部委员会，党组织隶属关系保持不变。

3月20日 我校在汉卿会堂召开全校干部会议，传达全国科技大会、“两会”精神。

3月24日 东北大学2006届研究生毕业典礼暨学位授予仪式在省委党校礼堂举行。本年春季166名博士学位获得者、1850名硕士学位获得者参加授予仪式。

3月 经国务院学位委员会第二十二次会议批准，我校增列一级学科博士点3个，二级学科博士点3个，一级学科硕士点17个，二级学科硕士点6个。

增列的一级学科博士点是动力工程及工程热物理、生物医学工程、公共管理。增列的二级学科博士点是马克思主义基本原理、电力电子与电力传动、企业管理。

3月 我校荣获辽宁省教育系统纪检监察工作先进集体；我校党委宣传部被评为辽宁省高校2005年度宣传思想工作先进单位。

△ 在教育部2005年度国家精品课程评选工作中，我校4门课程被评为国家精品课程，分别是：自动控制原理（顾树生）、电子技术基础（王永军）、大学英语（赵雯）、画法几何及机械制图（毛昕）。至此我校国家精品课程达

到 5 门。

4 月 7 日　教育部下发《关于公布中国地质大学（北京）等 75 所普通高等学校本科教学工作水平评估结论的通知》，我校在 2005 年教育部普通高等学校本科教学工作水平评估的结论为优秀。

4 月 9 日　我校在第十届“外研社杯”全国英语辩论赛中获得全国一等奖，创东北大学在国内三大英语赛事（“外研社杯”辩论赛、“CCTV 杯”演讲赛、“21 世纪杯”演讲赛）的历史最好成绩。

4 月 12 日　东北大学科技处荣获第二届中国技术市场协会“金桥奖”先进集体。

4 月 16 日　学校下发《关于在软件学院试行人才派遣用人方式的通知》，决定首先在软件学院试行人才派遣用人方式。

4 月 19 日　学校下发《关于参加医疗保险有关问题的通知》。根据文件精神，我校拟参加驻沈省直机关事业单位基本医疗保险，参保人员包括 2006 年 4 月 30 日在册人员（含博士后）、2006 年 5 月 1 日及以前改发退休（职）费人员。

4 月 21 日　校党委书记孙家学等在汉卿会堂会见了来校进行学术访问的我校客座教授、中国国民党副主席关中教授一行。会见中，孙家学向关中教授赠送了其父亲关大成就读于我校时期的资料。

4 月 27 日　芬兰政府总理马蒂 · 万哈宁一行访问东软集团。

4 月 29 日　东北大学纪念五四运动 87 周年暨“五四奖章”“五四奖状”表彰大会在汉卿会堂举行。

△　我校“十一五”“211 工程”立项工作与“十五”“211 工程”验收工作预备会在汉卿会堂召开。“十一五”“211 工程”的建设任务将从重点学科、公共服务体系、人才队伍的建设和基础设施等 4 个方面展开。

4 月　辽宁省政府授予王国栋院士辽宁省特等劳动模范称号。沈阳市政府授予东北大学沈阳市先进单位称号；授予刘相华、张宝砚、涂赣峰沈阳市劳动模范称号。

5 月 3 日　十届全国人大常委会委员、全国人大教科文卫委员会委员、中国文联副主席李树文校友一行来我校参观、访问。

5 月 9 日　获得“哈尔滨、长春、沈阳”三市优质工程银杯奖的部省市重点共建项目——东北大学游泳馆交付使用。

5月13日 由校工会、人事处、科技处、组织部、校团委共同举办的以“提高青年教师创新能力”为主题的东北大学第二届青年教师成才研讨会召开。

5月15—18日 中国工程院院士、著名贵金属冶金学专家陈景教授来校讲学并受聘为我校名誉教授。

5月18日 东北大学与宝钢集团有限公司全面合作协议签字仪式在汉卿会堂举行。宝钢集团有限公司董事长谢企华，副董事长、党委书记刘国胜，总经理徐乐江等宝钢集团有限公司有关部门领导和高级技术、管理人员，我校党委书记孙家学、校长赫冀成等校领导以及校相关部门的负责人、博士研究生指导教师出席了签字仪式。同日，东北大学与宝钢集团有限公司分别签订了联合培养硕士、博士研究生协议，科研合作协议，毕业生培养与选拔协议，共同组织学术交流活动协议，联合培养复合型人才协议，人才合作协议，东北大学聘请宝钢集团有限公司高级技术与管理人员担任兼职研究生导师协议。

5月19日 在第三届全国高校社科学报评选中，《东北大学学报（社会科学版）》荣获“全国优秀社科学报”称号；学报所设“科技哲学研究”栏目被评为“全国社科学报优秀栏目”。

△ 我校召开第四十五届田径运动会。

5月22日 我校信息学院唐立新教授荣获第九届中国青年科技奖。

5月23日 东北大学与邯郸钢铁集团有限责任公司签署全面合作协议书。

5月25日 《中共沈阳市委、沈阳市人民政府关于表彰“十五”期间科技创新先进集体和个人的决定》下发，东软集团总裁、东大教授刘积仁荣获“沈阳市科技创新突出贡献奖”；东北大学国家大学科技园、东软集团有限公司CT研发部获沈阳市科技创新奖先进集体；东北大学教授于戈、郑全录获沈阳市科技创新奖先进个人。

5月26日 我校“东大新闻网”和“先锋网”分获全国“十佳高校新闻网站”和“十佳校园学生门户”称号。

5月30—31日 教育部示范性软件学院验收专家组一行抵达我校，对软件学院进行验收。

6月1—2日 教育部专家组对我校“十五”“211工程”建设项目进行验收并于2日下午在汉卿会堂召开反馈意见大会。专家组认为，东北大学高水平、高质量、圆满地完成了“十五”“211工程”各项建设任务，在学科建设、人才培养、教学、科研等各方面成效显著。

6月6日 我校机械工程专家闻邦椿院士以及我校校友、材料科学专家左铁镛院士，矿物加工工程专家孙传尧院士荣获第六届光华工程科技奖工程奖。

6月12日 我校体育代表队夺得第二届“联通新势力”中国大学生篮球联赛总决赛冠军，创造了我校体育史上的第一。

6月19日 我校在汉卿会堂举行“东北大学教育建设基金会成立15周年暨蔡冠深奖励博士研究生基金设立10周年庆典大会”。

6月20日 为贯彻教育部办公厅《关于转发中组部办公厅〈关于进一步开展干部人事档案审核工作的通知〉的通知》，学校下发《关于组织开展干部人事档案审核工作的通知》，决定成立东北大学干部人事档案审核工作领导小组和东北大学干部人事档案审核工作监督协调小组，分三批开展全校在职干部人事档案审核工作。

6月22日 东北大学与建龙钢铁控股有限公司全面合作协议签字仪式举行。建龙钢铁控股有限公司董事长张志祥及公司有关部门领导和高级技术、管理人员，我校校长赫冀成、校党委副书记熊晓梅、副校长王宛山出席签字仪式。会上签署了《建龙钢铁控股有限公司与东北大学全面合作协议》及相关子协议。

6月24日 教育部专家组一行对我校申报的“材料各向异性设计与织构工程教育部重点实验室”建设计划进行论证。经过实地考察和论证，专家组一致同意通过论证。

6月28日 我校师生在汉卿会堂举行“东北大学庆祝中国共产党成立85周年大会”。

6月29日 我校在火车头体育馆举行2006届学生毕业典礼暨学位授予仪式。我校2006届毕业生共计4819人，其中4593人准予毕业；4587人达到学士学位授予条件。

6月30日 在庆祝中国共产党成立85周年暨总结保持共产党员先进性教育活动大会上，我校党委被中共中央授予“全国先进基层党组织”荣誉称号。

7月7日 东北大学首届院长论坛在汉卿会堂举行。本届论坛的主题为“二级学院在高水平研究型大学建设中的功能和作用”。

7 月 20 日　我校与中钢集团公司战略合作协议签字仪式在汉卿会堂举行。中钢集团公司总裁黄天文、我校校长赫冀成代表双方在战略合作协议书上签字。按照协议规定，双方将深入开展科学研究、人才培养、科技成果转化等方面的合作。

7 月 28 日　著名冶金教育家、有色金属冶金专家、中国工程院邱竹贤院士逝世，享年 86 岁。邱竹贤 1955 年调入东北工学院（现东北大学），主要成就在于发展融盐电解理论，涉及融盐结构和相图、界面现象和电解过程等，先后获得国家自然科学三等奖，国家科技进步二等奖，国家教委科技进步奖一等奖和二等奖等多项奖励。邱竹贤教授 1989 年 3 月当选为挪威科学院院士，1995 年当选为中国工程院院士。

8 月 8 日　我校 8 项科技成果荣获中国冶金科学技术奖，其中一等奖 1 项，二等奖 1 项，三等奖 6 项。

8 月 11 日　全国政协原副主席、民盟中央副主席、我校校董会名誉副主席钱伟长来校视察。

8 月 16 日　东北大学与金川集团有限公司签订校企合作协议书。

8 月 26 日　我校娄成武、翟玉春两位教授荣获教育部第二届高等学校教学名师奖。

8 月 29 日　我校 2006 级研究生开学典礼、2006 级新生开学典礼暨军训动员大会在图书馆前广场举行。本年我校共招收研究生 3976 名，其中博士研究生 503 名，硕士研究生 2431 名，专业学位研究生 1042 名。

9 月 5 日　为加强对思想政治理论课教育教学工作的组织领导，学校党委决定成立东北大学思想政治理论课建设工作领导小组。组长孙家学，副组长：熊晓梅、王宛山、姜茂发。领导小组办公室设在校党委宣传部，办公室主任由孙雷兼任。

9 月 7 日　我校庆祝 2006 年教师节暨表彰大会在图书馆学术报告厅举行。校党委书记孙家学，校党委副书记、纪委书记田梦平，校党委副书记熊晓梅，副校长王宛山等出席大会。

9 月 13 日　中国金属学会电磁冶金与强磁场材料科学分会在我校宣告成立。校长赫冀成教授被推选为第一任主任委员。

△　由中国岩石力学与工程学会主办，东北大学承办的“第九次全国岩石

力学与工程学术大会”在汉卿会堂开幕。本次会议以“东北老工业基地振兴”为主题。

9月15日 由我校与中国安全生产科学研究院等多家单位联合组织，我校承办的“2006（沈阳）国际安全科学与技术学术研讨会”在汉卿会堂召开。会议主席由我校陈宝智教授担任。

△ 我校纪念学生军训20周年暨2006级学生军训阅兵大会举行。

9月15日 校长赫冀成会见来访的日本名古屋大学校长平野真一一行。

9月17—18日 为进一步加强学校民主政治建设，推进民主办学、民主决策，我校在绿岛国际会议中心召开民主联席会议，向民主党派和无党派人士征求学校学科建设、“985工程”建设、人才培养、教师队伍建设等方面的建议。

9月20—21日 教育部专家组一行对我校流程工业综合自动化教育部重点实验室进行现场评估。21日专家组对实验室通报了综合评估意见，流程工业综合自动化教育部重点实验室以优秀的成绩通过教育部组织的评估。

9月21日 我校材料与冶金学院孙旭东教授荣获2006年度中国冶金青年科技奖。

9月25日 根据学校实际需要和精简、高效的原则，学校决定对学院（部）及直属部门的机构设置进行调整。调整后的机构共计34个。其中学院（部）14个，分别是基础学院、文法学院、外国语学院、艺术学院、工商管理学院、理学院、资源与土木工程学院、材料与冶金学院、机械工程与自动化学院、信息科学与工程学院、软件学院、中荷生物医学与信息工程学院、秦皇岛分校、体育部；直属部门20个，分别是图书馆、档案馆、学生指导服务中心、体育场馆管理中心、网络教育学院［网络教育学院党委］、继续教育学院［直属部门党委］、计算中心［网络中心］、软件中心、自动化研究中心、轧制技术及连轧自动化国家重点实验室、材料电磁过程研究教育部重点实验室、流程工业综合自动化教育部重点实验室、研究院、学报编辑部、校友总会校董会基金会管理办公室、医院、后勤服务中心［后勤党委］、实业总公司、出版社、科技产业集团［科技产业党委］。

△ 学院（部）机关及直属部门第三轮聘用工作正式启动。

9月26日 东北大学与朝阳市人民政府全面合作协议签字仪式在朝阳

市举行。

9月28日 经过教育部和民政部批准，东北大学联合张学良的亲友及社会各界成立张学良教育基金会。我校是继清华、北大之后，经教育部批准、在民政部登记注册的第三所成立教育基金会的高校。按照基金会章程规定，基金会理事会下设办公室，张学良教育基金会办公室设在东北大学基金会管理办公室。

张学良之子张闾琳，张学良之女张闾瑛，原中华慈善总会会长阎明复，香港中华总商会副会长、新华集团总裁、全国政协委员蔡冠深担任名誉理事长，赫冀成担任理事长。

9月30日 中共中央组织部、人事部联合下发《关于表彰全国老干部工作先进集体和先进工作者的决定》，我校离退休工作处党委书记冯跃兵荣获全国优秀老干部工作者称号（总共20人）。

9月 我校被评为“辽宁省高校学科建设工作先进集体”。

10月14日 2006届MPA研究生学位授予仪式暨辽宁省公务员培训基地揭牌仪式在宁恩承图书馆学术报告厅举行。

10月14—15日 由国务院学位委员会办公室、教育部学位管理与研究生教育司主办，东北大学承办的2006年全国博士生（冶金学科）学术论坛暨首届中国高校冶金学院院长论坛在我校举行。35家高校、科研院所的200余名博士生参加本次论坛。中国工程院院士殷瑞钰，国家自然科学基金委工程与材料科学学部副主任高瑞平，辽宁省、沈阳市有关领导及有关校领导出席会议。本次论坛的主题是“可持续发展的中国冶金”。

10月22日 在“辽宁省首届大学生创业成果展洽会”上，我校被评为“辽宁省大学生创业教育示范校”，副省长鲁昕为我校颁发了“辽宁省大学生创业教育示范校”的牌匾。

10月26—27日 校长赫冀成教授当选为中国金属学会副理事长。陆钟武院士被授予“中国金属学会荣誉会员”称号。

10月29日 校长赫冀成在汉卿会堂会见来访的日本伊藤忠商事株式会社会长丹羽宇一郎一行。双方签署了合作备忘录。

10月 2006年度国家自然科学基金项目评审结果揭晓，我校43个项目获得资助，资助金额1438万元，其中面上项目41项，重点项目2项。43个项目分别为材料与冶金学院 14 项，信息科学与工程学院 11 项，EPM 实验室 6 项，理学院 6 项，RAL 实验室 2 项，资源与土木工程学院 2 项，工商管理学院 1 项，机械工程与自动化学院 1 项。

11 月 8 日　我校 10 项科技成果荣获辽宁省科学技术奖。其中辽宁省技术发明一等奖 1 项，二等奖 1 项，辽宁省自然科学二等奖 1 项，三等奖 2 项，辽宁省科技进步奖三等奖 5 项。

11 月 16 日　全国公共管理硕士（MPA）专业学位教育评估专家组一行来校进行公共管理硕士专业学位教育合格评估。专家们认为，我校的 MPA 教育在国内居于领先水平。

12 月 14 日　在教育部第二批国家级实验教学示范中心评选中，我校电子实验教学中心被评为国家级实验教学示范中心，并成为免检实验中心。

12 月 18 日　依据人事部、财政部制定的关于事业单位工作人员收入分配制度改革文件精神，学校开始收入分配制度改革工作，为此，学校决定成立校收入分配制度改革领导小组（下设办公室，挂靠人事处）。由赫冀成、孙家学任组长，办公室成员由人事处、组织部、计划财经处、离退休处相关工作人员组成。

12 月 21 日　为加快我校保密资格认证工作步伐，学校决定成立“东北大学保密资格认证工作领导小组”“东北大学保密资格认证工作领导小组办公室”及 8 个“东北大学保密资格认证工作小组”，并明确了各个机构的职责以及责任部门、责任人。

12 月 25 日　学校决定成立国际交流学院，与国际合作与交流处合署办公。

12 月　在 2006 年国家精品课程评选工作中，我校滑冰课（王永祥）、品牌学（赵琛）、大学物理（耿平）、冶金物理化学（翟玉春）等 4 门课程被评为国家精品课程。至此，我校国家级精品课程的门数达到了 9 门。

△　我校有 4 项成果荣获高等学校科学技术奖，其中科技进步奖一等奖 3 项，自然科学奖二等奖 1 项。

△　由于推进有关高校合并组建东北大学的原因，学校收到《教育部关于对东北大学有关工作实行暂时冻结的通知》。

2007 年

1 月 13 日　我校同包头铝业股份公司签订科技合作协议。

1 月　东北大学软件学院申报的“实践考核类课程 VB.NET”等课程被批准为 2006 年度“教育部—微软精品课程”建设立项项目。

2 月 13 日　上海宝航社会公益基金会理事长阎明光受聘为我校荣誉董事。

2 月 17 日　在辽宁考察工作的中共中央政治局常委、国务院总理温家宝，在辽宁省、沈阳市领导和我校党委书记孙家学、校长赫冀成的陪同下，看望假期留校的学生，并和大家一起共度除夕。

温家宝总理发表了充满深情的讲话，他说，“多年来，我同农民、煤矿工人、码头工人、石油工人一起过过年，和大学生过年，这是第一次。”在谈到我校时，温总理给予了充分肯定，“我知道东北大学是一所在历史上有名的学校，人们给这所学校概括很多，评价很多，其实如果说起她的传统，最重要的就是爱国。”

2 月 27 日　在 2006 年度国家科学技术奖励大会上我校 5 项科技成果获得大奖。其中，国家技术发明二等奖 1 项，国家科技进步二等奖 4 项。理学院张宝砚教授、自动化研究中心主任柴天佑院士、东软集团副总裁郑全录研究员参加大会并受到党和国家领导人的接见。

3 月 14 日　受科技部委派，国家自然科学基金委组织专家组一行 13 人对我校流程工业综合自动化教育部重点实验室参评国家重点实验室工作进行现场评估。经过评估评议，专家组一致认为：流程工业综合自动化教育部重点实验室具有突出的特点和优点，实验室总体定位准确，研究方向特色明显；实验室在若干关键技术上取得了突破性进展和一批创新性成果，总体上处于国内领先地位，特别是在冶金过程综合自动化方面进入国际前列。

3 月 16 日　东北大学 2007 级博士研究生开学典礼在汉卿会堂举行。本期新入学博士研究生 508 人。

3 月 21 日　我校在汉卿会堂报告厅举行传达“两会”精神大会，校长赫冀成传达胡锦涛等领导同志的讲话精神。

3 月 23 日　教育部学位与研究生教育发展中心正式公布 2006 年一级学科

整体水平评估结果，我校材料科学与工程、冶金工程、控制科学与工程、计算机科学与技术、矿业工程等 5 个一级学科进入前十名。

3 月 27 日 我校举行 2007 届研究生毕业典礼暨学位授予仪式，共授予 140 人博士学位，授予 2451 人硕士学位。

3 月 轧制技术及连轧自动化国家重点实验室王国栋院士当选为 *Steel Research International* 杂志的编委。该杂志仅有 3 名亚洲学者担任编委。

4 月 15 日 东北大学 2006 级 MPA 研究生开学典礼暨辽宁省高层次人才培训基地公共管理硕士教育项目启动仪式在我校图书馆学术报告厅举行。

4 月 25 日 中国国民党荣誉主席连战和夫人连方瑀一行在海协会常务副会长李炳才，中共辽宁省委常委、纪委书记王唯众，中共沈阳市委副书记刘雅琴等省市领导的陪同下访问我校。校长赫冀成代表学校向连战先生颁发名誉教授聘书。连战先生为师生题词“树人树木，作育英才”。

4 月 29 日 东北大学庆祝中国共产主义青年团成立 85 周年暨 2007 年“五四奖章”“五四奖状”表彰大会在汉卿会堂举行。

4月 我校中国工程院院士王国栋教授当选辽宁教育年度十大人物，本次评选是辽宁省首次评选教育年度人物。

△ 五一劳动节前夕，我校理学院张宝砚教授荣获“辽宁省五一劳动奖章”；软件学院院长朱志良教授荣获“沈阳市五一劳动奖章”；学生指导服务中心获得沈阳市“五一先锋号”称号。

△ 我校 6 部教材获得冶金优秀教材奖。其中，陈建设主编的《冶金试验研究方法》，王建辉、顾树生主编的《自动控制原理》获一等奖。

△ 在 5 年举行一次的全国高等教育自学考试工作先进集体和先进个人的评比表彰中，我校获得“全国高等教育自学考试先进集体”称号。

5 月 8 日 教育部高等学校英语专业本科教学工作评估专家组一行对我校外国语学院英语专业进行评估。

5 月 16—20 日 由轧制技术及连轧自动化国家重点实验室承办的“2007 年全国塑性加工理论与新技术学术研讨会”暨“第八届东北三省塑性成形新技术学术会议”在我校召开。来自国内知名大学、科研院所和企业的代表共 100 余人参加了大会。

5 月 25—26 日 东北大学第四十六届田径运动会在校运动场召开。本次运动会共有 5 人打破 4 项校田径纪录。

5 月 我校文法学院陈凡教授及文法学院原院长彭定安研究员荣获第一届辽宁省哲学社会科学成就奖。

△ 经北京奥组委筛选，我校体育部王永祥教授（田径国际级）入选奥运会田径发令员，梁青副教授（田径国家级）入选田赛裁判员，陈松副教授（沙滩排球国家级）入选沙滩排球项目专家组，姜晓宏副教授（网球国际级）入选网球裁判员。

6 月 10 日 我校加入“钢铁可循环流程”产业技术创新战略联盟，成为联盟中的三所高校之一。

6 月 11 日 中国共产党辽宁省代表会议在沈阳举行，我校党委书记孙家学当选为我省出席党的十七大代表。

6 月 15—16 日 由辽宁省人民政府主办，辽宁省教育厅、沈阳市人民政府承办，东北大学协办的第二届中国辽宁（沈阳）中外大学校长论坛在我校举行。来自美国、加拿大、英国、法国、德国、俄罗斯、日本、韩国、新加坡、澳大利亚、巴西、瑞典、埃及等 6 大洲 15 个国家 40 所国外大学校长以及辽宁省 36 所大学的校长和专家学者出席了会议。本届论坛主题为“大学内涵建设与管理创新”。

6 月 16—18 日 我校党委书记孙家学参加金川集团有限公司科技大会，并与金川集团有限公司签订合作协议。

6 月 19 日 九三学社东北大学基层委员会举行换届大会。会上选举产生九三学社东北大学基层委员会第五届委员会，巩恩普当选为主任委员。

6 月 20 日 我校获得教育部“国家大学生创新性实验计划”首批实施高校资格。“国家大学生创新性实验计划”是教育部“高等学校本科教学质量与教学改革工程”首个启动的项目。

6 月 29 日 东北大学 2007 届学生毕业典礼在图书馆门前广场举行。本年我校共有 4998 名毕业生，其中 4941 人准予毕业；4938 人达到学士学位授予条件。

△ 东北大学庆祝建党 86 周年暨“两先两优”表彰大会在汉卿会堂举行。

6 月 我校机械设计及理论、材料学、钢铁冶金、有色金属冶金、控制理论与控制工程、计算机应用技术、采矿工程等 7 个国家重点学科全部通过教育部考核评估。

△　教育部批准东北大学成为大学英语教学改革示范点。

7 月 3 日　联合国教科文组织东北大学工业与环境信息技术教席揭牌仪式在我校举行。联合国教科文组织北京代表处首席代表青岛泰之和我校副校长王宛山为联合国教科文组织工业与环境信息技术教席揭牌。

7 月 6 日　沈阳市常务副市长赵长义代表市委、市政府为中国工程院院士王国栋颁发 500 万元科研支持资金。

7 月 11 日　中央党校中青班调研组一行来我校调研。

7 月 18 日　我校软件学院 2003 级软件工程专业 1 班获得教育部、共青团中央评选的“全国先进班集体标兵”荣誉称号。

7 月 31 日—8 月 4 日　第六届全国 16 所工科重点大学科技工作研讨会在我校举行。

7 月　我校左良教授指导的张宇东博士的学位论文入选 2007 年全国优秀博士学位论文，其博士学位论文题目是《强磁场下钢的扩散型相变的理论与实验研究》。孟凡宝博士的论文《含有不同类型交联剂的液晶弹性体的合成与表征》和徐涛博士的论文《煤岩破裂过程固气耦合数值试验》两篇论文获得全国优秀博士论文提名。

△　综合科技大楼交付使用，校机关及部分部门、学院等进入使用。

△　在“第二届全国高校百佳网站网络评选”活动中，东大新闻网被评为“十佳高校新闻网”；共建网站“长夜书香”被评为“十佳高校共建网站”；先锋网被评为“十佳校园服务网站”。其中，东大新闻网和先锋网连续两届获奖。

△　我校材料与冶金学院蔡九菊、体育部王永祥、信息科学与工程学院吴成东等 3 名教授荣获辽宁省第三届普通高校教学名师奖。

△　我校“冶金学”（课程负责人姜茂发）、“软件工程”（课程负责人张斌）、“现代控制理论”（课程负责人高立群）、“控制系统仿真与 CAD”（课程负责人薛定宇）、“社区管理学”（课程负责人孙萍）、“人因工程学”（课程负责人郭伏）等 6 门课程被评为辽宁省精品课程。

9 月 4 日　我校 2007 级新生开学典礼暨 2007 级军训动员大会在综合科技大楼北广场举行。同日，2007 级研究生举行开学典礼，2458 名硕士研究生和 358 名软件工程硕士研究生参加开学典礼。

9月12—27日 我校“材料电磁过程研究教育部重点实验室”以良好成绩通过教育部专家组的评估（优秀类8个，良好类29个）。

9月19日 我校党委书记孙家学率团参加莱钢集团科技大会，并与莱钢集团签署《联合建设模拟仿真研究中心协议书》《联合共建国家重点实验室莱钢实验室协议书》。

9月21日 科技部党组书记李学勇莅临我校视察。

△ 挪威布斯克鲁省省长图勒·欧塔·卡尔森一行访问我校。

9月25日 在辽宁省廉政文化建设现场经验交流会上，我校被评为“辽宁省廉政文化建设示范单位”。

9月26日 东北大学第七届学位评定委员会授予136人博士学位，授予711人硕士学位。至此，我校已授予博士学位2256人，授予硕士学位17384人。

9月28日 学校决定成立“东北大学学生创新中心”，属学校直属部门。

10月8日 我校被评为“辽宁省国家重点学科建设工作先进单位”。我校材料与冶金学院张廷安教授、文法学院陈凡教授、信息科学与工程学院唐立新教授被授予“辽宁省国家重点学科建设工作先进个人”称号。

10月8日—11月30日 我校完成由国务院学位委员会办公室、教育部、人事部联合开展的全国博士质量调查工作。

10月10日 我校材料与冶金学院王沿东教授、理学院王建华教授获得国家杰出青年科学基金。以唐加福教授、樊治平教授为负责人的科研团队（“先进运作管理中的建模、优化与决策分析的理论和方法”）获批成为国家创新研究群体。孙旭东、左良教授负责的团队（“材料各向异性与微结构的设计与控制”）被评为教育部创新团队。

10月11日 辽宁省科技厅批准我校组建“辽宁省重大机械装备动力学可靠性与质量工程重点实验室”。

10月12日 教育部批准我校组建“复杂网络系统安全保障技术教育部工程研究中心”“流程工业数字化仪表教育部工程研究中心”。

10月15日 我校柴天佑院士获“高等学校学科创新引智计划”（一体化过程控制学科创新引智基地）1项，获批经费900万元。

10月18日 我校与太原重型机械集团签订产学研战略联盟协议。

10 月 18—20 日　受教育部委托，辽宁省教育厅教育教学工作水平评估专家组莅临我校，对网络教育和成人高等教育教学水平工作进行评估检查。

10 月 20—21 日　由我校承办的“2007 年东北三省机械学科博士生学术论坛”在我校举行。本次论坛以“振兴东北老工业基地，发展东北装备制造业”为主题。

10 月 21—24 日　由沈阳市政府、国家自然科学基金委主办，东北大学理学院承办的第一届沈阳国际微流控学学术论坛在我校综合科技大楼召开。来自美国、日本、英国、法国、德国和加拿大等 12 个国家的代表 30 余人，来自国内各地的著名大学、科研机构和企业代表 120 余人参加了此次会议。

10 月 22 日　我校通过保密资格现场审查，获得武器装备科研生产二级保密资质。

10 月 24 日　东北大学学习贯彻党的十七大精神报告会在汉卿会堂举行。校党委委员、纪委委员，民主联席会成员，各分党委委员、纪委委员、全校科级以上干部、党支部书记、学生辅导员以及师生代表等 500 余人参加了会议。党的十七大代表、校党委书记孙家学为与会人员解读了党的十七大报告主要内容和主要精神。

10 月 31 日　我校副校长、东软集团董事长兼 CEO 刘积仁荣获 2007 年度何梁何利基金“科学与技术创新奖”。

11 月 5 日　太原重型机械集团国家技术中心东北大学分中心成立。

11 月 10—11 日　由校工会、人事处、教务处共同举办的“以适应形势，履行责任，努力提高育人质量”为主题的第三届青年教师成才暨育人研讨会召开，来自各学院的 150 余名青年教师参加了会议。

11 月 12 日　中国共产党的优秀党员、杰出的化学家、中国科学院院士、我校方肇伦教授因病医治无效，于 11 月 12 日 20 时 40 分在沈阳逝世，享年 73 岁。

11 月 17 日　我校部省市重点共建项目——综合科技大楼工程获“哈尔滨、长春、沈阳”三市优质工程观摩金杯奖。

11 月 19 日　第十届“挑战杯”全国大学生课外学术科技作品竞赛结果揭晓，我校获得全国特等奖 1 项，一等奖 2 项，三等奖 1 项。这是我校在“挑战杯”全国大学生课外学术科技作品竞赛中首次捧杯，文科类项目首次获得全国特等奖。

11 月 23 日 为建立我校军品研制生产质量管理体系，学校决定成立“东北大学军品质量管理体系贯标领导小组”，组长赫冀成，副组长左良。小组下设办公室，挂靠军工办公室。

11 月 24 日 中共辽宁省委书记、省长张文岳来校视察了轧制技术及连轧自动化国家重点实验室、材料电磁过程研究教育部重点实验室、综合科技大楼和学生城食堂，并听取我校校长赫冀成所作的工作汇报。

11 月 27 日 我校“冶金学”（课程负责人姜茂发）、“机械设计”（课程负责人巩云鹏）、“社区管理学”（课程负责人孙萍）、“计算机软件技术基础”（课程负责人周福才）等 4 门课程被评为 2007 年度国家精品课程。至此，我校国家精品课程的数量达到了 13 门。

11 月 中国工程院院士柴天佑教授因在适应智能解耦控制和复杂工业生产过程的综合自动化领域所取得的杰出成就和所作出的卓越贡献，当选 2008 年 IEEE 会士。

12 月 4 日 学校成立东北大学廉政文化建设工作领导小组，组长孙家学，副组长田梦平、熊晓梅。同日，学校成立“党风廉政建设和反腐倡廉工作领导小组”，组长孙家学，副组长田梦平、熊晓梅。

12 月 6 日 学校党委制定和完善了《东北大学党委常委会向全委会报告工作的规定》《东北大学对学校领导班子及成员的监督办法》《东北大学党委常委民主生活会制度》《东北大学重大事项议事规则》《东北大学集体领导和分工负责的规定》《东北大学党内情况通报和情况反映制度》等规章制度并下发。

12 月 7 日 学校下发《关于在全校干部中进一步开展学习贯彻党的十七大精神研讨活动的通知》，决定在领导干部中开展学习贯彻党的十七大精神研讨活动，并对活动做了具体安排。此前，学校已经下发《中共东北大学委员会关于认真学习宣传贯彻党的十七大精神的安排意见》，对学校的学习宣传贯彻活动做了总体安排和部署，开办了分党委书记培训班。

12 月 10 日 东北大学与江苏沙钢集团签署全面合作协议书。

12 月 13 日 学校下发《关于印发〈东北大学反腐败宣传教育工作联席会议制度〉的通知》，决定建立“反腐败宣传教育工作联席会议制度”。

12 月 21 日 学校下发《关于印发〈东北大学关于实行岗位聘用制度改革

的意见〉等文件的通知》，通知明确“在我校实行全员岗位聘用制度改革”。随同该通知下发的文件有《东北大学关于实行岗位聘用制度改革的意见》《东北大学教师岗位聘任制实施意见》《东北大学教师岗位设置管理办法》《东北大学教师岗位聘任办法》《东北大学教授聘期基本工作要求》《东北大学副教授聘期基本工作要求》《东北大学讲师、助教聘期基本工作要求》《东北大学教师考核办法》《东北大学晋升教授职务必须具备的申报条件》《东北大学晋升副教授职务必须具备的申报条件》《东北大学非教师专业技术岗位设置管理办法（试行）》《东北大学非教师专业技术岗位聘任办法（试行）》《东北大学非教师专业技术人员晋升高级职务必须具备的申报条件（试行）》《东北大学非教师专业技术人员考核办法（试行）》《东北大学管理岗位设置管理办法（试行）》《东北大学职员岗位聘任办法（试行）》《东北大学职员考核办法（试行）》《东北大学工勤技能岗位设置管理办法（试行）》《东北大学工勤技能岗位聘任办法（试行）》《东北大学工勤技能人员考核办法（试行）》。

△　学校印发《东北大学全员岗位聘用制度改革入轨阶段实施方案》《东北大学岗位设置方案》。该方案是依据《东北大学关于实行岗位聘用制度改革的意见》等文件精神制定的。

12 月 25 日　我校全员岗位聘用制度改革工作正式启动。

△　东软集团整体上市方案获得中国证监会重组委员会审核通过。

12 月　我校娄成武教授主编的《社区管理学》，翟玉春教授等主编的《现代冶金学》，王永军教授等主编的《数字逻辑与数字系统》，王建辉、顾树生等教授主编的《自动控制原理》，毛昕教授等主编的《画法几何与机械制图》等 5 种教材被评为省级精品教材。

△　南京大学中国社会科学研究评价中心指导委员会公布 2008—2009 年度 CSSCI 的来源期刊，《东北大学学报（社会科学版）》入选。

12 月　刘继印、苏春翌两位教授入选国家级人才项目计划。

△　我校冶金工程、自动化、公共事业管理及安全工程专业被评为本科国家级特色专业；以娄成武为带头人的公共管理系（行政管理与公共事业管理）专业教学团队、以翟玉春教授为带头人的冶金工程专业平台课教学团队被评为国家级教学团队；公共管理人才培养“校府合作”模式创新实验区（负责人娄成武教授）和自动化专业人才培养模式创新实验区（负责人吴成东教授）被评

为国家人才培养模式创新实验区。

△　姜茂发教授被评为 2007 年度辽宁省普通高等学校专业带头人。

△　我校 3 项科技成果获得高等学校科学技术奖，其中自然科学奖一等奖 1 项，二等奖 1 项，科技进步二等奖 1 项。

2008 年

1 月 7 日　我校在汉卿会堂召开东北大学党委全委（扩大）会议，党委书记孙家学传达第十六次全国高校党建工作会议精神。

1 月 8 日　我校 4 项科技成果获国家科学技术奖励。其中，技术发明奖二等奖 2 项，科学技术进步奖一等奖 1 项，二等奖 1 项。

1 月 23 日　王成恩、杨天鸿教授入选 2007 年国家级青年人才计划。

3 月 10—11 日　受科技部委托，国家自然科学基金委员会组织专家对我校轧制技术及连轧自动化国家重点实验室进行了现场评估。经专家组评估，我校荣获优秀成绩。

3 月 14 日　莱芜钢铁集团和我校联合建设的三个研发中心揭牌仪式在汉卿会堂举行。本次揭牌成立的三个研发中心分别为先进钢铁材料技术国家工程研究中心 H 型钢铁研究中心、模拟仿真研究中心、轧制技术及连轧自动化国家重点实验室莱钢实验室。校党委书记孙家学和莱芜钢铁集团公司副总经理张胜生共同为研发中心揭牌。

3 月 14 日　我校 15 篇硕士学位论文被评为 2007 年辽宁省优秀硕士学位论文。

3 月 17 日　东北大学 2008 届毕业生春季双向选择洽谈会举行。冶金、石化、电子、机械、煤炭、铁路、建筑、金融、兵器、航空航天等行业的 267 家用人单位提供需求岗位 5000 余个。

3 月 25 日　我校召开会议传达贯彻全国“两会”精神。全国人大代表、我校校长赫冀成向与会人员传达了“两会”精神。

3 月 26 日　我校成立第八届学位评定委员会。主席：赫冀成，副主席：姜茂发、左良；委员：于戈、巴德纯、王国栋、王宛山、王建华、王福利、刘建昌、刘春明、巩恩普、祁阳、张义民、张廷安、李凯、陈凡、金启军、娄成武、闻邦椿、柴天佑、梁力、翟玉春、樊治平、魏德洲。

3 月 27 日　东北大学 2008 届研究生毕业典礼暨学位授予仪式在汉卿会堂举行。166 人获得博士学位，2449 人获得硕士学位。至此，我校共授予硕士学位 19833 人，博士学位 2420 人，总计 22253 人。

4 月 4 日　我校和台湾东华大学签订有关合作协议。

4 月 16 日　学校制定下发《东北大学发展党员票决制实施办法（试行）》。

4 月 24 日　教育部检查组一行莅临我校对教育部大学英语教学改革示范点项目进展情况进行检查。

5 月 4 日　中共中央政治局常委李长春同志在中共中央和国务院有关部门及辽宁省、沈阳市有关领导的陪同下来东北大学视察，就加强和改进高校思想政治理论课进行调研，并在我校与辽宁高校师生代表座谈。

5 月 12—23 日　四川省汶川县地震发生后，学校认真组织抗震救灾工作，迅速展开了“心系灾区人民，奉献东大爱心”的活动。截至 5 月 23 日 17：00，我校师生共为灾区捐款捐物价值 849.14 万元。其中捐款 2699751.60 元（教工捐款 1088750.40 元，学生捐款 509247.50 元，6215 名党员交纳“特殊党费”1080423.50 元，部分党外人士和入党积极分子通过党组织为灾区捐款 21330.20 元）。

5 月 24 日　由东北大学主办的第九届中国 MBA 发展论坛开幕式暨主论坛在辽宁人民会堂举行。论坛的主题是“创造和谐——MBA 的社会责任”。来自全国 110 余所 MBA 培养院校的有关负责人、教师代表、MBA 学员、国内外管理学领域专家及社会各界管理精英与会。本日上午，日本著名战略学家大前研一先生受聘为我校名誉教授。

5 月 29 日　校长赫冀成会见朝鲜驻沈阳总领事李基范。

6 月 2 日　教育部科技司专家组一行来校，对我校材料各向异性与织构教育部重点实验室的建设进行检查验收。专家组一致同意通过验收。

6 月 3 日　我校与兖矿集团科澳铝业有限公司签订科技合作协议书。

6 月 12 日　我校举行“东北大学刘长春、中国奥运第一人”邮品首发式暨“迎奥运，庆校庆”集邮展开幕式。副校长王宛山、刘长春之子刘鸿图及学校有关部门负责人出席首发式。

6 月 13 日 教育部、辽宁省、沈阳市重点共建东北大学“985 工程”一期建设项目——东北大学综合科技大楼、游泳馆、体育馆落成典礼，刘长春体育馆命名暨刘长春塑像揭幕仪式在刘长春体育馆西侧广场举行，辽宁省人民政府副省长鲁昕，中国工程院院士、中国科协原副主席左铁镛，辽宁省教育厅、沈阳市人民政府等有关部门领导，刘长春先生之子、大连理工大学教授刘鸿图，我校党委书记孙家学，校长赫冀成，副校长王宛山等出席典礼。副校长陈德祥主持典礼仪式。

△ 我校庆祝建校 85 周年大会在汉卿会堂举行。

△ 多金属共生矿生态化冶金教育部重点实验室建设项目顺利通过教育部专家组验收。

6 月 15 日 第五届“挑战杯”辽宁省大学生创业计划大赛在大连理工大学结束。我校荣获特等奖 3 项、一等奖 5 项、二等奖 10 项、三等奖 13 项。其中特等奖作品为浦赛钢铁动态智能调节软件、超欠驱动弹性铰 15 自由度自生仿生手、“牛牛”教育机器人平台的研发与生产。获得特等奖的团队将代表我校参加第六届“挑战杯”全国大学生创业计划竞赛。

6 月 20 日 我校召开第四十七届田径运动会。

6 月 27 日 我校 2008 届学生毕业典礼在刘长春体育馆举行。今年我校共有毕业生 5016 名（含秦皇岛分校）。

6 月 我校被评为 2008 年“辽宁省普通高校毕业生就业工作先进集体”。

△ 我校采矿工程专业梁正召的博士论文《三维条件下的岩石破裂过程分析及其数值试验方法研究》被评为全国优秀博士学位论文。

7 月 4 日 校长赫冀成会见日本驻沈阳总领事松本盛雄一行。

7 月 11 日 我校在汉卿会堂召开 2008 年毕业生就业工作会议。2008 年我校共有本科毕业生 3557 人。进校招聘单位 1835 家，共提供就业岗位 4 万余个，本科生供需比达 1∶9。其中世界 500 强、中国 500 强企业和央企达 180 家。截至 7 月 7 日，本科生就业率为 94.4%，与去年同期相比提高近 6 个百分点。特困生就业率近 98%，来自四川地震重灾区的毕业生就业率达到 100%。本科生升学比例为 29.66%。

7 月 16 日 学校成立奥运期间安全稳定工作领导小组，组长孙家学、赫冀成。成立东北大学奥运期间安全稳定工作机构，组长田梦平、熊晓梅、陈德祥、娄成武；工作机构下设办公室，办公室设在校党委办公室。

7 月 22—23 日 东北大学党外知识分子联谊会成立暨第一次会员大会召开。会议通过了《东北大学党外知识分子联谊会章程》《东北大学党外知识分子联谊会选举办法》，选举产生了第一届会员大会会长、副会长、秘书长，副校长刘积仁当选为会长。

7 月 28 日 2008 届暑期研究生毕业典礼暨学位授予仪式在汉卿会堂举行。本年暑期我校共有 164 人获得博士学位，2631 人获得硕士学位。截至此前，我校共授予硕士学位 22467 人，博士学位 2586 人。

8 月 28—29 日 在全国大学生智能汽车总决赛中，我校猎豹队以总决赛排名全国第一的成绩荣获摄像头组特等奖，猎鹰队以总决赛排名全国第三的成绩荣获光电组特等奖。

9 月 2 日 中共中央政治局委员、国务委员刘延东在辽宁省省长陈政高、教育部副部长袁贵仁等领导的陪同下来我校视察。

9 月 3 日 学校党委号召全校各级党组织和广大共产党员以支部为单位开展向地震受灾学生奉献爱心工作。此前，校工会号召全校教职工会员开展向地震重灾区 2008 级新同学“献爱心、结对子”活动。

△ 2008 级学生开学典礼暨军训动员大会在刘长春体育馆举行。

△ 2008 级研究生开学典礼在刘长春体育馆举行。

9 月 6 日 我校举行“三育人”先进表彰暨第四届教书育人研讨会。校党委书记孙家学、副书记熊晓梅出席会议。受到表彰的先进集体、先进个人及部分青年骨干教师参加了会议。

9 月 19 日 由文法学院“985 工程”科技与社会（STS）哲学社会科学创新基地主办的“科技教育与企业创新和政府创新”海峡两岸科技与社会（STS）学术研讨会开幕。我校副校长姜茂发、台湾新党主席郁慕明等出席会议开幕式并讲话。

9 月 柴天佑、薛向欣当选国家自然科学基金委第四届科学部专家咨询委员会委员。于戈、唐加福分别被聘为国家自然科学基金委员会第十二届信息科学部计算机学科、自动化学科专家评审组成员。

10 月 10 日 沈阳高校深入学习科学发展观专题报告会在我校举行，教育部原副部长、中国高教学会会长周远清应邀作专题报告。

10 月 15 日 我校与莱钢续签全面合作协议。

10 月 16 日 我校与奥鹏远程教育中心合作开展远程教育签约仪式在汉卿会堂举行。

10 月 20 日 学校决定在全校范围内开展以“庆祝改革开放三十周年——回顾三十载光辉历程，展示学校发展成就，推进和谐校园建设”为主题的宣传教育活动，并于 22 日召开干部会议，对我校“庆祝改革开放三十周年”主题宣传教育活动进行了部署和安排。

10 月 中国科学技术期刊编辑学会公布 2007 年美国 EI（compendex）数据库收录中国期刊篇数情况。《东北大学学报（自然科学版）》被收录 679 篇文章，在 EI 核心刊源所收录的中国大陆 190 种科技期刊中名列第五。

△ 由我校和重庆天泰铝业有限公司共同试验的“新型阴极结构高效节能铝电解槽试验与研制”和与此相配套的“铝电解槽火焰——铝液二段焙烧新技术”（该项目已申请国家专利）两个项目研究成果通过中国有色金属工业协会组织专家进行的鉴定。专家认为该项目属国内外首创，整体技术达到国际领先水平。

△ 根据《教育部、财政部关于立项建设 2008 年国家级教学团队的通知》，我校冶金学教学团队（带头人姜茂发）和自动化专业主干课教学团队（带头人王建辉）被评为国家级教学团队。

根据《教育部、财政部关于批准第三批高等学校特色专业建设点的通知》，我校材料科学与工程、机械工程及自动化和计算机科学与技术等 3 个本科专业被评为第三批高等学校特色专业建设点。

根据“教育部、财政部关于批准 2008 年度国家精品课程建设项目的通知”，我校“采矿学”（负责人王青）和“控制系统仿真与 CAD”（负责人薛定宇）等 2 门课程被评为国家级精品课程。另外，根据教育部高教司《关于批准 2008 年度教育部—IBM 精品课程建设项目立项的通知》，我校“软件体系结构与设计模式”（负责人李丹程）和“软件建模技术”（负责人张斌）等 2 门课程被评为 2008 年度“教育部—IBM 精品课程”。

11 月 4 日 省科技厅专家组一行对依托我校建设的 7 个省重点实验室和 3 个新申报重点实验室进行检查评估。

△　东北大学首批大学生创新实验室授牌仪式在汉卿会堂举行，副校长姜茂发、校长助理王福利等为电子设计工程大学生创新基地、智能汽车大学生创新基地、机器人工程大学生创新基地等首批 15 个大学生创新实验室授牌。

11 月 5 日　经学校研究认为，东北大学出版社已具备体制改革的基础与条件，特向教育部申请将其列入第二批高校出版社转制试点单位。

11 月 7 日　学校同意秦皇岛分校购置秦皇岛市国土储备中心的储备用地 206 亩，用于扩建秦皇岛分校新校区。

11 月 25 日　两年一度的“宝钢—东大全面合作年会”在宝钢召开。宝钢集团总经理何文波、副总经理赵昆、宝钢股份副总经理赵周礼被聘为我校兼职博士生导师。

11 月　国家重点基础研究发展计划项目（973 计划）2008 年度评审工作结束，我校以柴天佑院士为首席科学家申报的项目“复杂生产制造过程一体化控制系统理论和技术基础研究”获得资助，经费 2400 万元。

12 月 22 日　学校成立东北大学中国特色社会主义研究中心，并公布了研究中心的组织机构和章程。

△　辽宁省数字化装备综合信息处理系统重点实验室、辽宁省制造系统与物流优化重点实验室获辽宁省科技厅批准，正式立项建设。

12 月 29 日　在面向全国招标的 40 个教育部哲学社会科学研究重大课题攻关项目中，我校投标项目“中国社会转型中的政府治理模式研究”经教育部专家评审，正式批准立项，娄成武教授为首席专家。这是我校迄今为止社科类最大项目，经费 50 万元。

12 月 31 日　医学影像计算教育部重点实验室获教育部批准，正式立项建设。

12 月　《东北大学学报（自然科学版）》被评为首批中国精品科技期刊，《东北大学学报（自然科学版）》《控制与决策》荣获第二届中国高校精品科技期刊奖，《材料与冶金学报》被评为特色科技期刊。

△　我校王建华教授、张义民教授、工商管理学院院长李凯教授、轧制技术及连轧自动化国家重点实验室主任刘相华教授被评为辽宁省优秀科技工作者。

△　以柴天佑院士为负责人的国家自然科学基金委创新研究群体获滚动资

助，经费450万元。

本年 中国科技信息研究所公布2008年中国科技论文统计结果。我校被三大检索收录的科技论文达2575篇，比2006年和2007年分别增长50.8%和12%。

2008年东北大学科技论文产出统计

项目	篇数	全国高校排名
科学引文索引（SCIE）	406	45
工程索引（EI）	1188	15
国际科技会议录索引（ISTP）	981	6
科学引文索引（SCI）	被引用230篇528次	7
中国科技论文引文数据库（CSTPCD）	1836	39
中国科技论文引文数据库（CSTPCD）	被引用5237次	38

我校连续三年被三大检索系统收录论文情况

SCIE						EI						ISTP					
2006年		2007年		2008年		2006年		2007年		2008年		2006年		2007年		2008年	
篇数	排名	篇数	排名	篇数	排名	篇数	排名	篇数	排名	篇数	排名	篇数	排名	篇数	排名	篇数	排名
321	42	392	37	406	45	781	21	1145	12	1188	15	606	7	763	7	981	6

△ 我校学生在智能汽车、数学建模等19项全国、省级赛事上取得优异的成绩，共有320余人获得省级以上奖励242项，其中获得全国特等奖7项，全国一等奖15项。同时我校获得第三届全国机械设计大赛、英语辩论赛、第十届“挑战杯”优秀组织奖。学生撰写论文近百篇，在学术期刊发表论文47篇，其中EI检索论文10篇，SCI检索论文2篇；申请专利15项，制作实物19项，编写程序软件10项。

2009 年

1 月 9 日　我校 3 项科技成果获国家科学技术进步奖二等奖。

1 月 11 日　我校顺利通过军工质量管理体系第一阶段的审核。

1 月 12 日　学校党委下发《关于组建新的继续教育学院的决定》，将继续教育学院与网络教育学院合并，组建新的继续教育学院。原继续教育学院党组织不再隶属于直属部门党委，与网络教育学院党组织合并成立继续教育学院党委。撤销网络教育学院党委。

1 月 13 日　《东北大学学报（社会科学版）》入编《中文核心期刊要目总览》2008 年版（即第五版）之综合性人文、社会科学类核心期刊。

1 月 20 日　我校党委被授予“辽宁省 2008 年度重视统战工作先进党委”荣誉称号。

1 月 23 日　东北大学学位评定委员会工作会议决定授予 252 人博士学位，授予 524 人硕士学位，其中工程硕士学位 383 人，工商管理硕士学位 96 人（含 MBA 8 人），高等学校教师硕士学位 10 人，公共管理硕士学位 4 人。

3 月 11 日　东北大学与 IBM 国际商业机器全球服务（中国）有限公司软件人才培养合作协议签署仪式在汉卿会堂举行。IBM 大中华区大学合作部总经理郭维德、我校副校长姜茂发代表双方续签了“东北大学与 IBM（中国）有限公司软件人才教育伙伴合作协议”。

3 月 16 日　部属高校学习实践科学发展观活动第五指导检查工作组与我校领导班子就开展学习实践活动有关情况进行座谈。会上，校党委书记孙家学代表学校党委介绍了我校开展学习实践科学发展观活动的准备工作。

3 月 17 日　我校在汉卿会堂举行深入学习实践科学发展观活动动员大会。部属高校学习实践科学发展观活动第五指导检查工作组一行、我校党政领导、第六届学科评议组成员、中共东北大学第十二届委员会委员、中共东北大学纪律检查委员会委员、东北大学工会第十三届委员会委员、教代会第六届执委会委员、民主党派及无党派负责人、各级人大代表和政协委员、中层正职干部、中层副职干部、教职工党支部书记、学生党支部书记、离退休党支部书记等出席了大会。会议由校长赫冀成主持。

会上，校党委书记孙家学作了《强化特色，勇于创新，大力推进高水平研究型大学建设》的动员报告，对我校学习实践活动做出全面部署，提出明确要求。校党委副书记、纪委书记田梦平介绍本次学习实践活动的指导思想、实施方案并重点对学习实践阶段的活动进行了具体安排和部署。

3月19日 东北大学2009届毕业生春季就业双向选择洽谈会举行。来自全国各地涉及冶金、石化、电子、机械、煤炭、铁路、建筑、金融、兵器、航空航天等行业的178家用人单位参会。本次双选会提供就业岗位2205个，其中本科生1449个，研究生756个。

3月20日 学校党委印发《东北大学开展深入学习实践科学发展观活动实施方案》。根据方案的安排，学校在2月底到3月中旬时间内做好开展学习实践活动的准备工作，在此基础上，分三个阶段有序推进学习实践活动。（1）学习调研阶段，3月中旬开始，4月中旬基本完成；（2）分析检查阶段，4月下旬开始，6月上旬完成。（3）整改落实阶段，6月中旬开始，7月上旬基本完成，8月底完成各项收尾工作。同日，印发《东北大学开展深入学习实践科学发展观活动学习调研阶段工作安排》。

3月23日 我校三家网站被评为第三届全国高校百佳网站，分别为十佳思政类网站：东大视点网（排名第一）；十佳廉洁教育主题网站：东大廉政网（排名第一）；十佳辅导员博客：艺术学院韩营颖“书山卷水笑且同行”博客（排名第三）。

3月23—24日 东北大学军工质量管理体系审核会议在我校举行。我校校长赫冀成、副校长左良、校长助理薛向欣及体系内覆盖的各部门负责人和项目负责人参加了现场审核认证。经过两天的审核，学校通过国军标（含民标）军工质量管理体系现场审核认证。

3月25日 校党委印发《东北大学学生党员开展深入学习实践科学发展观活动实施方案》，对学生党员开展深入学习实践科学发展观活动制定了详细的实施方案。

3月 我校8名教授被聘为国务院学位委员会第六届学科评议组成员，打破了我校7名国务院学位委员会学科评议组成员的历史。8位教授名单如下。机械工程张义民；材料科学与工程姜茂发；动力工程及工程热物理赫冀成；控制科学与工程唐加福；计算机科学与技术于戈；地质资源与地质工程巩恩普；

矿业工程任凤玉；公共管理：娄成武。

△　我校 16 篇硕士学位论文入选 2008 年辽宁省优秀学位论文奖。

4 月 8 日　我校与中冶恒通冷轧技术有限公司全面合作协议签字仪式在汉卿会堂举行，副校长王宛山与中冶恒通公司董事长韩继征在全面合作协议书上签字。我校聘任韩继征董事长为校董会董事。

4 月 16 日　东北大学与鞍山钢铁集团公司全面战略合作协议签字仪式在汉卿会堂举行。中共中央候补委员、鞍山钢铁集团公司党委书记兼总经理张晓刚、我校校长赫冀成在协议书上签字。

4 月 29 日　我校在汉卿会堂举行纪念五四运动 90 周年暨“五四奖章”“五四奖状”表彰大会。

5 月 15 日　中组部副部长等一行到我校进行深入学习实践科学发展观活动调研。

5 月 18 日　我校冯夏庭教授当选为国际岩石力学学会主席。这是国际岩石力学学会成立以来中国人第一次当选为该国际学会主席。

5 月 22 日　学校党委下发《关于围绕庆祝新中国成立 60 周年在全校深入开展爱国主义教育活动的通知》，制定了《东北大学庆祝新中国成立 60 周年“我爱我的祖国”系列活动实施方案》。

△　东北大学第四十八届体育运动会在校运动场举行。本次运动会新增教工羽毛球、游泳等项目，共有 16 人打破我校 9 项田径、游泳、轮滑纪录，其中：轮滑 14 人打破 7 项校纪录；游泳 1 人打破 1 项校纪录；田径 1 人打破 1 项校纪录。

5 月 27 日　辽宁省委副书记张成寅在省委宣传部、省教育厅、省委组织部领导陪同下，莅临我校就深入学习实践科学发展观活动以及高校安全稳定工作进行调研。

6 月 1 日　辽宁省委常委、沈阳市委书记曾维莅临我校视察。

6 月 4 日　我校学生科学技术协会成立仪式暨第二批“国家大学生创新性实验计划”项目成果展在逸夫教学楼举行。

6 月 6 日　辽宁省副省长陈超英莅临我校视察。

6 月 16 日　辽宁省高校思想政治理论课建设督查组一行莅临我校检查工作。

6月19日 我校召开“东北大学领导班子贯彻落实科学发展观情况分析检查报告评议大会”。

△ 我校党委印发《东北大学开展深入学习实践科学发展观活动整改落实阶段工作安排》，根据文件精神，我校整改落实阶段从6月19日开始，7月中旬基本完成，包括制定整改落实方案和解决突出问题两个环节。

6月23日 学校与山东大学签订校际合作框架协议。

6月29日 我校2009届学生毕业典礼在刘长春体育馆举行。2009届毕业生共计3536人。其中，3507人获得东北大学本科毕业证书；3498人（不含留学生）获得东北大学学士学位证书。

△ 我校在汉卿会堂举行庆“七一”暨“两先两优”表彰大会，表彰我校近两年来涌现出的先进分党委、先进党支部、优秀共产党员和优秀党务工作者。

6月30日 以朝鲜教育部副相金英仁为团长的“汉语桥—朝鲜校长团”访问我校。

7月4日 医学影像计算教育部重点实验室顺利通过教育部重点实验室论证专家组的论证。

7月16日 学校印发《东北大学甲型H1N1流感防控应急预案》。

7月22日 东北大学学位评定委员会第八届第四次工作会议，决定授予183人博士学位；授予2754人硕士学位，其中授予学历硕士学位2248人、具有研究生毕业同等学力人员硕士学位32人、工程硕士学位259人、工商管理硕士学位62人（含在职MBA 32人）、高等学校教师硕士学位50人、公共管理硕士学位103人。至此，我校共授予博士学位3021人，硕士学位25745人。

7月22日 我校2009届研究生毕业典礼暨学位授予仪式在刘长春体育馆举行。

7月27日—8月1日 由我校承办的2009年度国家自然科学基金委员会管理科学部学科评审会暨“十二五”管理科学发展战略研讨会召开。国家自然科学基金委员会常务副主任王杰等基金委领导参加了会议。教育部原副部长吴启迪等45位评审专家、30余位战略研讨专家、100余位重点项目答辩专家参加会议。本次会议是我校20世纪80年代以来第二次承办国家自然科学基金年度评审会议。校党委书记孙家学看望了与会专家，校长赫冀成出席开幕式并致欢迎辞。

8 月 1 日　我校与铜陵有色金属集团控股有限公司签订战略合作协议。

8 月 16 日　在第四届“飞思卡尔”杯全国大学生智能汽车竞赛全国总决赛中，我校信息学院张云洲老师、机械学院陈述平老师所指导的猎豹队、龙腾队分别获得本次比赛视觉组和光电组一等奖。

8 月 31 日　我校召开东北大学深入学习实践科学发展观活动总结大会。部属高校学习实践活动第五指导检查工作组成员出席大会。校党委书记孙家学代表学校党委对我校学习实践活动开展情况进行了总结。

9 月 2—5 日　由 IEEE 电子工程国际联合会、中国机械工程学会、中国国家自然科学基金委员会、英国布鲁耐尔大学主办，东北大学承办的“第七届 E 工程及数字化企业技术国际会议”在我校举行。来自英国、美国、德国、保加利亚、中国等国家的大学、科研院所和企业的专家学者共 200 余人参加了会议。我校闻邦椿院士担任会议学术委员会主席，副校长王宛山教授担任会议程序委员会主席。

9 月 6 日　东北地区六所教育部属高校深入学习实践科学发展观活动总结会在我校举行。

9 月 8 日　教育部、财政部公布《关于表彰第五届高等学校教学名师奖获奖教师的决定》，我校姜茂发教授入选。

9 月 16 日　沈阳市人民政府、国际商业机器公司（IBM）、东北大学共同举行战略合作签约仪式，宣布三家共同组建的“沈阳生态城市联合研究院”正式成立。

9 月 22 日　首都国庆群众游行指挥部对全国 65 辆彩车进行评比，由我校艺术学院张书鸿教授设计的国庆彩车“振兴乐章”获得了唯一的“团体奖”，该彩车于 10 月 1 日参加国庆游行。

9 月 24 日　教育部党组副书记、副部长陈希，教育部党组成员、副部长鲁昕等领导在辽宁省副省长陈超英等陪同下，莅临我校视察指导工作。

10 月 1 日　东北大学党委书记孙家学作为全国先进基层党组织优秀共产党员代表参加国庆 60 周年庆典观礼活动。

△　东北大学庆祝新中国成立 60 周年升旗仪式在主楼北广场举行。

10 月 16 日　我校与锦州市政府签订科技合作协议。

10 月 20 日 学校印发《东北大学基本科研业务费管理办法（试行）》。

10 月 23 日 学校研究决定，成立东北大学军工项目管理处，与科学技术处合署办公，原东北大学军工项目管理办公室撤销。

10 月 24 日 2009 年全国公共管理博士生学术论坛开幕式在图书馆举行。来自北京大学、清华大学等国内 26 所具有公共管理博士学位授权一级学科点的高校 130 多位专家和博士生参加了本次论坛。本次论坛的主题为“全球视野、本土行动——公共管理理论创新与探索”。

10 月 我校技术转移中心被科技部火炬中心正式批准认定为国家级技术转移示范机构。至此，我校在高新技术成果转化、转移及高新技术企业孵化方面获得的国家级资质累计已达 3 个，分别是：国家大学科技园、国家级高新技术创业服务中心、国家级技术转移示范机构。

△ 2009 年度国家自然科学基金评审结果揭晓，我校获批项目共 102 项，经费总额 3751 万元。其中面上项目 56 项，青年基金项目 34 项，国家杰出青年科学基金 1 项，重点项目 4 项，重点课题级项目 5 项，重大培育项目 2 项。我校朱苗勇教授获得国家杰出青年科学基金资助，其项目名称为“高品质钢精炼与连铸过程基础理论与应用”，资助金额 200 万元。

11 月 1 日 我校信息科学与工程学院物流优化与控制研究所唐立新教授因在管理科学领域做出的卓越成绩和重要贡献获得“复旦管理学杰出贡献奖”。

11 月 6 日 我校通过武器装备科研生产许可现场审查。

△ 由我校软件学院主办的 2009 国际混沌、分形理论与应用研讨会在我校召开。来自全国的共计 43 所院校的近百名学者和代表出席了本次会议。

11 月 10 日 我校与天津荣程联合钢铁集团有限公司签订科技合作协议。

11 月 12 日 学校决定成立东北大学基本科研业务费管理工作领导小组，组长赫冀成，副组长左良。领导小组负责东北大学基本科研业务费使用总体规划与年度计划的制定，以及项目资助建设审批与结题意见审核等。领导小组下设项目管理办公室，挂靠在科学技术处。

11 月 13 日 学校党委下发《关于进一步深化科学发展观“三进”工作的安排意见》。文件对进一步深化科学发展观“三进”工作做了安排和部署。

11 月 24 日 学校党委下发《关于成立体育部直属党总支的决定》，决定成立体育部直属党总支，撤销体育部直属党支部。体育部直属党总支由体育部和体育场馆管理中心两个部门的党组织组成。

11 月 25 日　学校研究决定，将“材料各向异性与织构教育部重点实验室”列为学校直属部门进行管理，实行学校领导下的实验室主任负责制。

△　机械学院张义民教授当选为亚洲—太平洋地区振动会议国际指导委员会委员。

11 月 27 日　中国国民党革命委员会（简称“民革”）东北大学小组成立大会召开。民革东北大学小组是继民盟、九三学社、民进、致公党之后，在我校成立的第五个民主党派基层组织。

11 月　东北大学信息科学与工程学院张化光教授被聘任为国际权威杂志 IEEE *Transactions on Neural Networks* 的副主编（A/E），自 2010 年 1 月起开始任职。

12 月 8 日　学校党委下发《关于开展向长江大学“全国见义勇为舍己救人大学生英雄集体”学习活动的通知》，决定在 2009 年 12 月—2010 年 7 月间，通过开展“英雄事迹进课堂”活动，“学习时代楷模、弘扬英雄事迹”主题团日、主题班会活动，开展报告会、座谈会、研讨会、主题演讲、主题征文等方式，在全校范围内开展向长江大学“全国见义勇为舍己救人大学生英雄集体”学习的活动。

12 月 17 日　我校举行 2009 届 EMBA 开学典礼，沈阳市副市长宋琦，我校副校长姜茂发、校长助理王义秋及各机关部（处）、工商管理学院有关负责人参加了典礼。

12 月 23 日　我校副校长、东软集团董事长兼首席执行官刘积仁当选“2009CCTV 中国经济年度人物”。本届 CCTV 中国经济年度人物评选的主题是“寻找变局中的‘引领者’”。

△　全国政协委员、香港中华总商会会长、香港新华集团主席、东北大学校董会副主席蔡冠深博士及其子蔡卓思，香港新华集团中国区行政总监余正生等一行与我校师生共同举行了东北大学—香港新华集团亲情 20 年纪念活动。

12 月 28 日　朝鲜驻沈阳总领事馆总领事李基范一行来校访问，校长赫冀成会见了李基范一行。

12 月　我校信息科学与工程学院刘建昌教授负责的“计算机控制系统”课程被评为 2009 年度国家精品课程。我校已有国家精品课程 16 门、省级精品课程 38 门、校级精品课程 60 门。

2010 年

1 月 11 日 我校 8 种教材被评为辽宁省精品教材。

1 月 14 日 东北大学—苏家屯区人民政府合作建设“东北大学国家大学科技园苏家屯园区”协议签字仪式在我校汉卿会堂举行。辽宁省人民政府副省长陈超英、沈阳市人民政府副市长邹大挺等省市领导及东北大学、苏家屯区的党政领导以及相关企业的代表等出席了签字仪式。

1 月 20 日 东北大学学位评定委员会第八届第六次工作会议决定授予 113 人博士学位；授予 523 人硕士学位。至此，我校共授予博士学位 3141 人，硕士学位 26276 人。

2 月 5 日 加拿大麦吉尔大学（McGill University）教授、加拿大诺兰达矿业公司首席科学家、诺兰达连续炼铜法创始人之一 Phillip J.Mackey 教授受聘为东北大学名誉教授。

3 月 15 日 东北大学 2010 届毕业生春季就业双向选择洽谈会举行。322 家用人单位提供就业岗位 5536 个，其中本科 3651 个，研究生 1885 个。

3 月 26 日 校党委副书记熊晓梅代表学校与苏州工业园区签署了《东北大学—苏州工业园区战略合作协议》。

3 月 28 日 校长赫冀成教授获日本钢铁协会海外名誉会员称号。1980 年至此时，我国共有 6 人获得该荣誉。

3 月 我校冯夏庭、唐加福、孙静三位教授入选国家级人才项目计划。

△ 我校信息科学与工程学院唐立新、材料与冶金学院王沿东和资源与土木工程学院朱万成等 3 名教师入选 2009 年度国家级青年人才计划。

4 月 8 日 我校与四川省三台县人民政府合作意向协议签订仪式在汉卿会堂举行。根据协议，双方将在教育、科技、经济等方面开展合作。1938—1946 年，流亡中的东北大学曾在三台办学。

4 月上旬 我校 17 名教授成为辽宁省人民政府学位委员会第五届学科评议组成员。名单如下（按姓氏笔画排序）：于戈、王兴伟、王国栋、王宛山、王福利、左良、巩恩普、张雷、张庆灵、李凯、陈凡、金启军、姜茂发、娄成武、郭亚军、赫冀成、樊治平。

△ 教育部审批通过我校国际交流学院设立汉语言本科专业。该专业从本年 9 月起招生，学制四年。

4 月 13 日 学校党政联席会议同意成立“国防教育学院”，院长由熊晓梅副书记兼任，设专职副院长 1 人。

4 月 14 日 青海省玉树县 7.1 级地震发生后，学校发出《东北大学关于开展向青海省玉树县地震灾区捐款活动的倡议书》。截至 4 月 30 日，我校师生共为灾区捐款 727823.60 元（不含秦皇岛分校），其中教工捐款 498936.70 元（含离退休教工），学生捐款 228886.90 元。

4 月 20 日 我校举行降半旗仪式哀悼玉树遇难同胞；千名学子为玉树地震遇难同胞祈福。

4 月 28 日 东北大学学位评定委员会八届七次工作会议决定授予 56 人博士学位；授予 1 人硕士学位。至此，我校共授予博士学位 3197 人、硕士学位 26277 人。

4 月下旬 我校信息科学与工程学院教授张化光被授予“沈阳市特等劳动模范”称号。

4 月 2010 年国际大学生数学建模竞赛（MCM/ICM）成绩揭晓，东大学子荣获 12 项国际一等奖、9 项国际二等奖。此次竞赛共有全球 2610 支队伍参加。其中东北大学获得一等奖数量在全国参赛高校中名列前茅。

5 月 4 日 东北大学 2010 年“五四奖章”“五四奖状”表彰大会在汉卿会堂举行。

5 月 7 日 东北大学—中国地质科学院郑州矿产资源节约与综合利用研究所战略合作协议书签字仪式在汉卿会堂举行。根据协议，双方将围绕矿产资源节约与综合利用，联合承担国家及地方重大科研项目，在科技创新平台建设、研究生联合培养等方面进行战略合作。

5 月 9 日 在 2010 年全国大学生英语（C 级）竞赛决赛中，我校 4 名同学荣获本次决赛全国特等奖；17 名同学荣获全国一等奖。

5 月上旬 国家国防科技工业局正式向我校颁发了“武器装备科研生产许可证”，这是继取得国家武器装备科研生产单位“二级保密资格认证”和“质量管理体系认证”之后，我校在军工科研生产方面获得的又一资质。至此，我校“三证”体系建设已基本完成，标志着我校正式跨入国家军工科研生产的准入体系。

△ 我校“东北大学科技政策研究中心”获批成为教育部第二批战略研究培育基地，娄成武教授为基地主任，王国栋院士为基地学术委员会主任。

5月20—21日 我校举行第四十九届体育运动大会。

5月24日 由法国梅斯大学、法国驻华大使馆和我校联合举办的先进材料研讨会在EPM实验室学术报告厅开幕。

5月27—28日 我校与白银有色集团公司签订科技合作协议，双方将在科学研究、人才培养等方面开展合作。

5月 我校获得博士学位授权一级学科点和硕士学位授权点自审权。

△ 《东北大学学报（自然科学版）》荣获2009年度“中国科技论文在线优秀期刊”一等奖。

6月2日 我校柴天佑院士获第一届杨嘉墀科技奖一等奖。

6月10日 我校召开深入开展创先争优活动大会。

6月11日 广西投资集团有限公司总裁冯柳江、我校副校长左良共同签订《东北大学研究生院与广西投资集团合作培养工程硕士协议书》《广西百色银海铝业有限责任公司与东北大学共同组建教育部有色金属冶金过程技术工程研究中心（中试基地）协议书》《节能环保铝电解槽新技术集成项目推广应用合作协议书》等3三项协议。

6月25日 我校与IBM举行《东北大学—IBM联合创新研究院协议》签字仪式，赫冀成校长与IBM中国研究院院长李实恭代表双方在协议书上签字。

6月29日 我校2010届学生毕业典礼在刘长春体育馆举行。2010届毕业生共计3620人，其中3573人获得东北大学本科毕业证书；3571人（不含留学生）获得东北大学学士学位证书。

7月8日 日前，学校收到教育部、财政部专家组对东北大学“985工程”二期建设的验收意见，专家组对我校“985工程”二期建设工作给予高度评价，标志着我校“985工程”二期建设工作圆满完成。

2004年12月，经教育部、财政部批准，我校“985工程”二期建设项目正式立项，建设资金4.3亿元，主要用于平台基地建设、体制机制创新、队伍建设、条件支撑、国际交流与合作等项目的建设。2010年3月17日，校长赫冀成等赴北京参加教育部、财政部联合召开的“985工程”二期验收工作会议。以教育部原副部长吴启迪为组长，清华大学党委书记胡和平、北京航空航天大学校长怀进鹏、南京大学校长陈骏等13位专家组成的验收专家组听取了赫冀成的汇报和答辩。

7月上旬 《东北大学报》荣获“全国高校优秀校报”称号。

7月21日 2010届研究生毕业典礼暨学位授予仪式在汉卿会堂举行。97名博士研究生、2694名硕士研究生获得学位。

7月26日 中共中央政治局委员、中央书记处书记、中组部部长李源潮在辽宁省委、省政府有关领导的陪同下视察东北大学，学校党委书记孙家学，校长赫冀成，副校长、东软集团董事长刘积仁陪同视察。

8月10日 我校与辽宁省紧急救援救助中心签订全面合作协议。

8月10—12日 第九届中韩质量科学研讨会在我校召开。

9月1日 2010级研究生开学典礼在刘长春体育馆举行。本年秋季我校招收博士研究生545人，硕士研究生2919人。

9月5日 中国工程院院士陈国良受聘为我校名誉教授。

9月20—21日 “国家环境保护生态工业重点实验室”验收会召开，我校蔡九菊教授代表东北大学、中国环境科学研究院和清华大学实验室等三家依托单位，汇报了《国家环境保护生态工业重点实验室建设总结报告》。验收委员会一致同意实验室通过验收。

9月25日 为全面提高国防生教育质量，积极推进人才拥军、科技强军工作，根据《国务院、中央军委关于建立依托普通高等教育培养军队干部制度的决定》，学校决定成立东北大学国防教育学院。

10月10日 校长赫冀成在汉卿会堂会见日本富山工业高等专门学校米田政明校长一行，双方签订《中华人民共和国东北大学与日本国富山工业高等专门学校学术交流协议书》。

10月11日 澳大利亚昆士兰大学常务副校长迈克尔·克尼格教授、副校长逯高清教授等一行访问我校，并与我校签署《中国东北大学与澳大利亚昆士兰大学学术合作备忘录》。

△ 我校副校长、东软集团董事长兼CEO刘积仁教授荣获中国计算机学

会王选奖。

10月19日 拉脱维亚总统扎特列尔斯访问我校，并在汉卿会堂蔡冠深报告厅发表演讲。20日，辽宁省—拉脱维亚友好交流与合作论坛举行，我校党委书记孙家学出席论坛并与拉脱维亚大学校长马茨斯·奥金什代表两校签订了《中国东北大学和拉脱维亚拉脱维亚大学学术交流协议书》。根据协议，两校将按照平等互惠的原则，合作实施和发展互换学术资料、出版物及信息，进行教师研究人员、学生的交流，共同开展科学研究，举办学术会议等项目。

10月26—30日 《东北大学学报（社会科学版）》被评为第四届全国高校百强社科期刊，“科技哲学研究”栏目被评为“全国高校社科期刊特色栏目”。

10月28日 东北大学学位评定委员会八届九次工作会议决定授予29人博士学位；授予13人硕士学位（含同等学力在职人员申请硕士学位3人）。截至2010年10月底，我校共授予硕士学位28984人，博士学位3326人。

10月30—31日 2010年全国电渣冶金技术研讨会在我校召开。

11月2日 由校董会、校友总会办公室和学生指导服务中心联合举办的校董单位、校友企业2011届毕业生就业双向选择洽谈会在学生活动中心举行。宝钢集团、鞍钢集团、首钢集团等51家知名校董单位和校友企业共提供岗位1100多个，覆盖我校冶金、材料、矿业、建筑、机械、自动化、信息、管理等专业，本科生与研究生的岗位需求比例为7.5∶1。

11月3日 教育部专家组对我校“航空动力装备振动及控制”教育部重点实验室建设计划进行论证。专家组认为，该实验室具备开展军工科研所需的“三证”资质，符合教育部重点实验室（B类）建设管理规范的要求，一致同意通过评审。这是我校首个教育部重点实验室（B类）。

△ 东北大学与四平市人民政府全面合作签字仪式举行。我校校长赫冀成、四平市市长石国祥分别在协议书上签字。根据协议，双方在工业技术进步尤其是高新技术成果转化与产业化、新产品开发、产业结构调整、科技合作和人才培养等方面开展长期全面合作。

11月上旬 我校学生在2010年全国大学生数学建模竞赛中荣获全国一等奖2项、全国二等奖5项。这是我校自参赛以来取得的最好成绩，获奖数量和获奖等级都实现了历史性突破。

11月12日 东北大学2011届毕业生冬季就业双向选择洽谈会举行。来自全国的 480 家用人单位提供了就业岗位 13984 个，其中本科 10407 个，研究生 3577 个。

11 月 14 日 东北大学—金川集团有限公司合作交流会在汉卿会堂举行，双方签署了《金川集团公司在东北大学设立奖学金协议书》。

11 月 18 日 《东北大学学报（自然科学版）》《控制与决策》均第 3 次获得“中国高校精品科技期刊奖”称号。

11 月 19—20 日 由中国工程院化工、冶金与材料工程学部主办，我校轧制技术及连轧自动化国家重点实验室承办的“低成本、减量化轧制技术国际研讨会”在 RAL 学术报告厅举行。来自德国、日本、韩国的国外专家，国内钢铁企业、高校、钢铁研究院所的专家学者，以及 RAL 的部分师生等 130 余人出席此次会议。

11 月 20 日 我校与连云港市人民政府全面合作协议签字仪式在连云港市举行。连云港市副市长杨莉和我校副校长左良分别代表双方在协议书上签字。

11 月 25 日 周崑—萱草发展计划基金（以下简称“萱草基金”）设立暨 2009—2010 学年东北大学周鲸文奖学金颁奖仪式在汉卿会堂举行。香港凯富泰有限公司董事长、东北大学校董会常务董事周崑，张学良教育基金会香港有限公司高级顾问蔡展翔，我校党委副书记熊晓梅等出席仪式。我校 18 名学生获得 2009—2010 学年东北大学周鲸文奖学金。

11 月 26 日 我校与东海县人民政府签订战略合作协议。

11 月 我校导航、制导与控制专业博士生叶丹（导师杨光红教授）的博士学位论文《基于 LMI 技术的自适应容错控制系统优化设计方法》入选全国优秀博士论文。计算机软件与理论专业赵宇海（导师王国仁教授）的论文《基因表达数据局部聚类技术研究》和钢铁冶金专业孟祥宁（导师朱苗勇教授）的论文《高拉速板坯连铸结晶器非正弦振动理论与参数优化研究》获得全国优秀博士论文提名。

12 月 8 日 我校与上海大屯能源股份有限公司签订全面战略合作协议。

12 月 16 日 东北大学、建龙集团校企合作十周年庆典暨新一轮全面合作签字仪式在汉卿会堂举行，我校党委书记孙家学与建龙集团副总裁陶忠海代表双方签署新一轮全面合作协议。根据协议，双方将联合创建技术创新体系，在科学研究、技术成果转化、人才选拔与培养、建龙基金等方面进行全面合作。

2000 年 11 月，东北大学与建龙集团签订《人才培养和科研合作协议书》，开启了东大与建龙校企合作的历程。2006 年，双方再次签署了《建龙集团与东北大学全面合作协议》及《建龙基金协议》《人才培养与选拔专项合作协议》两份子协议。

12 月 17 日 教育部、财政部来我校进行“985 工程”专题调研。

△ 校长赫冀成在汉卿会堂会见台湾东华大学校长黄文枢一行，双方签署双联双学位学制合作项目协议书。

12 月 19 日 我校文法学院博士生导师陈凡教授被评为“全国优秀科技工作者”。

12 月 20 日 第十九次金川科技攻关大会在金川集团公司召开，孙家学代表学校在《东北大学—金川集团公司企校全面合作框架协议书》《镍钴资源综合利用产学研技术创新联盟》《有色金属冶金渣资源化再利用联合实验室》等 3 个协议书上签字。

△ 我校荣获首批“全国学生资助工作先进单位”称号，校党委副书记熊晓梅代表学校领取奖牌。

12 月 28 日 截至本日，本年全校共有 8000 多人次参与校级以上各类学术科技竞赛，比去年增长 1.5 倍；1108 人次获得省级以上奖励，406 人在国际、国家级大赛中取得优异成绩。其中，国际级奖项 21 项、国家级奖项 239 项、省级奖励 458 项，共计 718 项。

12 月 我校举行纪念一二・九运动 75 周年系列活动。

2011 年

1 月 14 日 我校 5 项科技成果获得国家科学技术奖励。其中，国家技术发明奖二等奖 1 项，国家科技进步奖二等奖 4 项。

1 月 19 日 我校行政班子换届和党委调整。教育部党组成员、中纪委驻教育部纪检组组长王立英受教育部党组委托，宣读了《教育部关于丁烈云等职务任免的通知》和《中共教育部党组关于李文宪等同志职务任免的通知》。任命丁烈云为东北大学校长，刘积仁、姜茂发、左良、陈德祥、汪晋宽、王福利为东北大学副校长；免去赫冀成的东北大学校长，王宛山、娄成武的东北大学副校长职务。任命李文宪同志为中共东北大学委员会委员、常委、副书记，杨明同志为中共东北大学委员会常委、副书记、纪律检查委员会书记，丁烈云、汪晋宽、王福利同志为中共东北大学委员会委员、常委；免去田梦平同志的中共东北大学委员会副书记、常委、纪律检查委员会书记，赫冀成、王宛山、娄成武同志的中共东北大学委员会常委职务。

丁烈云

1 月 以我校娄成武教授为第一首席专家的《公共政策概论》获批马克思主义理论研究和建设工程教育部重点教材。3 月，《公共政策概论》获批为教育部哲学社会科学研究重大课题攻关项目（马克思主义理论研究和建设工程重点教材编写专项）。

3 月 2 日 校长丁烈云与招金集团董事长路东尚代表双方单位签订《东北大学“招金集团”基金协议》《山东招金集团基金捐赠协议》。根据协议，自本年起，山东招金集团每年向张学良教育基金会捐赠 100 万元人民币（连续 10 年），设立东北大学“招金集团”基金，用于支持东北大学的发展建设。

3 月 4 日 以薛向欣教授为首席科学家的国家自然科学基金重大项目“钒钛资源冶金过程有价组元强化迁移规律及分离理论”启动会召开。该项目以东北大学为依托单位，联合重庆大学、北京科技大学、中国科学院过程工程研究所及昆明理工大学共同承担，项目总经费为 1000 万元，研究期限为 2011 年 1 月至 2014 年 12 月。该项目是我国冶金领域基础研究的重大项目，研究团队涵盖了资源、冶金和环境相关学科领域。

3 月 8 日 “东北大学外籍专家杰出贡献奖”颁奖仪式在 EPM 重点实验室举行，副校长左良向克劳德·艾斯林教授颁发证书。为了鼓励和表彰为我校作出杰出贡献的外籍专家，我校从本年起设立“东北大学外籍专家杰出贡献奖”，艾斯林教授是第一位获此荣誉的外籍专家。

3 月 9 日 副校长姜茂发与日本北海道大学签订了《东北大学与北海道大学学术交流协议》和《东北大学与北海道大学学生交流备忘录》。

3月20日 第二届全国大学生数学竞赛决赛中，我校秦皇岛分校学生1人荣获数学类一等奖，2人荣获非数学类二等奖，1人荣获非数学类三等奖，1人荣获数学类三等奖。

3月21日 教育部党组副书记、副部长杜玉波，部党组成员、中纪委驻教育部纪检组组长王立英一行莅临我校视察指导工作。

3月30日 我校与台湾世新大学签署《东北大学与世新大学学术交流合作协议书》。

3月 根据国务院学位委员会《关于下达2010年审核增列的博士和硕士学位授权一级学科名单的通知》，我校新获批8个一级学科博士点，分别为：哲学、应用经济学、物理学、化学、力学、信息与通信工程、土木工程、工商管理；获批9个一级学科硕士点，分别为：法学、体育学、艺术学、生物学、系统科学、电子科学与技术、建筑学、土木工程、地质资源与地质工程。至此，我校一级学科博士点从10个增加到18个；二级学科博士点从43个增加到84个；一级学科硕士点从25个增加到34个；二级学科硕士点从132个增加到173个。通过此次审核工作，我校首次在理学、哲学、经济学门类获批一级学科博士点，首次在体育学门类获批一级学科硕士点。

4月7日 在2011年美国大学生数学建模竞赛（MCM/ICM）中，我校参赛队以1项特等奖提名奖、5项一等奖、20项二等奖的优异成绩实现获奖总数与获奖层次的双重突破。其中，特等奖提名奖作品由我校理学院王琪老师指导，这是我校首次荣膺该奖项。

4月13日 中共辽宁省委副书记陈希一行来我校视察。

4月14日 东北大学2011年党风廉政建设工作会议在主楼召开，全校副处级以上干部参加会议。与会人员签订了《东北大学党员领导干部廉洁自律“十不准”承诺书》。

4月20日 东北大学学位评定委员会第九届第一次工作会议决定授予62人博士学位，授予20人硕士学位。至此，我校共授予博士学位3483人、硕士学位29557人。

4月21日 我校6篇博士学位论文入选2010年辽宁省优秀博士论文，16篇硕士论文入选辽宁省优秀硕士学位论文。

△ 教育部、国务院学位委员会公布首届暨2010年度“博士研究生学术

新人奖”获奖名单，我校10位优秀在读全日制博士研究生入选。本次共有来自43所研究生培养单位的695名在读博士研究生获得“博士研究生学术新人奖”。

4月22日 我校与邯钢集团签订全面合作协议。校党委书记孙家学与邯钢集团董事长、党委书记李贵阳共同签订《邯钢集团—东北大学全面合作协议书》。根据全面合作协议，双方同意建立长期战略合作伙伴关系，在科学研究、技术开发、人才培养等方面进行全面合作。

4月25日 日本驻华大使丹羽宇一郎来校访问，校长丁烈云、原校长赫冀成在汉卿会堂会见了丹羽宇一郎一行。

△ 全国政协委员、张学良侄孙、张学良教育基金会副理事长、香港新大中集团董事长李大壮先生及其家人一行来校访问。

4月28日 近日，我校10位教师入选教育部“新世纪优秀人才支持计划”，分别是：安希忠（钢铁冶金）、李小彭（机械设计及理论）、吕铮（材料学）、雒兴刚（系统工程）、齐西伟（材料学）、宋焱焱（秦皇岛分校分析化学）、王占山（电力电子与电力传动）、杨合（环境科学）、袁志涛（矿物加工工程）、张颖伟（自动化）。

4月 我校理学院张宝砚老师荣获中华全国总工会授予的“全国五一巾帼标兵”称号。

5月4日 东北大学2011年“五四奖章”“五四奖状”表彰大会在汉卿会堂举行。大会表彰了来自全校的41名先进个人和48个先进集体。校党委书记孙家学、党委副书记熊晓梅，以及有关单位负责人出席大会并为获奖集体和个人颁奖。

△ 学校党委印发《东北大学庆祝建党90周年主题教育活动方案》。

5月5日 学校党委下发《关于全面推进本科生“党支部建在班上”工作的意见》。文件指出：我校于2009年在部分学院开展了“党支部建在班上”的试点工作，取得了较好的效果，积累了经验，在全校开展此项工作的条件基本成熟。文件就全面推进本科生“党支部建在班上”工作的安排提出四点意见。

5月10日 我校荣获“全国毕业生就业典型经验高校”称号。这是我校继2009年荣获“全国普通高校毕业生就业工作先进集体”称号后又一次获得国家级荣誉。

5 月 13—14 日 校党委书记孙家学率校办、科技处、科技产业集团等部门有关同志出席朝阳市人民政府与 13 所高校战略合作协议签约仪式，并与朝阳市常务副市长韩军共同签订《朝阳市—东北大学战略合作框架协议》。

5 月 23 日 第十届真空冶金与表面工程学术会议在我校召开。

5 月 24—26 日 矿物加工工程专业通过工程教育专业认证专家组现场考查，成为我校继采矿工程、安全工程后第三个申请并接受工程教育认证的专业。

5 月 25 日 辽宁省思想政治理论课建设标准落实情况专项督查组一行莅临我校检查指导工作。

5 月 26 日 学校党政联席会议围绕新校区建设形成如下决议。一要抢抓机遇做好新校区规划建设，要把新校区建设作为我校“十二五”期间的一项重要任务抓紧抓好。二要努力做好资金筹措工作，要广开思路和渠道，举全校之力做好资金的筹措工作。三要明确建设规模和进度。建设期的安排遵循“立足当前，超前思维，总体规划，分步实施”的原则，争取在“十二五”末入住新校区的学生达到 5900 名。四要建立和完善工作机构。决定成立新校区建设领导小组，全面负责新校区的决策和指挥工作；成立新校区建设办公室。五要加强监督和监察工作。

5 月 26—27 日 东北大学第五十届体育运动大会在体育场举行。2 人次（团体）打破校纪录。

5 月 28 日 辽宁省省长陈政高在副省长陈超英、沈阳市市长陈海波及省直有关部门负责同志等陪同下到我校现场办公，研究解决我校建设发展中遇到的困难和问题。我校领导孙家学、丁烈云、熊晓梅、杨明、左良、陈德祥、王福利等参加。

5 月 教育部科技发展中心公布 2010 年度“中国科技论文在线优秀期刊”评选结果，《东北大学学报（自然科学版）》和《东北大学学报（社会科学版）》同时荣获一等奖。

6 月 10 日 我校在汉卿会堂召开材料及相关学科发展战略研讨会。中科院金属研究所胡壮麒院士、钢铁研究总院干勇院士，校长丁烈云、副校长王福利等出席研讨会，轧制技术及连轧自动化国家重点实验室王国栋院士主持会议。

6 月 12 日 由我校工商管理学院主办的东北老工业基地振兴与 MBA 教育发展暨东北大学 MBA 校友企业家论坛在汉卿会堂蔡冠深报告厅开幕。国内知名企业家、学术界知名人士、兄弟院校代表、MBA 校友、MBA 学生代表等 500 余人参加论坛。

6 月 18 日 我校召开 IT 与 BT 学科发展战略研讨会，从学科建设、人才队伍建设等四个方面探讨学科发展规划，布局学科未来发展。

6 月 21 日 校长丁烈云在汉卿会堂会见台湾中国文化大学校长吴万益一行，并与该校签订校级学术交流协议。

△ 沈阳高校、科研设计单位与沈阳重点空间校域合作对接会举行。我校党委副书记熊晓梅代表学校与华晨宝马汽车有限公司签署了加强人才培养输送的战略合作意向书。

6 月 24 日 宝钢集团总经理何文波一行来校工作交流，校党委书记孙家学、校长丁烈云会见了何文波一行。双方就《东大—宝钢全面合作协议》的内容调整、续签及年会制度的修订等事宜进行了交流。

6 月 27 日 山东钢铁集团有限公司钢铁研究院揭牌暨战略合作签约仪式在济南市举行。副校长陈德祥与山东钢铁集团有限公司董事长邹仲琛代表双方单位签订战略合作协议。

6 月 29 日 我校党委被评为“辽宁省先进党委”。这是我校党委继 2003 年被评为“辽宁省先进党委”、2006 年被评为“全国先进基层党组织”、2009 年被评为“辽宁省先进党委”以来，第四次获得省级以上先进党委荣誉称号。

△ 我校 2011 届学生毕业典礼在刘长春体育馆举行。

△ 我校在汉卿会堂蔡冠深报告厅举行庆祝建党 90 周年暨 2009—2011 年度“两先两优”表彰大会。

7 月 5 日 台湾嘉义大学校长李明仁等一行访问我校。校长丁烈云和李明仁校长共同签署了《东北大学与嘉义大学学术科技合作交流协议书》《东北大学与嘉义大学学生交流协议书》。

7 月 20—24 日 2011 年（第四届）中国大学生（文科）计算机设计大赛中，由我校艺术学院霍凯老师指导、3 名同学共同完成的作品荣获本届大赛全国一等奖。

7 月 26 日 为规范东北大学经营性资产的管理和运营，建立健全完善的决策、管理和监督机制，学校决定成立东北大学资产管理委员会，代表学校履行对东北大学科技产业集团有限公司出资人职责、行使股东权限。委员会主任丁烈云、副主任左良。

7月27日 沈阳市市长陈海波率有关部门负责同志到东北大学现场办公，听取并原则同意我校改善办学条件规划设计方案。陈海波现场协调市规划和国土资源局、财政局、建委等部门帮助东北大学解决校园占地及教职工住宅建设等问题并要求有关部门依法依规，按照市场化原则规范操作。

8月4日 东北大学浑南新校区总体规划方案竞赛评审会在汉卿会堂举行。以哈尔滨工业大学建筑设计研究院院长、总建筑师梅洪元为组长的专家组对5个设计单位的作品进行了评审。专家组最后决定，一等奖空缺；德国Pesch建筑规划公司、同济大学建筑设计研究院（集团）有限公司、华南理工大学建筑设计研究院的作品获二等奖；日本鹿岛建设（沈阳）技术咨询有限公司、清华大学建筑设计研究院有限公司的作品获得三等奖。

8月18日 我校与山东南山铝业股份有限公司科技合作协议在南山铝业国际会议中心举行。

8月19—20日 我校学生组成的“猎豹二队”代表东北大学参加第六届“飞思卡尔”杯全国大学生智能汽车竞赛全国总决赛，荣获摄像头组比赛全国一等奖。

8月27日 轧制技术及连轧自动化国家重点实验室（RAL）中标南钢4700中厚板生产线项目轧后控冷部分的工艺、装备和自动化系统，项目名称为南京钢铁股份有限公司节能降耗调整产品结构技术改造项目宽厚板工程控制冷却装置，合同总额2796万元。

8月31日 辽宁省副省长陈超英一行检查指导浑南新校区的建设工作。陈超英表示，省政府将尽全力支持东北大学浑南新校区的建设工作，希望学校积极调整并修改设计方案，做好管网设计方案及施工设计图并尽快申请、尽早施工，争取早日建成浑南新校区。

△ 学校布置《关于实行党风廉政建设责任制的规定》和《中国共产党党员领导干部廉洁从政若干准则》贯彻执行情况的检查工作。

9月1日 2011级学生开学典礼暨军训动员大会在刘长春体育馆举行。同日举行2011级研究生开学典礼，本年秋季我校招收博士研究生555人，硕士研究生 2812 人。

9 月 6 日　我校机械工程与自动化学院巩亚东、体育部高明、外国语学院王秋菊、信息科学与工程学院张石等 4 名教师荣获辽宁省“普通高等学校本科教学名师奖”。

9 月 8 日　我校获批 3 个一级学科博士点：统计学、软件工程、安全科学与工程；5 个一级学科硕士点：统计学、建筑学、软件工程、安全科学与工程、设计学。通过此次调整，我校新增艺术学门类一级学科硕士点。

△　轧制技术及连轧自动化国家重点实验室（RAL）与河北省迁安沪久管业有限公司签订了 1450mm 酸轧联合机组三电系统开发合同，项目名称为“80 万吨精品冷轧项目酸洗冷连轧机组自动控制系统研制与开发”，合同总金额 10600 万元。

9 月 10 日　学校党委印发《东北大学关于进一步推进学校领导班子落实“三重一大”决策制度的实施办法（暂行）》。

9 月 13 日　学校党委印发《东北大学党风廉政建设责任制实施办法（暂行）》。

9 月 15 日　学校党委下发《关于全面推行“五个具体化”措施，进一步推进创先争优活动深入开展的意见》，就我校进一步推进创先争优活动深入开展做部署安排。

△　国防教育学院成立仪式暨 2011 级学生军训总结大会举行。沈阳军区政治部主任高建国中将，中共辽宁省委常委、辽宁省军区政治委员张林少将等部队领导，辽宁省教育厅相关领导，我校党委书记孙家学，校长丁烈云，校党委副书记熊晓梅，副校长姜茂发、王福利出席大会。高建国、孙家学共同为“东北大学国防教育学院”揭牌，高建国代表沈阳军区为国防教育学院成立赠款 30 万元人民币。校党委副书记熊晓梅兼任国防教育学院院长，中国人民解放军驻东北大学后备军官选拔培训工作办公室主任苗家祥大校兼任国防教育学院政委。

9 月 17 日　中共江苏省兴化市委常委、政法委书记、副市长吉天鹏与我校副校长左良代表双方签署《东北大学—兴化市人民政府科技战略合作框架协议》。

9 月 28 日　教育部检查组对我校贯彻执行《关于实行党风廉政建设责任

制的规定》《中国共产党党员领导干部廉洁从政若干准则》和《直属高校党员领导干部廉洁自律“十不准”》情况进行全面检查。

10月12日 东北大学第六届教职工代表大会第二次会议在汉卿会堂举行。校长丁烈云代表学校党政领导班子作了《准确定位，精心谋划，全力推进高水平研究型大学建设》的报告。副校长陈德祥作了《东北大学浑南新校区总体规划情况介绍》的报告。

10月13日 科学技术部下发《关于批准建设心血管疾病等49个国家重点实验室的通知》(国科发基〔2011〕517号)，我校“流程工业综合自动化教育部重点实验室”获批成为国家重点实验室。

10月17日 学校得到教育部批复，同意东北大学建设新校区。

△ 我校校友、日本龙高株式会社董事长刘玉劲，上海绿谷集团董事长吕松涛一行来校，与学校签订了“陈昌曙技术哲学发展基金”捐赠协议。校党委书记孙家学、校长助理张国臣及文法学院相关负责人出席了签字仪式。“陈昌曙技术哲学发展基金”由东北大学“科学技术哲学”同学会每年捐赠100万元，10年基金总额达到1000万元整。

10月22日 全国人大常委会副委员长路甬祥院士视察东北大学。

△ 第八届沈阳科学学术年会暨中国工程院院士专家行活动开幕式在我校举行。

10月29日 我校被教育部批准为第二批国家卓越工程师教育培养计划实施高校。

10月31日 科技部副部长陈小娅一行莅临我校指导工作。

11月9日 学校党政联席会议同意建设“东北大学科技交流中心”，由东北大学科技产业集团有限公司出资，建设地址位于东北大学机械厂南门附近。

11月10日 我校与大连港集团校企合作签约仪式暨校园招聘会在学生活动中心举行。大连港集团董事长邢良忠，我校党委书记孙家学，党委副书记熊晓梅出席仪式。我校与大连港集团签订了《东北大学—大连港集团有限公司战略合作协议》。

11月18日 中国移动辽宁公司—东北大学MM创业孵化基地揭牌仪式在我校科学馆举行。中国移动辽宁公司副总经理郎奎平和我校党委副书记熊晓梅共同为“中国移动辽宁公司—东北大学MM创业孵化基地”揭牌。

11 月 19 日　我校与连云港市赣榆县人民政府全面战略合作签字仪式在我校汉卿会堂举行。

11 月 28 日　教育部任命张国臣同志为中共东北大学党委常委、东北大学副校长。

△　副校长左良代表学校与河南省工业和信息化厅签署战略合作协议。

△　东北大学的“让青春在砥砺中闪光——东北大学以‘基层立业杰出校友讲坛’为载体奏响爱国奉献主旋律”获 2011 年高校校园文化建设优秀成果一等奖。

12 月 3 日　由我校工商管理学院许慧敏老师指导、4 名同学组成的代表队在由教育部主办的中国—东盟国际青年创新大赛总决赛中获创意营销项目全国总决赛冠军（金奖）。

12 月 5 日　流程工业综合自动化国家重点实验室揭牌仪式暨实验室 2011 年度学术委员会会议举行。实验室学术委员会主任、中国工程院院士、清华大学吴澄教授，实验室学术委员会副主任、中国工程院院士、浙江大学孙优贤教授，实验室学术委员会副主任、中国工程院院士、实验室主任柴天佑教授，实验室学术委员会委员、中国工程院院士、中科院沈阳自动化研究所王天然研究员，实验室学术委员会委员、中国科学院院士、中国航天科技集团 502 所吴宏鑫教授，实验室学术委员会委员、中国工程院院士、北京航空航天大学李伯虎教授，实验室学术委员会其他成员、实验室学术带头人和实验室部分教师参加了会议。校长丁烈云与实验室学术委员会主任吴澄院士共同为流程工业综合自动化国家重点实验室揭牌。

△　中国工程院院士、中南大学博士生导师古德生教授为我校采矿专业的师生作了《我国金属矿山的发展主题》的学术报告。

12 月 20 日　我校与中国科学院沈阳分院全面合作协议签约仪式在汉卿会堂举行。丁烈云校长和中科院沈阳分院院长包信和共同签署全面合作协议。副校长左良和中科院金属研究所所长卢柯、中科院沈阳自动化研究所副所长桑子刚、中科院沈阳计算技术研究所所长林浒、中科院海洋研究所研究生部主任武伟分别签订了人才培养和科学研究合作协议。

12 月 21 日　学校党委下发《关于在全校组织、人事干部中开展“学先进、见行动”活动的安排意见》，决定在全校组织人事干部中认真开展“学先进、见行动”活动。

12 月 28 日 为加强学校“985 工程”和“211 工程”等重点建设项目的管理，充分发挥专项资金的使用效益，学校印发《东北大学重点建设项目管理办法》《东北大学重点建设项目专项资金管理办法》《东北大学重点建设项目仪器设备管理办法》。

2012 年

1 月 9 日 辽宁省发展和改革委员会批复辽宁省教育厅，同意东北大学浑南新校区项目建设书。

1 月 9—10 日 中共东北大学第十三次代表大会召开。大会听取和审议了中共东北大学第十二届委员会工作报告；审议了中共东北大学纪律检查委员会工作报告；选举产生了中共东北大学第十三届委员会和中共东北大学新一届纪律检查委员会。

孙家学代表中国共产党东北大学第十二届委员会作了《凝心聚力，攻坚克难，奋力实现东北大学跃升发展》的工作报告。会议审议并一致通过了党委工作报告的决议（草案）、纪委工作报告的决议（草案）和党委、纪委委员候选人预备人选名单。会上还宣读了《凝心聚力，共谋跃升——东北大学第十三次党代会代表致全校共产党员的一封信》，倡议全校党员携手同行，共同推进东北大学跃升发展。

1 月 10 日 中国共产党东北大学第十三届委员会第一次全体会议在汉卿会堂召开。新当选的 25 名中共东北大学第十三届委员会委员出席会议，新当选的新一届纪律检查委员会委员列席会议。会议由孙家学主持。

丁烈云、王福利、左良、孙家学、李文宪、杨明、汪晋宽、张国臣、陈德祥、姜茂发、熊晓梅当选为中共东北大学第十三届委员会常务委员。孙家学当选为中共东北大学第十三届委员会书记，熊晓梅、李文宪、杨明当选为中共东北大学第十三届委员会副书记。会议通过了《中共东北大学纪律检查委员会第一次全体会议选举结果的报告》，杨明当选为纪律检查委员会书记。

2 月 14 日 我校王国栋院士参与完成的“冷轧板形控制核心技术自主研

发与工业应用”及王国仁教授参与完成的“面向现代服务业的空地一体化网络管理与远程故障诊断维护系统”获国家科学技术进步奖二等奖。

2 月 21 日　信息领域国家重点实验室专家组对我校流程工业综合自动化国家重点实验室进行评估。

中国共产党东北大学第十三次代表大会会场

3 月 2 日　学校印发《东北大学“校领导接待日”工作实施办法（试行）》《办法》明确规定：“校领导接待日工作由党委办公室、校工会和校长办公室共同组织实施”，接待对象与内容为“全校师生员工在教育教学、科研、管理、学科建设、校园建设、学习生活等方面遇到的实际问题，对学校建设和发展等方面的意见和建议等”。

△　东北大学浑南校区单体建筑（集群）方案汇报会举行。

3 月 8 日　辽宁省大学生思想政治教育工作会议在我校举行。

3 月 9 日　由中央宣传部、中央文明办、教育部、共青团中央共同组织的“全国道德模范高校巡讲”活动启动仪式暨首场报告会在我校汉卿会堂举行。全国道德模范郭明义、王文珍、文建明等用精彩的演讲与我校师生代表 500 余人分享他们践行道德规范的心得体会。

3 月 16 日　由东北大学与中孚实业、林丰铝电公司等单位联合承担的“十一五”国家科技支撑计划重点专项“低温超低电压铝电解新技术”在河南省林州市林丰铝电公司通过科技部验收。本项目使吨铝直流电耗由立项前的 13235 千瓦时降至 11819 千瓦时，降幅达 10.7%。

3 月 17 日　由首钢总公司和东北大学合作完成的“首钢 4300mm 中厚板生产线超快速冷却系统开发及新一代 TMCP 工艺的应用”项目通过了中国钢铁工业协会的鉴定，该项成果被专家委员会评价为“国际领先水平”。由于基于超快速冷却的新一代 TMCP 技术在首钢、鞍钢和涟钢等钢铁企业的成功应用，该技术已被发改委在《产业结构调整指导目录（2011 年本）》中列入鼓励类的项目和技术，被工信部《产业关键共性技术发展指南（2011 年）》列入原材料工业钢铁产业关键共性技术，被《钢铁工业“十二五”发展规划》列为“十二五”期间的工艺技术改造重点。该项技术还被《世界金属导报》评选为 2011 年世界钢铁工业十大技术要闻。

3 月 20 日　辽宁省委副书记夏德仁一行莅临我校检查指导工作。

3 月 22 日　学校决定，将基建管理处与新校区建设办公室合并，合并后机构名称改为基建管理处［新校区建设办公室］。同日，学校党委决定建立中共东北大学基建管理处［新校区建设办公室］支部委员会，隶属学校党委。

3 月 25 日　由中国自然辩证法研究会技术哲学学会、东北大学科学技术哲学研究中心举办的“陈昌曙技术哲学思想学术研讨会”在我校召开。

3 月 28 日　校党政联席会议决定，同意引进中国医科大学团队，筹备成立“生命科学与健康学院”。

3 月 29 日　我校实施目标管理动员大会在汉卿会堂召开。机关各部门、各学院、直属单位等有关负责同志参加会议。校党委书记孙家学、校长丁烈云出席会议并讲话。为贯彻《国家中长期教育改革和发展规划纲要》、完成《东北大教学改革和发展“十二五”规划》中确定的主要任务，我校正式启动对各学院、各部门及直属单位的目标管理工作。

△　学校印发《东北大学目标管理实施办法（暂行）》《办法》明确，学校成立以书记、校长为组长，相关校领导为副组长，相关职能部门负责人为成员的目标管理领导小组，全面负责确定学校年度工作目标，审定各部门“年度工作目标任务书”，监督目标管理的实施，领导目标考核工作及审定目标考核结果。学校目标管理领导小组下设目标管理办公室，挂靠在人事处，负责学校目标管理事务性工作。

3月 首钢总公司—东北大学战略合作框架协议签字仪式在首钢举行。校长丁烈云、首钢总公司总经理王青海共同签署协议书。

4月12日 学校成立“东北大学公用房管理与改革领导小组”，领导小组下设办公室，设在学校资产管理处。

4月23日 辽宁省普通高校教育信息化工作研讨会在我校举行。

4月24日 我校被评为“辽宁省普通高校毕业生就业工作先进集体”。

4月25日 我校信息科学与工程学院电气自动化研究所所长张化光教授荣获“辽宁省特等劳动模范”称号。

4月27日 教育部、辽宁省人民政府、沈阳市人民政府在大连签署继续重点共建东北大学协议。教育部党组书记、部长袁贵仁，辽宁省省长陈政高，沈阳市常务副市长顾春明，在部、省、市继续重点共建东北大学的协议上签字。

协议规定，除对学校的经常性事业经费安排以外，在2010年至2013年期间，教育部和财政部按“985工程”中央财政专项资金基本额度投入东北大学建设经费约3.3亿元人民币，浮动额度按绩效另行安排；辽宁省、沈阳市投入东北大学的配套经费分别为1.65亿元人民币，并在中央财政明确浮动额度后，各安排0.5倍配套经费。

4月28日 学校印发《东北大学学院党政联席会议制度实施办法》。

4月29日 我校信息科学与工程学院荣获“沈阳市先进集体”称号，软件学院院长朱志良教授荣获“沈阳市劳动模范”称号。

4月 我校文法学院张雷教授领衔的“辽宁精神”内涵研究课题正式获批为辽宁省社会科学规划基金重大委托专项课题。

5月2日 东北大学文法学院陈凡教授申报的“推进文化科技创新研究”获批为2012年度国家社科基金重点项目。

5月3日 东北大学学位评定委员会第九届五次工作会议决定授予68人博士学位，授予18人硕士学位。至此，我校共授予博士学位3722人、硕士学位33149人。

5月4日 东北大学庆祝中国共产主义青年团成立90周年暨2012年“五四奖章”“五四奖状”表彰大会在汉卿会堂蔡冠深报告厅召开。

△ 为加快推进我校信息化建设，学校决定成立东北大学信息化建设办公

室。信息化建设办公室是学校信息化建设领导小组的日常办公机构，为副处级建制，挂靠在校长办公室［信访办公室］。

5月6日 根据教育部对直属高校开展巡视工作的安排，赴东北大学巡视组正式进驻我校，开展为期3周的巡视工作。

5月15日 深部金属矿山安全开采教育部重点实验室建设计划论证会在汉卿会堂召开，教育部科技司组织专家组对该实验室建设期计划任务及目标进行论证，并一致同意实验室通过建设计划论证。

5月22日 国务院参事、中国有色金属工业协会会长、党委书记陈全训等一行来我校调研。

5月23日 以省长亚当・马图谢维奇为首的波兰西里西亚省代表团访问东北大学，我校党委书记孙家学在汉卿会堂会见了亚当・马图谢维奇一行。

5月25日 我校第五十一届体育运动大会在校体育场举行，1人打破校纪录。

5月26—27日 共青团东北大学第十八次代表大会召开，我校党委书记孙家学，党委副书记熊晓梅，党委常委、副校长张国臣等出席开幕式。校党委书记孙家学作了《继续谱写东北大学共青团工作新的瑰丽篇章》的讲话。

5月 教育部下发《教育部关于芦延华任职的通知》(教任〔2012〕13号)，任命芦延华为东北大学总会计师。经中共教育部党组研究并与中共辽宁省委商得一致，任命芦延华同志为中共东北大学委员会委员、常委。

△ 在庆祝中国共产主义青年团成立90周年之际，东北大学团委荣获2011年度“全国五四红旗团委”称号。

△ 我校3个项目参与由国家知识产权局组团参加的第40届日内瓦国际发明展，3个项目全部获奖。EPM重点实验室王强教授主持研发的“智能断流器”获国际发明展金奖和国际发明者协会金奖，他主持研发的“利用电磁感应加热的新型钢包出钢技术”获国际发明展银奖和中国代表团金奖。信息学院谢植教授主持研发的“熔融金属液位的测量装置及测量方法”获中国代表团金奖。

△ 在秦皇岛市2009—2012年度市级劳动模范表彰暨庆祝“五一”国际劳动节大会上，秦皇岛分校教师卓胜广荣获“秦皇岛市劳动模范”称号。

6月5日 轧制技术及连轧自动化国家重点实验室与首钢京唐钢铁联合有限责任公司正式签订2250热轧生产线新增超快速冷却系统项目合同，标志着实验室基于超快速冷却的新一代TMCP工艺技术在热轧带钢领域的应用迈上新台阶。

6月6日 全国高校思想政治理论课督察组一行检查我校思想政治理论课建设情况。

6月8日 宝钢集团有限公司—东北大学全面合作交流年会在宝钢召开，宝钢集团总经理助理胡学发与左良副校长分别代表双方签署了《宝钢集团有限公司与东北大学全面合作协议（2012—2018年）》。

6月9日 东北大学、无锡市人民政府联合共建东北大学无锡研究院签约仪式在无锡举行。

6月12日 我校篮球队获得2011—2012“361°中国大学生篮球超级联赛总决赛”亚军。

6月21日 韩国交通大学校长张炳辑一行来我校访问。校长丁烈云在汉卿会堂会见了来访客人，双方就产学研结合、互派教师、学生交流等方面签署了合作备忘录。

6月25日 我校2012届本科生毕业典礼暨学位授予仪式在刘长春体育馆举行。我校本届毕业生共计3582人，其中3541人颁发东北大学本科毕业证书；41人结业，颁发东北大学本科结业证书；3541人（不含留学生）颁发东北大学学士学位证书。

△ 学校印发《东北大学“双百计划”外籍教师聘任与管理办法（暂行）》。

6月26日 沈阳市副市级干部佟晶石一行来校调研我校住宅区改造情况。

6月29日 我校荣获辽宁省“争先创优先进基层党组织”称号。

7月3日 学校决定成立东校区管理委员会，与基础学院合署办公。

7月6日 本溪市人民政府与东北大学签署战略合作框架协议。

7月12日 学校党委印发《东北大学党委常委会议事规则（暂行）》。

8月15日 由东北大学、北京科技大学共同主办的“钢铁共性技术协同创新中心建设高层论坛”在京举行。教育部副部长杜占元，中国钢铁工业协会常务副会长朱继民，中国工程院院士干勇、殷瑞钰、左铁镛、张寿荣、翁宇庆以及东北大学党委书记孙家学、校长丁烈云，北京科技大学党委书记罗维东、校长徐金梧，宝钢集团公司总经理助理兼宝钢研究院院长张丕军，鞍钢集团公司党委书记、总经理张晓刚，武汉钢铁（集团）公司总工程师傅连春，首钢总公司党委书记、董事长、总经理王青海等协同创新中心各组成单位的领导出席了论坛。

钢铁共性技术协同创新中心以东北大学和北京科技大学为主体，联合宝钢、鞍钢、武钢、首钢等大型钢铁企业，中国钢研科技集团、中国科学院金属研究所等科研院所共同组建。协同创新中心管理委员会主任由东北大学校长丁烈云担任，协同创新中心专家委员会主任由中国工程院名誉院长徐匡迪院士担任，协同创新中心主任由北京科技大学校长徐金梧担任。

论坛上，协同创新中心各组成单位签署了合作协议，杜占元、朱继民、孙家学、徐金梧等一同为“钢铁共性技术协同创新中心”揭牌。

8月17日 我校召开贯彻落实《教育部关于全面提高高等教育质量的若干意见》工作研讨会。

8月30日 2012级学生开学典礼暨本科生军训动员大会在主楼北广场举行。本年我校招收4697名本科生、564名博士生、3022名硕士生、150名留学生。

9月5—6日 由中国科学院信息技术科学部与技术科学部共同主办，东北大学、中国科学院沈阳自动化研究所承办的“控制科学前沿与挑战”技术科学论坛第五十四次报告会在我校举行。

9月10日 我校与河北钢铁集团有限公司战略合作协议签字仪式在河北会堂举行。校长丁烈云、河北钢铁集团有限公司董事长分别在协议书上签字。中共河北省委书记张庆黎、省长张庆伟等领导出席签字仪式。

△ 我校2010—2012年度先进集体、先进个人表彰大会举行。

9月19日 应辽宁省、沈阳市邀请出席勿忘“九一八”主题撞钟鸣警仪式的张学良之孙、东北大学兼职教授张居信先生来校访问。

9月26日 校党委常委会决定成立“东北大学无锡研究院”，挂靠在科学技术处。

△ 东北大学90周年校庆大连校友会捐赠暨大成教学馆命名揭幕式举行。

9月 人社部公布第八批博士后科研流动站申报审核工作结果。我校增设博士后流动站1个：安全科学与工程；确认博士后科研流动站2个：计算机科学与技术、矿业工程。至此，我校博士后科研流动站增至15个。即哲学、力学、材料科学与工程、动力工程及工程热物理、计算机科学与技术、矿业工程、管理科学与工程、公共管理、化学、机械工程、冶金工程、控制科学与工程、地质资源与地质工程、安全科学与工程、工商管理。

10 月 12 日　东北大学 90 周年校庆・韩国文化日活动举行。本次活动以“交流、合作、发展”为主题，由东北大学和韩国驻沈阳总领事馆共同主办。

10 月 13 日　第五届全国振动利用工程学术会议暨第四届全国超声电机技术研讨会举行，我校闻邦椿院士荣获终身成就奖。

10 月 18 日　教育部直属高校“三重一大”决策制度贯彻落实情况第六检查组一行莅临我校进行专项检查。

10 月 23 日　我校学术委员会换届大会暨第七届学术委员会第一次全体会议召开。本届学术委员，除分管工作的副校长外，学校领导不再担任学术委员会委员职务，优先推荐并选聘不兼任中层正职及以上干部职务的专任教师担任学术委员会委员；进一步强化了“教授治学、民主管理”的原则。东北大学第七届学术委员会主任：柴天佑。副主任：王国栋、孙传尧、王福利。

11 月 1 日　东北大学校友总会黄金分会成立大会举行。分会由原沈阳黄金学院校友、毕业于东北大学（包括东北工学院）且在黄金行业工作的校友自愿联合组成。大会选举产生了东北大学校友总会黄金分会理事会组织机构、通过了《东北大学校友总会黄金分会章程》。我校党委书记孙家学、校长丁烈云等出席成立大会。东北大学校长、校友总会会长丁烈云担任黄金分会会长。

11 月 2 日　东北大学—首钢集团合作年会举行。校长丁烈云代表学校与首钢总公司总经理徐凝共同在科技合作、人才合作协议上签字。

11 月 3—4 日　我校第七届教职工代表大会暨工会第十四次会员代表大会在汉卿会堂举行。会议听取审议了校长工作报告和工会、教代会工作报告，审议了《东北大学落实〈教育部关于全面提高高等教育质量的若干意见〉的实施办法》。选举产生第七届教代会执行委员会暨第十四届工会委员会委员。张国联当选为第七届教代会执委会暨第十四届工会委员会主席。

11 月 5 日　中国共产党第十八次全国代表大会代表、我校党委书记孙家学赴京参加中国共产党第十八次全国代表大会。

△　教育部、公安部、国家安监总局专家组莅临我校检查校园安全工作。

11 月 19 日　我校与招金集团共同建设国家级工程实践教育中心合作共建

签约仪式在招远市举行，姜茂发副校长向招金集团颁发了“东北大学—招金集团国家级工程实践教育中心”牌匾。

△ 东北大学学习贯彻党的十八大精神报告会暨“教工学堂”启动仪式举行。

11 月 22 日 我校主办的《东北大学学报（自然科学版）》《控制与决策》荣获中国高校精品科技期刊奖；《材料与冶金学报》荣获中国高校特色科技期刊奖。《东北大学学报（自然科学版）》和《东北大学学报（社会科学版）》同时荣获中国科技论文在线优秀期刊一等奖，东北大学被评为“中国科技论文在线科技期刊优秀组织单位”。

11 月 23 日 学校党政联席会议决定，同意设立采购与招标管理办公室，挂靠在资产管理处。

11 月 24 日 “国家环境保护生态工业重点实验室”评估会在我校汉卿会堂召开，专家组一致同意实验室通过评估。

11 月 27 日 东北大学浑南校区奠基仪式举行。辽宁省人民政府副省长陈超英，沈阳市人民政府市长陈海波等省市领导，我校领导孙家学、丁烈云、杨明、左良、陈德祥、王福利、张国臣、芦延华及职工代表、干部代表、学生代表、离退休老同志代表等出席奠基仪式。

东北大学浑南校区奠基仪式

11 月 29 日　东北大学云计算产业科技园概念性规划设计通过论证。

11 月　我校电磁冶金技术及装备实验室获批国家地方联合工程实验室。这是我校独立获得的第一个国家地方联合工程实验室。

12 月 5 日　学校党委成立“学习宣传贯彻党的十八大精神宣讲团”，并公布了宣讲团成员及辅导报告题目。

12 月 18 日　九三学社东北大学委员会第六次社员大会举行。会议选举巩恩普为九三学社第六届基层委员会主任委员。

12 月 21 日　俄罗斯阿尔泰国立大学校长泽姆留科夫 · 谢尔盖 · 瓦连金诺维奇一行访问我校，我校校长丁烈云会见了来访客人，双方签署两校合作备忘录。

12 月 26 日　中共东北大学第十三届委员会召开会议，审定通过了《东北大学落实教育部〈关于全面提高高等教育质量的若干意见〉的实施办法》。

12 月 28 日　东北大学、江河幕墙共建东北大学江河建筑学院合作框架协议签约仪式暨东北大学 90 周年校庆刘载望、富海霞夫妇向母校东北大学捐资 5000 万元仪式在学生活动中心举行。北京江河幕墙股份有限公司董事长、东北大学校董会常务董事刘载望，刘载望董事长母亲方文玉，江河源控股有限公司董事、刘载望董事长妻子富海霞，北京江河幕墙股份有限公司常务副总裁许兴利等人及东北大学党委书记孙家学，校长丁烈云，党委副书记、纪委书记杨明等出席签约仪式。丁烈云，刘载望、富海霞夫妇，许兴利共同签署了《东北大学江河建筑学院合作框架协议》。

本年　东北大学 8 人入选国家级人才项目计划，1 人成为国家杰出青年科学基金获得者，2 人成为国家优秀青年基金获得者，1 人入选中组部“青年拔尖人才支持计划”；引进海内外高层次人才、优秀学术骨干 32 人，其中引进生命科学与健康学院学术创新科研团队 2 个，计 15 人；常规引进人才 15 人，其中教授 3 人。

2013 年

1 月 9 日　东北大学举行建校 90 周年校庆工作动员会。

1月10日 我校10名博士生入选2012年度教育部博士生学术新人奖名单。

2月 月底，全国政协第十二届委员、我校校长丁烈云赴京参加全国政协会议。

3月4日 受教育部委托，辽宁省教育厅组织专家于2012年12月5日对我校电子、冶金与材料工程两个国家级实验教学示范中心进行实地考察验收。专家一致认为我校电子、冶金与材料工程国家级实验教学示范中心完成了建设任务，达到了国家级实验教学示范中心的验收标准。

3月6—7日 科技部专家组对轧制技术及连轧自动化国家重点实验室进行五年一度的国家重点实验室现场评估。

3月15日 我校与中国（海南）改革发展研究院、海南省政府国有资产监督管理委员会在中改院举行三方战略合作框架协议签订仪式。我校管理学院与中改院通过委托培养、联合培养的方式为海南国资委及下属企业培养高层次骨干型创新人才。

3月18日 东北大学2013届毕业生春季就业双向选择洽谈会举行。来自全国的340家用人单位提供就业岗位7400余个，其中本科生岗位5600余个，研究生岗位1800余个，涵盖的行业领域有矿业、冶金、材料、机械、电子、信息、通信、汽车、金融等。

3月19日 我校2013年党风廉政建设工作会议召开。校党政领导、党委委员、纪委委员、中层以上干部和秦皇岛分校党委有关负责人参加会议。

3月24日 教育部专家组对东北大学、北京科技大学牵头的钢铁共性技术协同创新中心进行现场考察。我校校长丁烈云、副校长左良、轧制技术及连轧自动化国家重点实验室王国栋院士一同参加考察。

3月27日 沈阳市市长陈海波一行来校调研信息化和工业化融合工作。副校长左良及相关部门负责人向陈海波一行汇报我校云计算科技园建设进展情况。

3月29日 东北大学90周年校庆之俄罗斯文化日活动举行。本次活动由东北大学和俄罗斯驻沈阳总领事馆共同举办，内容包括学术交流、文化展示、文艺晚会等。

4月2日 我校和苏家屯区人民政府就建设东北大学金属材料产业园和金

属材料共性技术协同创新中心签署战略合作协议。校长丁烈云代表我校与苏家屯区代区长蹇骞签订《苏家屯区人民政府、东北大学战略合作框架协议》，双方还签署了《东北大学钢铁共性技术协同创新中心项目合作协议》《东北大学金属材料产业园项目合作协议》。

△　我校召开本科教学工作会议，就贯彻落实教育部《关于全面提高高等教育质量的若干意见》展开讨论，并对 2012 年《本科教学质量报告》编制工作进行任务分解。校长丁烈云、副校长姜茂发出席会议。我校各相关职能部门负责人参加会议。

4 月 8 日　学校党委印发《东北大学学习宣传和贯彻落实党的十八大精神重点工作方案》。

△　东北大学 90 周年校庆标识和校庆主题正式发布。

4 月 17 日　东北大学学位评定委员会九届九次工作会议决定授予 70 人博士学位；授予 73 人硕士学位。截至 2013 年 4 月底，我校共授予硕士学位 36760 人，博士学位 4136 人。

4 月 26 日　张学良教育基金会第二届理事会议在东北大学召开，会议听取了第一届理事会工作报告并审议通过新理事组成名单，选举第二届理事会理事长、常务副理事长、副理事长、秘书长。

会议选举东北大学党委书记孙家学为第二届理事会理事长，东北大学校长丁烈云为常务副理事长，东北大学党委副书记、纪委书记杨明，东北大学总会计师芦延华，北京江河幕墙股份有限公司董事长刘载望为副理事长，东北大学基金管理办公室主任李鹤为秘书长。

5 月 3 日　东北大学 2013 年“青春梦想使命”“五四奖章”“五四奖状”表彰大会在学生活动中心举行。

5 月 8 日　专家组对我校公共管理硕士专业学位研究生教育综合改革试点工作进行验收。我校副校长张国臣，学科带头人娄成武教授，研究生院、文法学院有关负责人参加验收会议。专家组认为，东北大学的公共管理硕士专业学位研究生教育综合改革试点工作达到预期目标，通过验收。

5 月 10 日　东北大学 90 周年校庆系列活动之美国文化日开幕。本次文化日活动包括美国文化中心项目启动、学术报告、对美学术交流图片展、文艺演出等。美国驻沈阳总领事馆总领事 Sein Stein，美国驻北京大使馆教育官员、美国阿巴拉契州立大学副校长 Jesse Lutabingwa，辽宁省、沈阳市外办的人员及我校党委书记孙家学、党委副书记熊晓梅出席开幕式。

5 月 15 日 东北大学党政联席会议决定，同意签署《中天钢铁集团有限公司—东北大学战略合作框架协议》，同意我校与中天钢铁集团有限公司、常州市科教城管理委员会联合共建东北大学中天钢铁研究院。

5 月 17—19 日 校党委书记孙家学率团访问中天钢铁集团有限公司并出席双方战略合作框架协议签字仪式。18 日，副校长左良与中天钢铁集团执行副总裁刘伟签署了《中天钢铁集团有限公司—东北大学战略合作框架协议》。孙家学代表学校向中天钢铁集团董事长董才平颁发聘书，聘请其担任东北大学校董会董事。中天钢铁向东北大学捐款 100 万元，设立中天钢铁奖学金。

5 月 23—24 日 我校第五十二届体育运动大会在校体育场举行。

5 月 27 日 学校党委决定成立中共东北大学国防教育学院总支部委员会，隶属学校党委。

5 月 31 日—6 月 1 日 东北大学第二十四次学生代表大会暨第十三次研究生代表大会胜利召开。大会听取审议了东北大学第三十二届学生会工作报告和第二十七届研究生会工作报告，审议修改了《东北大学学生会章程》和《东北大学研究生会章程》，选举产生东北大学第三十三届学生委员会和第二十八届研究生委员会。

5 月 我校计算机科学学科进入 ESI 排名全球前 1%。至此，我校材料科学、工程学、化学、计算机科学等 4 个学科领域进入 ESI 排名全球前 1% 的行列。

6 月 4 日 学校党委撤销中共东北大学基建管理处［新校区建设办公室］支部委员会，原党组织关系隶属中共东北大学机关委员会。

6 月 7 日 学校决定成立东北大学“2011 计划”工作领导小组，下设东北大学“2011 计划”工作办公室，由校长分管，负责科研工作的副校长协管，挂靠在科学技术处，设正处级主任岗位 1 个，科员岗位 2 个（7 月 9 日，“2011 计划”工作领导小组正式成立）。

6 月 8 日 学校设立江河建筑学院和中共东北大学江河建筑学院委员会。江河建筑学院成立后，资源与土木工程学院建筑学一级学科硕士点、建筑学与城乡规划本科专业及建筑系并入江河建筑学院。

△ 学校决定设立生命科学与健康学院和中共东北大学生命科学与健康学院委员会。生命科学与健康学院成立后，理学院生物学一级学科硕士点、生物化工二级学科硕士点、生物工程本科专业及生物技术研究所并入生命科学与健康学院。

6月17日 沈阳市人民政府公布第四批市级文物保护单位，“东北工学院建筑群”名列其中。

6月20日 东北大学生命科学与健康学院成立仪式在学生活动中心举行。孙家学、丁烈云、王福利、芦延华等校领导出席仪式。

6月21日 由辽宁省国家保密局和辽宁省国防科技工业办公室联合组成的“军工单位保密资格现场审查认证专家组”一行莅临我校，进行军工保密资格现场审查，学校以优异的成绩通过现场审查认证。

6月24日 学校授予辽宁省实验中学等87所学校“东北大学优秀生源基地”荣誉称号。

6月25日 东北大学2013届本科生毕业典礼暨学位授予仪式举行。本届毕业生共计3536人，3482人毕业，54人结业，3477人（不含留学生）获学士学位证书。

6月26日 我校在汉卿会堂召开庆祝建党92周年暨2011—2013年度“两先两优”表彰大会。校领导孙家学、熊晓梅、杨明、陈德祥、张国臣、芦延华等出席大会并为获奖集体和个人颁奖。

6月28日 我校与沈阳中北通磁科技有限公司签署全面合作协议。

6月 我校资源与土木工程学院巩恩普教授、信息科学与工程学院薛定宇教授荣获辽宁省本科教学名师奖。至此，我校共有省级教学名师24人，国家级教学名师3人。

7月7—9日 国家计量认证高校评审组对东北大学研究院分析测试中心进行国家“实验室资质认定”评审，东北大学研究院分析测试中心顺利通过现场评审。

7月10日 东北大学深入开展党的群众路线教育实践活动动员大会召开，教育部直属高校督导组第三小组莅临我校进行督导工作。为开展好我校的教育实践活动，学校党委制订、下发了《东北大学深入开展党的群众路线教育实践活动实施方案》。

7月11日 我校举行2013届研究生毕业典礼暨学位授予仪式。

7月18日 江河建筑学院成立仪式在东北大学学生活动中心举行。校党委书记孙家学，校长丁烈云及江河创建集团股份有限公司董事长、东北大学校董会常务董事、东北大学江河建筑学院理事会理事长刘载望等人共同为东北大学江河建筑学院揭牌。

8月7—8日 教育部党组成员、中纪委驻教育部纪检组组长王立英来校调研深入开展党的群众路线教育实践活动阶段性工作。

8月19日 第一届"陈昌曙技术哲学发展基金"颁发仪式在东北大学举行。

8月29日 在辽宁考察工作的习近平总书记视察东软集团（大连）有限公司。

8月30日 东北大学国际学术交流中心投入使用。

9月4日 2013级学生开学典礼暨本科生军训动员大会在主楼北广场举行。

9月8日 全国第十二届运动会艺术体操比赛在我校刘长春体育馆举行。

9月11日 在东北大学90周年校庆庆典来临之际，国务院副总理刘延东视察东北大学。

9月14日 东北大学校董会第三届董事大会举行。全国政协副主席马培华当选为校董会名誉主席，中国工程院副院长干勇院士当选为校董会主席。

△ 东北大学"绿谷"基金捐赠协议签字仪式在汉卿会堂举行。校长丁烈云、绿谷集团有限公司董事长吕松涛等出席签字仪式。根据协议，绿谷集团向东北大学捐资2500万元人民币，设立东北大学"绿谷"基金。

9月15日 东北大学师生与来自海内外的校友和嘉宾齐聚一堂，在知行广场举行庆祝东北大学建校90周年庆典大会。

9月18日 我校举行2013级学生军训阅兵暨总结表彰大会。

9月 科技部专家组对东北大学流程工业综合自动化国家重点实验室的建设工作进行验收。专家组认为：实验室圆满完成建设计划任务书规定的任务，实现了建设目标，同意通过验收。

10月11日 我校与浪潮集团有限责任公司战略合作协议签约仪式举行。浪潮集团副总经理胡海根、我校党委副书记熊晓梅代表双方在合作协议上签字。根据战略合作协议，浪潮集团将加强对我校在产学研、人才培养、信息化建设等方面的支持，并在东北大学设立“浪潮奖助学金”奖励我校优秀学生。

10 月 19 日　教育部科技司专家组对我校“航空动力装备振动及控制”教育部重点实验室（B 类）建设项目验收。专家组一致认为，我校“航空动力装备振动及控制”教育部重点实验室（B 类）完成建设任务，达到了教育部重点实验室（B 类）的验收要求，同意通过验收。

10 月 21 日　东北大学 90 周年校庆“德国文化日开幕式暨歌德语言中心成立仪式”举行。

10 月 26 日　第十四届全国青年材料科学与技术研讨会在东北大学汉卿会堂开幕。来自国内高校、科研院所和行业企业的材料科学与技术领域的专家、学者近 400 人参加研讨会。

10 月 26—27 日　由国务院学位办、教育部学位管理与研究生教育司主办，东北大学承办的 2013 年全国博士生学术论坛（冶金学科）在我校召开。本次论坛以“高效、低碳、环境友好的中国冶金”为主题，来自全国 12 所高校的 140 余位代表参会。

10 月 30 日　新任美国驻沈阳总领事馆总领事 Scott Weinhold、美国驻沈阳总领事馆新闻文化领事 William Coleman 访问我校，校长丁烈云会见来访客人。

10 月 31 日—11 月 1 日　校党委副书记熊晓梅出席中日大学校长论坛。

10 月　由我校牵头的“辽宁省特色优势资源高校清洁利用协同创新中心”通过辽宁省立项。

△　我校以唐立新教授为学术带头人的“制造与物流系统中的空间与时间二维调度理论方法及应用研究”研究团队入选国家自然科学基金委创新研究群体。

11 月 14 日　东北大学 2014 届毕业生冬季就业双向选择洽谈会举行。来自全国的 392 家用人单位提供就业岗位 9500 余个，其中本科毕业生岗位 6600 余个，研究生毕业生岗位 2900 余个，涵盖的行业领域有矿业、冶金、材料、机械、电子、信息、通信、汽车、船舶、核工业、石化、航空航天、兵器工业及金融等。

11 月 22 日　学校在主楼举行党的群众路线教育实践活动集中学习，邀请教育部党组成员、中纪委驻教育部纪检组组长王立英作反腐倡廉专题报告。

11月29日 专家组对东北大学和鞍钢集团矿业公司共同完成的“复杂地质环境铁矿山采空区精准探测技术和预警技术研究”项目进行了成果鉴定。专家组一致认为，该项成果达到国际领先水平，具有重大推广应用价值。

11月 东北大学技术转移中心被评为2012年度国家技术转移示范机构“优秀机构”。

△ 我校与阜新市全面合作协议签字仪式在阜新市举行，校党委书记孙家学出席签字仪式。

12月6日 我校与白俄罗斯国立技术大学孔子学院合作协议签约仪式在国家汉办/孔子学院总部举行，这是我校成立的首个孔子学院。国家汉办主任、孔子学院总部总干事许琳，白俄罗斯国立技术大学校长、副校长，我校校长丁烈云、校长助理吴劲松出席签约仪式。

12月10日 我校被评为“辽宁省大学生心理健康教育示范校”。

12月13日 我校与江苏省宿迁市签署校地合作协议。

12月18日 吉林省企业技术创新大会暨省校战略合作签约仪式举行，我校与吉林省签署省校战略合作框架协议。

12月28日 东北大学第七届教职工代表大会第二次会议举行。会议听取审议了校长工作报告，审议了《东北大学章程（草案）》，通过了《东北大学第七届教代会执委会暨工会第十四届委员会委员调整的报告》。

12月30日 东北大学“建龙重工”创新创业基金签约仪式在建龙重工集团举行。建龙集团董事长张志祥，东北大学副校长姜茂发出席签约仪式。依据协议，建龙集团自2014年起每年向东北大学张学良教育基金会捐赠人民币200万元，设立东北大学“建龙重工”创新创业基金，连续设立5年，共计人民币1000万元。

2014年

1月7日 美国驻华大使馆文化参赞何志先生来校访问，校长丁烈云在汉卿会堂会见何志先生。

1 月 10 日　我校科研成果获得国家技术发明二等奖 1 项；国家科技进步奖二等奖 3 项。

1 月 13 日　由闻邦椿院士任主编、机械工业出版社出版的《机械设计手册》荣获第三届中国出版政府奖提名奖。

1 月 14 日　学校党委决定，成立浑南校区管理委员会。

△《世界金属导报》评选出 2013 年世界钢铁工业十大技术要闻，RAL 自主研发的国产辊式淬火机取得多项重大技术突破入选其中，并位列第二。

1 月 15 日　东北大学学位评定委员会九届十二次会议决定授予 74 人博士学位、501 人硕士学位。

1 月 18 日　在第六届全国高校百佳网站评选活动中，东北大学主页获得“全国高校百佳网站”称号。

3 月 13 日　学校印发《东北大学党政管理干部办公用房清理工作实施方案》。

3 月 14 日　我校“党的群众路线教育实践活动总结大会”召开。

3 月 19 日　我校举行“千名院士专家进千户企业”行动东北大学对接推进会。

3 月 21 日　学校党委理论学习中心组（扩大）举行本年度第一次集中学习，全国政协委员、校长丁烈云传达了 2014 年“两会”精神。

3 月 27 日　我校举行学习贯彻习近平总书记系列重要讲话精神培训。

3 月 31 日　校党委常委会议决定，东北大学科技产业集团以东北大学技术转移中心为出资主体，注册成立常州东大中天钢铁研究院有限公司。公司注册资本 1000 万元人民币，其中，中天钢铁集团有限公司出资人民币 700 万元，东北大学技术转移中心无形资产出资人民币 300 万元。

4 月 3 日　本溪钢铁（集团）公司与东北大学全面合作洽谈会在东北大学召开。本溪钢铁（集团）公司董事长兼党委书记张晓芳、副总经理兼总工程师许家彦，东北大学党委书记孙家学、副校长左良、中国工程院院士王国栋等出席会议。

4 月 4 日　王梦恕院士来我校作专题报告，解读铁路技术现状与未来发展。

4 月 9 日　辽宁省政协主席夏德仁一行到东北大学云计算科技产业园调研

并视察园区建设情况。我校党委书记孙家学、副校长左良陪同调研。

4月11日 校党委书记孙家学和俄罗斯太平洋国立大学校长 Sergei N. Ivanchenko 签署两校合作交流协议。

△ 在 2014 国际（美国）大学生数学建模竞赛中，东北大学学生取得了 1 项特等奖、25 项一等奖、63 项二等奖。

4月12日 江苏省第十六届精英人才对接峰会在我校举行。

4月13日 东北大学与江苏省睢宁县签订《产学研战略合作协议书》。

4月15日 中共教育部党组任命孙雷为中共东北大学委员会常委。同日，教育部任命孙雷为东北大学副校长（试用期一年）。

4月18日 在第 42 届日内瓦国际发明展会上，我校张化光教授和马大中老师负责的“基于大数据技术的石油管道泄漏监测系统”项目获得金奖、特别奖；张化光教授和杨东升教授负责的“电网防晃电电源保护系统”项目获得金奖。

4月22日 辽宁省委常委、沈阳市委书记曾维一行到东北大学云计算科技产业园调研并视察园区建设情况。校党委书记孙家学、副校长左良及相关部门负责人陪同调研。

4月 东北大学获得 2014 年“沈阳市先进单位”荣誉称号。

5月4日 纪念五四运动 95 周年——东北大学 2014 年“五四奖章”“五四奖状”表彰大会在主楼（综合楼）召开。校党委副书记熊晓梅、副校长孙雷及相关单位负责人出席大会。

5月12日 华晨宝马汽车有限公司与东北大学博士生联合培养项目签字暨启动仪式在东北大学汉卿会堂举行。华晨宝马汽车有限公司技术及生产高级副总裁海森博士（Dr.Anton Heiss）、东北大学副校长姜茂发及相关部门负责人出席启动仪式。

5月13日 东北大学学位评定委员会九届十三次会议决定授予 76 人博士学位、109 人硕士学位。同时，委员会同意增列汉语言、电子科学与技术、数字媒体技术 3 个专业本科学位授权点。

5月23日 东北大学第五十三届体育运动大会举行。

5月26日 张家港市人民政府副市长陈进华率张家港市科技局、江苏省冶金工业园、江苏沙钢钢铁研究院、张家港广大机械锻造有限公司相关负责人到东北大学洽谈合作。我校党委书记孙家学、中国工程院院士王国栋在主楼（综合楼）会见了陈进华一行。

△ 2014 年东北大学美国文化周活动在国际学术交流中心启动，美国驻沈阳总领事闻思国、东北大学副校长王福利以及来自美国阿巴拉契州立大学的专家学者和我校师生等 100 余人共同参加了启动仪式。

5 月 27—29 日 矿物加工工程、采矿工程专业工程教育认证现场考查专家组对我校采矿工程、矿物加工工程专业进行实地考察。

5 月 28 日 以色列驻华大使馆大使马腾（MatanVilnai）访问东北大学，并作了《以色列——科学与技术之国》的演讲。

5 月 29 日 教育部专业学位水平评估指标体系研讨会议在我校举行。

6 月 1—4 日 2014 IEEE 工业电子国际研讨会在土耳其伊斯坦布尔举行，我校柴天佑院士作了 *Intelligent Feedback Control for Operation of Complex Industrial Processes* 的大会报告。

6 月 5 日 中共江苏省常熟市委书记惠建林访问我校。

6 月 6 日 东北大学召开教师干部大会，教育部党组成员、副部长杜占元宣布教育部任免决定，任命赵继为东北大学校长，免去丁烈云的东北大学校长职务。

赵继

6 月 11 日 校党委副书记熊晓梅在汉卿会堂会见通用电气全球副总裁、首席信息官 Jamie Miller 女士一行。

6 月 12 日 波兰西里西亚省代表团访问东北大学。

6 月 16 日 中国国民党革命委员会（简称民革）东北大学支部第一届委员会成立会议召开。大会选举产生民革东北大学支部第一届委员会委员。丁桦担任主委。

6 月 17 日 东北大学与潍坊市人民政府联合共建东北大学潍坊研究院签约仪式举行。潍坊市副市长王桂英、我校副校长左良分别代表双方在合作协议上签字。

6月23日 国家材料未来技术预测研讨会在我校举行。

6月26日 东北大学2014届本科生毕业典礼暨学位授予仪式举行。本年度3571人毕业，15人结业，3570人获得学士学位证书。

6月28日 我校参加2014年辽宁省首届大学生创新创业年会。

7月2日 东北大学与西北有色金属研究院座谈会暨签字仪式在东北大学国际学术交流中心举行，西北有色金属研究院名誉院长、中国工程院院士周廉，西北有色金属研究院院长张平祥，东北大学校长赵继，副校长姜茂发、左良出席座谈及签字仪式。张平祥、赵继共同签署《西北有色金属研究院—东北大学全面合作框架协议》。

7月9日 我校党政联席会议同意成立马克思主义学院，启动筹备成立学院有关事宜；调整后，文法学院仍然保持名称不变，将政治经济学二级学科和经济学本科专业调入工商管理学院。

△ 成立了浑南校区搬迁工作领导机构，校长赵继任组长，下设8个工作组，正式启动搬迁工作。

7月16日 东北大学举行2014届研究生毕业典礼暨学位授予仪式。

7月 东北大学荣获教育部中国大学生在线共建“十年贡献奖”。

8月12日 我校与宁夏理工学院签署对口支援协议。

8月15日 我校举办第三届未来数据论坛国际研讨会。

8月28日 东北大学在学生活动中心召开2014年暑期战略研讨会。本次会议的主题是“深化综合改革，开放发展，推进学校治理体系和治理能力现代化”。

8月 我校参与的“2011计划”两个协同创新中心通过专家认定评审。

9月9日 学校党委常委会议决定，成立“东北大学深化综合改革领导小组”，组长由孙家学、赵继担任，办公室设在校党委办公室、校长办公室，领导小组下设8个工作组。会议要求，各工作组要分别形成改革方案，在此基础上由校党委办公室、校长办公室汇总形成《东北大学深化综合改革方案》。

9月10日 东北大学庆祝第30个教师节暨表彰大会在汉卿会堂举行。校领导孙家学、赵继、杨明、王福利、芦延华出席大会并为受表彰的集体和个人颁发奖牌和证书。

9月12日 2014级研究生开学典礼在刘长春体育馆举行。本年新入学

557 名博士研究生、3298 名硕士研究生。

9 月 12 日　教育部“春晖计划”访问团来校交流访问。

△　国家自然科学基金委信息科学部“十三五”规划研讨会在我校举行。

△　学校党委决定，建立中共东北大学中荷生物医学与信息工程学院委员会，隶属学校党委。学校党委同日决定，设立东北大学马克思主义学院和中共东北大学马克思主义学院委员会。马克思主义学院成立后，文法学院哲学一级学科博士点、马克思主义基本原理二级学科博士点、哲学一级学科硕士点、马克思主义理论一级学科硕士点和科学技术史一级学科硕士点，以及哲学、思想政治教育本科专业并入马克思主义学院。同日，学校党委决定，中共东北大学保密委员会办公室与军工项目管理处合署办公，挂靠科学技术处。

9 月 15 日　我校召开浑南校区搬迁工作动员大会。校党委书记孙家学、校长赵继、校党委副书记熊晓梅、总会计师芦延华、副校长孙雷，各相关职能部门负责人及 6 个搬迁学院的相关负责人出席会议。

△　俄罗斯驻沈阳总领事访问东北大学。

9 月 16 日　学校印发《东北大学公用房管理暂行办法》，同日印发《东北大学党政机关公用房管理细则（试行）》。

9 月 19 日　东北大学举行马克思主义学院成立仪式，东北大学党委书记孙家学、校长赵继、党委副书记熊晓梅出席仪式。熊晓梅宣布了关于设立东北大学马克思主义学院、中共东北大学马克思主义学院委员会的决定。

9 月 22 日　学校决定，学科建设与发展处更名为发展规划与学科建设处。

9 月 23 日　浑南校区管委会正式进驻浑南校区。

9 月 25 日　文法学院、工商管理学院、马克思主义学院、中荷生物医学与信息工程学院、江河建筑学院、生命科学与健康学院等 6 个学院的教职工搬迁入驻浑南校区。

9 月 28 日　学校党委决定，资产管理处更名为资产与实验室管理处。

10 月 10 日　中国工程院殷瑞钰院士来我校作学术报告。

10 月 12 日　2014 级本科生开学典礼暨军训动员大会在主楼北广场举行。

10 月 13 日　学校发布《东北大学关于国家级协同创新中心建设的若干意见（暂行）》。文件明确：学校成立由校长任组长，分管教学、科研、人事、资产等工作的副校长（总会计师）任副组长，各相关职能部门负责人为成员的

“2011 计划”工作领导小组。领导小组负责学校“2011 计划”工作的顶层设计和组织实施，解决协同创新中心建设与发展中遇到的重大问题。工作领导小组下设办公室，挂靠在科学技术处，由校长主管，分管科研工作的副校长协管。

10 月 15 日　我校增设博士后科研流动站 2 个，分别为信息与通信工程、生物医学工程。至此，我校博士后科研流动站增至 17 个。

△　学校发布《东北大学章程》。

10 月 21 日　东北大学和白俄罗斯国立技术大学联合建立的“白俄罗斯国立技术大学科技孔子学院”在白俄罗斯国立技术大学举行揭牌仪式。这是世界上首所科技型孔子学院。白俄罗斯政府副总理托济克、中国驻白俄罗斯大使崔启明、白俄罗斯国立技术大学校长赫鲁斯塔廖夫、东北大学校长赵继共同为孔子学院揭牌。

10 月 22 日　东北大学与北京科技大学联合申报、由东北大学赵继校长担任管委会主任的“钢铁共性技术协同创新中心”通过教育部、财政部认定。由大连理工大学牵头、东北大学主要参与的“辽宁重大装备制造协同创新中心”同时通过认定。

10 月 24 日　英国驻华大使馆公使安勇来我校访问。

10 月 25 日　长征五号运载火箭模型捐赠仪式在冶金学馆前草坪举行。中国运载火箭技术研究院党委书记梁小虹，我校党委书记孙家学、党委副书记熊晓梅参加捐赠仪式。中国运载火箭技术研究院副院长王国庆和东北大学副校长左良签署战略合作意向备忘录。

10 月 28 日　学校召开校党委常委（扩大）会议，听取和讨论东北大学深化综合改革各工作组汇报。校长赵继主持会议。会上，校党委副书记、纪委书记杨明介绍了完善治理体系和结构工作组改革方案的有关情况，副校长姜茂发介绍了人才培养模式和机制改革工作组改革方案的有关情况，副校长王福利介绍了学科布局优化与调整工作组、人事制度改革工作组改革方案的有关情况，副校长左良介绍了科技与产业改革工作组改革方案的有关情况，总会计师芦延华介绍了资产配置和财务管理改革工作组改革方案的有关情况，副校长孙雷介绍了后勤保障体系改革工作组改革方案的有关情况。

11 月 3 日　首届学生校长助理聘任仪式在学生活动中心举行。校长赵继出席聘任仪式，16 名学生被聘为校长助理。

11 月 7 日　中国科学院院士周忠和来校作报告。

11 月 10 日　《东北大学学报（自然科学版）》荣获第 5 届“中国高校精品科技期刊”奖，这是我校自然科学版学报连续 5 次获此殊荣。《东北大学学报（社会科学版）》被评为“全国高校精品社科期刊”。

11 月 15 日　《东北大学关于博士生指导教师资格审核工作的通知》下发。根据通知精神，博士生导师资格由过去的遴选制变为审查制，审核通过的博士生指导教师资格有效期三年；学校建立博士生指导教师工作岗位的动态管理机制，同时，博导申报实施学术道德、师德“一票否决制”。

△　教育部公布第二批“十二五”普通高等教育本科国家级规划教材书目，我校有 9 种教材入选。

1. 毛昕和黄英等《画法几何及机械制图》(第 4 版，高等教育出版社)；黄英和杨广衍等《画法几何及机械制图习题集》(第 4 版，高等教育出版社)。

2. 宋锦春和张志伟《液压与气压传动》(第 2 版，科学出版社)；谢里阳和孙春红等《机械工程测试技术》(机械工业出版社)。

3. 王明赞和孙春红等《测试技术实验教程》(机械工业出版社)；王明赞和李佳《测试技术习题与题解》(机械工业出版社)。

4. 朱苗勇《现代冶金工艺学——钢铁冶金卷》(冶金工业出版社)。

5. 李晶皎和王文辉《电路与电子学》(第 4 版，电子工业出版社)。

6. 薛定宇《控制系统计算机辅助设计——MATLAB 语言与应用》(第 3 版，清华大学出版社)。

7. 王青和任凤玉《采矿学》(第 2 版，冶金工业出版社)。

8. 孙新波《项目管理》(机械工业出版社)。

9. 孙萍《文化管理学》(第 2 版，中国人民大学出版社)。

11 月 17 日　为加强学校国有资产管理，规范国有资产管理行为，完善国有资产管理机制，经学校研究决定，成立东北大学国有资产管理委员会。主任赵继，副主任芦延华。

△　校长办公会议同意将沈河校区的主要功能定位为“开办继续教育、网络教育、成人教育和部分国际认证”。

11 月 20 日　我校举行 2015 届毕业生冬季双向选择洽谈会。

11 月 25 日　韩国驻沈阳总领事馆总领事申凤燮访问我校。

△ 东北大学荣获“CERNET 建设二十周年突出贡献奖”。

11 月 27 日 辽宁省省长李希视察东北大学云计算科技产业园、轧制技术及连轧自动化国家重点实验室。我校党委书记孙家学、校长赵继、副校长左良、中国工程院院士王国栋陪同视察。

11 月 28 日 东北区域超算中心揭牌仪式在沈阳东北大学云计算科技产业园举行。

11 月 30 日—12 月 5 日 东北大学理学院王建华教授在第 19 届国际流动注射分析及相关技术大会（ICFIA）作邀请报告，并获得流动注射分析科学奖。

11 月 我校张化光教授入选美国电气与电子工程师协会（IEEE）会士（Fellow）。张化光教授是继柴天佑院士之后我校当选的第二位 IEEE 会士。

12 月 5 日 学校召开沈河校区发展定位规划及搬迁专题会议。会议决议按照“四不”（不卖、不闲、不投、不搞全日制教育）和“四化”（高度市场化、专业化、信息化、国际化）的原则，发挥东大优势，引入战略投资，开办终身教育体系，以及健康、幸福、慕课、考试认证等现代高新教育产业。

12 月 12 日 沈阳市副市长关志鸥视察东北大学科技产业园。

12 月 15 日 东北大学与云南省昌宁县人民政府定点扶贫工作座谈会召开。

12 月 17 日 全国人大代表科技创新视察组一行 33 人到我校轧制技术及连轧自动化国家重点实验室（RAL）考察。校党委书记孙家学、校长赵继、中国工程院院士王国栋陪同考察。

12 月 23 日 我校与吉林省工信厅开展产学研对接和科技项目合作。

12 月 30 日 工业和信息化部副部长杨学山一行视察东北区域超算中心。

12 月 我校陈凡、张义民、姜茂发、张廷安、唐立新、王国仁、巩恩普、任凤玉、娄成武等 9 名教授被聘为第七届学科评议组成员。

2015 年

1 月 9 日 东北大学 5 个项目获 2014 年国家科学技术进步奖二等奖。

1 月 12 日　辽宁社区干部学院成立大会在东北大学汉卿会堂举行。中组部、辽宁省委组织部相关领导，东北大学党委书记孙家学，校长赵继，校党委副书记、纪委书记杨明等出席会议。

辽宁社区干部学院依托东北大学创办，教师由东北大学相关学科骨干教师和党政领导干部、优秀基层干部担任。学院培训的主要对象为街道、社区干部，选派到社区工作的机关干部，选聘到社区工作的大学生；区（市、县）分管社区工作的党政领导班子成员，区（市、县）涉及社区工作的部门负责同志。

1 月 17 日　东北大学与河北钢铁集团唐山钢铁公司签署战略合作协议。

1 月 19 日　芬兰高校、政府及企业组成的代表团访问我校。校长赵继、副校长姜茂发分别会见客人并签署了四方合作意向书。

1 月 21 日　东北大学第七届教职工代表大会第三次会议在汉卿会堂举行。会议审议讨论了《东北大学综合改革方案（征求意见稿）》《东北大学学术委员会章程》和《东北大学学术委员会 2014 年度报告（征求意见稿）》。

1 月 30 日　吉林省与东北大学产学研合作暨项目签约仪式在东北大学举行。校长赵继，副校长左良、张国臣等出席签约仪式。副校长左良代表学校与白山市人民政府签署《吉林省白山市人民政府—东北大学全面合作协议》。

1 月底　东北大学启动《服务辽沈发展及东北振兴行动计划》。

2 月 11 日　东北大学向教育部综合改革司报送《东北大学综合改革方案》。

2 月 27 日　沈阳市市长潘利国一行到东北大学云计算科技产业园视察。校党委书记孙家学，校长赵继、副校长左良等陪同视察。

3 月 13 日　学校同意科技产业集团将沈阳东大科技企业孵化器有限公司 100% 股权和沈阳科东物业管理有限公司 40% 股权无偿划转给东北大学（沈阳）科技园有限公司。

3 月 20 日　中国工程院原副院长干勇院士为我校师生作《制造业强国战略及重大工程关键材料产业化技术》的专题报告。21 日，干勇一行到东北大学云计算科技产业园视察。

3 月 26 日　东北大学举行 2015 届毕业生春季双向选择洽谈会。

4 月 15 日　东北大学王国仁教授入选 2014 年国家级青年人才计划，并同时获得“有突出贡献中青年专家”荣誉称号。

△ 2015 年国际大学生数学建模竞赛（MCM/ICM）成绩揭晓，东北大学学生在本次竞赛中荣获 74 项大奖，包括 19 项国际一等奖（Meritorious Winner），55 项国际二等奖（Honorable Mention），同级别获奖数量在全国高校名列前茅。

4 月 16 日 澳大利亚堪培拉大学校长斯蒂芬·帕克一行来我校访问，东北大学党委书记孙家学、副校长姜茂发会见了来访客人。姜茂发与斯蒂芬·帕克代表两校签署了《中国东北大学（文法学院）与澳大利亚堪培拉大学（公共治理与政策分析研究所）关于中国－澳大利亚行政管理和治理中心合作研究与专业发展计划合作备忘录》。

4 月 17 日 学校党委理论学习中心组（扩大）学习暨“教工学堂”举行。校领导及副处级以上干部参加，学习习近平治国理政思想。

4 月 21 日 法国高等信息工程师学院（EPITA）校长 Joel Courtois 一行访问东北大学。

4 月 25 日 东北大学第一时间启动西藏日喀则定日县地震灾区学生资助工作。

5 月 4 日 东北大学纪念五四运动 96 周年大会暨东大青年奋斗的青春故事会召开。大会表彰了全校获得“五四奖章”的优秀个人和获得“五四奖状”的先进集体，并授予 6 名学生和 1 个集体“东北大学第二届大学生道德模范”称号。

5 月 5 日 东北大学信息科学与工程学院电气自动化研究所张化光教授被评为全国先进工作者。东北大学理学院王建华教授荣获“辽宁省五一劳动奖章”。

5 月 6 日 东北大学习近平总书记系列重要讲话精神研究中心成立大会暨首场报告会在汉卿会堂举行。校党委副书记熊晓梅出席会议。

△ 校党委常委会议同意校经资委提出的“科技产业集团对东北大学（沈阳）大学科技园有限公司增加投资 2000 万元，用于云计算科技产业园建设”的建议。

5 月 8 日 东软集团子公司东软医疗在沈阳发布首台国产 128 层 CT——NeuYlz128 精睿 CT。

5 月 11 日　辽宁省代省长陈求发到东北大学视察东网科技有限公司东北区域超算中心。省市相关领导，我校党委书记孙家学、校长赵继陪同视察。

5 月 12 日　东北大学澳大利亚研究中心启动仪式在汉卿会堂举行。

5 月 13 日　东北大学党委印发《东北大学深入推进惩治和预防腐败体系建设实施办法》。

5 月 15 日　华中科技大学党委书记路刚一行来我校调研。

5 月 18 日　美国驻沈阳总领事馆总领事闻思国先生一行访问东北大学。

5 月 22 日　东北大学第五十四届体育运动大会在我校五四体育场举行。

5 月 25 日　东北大学刘腾飞、徐伟、张颖伟、金耀初四位教授入选国家级人才项目计划。

5 月 28 日　学校党委印发《在处级以上领导干部中开展“三严三实”专题教育方案》。

5 月 29 日　东北大学“三严三实”专题教育党课暨动员部署会议举行，学校副处级及以上干部参加会议。校党委书记孙家学就“三严三实”专题教育进行动员和布置。

6 月 6 日　“爱在东大”东北大学首届校友集体婚礼举行。

6 月 8 日　学校调整部分机构设置。成立“对外联络与合作处”，“校友总会、校董会、基金会”办公室与其合署办公；成立“东北大学教师教学发展中心”，与人事处合署办公；将学生创新中心更名为创新创业学院；将东校区管理委员会［基础学院］更名为“沈河校区管理委员会”；撤销“东北大学研究院”，成立“东北大学研究总院”，下设新材料技术研究院、信息技术研究院和跨文化战略研究院，各研究院相对独立运行。原学校网络中心成建制划入信息技术研究院，原研究院下设的分析测试中心成建制划入新材料技术研究院。

6 月 11 日　东北大学波兰研究中心揭牌仪式在汉卿会堂举行。波兰西里西亚大学副校长米罗斯拉夫·那科涅奇内，东北大学党委副书记熊晓梅出席仪式。东北大学于 2013 年 9 月开设波兰语课程，成为中国第三个开设波兰语课程的大学。

6 月 16 日　九江萍钢钢铁有限公司总经理、纪委书记肖南石与副校长左良代表双方签署校企长期合作框架协议。根据协议，双方将在科技开发、人才培养、知识产权保护等方面开展长期合作。

6 月 22 日　东北大学校长赵继出席 2015 年中美大学校长论坛。

6 月 25 日　东北大学 2015 届本科生毕业典礼暨学位授予仪式举行。本届毕业生中，3598 人毕业，27 人结业，3597 人获得学士学位证书。

△东北大学在汉卿会堂举行庆祝建党 94 周年暨 2013—2015 年度“两先两优”表彰大会。

△　校党委常委会议同意校经资委提出的“科技产业集团对东北大学（沈阳）大学科技园有限公司增加投资 3000 万元，用于对沈阳东北金属材料研究院有限公司进行增资，建设新材料技术中心”的建议。

7 月 2 日　辽宁省委常委、沈阳市委书记曾维一行视察东北大学云计算科技产业园。

7 月 3—5 日　第 19 届国际技术哲学会议在我校召开。此次会议由中国自然辩证法研究会技术哲学专业委员会、东北大学马克思主义学院、东北大学科技哲学研究中心、陈昌曙技术哲学基金共同主办，会议的主题为“技术与创新”。来自全世界的 150 余位从事技术哲学研究的专家学者与会。

7 月 4—7 日　由国际岩石力学学会主办，东北大学资源与土木工程学院和深部金属矿山安全开采教育部重点实验室承办的“2015 国际地质工程论坛”在我校举办。此次国际会议由我校冯夏庭教授担任会议主席，五个国际学术协会的主席和主要负责人及国内外高校和科研单位的 130 余名代表参加会议。

此次论坛以“工程地质、岩石力学、土力学与土工合成材料新理论、新技术、新成就”为主题。

7 月 7 日　2015 年国家社科基金年度项目和青年项目立项结果公布，东北大学 10 个项目获批 2015 年国家社科基金项目立项。其中重点项目 2 项、一般项目 5 项，青年项目 3 项。重点项目分别为：工商管理学院杜晓君作为项目负责人的“组织身份变革及意义给赋：克服外来者劣势的动态机制研究”；文法学院魏淑艳作为项目负责人的“国家治理现代化视域下的中国政府治理模式改革研究”。

△　学校正式印发《东北大学综合改革方案》。

7 月 8 日　东北大学 2015 届研究生毕业典礼暨学位授予仪式举行。288 人获得博士学位，4000 人获得硕士学位。

7 月 14 日　2015 年青少年高校科学营东北大学分营开营仪式举行。

7 月 15 日　科技部党组书记、副部长王志刚视察东北大学云计算科技产业园、流程工业综合自动化国家重点实验室。我校校长赵继、中国工程院院士柴天佑陪同视察。

7 月 27 日　教育部党组副书记、副部长杜玉波来校视察，先后听取赵继校长的工作汇报、东网科技有限公司关于东北区域超算中心的工作汇报，并实地考察了云计算科技产业园的建设发展情况。

7 月 28 日　“中国梦与中国道路——纪念中国人民抗日战争胜利 70 周年学术研讨会”在东北大学举行。

8 月 5—6 日　东北大学荣获第一届全国大学生五人制足球挑战赛季军。

8 月 11 日　科技部副部长曹健林一行到东北大学云计算科技产业园东北区域超算中心视察。

8 月 13 日　第三届中国社会科学院马克思主义史学理论论坛在东北大学开幕。此次论坛由中国社会科学院马克思主义理论学科建设与理论研究工程领导小组主办，中国社会科学院当代中国研究所和东北大学马克思主义学院承办。本届论坛的主题为“马克思主义与历史研究”。

8 月 15 日　庆祝中国科学院院士闻邦椿从教 60 周年暨学术思想研讨会举行。中国科学院院士、南京航空航天大学教授赵淳生，中国科学院院士、沈阳飞机设计研究所研究员李天，中国科学院院士、清华大学教授雒建斌，东北大学校长赵继及有关方面负责人，兄弟院校机械学院院长出席了会议。赵继代表学校为闻邦椿院士从教 60 周年送上诚挚的祝福并致辞。

8 月 19 日　东北大学官方微博荣获“2015 年全国最具影响力教育官微”称号。

8 月 23—26 日　第 12 届国际真空冶金与表面工程学术会议在东北大学举行。

9 月 1 日　东北大学娄成武教授受邀赴京参加纪念抗战胜利 70 周年大会。

9 月 2 日　沈阳市人民政府同意东北大学联合沈阳工业大学、中科院自动化所、沈阳新松机器人自动化股份有限公司、东软集团、沈阳机床股份有限公司、晨讯科技集团等单位组建沈阳机器人协同创新中心。

9 月 8 日　东北大学 2015 年暑期工作研讨会召开。此次会议围绕“统筹推进世界一流大学和一流学科建设总体方案”深入研讨学校定位、建设学科领军人才和学术骨干人才队伍的议题。校长赵继主持会议。

9月9日 东北大学领导班子召开“三严三实”专题教育学习研讨会，会议的主题是“严以修身，加强党性修养，坚定理想信念，坚持社会主义办学方向，发扬学校优良传统，努力办好人民满意的大学”。校领导班子全体成员参加会议，校党委书记孙家学主持会议。

△ 沈阳市人民政府—东北大学战略合作框架协议签约仪式暨沈阳机器人协同创新中心揭牌仪式在东北大学举行。东北大学党委书记孙家学、校长赵继、党委常务副书记熊晓梅、副校长汪晋宽等出席会议。

东北大学党委常务副书记熊晓梅与沈阳市发改委签署了《沈阳市人民政府—东北大学战略合作框架协议》。沈阳工业大学校长李荣德，中科院沈阳自动化研究所副所长梁波，沈阳新松机器人自动化股份有限公司副总裁王宏玉，沈阳机床股份有限公司行政总监董凌云，沈阳东软医疗系统有限公司副总裁温宇，晨讯科技集团厂长李学兵，东北大学副校长汪晋宽共同签署了《沈阳机器人协同创新中心协议》。沈阳市市长潘利国、东北大学校长赵继共同为沈阳机器人协同创新中心揭牌。

9月15日 东北大学2015级学生开学典礼在主楼北广场举行。

9月16日 团中央书记处书记傅振邦一行来到东北大学开展大宣传大调研“驻校蹲班”活动。校党委书记孙家学、党委常务副书记熊晓梅在汉卿会堂会见傅振邦一行。

9月21日 英国议会跨党派中国小组访问东北大学。

9月22日 东北大学、中国科学院沈阳自动化研究所、沈阳新松机器人自动化股份有限公司合作组建机器人科学与工程学院签约仪式在东北大学国际学术交流中心举行。

东北大学校长赵继、中国科学院沈阳自动化研究所副所长史泽林、沈阳新松机器人自动化股份有限公司总裁曲道奎分别代表三方在合作协议上签字。

9月23日 中国驻白俄罗斯大使崔启明视察东北大学科技孔子学院。

10月15日 东北大学信息科学与工程学院王义教授当选欧洲科学院院士。

△ 东北大学IEEE Fellow张化光教授入选2015全球高被引科学家（工程领域）名单。

10月16日　由东北大学与中国（海南）改革发展研究院联合成立的“东北振兴研究院”在沈阳成立。中国经济体制改革研究会、国家发改委、中国企业改革与发展研究会相关人士，中国（海南）改革发展研究院院长迟福林、执行院长殷仲义，东北大学党委书记孙家学、校长赵继等出席成立仪式。

10月24日　中国工程院孙传尧院士来东北大学作学术报告。

10月24—25日　第一届智能工业数据解析与优化国际研讨会暨中国运筹学会智能工业数据解析与优化专业委员会成立大会在东北大学国际学术交流中心召开，此次研讨会的主题为“大数据与智能工厂”。大会主席由东北大学工业工程与物流优化研究所所长唐立新教授担任。经选举确定东北大学唐立新教授担任专业委员会第一届理事长，挂靠单位为东北大学工业工程与物流优化研究所。

10月29日　辽宁省政协副主席、省委统一战线工作部部长孙远良到东北大学就“如何把一部分优秀人才留在党外”问题进行专题调研。

10月29日—11月1日　东北大学参展项目“面向多能源的智能自适应控制及节能技术”获得第67届德国纽伦堡国际发明展金奖。

11月9日　辽宁省省长陈求发视察东北大学，校领导孙家学、赵继、熊晓梅、汪晋宽等陪同视察。

11月16日　学校决定成立“东北大学网络安全管理与信息化建设工作领导小组”，组长孙家学、赵继；副组长熊晓梅、杨明、汪晋宽。领导小组下设办公室，原东北大学信息化建设工作领导小组撤销。同日，学校决定成立东北大学事企分离改革领导小组，组长赵继，副组长芦延华、汪晋宽、杨明、孙雷。

△　东北大学举行2016届毕业生冬季双向选择洽谈会。

11月18日　全国2014—2015学年度国家奖学金评审会在东北大学召开。

11月26日　民政部东北大学城乡社区建设研究院揭牌仪式暨全国城乡社区建设专家委员会第二次全体会议在东北大学举行。民政部副部长顾朝曦、我校校长赵继共同为“东北大学城乡社区建设研究院”揭牌。

12月5日　2015中日韩机器人国际学术研讨会在东北大学举行。

12月8—9日　东北大学纪念一二·九运动80周年“与信仰对话”马克思主义经典著作诵读会举行。

12月15日 东北大学冶金学院、材料科学与工程学院成立仪式举行。

学校设立东北大学冶金学院和中共东北大学冶金学院委员会。冶金学院成立后，原材料与冶金学院冶金工程一级学科、工程热物理、热能工程、制冷及低温工程、化学工程、化学工艺、工业催化、环境工程二级学科；冶金工程、动力工程领域工程硕士专业学位授权点，以及冶金工程、能源与动力工程、热能与动力工程、新能源科学与工程、环境科学、资源循环科学与工程本科专业并入冶金学院。原多金属共生矿生态化冶金教育部重点实验室一同并入冶金学院。冶金学院自主设置目录外二级学科随所属一级学科同步调整，交叉学科随挂靠一级学科一同调整。材料电磁过程研究教育部重点实验室党的组织关系隶属冶金学院党委。

学校设立东北大学材料科学与工程学院和中共东北大学材料科学与工程学院委员会。材料科学与工程学院设立后，原材料与冶金学院材料科学与工程一级学科；材料工程领域工程硕士专业学位授权点及材料科学与工程、功能材料、材料成型及控制工程本科专业；理学院材料物理与化学二级学科以及材料物理本科专业并入材料科学与工程学院。原材料各向异性与织构教育部重点实验室一同并入材料科学与工程学院。材料科学与工程学院自主设置目录外二级学科随所属一级学科同步调整，交叉学科随挂靠一级学科同步调整。轧制技术及连轧自动化国家重点实验室党的组织管理隶属材料科学与工程学院党委。

12月16日 东北大学计算机科学与工程学院成立大会在汉卿会堂举行。

学校设立东北大学计算机科学与工程学院和中共东北大学计算机科学与工程学院委员会。计算机科学与工程学院设立后，原信息科学与工程学院计算机科学与技术、信息与通信工程一级学科，计算机技术、电子与通信工程领域工程硕士专业学位授权点，以及计算机科学与技术、通信工程，电子信息工程，物联网本科专业并入计算机科学与工程学院。计算机科学与工程学院自主设置目录外二级学科随所属一级学科同步调整，交叉学科随挂靠一级学科同步调整。原计算中心成建制划入计算机科学与工程学院，原信息科学与工程学院医学影像计算教育部重点实验室整体并入计算机科学与工程学院。

12月18日 东北大学首个国家社科基金重大项目《东北（辽宁）老工业基地“劳模文化”史料编纂及当代价值研究》开题报告会成功举行。

12月19—20日 东北大学第二十五次学生代表大会暨第十四次研究生

代表大会胜利召开，大会审议修改了《东北大学学生会章程》和《东北大学研究生会章程》；选举产生了东北大学第三十五届学生委员会和第三十届研究生委员会。高靖博同学当选新一届学生委员会主席，甘海威同学当选新一届研究生委员会主席。

12月22日　辽宁省民委（宗教局）与东北大学举行全面战略合作签约仪式。

12月25日　东北大学与沈阳军区总医院全面战略合作签约仪式在东北大学举行。沈阳军区总医院院长侯明晓、政委杨光辉、副院长王佳，东北大学党委书记孙家学，校长赵继，副校长王福利、汪晋宽出席仪式。

赵继、侯明晓代表双方签署了《东北大学—沈阳军区总医院全面战略合作意向书》。孙家学、杨光辉代表双方启动了“东北大学—沈阳军区总医院联合医疗卡”。

△　我校理学院张鑫教授入选国家级人才项目计划。

△　学校党委印发《东北大学学院领导班子任期目标责任制实施办法（暂行）》。

2016年

1月5日　中华全国总工会授予东北大学工会“全国模范职工之家”荣誉称号。这是我校工会成立65年来首次获得该项荣誉。

△　东北大学学生资助工作连续五年在全国学生资助工作绩效考评中获得优秀。

△　东北大学共获得2015年度中国有色金属工业科学技术奖一等奖1项、二等奖2项。其中，薛向欣、杨合、姜涛完成的“含钛炉渣整体化增值处理技术（发明）”获得一等奖。

1月8日　东北大学领导班子“三严三实”专题教育民主生活会召开，教育部高等教育司相关领导到会指导。

1月13日　东北大学学位评定委员会十届七次工作会议召开。会议对53人的博士学位、643人的硕士学位申请材料进行审查和讨论。还通报了《东北大学关于研究生学位论文抽检结果处理的暂行办法》修订建议。

1月14日 东北大学宣传思想工作会议召开。校党委常务副书记熊晓梅代表学校党委作东北大学宣传思想工作报告，并就《东北大学关于进一步加强和改进新形势下宣传思想工作的实施意见（征求意见稿）》进行说明。

1月21—22日 东北大学第七届教职工代表大会第四次会议召开。校长赵继作了《破解瓶颈，激发活力，在创新驱动和特色发展中建设一流大学》的工作报告，并对《东北大学“十三五”发展规划》进行了说明。

2月4日 东北大学柴天佑、张化光、潘全科、樊治平、马宗民、王兴伟、杨光红、唐立新等8位教授入选爱思唯尔2015年中国高被引学者榜单。

2月初 东北大学博士生导师工作会议暨首批责任教授聘任仪式在汉卿会堂举行。副校长王建华宣读了《关于聘任东北大学首批责任教授的通知》，并就《东北大学博士学位授权点责任教授管理办法（暂行）》作了说明。校长赵继为首批责任教授颁发聘书。

2月25日 国家安全生产监督管理总局领导来校调研。

3月4日 学校全体领导班子成员在主楼召开推进“双一流”大学建设暨落实“十三五”发展规划工作研讨会。

3月初 东北大学获评“2015年度辽宁省定点扶贫先进单位”称号。

3月16日 东北大学学术委员会在汉卿会堂召开全体会议，审议《东北大学“十三五”发展规划》。

△ 由秦皇岛分校陈凯教授担任首席专家申报的“建立能源和水资源消耗、建设用地总量和强度双控市场化机制研究”项目，获得“研究阐释党的十八届五中全会精神国家社科基金重大项目”，并正式立项。这是东北大学继2015年度田鹏颖教授获批国家社科基金重大项目以来再次获得该类项目资助。

3月17日 学校成立“东北大学安全生产委员会”（简称安委会），并在人事处设置安委会办公室，作为安委会的办公机构。同日，学校印发《东北大学安全生产管理办法》。

3月18日 学校成立东北大学师德建设委员会及师德建设委员会办公室，办公室设在教师教学发展中心。同日，学校印发《东北大学建立健全师德建设长效机制实施细则》。

3月17—18日 教育部高校高层次人才队伍建设座谈会在东北大学召开。

3 月 19 日　辽宁省马克思主义学会首届一次会员大会在东北大学主楼召开。东北大学马克思主义学院田鹏颖教授当选为辽宁省马克思主义学会会长。东北大学党委常务副书记熊晓梅出席大会并讲话。

3 月 24 日　党委办公室、校长办公室联合下发《东北大学关于全面开展规章制度清理工作的通知》。

3 月 25 日　东北大学 2016 届毕业生春季就业双向选择洽谈会举行。来自全国 24 个省（自治区、直辖市）的 437 家用人单位提供 8100 余个岗位。

4 月初　加拿大皇家科学院院长 Keith W. Hipel 教授访问东北大学。

4 月 12 日　学校党委印发《东北大学关于在全校党员中开展“学党章党规、学系列讲话，做合格党员”学习教育实施方案》。

4 月 15 日　由全国政协教科文卫体委员会副主任马德秀带队的全国政协“高校创新创业”调研组一行 12 人来我校调研大学生创新创业工作。

4 月 17 日　东北大学学生获国际大学生数学建模竞赛 90 项大奖。

4 月 18 日　日本丰桥技术科学大学校长大西隆一行访问我校，副校长孙雷会见了来访客人。双方就校际交流事项进行洽谈并签署研究生双学位协议。

△　学校对机构设置进行调整。调整后的机构设置如下。

（1）校机关 22 个，分别是：党委办公室［统战部］、组织部［党校］［机关党委］、宣传部［文化建设办公室］、纪律检查委员会办公室［监察室］、东北大学工会委员会、共青团东北大学委员会、校长办公室［信访办公室］、研究生院［研究生工作部］、发展规划与学科建设处（高水平大学建设办公室）（高等教育研究所）、教务处、科学技术处［保密委员会办公室］［军工项目管理处］［“2011 计划”办公室］［科技成果转化办公室］、人事处［安全生产委员会办公室］［教师教学发展中心］、学生工作处（学生工作部）［武装部］、计划财经处、审计处、资产与实验室管理处［国有资产管理委员会办公室］［经营性资产管理委员会办公室］［采购与招标管理办公室］、对外联络与合作处［“校友总会、校董会、基金会”办公室］、国际合作与交流处（港澳台事务办公室）［国际交流学院］、公安处（保卫部）、后勤管理处、基建管理处（新校区建设办公室）、离退休工作处［离退休党委］。

（2）学院（部、实验室）22个，分别是：文法学院、马克思主义学院、外国语学院、艺术学院、工商管理学院、理学院、资源与土木工程学院、冶金学院、材料科学与工程学院、机械工程与自动化学院、信息科学与工程学院、计算机科学与工程学院、软件学院、中荷生物医学与信息工程学院、生命科学与健康学院、江河建筑学院、国防教育学院、体育部、秦皇岛分校、轧制技术及连轧自动化国家重点实验室、流程工业综合自动化国家重点实验室、材料电磁过程研究教育部重点实验。

（3）直属部门18个，分别是：浑南校区管理委员会、沈河校区管理委员会、图书馆、档案馆、学生指导服务中心［直属部门党委］、创新创业学院、体育场馆管理中心、继续教育学院［继续教育学院党委］、东北振兴研究中心、研究总院、新材料技术研究院、信息技术研究院［信息化建设与网络安全办公室］、跨文化战略研究院、学报编辑部、医院、后勤服务中心［后勤党委］、实业总公司、转岗分流服务中心。

（4）产业2个，分别是东北大学出版社有限公司、东北大学科技产业集团有限公司。

其中（ ）内为保留名称部门，［ ］为合署办公部门。

4月20日 辽宁省中德友谊林落户东北大学。

4月21日 我校接到《国家发展改革委办公厅关于东北振兴研究院筹建有关问题的复函》，由东北大学、中国（海南）改革发展研究院联合创立的“中国东北振兴研究院”获得国家发展和改革委员会批准。

4月22日 校党委常委会议同意人事处提出的机构调整方案，决定将图书发行中心在清产核资后划归科技产业集团；在部门分类中增设产业类，包括科技产业集团和出版社有限公司，目标管理考核由经资委负责；为加强学校安全生产综合监督管理工作，将安全生产委员会办公室调整为正处级建制，与人事处合署办公。

4月28日 学校印发《东北大学清理整顿公务用车工作方案》《东北大学公务用车管理规定》《关于进一步加强国内公务接待管理的通知》。

4月底 校长赵继率团赴捷克参加第五届亚欧大学校长会议，并作了《构建由创新创业教育引导的培养体系》的演讲。

5月4日　东北大学纪念五四运动97周年大会暨东大青年奋斗的青春故事会召开。

5月9日　东北大学成果转移中心睢宁分中心揭牌仪式举行。

5月初　在第44届日内瓦国际发明展上，材料科学与工程学院管仁国教授、申勇峰教授等发明的“连续流变扩展挤压+ACEF短流程制备高性能超细晶铝合金电工铝材”获得金奖，“剪切振动耦合作用下高性能金属半固态流变挤压铸造”获得银奖。机械工程与自动化学院郝丽娜教授、程红太副教授等发明的“人工肌肉仿生驱动器”及“复杂工艺控制系统在线参数优化方法”获银奖。

5月11日　东北大学学位评定委员会十届八次工作会议决定授予56人博士学位，授予100人硕士学位。

5月14日　中国东北振兴研究院在北京举行专家委员会第一次会议。

5月20日　东北大学第五十五届体育运动大会在我校五四体育场举行。

5月23日　东北大学非常规地质体力学国际研究中心成立大会举行。副校长汪晋宽，美国工程院院士、宾夕法尼亚州立大学Derek Elsworth教授，刘继山教授出席大会。

△　学校设立东北大学安全管理委员会，原学校安全生产委员会职能并入安全管理委员会。安全管理委员会下设办公室，与人事处合署办公，办公室作为学校安全管理委员会的日常办公机构。

6月6日　中国科协党组书记、常务副主席、书记处第一书记尚勇一行来我校视察。校党委书记孙家学、校长赵继、副校长汪晋宽等陪同视察。

6月17日　学校印发《东北大学党的委员会全体会议制度》《东北大学党委常委会会议制度》《东北大学校长办公室会议制度》。

6月19日　东北大学“江河建筑楼”“陈昌曙楼”“绿谷生命科学楼”命名揭牌仪式在浑南校区举行。

6月20日　东北大学2016届本科生毕业典礼暨学位授予仪式举行。2016届毕业生中，4305人毕业，17人结业，4316人获得学士学位证书。

6月21日　全国哲学学科学位授权点与研究生课程建设学术研讨会在东北大学举行。

6月24日 “2016信息物理系统高峰论坛”在东北大学举行。

6月26日 东北大学团队荣获全国大学生机器人大赛冠军。

6月27日 学校在汉卿会堂举行庆祝建党95周年表彰大会暨“讲述东大共产党人的故事”典型推介会，对2016年获得中央、省市及我校先进集体和优秀个人荣誉称号的共产党员进行表彰，并在表彰会后通过视频展示、访谈、经验分享的形式推介展现了我校优秀共产党员的感人事迹。

6月 由我校机械学院机械电子工程研究所王宏教授团队与沈阳军区总医院核医学科王治国主任、吴锐先技师合作研发的“PET/CT机器人护士”在东北大学诞生。日前，该机器人护士走进沈阳军区总医院核医学科，辅助医务人员进行PET/CT检测操作。

7月1日 我校党委荣获“全国先进基层党组织”称号，校党委书记孙家学代表学校参加在人民大会堂举行的庆祝中国共产党成立95周年大会。

7月4日 学校党委全委会审定通过《东北大学“十三五”发展规划》。

△ 校长办公会议同意，东北大学与河钢集团合作组建“河钢东大产业技术研究院”，按照“新实体，新机制，无级别，可持续”的原则，研究院作为相对独立的技术研究实体运行，实行理事会领导下的院长负责制，不设行政级别，依托钢铁共性协同创新中心组建。研究院的任务是开展技术转移和技术中试前期工作。研究院运行经费自理，采取全成本核算。研究院人员由河钢集团和东北大学双方分别推荐组成。各自负责本单位人员编制。

7月4—8日 2016年全国街道社区党组织书记培训示范班在东北大学辽宁社区干部学院举行，来自全国各地的77名街道社区党组织书记接受培训。这是东北大学辽宁社区干部学院被确定为党员教育示范培训基地以来承办的首期全国示范培训班。

7月5日 国家级计算机实验教学示范中心建设研讨会暨揭牌仪式在东北大学举行。

7月6日 河钢集团有限公司与东北大学联合共建“河钢东大产业技术研究院”成立大会在东北大学举行。王国栋院士任河钢东大产业技术研究院院长，河钢石钢总工程师齐建军、东北大学RAL国家重点实验室王昭东教授任河钢东大产业技术研究院副院长。河钢集团董事长于勇，东北大学党委书记孙家学、校长赵继、副校长汪晋宽，中国工程院院士王国栋以及河钢集团子公司、东北大学各部门相关负责人出席成立大会。于勇和孙家学共同为河钢东大产业技术研究院揭牌。

7 月 7 日　东北大学在汉卿会堂召开学习贯彻习近平总书记七一重要讲话精神座谈会。校党委书记孙家学，党委常务副书记熊晓梅，党委副书记、纪委书记杨明出席大会。

7 月初　在第 31 届匹兹堡国际发明展上，信息科学与工程学院电气自动化研究所张化光教授、闫士杰副教授等发明的“模块化永磁同步电机的智能自适应控制系统”获得工业装备行业金奖一项（该奖项为行业奖最高奖，组委会在行业评选中只设一项金奖）；张化光教授、会国涛副教授等发明的“一种新颖的智能自适应油门控制系统及其在救援设备上的应用”获得了 IFIA（发明者协会国际联合会）特别金奖一项（IFIA 评选）及匹兹堡国际发明展优秀金奖；信息科学与工程学院电气自动化研究所杨东升教授等发明的“自适应风气光热能源优化系统”获得匹兹堡国际发明展韩国国家特别奖；信息科学与工程学院电气自动化研究所会国涛副教授等发明的“一种基于多处理器协同控制模式的电池管理系统电压采集装置及方法”获得匹兹堡国际发明展优秀金奖。

7 月 15 日　东北大学学生在 2016 年国际大学生数学建模竞赛（MCM/ICM）中荣获 7 项一等奖、28 项二等奖和 38 项三等奖。

7 月 18 日　校党委常委会议审议通过校长办公会议提交的《东北大学一流大学和一流学科建设项目管理办法（试行）》，同意学校“双一流”建设领导小组和工作小组建议名单，并启动特色引领计划项目。

7 月 19 日　学校印发《东北大学一流大学和一流学科建设项目管理办法（试行）》。

7 月 26 日　全国高校庆祝中国共产党成立 95 周年暨学习贯彻习近平总书记关于高校党的建设重要思想研讨会在东北大学召开。全国党建研究会副会长高世琦，教育部党组副书记、副部长杜玉波出席会议并讲话。

△　在 2016 年英特尔杯大学生电子设计竞赛嵌入式系统专题邀请赛中，由计算机科学与工程学院教师张石指导完成的作品夺得本次大赛一等奖。

7 月 27—28 日　东北大学 2 项作品荣获“齐鲁交通发展杯”第七届全国大学生机械创新设计大赛全国一等奖。

8 月 11 日　第十二届设计与制造前沿国际会议（ICFDM2016）开幕式在

东北大学举行。来自美国、德国、英国、澳大利亚和中国等国家的近千名海内外专家学者参加了会议。“基础、前沿、探索、创新”是此次会议的主题。

8 月 13 日 东北大学孔子学院信息化发展基地揭牌仪式举行。

8 月 17—20 日 由信息科学与工程学院教师闻时光指导、自动化等专业学生组成的参赛队，荣获第十一届“恩智浦杯”全国大学生智能汽车竞赛全国总决赛摄像头组一等奖。

8 月 19—20 日 全国第二十一届自动化应用技术学术交流会在东北大学召开。校长赵继、中国工程院院士王国栋教授出席开幕式，来自全国冶金企业、高校院所的 220 余名专家及师生参加会议。

△ 由东北大学、中国（海南）改革发展研究院、中国东北振兴研究院共同发起，联合哈尔滨、沈阳、长春、大连四市政府共同主办的“破题发力：东北全面振兴的新体制与新机制——2016 东北振兴论坛”在哈尔滨市举行。东北大学校长赵继、党委常务副书记熊晓梅等出席论坛。

9 月 9 日 东北大学庆祝第 32 个教师节暨先进集体、先进个人表彰大会在汉卿会堂举行。

9 月 12 日 我校校长赵继会见法语联盟驻华基金会总代表。

9 月 14 日 东北大学在主楼召开教师干部大会。教育部党组成员、副部长朱之文宣读教育部党组的任免决定，熊晓梅同志任东北大学党委书记；因年龄原因，免去孙家学同志的东北大学党委书记职务。

熊晓梅

9 月 14 日 东北大学 2016 级学生开学典礼在主楼北广场隆重举行。

9 月 19—20 日 东北大学 2016 年战略研讨会召开，本次会议的主题是“深化改革，释放活力，推动落实”。学校党政领导，中层正职领导干部及部分中层副职领导干部参加会议。会议由校党委书记熊晓梅主持。

9 月 25—27 日 由东北大学和中国生物材料学会医用金属材料分会主

办、东北大学材料科学与工程学院承办的中国医用金属材料分会首届学术年会在东北大学召开。

10月12日　河钢东大产业技术研究院一期4000余万元项目启动会在东北大学举行。

10月13日　国家基金委项目评审会在东北大学召开。

10月15日　由东北大学，中国有色金属学会，中国工程院化工、冶金与材料工程学部共同主办的中国有色金属冶金第三届学术会议在东北大学汉卿会堂开幕。我校校长赵继出席开幕式。中国工程院院士徐德龙、邱定蕃、张国成、张懿、陆钟武、张文海、段宁、何季麟、王国栋、邱冠周，大专院校、科研院所单位领导、科研人员及负责人等500余人参加会议。

10月20日　香港特别行政区政府驻辽宁联络处主任董旭麟访问东北大学。

10月25日　东北大学党委书记熊晓梅率团访问河钢集团，并与河钢集团董事长于勇就深化校企合作事宜会谈。

10月28日　教育部高校科技成果转化工作座谈会（华北、东北地区专场）在东北大学召开。

10月31日　东北大学召开专题会议，传达学习党的十八届六中全会精神。

11月10日　依托东北大学建设的“流程工业综合自动化国际合作联合实验室”通过教育部的立项申请。东北大学学术委员会主任、中国工程院院士柴天佑，副校长汪晋宽、王福利出席立项考察会议。

11月12日　东北大学与蚌埠市人民政府签署全面合作协议。

11月13日　东北大学秦皇岛分校中国满学研究院成立大会暨揭牌仪式举行。我校校长赵继与教育部民族教育司、国家民委相关领导共同为中国满学研究院揭牌。

11月14—15日　中国新时代认证中心组织专家对东北大学进行了武器装备质量管理体系第一次监督审核、民品科研生产质量管理体系第二次监督审核。经审核，专家组同意继续推荐东北大学保持质量体系认证注册资格。

11月17日　辽宁省委书记、省人大常委会主任李希到东北大学，就深入学习贯彻党的十八届六中全会精神、做好省第十二次党代会筹备工作、切实加强和改进高校党建工作进行调研。校党委书记熊晓梅、校长赵继等陪同调研。

△ 深部金属矿山安全开采教育部重点实验室建设项目通过教育部专家组验收。

11 月 18 日 学校发布《东北大学关于开展安全管理标准化建设的实施意见》，同日印发东北大学安全管理系列制度。

11 月 22—23 日 东北大学主办的《东北大学学报（自然科学版）》连续第 5 次入选“中国国际影响力优秀学术期刊”。

11 月 24 日 2017 届毕业生冬季就业双向选择洽谈会举行，来自全国 28 个省（自治区、直辖市）的 550 余家用人单位为我校 2017 届毕业生提供岗位需求 16000 余个。共有 8000 余名本科及硕士毕业生参加了双选会。

△ 辽宁省委省政府决策咨询委员会秘书长陆丽君一行来校调研新型智库建设情况。

11 月 25 日 校党委书记熊晓梅应邀出席中德高等教育与科技创新论坛。中德高校 60 余位校领导出席论坛，国务院副总理刘延东出席论坛开幕式并发表讲话。

11 月 28 日 东北大学与浪潮集团签署战略合作协议。

11 月 29 日 学校印发《东北大学“十三五”发展规划》。

12 月 1 日 东北大学继续教育学院荣获“中国现代远程教育（1998—2016）终身教育特别贡献奖”。

12 月 4—5 日 第二届智能工业数据解析与优化国际研讨会、中国运筹学会智能工业数据解析与优化专业委员会会议在东北大学召开。校长赵继、副校长汪晋宽、校长助理刘常升出席会议。来自企业和海内外高校的百余名专家学者参加会议。大会主席、东北大学信息科学与工程学院院长唐立新主持会议。

12 月 4—6 日 由东北大学冶金学院和加拿大英属哥伦比亚大学（UBC）材料系联合发起的第一届 NEU-UBC 湿法冶金国际论坛研讨会在东北大学举办。

12 月 5 日 我校 2 项发明专利被评为“第十八届中国专利奖”优秀奖，项目分别为信息学院刘金海等发明的“基于小波和模式识别的流体输送管道泄漏检测方法及装置”和 RAL 国家重点实验室王昭东等发明的“一种基于超快冷技术的轧后冷却系统及该系统的应用方法”。

12 月 7 日　学校印发《东北大学发展核心指标考核实施办法（暂行）》。

12 月 20 日　东北大学国家级专业技术人员继续教育基地揭牌仪式暨辽宁省继续教育管理者高级研修班在汉卿会堂举行。来自辽宁省各县市人社系统和企事业单位的 50 余名继续教育工作者参加培训。

12 月 26 日　学校决定设立机器人科学与工程学院。机器人科学与工程学院成立后，依托东北大学控制科学与工程一级学科，承担机器人科学与工程二级学科的建设，并同信息科学与工程学院共建模式识别与智能系统二级学科。学院党组织关系暂时隶属信息科学与工程学院党委。

12 月 29 日　为进一步推进 OA 系统使用，拓展 OA 系统功能，满足多校区办学需求，提升管理水平与办公效率，学校决定自 2017 年 1 月 1 日起，全面取消下行纸质公文。

2017 年

1 月 3 日　东北大学在汉卿会堂召开校领导班子“两学一做”之“讲奉献、有作为”专题学习研讨会。校党委书记熊晓梅主持会议并作主题发言。

1 月 4 日　东北大学 2017 届研究生毕业典礼暨学位授予仪式举行。本次授予 451 人博士学位、4599 人硕士学位。

1 月 6 日　沈阳市副市长刘晓东一行来校调研科研成果转化相关工作。

1 月 9 日　法国驻沈阳总领事馆总领事马克・拉米一行访问东北大学，校长赵继在汉卿会堂会见来访客人。

1 月 18 日　东北大学傅山研究院签字仪式举行，傅山企业集团党委书记彭荣均，我校党委副书记、纪委书记杨明分别代表双方签署协议。

1 月 25 日　信息科学与工程学院唐立新教授被工业与系统工程领域旗舰期刊 *IISE Transactions* 聘为副主编（Associate Editor）。

2 月 28 日　法国驻华大使馆文化教育合作参赞、北京法国文化中心主任罗文哲一行访问我校。校长赵继在汉卿会堂会见来访客人。

3 月 1 日　学校印发《东北大学机构设置管理办法》。

3 月 6 日　中华两岸高等教育交流团访问东北大学。

3月7—8日 东北大学第八届教职工代表大会第一次会议暨工会第十五次会员代表大会隆重召开。会议听取和审议了赵继校长《以“双一流”建设为引领，以深化综合改革为动力，全面激活学校发展新动能》的工作报告和学校工会、教代会工作报告，审议通过了《工会、教代会工作报告》《工会经费审查工作报告》《东北大学学术委员会2016年度报告》《关于确认东北大学第七届教职工代表大会执行委员会通过〈东北大学学术道德规范（修订）〉的决议》《关于确认东北大学第七届教职工代表大会执行委员会通过〈东北大学学术不端行为查处工作实施细则（修订）〉的决议》，评议了管理服务部门的工作作风，选举产生了新一届教代会执行委员会暨工会委员会委员、新一届工会经费审查委员会委员。

3月10日 东北大学思想政治理论课建设工作领导小组会议在汉卿会堂召开。校领导熊晓梅、赵继、王福利、张国臣、王建华等领导小组成员参加会议。

3月初 我校科研成果获国家技术发明奖二等奖与国家科技进步奖二等奖各1项。

3月14日 学校党委印发《东北大学共青团改革实施方案》。

3月15日 我校在主楼召开落实全国思想政治工作会议和“31号文件”《关于加强和改进新形势下高校思想政治工作的意见》精神暨2017年学生工作布置会。

3月18日 东北大学马克思主义理论教育实践基地揭牌仪式在鞍钢集团展览馆举行，该展览馆正式成为东北大学首批马克思主义理论教育实践基地。

3月21日 按照教育部党组统一部署，教育部党组第四巡视组到东北大学开展巡视工作。此次巡视的主要任务是对东北大学领导班子及其成员特别是主要负责人尊崇党章、坚持党的领导、加强党的建设、落实党的路线方针政策，履行全面从严治党主体责任、执行党的纪律，落实中央八项规定精神、党风廉政建设和反腐败工作以及选人用人等情况进行监督检查。

3月25日 教育部公布2016年度普通高等学校本科专业备案和审批结果，我校首开机器人工程专业和网络工程专业。

3月29日 东北大学在主楼召开2017年党风廉政建设工作会议。学校党政领导、党委委员、纪委委员和中层副职以上干部参加会议。校党委副书记、纪委书记杨明代表学校党委作《以党风廉政建设的新成效，迎接学校第十四次党代会胜利召开》的工作报告。

4 月 7 日　中共东北大学第十三届委员会全体会议在汉卿会堂召开，会议听取并审议了《中共东北大学第十三届委员会常务委员会 2016 年工作报告》《东北大学 2017 年度财务预算报告》。教育部党组第四巡视组成员列席会议。会议由校党委书记熊晓梅主持。

△　由东北大学、中国（海南）改革发展研究院联合辽宁省发展改革委员会、辽宁省国有资产监督管理委员会共同主办，中国东北振兴研究院承办，以“国有企业改革——东北振兴的重头戏”为主题的东北振兴专题论坛在东北大学汉卿会堂举行。

△　校党委理论学习中心组在汉卿会堂召开全国“两会”精神专题学习会。教育部党组第四巡视组成员列席会议，校领导班子成员参加学习。会议由校党委书记熊晓梅主持。

4 月 15 日　在第 45 届日内瓦国际发明展上，我校组织参加的 4 项成果获得评审团特别嘉许金奖 1 项、金奖 1 项和银奖 2 项。冶金学院特殊冶金与过程工程研究所张廷安教授团队研发的“利用钙化 - 碳化法处理中低品位铝土矿和拜耳法赤泥”项目获最高荣誉金奖——评审团特别嘉许金奖；材料科学与工程学院孙旭东教授团队的“激光扫描法制备导热陶瓷基精细印刷电路板”项目获展览会金奖；张廷安教授团队的项目“直接加压浸出钒渣提钒新工艺”和孙旭东教授团队的项目“一种镍网状分布的银镍复合电触头材料及其制备方法”获展览会银奖。

4 月 19 日　共青团中央书记处书记徐晓一行到东北大学调研。校党委书记熊晓梅、副校长张国臣与徐晓一行座谈。

4 月 26 日　教育部党组书记、部长陈宝生一行到东北大学调研学校深化综合改革进展情况，以及贯彻落实《关于加强和改进新形势下高校思想政治工作的意见》情况。

4 月 28 日　东北大学学位评定委员会十届十三次工作会议决定授予 54 人博士学位、208 人硕士学位。

△　学校召开党委常委会会议，学习传达教育部党组书记、部长陈宝生来校调研和在辽宁深化教育领域综合改革及高校思想政治工作调研座谈会上的讲

话精神。

5月4日 东北大学庆祝建团95周年大会暨东大青年奋斗的青春故事会召开。大会表彰了全校获得“五四奖章”的优秀个人和获得“五四奖状”的先进集体，并为第12届“我最喜爱的老师”获奖者颁奖。表彰仪式后，大会还举行了“璀璨星光——东大青年奋斗的青春故事会”。

5月5日 东北大学信息科学与工程学院院长唐立新教授荣获“全国五一劳动奖章”。

△ 东北大学辅导员、中荷生物医学与信息工程学院党委副书记兼副院长王帅荣获第九届“全国高校辅导员年度人物”提名奖，并荣获2016辽宁省高校辅导员年度人物。

△ 东北大学马克思主义学院田鹏颖教授荣获“沈阳市五一劳动奖章”。

5月8日 东北大学第一期中层干部赴延安培训班在延安大学开班，学校各部门36名中层干部参加此次培训。

5月18—19日 共青团中央书记处书记傅振邦一行到东北大学驻校蹲班，深入调研我校推进共青团改革攻坚和全面落实高校思想政治工作会议精神情况。

5月24日 学校印发《东北大学本科教材建设与管理办法》。

5月25日 东北大学青年科学技术协会成立大会在汉卿会堂举行。

5月27日 东北大学第五十六届体育运动大会举行。

5月31日—6月1日 以“智慧系统：挑战与展望”为主题的香山科学会议第597次学术讨论会在东北大学国际学术交流中心举行。会议由东北大学计算机科学与工程学院院长王义教授申请发起，华东师范大学、东软集团、国防科技大学、中科院软件所等国内单位以及法国、瑞典、德国、韩国等相关研究机构的学者与企业精英参与本次会议。东北大学王义教授、柴天佑教授，东软集团刘积仁教授等任大会执行主席。

6月7日 学校党委印发《东北大学党委关于推进“两学一做”学习教育常态化制度化的实施方案》。

6月8日 东北大学与香港新华集团全面战略合作框架协议签字仪式在汉卿会堂举行。全国政协教科文卫体委员会副主任、香港中华总商会会长、香港新华集团董事会主席蔡冠深博士，香港新华集团董事蔡隽思，东北大学党委书记熊晓梅，党委副书记、纪委书记杨明出席签字仪式。

杨明、蔡隽思代表双方签署了《东北大学、香港新华集团全面战略合作框架协议》和《东北大学、香港新华集团钢铁领域新技术成果合作推广协议》。东网科技有限公司与新华集团签订了《新华集团与东网科技有限公司战略合作意向书》。

6月21日 教育部党组第四巡视组向我校反馈巡视情况。巡视组首先分别向学校主要负责同志和领导班子成员反馈意见，随后进行大会反馈。校长赵继主持会议，校党委书记熊晓梅作表态发言。

△ 学校召开党委常委会议研究部署学校巡视整改工作，会议由校党委书记熊晓梅主持。会议决定，成立东北大学巡视整改落实工作领导小组，全面领导巡视整改落实工作，由熊晓梅任组长。领导小组下设整改落实工作推进组和办公室。

6月27日 东北大学2017届本科生毕业典礼暨学位授予仪式在刘长春体育馆举行。本届本科毕业生中，4491人毕业，24人结业，4487人获得学士学位证书。

6月28日 校长赵继与法国图卢兹大学校长菲利普·兰博、图卢兹第三大学校长让-皮埃尔·维内尔、图卢兹国立理工学院院长奥利弗·西莫宁、法国驻沈阳总领事馆科技与高等教育合作领事都琳等举行座谈，副校长王建华参加座谈会。

赵继与菲利普·兰博签署了《中国东北大学和法国图卢兹大学共建孔子学院意向书》。赵继、菲利普·兰博、让-皮埃尔·维内尔共同签署了《中国东北大学与法国图卢兹大学、图卢兹第三大学共建中法工程学院协议书》。

△ 软科世界一流学科排名发布，我校14个学科上榜，其中冶金工程学科进入前10名。

6月29日 本科教学审核评估预评专家组进驻东北大学，检验学校本科教学审核评估工作准备情况。

△ 东北大学在刘长春体育馆举行庆祝建党96周年表彰大会暨“讲述·东大人的故事”典型推介会。

6月30日 东北大学党委书记熊晓梅当选为出席党的十九大代表。

7月3日 学校召开党委常委会议，传达学习6月28日中共中央政治局审议《关于巡视31所中管高校党委情况的专题报告》会议精神。会议由校党委书记熊晓梅主持。会议审议通过了学校关于教育部第四巡视组巡视反馈意见的整改落实方案、整改措施、整改任务分解和责任分工及选人用人工作整改方案。

7月7日 为深化本科教学改革，推进我校人才培养模式创新，学校印发了《东北大学本科生跨专业、跨校选课及辅修管理办法》，通过校内跨专业选课及辅修、跨校选课及辅修等，鼓励学有余力的学生辅修校内外其他专业课程，共享优质教育资源，培养“交叉复合型”人才。

7月10日 东北大学召开学习贯彻落实全国高校思想政治工作会议精神专题报告会。

7月17日 东北大学与加拿大劳伦森大学在国际学术交流中心签署意向备忘录，根据此备忘录，东北大学资源与土木工程学院和劳伦森大学矿业创新与技术研发部门将联合建立中加深部采矿创新研究中心。

7月24日 学校党委印发《东北大学党委常委会会议制度》，该制度是对2016年党委常委会会议制度的修订。

7月26日 东北大学与秦皇岛市政府签署战略合作协议。

△ 东北大学与山钢集团签署战略合作协议。

8月17—18日 第一届河钢东大学术年会在东北大学举行。

8月19日 由东北大学、中国（海南）改革发展研究院、中国东北振兴研究院共同发起，联合长春、沈阳、哈尔滨、大连四市政府共同主办的“破题发力：东北全面振兴的新进展、新机遇、新挑战——2017东北振兴论坛”在长春市举行。

8月23—24日 东北大学2017年暑期战略研讨会在科学馆召开。学校党政领导、两院院士、校长助理，秦皇岛分校、机关及直属部门、各学院相关负责人，校学术委员会、学位委员会、教学指导委员会、教代会执委会成员以及部分学术带头人参加会议。

8月30日 东北大学2017级新生开学典礼在知行广场举行。

9月1日 学校党委理论学习中心组召开学习习近平总书记“7·26”重要讲话精神研讨会。校党委书记熊晓梅主持会议。

9月13日 学校调整研究生学制。（1）博士研究生学制调整为4年，从2017级博士研究生（含以往保留入学资格而在2017年及以后入学的博士研究生）开始执行。（2）硕士研究生（工商管理硕士专业学位、公共管理硕士专业学位和翻译硕士专业学位研究生除外）学制调整为 3 年，从 2018 级硕士研究生（含以往保留入学资格而在 2018 年及以后入学的硕士研究生）开始执行。（3）工商管理硕士专业学位（MBA）和公共管理硕士专业学位（MPA）研究生学制为 2.5 年，翻译硕士专业学位研究生（MTI）学制为 2 年，从 2018 级硕士研究生（含以往保留入学资格而在 2018 年及以后入学的硕士研究生）开始执行。

9 月 14 日　中共东北大学第十三届委员会全体会议在汉卿会堂召开，校党委书记熊晓梅主持会议。熊晓梅通报了东北大学党委关于教育部党组第四巡视组巡视情况反馈意见的整改落实情况。校党委副书记、纪委书记杨明代表学校党委向全委会报告第十四次党代会党代表的选举、两委委员的酝酿提名和征求意见、两委工作报告起草及征求意见等具体筹备情况。之后，与会人员表决通过第十四届党委委员和新一届纪委委员候选人预备人选名单。

9 月 15 日　东北大学召开迎接本科教学审核评估工作启动会。

9 月 22—25 日　由中国化学会主办、东北大学承办的第六届国际微流控学学术论坛（沈阳）、第十一届全国微全分析系统学术会议暨第六届全国微纳尺度生物分离分析学术会议在东北大学举办。东北大学副校长王建华教授任大会组委会主席并主持开幕式。

9 月 23 日　东北大学秦皇岛分校举行建校 30 周年庆祝大会。

9 月　东北大学入选一流大学建设高校，“控制科学与工程”成为“双一流”建设学科。

10 月 3—5 日　东北大学副校长冯夏庭教授被授予“国际岩石力学学会会士”荣誉称号。

10 月 8 日　教育部副部长孙尧来校考察调研。校党委书记熊晓梅、校长赵继、校党委副书记张国臣、副校长徐峰参加调研座谈。

10 月 17 日　由东北大学与香港新华集团校企共建的“新华东大钢铁先进技术研发与转移中心”在东北大学国际学术交流中心正式揭牌。

10 月 18—24 日　东北大学党委书记熊晓梅作为代表参加中国共产党第十九次代表大会。

10 月 19 日　东北大学本科教学工作审核评估专家反馈会在国际学术交流

中心举行。教育部评估专家组全体成员，东北大学校领导，学校相关职能部门负责人，各学院（部）院长、分党委书记、教学工作相关同志，校本科教学委员会成员、教学督导组成员，评估办公室和教务处全体人员参加会议。专家组向与会人员反馈东北大学本科教学工作审核评估总体情况。

10 月 20 日 以“中日大学发展：机遇、挑战与未来”为主题的第 10 届中日大学校长论坛在东北大学举行。来自东京大学、早稻田大学等 20 所日本大学，北京大学、清华大学等 18 所中国大学的 120 余名代表参加会议。我校校长赵继、副校长唐立新等出席开幕式。

10 月 25 日 东北大学“习近平新时代中国特色社会主义思想研究中心”成立大会在浑南校区文管学馆举行。

△ 学校决定成立东北大学学习宣传贯彻党的十九大精神宣讲团，在全校范围内广泛开展宣讲活动。宣讲团由文法学院、马克思主义学院相关学科教授组成，宣讲团办公室设在党委宣传部［文化建设办公室］。

10 月 27—29 日 马克思主义学院陈红兵教授和任鹏副教授在思想政治理论课现场教学展示活动中荣获“全国高校思想政治理论课教学能手”荣誉称号。

10 月 31 日 学校党委理论学习中心组召开学习党的十九大精神研讨会。校党委书记熊晓梅从报告的主题、核心内容、主要精神等多个方面对党的十九大报告进行了详细解读。

△ 学校印发《东北大学文物管理办法》。

11 月 1 日 东北大学与内蒙古霍林郭勒市签订全面合作协议。

11 月 4 日 辽宁高校创新创业联盟成立大会暨辽宁高校创新创业高峰论坛在东北大学举办。该联盟由东北大学发起成立，由辽宁省高校、企业共 50 家单位组成。

11 月 6 日 学校党委下发《东北大学关于认真学习宣传贯彻党的十九大精神的通知》，通知指出：学校“要面向全体干部师生开展多形式、分层次、全覆盖的学习培训，确保学深学透、入脑入心，确保党的十九大精神落地生根”。

11 月 9 日 学校召开学习宣传党的十九大精神部署会，全校副处级以上干部出席会议。

11 月 10 日　东北大学召开一流大学建设工作推进会，研究落实国家“双一流”战略部署。校领导和全校各学院、各部门主要负责人参加会议。校党委书记熊晓梅主持会议。

△　学校决定成立东北大学智慧系统国际合作联合实验室（简称联合实验室）。联合实验室是相对独立的科学研究机构，隶属于计算机科学与工程学院。

11 月 21 日　东北大学 2018 届毕业生冬季就业双向选择洽谈会举行。来自全国 27 个省（自治区、直辖市）的 565 家用人单位提供超过 23000 个就业岗位。

11 月 26 日　“2017 东北振兴论坛抚顺专题论坛”在辽宁省抚顺市金融创新产业基地举行。此次论坛由东北大学、抚顺市人民政府、中国（海南）改革发展研究院、中国东北振兴研究院共同主办。论坛以“以深化改革加快开创东北全面振兴新局面”为主题。

11 月 27 日　中国共产党优秀党员、中国工程院院士，我国著名的科学家、教育家，冶金热能工程学科创始人、工业生态学的开拓者，原东北工学院（现东北大学）院长陆钟武教授，因病医治无效，于 2017 年 11 月 27 日 11 时 33 分在沈阳逝世，享年 88 岁。

12 月 1 日　东北与京津冀协同发展研究中心暨中国东北振兴研究院秦皇岛研究中心成立仪式在东北大学秦皇岛分校举行。

12 月 1—2 日　东北大学第二十六次学生代表大会和第十五次研究生代表大会召开。大会审议修改了《东北大学学生会章程》和《东北大学研究生会章程》；审议通过了《关于深化学生会研究生会组织改革创新，着力提高服务广大同学的能力水平，为学校“双一流”建设贡献青春力量的决议》和《东北大学学生社团建团实施办法》，选举产生东北大学第三十七届学生委员会、第三十二届研究生委员会。

12 月 5 日　学校印发《东北大学一流大学建设项目管理办法（试行）》。

12 月 11 日　由东北大学和加拿大劳伦森大学牵头，联合中国和加拿大重点矿山企业共同组建的中加深部开采创新研究中心成立仪式和首届学术研讨会在东北大学举行。劳伦森大学矿业创新改造与应用研究中心总裁 Vic Pakalnis，东北大学校长赵继、副校长冯夏庭等 50 余人出席仪式。

12 月 18 日　学校决定成立东北大学智慧矿山研究中心，该研究中心是相对独立的科学研究机构，隶属于资源与土木工程学院。

12月20日 学校发布《关于推进一流大学建设工作的通知》。通知对一流大学目标任务进行分解，要求组织开展2018年项目库完善、深化和细化工作，《东北大学一流大学建设高校建设方案》修改及公布工作。

12月21日 中国共产党东北大学第十四次代表大会在汉卿会堂召开。大会听取和审议了校党委书记熊晓梅代表中国共产党东北大学第十三届委员会作的题为《团结一心、迎难而上，全力推进“中国特色、世界一流”大学建设》的工作报告；审议了中国共产党东北大学纪律检查委员会工作报告；通过了《关于党委工作报告的决议》和《关于纪委工作报告的决议》。大会选举产生了中共东北大学第十四届委员会，委员27名，常委13名。党委书记：熊晓梅；党委副书记：赵继、孙正林、杨明、张国臣；纪律检查委员会书记：杨明。

中国共产党东北大学第十四次代表大会开幕式现场

12月24日 东北大学第二届国际青年学者论坛开幕式在东北大学国际学术交流中心举行，来自世界各地60所大学和科研机构的青年学者出席论坛。

12月28日 学校印发《东北大学一流大学建设项目绩效评价办法（试行）》。

△ 为建立有利于高层次人才稳定、聚集的人才高地，强化高层次人才的支撑引领作用，学校印发《东北大学协议年薪制实施办法（试行）》。该办法

自 2018 年 1 月 1 日起实行。该办法明确：学校成立东北大学协议年薪制专家委员会，主任由校长担任，副主任由主管人事、教学、科研工作的副校长担任，成员由部分校学术委员会委员、校内外知名专家和学者组成，主要职责是对申请协议年薪制人选进行学术评议，并向校长办公会提出学术评价意见。同时成立协议年薪制工作小组，办公室设在人事处，组长由人事处长担任，成员由教学、科研、学科、财务等相关部门的负责人组成。主要职责是负责学校有关协议年薪制的政策研究；负责对各类申请协议年薪制人选的学术成果进行研判；落实学校协议年薪制的有关政策，组织实行协议年薪制人选的评审及考核等日常管理工作。

12 月 29 日　学校决定成立党委人才工作委员会。学校党委人才工作委员会由学校党委书记、校长任主任，主管组织工作的副书记与主管人才工作的副校长任副主任，成员由党委组织部、人事处、发展规划与学科建设处、科学技术处、教务处、研究生院、计划财经处、资产与实验室管理处、后勤管理处、国际合作与交流处等部门相关负责人组成。党委人才工作委员会下设人才工作办公室，办公室为人才工作委员会的日常办事机构，与人事处合署办公，原引进人才办公室撤销，职能并入人才工作办公室。

△　学校研究决定设立国防科技发展研究院。国防科技发展研究院与保密委员会办公室合署办公，挂靠科学技术处。原军工项目管理处撤销，职能并入国防科技发展研究院。

△　学校下发《东北大学实验教学中心建设与管理办法》。

△　由东北大学牵头完成的“热轧板带钢新一代控轧控冷技术及应用”获得 2017 年度国家科技进步二等奖。港珠澳大桥大量应用了该工艺生产的高性能绿色桥梁钢。

12 月 30 日　东北大学与中德（沈阳）高端装备制造产业园战略合作签约仪式在沈阳市经济技术开发区管委会举行。唐立新副校长和市政府、中德园管委会相关领导签署了东北大学与中德（沈阳）高端装备制造产业园战略合作协议。

2018 年

1 月 2 日 东北大学入选教育部首批高校科技成果转化示范基地名单。

1 月 5 日 我校流程工业综合自动化国家重点实验室主任柴天佑院士被授予亚洲控制协会 Wook Hyun Kwon 教育奖。

1 月 10 日 东北大学与长春高新技术产业（集团）股份有限公司校企合作洽谈会暨捐赠签约仪式举行。

1 月 12 日 东北大学决定成立党委教师工作部。

△ 学校印发《关于做好东北大学人才特区试点建设的实施意见》，决定在国家重点实验室开展人才特区试点建设工作。人才特区在聘用、聘任、考核和分配等工作中享有相对自主权。学校审批特区章程，授权特区依据章程运行，鼓励特区依据岗位聘用专职科研人员、跨学科聘用专业技术人员组建团队、科学使用流动性岗位聘用兼职人员，鼓励聘用海外知名学者，促进国际交流与合作。

△ 科技部发布 2017 年信息领域国家重点实验室评估结果，东北大学流程工业综合自动化国家重点实验室在此次评估中排名第一。

1 月 13 日 东北大学一流大学建设目标任务书签订仪式在汉卿会堂举行。校党委书记熊晓梅、校长赵继及相关学院和部门主要负责人参加仪式。会上，熊晓梅、赵继与学院代表、学科群代表及职能部门代表共同签署了一流大学建设目标任务书。

东北大学一流大学建设目标任务书签订仪式

△ 《东北大学本科卓越教育行动计划（2017—2023）》(以下简称《行动计划》）正式印发实施。《行动计划》明确提出东北大学“立德树人，激发潜能，学以致用，培育英才”的本科教育理念及本科专业建设“双十工程”、本科教学“讲席教授”制和建立“以教师为主，实验员为辅”的实验教学组织形式等改革措施。

△ 我校航空动力装备振动及控制（B 类）实验室顺利通过教育部评估，成绩良好。

1 月 18 日　抚顺市人民政府与东北大学战略合作框架协议签约仪式在东北大学举行。抚顺市常务副市长蒲信子与我校副校长孙雷代表双方签署战略合作框架协议。

1 月 22 日　东北大学与法国图卢兹大学合作举办材料科学与工程专业本科教育项目获得教育部批准，法方具体执行单位为该校联盟体系下的图卢兹第三大学。

1 月 24 日　东北大学校长赵继当选全国政协十三届委员。

1 月 26 日　东北大学科技成果转化办公室被确定为 2017 年辽宁省省级技术转移示范机构。

2 月 3 日　东北大学与深圳市特发集团有限公司战略合作框架协议签约仪式在特发集团举行。副校长孙雷和特发集团总经理高天亮代表校企双方签署协议。

2 月 5 日　东北大学与中国科学院理论物理研究所合作框架协议签署暨“中国科学院理论物理研究所—东北大学彭桓武科教合作中心”成立仪式举行。中国科学院理论物理所副所长（主持工作）蔡荣根院士和我校校长赵继代表双方签署合作框架协议。

3 月 8 日　东北大学“加快推进一流大学建设”专题研讨班在汉卿会堂开班，此次研讨班为期三天，通过专家主题报告和分组讨论的形式，共同研讨加快推进一流大学建设的相关工作。

3 月 15 日　东北大学秦皇岛分校荣获 2017 年“国防教育特色学校”称号。

3 月 19 日　东北大学与华为技术有限公司创新人才中心揭牌仪式暨设备捐赠仪式举行。

3 月 21—22 日 东北大学第八届教职工代表大会第二次会议召开。会议听取审议了校长赵继作的《深化改革，真抓实干，全面落实“双一流”建设任务》的工作报告，分析了学校“双一流”建设面临的机遇和挑战，并对全面落实“双一流”建设各项任务进行了部署。校党委书记熊晓梅以《增强使命担当，坚定信念决心，奋力推进学校一流大学建设》为主题发表讲话。

3 月 25 日 东北大学被授予“2017 年度辽宁省定点扶贫先进单位”荣誉称号；我校驻村工作队队长、创新创业学院王刚同志被授予“2017 年度辽宁省定点扶贫先进工作者”荣誉称号。

△ 科技部公布“十三五”国家重点研发计划“智能机器人”重点专项立项通知，我校机器人科学与工程学院吴成东教授作为项目总负责人、首席科学家的“工业机器人伺服系统产品性能优化及工程化应用”项目获批立项。该项目由 5 个课题组成，项目总经费 7294 万元。

4 月 3 日 东北大学 2018 年全面从严治党工作会议召开。学校领导、党委委员、纪委委员、副处级以上干部、秦皇岛分校相关干部和学校分党委（直属党总支）纪检委员参加会议。

4 月 9 日 东北大学与英国邓迪大学签署合作办学意向书。

4 月 15 日 东北大学与南宁市战略合作协议签约仪式在南宁市人民政府举行。南宁市委书记王小东、南宁市市长周红波，东北大学校长赵继、中国工程院院士王国栋出席签约仪式。

4 月 18 日 东北大学与辽宁华信钢铁共性技术创新科技有限公司在辽阳市签署合作协议。辽阳市委书记王凤波、东北大学校长赵继、中国工程院院士王国栋等出席签约仪式。根据协议，东北大学与辽宁华信钢铁共性技术创新科技有限公司共同建设辽宁钢铁共性技术创新中心。

4 月 23 日 东北大学与沈阳军区总医院签署医学与生物信息工程学院共建协议。沈阳军区总医院院长侯明晓、东北大学校长赵继出席仪式。

4 月 25 日—5 月 4 日 校长赵继率代表团先后访问日本北海道大学，英国萨里大学、剑桥大学、华威大学和土耳其海峡大学。副校长徐峰及相关部门负责人陪同访问。访问期间，学校与日本北海道大学签署校际合作协议；与剑桥大学签署两校在材料化学与化学冶金领域的系级合作备忘录；与土耳其海峡大学签署《东北大学与海峡大学学术合作谅解备忘录》。

4 月 28 日　中国科学院理论物理研究所—东北大学“彭桓武科教合作中心”揭牌仪式暨理论物理前沿问题研讨会在东北大学国际学术交流中心举行。中国科学院理论物理研究所所长、中国科学院院士蔡荣根，我校党委书记熊晓梅共同为中心揭牌。

5 月 3 日　学校决定成立东北大学智慧水利科技创新中心。创新中心是相对独立的科学研究机构，隶属于资源与土木工程学院。

5 月 4 日　东北大学纪念五四运动 99 周年大会暨“璀璨星光”东大青年奋斗的青春故事会召开。

5 月 5 日　东北大学团委荣获“全国五四红旗团委”称号；秦皇岛分校团委荣获“全国五四红旗团委”称号；东北大学荣获“辽宁五一劳动奖状”；马克思主义学院田鹏颖教授荣获“辽宁五一劳动奖章”；软件学院王兴伟教授荣获“沈阳五一劳动奖章”。

5 月 7 日　学校党委印发《东北大学贯彻落实中央八项规定精神及实施细则的实施办法》。

5 月 10 日　学校党委印发《东北大学教职工代表大会实施办法》。2012 年 11 月 4 日东北大学第七届教职工代表大会第一次会议通过的《东北大学教职工代表大会实施办法》废止。

5 月 11 日　中共辽宁省委下发文件，从 9 月 1 日起，东北大学党委隶属省委教育工委。此前，东北大学党委隶属沈阳市委。

5 月 18—20 日　中国岩石力学与工程学会岩石工程设计方法分会成立大会暨第一届全国岩石工程设计理论与方法研讨会在东北大学召开，来自全国 50 多个单位的 300 余名岩石工程设计领域的专家和学者参加会议。我校冯夏庭教授当选为理事长。

5 月 25 日　东北大学第五十七届体育运动大会在五四体育场举行。

△　第八届中俄科学实践国际研讨会在东北大学召开。

5 月 26 日　东北大学一流大学建设项目绩效评价专家评审会议召开。由柴天佑院士、王国栋院士、孙传尧院士等组成的专家组对我校一流大学建设项目建设绩效进行审议。校长赵继、副校长唐立新出席会议。

5 月 28 日　东北大学与东旭集团有限公司战略合作框架协议签约仪式举行。

5 月 31 日 东北大学流程工业综合自动化国家重点实验室秦皇岛分中心——智能感知与光电检测技术研究中心揭牌仪式在秦皇岛分校举行。中国工程院院士、流程工业综合自动化国家重点实验室主任柴天佑，秦皇岛市市长张瑞书出席揭牌仪式并为分中心揭牌。

6 月 1 日 东北大学副校长孙雷与沈阳日报传媒集团党委书记、总裁、总编辑程谟刚签署《东北大学—沈阳日报传媒集团产教合作协议书》，并共同为东北大学人才实训实习基地揭牌。

6 月 5 日 东北大学依托东北老工业基地“劳模文化”资源和国家社科基金重大项目《东北（辽宁）老工业基地“劳模文化”史料编纂及当代价值研究》”，获批高校思想政治理论课教师研修基地。

6 月 5—6 日 教育部直属高校基本建设规范化管理专项检查组莅临我校开展基本建设规范化管理专项检查。

6 月 9—11 日 由东北大学和中国自动化学会信息物理系统控制与决策专业委员会联合主办的第 30 届中国控制与决策会议（CCDC）在沈阳召开。来自海内外高等院校和科研机构的 1100 余位代表出席会议。

6 月 12 日 学校决定设立科学技术研究院，原科学技术处及研究总院撤销，职能并入科学技术研究院。

6 月 21 日 我校布置 2019 年度一流大学建设项目申报和评审工作。校党委书记熊晓梅，副校长冯夏庭，校长助理刘常升出席会议，各学院院长、党委书记，分管学科建设工作的副院长，国家重点实验室主任等相关人员参加会议。

△ 在第十七届全国大学生机器人大赛中，东北大学 ACTION 代表队荣获冠军，这是东北大学继 2016、2017 年两次夺得冠军后第三次摘得桂冠。

6 月 22 日 东北大学与云南省人民政府战略合作协议签约仪式在昆明举行。云南省人民政府副省长陈舜、东北大学党委书记熊晓梅代表双方签署省校战略合作协议。

△ 东北大学与潍坊市坊子区共建“东北大学（潍坊）先进陶瓷研究院”框架协议签约仪式在东北大学举行。

6 月 23—24 日 校党委书记熊晓梅、副校长孙雷一行赴我校定点扶贫县——云南省保山市昌宁县考察调研。

6 月 27 日 东北大学“智能电气科学与技术研究院”成立大会召开，校长赵继及相关部门负责人出席会议。

6 月 28 日 东北大学 2018 届本科生毕业典礼暨学位授予仪式举行。本届本科毕业生 4701 人毕业，23 人结业，4726 人获得学士学位证书。

6 月 29 日 “有色金属冶金过程技术教育部工程研究中心”建设项目顺利通过教育部验收。

7 月 4 日 东北大学与朝阳市人民政府战略合作协议签约仪式在朝阳市举行。朝阳市市长高伟与校党委书记熊晓梅代表双方签署了战略合作协议。签约仪式上，熊晓梅为东北大学技术转移中心（朝阳）分中心授牌。凌源钢铁股份有限公司、鞍钢集团朝阳钢铁有限公司、新都黄金有限责任公司等 10 家企业与东北大学专家团队进行了技术合作项目签约。

7 月 5 日 我校在汉卿会堂组织召开巡视整改落实工作推进会，传达《中央巡视工作规划（2018—2022 年）》和《教育部巡视工作规划（2018—2022 年）》精神。校党委书记熊晓梅，校党委副书记、纪委书记杨明出席会议。

7 月 6 日 学校决定成立东北大学教师工作委员会，原东北大学师德建设委员会并入东北大学教师工作委员会，委员会常设执行机构设在党委教师工作部。

7 月 11 日 东北大学学位评定委员会十一届三次工作会议决定授予 151 人博士学位，授予 575 人硕士学位。学位评定委员会决定增列 57 名教师为博士生导师。

7 月 13 日 科睿唯安发布新一期 ESI 数据。东北大学工程学（Engineering）学科论文被引频次为 25798，排名全球第 132 位，首次进入 ESI 排名前千分之一行列，成为我校第一个 ESI 前千分之一学科。

除工程学排名进入前千分之一外，材料科学、计算机科学、化学被引频次与前千分之一学科差距均进一步缩小。

7 月 20 日 东北大学基因矿物加工研究中心揭牌仪式举行。

7 月 21 日 东北大学科学技术研究院成立大会暨科技工作研讨会召开。

7 月 23 日 本钢集团有限公司—东北大学校企合作技术对接会在本钢集团举行。中国工程院院士王国栋、东北大学副校长唐立新，本钢集团党委书记、董事长陈继壮，党委副书记赵忠民，副总经理、总工程师张贵玉等出席对接会。

7月26—27日 由中国有色金属学会、加拿大英属哥伦比亚大学和中国东北大学共同举办的第一届中加有色金属冶金国际研讨会在东北大学召开。

8月21—22日 由河钢集团和东北大学联合主办的“第二届河钢东大国际学术年会”在石家庄举行。世界钢铁协会总干事埃德温·巴松，中国工程院院士干勇、柴天佑、王国栋、谢建新应邀出席。河钢集团党委书记、董事长、中国钢铁工业协会会长于勇，河钢集团总经理、党委副书记彭兆丰，东北大学党委书记熊晓梅、校长赵继、副校长唐立新出席会议。本次会议以“可持续钢铁让人类生活更美好”为主题。

8月24日 国务院大督查第六督查组一行莅临我校，开展创新驱动发展专项督查。

9月3日 学校决定成立东北大学知识产权信息服务中心，中心设在图书馆。

9月4日 东北大学2018级学生开学典礼在知行广场举行。

△ 纪念方肇伦院士诞辰80周年暨“方肇伦院士纪念文集”赠阅仪式举行。

9月5日 我校4项成果获2018年中国钢铁工业协会、中国金属学会冶金科学技术奖一等奖，2项成果获三等奖。

△ 东北大学与鞍钢集团有限公司战略合作框架协议签约仪式在东北大学举行。鞍钢集团有限公司董事长、党委书记姚林，鞍钢集团有限公司总工程师张大德，东北大学党委书记熊晓梅，校长赵继，中国工程院院士王国栋，副校长孙雷、唐立新等出席签约仪式。

姚林与赵继共同签署《鞍钢集团有限公司东北大学战略合作框架协议》，张大德与唐立新共同签署《鞍钢东大先进材料工程研究院共建协议》。

9月8日 由全国博士后管委会、中国博士后科学基金会主办，辽宁省人力资源与社会保障厅、东北大学承办的“智能感知、控制与优化”全国博士后学术论坛在东北大学召开。

△ 东北大学举行2018年新入伍大学生欢送会。

9月10日 我校庆祝第34个教师节暨先进集体、先进个人表彰大会在汉卿会堂举行。

△　东北大学 2018 年战略研讨会在科学馆召开。副校长王建华传达了教育部新时代全国高等学校本科教育工作会议精神，解读了教育部《关于加快建设高水平本科教育，全面提高人才培养能力的意见》。校党委副书记张国臣介绍了学校招生和就业情况。校长赵继作了《坚持“以本为本”，落实“四个回归”，努力建设一流本科教育》的专题报告。

9 月 15 日　东北大学建校 95 周年庆祝大会暨一流大学建设高峰论坛举行。校董会代表、院士校友代表、校友企业家代表、海外校友代表、各地校友会负责人、辽沈地区高校和科研院所校友代表、学校老领导、学校领导班子成员、各部门负责人和在校师生代表出席会议。校党委书记熊晓梅主持会议。

△　东北大学校董会第四届董事大会暨校企合作签约仪式在主楼举行。东北大学党委书记熊晓梅、校长赵继，校董会董事和董事代表出席会议。

赵继作第三届校董会工作报告。会议审议通过了第四届校董会组织机构名单。会上，东北大学分别与中国黄金集团、本钢集团、方大钢铁集团、铜陵有色金属集团、厦门钨业集团、河钢集团、东方剑桥教育集团、天津荣程集团、西安天宙集团、北京一维弦科技公司等 10 家规模企业签署校企合作协议或捐赠协议。

△　东北大学与荣程集团捐赠签约仪式举行。

9 月 16 日　东北大学校友总会五届四次会议暨校友企业家协会成立大会在科学馆召开。东北大学校长赵继、副校长孙雷，海内外各地校友代表、校友企业家代表出席大会。

会议通过了《东北大学校友企业家协会章程（草案）》，选举产生东北大学校友总会校友企业家协会理事会组织机构。东软集团股份有限公司董事长兼 CEO 刘积仁当选首任理事会会长。

△　第一届“中国话语”高端论坛在东北大学举行。

9 月 17 日　中法工程学院开学典礼在主楼举行，法国图卢兹大学校长菲利普・兰博和东北大学校长赵继出席典礼并致辞。

9 月 26—28 日　由东北大学主办的第九届国际先进材料加工学术会议在东北大学举行。新西兰皇家科学院院士高唯，英国牛津大学副校长、皇家工程院院士 Patrick Grant，奥地利科学院院士、埃里希施密德材料科学研究所所长、东北大学访问特聘教授 Jurgen Eckert，澳大利亚昆士兰大学荣誉退休教授

DavidSt. John，《材料学报》(Acta Materialia) 主编、中国科学院金属研究所研究员卢磊等国内外知名材料科学家应邀出席会议并作大会主旨报告。中国工程院院士、东北大学教授王国栋，东北大学副校长徐峰出席会议开幕式并致辞。

9 月 29 日 学校党委下发《东北大学关于认真学习贯彻全国教育大会精神的通知》。

9 月 30 日 学校研究决定，成立东北大学科技成果转化股权管理工作小组，工作小组由科技成果转化办公室牵头，成员部门由科学技术研究院、科技成果转化办公室、计划财经处、人事处、资产与实验室管理处、国有资产管理委员会办公室、经营性资产管理委员会办公室、政策法规办公室、科技产业集团组成；负责科技成果转化形成股权过程的尽职调查、价值评估、备案管理、董监事人选推荐、兼职管理、资产登记、财务入账、股权运营、资产划转、法律咨询等事宜，做到依法转化，前后衔接，控制风险。

10 月 9—10 日 2018 全国高校机器人工程专业新工科建设与产学合作论坛在东北大学举行，来自全国 66 所高校、24 家企业的 200 多位专家学者参加会议。大会举行了机器人专业工作委员会成立聘任仪式，东北大学为机器人专业工作委员会主任单位，东北大学机器人科学与工程学院吴成东教授被聘为主任委员。

10 月 11 日 学校决定设立东北大学教学质量监控与评估中心，与教务处合署办公。

10 月 17 日 东大有色固废技术研究院举行揭牌仪式。该研究院专注于氧化铝赤泥无害化和低品位铝土矿处理，由东北大学张廷安教授团队以科技成果作价 1 亿元人民币入股，与北京增鑫资产管理中心、壹力（天津）环保工程有限公司共同注册成立。

10 月 18 日 东北大学学位评定委员会十一届四次工作会议决定授予 143 人博士学位，授予 125 人硕士学位，授予 1154 人学士学位。

10 月 19 日 东北大学与五矿营口中板有限责任公司战略合作框架协议签约仪式在汉卿会堂举行。

五矿营钢副总经理陈晓丹与唐立新副校长代表双方签订《五矿营口中板有限责任公司与东北大学共建中厚板工程技术研究中心战略合作框架协议》。根据协议，双方将联合组建“辽宁省中厚板工程技术研究中心”。

10 月 22 日 东北大学与江苏省江阴市高新区共建江阴金属材料创新研究院签约仪式在江阴高新区管委会举行。江阴市人民政府市长蔡叶明、东北大学校长赵继等出席签约仪式。

10 月 24 日 学校党委印发《东北大学学习贯彻全国教育大会精神干部教育培训工作计划》，学校拟在全校范围内开展以“学习贯彻全国教育大会精神，加快推进一流大学建设”为主题的专题教育培训，面向学校领导班子、中层干部和骨干教师开设专题培训班，开展共计 16 学时的集中学习和不少于 6 学时的其他形式教育。

△ 东北大学校董单位、校友企业 2019 届毕业生就业双选会举行。

10 月 25 日 我校教师黄敏、杨晓春、韩跃新、王强、王聪荣获第十一届“辽宁省优秀科技工作者”称号。

△ 东北大学获批 5 个辽宁省重点实验室，分别是：辽宁省轻量化用关键金属结构材料重点实验室、辽宁省医学影像计算重点实验室、辽宁省红外光电材料及微纳器件重点实验室、辽宁省冶金工业智能诊断与安全重点实验室和辽宁省城市与建筑数字化技术重点实验室。

△ 学校党委常委会议决定，同意设立一流大学建设办公室，和发展规划与学科建设处合署办公。原高水平大学建设办公室撤销，原有职能根据实际情况由一流大学建设办公室继续履行。

10 月 28 日 东北大学生命科学与健康学院教授丁辰指导的 NEU-CHINA-A 团队和 NEU-CHINA-B 团队分别斩获第十五届国际遗传工程机器设计大赛金奖和银奖。

10 月 30 日 纪念梁思成创办中国现代建筑教育 90 周年暨东北大学梁思成纪念馆揭牌仪式在浑南校区建筑学馆举行。中国工程院院士、华南理工大学建筑学院教授何镜堂，中国工程院院士、东南大学建筑学院教授王建国，中国科学院院士、同济大学建筑与城市规划学院教授常青，清华大学建筑学院院长庄惟敏，中国建筑学会副秘书长张伶伶，东北大学党委书记熊晓梅、副校长冯夏庭，以及来自清华大学、天津大学、东南大学、西安建筑科技大学、大连理工大学、沈阳建筑大学等国内知名建筑院校，国家级、省级建筑学会的近 30 位专家学者出席揭牌仪式。何镜堂与熊晓梅共同为东北大学梁思成纪念馆揭牌。

10 月 31 日 辽宁省人大常委会副主任、省总工会主席杨忠林一行来校调研。

11 月 5 日 教育部办公厅正式发布《教育部办公厅关于公布首批"三全育人"综合改革试点单位名单的通知》，遴选产生 5 个"三全育人"综合改革试点区、10 个"三全育人"综合改革试点高校、50 个"三全育人"综合改革试点院（系）。东北大学入选首批"三全育人"综合改革试点高校。

11 月 7 日 东北大学荣获"2018 年度全国创新创业典型经验高校"称号，实现了高校创新创业教育工作荣誉大满贯。

11 月 9 日 东北大学与成都市郫都区举行"民政部研究基地东北大学城乡社会研究院实践教研基地"签约仪式。

11 月 12—13 日 东北大学 2019 届毕业生冬季就业双向选择洽谈会举行。来自全国 25 个省（自治区、直辖市）的 560 多家用人单位提供有效岗位 25800 余个。

11 月 13 日 学校党委决定成立中共东北大学图书馆总支部委员会，隶属学校党委管理。

11 月 14 日 东北大学在汉卿会堂召开贯彻落实全国教育大会、新时代全国高等学校本科教育工作会议精神专题会议。会上，教务处就《东北大学一流本科教育建设实施方案》进行了详细解读和培训。

11 月 16 日 学校决定成立"东北大学工业人工智能与大数据科学中心"。中心是相对独立的科学研究机构，依托智能工业数据解析与优化实验室和创新引智基地建设。

11 月 17 日 东北大学举办"承担新使命，引领新时代"东北三省高校本科教育教学改革研讨会，来自东北三省高校、相关企事业单位的 357 名高校领导、教务处长、二级单位主管教学工作负责人、教学名师、优秀教学团队成员，企事业单位代表参会。

11 月 22 日 东北大学学习贯彻全国教育大会精神中层干部及教师骨干专题讲座在科学馆举行。

11 月 23 日 学校党委决定成立党委巡察工作领导小组，领导小组对学校党委负责并报告工作。同日，学校决定成立党委巡察工作办公室，党委巡察工作办公室作为党委职能部门，独立配备干部人员编制，与纪委办公室合署办公。

△　云南省保山市委副书记、市长杨军一行访问东北大学。

11 月 24 日　共青团东北大学第十九次代表大会召开。校团委书记闫研代表共青团东北大学第二十届委员会向大会作了《高举旗帜跟党走，青春建功新时代，团结带领全校团员青年为建设一流大学而努力奋斗》的工作报告。大会选举产生共青团东北大学第二十一届委员会，审议通过了关于工作报告的决议，向全校团员青年发出了《不忘跟党初心，奋发务实进取，为推进学校一流大学建设和实现中华民族伟大复兴的中国梦贡献青春力量》的倡议。

11 月 28 日　东北大学与蚌埠市人民政府共建“东北大学蚌埠产业技术研究院”合作签约暨揭牌仪式在蚌埠市举行。

12 月 3 日　由辽宁省科协主办、东北大学承办的辽宁省第十二届学术年会暨第二届青年科学家论坛在东北大学举办。

12 月 11 日　学校印发《东北大学一流本科教育建设实施方案》。方案提出，到 2023 年，《东北大学本科卓越教育行动计划（2017—2023）》建设任务基本完成，初步形成高水平人才培养体系，本科人才培养质量显著提升……到 2035 年，基本形成中国特色、东大风格、世界一流的本科教育体系。方案提出具体的改革内容及主要举措有：（1）构建“三全育人”主体格局，把思想政治教育贯穿本科育人全过程；（2）深化人才培养模式，着力提升学生获得感；（3）推进一流专业建设，加快实现专业内涵式发展；（4）实施本科教学“四百工程”，夯实教育教学基础；（5）实施“资源平台跃升计划”，充实优质本科教学资源；（6）加强学习评价机制建设，强化学生学习过程管理；（7）加强教师队伍建设，全面提高教师教书育人能力；（8）加强交流与合作，完善人才培养开放共享体系；（9）建立自评和他评相结合的评估机制，完善质量监督保障体系。

12 月 12 日　中国共产党东北大学秦皇岛分校第二次代表大会在大学会馆召开。东北大学党委书记熊晓梅，东北大学党委副书记、秦皇岛分校党委书记孙正林，东北大学副校长、秦皇岛分校校长刘建昌，东北大学党委常委、组织部部长王辉，等出席会议。孙正林代表中国共产党东北大学秦皇岛分校上一届委员会作《坚定走内涵式、差异化的发展道路，建设高水平本科教育，为助力东北大学一流大学建设、奋力谱写秦皇岛分校发展新篇章而努力奋斗》的报告。

12 月 18 日 2018“互联网 +”制造与服务管理研讨会在东北大学举行。“未来制造与服务智能分析决策国际研究中心”和“‘互联网 +’物流与供应链管理学科创新引智培育基地”在此次研讨会中正式揭牌。

12 月 20—21 日 2018—2022 年教育部高等学校机械类专业教学指导委员会全体委员会议在东北大学召开。

12 月 22 日 由东北大学、中国（海南）改革发展研究院、辽宁省人民政府国有资产监督管理委员会、中国东北振兴研究院共同主办的“2018 东北振兴论坛——改革开放 40 周年与东北振兴”在东北大学举行。

12 月 24 日 东北大学举行第三届国际青年学者论坛。

△ 沈阳市科协与东北大学共建科技创新智库工作基地签约及揭牌仪式在东北大学举行。

12 月 28 日 张学良教育基金会第三届理事会第一次会议在汉卿会堂召开，校党委书记、理事会理事长熊晓梅，副校长、理事会副理事长孙雷，基金会第二届理事会全体理事、监事以及基金会秘书处全体工作人员参加会议。会议选举校党委书记熊晓梅为张学良教育基金会第三届理事会理事长，吕松涛、刘载望、孙雷为副理事长。

会议审议了《张学良教育基金会第二届理事会工作情况》《张学良教育基金会第二届理事会财务工作情况》《张学良教育基金会第二届监事会工作情况》《关于修订〈张学良教育基金会章程〉的提案》《王肃教育基金、“90 帮扶”基金开展投资理财的提案》。

2019 年

1 月 4 日 东北大学 2019 届研究生毕业典礼暨学位授予仪式举行，本次毕业博士 457 人、硕士 3991 人。

△ 学校党委下发《东北大学“三全育人”综合改革试点高校建设实施方案》。

△ 为全面贯彻落实习近平新时代中国特色社会主义思想和党的十九大精神，进一步推进全国高校政治思想工作会议和全国教育大会精神落地生根，全

面加强和改进学校教职工思想政治工作，学校制定、印发《东北大学教职工思想政治教育实施方案》。

1 月 5 日　东北大学“高品质钢冶金创新引智基地（培育）”推荐的 Somnath Basu 教授成功入选科技部 2018—2019 年度第二批“国际杰青计划”，这是我校首次获批“国际杰青计划”。

1 月 11 日　辽宁省副省长卢柯来校调研科技创新工作，并参观流程工业综合自动化国家重点实验室和轧制技术及连轧自动化国家重点实验室。校长赵继、副校长唐立新陪同参观。

1 月 12 日　学校党委下发《关于认真学习贯彻习近平总书记在庆祝改革开放 40 周年大会上重要讲话精神的通知》，对学习活动做了部署。

1 月 25 日　校长赵继率队访问广东省佛山市，与佛山市人民政府、佛山市顺德区人民政府签署全面战略合作框架协议。

2 月 20 日　东北大学等 47 所高校被教育部认定为首批高等学校科技成果转化和技术转移基地。

2 月 25—26 日　东北大学领导班子召开 2019 年战略研讨会。

2 月 28 日　我校“难采选铁矿资源高效开发利用技术”获批建设国家地方联合工程研究中心。该中心以东北大学采矿工程和矿物加工工程学科为主体，联合鞍钢集团矿业有限公司和朝阳东大矿冶研究院共同组建。

3 月 5 日　近日，我校智能工业数据解析与优化教育部重点实验室和医学影像智能计算教育部重点实验室获批立项建设。至此，我校教育部重点实验室已达 7 个。

3 月 7 日　辽宁省委常委、沈阳市委书记张雷到我校调研，并参观流程工业综合自动化国家重点实验室和创新创业学院。校党委书记熊晓梅，副校长王建华、唐立新陪同参观。

3 月 18 日　沈阳市副市长苗治民到东北大学调研。

3 月 19 日　东北大学与宝山钢铁股份有限公司全面合作框架协议签约仪式在上海宝山钢铁股份有限公司举行。宝山钢铁股份有限公司总经理侯安贵，副总经理（常务）储双杰，宝山钢铁股份有限公司中研院院长吴军，中国工程院院士、中研院副院长、中研院武汉分院院长毛新平，东北大学党委书记熊晓梅，校长赵继，中国工程院院士王国栋，副校长孙雷、王建华、唐立新出席签约仪式。王国栋院士以《加强钢铁绿色智能制造，打造未来钢铁梦工厂》为题作报告，毛新平院士以《钢铁工业生态化发展战略》为题作报告。

侯安贵与赵继共同签署《宝山钢铁股份有限公司与东北大学全面合作框架协议》。根据协议，双方将围绕科技合作、人才交流和人才培养等方面，以联合申报和承担国家科技创新重大项目及示范工程建设项目等方式，践行未来钢铁战略，在共性技术创新、工程问题攻关、科技成果转化、高端人才培养等方面开启全新合作范式。

3 月 20—21 日 东北大学 2019 届毕业生春季就业双向选择洽谈会举行。

3 月 21 日 中国工程院战略咨询中心、河钢集团、中国钢研与东北大学联合成立“氢能技术与产业创新中心”签约仪式在北京举行。中国工程院院士干勇、中国工程院院士王国栋、河钢集团董事长于勇、中国钢研董事长张少明、中国工程院战略咨询中心副主任焦栋、东北大学副校长唐立新等出席成立大会。干勇、王国栋、于勇、张少明为“氢能技术与产业创新中心”揭牌。

3 月 22 日 东北大学传达学习贯彻全国“两会”精神和 2019 年全面从严治党工作会议召开。学校党政领导、党委委员、纪委委员、中层副职及以上领导干部、各分党委（直属党总支）纪检委员参加会议。

校长赵继传达了十三届全国人大二次会议、全国政协十三届二次会议精神，对“两会”中有关基础教育和高等教育的相关重点政策和规划进行了深入解读。校党委副书记、纪委书记杨明代表学校党委传达了十九届中央纪委三次全会上习近平总书记重要讲话精神。

△ 东北大学—北海道大学交流日开幕式在汉卿会堂举行。

3 月 25 日 东北大学未来钢铁绿色智能制造平台建设研讨会在汉卿会堂举行。校党委书记熊晓梅、校长赵继、中国工程院院士王国栋、副校长唐立新出席研讨会。

3 月 27 日 “改革开放 40 周年与民营经济发展”专题报告会在东北大学举行。

4 月 5 日 我校申报的人工智能、生物制药、智能医学工程、数据科学与大数据技术（秦皇岛分校）、光电信息科学与工程（秦皇岛分校）5 个新本科专业获批设置。至此，我校本科专业总数达到 73 个。同时，我校也成为全国首批 35 所设置人工智能本科专业的高校之一。

4 月 7 日　沈阳市市长姜有为一行来东北大学调研大学生创新创业工作，校长赵继及相关部门负责同志陪同调研。

△　赵继校长会见英国萨里郡议会主席安东尼·塞缪尔。

4 月 8 日　中国职业技术教育学会会长、教育部原副部长鲁昕受聘为东北大学名誉教授。

4 月 10 日　沈阳市政协副主席赵世宏一行来校调研。

4 月 11 日　东北大学启动一流本科教育建设实施方案。

4 月 12 日　中国东北振兴研究院与辽宁省国资委战略合作签约仪式举行。

△　东北大学与辽宁省人民政府外事办公室签署战略合作备忘录。

△　东北大学在汉卿会堂组织召开基层党组织书记工作会议。校党委书记熊晓梅，党委副书记、纪委书记杨明，党委副书记张国臣，党委常委、组织部部长王辉出席会议。杨明解读了《中共中央关于加强党的政治建设的意见》。熊晓梅传达了教育部 2019 年高校思想政治工作研讨会精神。

4 月 19 日　2019 年国际大学生数学建模竞赛中，我校由工商管理学院李永立老师指导的团队荣获特等奖（Outstanding Winner）。这是我校自参加此竞赛以来第二次获此殊荣。本次竞赛，我校荣获特等奖 1 项，一等奖 14 项，二等奖 45 项。

4 月 20 日　由对外联络与合作处、继续教育学院共同组织的东北大学首期校友企业家高级研修班开班仪式在东北大学举行。副校长孙雷出席开班仪式，30 位校友企业家参加此次研修班。

4 月 22 日　沈阳市政协副主席肖枫一行来校调研。

4 月 24 日　学位评定委员会十一届六次工作会议决定授予 76 人博士学位，授予 206 人硕士学位，授予 1498 人学士学位。

4 月 25 日　东北大学与山东富伦钢铁有限公司在东北大学签署无头轧制技术战略合作协议。东北大学校长赵继、中国工程院院士王国栋、山东富伦钢铁有限公司董事长兼总经理刘吉安等共同为双方共建的“未来钢铁短流程技术创新中心”揭牌。

△　在第四十七届日内瓦国际发明展上，我校材料学院祖国胤教授团队研发的“运输用大尺寸泡沫铝夹心板材料”获评审团特别嘉许金奖、联合国世界知识产权组织（WIPO）特别大奖和俄罗斯铁路局授予的俄罗斯 JSCNIAS 最佳

发明奖。冶金学院张廷安教授团队研发的“铜冶炼渣末端高值化利用技术与装备”及“低成本快速清洁炼镁技术”分别获得金奖和银奖。

△ 全国人大常委会委员、民建中央副主席张少琴率民建中央调研组来东北大学调研。

4月26—28日 “陈宗基讲座”暨岩爆孕育机制、预测模型与灾害控制高端论坛在东北大学举行。来自40余家海内外著名高校和科研院所的260余名代表参加大会。

东北大学副校长冯夏庭教授作为主讲嘉宾作了《岩爆孕育过程研究》的讲座。挪威工程技术科学院院士李春林教授，东北大学特聘教授、加拿大劳伦森大学蔡明教授分别作了“陈宗基讲座”主题报告。

4月27—28日 由东北大学、国际岩石力学与工程学会岩石动力学专业委员会、中国岩石力学与工程学会岩石动力学专业委员会共同主办的深部高应力岩体开挖诱致动力失稳与控制学术研讨会在汉卿会堂举行。我校副校长、中国岩石力学与工程学会理事长冯夏庭出席论坛并致开幕词。

4月28日 东北大学作为第一主编单位的中国岩石力学与工程学会团体标准《岩石真三轴试验规程》和《岩石气体吸附量及膨胀应变测定方法》编制大纲及初稿评审会在东北大学召开。

4月29日 辽宁省委副书记、省长唐一军到东北大学调研。唐一军参观了流程工业综合自动化国家重点实验室、轧制技术及连轧自动化国家重点实验室和创新创业学院。

△ 教育部科技司组织有关专家在东北大学分别召开了“智能工业数据解析与优化”和“医学影像智能计算”教育部重点实验室建设计划论证会。东北大学王国栋院士、沈阳农业大学李天来院士、中科院沈阳自动化所王天然院士等14位论证专家以及我校副校长徐峰、唐立新出席会议。经过论证，专家组一致通过建设计划论证。

△ “青春心向党·建功新时代”东北大学纪念五四运动100周年大会暨“璀璨星光”东大青年奋斗的青春故事会（第五季）在南湖校区举行。

4月30日 东北大学工业人工智能研究院成立。5月5日，工业人工智能研究院建设工作推进会在主楼召开。校长赵继，中国工程院院士柴天佑，副校长王建华、唐立新、冯夏庭，流程工业综合自动化国家重点实验室、相关职能部门和学院负责人出席会议。

5 月 3—4 日　由国家 973 计划“TBM 安全高效掘进全过程信息化智能控制及支撑软件基础研究”项目组和中国岩石力学与工程学会主办的“TBM 掘进参数数据分享与机器学习”平行分析研讨交流计划答辩评审会在北京召开。东北大学深部金属矿山安全开采教育部重点实验室刘造保教授、毕鑫博士后等人组成的团队斩获竞赛一等奖。

5 月 7 日　由东北大学工业人工智能研究院和流程工业综合自动化国家重点实验室联合组织的中国工程院高端智库重点项目“工业互联网高质量发展模式与路径研究”启动会在主楼举行。中国工程院院士柴天佑、东北大学副校长唐立新等 30 余位校内外专家学者出席会议。

5 月 13 日　东北大学思想政治理论课建设工作领导小组会议在汉卿会堂召开。校领导熊晓梅、赵继、张国臣、王建华及领导小组成员参加会议。

5 月 15 日　在中国有色金属工业协会召开的科技成果评价会上，由东北大学张廷安教授团队、东北大学有色固废技术研究院（辽宁）有限公司完成的“熔融铜渣适度贫化 – 涡流还原制备含铜抗菌不锈钢 / 耐磨铸铁关键技术与装备开发”“相对真空连续炼镁技术与装备研发”两项科技成果通过鉴定。

△　冶金学院王聪教授被美国材料学会遴选为 2019 年度“银质奖章”（Silver Medal）获得者。

△　学校党委印发《中共东北大学委员会巡察工作办法（试行）》。

5 月 21 日　中国科协党组书记、常务副主席、书记处第一书记怀进鹏一行来东北大学调研。怀进鹏一行先后参观了轧制技术及连轧自动化国家重点实验室、流程工业综合自动化国家重点实验室。校长赵继、副校长唐立新及相关部门负责人陪同参观。

5 月 24 日　东北大学第五十八届体育运动大会举行。

5 月 27 日　东北大学—五矿营钢中厚板工程技术研究中心揭牌仪式在五矿营钢举行。唐立新副校长与五矿营口中板有限责任公司总经理王洪共同为研究中心揭牌。

5 月 29 日　辽宁省副省长卢柯到东北大学朝阳东大矿冶研究院调研。

5 月 31 日　教育部副部长翁铁慧到东北大学调研。翁铁慧一行先后考察了轧制技术及连轧自动化国家重点实验室和流程工业综合自动化国家重点实验室。

△ 学校党委印发《东北大学关于贯彻落实党委领导下的校长负责制的实施办法》。

6月2日 在第十八届全国大学生机器人大赛Robocon（北方赛区晋级赛暨总决赛）中，东北大学由丛德宏教授指导的ACTION代表队“脊梁”四足机器人荣获全国总冠军，这是我校连续第四年摘得全国冠军。

6月5日 东北大学与鞍钢集团联合举办“领导干部上讲台”——国企公开课以及“国企骨干担任校外辅导员”活动。鞍钢集团党委书记、董事长姚林为我校师生作了《以责任赢信任》的主题讲座。校党委书记熊晓梅、党委副书记张国臣出席报告会。报告会前，“国企骨干担任校外辅导员”启动仪式在汉卿会堂举行。

6月12日 中共沈阳市委常委、宣传部部长冯守权一行来校调研。

6月15日 云南省保山市委书记赵德光一行到学校调研。

6月19日 东北大学教师工作委员会会议审议通过了《东北大学关于进一步建立健全师德建设长效机制的工作方案》。校党委书记、教师工作委员会主任熊晓梅，学校教师工作委员会委员参加会议。

6月20日 东北大学与华为技术有限公司举行战略合作签约仪式。华为技术有限公司中国区副总裁董明、辽宁代表处总经理吴以平，东北大学校长赵继、副校长孙雷出席签约仪式。吴以平与孙雷代表双方签署战略合作协议。

6月21日 香港新华集团走进辽宁30年纪念暨蔡冠深文化中心开幕仪式在东北大学“蔡冠深文化中心”举行。东北大学党委书记熊晓梅、校长赵继会见全国政协常委、香港中华总商会会长、粤港澳大湾区企业家联盟主席、新华集团主席蔡冠深一行，并就东北大学与新华集团的全面合作进行深入交流。

辽宁省政协主席夏德仁、香港新华集团主席蔡冠深、东北大学校长赵继出席开幕仪式并讲话。夏德仁、蔡冠深、赵继、香港新华集团主席助理蔡卓思共同为“蔡冠深文化中心”揭幕。

6月26日 东北大学举行庆祝建党98周年表彰大会暨“讲述·东大人的故事”典型推介会。

6月27日 东北大学在汉卿会堂举行“双一流”建设中期自评工作研讨会，校长赵继，校党委副书记、纪委书记杨明，校党委副书记张国臣，副校长孙雷、冯夏庭，各学院（部、实验室）以及相关职能部门的主要负责人参加会议。发展规划与学科建设处负责人介绍了东北大学“双一流”建设中期自评方案的情况。

6 月 28 日　东北大学 2019 届本科生毕业典礼暨学位授予仪式举行。本届 4511 人毕业，17 人结业，4509 人获得学士学位证书。

7 月 5 日　东北大学与湖北省黄冈市人民政府签署战略合作协议。

7 月 10 日　学校党委调整部分党组织设置。成立中共东北大学艺术学院委员会，隶属学校党委，同时撤销中共东北大学艺术学院总支部委员会；中共东北大学中荷生物医学与信息工程学院委员会更名为中共东北大学医学与生物信息工程学院委员会，隶属关系不变；撤销中共东北大学国防教育学院总支部委员会，成立中共东北大学国防教育学院支部委员会，隶属关系归入民族教育学院。

7 月 17 日　全国人大常委会副委员长蔡达峰率高等教育执法检查组到东北大学考察。全国人大、教育部、辽宁省人大等部门相关负责人，东北大学党委书记熊晓梅、校长赵继等陪同考察。

7 月 21—27 日　首届工业人工智能国际会议在沈阳隆重举行。中国工程院院士柴天佑，中国工程院院士王天然，国家自然科学基金委员会信息学部、中国自动化学会、沈阳市科协学会相关人士，东北大学副校长唐立新等共计 500 余人参加会议，其中包括来自美、英、加、德、法等 18 个国家和地区的海外专家 60 余人。本届会议由东北大学流程工业综合自动化国家重点实验室主办，IEEE Computational Intelligence Society、中国自动化学会大数据专业委员会协办。

7 月 24 日　东北大学控制科学与工程学科群国际评价研讨会召开。来自美国、英国、加拿大等国家和地区著名高校的 7 位专家组成的国际评价专家团队对学科群中期建设情况进行评议。东北大学副校长唐立新等出席会议。

7 月 25 日　辽宁省委副书记周波到东北大学轧制技术及连轧自动化国家重点实验室调研，校党委书记熊晓梅、中国工程院院士王国栋陪同调研。

7 月 29 日　东北大学与辽宁省广电局签署人才教育培训战略合作协议。

△　云南省保山市昌宁县领导干部综合能力提升专题培训班开班。

7 月 31 日　佛山市人民政府、东北大学、佛山市顺德区人民政府签订合作共建研究生院协议。

8月3—12日 在第十八届全国大学生机器人竞赛RoboMaster2019机甲大赛总决赛中，由东北大学机械工程与自动化学院卢志国、刘冲两位老师指导的东北大学T-DT学生创新团队荣获全国总冠军。

8月4日 学校决定成立“佛山研究生院”。佛山研究生院作为学校直属部门，负责学校与佛山校地合作共建、研究生培养与产学研协同创新平台的建设和管理工作。

△ 为深入贯彻落实习近平新时代中国特色社会主义思想，特别是习近平总书记关于教育的重要论述，全面落实全国高校思想政治工作会议、全国教育大会、学校思想政治理论课教师座谈会等会议精神，着力推进学校“三全育人”综合改革试点高校建设工作取得实效，学校党委制定、印发了《东北大学关于实施“思业融合燎原计划”，加强和改进“课程思政”工作的意见》。

△ 学校成立东北大学师德失范行为处理工作领导小组，负责指定师德失范案件受理和调查部门，审核案件调查报告和处理意见，作出处理决定，并定期向教师工作委员会进行汇报，领导小组秘书处设在党委教师工作部。

8月7日 东北大学决定开展隆重庆祝新中国成立70周年“我和我的祖国”群众性主题宣传教育活动。

8月8日 学校决定推行成本分担机制改革。在学校党委的领导下，成立学校成本分担机制改革工作领导小组，统一指导、协调和解决成本分担机制改革过程中遇到的重点、难点和特殊问题，负责组织审定学校费用支出的成本分担管理办法等重要事项。成本分担机制改革工作领导小组下设领导小组办公室，挂靠计划财经处。

9月2日 东北大学“双一流”建设中期评估专家评议会召开。中国教育学会会长钟秉林教授，中国高等教育学会会长杜玉波研究员，冯守华院士，李天来院士，哈尔滨工业大学丁雪梅副校长，大连理工大学贾振元副校长，高等教育领域知名学者、评估机构负责人等11位专家应邀出席会议，对学校前一阶段“双一流”建设进行评议。

评估专家一致认为，东北大学高质量完成了“双一流”建设阶段性任务。

9月3—4日 东北大学2019年暑期战略研讨会在汉卿会堂召开。会议围绕一流大学建设和第五轮学科评估等进行深入研讨。学校领导、全校副处级以上干部、秦皇岛分校相关负责人参加会议。

9 月 6 日 由教育部、辽宁省人民政府指导，教育部学校规划建设发展中心主办，辽宁省教育厅、东北大学承办的 2019 国际产学研用合作会议（沈阳）在汉卿会堂开幕。来自中国、俄罗斯、乌克兰、白俄罗斯、美国、英国等国 100 余所高校、科研机构和企业的 180 名专家学者与会。教育部副部长孙尧，辽宁省副省长王明玉，俄罗斯驻沈阳总领事馆副总领事拉林，东北大学党委书记熊晓梅、校长赵继、副校长唐立新等出席会议。

会议上，东北大学党委书记熊晓梅、东北大学校长赵继教授、伯恩茅斯大学校长约翰·温尼教授、莫斯科国立建筑大学秋纽克·德米特里教授分别为“东北大学—莫斯科国立建筑大学智慧城市地下工程联合研究中心”和“东北大学—伯恩茅斯大学先进材料联合研究中心”揭牌。东北大学与乌克兰冶金学院签署合作协议。

9 月 10 日 东北大学 2019 级学生开学典礼在知行广场隆重举行。

△ 学校决定全面取消公文纸质流程，学校收发文（非涉密）所有环节均在 OA 系统内流转、处理，效力等同于纸质签字审批效力。

9 月 11 日 东北大学在主楼召开“不忘初心、牢记使命”主题教育动员部署会，深入贯彻落实习近平总书记在“不忘初心、牢记使命”主题教育工作会议上的重要讲话精神，严格按照党中央、教育部党组对主题教育的部署要求，对全校主题教育进行全面动员与重点部署。校党委书记熊晓梅主持会议并作动员部署。教育部第五巡回指导组组长杜向民出席会议并讲话。教育部党建联络员盛连喜、第五巡回指导组副组长韩晓峰出席会议。

9 月 18 日 辽宁省“劳模工匠进校园”活动启动仪式在汉卿会堂举行。东北大学 450 余名师生代表参加会议，校党委书记熊晓梅致辞。

随后进行的“劳模工匠进校园”首场宣讲活动中，沈阳鼓风机集团股份有限公司制齿工、全国劳动模范徐强，沈阳优尼斯智能装备有限公司 i5T5 产品线经理、“全国五一劳动奖章”获得者盖立亚，中国航发沈阳黎明航空发动机有限责任公司车工、“全国五一劳动奖章”获得者洪家光先后围绕“匠心筑梦”“劳模工匠——成长之路”等主题进行汇报。

9 月 19 日 东北大学 2019 年网络安全大会举行。本次会议的主要任务是落实党委网络安全责任制及其考核评价办法，落实学校二级单位的网络安全主体责任。会议下发了《东北大学党委网络安全责任制落实考核评价实施细则》。与会各单位主要负责人签署了网络安全承诺书。

△ 经学校研究决定，成立东北大学东软研究院。东北大学东软研究院作为学校直属部门，不设行政级别，采用以质量和贡献为导向的科技创新绩效管理模式，相对独立运行，学校依托科学技术研究院对其进行运行指导与监督、绩效管理与评估。东北大学东软研究院负责推动学校与东软集团在学科建设、人才培养和科学研究等领域开展深入合作，并落实计算机软件国家工程研究中心建设相关任务。

9 月 20 日 东北大学医学与生物信息工程学院与英国邓迪大学生物医学工程专业国际联合命名实验室揭牌仪式举行。

9 月 22 日 东北大学—邓迪大学生物医学工程专业本科教育合作项目一届一次联合管理委员会会议在汉卿会堂举行。邓迪大学副校长 Wendy Alexander，东北大学校长赵继、副校长唐立新，国际交流学院、医学与生物信息工程学院相关负责人参加会议。

会议审议并通过了关于项目组织架构与运行机制、邓迪大学财务成本预算变更、财务审批人、项目最后一年学费标准说明、项目 2019—2020 财政年度预算、合作项目师资培训等议案，以及关于项目联合管理委员会委员变更的议案。

9 月 28 日 《东北大学学报（自然科学版）》入选“庆祝中华人民共和国成立 70 周年精品期刊展”。

9 月 30 日—10 月 4 日 东北大学由流程工业综合自动化国家重点实验室刘腾飞教授指导的学生团队荣获第 11 届国际小型无人飞行器竞赛（IMAV2019）室外组冠军。

10 月 4 日 中国共产党优秀党员，控制科学与系统科学领域教育和研究的先行者之一，中国科学院院士，教授、博士生导师张嗣瀛同志，因病医治无效，于 10 月 4 日在青岛逝世，享年 95 岁。

10 月 8 日 全国政协原副主席马培华到东北大学轧制技术及连轧自动化国家重点实验室调研。校党委书记熊晓梅陪同调研。

10 月 18 日 东北大学与北京华苹科技集团战略合作签约仪式举行。北京华苹科技集团董事长陈华、东北大学校长赵继代表双方签订战略合作协议。

10 月 23 日 东北大学“不忘初心、牢记使命”主题教育，“学习习近平总书记关于教育的重要论述”专题研讨会在汉卿会堂举行。学校领导班子成员、与人才培养相关的机关和直属部门主要负责人、各学院教学副院长和分管学生工作的副书记，以及教务处科级以上干部出席研讨会。会议由校党委书记熊晓梅主持。

△ 东北大学学位评定委员会十一届八次工作会议召开，会议决定授予 105 人博士学位，授予 93 人硕士学位，其中授予专业学位（学历型）46 人、专业学位（非学历型）47 人。

11 月 4—5 日 东北大学召开 2019 年工程教育认证现场考查专家反馈会。

11 月 7—9 日 第二十三届全国发明展览会·一带一路暨金砖国家技能发展与技术创新大赛在广东召开。东北大学新材料、人工智能、新一代电子信息等领域共 8 个项目参展。其中，孙秋野教授的“一种应用于能源互联网的能源路由器装置”和覃文军副教授的“基于 AI-VR 的肺部辅助诊疗系统”获“发明创业奖·项目奖”金奖。

冯夏庭

唐立新

11 月 13—14 日 东北大学 2020 届毕业生冬季就业双向选择洽谈会举行。来自全国 27 个省（自治区、直辖市）的 586 家用人单位提供有效岗位需求 24600 余个。

11 月 16 日 东北大学国家治理研究院揭牌仪式举行。

11 月 17 日 中国城市基层党建蓝皮书发布会在东北大学召开，会上发布了《中国城市基层党建报告（2019）》，该报告由辽宁社区干部学院组织专家团队编写完成。

11 月 22 日 东北大学资源与土木工程学院冯夏庭教

授、信息科学与工程学院唐立新教授当选为中国工程院院士。

11月25日 辽宁省政府下发《辽宁省高等学校一流大学和一流学科建设支持方案》，将筹集资金70亿元支持“双一流”建设，其中10亿元用于支持东北大学建设世界一流大学。

11月26—27日 2019年中国政府奖学金来华留学生工作培训在东北大学举行。

12月5日 学校研究决定，启动我校参加辽宁省机关事业单位养老保险相关工作。为确保我校参加养老保险工作顺利开展，学校成立养老保险制度改革工作领导小组。组长：熊晓梅、赵继。设立养老保险工作小组，组长由冯夏庭副校长担任。参保人员范围为学校固定编制在职职工（包含合同制职工）和退休职工，博士后人员参照执行。

12月7—8日 东北大学第二十七次学生代表大会和第十六次研究生代表大会召开。大会听取审议了东北大学第三十八届学生会、第三十三届研究生会工作报告；审议修改了《东北大学学生会章程》《东北大学研究生会章程》；选举产生了东北大学第三十九届学生委员会、第三十四届研究生委员会。

12月9日 东北大学党员干部教育培训基地揭牌仪式举行。

12月11日 东北大学与德国西马克技术（中国）有限公司全面战略合作签约仪式在机器人学院举行。东北大学副校长徐峰和西马克中国电气自动化部副总裁 Christoph Stappenbeck 代表双方签署合作协议。

12月12日 学校印发《东北大学党委常委会会议议事规则》《东北大学校长办公会议议事规则》。

12月13—15日 全国16所工科重点大学科技联盟2019年冬季论坛在东北大学举行。

12月18日 东北大学与国网辽宁省电力有限公司战略合作签约仪式在国网辽宁省电力有限公司举行。唐立新副校长和国网辽宁省电力有限公司副总经理刘富家共同签署战略合作协议。根据协议，双方将筹建联合研究院，开展电力物联网、大数据、人工智能、网络安全等关键技术攻关；共建技术标准科普基地，合作开展技术标准创制、科普宣传等技术标准教育实践活动。

12月23日 辽宁省人工智能产业技术创新研究院成立大会在东北大学举行。东北大学校长赵继，辽宁省科技厅、沈阳市科技局、辽宁省重要技术创新与研发基地建设工程中心相关领导出席大会并为研究院揭牌。中国工程院院士、东北大学副校长唐立新主持大会并解读研究院建设方案。会议宣布成立由中国工程院院士柴天佑、戴琼海、唐立新等著名学者组成的辽宁省人工智能战略研究与咨询委员会。

12 月 24 日　东北大学第四届青年学者知行论坛开幕式举行，来自美国斯坦福大学、英国剑桥大学等世界知名高校及科研机构的百余名青年学者参加活动。校党委书记熊晓梅，中国工程院院士、副校长冯夏庭，中共辽宁省委组织部、辽宁省科学技术厅、中共沈阳市委组织部及学校有关部门负责人出席论坛开幕式。

△　学校成立东北大学党务公开工作领导小组，组长：熊晓梅，副组长：杨明、张国臣，领导小组下设办公室，办公室设在党委办公室。27 日，党委印发《东北大学党务公开实施办法（试行）》。

12 月 25 日　河钢集团有限公司、华为技术有限公司、东北大学三方在深圳举行联合组建“工业互联网赋能钢铁智能制造联合创新中心”签约挂牌仪式。河钢集团党委书记、董事长于勇，华为轮值董事长徐直军，东北大学校长赵继出席签约挂牌仪式。

12 月 30 日　华晨集团、鞍钢集团、东北大学共同组建汽车未来用钢技术联合实验室签约暨启动仪式举行。

12 月　教育部公布 2019 年度高等学校科学研究优秀成果奖（科学技术）奖励的决定。东北大学获自然科学二等奖 2 项；技术发明二等奖 1 项；科技进步二等奖 2 项。

2020 年

1 月 1 日　东北大学被授予一定的出访来访外事审批权。

1 月 6 日　东北大学“十四五”规划启动布置会召开。

1 月 8 日　东北大学与江苏省张家港市产学研合作会举行。

1 月 10 日　东北大学牵头和参与完成的 6 项成果荣获 2019 年度国家科学技术奖励。其中，牵头完成的 2 项成果分别荣获国家科技进步奖一等奖和国家自然科学二等奖。

△ 东北大学召开“不忘初心、牢记使命”主题教育总结会。

1月13日 东北大学佛山机器人学院揭牌仪式举行。

1月14日 辽宁省委常委、组织部部长陆治原到东北大学看望慰问新当选的冯夏庭院士、唐立新院士，对他们表示祝贺，并代表中共辽宁省委向他们致以新春的祝福。

1月26日 东北大学党委召开常委会会议，决定成立东北大学新冠疫情防控工作领导小组，统一领导、统一指挥学校疫情防控工作。组长：熊晓梅、赵继。领导小组下设办公室，办公室设在校长办公室。

1月28日 东北大学学生工作队伍新冠疫情防控工作专题会议召开，校党委副书记张国臣出席会议。

2月7日 教育部召开全国教育系统应对新冠疫情防控工作视频会议。东北大学设分会场参加视频会议，校领导熊晓梅、赵继、张国臣、王建华、徐峰参加会议。

2月9日 辽宁省副省长王明玉一行来校检查指导疫情防控工作，校党委书记熊晓梅、校长赵继、校党委副书记张国臣、副校长徐峰及学校相关部门负责人陪同检查。

△ 东北大学召开校长办公会，专题研究春季学期教学安排，校领导熊晓梅、赵继、杨明、张国臣、孙雷、刘建昌、王建华、徐峰、唐立新、冯夏庭出席会议。会上，副校长王建华介绍了疫情防控期间有关本科生和研究生春季学期教学安排准备工作的整体情况。

2月10日 东北大学在主楼召开院长工作会议，部署2020年春季学期疫情防控期间教学组织和行政运行工作。校党委书记熊晓梅，校长赵继，各学院院长、部分学院党委书记以及有关部门负责人参加会议。

△ 学校发布《关于做好2019—2020学年春季学期疫情防控期间教学组织和行政运行工作的通知》，主要内容如下：一、严格执行《教育部关于2020年春季学期延期开学的通知》《辽宁省教育厅关于推迟大中小学校、幼儿园开学的通知》精神。学校将按照教育部、辽宁省统一部署和学校实际情况调整返校时间。二、开展多元混合线上教学，做到疫情防控期间不停学。三、加强疫情防控期间学生工作。四、利用学校“一网通办”等网上办公平

台，保障学校工作顺畅运转。五、全面加强校园管理。六、加强疫情防控组织领导。

2 月 12—13 日　学校组织开展 3 场线上教学能力提升专项培训。

2 月 13 日　学校党委印发《关于充分发挥全校各级党组织和广大党员、干部在疫情防控期间作用的通知》。

2 月 22 日　中国高等教育学会《高校竞赛评估与管理体系研究》专家工作组发布 2015—2019 年和 2019 年全国普通高校学科竞赛排行结果，东北大学以 591 项获奖位列全国第三。

2 月 23 日　辽宁省外国留学生新冠疫情防控工作视频会议召开，东北大学设分会场参加视频会议。校党委书记熊晓梅、校长赵继、副校长唐立新及相关部门负责人参加会议。视频会议结束后，学校领导就落实视频会议精神和学校下阶段外国留学生疫情防控工作做出部署。

2 月 28 日　校党委理论学习中心组在汉卿会堂开展专题学习研讨。校党委书记熊晓梅主持会议。理论学习中心组成员围绕学校疫情防控进行工作研讨。

3 月 3 日　东北大学 2020 届毕业生就业工作推进会召开。

3 月 9 日　为加强对学校全面从严治党和党风廉政建设工作的统一领导，校党委决定整合东北大学党风廉政建设和反腐倡廉工作领导小组、东北大学廉政文化建设工作领导小组、东北大学党风廉政建设责任领导小组，成立东北大学全面从严治党和党风廉政建设工作领导小组。组长：熊晓梅、赵继，副组长：杨明、孙正林、张国臣。领导小组办公室设在纪律检查委员会办公室。

△　东北大学教育服务东北振兴工作推进会召开。

3 月 9—11 日　东北大学 2020 届毕业生春季网络双选会正式“上线”。来自 28 个省份的 600 家用人单位提供岗位 4 万余个。参与双选会的用人单位中，央企、世界 500 强、中国 500 强等高层次单位占比超过 43%。此次网络双选会，用人单位从参会报名、信息确认、发布招聘岗位到筛选学生简历，毕业生从查询岗位、投递简历到在线面试都实现了全程网络化。

3 月 10 日　东北大学组织开展疫情防控工作应急演练。

3 月 16 日　中共辽宁省委常委、宣传部部长、教育工委书记、教育工委疫情防控工作领导小组组长张福海到东北大学调研疫情防控和开学准备工作。

3 月 25 日　东北大学申报增设的工业智能、化学、土地资源管理、智能制造工程 4 个本科专业通过教育部审批和备案。其中，工业智能专业首度被列入教育部本科专业目录，我校成为国内首家（批）本科设立工业智能专业的高校。

△ 东北大学秦皇岛分校成功入选首批国家语言文字推广基地。

3 月 27 日 东北大学重大项目实施方案审议会在主楼召开。校长赵继、王国栋院士、副校长唐立新院士出席会议。

△ 东北大学“校友企业携手战疫情”高峰论坛视频会议举行。全球各地校友企业家、校友会负责人等近 70 人参加视频会议。东北大学校长赵继出席会议并慰问各地校友。

4 月 2 日 东北大学研究生教育线上教学工作经验交流研讨会召开。

4 月 10 日 东北大学佛山研究生院建设项目方案设计及工程可行性经评审会审议通过。

4 月 14 日 东北大学推进“一站式”学生社区综合管理模式建设试点工作。

4 月 15 日 东北大学秦皇岛分校获批增列民族学一级学科硕士学位授权点。

△ 我校 16 名教师入选辽宁省第十三批青年领军人才计划。入选教师如下：于永亮、袁野、易红亮、周平、曹海军；祭程、黄贤振、杨金柱、李渝哲、贾建锋；孙永升、刘中秋、蔡志辉、郭贵冰、孙杰、范家璐。

4 月 17 日 我校在鄂本科生网上交流座谈会举行。校长赵继、校党委副书记张国臣及相关部门负责人通过网络平台视频连线的方式与在鄂学生代表座谈交流。

4 月 22 日 东北大学学位评定委员会十一届十次工作会议审议并通过了 83 名博士研究生、138 名硕士研究生、1496 名本科生的学位申请。

4 月 26 日 广大海内外校友、全校教职员工和同学通过网络直播的形式相聚云端，共庆东北大学建校 97 周年华诞。

4 月 28 日 教育部同意东北大学与悉尼科技大学合作设立中外合作办学机构——东北大学悉尼智能科技学院。东北大学悉尼智能科技学院获批开展本科学历教育，开设计算机科学与技术、通信工程、应用统计学三个本科专业。

4 月 29 日 东北大学召开 2020 年全面从严治党工作视频会议。

4 月 30 日 学校决定从 5 月 8 日起，安排学生返校学习。

4 月底　东北大学首批 7 门课程在爱课程和学堂在线国际平台上线，面向全球推出。

课程名称	课程负责人	课程学院	上线平台	备注
SoftwareEngineering（软件工程）	张爽	软件学院	学堂在线	全英文授课
现代科学运算 -MATLAB 语言与应用（ScientificComputingwithMATLAB）	薛定宇	信息科学与工程学院	爱课程	全英文授课
LinearAlgebra（线性代数）	宋叔尼	理学院	爱课程	全英文授课
SoftwareRequirementsAnalysisandDesign（软件需求分析与设计）	刘益先	软件学院	爱课程	
RollerSkatingCourseforBeginners（轮滑基础教程）	厉中山	体育部	学堂在线	
Mechanics（大学物理 - 力学）	陈肖慧	理学院	爱课程	
AnalyticalChemistry（分析化学）	杨婷	理学院	学堂在线	

5 月 3 日　驻沈高校返校复学联合工作组分别赴东北大学南湖校区、沈河校区和浑南校区检查指导返校复学相关准备工作。

5 月 7 日　辽宁省副省长王明玉，沈阳市委常委、副市长王少林一行来校调研学生复学返校工作。

△　东北大学与沈阳市应急管理局召开合作交流视频会议。

5 月 9 日　沈阳市政协副主席肖枫一行来校调研。

5 月 10 日　首批博士生返校。

5 月 11 日　学校恢复正常办公。

5 月 12 日　辽宁省教育厅春季开学督查沈阳一组来校督查春季开学疫情防控工作。

△　我校朱志良教授荣获“辽宁五一劳动奖章”。

5 月 18 日　“东北大学”学习强国号正式上线。

5 月 19 日　东北大学成立课程思政教学研究中心，校党委副书记张国臣、副校长王建华任中心主任。中心挂靠在马克思主义学院。

5月21日 沈阳市委常委、宣传部部长于振明一行来校调研。

5月25日 校党委决定成立东北大学“一站式”学生社区综合管理改革工作领导小组。组长：熊晓梅、赵继，副组长：张国臣。领导小组下设办公室，办公室设在学生工作处。

5月26日 辽宁省委副书记周波到东北大学轧制技术及连轧自动化国家重点实验室调研。

5月27日 教育服务东北振兴产学研用合作重点项目企业交流会在建龙集团抚顺新钢铁公司举行。中国工程院院士王国栋，建龙集团副总裁、抚顺新钢铁总经理杨宪礼，抚顺新钢铁常务副总经理吴明德出席会议。会议同期举办了4个专题研讨会，初步确定16个项目合作意向。

5月28日 我校资源与土木工程学院测绘1602团支部荣获“全国五四红旗团支部”荣誉称号。

△ 东北大学第五届青年学者知行论坛（英国专场）举行。

△ 东北大学机器人科学与工程学院庄曜铭老师指导的“海洋之心队”夺得2020年全国水下机器人大赛海底巡线竞速赛冠军。

5月29日 我校19篇学位论文获2019年辽宁省优秀学位论文和优秀学位论文提名。其中，4篇博士学位论文被评为2019年辽宁省优秀博士学位论文；1篇博士学位论文被评为2019年辽宁省优秀博士论文提名论文；11篇硕士学位论文被评为2019年辽宁省优秀硕士学位论文；3篇硕士学位论文被评为2019年辽宁省优秀硕士学位论文提名论文。

△ 东北大学重大科技成果创新规划会召开。

5月30日 东北大学姜周华教授荣获全国创新争先奖状。

6月4日 东北大学召开5G和工业互联网背景下的人才培养与科技创新工作推动布置会。

6月8日 我校设分会场参加教育部组织召开的全面推进高等学校课程思政建设工作视频会议，校党委书记熊晓梅、校党委副书记张国臣、副校长王建华，以及学校相关部门、各学院党委负责人参加会议。

6月12日 沈阳市委常委、副市长王少林到东北大学浑南校区调研。

6月16日 东北大学国家自然科学基金重大项目“重大耗能设备智能系

统基础理论与关键技术”启动会以线上线下结合的形式在主楼召开。

6 月 18 日 我校设分会场，参加教育部、公安部联合召开的全国学校安全工作视频会，校党委书记熊晓梅及相关部门负责人参加会议。视频会结束后，熊晓梅就贯彻落实视频会议精神，加强学校安全管理工作提出要求。

6 月 19 日 工业互联网产教融合发展座谈会上，中国工业互联网研究院与东北大学等 13 家单位签署了“1+N”工业互联网人才培养合作协议，并联合相关单位共同发起成立“工业互联网产教融合创新中心”。

△ 东北大学与沈阳市应急管理局战略合作签约仪式举行，同时，“沈阳市应急管理教育培训基地”和“东北大学实习实训基地”揭牌。

6 月 23 日 东北大学举行 2020 届本科生毕业典礼暨学位授予仪式，并面向全体师生和海内外校友全程云直播。4886 名毕业生在学校南湖校区主会场和线上参加毕业典礼。

△ 沈阳市副市长王忠昆一行到东北大学调研。

△ 沈抚改革创新示范区科技创新发展论坛暨项目签约仪式在辽宁友谊宾馆举行。东北大学与沈抚改革创新示范区双方代表共同签署了东北大学—沈抚工业技术研究院项目合作投资协议。

6 月 28 日 沈阳高校师生学习贯彻习近平新时代中国特色社会主义思想演讲大赛总决赛在东北大学举行。

6 月 29 日 东北大学召开“十四五”发展规划编制工作动员部署会。

7 月 1 日 “云表彰 · 云祝福 · 云党课”东北大学庆祝中国共产党成立 99 周年系列活动举行。

7 月 1—3 日 校长赵继、校党委副书记张国臣到云南省昌宁县调研脱贫攻坚和乡村振兴工作，出席东北大学—昌宁图书馆图书捐赠仪式、勐统镇大河村完全小学“少年强国”项目捐赠仪式、东北大学马克思主义理论教育实践基地揭牌仪式等活动。

7 月 2 日 冯夏庭院士主持的“面向新经济的采矿工程专业改造升级路径探索与实践”项目、朱志良教授主持的“与专业教育有机融合的新工科通识教育课程体系构建探索与实践”、朱苗勇教授主持的“适应行业转型升级冶金类复合型创新人才培养体系研究与实践”、张斌教授主持的“新工科个性化人才培养模式探索与实践——以计算机科学与技术专业为例”等 4 个项目通过教育部首批新工科研究与实践项目结题验收。

7 月 4 日 东北大学 2020 年青年人才培训班开班仪式举行。副校长冯夏庭作了《加快推进“双一流”建设，促进青年人才成长发展》的专题报告。

7 月 5 日 在第三届全国大学生创新体验竞赛总决赛中，我校学生作品荣获一等奖 3 项、二等奖 4 项、三等奖 2 项。

7 月 8 日 沈阳市委宣传部与东北大学共建马克思主义学院签约揭牌仪式在浑南校区文管学馆举行。沈阳市委常委、宣传部部长、市委教科工委书记于振明和东北大学党委书记熊晓梅为共建马克思主义学院揭牌。

7 月 9 日 由我校党委制作的微党课《“扶贫·抗疫”路上——践行共产党人的初心使命》入选全国高校党组织战“疫”示范微党课。该党课在光明网、新华网、央视频手机客户端、微言教育、微博客户端等平台进行首播，共计 230 余万网友在线观看。

7 月 10 日 东北大学参加全国教育系统学习贯彻习近平总书记给中国石油大学（北京）克拉玛依校区毕业生重要回信精神视频会议。

7 月 13 日 东北大学举行 PBL 教学创新研究中心成立大会。副校长、PBL 教学创新研究中心主任王建华出席成立仪式。东北大学 PBL 教学创新研究中心由教务处、教师教学发展中心、国际合作与交流处、软件学院、工商管理学院合作共建，致力于 PBL 教学法的研究、培训和推广。

△ 为迎接中国共产党成立 100 周年，根据《教育部直属高校党组织迎接建党 100 周年行动方案》的安排部署，学校印发《迎接建党 100 周年行动方案》。

△ 学校党委印发《东北大学党委落实全面从严治党主体责任清单》。

7 月 17 日 东北大学“三全育人”综合改革试点建设暨课程思政建设工作推进会召开，会议总结学校“三全育人”试点和课程思政建设所取得的阶段性成果，规划部署下一阶段工作。校长赵继主持会议。

7 月 19 日 东北大学成功获批第一批辽宁省高价值专利培育中心。

7 月 24 日 学校决定成立“东北大学党建与思想政治工作创新发展研究院”。研究院挂靠在马克思主义学院，是无行政级别的非实体学术组织，主要开展思想政治工作理论与政策、党建理论与创新实践、教师和学生思想政治教育、思想政治理论课与课程思政、文化建设与发展等研究。

7 月 27 日　学校党委印发《学习贯彻习近平总书记在“不忘初心、牢记使命”主题教育总结大会上的重要讲话的工作方案》。

7 月 30 日　东北大学与沈阳沈飞机械设备制造厂全面合作框架协议签约仪式举行。

8 月 11 日　“十三五”国家重点研发计划“固废资源化”重点专项“工业固废大掺量制备装配式预制构件技术”项目启动暨实施方案论证会召开。经专家组论证，同意通过实施方案论证。该项目由中建科技集团有限公司牵头，东北大学智慧水利与资源环境科创中心执行主任顾晓薇教授担任项目负责人。

8 月 12 日　辽宁省政协党组副书记、副主席戴玉林一行来校调研。

△　东北大学佛山研究生院召开理事会成立大会暨第一次理事会会议，理事长由东北大学校长赵继担任。

8 月 18 日　沈阳市市域社会治理现代化研究基地暨实践基地揭牌仪式在我校举行。

8 月 19 日　在第十三届全国大学生信息安全竞赛（作品赛）中，我校学生获得全国一等奖 1 项，全国二等奖 1 项，全国三等奖 2 项，优胜奖 1 项。由软件学院徐剑老师指导的作品《基于知识图谱的网络威胁行为分析系统》荣获全国一等奖。

8 月 23 日　东北大学学生在第五届全国大学生生命科学创新创业大赛中获全国创新类一等奖 1 项，全国创新类二等奖 2 项，全国创新类三等奖 2 项，全国创业类三等奖 1 项。由生命科学与健康学院孙彩霞老师指导的作品《秸秆不同方式还田对东北黑土氮组分及土壤微生物多样影响的研究》荣获全国创新类一等奖。

8 月 25 日　由机械工程与自动化学院陆志国、刘冲两位老师指导的东北大学 T-DT 机器人创新团队荣获第十九届全国大学生机器人大赛 RoboMaster2020 机甲大师赛（线上评审赛）全国一等奖、评分总成绩冠军。

8 月 26—28 日　在辽宁省第七届大学生创新创业年会中，东北大学荣获特等奖 1 项、一等奖 5 项、二等奖 5 项。

8 月 27 日　低碳钢铁前沿技术研究院在东北大学成立，校长赵继和王国栋院士共同为东北大学低碳钢铁前沿技术研究院揭牌。

8 月 28 日　东北大学参加教育部全国教育系统秋季开学和冬季疫情防控

工作视频会议。

8月31日 山东黄金—东北大学矿业技术创新研究院在山东黄金集团成立。山东黄金集团总经理李国红和东北大学校长赵继签署研究院共建协议。

△ 东北大学与海信集团战略合作签约仪式在青岛海信集团总部举行。

△ 东北大学机器人科学与工程学院闻时光、方正老师指导设计制作的“深度学习竞速智能车”荣获第十五届全国大学生智能汽车竞赛全国总决赛第三赛区（华东）创意组全国一等奖。

9月3—4日 东北大学2020年暑期工作研讨会召开。

9月7日 东北大学“双一流”建设周期总结专家评议会召开。评议会邀请中国高等教育学会第六届理事会会长瞿振元，中国工程院院士桂卫华，中国工程院院士丁烈云，中国科学院院士、哈尔滨工业大学常务副校长韩杰才，中国科学院院士、大连理工大学副校长贾振元，中国工程院院士谢建新，中国工程院院士林君，中国工程院院士、太原理工大学校长黄庆学，中国科学院院士成会明，清华大学发展规划处处长杨殿阁教授等各学科领域专家和学者出席会议。校党委书记熊晓梅致欢迎辞，校长赵继作学校“双一流”建设周期总结总体汇报，副校长唐立新、冯夏庭两位院士分别作“控制科学与工程”学科群和“冶金工业流程”学科群建设情况汇报。经过充分讨论，专家组对学校“双一流”建设举措和成效给予了充分肯定。

9月10日 东北大学庆祝第36个教师节暨先进集体先进个人表彰大会在汉卿会堂蔡冠深报告厅举行。

9月15日 东北大学2020级学生开学典礼在知行广场举行。2020级全体本科生、研究生参加开学典礼。

△ 辽宁省第十一批援助湖北医疗队领队金元哲为东北大学2020级新生作主题讲座。

9月23日 东北大学与华为技术有限公司联合共建东北大学未来技术学院签约仪式在东北大学举行。东北大学副校长王建华与华为公司代表签署共建东北大学未来技术学院战略合作协议。

9月24日 东北大学基层党组织书记工作会议召开。校党委书记熊晓梅，校党委副书记张国臣，校党委常委、组织部部长王辉出席会议。各基层党组织书记和党委相关部门负责人参加会议。会上，王辉围绕“全国党建工作示范高校”培育创建情况作相关汇报。

9 月 25 日　我校流程工业综合自动化国家重点实验室荣获“辽宁省教育系统先进集体”荣誉称号，材料电磁过程研究教育部重点实验室王强、软件学院朱志良、轧制技术及连轧自动化国家重点实验室刘振宇、计算机科学与工程学院高克宁及资源与土木工程学院韩跃新等 5 名教师荣获“辽宁省优秀教师”荣誉称号，信息科学与工程学院武建军荣获“辽宁省教育系统先进工作者”荣誉称号。

9 月 26 日　在 2020 年辽宁省创新方法大赛暨第六届辽宁省 TRIZ 杯大学生创新方法大赛决赛上，东北大学获一等奖 5 项、二等奖 5 项、三等奖 10 项。

△　东大—长重智能技术产业研究院在长沙市长重机器股份有限公司揭牌。

9 月 27 日　学校印发《东北大学关于建立厉行节约、过紧日子长效机制的实施意见》。

9 月 28 日　“携手同行共创未来”东北大学校友企业家 2020 高峰论坛召开。

△　在第八届全国高校数字艺术设计大赛中，东北大学学生获一等奖 2 项、二等奖 3 项、优秀奖 1 项。

10 月 10 日　鞍钢东大先进材料工程研究院理事会一届一次会议在东北大学举行。鞍钢集团董事长、党委书记谭成旭和东北大学党委书记熊晓梅共同为鞍钢东大先进材料工程研究院揭牌。

10 月 13 日　由东北大学—建龙集团共建的“绿色智能化钢铁技术联合创新中心”在东北大学举行揭牌仪式。东北大学校长赵继和建龙集团董事长、总裁张志祥共同为联合创新中心揭牌。副校长孙雷与建龙集团副总裁、抚顺新钢铁总经理杨宪礼代表校企双方签署东北大学—建龙集团“绿色智能化钢铁技术联合创新中心”合作协议。

10 月 17—18 日　在第八届中国 TRIZ 杯大学生创新方法大赛（中国创新方法大赛大学生 TRIZ 专项赛）总决赛中，我校获一等奖 5 项、二等奖 3 项、三等奖 4 项。其中，由轧制技术及连轧自动化国家重点实验室刘振宇教授、创新创业学院朱翠兰老师指导的作品“基于 TRIZ 理论的双相不锈钢薄带连铸制备工艺”入围工艺改进类全国三强。

10 月 18 日　东北大学传统文化与国家治理研究院成立仪式暨第二届中国

传统治理资源及其转化高端论坛在浑南校区文管学馆召开。

10 月 19 日 校党委书记熊晓梅、校长赵继一行到中国钢铁工业协会走访调研。

10 月 20 日 辽宁省委政法委副书记卢秉宇与校党委副书记、纪委书记杨明共同签署辽宁省社会治理现代化“十四五”规划编制工作合作协议。

10 月 20—25 日 第二届工业人工智能国际会议在沈阳举行。本届会议由东北大学流程工业综合自动化国家重点实验室主办，IEEE 计算智能协会、IEEE 工业电子协会、中国自动化学会大数据专业委员会等单位协办。

沈阳市市长姜有为、沈阳市委副书记刘晓东等沈阳市领导，中国工程院院士柴天佑、王耀南、封锡盛、王天然，中国自动化学会副理事长王成红，东北大学校长赵继出席会议。来自美、英、加等 18 个国家和地区的海外专家及国内相关领域的专家学者、研究生共计 500 余人参加会议。

10 月 21 日 校党委书记熊晓梅会见来校调研的云南省保山市委副书记、市长杨军一行。

△ 东北大学参加教育部召开的教育系统疫情防控和学校传染病防控视频会议。

△ 在第四届全国大学生创新方法大赛总决赛上，我校师生夺得特等奖 3 项、一等奖 2 项、二等奖 1 项、三等奖 1 项。其中，由冶金学院曹卓坤老师指导的参赛作品“基于 TRIZ 理论的一种新型的泡沫铝制备方法”夺得全国冠军；由创新创业学院朱翠兰老师、RAL 国家重点实验室李勇老师指导的参赛作品“基于创新理论的铝合金短流程制造工艺”获得全国季军；由创新创业学院朱翠兰老师完成的参赛作品“基于 TRIZ 推广与应用的大学生创新能力培养模式”荣获教师组全国一等奖。

10 月 22 日 东北大学与北京岳能科技股份有限公司签署战略合作协议。

10 月 24 日 由东北大学、中国（海南）改革发展研究院主办，中国东北振兴研究院承办的“东北亚区域经济合作与东北振兴”国际论坛在沈阳举行。论坛开幕式由东北大学校长、中国东北振兴研究院院长赵继主持。东北大学党委书记熊晓梅致开幕词。

10 月 28 日 学校党委印发《深化学生会（研究生会）改革的实施方案》。

△ 山东省德州—东北大学校地人才战略合作洽谈会举行。

11 月 1 日　辽宁省固废产业技术创新研究院成立大会在东北大学举行。研究院由东北大学牵头，邀请国内相关领域院士专家联合开展固废产业技术攻关，推进科技成果转化。中国工程院院士王浩、杨永斌、蔡美峰、陈湘生，东北大学校长赵继，以及辽宁省政府有关部门、高校、科研院所、企事业单位的领导和专家出席成立大会。

11 月 5 日　东北大学“学习报国”青年讲师团被共青团中央、中国青年志愿者协会授予“抗击新冠疫情青年志愿服务先进集体”称号。

△　东北大学官方微博荣获“2020 年度最具影响力校园官微”称号。

11 月 11 日　校党委书记熊晓梅、党委副书记张国臣到定点扶贫单位云南省昌宁县调研脱贫攻坚和乡村振兴工作。

11 月 12 日　中国银行行长王江、副行长林景臻一行来校调研。校长赵继、副校长孙雷会见王江一行。

11 月 13 日　东北大学与新华集团合作三十周年纪念大会暨蔡冠深博士报告会在汉卿会堂举行。

△　熊晓梅书记会见“黑龙江人才周”代表团一行。

11 月 18 日　东北大学“全国党建工作示范高校”培育创建工作满意度测评大会召开。

△　东北大学与中环洁环境有限公司签署校企合作协议。

11 月 19 日　东北大学 2021 届毕业生秋季双向选择洽谈会举行。来自 26 个省、自治区、直辖市的 356 家用人单位提供有效岗位需求 2.5 万余个。

11 月 22—24 日　工程教育专业认证联合专家组一行对我校机械工程与自动化学院车辆工程、过程装备与控制工程两个专业开展工程教育认证。

△　东北大学冶金学院特殊钢冶金研究所所长姜周华教授荣获“全国先进工作者”称号。

11 月 25 日　由东北大学、中国医科大学、辽宁大学、沈阳建筑大学、沈阳师范大学、沈阳化工大学、沈阳工程学院共同举办的东北高校首届校友服务与校友经济论坛在东北大学举行。

11 月 29 日　东北大学第五届国际青年学者知行论坛开幕式举行。东北大学校长赵继，校党委常委、组织部部长王辉出席开幕式。

11 月 30 日　“我和我的祖国”中国科学家精神主题展（东北大学站）启

动仪式举行。

△ 东北大学39门课程获批首批国家级一流本科课程。其中线上一流课程29门（含2017年国家精品在线开放课程6门、2018年国家精品在线开放课程18门），虚拟仿真实验教学一流课程3门（含2018年度国家虚拟仿真实验教学项目2门），线下一流课程5门，线上线下混合式一流课程2门。

12月1日 根据疫情防控常态化背景下教育部、辽宁省等关于新冠疫情、传染病防控等要求，学校对原《东北大学新冠疫情防控应急预案》进行了调整完善，研究制定了《东北大学新冠疫情及传染病防控应急预案》。

12月3日 根据教育部《关于反馈东北大学校企改革方案审核意见的通知》，我校拟保留管理的25家企业中，17家企业被确认为保留管理，5家企业被调整为脱钩剥离，3家企业被调整为清理关闭。

12月5日 南方科技大学工学院院长徐政和教授为资源与土木工程学院、冶金学院师生作学术报告。校长赵继出席报告会并为徐政和教授颁发名誉教授聘书。

12月6日 纪念一二·九运动85周年“家国·传承·筑梦”东北大学第十八届“妙笔流声”诗歌散文朗诵大赛在东北大学南湖校区举行。

12月7日 东北大学“小牛翻译”大病救助基金捐赠协议签字仪式举行。

12月8日 东北大学与华菱涟钢战略合作签约仪式在主楼举行。副校长孙雷和湖南华菱涟源钢铁有限公司副总经理代表校企双方签署战略合作框架协议。

12月9日 东北大学党委理论学习中心组（扩大）学习及教工学堂在汉卿会堂举行。此次学习特邀中国高等教育学会会长、教育部原党组副书记、副部长杜玉波作了《我国高等教育高质量发展的关键之问》的报告。

△ 钢铁全流程信息物理系统研发中心、RAL-NEUSOFT钢铁智能制造软件联合创新中心揭牌仪式在轧制技术及连轧自动化国家重点实验室举行。仪式上，东软集团高级副总裁王楠、轧制技术及连轧自动化国家重点实验室主任袁国代表双方签署“钢铁智能制造软件联合创新中心”共建协议。东北大学副校长孙雷、中国工程院院士王国栋为“钢铁全流程信息物理系统研发中心”揭牌，王国栋、王楠为“RAL-NEUSOFT钢铁智能制造软件联合创新中心”揭牌。

△ 在第十二届“挑战杯”中国大学生创业计划竞赛上，东北大学以1金

1银4铜的成绩捧得“优胜杯”，这是学校首次捧得“挑战杯”中国大学生创业计划竞赛“优胜杯”。东北大学秦皇岛分校荣获1金3铜。

12月10日 东北大学与绍兴市越城区签订全面提升基层社会治理与发展能力战略合作协议，并举行“辽宁社区干部学院长三角地区教学中心”和“长三角社会治理实践研究基地”揭牌仪式。东北大学党委副书记、纪委书记杨明为基地揭牌。

12月11日 东北大学悉尼智能科技学院在东北大学秦皇岛分校举行揭牌仪式。

△ 东北大学和北京快手科技有限公司签署战略合作协议，双方将在信息、软件、计算机等学科领域就重点实验室申报、科学研究与人才培养等方面进行合作。北京快手科技有限公司副总裁刘震、政府事务总监刘畅，东北大学党委副书记张国臣出席仪式。

12月12—13日 东北大学第二十八次学生代表大会和第十七次研究生代表大会在汉卿会堂召开。大会听取审议了东北大学第三十九届学生会、第三十四届研究生会工作报告；审议修改了《东北大学学生会章程》《东北大学研究生会章程》；选举产生了东北大学第四十届学生委员会及学生会主席团、第三十五届研究生委员会及研究生会主席团。全校247名学生代表和181名研究生代表参加了会议。周志平同学当选新一届学生会执行主席，崔凌意同学当选新一届研究生会主席。

12月16日 涟源钢铁集团有限公司、华为技术有限公司、东北大学在涟钢云数据中心举行共建“钢铁全流程智能制造联合创新中心”签约暨揭牌仪式。涟钢集团党委书记、执行董事肖尊湖，华为技术有限公司湖南省副总经理李建平，中国工程院院士、东北大学教授王国栋，东北大学副校长孙雷共同为中心揭牌。

12月17日 东北大学主办的《控制与决策》、(*Journal of Control and Decision* JCD)入选“2020中国国际影响力优秀期刊”名单。

12月19日 建龙集团·东北大学绿色智能化钢铁技术联合创新中心项目阶段性总结会暨东北大学建龙基金捐赠仪式在轧制技术及连轧自动化国家重点实验室举行。建龙集团副总裁、抚顺新钢铁总经理杨宪礼，中国工程院院士王国栋，东北大学副校长孙雷出席会议。

会上，双方签署建龙基金捐赠协议。建龙集团再次向我校捐资840万元人民币，继续对学校人才培养、校园文化、学术交流、大学生创新创业等各领域提供支持。

△ 中国东北振兴研究院申报的“强化东北振兴理论和政策研究特色，为东北全面全方位振兴提供智力支持”被评为“2020年CTTI来源智库年度优秀成果奖”。

12月20日 “弘扬科学精神，分享大成智慧”，东北大学闻邦椿院士“百部著作”品读交流与赠书大会举行。中国科学院院士、东北大学教授闻邦椿，校长赵继参加捐赠会。

12月22日 学校决定成立工业智能与系统优化前沿科学中心，中心为独立运作的正处级实体机构。该中心是国内工业智能领域首个前沿科学中心。

△ 学校决定成立未来技术学院，为正处级直属部门。未来技术学院依托信息科学与工程学院、计算机科学与工程学院、软件学院、机器人科学与工程学院及流程工业综合自动化国家重点实验室建设，不设置专任教师岗位。

△ 学校印发《东北大学全面推进依法治校实施方案》。

12月23日 东北大学副校长唐立新与江苏沙钢集团党委书记、董事局常务执行董事、有限公司董事长沈彬共同签署东北大学—沙钢集团合作协议。

12月24日 大庆市·东北大学红色教育国情教育基地座谈、签约和揭牌仪式在大庆市委党校举行。校党委副书记、党校校长张国臣出席仪式并为教育基地揭牌。

12月27日 中国城市基层党建报告（2020）蓝皮书发布会在东北大学召开。

年末 学校按照属地疫情防控指挥部的要求，对完成本学期教学任务的同学进行单人、单管、单采核酸检测，结果阴性之后，安排错时、错峰、有序离校。

2021年

1月6日 我校姜周华教授荣获中华国际科学交流基金会第四届“杰出工程师奖”。

1月7日 国家卫生健康委副主任雷海潮一行来校检查指导疫情防控工

作。沈阳市市长姜有为，东北大学党委书记熊晓梅、校长赵继、校党委副书记张国臣陪同检查。

1月13日　计算机科学与工程学院王义教授当选美国计算机协会会士。

1月15日　我校秦高梧教授等主持完成的“汽车轻量化用高性能铝合金材料与部件制造关键技术与应用”、邢鹏飞教授等主持完成的“光伏固废绿色高效制备高品质硅及全组分利用关键新技术”2项科技成果荣获“2020年度中国有色金属工业科学技术奖”一等奖。

△　我校马辉、王兴伟、车德福、朱立达、安希忠、孙秋野、赵勇、赵兴东、胡筱敏、祖国胤、袁野等11位教师荣获第二批辽宁省学术头雁称号。

△　东北大学－紫光中德、软通动力、中科博微、东软集团、鞍钢股份等六家单位组成的联合体成功中标“工业互联网平台应用创新推广中心”项目，项目总投资1亿元，国拨经费1635万元。东北大学为牵头单位、软件学院于瑞云教授为项目负责人。

△　东北大学智慧水利与资源环境科技创新中心荣获辽宁省“青年文明号”称号。

△　学校开展“爱暖东大”关爱帮扶活动，为全校4121名家庭经济困难学生发放返乡路费补助共计110余万元，并针对艰苦边远地区学生和特殊贫困学生提高资助标准，实现困难学生全覆盖，助力贫困学子暖心返乡、科学防疫。

1月16日　学校印发《贯彻落实“三重一大”决策制度实施办法》。

1月30日　学校印发《东北大学养老保险制度实施办法》。

2月2日　东北大学召开干部教师大会，教育部人事司宣布教育部党组的任免决定，冯夏庭同志任东北大学校长、党委副书记；因年龄原因，赵继同志不再担任东北大学校长、党委副书记、常委。

冯夏庭

△　东北大学党委和所属的信息科学与工程学院党委、冶金学院有色金属冶金

系党支部、资源与土木工程学院深部金属矿山安全开采教育部重点实验室党支部均顺利通过教育部的培育创建验收。

3月1日 中国工程院院士、东北大学副校长唐立新与中国工程院院士、中科院大连化学物理研究所所长刘中民代表双方签订战略合作协议。

3月3日 中组部组织二局有关负责同志来校调研基层党建工作。

△ 东北大学共168门本科课程被认定为辽宁省级一流本科课程。其中线上一流课程42门、线下一流课程66门、线上线下混合式一流课程20门、虚拟仿真实验教学一流课程30门、社会实践一流课程10门。

△ 东北大学12个专业入选国家级一流本科专业建设点，12个专业获批省级一流本科专业建设点。

△ 我校资源与土木工程学院钟茂华教授指导博士生刘畅的《地铁隧道联络区域火灾烟气通风控制研究》和许开立教授指导博士生徐青伟的《大型铸件砂型铸造爆炸事故预防技术》被评为中国职业安全健康协会第一届安全科学与工程学科优秀博士学位论文。

△ 东北大学申报的“实施‘思业融合燎原计划’构建‘十百千万’课程思政工作格局”入选高校思想政治工作精品项目。这是我校继“指南针驿站”“党家社校，全员铸魂，奏响组织育人‘三部曲’”2个项目之后，第3次获批教育部高校思政工作精品项目。

3月9日 东北大学在南湖校区和秦皇岛分校分别设分会场，参加教育部召开的党史学习教育动员大会。学校领导班子成员、全校副处级以上领导干部参加会议。

3月10日 我校马克思主义学院被授予“辽宁省三八红旗集体”称号。

3月15日 东北大学与新华集团项目合作签约仪式举行。香港新华集团董事会主席蔡冠深博士、执行董事蔡隽思，东北大学党委书记熊晓梅，校长冯夏庭、副校长孙雷以及相关部门负责人出席签约仪式。双方签订了《新华集团—沈阳新华创新中心、东北大学创新创业学院校外实训基地合作协议》《香港新华集团、沈阳雅译网络技术有限公司战略合作框架协议》等。

△ 东北大学荣获第二届辽宁省文明校园称号。

△ 东北大学荣获第八届高等学校科学研究优秀成果奖（人文社会科学）二等奖1项、三等奖2项。

△ 我校25位教师被遴选、认定为辽宁省本科教学名师。

△ 秦皇岛分校团委获评2020年度“河北省十佳高校团委”。

3月18日 东北大学召开2021年全面从严治党工作视频会议。冯夏庭校长代表学校党委传达了习近平总书记在十九届中央纪委五次全会上的重要讲话和五次全会精神以及教育系统全面从严治党工作视频会议精神。

3月22日 中国银行辽宁省分行行长陈志能，副行长孙进、胡刚等来校调研。校党委书记熊晓梅、校长冯夏庭、副校长孙雷与陈志能一行举行座谈。

3月24日 致公党东北大学支部第二次全体党员大会暨换届选举会议举行。会议听取审议了致公党东北大学支部第一届委员会主委包国光作的工作报告，选举了致公党东北大学支部第二届委员会委员，陈佳担任主委。

3月25日 东北大学2021届毕业生春季双向选择洽谈会举行。来自全国26省（自治区、直辖市）的355家用人单位提供有效岗位需求2.5万余个。

△ 学校印发《东北大学庆祝中国共产党成立100周年活动方案》。方案明确了开展党史学习教育、组织召开庆祝中国共产党成立100周年大会暨“两先两优”表彰大会、开展庆祝中国共产党成立100周年“讲述·东大人的故事”典型推介会、开展“百名党员讲百年党史故事”活动、开展“东大青年红色理论‘百年百讲’”系列宣讲活动、举办“牢记初心使命建设一流大学”——庆祝中国共产党成立100周年成就展、举办庆祝中国共产党成立100周年党外人士座谈会、举办庆祝中国共产党成立100周年学术研讨会暨第三届“理论中国·沈阳论坛”、举办庆祝中国共产党成立100周年主题文艺晚会、组织开展“永远跟党走”社会实践和志愿服务活动、开展入党宣誓及走访慰问活动、举办系列文化艺术体育活动、开展庆祝中国共产党成立100周年系列宣传报道等13个方面的活动。

3月26日 东北大学召开党史学习教育动员大会，学习贯彻习近平总书记在党史学习教育动员大会上的重要讲话精神和党中央决策部署，贯彻落实教育部党组、省委教育工委有关会议和文件精神，对学校开展党史学习教育进行动员和部署。

教育部党史学习教育高校第五巡回指导组，教育部驻东北大学党建联络员等出席会议。学校领导班子成员，中层副职以上干部，学校党史学习教育领导小组办公室有关同志，教职工党支部书记、学生党支部书记等参加会议。

3月27日 学校印发《东北大学党委关于开展党史学习教育的实施方案》的通知。

4月2日 东北大学与丹东东方测控技术股份有限公司全面战略合作签约仪式在丹东举行，双方签署《东北大学—东方测控全面战略合作协议》《东北大学东方测控奖学金捐赠协议书》及《东北大学“东方测控”杯大学生测控技术大赛捐赠协议书》。

4月7日 医学影像智能计算教育部重点实验室建设项目通过专家组验收。

4月16日 东北大学—普发真空合作交流会在东北大学举行。普发真空技术（上海）有限公司中国总经理朱利安·瓦伦汀与东北大学副校长孙雷共同为“东北大学—普发真空技术实验室”揭幕。

4月18日 第45届ICPC国际大学生程序设计竞赛中国区决赛中，我校由计算机科学与工程学院刘小锋老师指导的两支队伍获得一金一铜。

4月20日 财政部预算评审中心相关领导到东北大学调研中央高校改善基本办学条件专项、高层次人才计划专项、高校哲学社会科学繁荣计划专项的项目绩效评价情况。东北大学副校长孙雷、相关部门负责人、项目执行负责人等参加调研座谈会。

4月21日 校长冯夏庭在汉卿会堂会见日本驻沈阳总领馆总领事片江学巳一行。

4月23日 东北大学未来技术学院建设方案专项论证会在汉卿会堂举行。柴天佑院士、王天然院士、桂卫华院士、赵继教授、王兴伟教授和东软集团副总裁胡旺阳等四位企业专家参加论证会，校党委副书记张国臣，学校相关职能部门、学院以及未来技术学院负责人参加会议。与会专家一致同意通过论证。

△ 东北大学与中冶长天产学研合作框架协议签约仪式在轧制技术及连轧自动化国家重点实验室举行。副校长孙雷与中冶长天国际工程公司总经理乐文毅签署产学研合作框架协议。根据协议，双方将围绕绿色低碳冶金、钢铁智能制造、钢铁生产高效化、固废资源化与超低排放等技术领域开展深入合作。

4月23—28日 中国物理学会引力与相对论天体物理分会2020/2021学术年会暨全国代表大会在东北大学举办。此次会议由中国物理学会引力与相对论天体物理分会主办，东北大学承办。引力与相对论天体物理分会委员会主任、中国科学院院士蔡荣根研究员，东北大学副校长孙雷，东北大学理学院相关负责人，以及来自全国的引力、宇宙学以及天文与天体物理领域的专家学者 500 余人参加了会议。

4 月 26—27 日　东北大学第八届教职工代表大会第五次会议召开。校长冯夏庭作《继往开来，团结奋进，全面开启高质量发展新征程》工作报告，并对《东北大学“十四五”发展规划》的主要内容进行了解读。会议讨论、审议了《校长工作报告》《学校财务工作报告》《工会、教代会工作报告》《教代会提案工作报告》《东北大学“十四五”发展规划》《东北大学学术道德规范（修订）》《东北大学学术不端行为查处工作实施细则（修订）》《东北大学聘任合同管理办法》等文件。

4 月 28 日　由中共辽宁省委教育工委、辽宁省教育厅，辽宁报刊传媒集团（辽宁日报社）主办，我校党委宣传部、校团委、马克思主义学院承办的“读党史知初心”辽宁百所高校党史诵读会东北大学专场在浑南校区图书馆举行。

4 月 29 日　按照教育部关于《深化新时代教育评价改革总体方案》“应学尽学，应训尽训”“全覆盖”的学习要求，东北大学在全校范围内组织开展了学习贯彻《总体方案》的网络培训。

△　东北大学建校 98 周年庆祝大会暨百年校庆工程启动仪式在汉卿会堂举行。庆祝大会在浑南校区和秦皇岛分校设分会场，并通过视频方式向全球校友在线直播。东北大学党委书记熊晓梅、校长冯夏庭，校友代表庄志刚、石晓伟，退休教师代表窦胜功，青年教师代表韩冲及在校学生代表共同启动百年校庆工程倒计时。东北大学百年校庆大讲堂第一讲正式开启。东北大学杰出校友、中国工程院原副院长干勇院士应邀以《高端制造与新材料产业发展战略》为题为我校师生作首场报告。

△　学校印发《东北大学建校 100 周年校庆活动筹备方案》。

△　由东北大学、山东黄金集团共同主办，山东黄金—东北大学矿业技术创新研究院等单位承办的“聚焦深地前沿，引领矿业未来——深地资源绿色智能开发高端论坛”在山东青岛举行。中国工程院院士、国家自然科学基金委管理科学部主任丁烈云，中国工程院院士、太原理工大学学术委员会主任金智新，中国工程院院士、中煤科工开采研究院有限公司首席科学家王国法，中国

工程院院士、湖南工商大学党委书记陈晓红等人出席论坛。

4月29日 东北大学高克宁教授荣获“辽宁五一劳动奖章”。

4月30日 东北大学张耀伟、高大鲲获云南省脱贫攻坚“先进个人”荣誉称号。东北大学被云南省委、省政府授予锦旗。

△ 河北省政协副主席徐建培，秦皇岛市政协主席、党组书记闫五一，河北省教育厅二级巡视员侯建国，秦皇岛市政协党组成员、秘书长金瑞钢，河北省教育厅国际合作与交流处处长姬振旗一行到东北大学秦皇岛分校调研。

5月8日 东北大学“百年回音·乐动中华”庆祝中国共产党成立100周年民族管弦音乐会在汉卿会堂蔡冠深报告厅举行。

5月10日 东北大学2021年毕业生就业促进月系列活动之2021年辽沈地区专场双选会在南湖校区和浑南校区同时举行。47家用人单位提供有效岗位需求2000余个。

△ 在辽宁省首届普通高等学校教师教学大赛决赛中，资源与土木工程学院教师陈猛、外国语学院教师李洋代表学校参赛并分获理科组一等奖和文科组一等奖。

5月10—14日 由中共辽宁省委组织部主办、我校承办的“弘扬爱国奋斗精神，人才引领全面振兴”高层次人才国情省情专题培训班在东北大学国际学术交流中心举办。

5月14日 东北大学第五十九届体育运动大会举行。中国奥委会专家委员会副主任委员、东北大学客座教授李永波，中国体操协会副秘书长谢颖，校领导熊晓梅、冯夏庭、张国臣、孙雷、王建华、唐立新等参加开幕式。

△ 校党委副书记张国臣带队赴沈阳市康平县就进一步深化定点帮扶工作进行考察调研。

△ 在2021年国际大学生数学建模竞赛（MCM/ICM）中，东北大学学生获得国际特等奖1项，国际特等奖提名奖6项，国际一等奖17项，国际二等奖61项。软件学院教师姜琳颖指导的团队荣获赛事最高奖——国际特等奖。

5月20日 我校荣获第十五届“挑战杯”辽宁省大学生课外学术科技作品竞赛特等奖11项、一等奖3项、二等奖2项、三等奖7项。

5月25日 教育部办公厅正式公布首批未来技术学院名单，东北大学未来技术学院成功入选。

△ 我校38篇学位论文获评2020年辽宁省优秀学位论文。其中，优秀博士学位论文10篇，优秀硕士学位论文28篇。

5月28日 沈阳市委常委、秘书长李军一行来东北大学调研，就市第十四次党代会报告起草工作听取中国东北振兴研究院专家意见。

5月28—31日 东北大学在第十二届中国大学生铸造工艺设计大赛中荣获一等奖1项、三等奖2项。

6月1日 全国政协经济委员会副主任、辽宁省政协原主席夏德仁到中国东北振兴研究院调研，辽宁省政协副秘书长张连波陪同。校党委书记熊晓梅在浑南校区与夏德仁一行举行座谈。

6月5日 东北大学共有16项成果荣获2020年度辽宁省科学技术奖励，其中一等奖6项、二等奖6项。

△ 东北大学课程思政教学研究中心入选教育部课程思政教学研究示范中心；2门课程、2个教学名师和团队入选课程思政示范课程、课程思政教学名师和团队，分别为孙秋野教授团队的本科生课程“电力系统分析”和于亚新副教授团队的研究生课程“数据科学思维与大数据智能分析技术”。

△ 我校冶金学院姜周华教授、资源与土木工程学院韩跃新教授、计算机科学与工程学院王兴伟教授荣获“辽宁杰出科技工作者”称号。

△ 在2021RoboCup机器人世界杯中国赛上，我校由机器人科学与工程学院贾子熙、闻时光老师指导的NEU_吾曹团队，荣获救援仿真组全国一等奖（亚军）、仿真3D组全国二等奖、仿真2D组全国三等奖。

6月7日 校长冯夏庭、校党委副书记张国臣一行赴云南省保山市昌宁县调研巩固拓展脱贫攻坚成果、全面推进乡村振兴工作及校地合作交流工作。

6月10日 根据《关于成立东北大学知识产权信息服务中心的通知》（东大校字〔2018〕90号）文件决定，学校设立东北大学知识产权信息服务中心。

6月15日 在第四届全国大学生创新体验竞赛中，东北大学学生作品喜获一等奖3项、二等奖8项、三等奖14项。

6月16日 东北大学“百年回音·乐动中华”庆祝中国共产党成立100周年交响合唱音乐会在盛京大剧院举行。

6月17日 东北大学与中钢国际工程技术股份有限公司战略合作签约仪式在轧制技术及连轧自动化国家重点实验室举行。副校长孙雷和中钢国际常务副总经理化光林代表双方签订战略合作协议。根据协议，双方将在低碳冶金、冶金辅料、氢能利用、固废处置、智能制造等领域进行全面合作，并在技术研发、人才培养、成果应用等方面开展交流与合作。

6月17—19日 由中国工程教育认证协会认证专家、教育部本科教学工作合格评估专家、教育部高等学校专业教学指导分委员会委员专家所组成的非工科专业认证专家组对我校哲学、数学与应用数学两个非工科专业进行非工科专业认证现场考查。

6月18日 沈阳市委常委、副市长王少林，沈阳市政府副秘书长赵继凯到东北大学浑南校区调研。

6月22日 东北大学与辽宁省气象局战略合作框架协议签约仪式举行。辽宁省气象局局长王邦中、副局长刘勇，我校校长冯夏庭、副校长孙雷等出席签约仪式。

△ 东北大学中国东北振兴研究院与辽宁朝阳经济技术开发区共建“低碳产业园”签约仪式在汉卿会堂举行。

6月23—29日 校领导走访慰问部分光荣在党50年且表现优秀的老党员，向他们颁发“光荣在党50年”纪念章，并在学校庆祝中国共产党成立100周年表彰大会暨“讲述·东大人的故事”典型推介会上为部分老党员代表颁发纪念章。

6月25日 东北大学2021届本科生毕业典礼暨学位授予仪式在刘长春体育馆举行。2021届本科毕业生中，4403人准予毕业，颁发东北大学本科毕业证书；24人结业，颁发东北大学本科结业证书；4402人达到了学士学位授予条件，被授予学士学位。

△ 沈阳市金融信息产业技术研究院揭牌暨东北大学—麟龙科技战略合作签约仪式在沈阳麟龙科技股份有限公司举行。辽宁省副省长王明玉，省政府、省科技厅领导，东北大学校长冯夏庭等出席仪式。

6月28日 东北大学“牢记初心使命、建设一流大学”庆祝中国共产党成立100周年主题成就展开展。本日晚，东北大学庆祝中国共产党成立100周年主题文艺晚会在五四体育场盛大举行。

△ 东北大学在刘长春体育馆隆重举行庆祝中国共产党成立100周年大会暨“讲述·东大人的故事”典型推介会。大会表彰了我校2019—2021年度

"两先两优"集体和个人，为"光荣在党50年"老党员代表颁发纪念章，组织新党员入党宣誓、老党员重温入党誓词，并通过视频展示、访谈互动等丰富多彩的形式推介展现东大人的感人事迹。

6月29日 东北大学与华为技术有限公司在主楼举行教育部—华为"智能基座"产教融合协同育人基地签约仪式。东北大学副校长王建华与华为云副总裁、华为云全球Marketing与销售服务部总裁、东北大学校友石冀琳为"智能基座"产教融合协同育人基地揭牌。

7月1日 校领导班子在主楼集中收看庆祝中国共产党成立100周年大会实况。各分党委（直属党总支）在遵守学校疫情防控有关规定的前提下，组织师生收看大会直播盛况。

△ 东北大学马克思主义学院田鹏颖教授受邀参加庆祝中国共产党成立100周年大会。作为理论文章的入选者，田鹏颖教授还参加了庆祝中国共产党成立100周年理论研讨会。

△ 东北大学统一战线庆祝中国共产党成立100周年座谈会召开。副校长、统战部部长唐立新出席会议，校党委统战部有关负责同志、各民主党派基层组织负责人、无党派人士代表、统战团体负责人等参加会议。

7月5日 东北大学党委理论学习中心组就深入学习贯彻习近平总书记在庆祝中国共产党成立100周年大会上的重要讲话精神和新修订的《中国共产党普通高等学校基层组织工作条例》进行集中学习。

7月6日 韩国驻沈阳总领馆总领事崔斗锡一行访问东北大学，校长冯夏庭在汉卿会堂会见来访客人。

7月7日 学校"一号通"工作启动协调会召开，校长冯夏庭主持会议，22个部门的相关负责人参加了会议。

△ 东北大学2021年暑期实习生双选会暨2022届毕业生提前批双选会在学生活动中心举行。27家用人单位为我校毕业生提供实习岗位和2022届毕业生秋招岗位。

7月12日 教育部党史学习教育高校第五巡回指导组来校指导工作，学校召开党史学习教育工作汇报会，校党委书记熊晓梅，校党委副书记张国臣，校党委常委、组织部部长王辉出席会议，党办、宣传部相关负责人参加会议。

7月14日 东北大学学习贯彻习近平总书记"七一"重要讲话精神专题

辅导报告暨校党委理论学习中心组（扩大）学习在汉卿会堂蔡冠深报告厅举行。党史学习教育中央宣讲团成员、中国人民大学中共党史党建研究院执行院长杨凤城教授受邀作《从大历史观看中国共产党为实现民族复兴而奋斗的历程》辅导报告。

△ 东北大学2021届研究生毕业典礼暨学位授予仪式在刘长春体育馆举行。本次授予792人博士学位、5026人硕士学位。

7月16日 东北大学与中国船舶集团有限公司第七二五研究所战略合作框架协议签约仪式在汉卿会堂举行。中国船舶集团有限公司第七二五研究所所长王其红、副所长廖志谦，东北大学校长冯夏庭、副校长孙雷出席签约仪式。廖志谦与孙雷分别代表双方签署了《中国船舶七二五所—东北大学战略合作框架协议》。

7月20日 中国社会科学院国家哲学社会科学文献中心发布《国家哲学社会科学文献中心建设成果报告（2016—2021年）》《东北大学学报（社会科学版）》荣获“2016—2020年最受欢迎期刊”。

7月24日 学校印发《学习宣传贯彻习近平总书记在庆祝中国共产党成立100周年大会上的重要讲话精神的工作方案》。

7月24—26日 在第十四届“高教杯”全国大学生先进成图技术与产品信息建模创新大赛中，东北大学一队获得团体总分一等奖、团体基础知识二等奖、线下轻量化设计比赛团体一等奖；东北大学二队获得团体总分二等奖线下3D打印比赛团体三等奖。此外，在个人全能项目中，东北大学获得6项全国一等奖、5项全国二等奖、3项全国三等奖。

7月24—28日 东北大学学生在第七届辽宁省“互联网+”大学生创新创业大赛暨第七届“互联网+”中国国际大学生创新创业大赛辽宁省赛决赛中获得了20金5银10铜的优异成绩。

7月26—28日 由中国金属学会主办，东北大学和英国莱斯特大学承办，国家自然科学基金委员会、中国科学技术协会和英国文化委员会共同资助的第三届国际冶金过程青年学者研讨会（International Metallurgical Processes Workshop for Young Scholars，IMPROWYS 2021）在辽宁省沈阳市举行。

8月6日 党委书记熊晓梅与黑龙江省委常委、组织部部长沈莹签订省校合作战略协议，双方在人才培养交流、产学研合作、科技协同创新等方面开展全方位合作。

△　东北大学与中铝洛阳铜加工有限公司战略合作签约暨国产首套铜带气垫炉项目启动仪式以视频会议方式举行。

8 月 9 日　东北大学设分会场参加全国教育系统疫情防控工作视频调度会议。

8 月 25 日　2021 年度冶金科学技术奖评选结果正式向社会发布。东北大学 9 项成果获奖，其中特等奖 1 项、一等奖 2 项、二等奖和三等奖各 3 项。

9 月 1—2 日　东北大学暑期战略研讨会和科技工作会议召开。学校领导班子成员、两院院士、学校学术委员会委员、学位委员会委员、教学指导委员会委员、教代会执委、各部处及直属部门（含产业）副处级以上干部在主会场参会；秦皇岛分校、各学院领导班子成员和干部教师代表、离退休教职工代表在分会场参会。暑期战略研讨会围绕推动落实“十四五”时期重点任务展开，科技工作会议的主题为：不忘初心，传承红色基因；科技强国，凝聚创新力量。

校长冯夏庭作了《守正创新，实干协作，推动新一轮“双一流”大学建设》的主题报告。发展规划与学科建设处、学生工作处、教务处、研究生院、人事处、科学技术研究院、资产与实验室管理处、国际合作与交流处等 8 个职能部门负责人结合“十四五”规划重要任务作专题汇报。

中国工程院院士冯夏庭、柴天佑、王国栋、唐立新分别作主题报告。

9 月 6 日　教育部党组成员、副部长田学军一行视察东北大学流程工业综合自动化国家重点实验室、智慧系统国际合作联合实验室。辽宁省委教育工委、教育厅相关领导及我校党委书记熊晓梅，校长冯夏庭，副校长唐立新，中国工程院院士柴天佑等陪同视察。

9 月 8 日　为庆祝第 37 个教师节，加强新时代优良校风学风内涵建设，东北大学在汉卿会堂蔡冠深报告厅举行“弘扬科学家精神”闻邦椿院士报告会。中层干部代表和师生代表 200 余人参加报告会。

9 月 9 日　沈阳市沈河区与东北大学文法学院“两邻”理念校、地合作签字仪式在浑南校区文管学馆举行。

9 月 10 日　辽宁省教育厅开展了 2021 年度辽宁省教书育人模范推选工作，我校冶金学院朱苗勇教授入选 2021 年度辽宁省教书育人模范。

9 月 13 日 东北大学 2021 级学生开学典礼在知行广场举行。2021 级全体本科生、研究生参加开学典礼。

△ 我校设分会场参加全国教育系统疫情防控视频调度会议。

9 月 14 日 辽宁省人大常委会机关理论与实践智库研究基地恳谈会在东北大学浑南校区举行。会上，省人大常委会研究室与智库东北大学基地办公室签署合作研究协议。

△ 学校决定成立“深部工程与智能技术研究院”。

9 月 16 日 沈阳飞机工业（集团）有限公司党委副书记李长强一行来校交流。校党委副书记张国臣和李长强代表双方签订校企合作协议。

△ 由东北大学承办的第十届西北联大与中国高等教育发展论坛以“线上 + 线下”相结合的方式召开。

9 月 18 日 辽宁省人大常委会机关理论与实践智库东北大学基地授牌仪式暨座谈会在汉卿会堂举行。省人大常委会党组成员、秘书长、机关党组书记于言良和东北大学党委书记熊晓梅代表双方为辽宁省人大常委会机关理论与实践智库东北大学基地揭牌。

9 月 22 日 中共东北大学第十四届委员会第七次全体会议召开，专题审议《东北大学“十四五”发展规划》。会议由校党委书记熊晓梅主持。

△ 东北大学“落实五育并举、构建高质量人才培养体系”工作汇报会召开。校党委书记熊晓梅、校长冯夏庭、副校长王建华出席会议，相关职能部门及学院主要负责同志参加会议。会上，教务处相关负责人介绍了学校“五育并举”工作推进整体情况，强调下一阶段将按照“顶层设计、资源统筹、三全育人、体系贯通”的工作思路，全面贯彻落实“修改体系框架、调整学分布局、成立专门机构、完善培养方案、课程体系、评价体系及完善支撑体系”的工作任务，构建德智体美劳五育并举人才培养体系。

9 月 23 日 中国工程院党组书记、院长李晓红院士来校调研。中国工程院党组成员、秘书长陈建峰院士，辽宁省副省长王明玉，东北大学党委书记熊晓梅、校长冯夏庭院士、副校长唐立新院士陪同调研。李晓红院士调研了流程工业综合自动化国家重点实验室、轧制技术及连轧自动化国家重点实验室和深部金属矿山安全开采教育部重点实验室。

9 月 24 日 东北大学 2021 级学生军训总结汇报大会在五四体育场举行。

△ 我校轧制技术及连轧自动化国家重点实验室邓想涛、付天亮和冶金学院姜鑫 3 位教师荣获第十一届中国金属学会冶金青年科技奖。

△ 我校 13 项成果被授予辽宁省第七届人文社会科学优秀成果奖，其中一等奖 2 项、二等奖 5 项、三等奖 6 项；9 项成果被授予辽宁省第八届人文社会科学优秀成果奖，其中一等奖 3 项、二等奖 3 项、三等奖 3 项。

△ 在第十四届全国大学生信息安全竞赛中，东北大学团队（作品）获得全国一等奖 2 项、三等奖 3 项、优胜奖 4 项，其中由软件学院王强老师指导的“忘卡无忧——NFC 代刷授权安全系统”项目荣获大赛“作品赛”全国一等奖；软件学院王冬琦老师指导的 N3X 战队荣获大赛“创新实践能力赛”全国一等奖。

2021 年（第十四届）中国大学生计算机设计大赛各赛区获奖结果发布。东北大学有 31 件作品获得国家级奖项，其中国家级一等奖 9 项、二等奖 16 项、三等奖 6 项。

在第九届全国大学生光电设计竞赛决赛中，由我校信息科学与工程学院王琦、闫欣老师指导的两支团队分别荣获“智能垃圾分拣小车”组别全国一等奖和“基于智能手机的苹果糖度无损测量”组别全国二等奖，王琦、闫欣老师被评为全国总决赛优秀指导教师。

在第四届全国大学生冶金科技竞赛中，我校代表队共获得科技创新、创意设计竞赛单元特等奖 1 项、一等奖 6 项、二等奖 3 项、三等奖 18 项；仿真实训竞赛单元特等奖 1 项、一等奖 1 项、二等奖 1 项、三等奖 1 项，我校同时获得优秀组织单位奖。

2021 中国包装创意设计大赛中，我校学生共获得一等奖 4 项、二等奖 10 项、三等奖 13 项。

在第十四届全国大学生节能减排社会实践与科技竞赛决赛中，由我校机械工程与自动化学院谢元华、韩进老师指导的“Heat Reuse——热能回收型热管导热外卖电动车”项目荣获大赛特等奖（全国仅 10 项），这是我校参加该项竞赛历史上获得的首个全国特等奖。东北大学获得大赛优秀组织奖。秦皇岛分校在该项赛事中喜获全国一等奖 1 项、三等奖 1 项。东北大学秦皇岛分校获优秀组织奖。

△ 东北大学“百年校庆大讲堂”专题报告会在汉卿会堂蔡冠深报告厅举

行。中国工程院院士、第十三届全国人大代表王超应邀为学校师生作《长江流域生态环境保护与修复》专题报告。

△　东北大学全面推进大型仪器设备开放共享工作布置会召开。

9月27日　东北大学常熟重型机械制造有限公司联合科研生产制造基地挂牌仪式暨“常熟重机虹桥铸钢”奖教基金捐赠仪式在常熟举行。常熟重机董事长陈学忠、江苏常熟高新技术产业园招商局局长姚君、中国工程院院士王国栋、东北大学副校长孙雷出席会议并共同为基地挂牌。孙雷、陈学忠代表双方签署常熟重机虹桥铸钢奖教基金捐赠协议。

△　教育部党史学习教育高校第五巡回指导组来校指导党史学习教育工作并听取工作汇报。校党委书记熊晓梅，党委副书记张国臣，党委常委、组织部部长王辉，学校党史学习教育领导小组办公室有关负责同志参加会议。张国臣代表学校党委汇报了学校党史学习教育工作情况。

9月28日　由东北大学、辽宁省人民政府外事办公室、辽宁省人民对外友好协会和中国（海南）改革发展研究院主办，中国东北振兴研究院承办的2021“东北亚区域合作论坛”暨“东北振兴论坛”在东北大学举办。全国政协经济委员会副主任、辽宁省政协原主席夏德仁，中日韩合作秘书处秘书长欧渤芊，东北大学党委书记熊晓梅，中国（海南）改革发展研究院院长、中国东北振兴研究院院长迟福林发表致辞。

△　学校印发《东北大学“十四五”发展规划》。规划提出我校的发展目标为：到2025年，学校发展核心指标取得突破性进展，2~3个学科进入世界一流前列或行列，育人能力显著提升，人才培养质量明显提高，汇聚一批战略科学家和领军人才，在国际科技前沿领域取得重要突破，产生一批具有国际影响的标志性、原创性成果，基本建成“在中国新型工业化进程中起引领作用的中国特色世界一流大学”，成为国家战略科技力量的重要支撑和服务经济社会发展的重要引擎。到2035年，学校办学高度国际化，整体实力、人才培养能力、核心竞争力达到世界一流大学水平，构建起完善高效的现代大学治理体系，成为“中国新型工业化进程中起引领作用的中国特色世界一流大学”。3~4个学科在工业智能、低碳冶金、新材料等领域进入世界一流行列，形成基础稳固、特色鲜明、协调发展的学科布局。拥有一批享誉世界的战略科学家和学术大师，培养出一大批在国内外具有重大影响的杰出人才，在国际科技前沿领域

取得多项重要突破，产生一批具有国际影响的标志性原创性成果，成为引领行业技术进步与转型升级的重要支柱，以及服务国家重大需求和东北振兴战略的典范，有效服务国家高水平科技自立自强，支撑国家战略科技力量建设。

10 月 3 日 河北省高校思想政治理论课质量评估专家组一行到秦皇岛分校对思想政治理论课建设工作进行质量评估。考查结束后，专家组对思想政治理论课质量评估工作进行了意见反馈。

10 月 8 日 东北大学“人文社科繁荣工程”工作推进会暨专家委员会第一次会议召开。校长冯夏庭、副校长孙雷出席会议，北京师范大学思想政治工作研究院院长、教育部思想政治工作司原司长冯刚以视频方式出席会议。孙雷宣布“人文社科繁荣工程”专家委员会正式成立。专家委员会采用双主任制，由冯刚和孙雷担任主任，委员会成员由校内外相关学科领域专家学者组成，以校内专家为主。

△ 在由中国机械工程协会主办的第七届中国大学生材料热处理创新创业大赛总决赛中，我校学生共获全国一等奖 2 项、三等奖 1 项。

△ 由中国系统工程学会智能制造系统工程专业委员会、辽宁省科学技术协会和东北大学主办，东北大学工商管理学院承办，智能工业数据解析与优化教育部重点实验室（东北大学）和辽宁省管理科学研究会协办的“第四届智能制造系统工程学术会议”在东北大学国际学术交流中心召开。来自全国各地高校院所和科研机构的 300 余名代表及华为数通、沈阳机床、华晨宝马等 6 家企业代表参加会议。

会议开设“服务型制造运作管理”“智能工厂数据解析与优化”“智慧物流与供应链管理”“大数据与人工智能决策”“互联网平台运营管理”“智能决策与调度优化”“智能制造企业实践”等 7 个分论坛，邀请国家级人才开展 60 余场分组报告。

10 月 11 日 东北大学“百年校庆大讲堂”专题报告会在汉卿会堂蔡冠深报告厅举行。中国工程院院士、水利水电工程专家马洪琪应邀为我校师生作《澜沧江水电开发与技术创新》专题报告。

10 月 11—12 日 由中国化工学会储能工程专业委员会主办，东北大学和中科院金属所联合承办的第七届全国储能工程大会在沈阳召开。大会以“高效转换—绿色储能—循环发展”为主题，汇聚储能工程领域科技界与产业界多位院士、800多位专家和学者于一堂，总结交流学术研究最新进展及成果经验，共话“碳达峰”“碳中和”战略背景下的储能科学与技术创新发展。大会在线观看人数达18000人。

中国工程院潘复生院士、王国栋院士分别作了《潜力巨大的镁基储能材料》和《我国钢铁行业碳达峰、碳中和的路线图初探》的大会报告。

10月13日 东北大学秦皇岛分校民族学博物馆揭牌仪式在人文楼举行。东北大学党委书记熊晓梅、民族学研究院研究员孙志升为民族学博物馆揭牌。东北大学党委副书记、秦皇岛分校党委书记孙正林，东北大学副校长、秦皇岛分校校长刘建昌出席揭牌仪式。

10月14日 我校在主楼举办“一五一十”思政文化育人一体化平台之“名家讲坛”活动，北京师范大学冯刚教授应邀作了《深刻把握思想政治工作作为治党治国重要方式的意义价值》的专题报告。

10月15日 东北大学“基础学科提质工程”专家委员会成立暨第一次会议召开。校长冯夏庭、副校长王建华出席会议，加拿大两院院士、欧洲两院院士、汕头大学执行校长王泉教授等6位校外专家委员以视频方式出席会议，专家委员会校内委员及相关部门负责人参加会议。“基础学科提质工程”专家委员会主任由王建华担任，成员由校内外相关学科领域专家学者组成。冯夏庭为专家委员会委员颁发聘书。

△ 全国哲学社会科学工作办公室、教育部社会科学司相继公布了2021年度社科基金项目立项名单。东北大学获批国家社科基金重大项目1项、年度项目立项12项（重点项目1项、一般项目11项）、青年项目2项、艺术学（单列项目）1项，教育部社科基金规划项目2项、青年项目4项；中国特色社会主义理论体系研究专项1项、高校辅导员研究专项2项。

△ 我校荣获辽宁省第八届大学生创新创业年会“优秀大创项目”特等奖5项、一等奖5项、二等奖12项。

10月15—17日 由中国有色金属学会和东北大学主办的2021年铝工业技术与发展国际会议在东北大学国际学术交流中心召开。

本次会议采取线上线下相结合的方式举行，来自奥克兰大学、西伯利亚联邦大学、挪威科技大学、斯洛伐克科学院、新西兰Enpot公司、中国铝业、山东宏桥、中南大学、北京科技大学等国内外高校和企业的150余名专家学者和技术人员参加了本次大会。

10 月 16 日　东北大学在凤城市大梨树村举行党员干部教育培训基地揭牌仪式。会上，东北大学党校负责人与大梨树村党委书记毛正新共同签署《东北大学—大梨树村党员干部教育培训基地共建协议》。东北大学副校长孙雷出席仪式。

10 月 18—20 日　我校通过装备质量管理体系第二次监督审核。

10 月 19—20 日　由中国金属学会、中国有色金属学会和东北大学联合主办，东北大学轧制技术及连轧自动化国家重点实验室承办的“2021 年材料加工国际研讨会”在沈阳举行。

中国金属学会理事长、中国工程院院士干勇，中国有色金属学会副理事长兼秘书长张洪国，中国工程院院士谢建新，乌克兰科学院院士瑟起亚·耶雪夫，大会主席、中国工程院院士潘复生，东北大学校长、中国工程院院士冯夏庭，大会主席、中国工程院院士王国栋出席会议。来自全国各地的高校、科研院所、企业的近 400 人现场参会。会议还开启了线上直播，750 余人参加了线上论坛。在主旨报告环节，来自材料加工领域的 10 位中国工程院院士、专家学者分别以线上线下结合的方式作大会主题报告。

10 月 20 日　东北大学第六届国际青年学者知行论坛开幕式在国际学术交流中心举办。各领域青年学者百余人现场参加论坛，130 余位来自世界各地的青年学者线上参加论坛。

10 月 24 日　东北大学“百年校庆大讲堂”专题报告会在知行楼学术报告厅举行。东北大学杰出校友、澳大利亚科学院院士、澳大利亚工程院院士、中国工程院外籍院士、蒙纳什大学副校长余艾冰教授应邀为师生作《我的“颗粒—炼铁”生涯》专题报告。

10 月 25 日　山东黄金集团“金种子”奖学金颁奖仪式举行。山东黄金集团党委书记、董事长满慎刚，东北大学校长冯夏庭出席颁奖仪式。山东黄金集团“金种子”奖学金由山东黄金集团捐赠资金设立，用于奖励东北大学深部工程与智能技术研究院优秀学子。奖学金每年评选一次，每次 20 万元。

△　深部金属矿绿色智能开采辽宁省高等学校协同创新中心启动仪式暨“本溪龙新—东北大学深地资源绿色智能开采联合实验室”签约仪式在东北大学举行。东北大学校长冯夏庭院士，党委常委、组织部部长王辉出席大会，并

与嘉宾共同启动协同创新中心。

△　东北大学秦皇岛分校课程思政教学研究中心入选首批河北省省级课程思政教学研究示范中心。同时，秦皇岛分校 3 门课程及其教学团队获河北省“课程思政示范课程”“教学名师和团队”荣誉称号。

10 月 26 日　辽宁省教育厅发文公布了辽宁省高等学校数字校园试点建设单位名单，东北大学入选。

10 月 26—27 日　校党委书记熊晓梅、党委副书记张国臣在学校相关部门负责人的陪同下到定点帮扶单位云南省昌宁县调研乡村振兴工作，并与昌宁县委常委、宣传部部长杨胡辉共同为“东北大学帮扶昌宁县信息化建设基地”揭牌。

10 月 28 日　东北大学与邓迪大学生物医学工程专业本科合作项目一届三次联合管理委员会会议在国际学术交流中心召开。联合管理委员会主席、校长冯夏庭，校党委常委、组织部部长王辉出席会议，联合管理委员会副主席、邓迪大学副校长及相关负责人远程在线参会。会议审议通过了《关于 2019 级学生第四学年教学安排的议案》《关于进一步加强中英双方科研合作的议案》《关于中英双方申办中外合作办学机构的议案》等 8 项议案。

10 月 29 日　辽宁省政协副主席李晓安及省政协教育界别组一行来校考察调研。校党委书记熊晓梅，党委副书记、纪委书记杨明与来访人员举行“推动数字教育发展，提高我省高校对外合作办学水平”座谈会。

10 月 31 日　由东北大学、中国（海南）改革发展研究院主办，中国东北振兴研究院承办的“构建新发展格局下的东北对外开放”专家座谈会在海口举行。座谈会由全国政协经济委员会副主任、辽宁省政协原主席夏德仁主持，东北大学党委副书记张国臣致辞。

11 月 3 日　东北大学牵头和参与完成的 5 项成果荣获 2020 年度国家科学技术奖励。其中，作为第一完成人和第一单位牵头完成的项目获得国家自然科学二等奖 1 项；东北大学作为第一完成人和第一单位牵头完成的项目获得国家科技进步二等奖 2 项。

11 月 5 日　我校流程工业综合自动化国家重点实验室刘腾飞、材料科学与工程学院徐大可、资源与土木工程学院高鹏等 3 位青年教师荣获第十三届辽宁青年科技奖，刘腾飞获第十三届辽宁青年科技奖“十大英才”称号。

△　我校工商管理学院樊治平教授作为负责人牵头申报的“辽宁省大数据与平台运营管理重点实验室”成功获批辽宁省高等学校哲学社会科学重点实验室试点建设单位。据悉，辽宁省教育厅于 2021 年首次开展省级哲学社会科学重点实验室试点建设工作，首批遴选认定 13 个高等学校哲学社会科学重点实验室。

△　教育部社会科学司发布《关于 2020—2022 年高校思想政治理论课建设项目评审结果的公示》。东北大学马克思主义学院田鹏颖教授的全国高校思政课名师工作室项目获批。

△　由中国通信学会和中国电子学会联合主办的第七届 3S 杯大学生物联网技术与应用“三创”大赛决赛举行，我校流程工业综合自动化国家重点实验室博士研究生王维洲（导师柴天佑院士）的项目获一等奖，并被选为大赛青年论坛报告项目（共 10 项）。这是流程实验室学生继第二届、第三届大赛荣获一等奖以来第三次荣获一等奖。此次参赛项目为创新技术类项目“基于物联网的复杂工业过程数字孪生系统”，由柴天佑院士、王良勇教授和吴志伟副教授指导。

△　在第三届“博源杯”全国大学生土地国情调查大赛决赛上，由文法学院教授吕晓，学院党委副书记夏风云指导的黑土地调研团队和国土空间规划队两支队伍分别斩获全国决赛一等奖与二等奖。

△　第十届全国大学生金相技能大赛在上海交通大学闵行校区举办，秦皇岛分校学生荣获一等奖 1 项、三等奖 2 项。

11 月 5 日　东北大学基层党组织书记工作会议在主楼召开。校党委书记熊晓梅，党委副书记、纪委书记杨明，党委副书记张国臣，党委常委、组织部部长王辉，各基层党组织书记和党委相关部门负责人参加会议。熊晓梅主持会议。

11 月 5—7 日　由东北大学和中国岩石力学与工程学会联合主办的中国岩石力学与工程学会高端论坛——2021 油气地下储存理论与技术国际研讨会（IWUOGS 2021）召开。中国工程院院士、东北大学校长、中国岩石力学与工程学会理事长冯夏庭教授与美国工程院院士、宾夕法尼亚州立大学 DerekElsworth 教授共同担任大会主席。来自中国、美国、法国、新加坡、加拿大、瑞典等国家 40 余家著名企业、科研院校的 200 余名代表参加会议。

11 月 8—13 日　由东北大学主办，IEEE Computational Intelligence Society、中国自动化学会大数据专业委员会和中国人工智能学会工业人工智能专业委员会协办的第三届工业人工智能国际会议在沈阳举行。第三届工业人工智能国际会议大会主席、中国工程院院士柴天佑，第三届工业人工智能国际会议国际程序委员会主席、德国比勒菲尔德大学教授金耀初，加拿大康考迪亚大学教授苏春翌，加拿大圭尔夫大学教授 Simon X.Yang，中国自动化学会会士、副理事长王成红教授以及海内外工业人工智能领域知名专家学者和学生以线上线下结合的方式参加会议。

11 月 11—12 日　东北大学举办 2022 届毕业生秋季网络双选会，本次双选会采取“线上”方式。全国 26 个省份的 442 家用人单位提供优质岗位 3.4 万余个。

11 月 12—15 日　我校在 2021 年“TI 杯”全国大学生电子设计竞赛（辽宁赛区）暨“TI 杯”辽宁省普通高等学校本科大学生电子设计竞赛中获得一等奖 4 项、二等奖 9 项、三等奖 5 项。

11 月 15 日　东北大学秦皇岛分校成功入选国家知识产权信息公共服务网点名单。

△　东北大学 3 个项目获批教育部首批新文科研究与改革实践项目，分别是：由任鹏教授担任负责人的“一体多维、协同融合的高校‘四史’教育模式探索”、孙雷教授担任负责人的“人文社科与工程科技交叉融合的新文科人才培养模式改革”，以及由孙新波教授担任负责人的“‘工商管理 + 大数据’专业建设研究与实践”。

△　我校由机械工程与自动化学院周楠、陈泽宇老师指导的团队在中国机械工程学会主办的第六届中国大学生起重机创意大赛决赛中获全国三等奖。

11 月 16 日　东北大学与华晨宝马汽车有限公司、国网辽宁省电力有限公司三方联合建设的“新能源汽车与电网智能互动技术联合创新实验室”揭牌仪式在国网辽宁经研院举行。华晨宝马汽车有限公司副总裁 Patrick Mueller、国网辽宁省电力有限公司总工程师陈刚、东北大学副校长唐立新出席揭牌仪式。

11 月 20—21 日　东北大学第二十九次学生代表大会和第十八次研究生代表大会召开。东北大学校长冯夏庭、党委副书记张国臣，学校相关部门负责人、各学院相关负责人出席开幕式。大会听取审议了东北大学第四十届学生会、第三十五届研究生会工作报告；审议修订了《东北大学学生会章程》《东北大学研究生会章程》；选举产生了东北大学第四十一届学生委员会及学生会主席团、第三十六届研究生委员会及研究生会主席团。王瑞明当选第四十一届学生会执行主席，崔凌意当选第三十六届研究生会执行主席。

11 月 24 日　信息科学与工程学院杨光红教授当选 IEEE2022Fellow，成为继柴天佑院士、张化光教授、赵军教授之后东北大学当选的第四位 IEEE 会士。

△　中共辽宁省委教育工委办公室印发《关于公布首批全省党建工作示范高校、标杆院系、样板支部培育创建单位验收通过名单的通知》，我校资源与土木工程学院党委和马克思主义学院马克思主义中国化研究所党支部、理学院物理系党支部等 13 个党支部全部通过验收。

11 月 25 日　生命科学与健康学院黄永业副教授担任指导教师的东北大学代表队（NEU-CHINA 团队）在第十八届国际遗传工程机器设计竞赛（iGEM）上获银奖。

11 月 27 日　由中国历史唯物主义学会国家文化安全与建设研究会、中国社会科学院国家文化安全与意识形态建设研究中心、东北大学主办，东北大学马克思主义学院、东北大学材料科学与工程学院、辽宁省马克思主义学会承办的“首届国家文化安全与建设高峰论坛暨中国历史唯物主义学会国家文化安全与建设专业委员会 2021 年年会”在东北大学举办。

11 月 28 日　东北大学团队在由科学技术部、中国科学技术协会联合主办的中国银行 TRIZ 杯第九届中国大学生创新方法大赛总决赛上勇夺银奖 1 项、铜奖 1 项。

11 月 30 日　校长冯夏庭一行赴深圳就生命健康培育工程相关工作开展调研。在深圳市国家高性能医疗器械创新中心，冯夏庭和创新中心副主任、总经理刘新共同签署了东北大学—国家高性能医疗器械创新中心研发协作基地协议。在中国科学院深圳先进技术研究院，东北大学佛山研究生院和深圳先进技术研究院负责人共同签署佛山研究生院—深圳先进技术研究院研究生联合培养基地协议。在南方科技大学，冯夏庭和南方科技大学校长薛其坤共同签署了东北大学—南方科技大学合作协议。

△　由东北大学、中共沈阳市委宣传部主办，东北大学马克思主义学院、

辽宁省马克思主义学会、沈阳市社会科学界联合会承办的沈阳市学习党的十九届六中全会精神理论研讨会在东北大学国际学术交流中心举办。

12 月 3 日 东北大学与中国黄金集团有限公司在北京中国黄金大厦签署战略合作协议。中国黄金党委书记、董事长卢进，党委副书记、总经理刘冰，东北大学校长冯夏庭、副校长孙雷出席签约仪式。

12 月 5 日 2021 年中国岩石力学与工程学会科学技术奖评选结果正式公布。东北大学校长、中国工程院院士冯夏庭教授主持完成的“深部工程硬岩时效破裂过程试验装置与感知判别技术”项目荣获技术发明特等奖，朱万成教授主持完成的“金属矿采空区稳定性综合评价方法与矿柱高效回收技术”项目荣获技术进步一等奖。

△ 理学院副教授孙宏滨等人的研究成果“Tuning the selectivity of catalytic nitriles hydrogenation by structure regulation inatomicallydispersed Pd catalysts”在线发表于 *Nature Communications* 上。

12 月 6 日 我校主办的《控制与决策》及 *Journal of Control and Decision*（JCD）两刊双双入选“2021 中国国际影响力优秀期刊”。

△ 沈鼓—东大研究院成立大会在东北大学国际学术交流中心举行。东北大学校长冯夏庭、沈鼓集团党委书记兼董事长戴继双共同为研究院揭牌。

12 月 7 日 东北大学在汉卿会堂举行党史学习教育工作推进会，深入学习宣传贯彻党的十九届六中全会精神。校党委书记熊晓梅，党委副书记、纪委书记杨明，党委副书记张国臣，党委常委、组织部部长王辉出席会议。

△ 科技部高新技术中心组织召开了国家重点研发计划智能机器人专项“工业机器人伺服系统产品性能优化及工程化应用”项目综合绩效评价会。项目评审专家一致同意该项目通过绩效评价，并评价成绩为“优秀”。

12 月 9 日 东北大学江河建筑学院名誉院长聘任仪式暨刘加平院士专场报告会在浑南校区图书馆举行。东北大学校长冯夏庭为刘加平颁发聘书，刘加平院士为我校师生作了《关于建筑类学科的科学研究》的专场报告。

△ 由中共辽宁省委教育工委、辽宁省教育厅联合辽宁报刊传媒集团（辽宁日报社）主办，东北大学承办的“读党史知初心”辽宁百所高校党史诵读活动总结表彰大会在东北大学举行。

12 月 10 日 东北大学教育评价改革工作推进会举行。校长冯夏庭出席会议。此前，学校党委研究制定了《东北大学贯彻落实〈深化新时代教育评价改革总体方案〉推进方案及工作清单》，并成立由校党委书记、校长任组长的教育评价改革工作领导小组，统筹推进教育评价改革各项工作。

12 月 15 日　我校国家社科基金重大项目立项 2 项，分别是由张雷教授担任负责人的“基于区块链的社区居家养老模式与质量安全体系研究”和谢纳教授担任负责人的“中国共产党文学思想史料整理与研究（1921—1949）”；国家社科基金后期资助项目立项 3 项，分别是由孙雷教授担任负责人的“铸魂与育人：多维视角下的大学校训研究”、赵玉荣教授担任负责人的“互动交际中的叙事循环与社会认知共同体”和张继亮副教授担任负责人的“约翰·密尔政治理论研究”。

△　东北大学 6 名青年科技人员入选“高端科技创新智库青年项目”。入选项目分别为由杨丰一担任负责人的“智慧社会转型中人工智能刑事风险防范研究”、由吴子靖担任负责人的“中国城市社区韧性评价指数模型构建与应用研究”、由王海英担任负责人的“重大突发公共卫生事件对我国宏观经济及金融市场的冲击效应、机制与对策研究”、由侯泽敏担任负责人的“面向数据保护规制国际差异的我国参与全球数字治理体系建设研究——以我国数字化企业国际化为对象”、由李伟伟担任负责人的“数字经济时代企业创新全球化能力提升机制分析研究”、由王嵩担任负责人的“我国城市群建设对于创新驱动和低碳发展的影响评价”。

△　东北大学信息科学与工程学院杨光红教授、张化光教授入选 2021 年度“高被引科学家”名单。

△　东北大学建立专利申请前评估和授权后评价制度经验入选首批教育部、国家知识产权局、科技部知识产权质量管理典型经验。

12 月 16 日　民革辽宁省委员会主委、大连市副市长温雪琼一行来东北大学调研。副校长唐立新会见来访客人。

12 月 17 日　东北大学与普旭真空设备国际贸易（上海）有限公司设备捐赠及合作协议签约仪式在东北大学举行，普旭真空设备国际贸易（上海）有限公司技术总监孙杰、东北大学副校长孙雷出席签约仪式。双方签署了《东北大学—普旭真空设备国际贸易（上海）有限公司设备捐赠及合作协议》。根据协议，普旭真空捐赠 20 台套真空泵，用于机械学院学生实训；设立“普旭真空年度贡献奖”，用于奖励相关教师前往普旭真空德国总部及工厂参观交流。孙杰受聘为我校特聘教授。

12月20日 辽宁省委常委、沈阳市委书记王新伟到东北大学调研。

12月21日 按照教育部党史学习教育高校第五巡回指导组工作部署，东北大学举行党史学习教育座谈会。校党委书记熊晓梅，党委副书记、纪委书记杨明，党委副书记张国臣，党委常委、组织部部长王辉出席会议。各学院、分党委、直属部门、机关干部代表，专任教师代表，民主党派代表，退休教职工代表和学生代表参加座谈。熊晓梅主持座谈会。

12月22日 校党委书记熊晓梅在主楼传达了辽宁省第十三次党代会会议精神，研究布置东北大学服务辽宁全面振兴全方位振兴有关工作。

△ 由沈阳市归国华侨联合会主办，东北大学、市侨商联合会承办的沈阳新侨创新创业联盟成立大会暨新侨创新创业论坛在东北大学国际学术交流中心举行。

12月24—25日 由中国岩石力学与工程学会寒区岩土力学与工程分会主办、东北大学承办的第四届地铁建设新技术学术论坛以线下线上相结合的形式在东北大学召开。

12月25日 东北大学北京2022年冬奥会和冬残奥会志愿者出征仪式在秦皇岛分校举行。东北大学秦皇岛分校确定60名师生组成志愿者团队，前往张家口赛区参加赛会志愿服务；选拔42名学生和2名带队教师组成闭幕式演员团队，参加2022年冬奥会闭幕式演出。

△ 2021年度宝钢教育奖评选结果公布。东北大学共有11名师生获奖。冶金学院杨洪英教授荣获“宝钢优秀教师特等奖”；材料科学与工程学院祖国胤、计算机科学与工程学院杨晓春、信息科学与工程学院孙秋野3名教授获“宝钢优秀教师奖”。

△ 东北大学秦皇岛分校学生喜获2021“外研社·国才杯”全国英语阅读大赛全国一等奖1项、二等奖1项。

12月25—26日 由文法学院曹志立、夏风云老师指导的“NEU阳光文法队”荣获首届东北地区大学生公共管理方案设计与决策对抗大赛特等奖。

12月28日 由东北大学校长、中国工程院院士冯夏庭教授主持的“深部智能绿色采矿工程”项目入选“十四五”时期国家重点图书出版专项规划。

△　学校印发修订后的《东北大学内部控制规范》。

12 月 29 日　东北大学第七届中国国际“互联网 +”大学生创新创业大赛总结大会暨东北大学 2022 年创新创业大赛启动仪式在主楼举行。2021 年，10 支项目团队在第七届“互联网 +”大赛中为学校争得了 2 金 4 银 4 铜，1 个单项奖的优异成绩。学校历史性地首次获得“互联网 +”大赛高校集体奖。

12 月 30 日　辽宁省委书记张国清来到东北大学，向师生宣讲党的十九届六中全会精神，给学生讲思想政治理论课。省委常委、宣传部部长刘慧晏，省委教育工委书记、副省长王明玉，省委副秘书长兼办公厅分管日常工作的副主任于国安，省委副秘书长赵颖，省委政研室主任赵建华，省委教育工委副书记、省教育厅厅长冯守权，东北大学领导班子成员，学校各相关部门和学院负责人、师生代表等参加宣讲活动。

△　东北大学在主楼设分会场，参加教育部召开的全国教育系统疫情防控工作视频调度会议，学校疫情防控工作领导小组成员单位负责人参加会议。

△　东北大学“生命健康培育工程”专家委员会成立暨第一次专家论证会线上线下同步召开。

2022 年

1 月 4 日　依托东北大学建设、东软集团参与共建的计算机软件国家工程研究中心顺利通过优化整合评价，正式纳入国家工程研究中心新序列管理。

△　我校获评 2021 年度“高校政府采购十佳集体”荣誉称号，这是我校自 2017 年获评后再次荣获该奖项。

1 月 7 日　东北大学在主楼设分会场参会，参加教育部党史学习教育总结会议。校党委书记熊晓梅，校长冯夏庭，校党委副书记、纪委书记杨明，校党委副书记张国臣，副校长王建华，党委常委、组织部部长王辉，学校党史学习教育领导小组办公室及各工作组相关负责人参加会议。

△　学校党委在主楼召开 2021 年度分党委书记抓基层党建述职评议考核工作会。校党委书记熊晓梅，校党委副书记、纪委书记杨明，校党委副书记张国臣，副校长孙雷，校党委常委、组织部部长王辉等校领导出席会议。

1月10日 我校信息学院杨东升教授（第一作者）等完成的论文《面向居民用电非侵入式负荷监测的事件驱动卷积神经网络架构》获得2020年度IEEE消费电子会刊期刊最佳论文奖第一名。

1月11日 东北大学“海洋工程国际联合研究院”筹建工作座谈会在秦皇岛分校举行。

△ 学校印发《东北大学经济责任审计实施办法》。

1月12日 东北大学—北方重工集团有限公司战略合作洽谈会在东北大学举行。东北大学校长冯夏庭、北方重工集团有限公司总裁张斌出席洽谈会。双方就战略合作总体思路、联合研发、人才培养等进行了研讨，并决定成立工作专班，加快推进各项合作。

1月13日 沈阳数字经济培训基地启动仪式暨全市领导干部数字经济第一期专题培训班在东北大学汉卿会堂举行。辽宁省委常委、沈阳市委书记王新伟出席开班仪式并讲话。东北大学党委书记熊晓梅，校长冯夏庭，副校长孙雷，党委常委、组织部部长王辉出席启动仪式。沈阳市委常委、组织部部长高崇生与冯夏庭共同签署成立沈阳数字经济培训基地框架协议。王新伟与熊晓梅共同为沈阳数字经济培训基地揭牌。

△ 东北大学党史学习教育总结会议在汉卿会堂召开。学校领导班子成员，中层干部，学校党史学习教育领导小组办公室及各工作组有关人员，师生党支部书记代表，民主党派代表等参加会议。会议采取视频形式召开，汉卿会堂设主会场，秦皇岛分校和各学院设分会场。校长冯夏庭主持会议。

1月15日 东北大学印发《师德考核实施办法》。

△ 由中国有色金属学会和东北大学联合主办的第十八届全国钛及钛合金学术交流会在东北大学举行。本届会议以“创新驱动、绿色生态”为主题。

△ 我校工商管理学院本科生古丽贾克热·阿不力米提、秦皇岛分校控制工程学院本科生李松昌荣获“中国大学生自强之星”称号。

△ 在2021年全国模拟炼钢—轧钢大赛总决赛中，我校参赛学生获得高校本科组轧钢单项一等奖2项、二等奖1项，炼钢单项三等奖2项和团体二等奖。

2月2日 东北大学姜周华教授作为冬奥会火炬手参加在北京冬奥公园举行的火炬传递活动。

2 月 10 日　东北大学姜周华教授带领的特殊钢冶金技术教师团队入选第二批全国高校黄大年式教师团队。

2 月 21 日　东北大学在主楼召开疫情防控工作会议，贯彻落实 2022 年第二次全国教育系统疫情防控工作视频调度会议精神，部署学校新学期疫情防控工作。

2 月 22 日　中国高等教育学会高校竞赛评估与管理体系研究工作组发布 2021 全国普通高校大学生竞赛分析报告（含系列排行榜单），在《2017—2021 年全国普通高校大学生竞赛榜单》（本科，前 300）中，东北大学奖项数量排名全国第二（1297 项），综合排名全国第七（总分 91.53）。2021 年，东北大学省级及以上科技创新竞赛获奖数量首次突破 1000 项，共计 1177 项，获奖学生超 3500 人次，其中国家级竞赛奖项较 2020 年增加 67.88%；国际级竞赛奖项较 2020 年增加 120.51%；获得国家级和国际级竞赛一等奖及以上奖项较 2020 年增加 37.21%。

2 月 26—27 日　由国家自然科学基金委员会主办、东北大学承办的第十三届全国金属材料优秀青年学者论坛以线下线上相结合的形式在东北大学国际学术交流中心举行。此次论坛以“融合产业变革的基础创新”为主题，1400 余名青年学者参加线上线下会议。

2 月 28 日　学校印发《东北大学党委常委会会议议事规则》和《东北大学校长办公会议议事规则》。

2 月　东北大学入选新一轮“双一流”建设名单，新增“冶金工程”一流建设学科。

3 月 2 日　东北大学在主楼设分会场，参加教育部党组召开的 2022 年教育系统全面从严治党工作视频会。校领导班子成员、两委委员、有关部门主要负责人、各分党委（直属党总支）书记参加会议。

3 月 3 日　我校在主楼设分会场参加 2022 年度高校思想政治工作视频会。

△　我校信息科学与工程学院“胜言”实践团荣获第二届“美丽中国·青春行动”三棵树大学生环保创意大赛全国银奖（全国十强），实践作品“便携式发供电套装”荣获“最受欢迎产品设计奖”。

3 月 5 日　东北大学申报增设的民族学、运动训练、新能源材料与器件、智能采矿工程 4 个本科专业全部通过教育部审批和备案。截至此时，我校共有本科专业 80 个。

△　东北大学丁义浩教授成功入选 2022 年“高校网络教育名师培育支持计划”名单。

△　东北大学软件学院入选首批特色化示范性软件学院名单，建设重点领域为行业应用软件。

△　我校陈松、付冲、李宝宽、王勃然、王磊、张威 6 位教师获评辽宁省普通高等学校本科教学名师。至此，学校有国家级教学名师 4 人，省级教学名师 67 人（含认定的首批国家级一流本科课程第一负责人）。

△　东北大学轧制技术及连轧自动化国家重点实验室（RAL）研制的“冷—温变形中试实验轧机”在沈阳市通过考核验收，并出口日本冶金工业株式会社。

3 月 9 日　云南省保山市委常委、副市长贾德忠率队来校调研，对接乡村振兴相关工作。校党委书记熊晓梅、党委副书记张国臣会见贾德忠一行。

3 月 11 日　我校在主楼设分会场参加辽宁省教育厅召开的全省教育系统新冠疫情防控工作视频会议。校党委书记熊晓梅、校长冯夏庭、校党委副书记张国臣等校领导参加会议。

△　东北大学召开 2022 年度工作部署会。校党委书记熊晓梅主持会议，校长冯夏庭部署学校 2022 年重点工作并作《以一流学科建设为引领，开创学校高质量发展新局面》专题报告。

△　东北大学在主楼召开“绿色学校”建设专题工作会议，研究布置辽宁省绿色学校创建相关工作。

3 月 14 日　教育部召开全国教育系统疫情防控工作视频会议，校党委书记熊晓梅、校长冯夏庭、校党委副书记张国臣等校领导参加会议。15 日，学校召开疫情防控工作会议，传达《关于做好驻沈高校疫情防控工作的通知》，就我校近期校园疫情防控重点任务进行部署。

3 月 15 日　学校制定、印发了《深入开展党的十九届六中全会精神专题教育培训实施方案》。

△　按照中央和省市疫情防控工作部署，落实《关于做好驻沈高校疫情防控工作的通知》要求，东北大学教学活动全部转为线上进行。在线教学首日，共开出本科生课程 680 门，688 门次，上课教师 495 人，学生 37823 人次，开

课率为 98.55%。

△　东北大学资源与土木工程学院党委入选“全国党建工作标杆院系”培育创建单位名单，理学院物理系党支部、机关党委资产与实验室管理处党支部入选“全国党建工作样板支部”培育创建单位名单。

△　东北大学党委申报的工作案例《实施基层党建质量夯实工程，合力擘画学校党建“同心圆”》荣获辽宁省高校基层党的建设优秀成果一等奖，外国语学院党委申报的工作案例《科学量化考核，构筑学生党员质量提升新平台》荣获二等奖；信息科学与工程学院党委、资源与土木工程学院土木工程系党支部书记康玉梅分别荣获 2021 年辽宁省高校“校园先锋示范岗”集体和个人荣誉称号。

△　教育部公布首批虚拟教研室建设试点名单，我校高克宁教授牵头的程序设计课程虚拟教研室和康玉梅副教授牵头的土木工程专业课程思政研究虚拟教研室分别入选课程（群）教学类和教学研究改革专题类建设试点。

△　我校冶金学院杨洪英教授被授予辽宁省“巾帼建功标兵”荣誉称号。

3 月 18 日　沈阳市委常委、宣传部部长于振明一行来校调研疫情防控工作。校党委书记熊晓梅、校长冯夏庭、校党委副书记张国臣陪同调研。

△　学校召开落实校园封控管理应急预案工作会议。

△　学校召开学生工作疫情防控工作会议。

3 月 22 日　我校在主楼设分会场，参加教育部 2022 年第四次全国教育系统疫情防控工作视频调度会。

△　东北大学在主楼设分会场，参加辽宁省教育厅召开的全省高校疫情防控实地督查工作视频调度会议。

3 月 24 日　辽宁省委教育工委书记、副省长王明玉到东北大学浑南校区督导检查疫情防控工作。东北大学党委书记熊晓梅、党委副书记张国臣、副校长孙雷参加检查。王明玉听取了学校疫情防控工作汇报，并对东北大学疫情防控工作给予肯定，对进一步从严从紧从实从细做好学校疫情防控工作提出要求。

3 月 27 日　东北大学在主楼设分会场，参加辽宁省委教育工委、省教育厅召开的全省教育系统疫情防控工作紧急视频会议。校党委书记熊晓梅、党委副书记张国臣出席会议。

△ 东北大学在主楼设分会场，参加沈阳市召开的驻沈高校疫情防控工作电视电话会议，传达国家、省、市疫情防控工作相关部署要求，对驻沈高校疫情防控工作进行再部署、再强化。

3月29日 东北大学在主楼设分会场，参加沈阳市召开的驻沈高校校园疫情网格化防控工作视频会议，传达辽宁省委书记张国清讲话精神、国务院联防联控机制辽宁工作组工作要求和全市疫情防控工作视频调度会议部署要求，就驻沈高校校园疫情网格化防控工作进行安排部署。校党委书记熊晓梅、党委副书记张国臣，学校相关部门负责人参加会议。

3月31日 我校在主楼设分会场，参加教育部召开的2022年第五次全国教育系统疫情防控工作视频调度会议，强调教育系统疫情防控工作要坚定不移坚持“外防输入、内防反弹”总策略，落实落细常态化疫情防控各项措施，确保校园一方净土。校党委副书记张国臣、学校相关部门负责人参加会议。

4月1日 校长冯夏庭检查南湖校区校园疫情防控工作。校党委副书记张国臣，校长办公室、公安处、后勤服务中心等相关部门负责人陪同检查。

4月3日 东北大学在主楼设分会场，参加辽宁省教育厅召开的全省教育系统疫情防控工作视频会议，学习传达了省委省政府有关会议精神和张国清书记、李乐成省长等省领导同志的指示批示精神，总结各地各校在疫情防控工作中的经验做法，通报高校疫情防控督查中发现的问题，对进一步做好校园疫情防控工作，提高科学精准防控水平进行再部署再强调再夯实。校长冯夏庭、校党委副书记张国臣出席会议，学校相关部门负责人参加会议。

4月6日 沈阳市委常委、副市长王少林来校检查疫情防控工作。校长冯夏庭、校党委副书记张国臣，校长办公室、公安处负责人等陪同检查。

4月6—8日 “杏花微雨职涯逢春”东北大学2022届毕业生春季大型网络双选会举行。来自28个省份的396家用人单位提供岗位需求3.4万余个，2022届毕业生投递简历超过1.1万份，线上双选平台总浏览量达108333人次。

4月8日 沈阳市委宣传部部长于振明到东北大学浑南校区检查疫情防控工作。副校长孙雷、浑南校区管理委员会负责人陪同检查。于振明对学校封闭管理以来的疫情防控工作给予充分肯定。

4月13日 东北大学在主楼设分会场，参加教育部、财政部、国家发展改革委联合召开的新一轮“双一流”建设推进会。校长冯夏庭，校党委副书记张国臣，校党委常委、组织部部长王辉及相关部门负责人参加会议。

4月14日 东北大学在主楼设分会场，参加教育部举办的2022年第二次全国教育系统疫情防控工作视频培训，深入学习贯彻习近平总书记关于新冠疫情防控重要指示精神，落实党中央、国务院决策部署，培训近日教育部联合国家卫生健康委印发的高等学校、中小学校和托幼机构新冠疫情防控技术方案（第五版），部署从严从细从实做好当前教育系统疫情防控工作，提高科学精准防控水平。

校党委副书记张国臣出席会议，学校相关部门负责人参加会议。视频会议结束后，张国臣在总结讲话中强调，全校上下要认真贯彻落实教育部《高等学校新冠疫情防控技术方案（第五版）》、辽宁省《本土聚集性疫情校园应急防控措施20条的通知》等相关要求，严格落实学校相关工作方案和应急预案；从严从细从实抓好疫情防控各项工作；关心关爱留校教职工，缓解学生心理压力，有序组织开展各类活动，营造温馨和谐的校园氛围。

4月16日 由东北大学牵头承担，信息科学与工程学院黄敏教授作为项目负责人主持的国家重点研发计划“工业软件”重点专项“大规模制造产业可信溯源理论与方法研究”项目启动暨项目实施方案论证会召开。

4月16—24日 东北大学代表队荣获辽宁省第五届大学生知识产权模拟法庭竞赛冠军。

4月18日 东北大学召开非学历教育领域问题专项整治和高等学历继续教育校外教学点设置与管理工作会议。校长冯夏庭，副校长孙雷、王建华和相关部门负责人出席会议。冯夏庭指出，要坚持管办分离，成立工作专班，对学校相关工作进行系统梳理。

4月19日 北京冬奥会冬残奥会河北省·北京冬奥组委总结表彰大会召开，东北大学冬奥志愿服务团队荣获“北京2022年冬奥会、冬残奥会河北省先进集体”称号，秦皇岛分校教师王子敬荣获“北京2022年冬奥会、冬残奥会河北省先进个人”称号。

4月20日 东北大学学位评定委员会十一届十九次会议决定授予76人博士学位、5人硕士学位。

4月26日 东北大学建校99周年庆祝大会暨“百年东大传旗手”校旗全球传递启动仪式举行。大会在东北大学南湖校区设立主会场，在秦皇岛分校和浑南校区设置分会场，同时通过新媒体平台向全校师生和海内外校友在线直播。东北大学党委书记熊晓梅，校长冯夏庭，校党委副书记张国臣，副校长孙雷，校党委常委、组织部部长王辉在主会场出席大会。

△ 钢铁工业协同创新关键共性技术发展论坛暨《钢铁工业协同创新关键共性技术丛书》全套首发仪式以线上线下相结合的方式举行。论坛以“产学研用协同创新助力钢铁行业高质量发展”为主题。

4月27日 参加2022年全省教育系统全面从严治党工作视频会议，深入学习贯彻习近平总书记在十九届中央纪委六次全会上的重要讲话和全会精神，贯彻国务院第五次廉政工作会议精神，深入落实辽宁省纪委十三届二次全会、教育部全面从严治党工作视频会和辽宁省政府第五次廉政工作会议精神。校党委书记熊晓梅，校长冯夏庭，校党委副书记、纪委书记杨明，校党委副书记张国臣，校党委常委、组织部部长王辉参加会议。

4月28日 东北大学在主楼召开疫情防控工作会议，校党委副书记张国臣，校党委常委、组织部部长王辉出席会议，各学院、各部门相关负责人参加会议。学校疫情防控工作领导小组办公室负责人传达了教育部、辽宁省、沈阳市最新疫情防控工作相关要求，会议就下一阶段学校疫情防控工作进行了安排部署。

△ 学校在主楼组织召开东北大学2022年春季学期毕业生就业工作推进会，校党委副书记张国臣出席会议。

4月30日 学校印发《东北大学非学历教育管理规定》。

△ 我校流程工业综合自动化国家重点实验室由柴天佑、代伟、丁进良、岳恒、秦岩、刘长鑫等发明的专利“一种强磁选别过程运行控制方法”被评为第二届辽宁省专利奖一等奖。

△ 东北大学（含秦皇岛分校）获第十七届“挑战杯”全国大学生课外学术科技作品竞赛全国二等奖2项、三等奖8项。

5月1日 我校朱苗勇教授荣获“全国五一劳动奖章”。

5月3日 东北大学党委理论学习中心组围绕习近平总书记疫情防控重要论述开展专题学习，校党委书记熊晓梅主持会议。熊晓梅领学了2020年以来习近平总书记有关疫情防控的重要论述。

5月6日 东北大学党委常委会（扩大）会议在主楼召开，专题学习中共中央政治局常务委员会会议精神、辽宁省委常委会（扩大）会议暨全省疫情防控指挥部视频会议精神、全省教育系统疫情防控视频会议精神，研究部署学校疫情防控工作，校党委书记熊晓梅主持会议。

5 月 10 日　庆祝中国共产主义青年团成立 100 周年大会在北京隆重举行，中共中央总书记、国家主席、中央军委主席习近平发表重要讲话。东北大学广大师生收听收看了本次大会直播，并开展积极讨论。

5 月 12 日　学校疫情防控工作会议以线上线下相结合的方式召开。校党委书记熊晓梅，校长冯夏庭，校党委副书记张国臣，副校长唐立新，校党委常委、组织部部长王辉出席会议。学校疫情防控工作领导小组办公室负责人传达了教育部、省市属地最新疫情防控工作要求，介绍了下一阶段学校疫情防控工作有关安排。

5 月 14 日　学校印发《学习贯彻习近平总书记给中国冰雪健儿重要回信精神的工作方案》。

5 月 15 日　由东北大学江河建筑学院承办的“双碳背景下的绿色建筑理论、实践与教学”学术论坛在线上举行。来自清华大学、同济大学等高校和建筑设计研究院的专家学者共计 5500 余人参加会议，12 位相关领域知名专家学者作了专题报告。

5 月 18 日　东北大学召开 2022 年全面从严治党工作视频会议，深入贯彻落实十九届中央纪委六次全会精神和 2022 年教育系统全面从严治党工作视频会议精神，部署安排 2022 年重点任务。学校领导班子成员、党委委员、纪委委员、中层正职领导干部、二级纪委书记和纪检委员、驻校副处级领导干部以及秦皇岛分校有关领导干部 200 余人参加会议。

5 月 19 日　东北大学在主楼设分会场，参加教育部召开的 2022 年第七次全国教育系统疫情防控工作视频调度会议，深入贯彻落实中央政治局常委会会议精神和国务院联防联控机制电视电话会议精神，落实党中央、国务院决策部署，交流地方和高校疫情防控做法，部署抓实抓细当前教育系统疫情防控工作。校党委副书记张国臣、相关部门负责人参加会议。

5 月 25 日　由东北大学牵头承担、资源与土木工程学院孙永升教授主持的国家重点研发计划“战略性矿产资源开发利用”重点专项“白云鄂博多金属矿矿物重构强化分离基础研究”青年科学家项目启动会暨实施方案论证会以线上线下相结合的方式召开。经过审议，专家组一致同意项目实施方案通过论证。

5月27日 辽宁省委教育工委书记、副省长王明玉一行到东北大学督导检查疫情防控工作。东北大学党委书记熊晓梅、校长冯夏庭、党委副书记张国臣陪同检查。王明玉听取了学校相关工作汇报，对东北大学的疫情防控工作表示肯定。

△ 由东北大学资源与土木工程学院高鹏教授牵头承担的国家重点研发计划“战略性矿产资源开发利用”重点专项“典型难选铁矿资源清洁高效利用技术及装备研究与示范”项目启动会暨实施方案论证会以线下和线上相结合的方式召开。经过审议，专家组一致同意通过论证。

△ 东北大学党委理论学习中心组在主楼开展集中学习，深入学习贯彻习近平总书记在庆祝中国共产主义青年团成立100周年大会上的重要讲话精神、习近平总书记在中国人民大学考察时的重要讲话精神和习近平总书记给北京科技大学的老教授重要回信精神。校党委书记熊晓梅主持会议。

5月31日—6月1日 东北大学荣获2022年“挑战杯”辽宁省大学生创业计划竞赛金奖15项、银奖7项、铜奖4项、推荐国赛项目6项。

6月5日 中国工程院院士、东北大学校长冯夏庭教授为六五环境日国家主场活动（由生态环境部、中央文明办、辽宁省人民政府共同举办）作《坚持技术创新，实现生态优先、绿色低碳高质量发展》的主题报告。

6月6日 东北大学召开干部教师大会，宣布教育部党组关于学校领导班子成员任免的决定。校长、党委副书记冯夏庭主持会议。校党委书记熊晓梅宣读了教育部党组的任免决定：任命孙雷、徐峰、唐立新为东北大学副校长，王强、王兴伟、王辉、张皓为东北大学副校长（试用期一年）；免去刘建昌、王建华的东北大学副校长职务；王强同志任中共东北大学委员会委员、常委，王兴伟、张皓同志任中共东北大学委员会常委；免去刘建昌、王建华同志的中共东北大学委员会常委职务。

△ 东北大学佛山研究生院更名为东北大学佛山研究生创新学院，机构职能保持不变。

6月8日 东北大学在主楼召开国家科技基地建设工作推进会。校长冯夏庭，副校长唐立新、王强及相关部门负责同志、专家参加会议。

6月9日　东北大学在主楼设分会场，参加教育部召开的2022年第九次全国教育系统疫情防控工作视频调度会议，交流地方和高校疫情防控做法，部署统筹做好当前教育系统疫情防控和教育教学工作。副校长王辉及相关部门负责人参加会议。

6月12日　东北大学应邀参加金川集团股份有限公司第24次金川科技攻关大会。校长冯夏庭，副校长唐立新、王强出席会议。开幕式上，东北大学与金川集团股份有限公司签订产学研创新项目合作协议。冯夏庭应邀作《深部金属矿开采技术创新与发展》专题报告。

6月14日　东北大学党委理论学习中心组在主楼开展集中学习，深入学习贯彻习近平总书记在听取中央第七轮巡视综合情况汇报时的重要讲话精神和十九届中央第七轮集中反馈会议精神、习近平总书记给南京大学留学归国青年学者重要回信精神。校党委书记熊晓梅主持会议。

△　教育部公布2021年度国家级和省级一流本科专业建设点名单，我校新增12个国家级一流本科专业建设点和9个省级一流本科专业建设点。目前，东北大学共有39个专业入选国家级一流本科专业建设点，占全校现有专业总数的52%；共有33个专业入选省级一流本科专业建设点；省级及以上一流本科专业建设点占全校现有专业总数的68%。

6月15日　东北大学—华为“智能基座”项目对标交流会通过线上形式召开，东北大学副校长王强、华为辽宁省总经理周斌出席会议并致辞。

6月16日　学校印发《学习贯彻习近平总书记在庆祝中国共产主义青年团成立100周年大会上的重要讲话精神的工作方案》。

△　辽宁省纪检监察大数据重点实验室成立大会暨揭牌仪式举行。辽宁省委常委、省纪委书记、省监委主任刘奇凡，辽宁省委常委、沈阳市委书记王新伟，辽宁省副省长高涛，东北大学党委书记熊晓梅，校长冯夏庭，中国工程院院士柴天佑，校党委副书记、纪委书记杨明，副校长王兴伟出席会议。熊晓梅、刘奇凡、王新伟、高涛共同为大数据重点实验室揭牌。冯夏庭代表学校与辽宁省纪委监委、沈阳市纪委监委相关领导共同签署战略合作框架协议。辽宁省纪检监察大数据重点实验室由省纪委监委牵头组建，东北大学是共建单位，负责投入稳定的科研人员、专家智库，提供大数据分析平台、技术支撑和培训服务等。柴天佑受聘担任实验室学术委员会主任。

6 月 20 日 学校印发修订后的《东北大学关于落实党风廉政建设主体责任和监督责任的实施细则》。

6 月 21 日 东北大学党委理论学习中心组在主楼开展集中学习，深入学习贯彻习近平总书记关于安全生产的重要论述和《总体国家安全观学习纲要》。

△ 根据教育部党组巡视工作统一部署，教育部党组第四巡视组巡视东北大学党委工作动员会议召开。巡视组将在学校工作 5~6 周，主要受理反映东北大学领导班子及其成员、下一级主要负责人和重要岗位领导干部问题的来信来电来访，重点是关于违反政治纪律、组织纪律、廉洁纪律、群众纪律、工作纪律和生活纪律等方面的举报和反映。

6 月 22 日 学校印发《学习贯彻习近平总书记给南京大学留学归国青年学者重要回信精神的工作方案》。

△ 东北大学召开国家科技基地优化建设工作推进会，王国栋院士、副校长唐立新院士出席会议，轧制技术及连轧自动化国家重点实验室和科学技术研究院相关负责同志、教授代表参加会议。

6 月 24 日 东北大学 2022 届本科生毕业典礼暨学位授予仪式举行，6986 名普通本科毕业生（包括总校毕业生 4561 名、秦皇岛分校毕业生 2402 名、留学生 23 名）获得学士学位。

6 月 25 日 东北大学 2022 届研究生毕业典礼暨学位授予仪式在南湖校区汉卿会堂举行。538 人获得博士学位、4521 人获得硕士学位。

△ 秦皇岛分校代表队获得第 24 届“外研社·国才杯”全国大学生英语辩论赛全国总决赛一等奖 1 项，三等奖 1 项。

△ 东北大学学生在第六届米兰设计周——中国高校设计学科师生优秀作品展全国总决赛上，获得国家级一等奖 5 项，二等奖 1 项，三等奖 4 项，论文学术奖 5 项，优秀奖 12 项。

6 月 27 日 落实疫情防控工作，自本日起校园将实行审批制管理。

6 月 28 日 东北大学校长冯夏庭当选为辽宁省出席党的二十大代表。

6 月 29 日 教育部、云南省举行部省战略合作第一次会商会议，签署《教育部云南省人民政府推进云南教育振兴战略合作协议》。东北大学在主楼设分会场参加会议，校长冯夏庭代表学校签署《云南省人民政府与东北大学战略合作协议》。

6月30日 学校党委决定在全校统一战线成员中集中开展“喜迎党的二十大，同心奋进新时代”主题活动，并印发具体实施方案。

△ 东北大学“一号通”工程建设研讨会在主楼召开。校长冯夏庭，副校长孙雷、徐峰、唐立新、王强、王兴伟、王辉、张皓出席会议。会议围绕东北大学“一号通”工程建设进行了重点研讨。

△ 中共东北大学第十四届委员会第九次全体会议在主楼举行。学校党委委员出席会议，会议由校党委书记熊晓梅主持。会议审议通过了《中共东北大学委员会常务委员会2021年和2022年上半年工作报告》《东北大学章程修正案（草案）》《东北大学党的委员会全体会议议事规则》和《东北大学2022年度财务预算报告》。

△ 教育部开展人工智能助推教师队伍建设试点工作集中调研，教育部党组成员、副部长孙尧参加调研。校长冯夏庭在分会场出席会议并围绕“智能教育环境优化”“人工智能支撑教师评价改革”两项工程及“教师智能教育素养提升”“技术云平台建设服务”两项计划建设情况，对学校人工智能助推教师队伍建设工作进行了经验交流汇报。

7月1日 由东北大学轧制技术及连轧自动化国家重点实验室、广西先进铝加工创新中心、广西南南铝加工有限公司联合研发的2400mm气垫炉连续热处理及表面处理生产线在南宁顺利点火。工信部装备工业发展中心，广西壮族自治区工信厅、科技厅，南宁市政府相关领导，广西南南铝加工有限公司等单位负责人，中国工程院院士、东北大学副校长唐立新参加点火仪式。本次成功点火的2400mm铝合金气垫炉连续热处理及表面处理生产线打破了国外垄断，实现关键核心装备技术自主可控。

7月2日 学校印发《东北大学党的委员会全体会议议事规则》。

7月2—4日 由我校材料科学与工程学院张雅静和赵大志老师指导的两个团队和由赵大志、张峻嘉老师指导的团队获得十三届中国大学生铸造工艺设计大赛决赛全国一等奖（共3项）。同时，其他团队还获得二等奖1项、三等奖5项。

7月5日 东北大学党委理论学习中心组开展集中学习，深入学习习近平主席在庆祝香港回归祖国25周年大会暨香港特别行政区第六届政府就职典礼上的讲话精神和教育部等三部委新一轮“双一流”建设推进会精神。

△ 学校党委通过走访慰问、集体颁发等多种形式，组织开展了“光荣在党 50 年”纪念章颁发工作，为截至 2022 年 7 月 1 日党龄满 50 周年、一贯表现良好的党员颁发“光荣在党 50 年”纪念章。

7 月 6 日 东北大学教师“一号通”工程推进会在主楼召开。

△ 东北大学 2022 年辽宁省综合评价录取考试在南湖校区大成教学馆通过远程网络考核方式举行。

7 月 15 日 由中国工程院院士、钢铁共性技术协同创新中心副主任、东北大学王国栋教授担任主编，业内多位院士担任顾问，联合钢铁行业各领域的权威专家、学者共同撰写的《钢铁工业协同创新关键共性技术丛书》全套出版发行。

△ 东北大学 24 项成果荣获 2021 年度辽宁省科学技术奖励，其中以第一完成单位获得一等奖 7 项、二等奖 6 项。

△ 东北大学与湘潭钢铁产学研合作框架协议签约仪式在主楼举行。湘潭钢铁集团党委副书记张志钢、副总经理刘喜锚，东北大学副校长孙雷出席签约仪式。孙雷和刘喜锚分别代表校企双方签署产学研合作框架协议。根据协议，双方将围绕钢铁冶金生产工艺、制造装备、绿色及智能制造、节能减排以及人才培养、大学生实习实践、技术交流与培训等领域开展合作。

△ 东北大学文法学院党委、理学院党委入选辽宁省“党建工作标杆院系”培育创建单位名单，东北大学马克思主义学院本科生第一党支部、信息科学与工程学院工业人工智能与自动化系第二党支部、机关党委计划财经处党支部等 10 个党支部入选辽宁省“党建工作样板支部”培育创建单位名单。

7 月 16 日 学校印发《东北大学体育工作实施方案》和《东北大学美育工作实施方案》。

7 月 18 日 东北大学工程结构动力学中心挂牌仪式举行。中心聘请汕头大学执行校长、南方科技大学讲席教授王泉院士担任东北大学工程结构动力学中心主任。

7 月 25 日 由中国科学技术协会和教育部主办的青少年高校科学营东北大学分营正式开营。来自全国 13 个省（自治区、直辖市）的 27 所中学的 220 名青少年营员参与为期 5 天的云上科学营之旅。

7 月 27 日 中国人民解放军 32126 部队政治委员李继红、东北大学副校长王辉代表双方签署战略合作框架协议。

8 月 3 日　深圳市科技创新委员会来东北大学调研。

8 月 5 日　重大科技基础设施“超大型深部工程灾害物理模拟设施”项目论证会在东北大学召开。该项目由中国工程院院士、东北大学校长冯夏庭担任首席科学家领衔建设，是沈阳市首个支持建设的重大科技基础设施项目，是省市打造国家战略科技力量、建设具有全国影响力的区域科技创新中心的重要举措。项目建设方案通过专家组论证。

8 月 12 日　东北大学 ACTION 团队获第二十一届全国大学生机器人大赛 ROBOCON 亚军。

8 月 18—21 日　由东北大学和中国金属学会主办的 2022 年高品质特殊钢冶金国际会议暨第六届特种冶金技术学术会议在东北大学召开。来自中国、奥地利、加拿大、印度、日本、韩国、南非、瑞典、乌克兰和美国等 10 多个国家共 300 余名嘉宾通过线上线下参加会议。中国工程院院士、东北大学 2011 钢铁共性技术协同创新中心主任王国栋教授，东北大学副校长王强与会，姜周华教授担任会议主席之一。

8 月 20—22 日　由中国钢铁工业协会主办，东北大学冶金学院、轧制技术及连轧自动化国家重点实验室、东北大学低碳钢铁前沿技术研究院等单位共同承办的 2022 年钢铁行业低碳共性技术专题研讨会在东北大学举行。中国工程院院士、东北大学王国栋教授作《钢铁产业的重大战略任务》的学术报告。

8 月 24—25 日　东北大学 2022 年暑期战略研讨会召开，会议由校长冯夏庭主持。本次研讨会以“踔厉奋发，开拓创新，高质量推动新一轮‘双一流’建设”为主题。

8 月 24—29 日　由东北大学主办，流程工业综合自动化国家重点实验室、中国自动化学会大数据专业委员会和中国人工智能学会工业人工智能专业委员会等协办的第四届工业人工智能国际会议举行。中国工程院院士柴天佑任大会主席。

8 月 30 日　东北大学在汉卿会堂召开分党委书记工作会议，传达部省疫情防控工作精神，安排部署有关工作。校党委书记熊晓梅，校党委副书记、纪委书记杨明出席会议。

9 月 2 日　东北大学刘振宇教授被授予“辽宁省先进工作者”称号。

9月3日 东北大学分析测试中心通过资质认证（CMA）复查评审。

9月6日 辽宁省副省长陈绿平到东北大学调研疫情防控工作，东北大学党委书记熊晓梅、校长冯夏庭，副校长王辉陪同调研。

△ 学校成立东北大学依法治校领导小组。组长：熊晓梅、冯夏庭，副组长：徐峰。领导小组办公室设在政策法规办公室，负责日常工作，办公室主任由政策法规办公室主任兼任。

9月6—8日 由中国金属学会、沈阳市人民政府、东北大学主办，东北大学轧制技术及连轧自动化国家重点实验室等单位承办的第六届国际热机械加工会议暨第十九届沈阳科学学术年会以线上线下结合的方式在东北大学举行。

9月8日 东北大学举行庆祝第38个教师节暨2020—2022年度先进集体和先进个人表彰会。

△ "迎接党的二十大，培根铸魂育新人"庆祝教师节暨青年人才代表座谈会在国际学术交流中心举行。

9月9日 "迎接党的二十大，培根铸魂育新人"——庆祝第38个教师节座谈会暨东北大学2022年新晋升职务教师师德师风专题培训会在国际学术交流中心举行。

9月14日 由中国土木工程学会、俄罗斯隧道协会主办，东北大学等单位联合承办的首届"中俄岩土与地下工程青年学者论坛"以线上形式举办。

9月16日 东北大学以线上直播方式举行2022级学生开学典礼。2022级全体本科生、研究生参加开学典礼。

△ 东北大学老五届校友捐赠校训石揭幕仪式在南湖校区信息学馆北广场举行，党委书记熊晓梅、校长冯夏庭、副校长孙雷及东北大学老五届（1966—1970年毕业）校友代表出席仪式。

△ 东北大学一流大学建设高峰论坛在国际学术交流中心通过视频方式举行。新西兰皇家科学院院士、新西兰工程院院士、新西兰奥克兰大学教授、东北大学新西兰校友会名誉会长高唯院士，澳大利亚工程院院士、澳大利亚科学院院士、中国工程院外籍院士、澳大利亚莫纳什大学副校长余艾冰院士，中国工程院院士、中国煤炭科工集团首席科学家、东北大学机械工程与自动化学院院长王国法院士，欧洲科学院院士、德国哥廷根大学数学与计算机科学学院终身教授、东北大学德国校友会会长傅晓明院士等4位东北大学校友以视频方式

出席论坛并作专题报告。东北大学校长、中国工程院院士冯夏庭，东北大学党委副书记、秦皇岛分校党委书记孙正林，副校长孙雷、徐峰、王强、王兴伟、王辉、张皓等校领导出席论坛。

9 月 17 日　东北大学党委理论学习中心组开展集中学习，深入学习贯彻习近平总书记在辽宁考察时的重要讲话精神和习近平总书记在中央统战工作会议上的重要讲话精神。

9 月 23 日　学校印发《中共东北大学委员会关于加强新时代学校统一战线工作的意见》。

△　东北大学创新创业学院入选首批国家级创新创业学院。

9 月 24 日　由中国历史唯物主义学会、中国社会科学院国家文化安全与意识形态建设研究中心、东北大学主办，东北大学马克思主义学院、全国高校思政课田鹏颖名师工作室、辽宁省马克思主义学会承办的中国历史唯物主义学会 2022 年高层论坛在东北大学举办。

9 月 29 日　辽宁省首届“兴辽英才”青年论坛暨东北大学第七届青年学者知行论坛在沈阳开幕。

10 月 6 日　东北大学与中国银行辽宁省分行战略合作签约仪式在主楼举行。中国银行辽宁省分行行长陈志能、副行长孙进，东北大学校长冯夏庭，副校长王强、王兴伟出席签约仪式。孙进、王兴伟共同签署了《东北大学与中国银行辽宁省分行战略合作协议》。

10 月 12 日　东北大学召开巡视整改工作布置会。校党委书记熊晓梅，校党委副书记、纪委书记杨明，校党委副书记、秦皇岛分校党委书记孙正林参加会议。熊晓梅指出，巡视整改工作是学校一项重要政治任务，分为集中整改和巩固深化整改两个阶段。集中整改阶段为期 3 个月，从 10 月份开始到年底结束。学校成立巡视整改工作领导小组，负责统筹领导和指导学校巡视整改工作。校党委办公室负责人介绍了整改工作清单的总体安排。本年 6 月 15 日至 7 月 22 日，教育部党组第四巡视组对东北大学党委开展了巡视。近日，教育部党组第四巡视组向东北大学党委反馈巡视情况。

10 月 13 日　教育部党组研究决定：王玉琦同志任中共东北大学委员会委员、常委、副书记职务。

10 月 16 日　民革、民盟、民进、致公党、九三学社、侨联、知联会、欧美同学会等学校民主党派基层组织、统战团体负责人，以及党委统战部有关人员集体收看了党的二十大开幕会。

10月20日 东北大学田鹏颖教授理论宣讲报告入选2022年中宣部“全国优秀理论宣讲报告”。

10月24日 东北大学人工智能与大数据科学中心更名为东北大学人工智能与大数据研究院。

10月26日 英国皇家工程院院士、欧洲科学院院士、英国伦敦大学学院机械工程系能源动力学科首席教授罗开红受聘为我校名誉教授。东北大学校长、中国工程院院士冯夏庭出席聘任仪式并为罗开红院士颁发名誉教授证书。会后，罗开红为机械学院师生作了《从数值模拟到数字工程：历史、现在和未来》的学术报告。

10月27日 由中国东北振兴研究院举办的“学习贯彻党的二十大精神，推动东北全面振兴取得新突破”专家座谈会在东北大学举行。

11月1日 按照疫情防控工作安排，东北大学第二批学生分批有序返校。

11月4日 东北大学沈抚工业技术研究院中试基地一期项目投产暨辽宁东大氢冶金—零碳钢铁冶金短流程中试基地揭牌仪式在沈抚示范区举行。副校长王强出席投产仪式并为中试基地揭牌。

11月7日 科大讯飞辽宁区域总部总经理李俊峰、东北大学副校长孙雷出席共同签署东北大学与科大讯飞股份有限公司战略合作框架协议。

11月8日 为推动学校学习宣传贯彻党的二十大精神干在实处、走在前列，学校印发《深入学习宣传贯彻党的二十大精神的工作方案》，对学校学习宣传贯彻党的二十大精神做了周密部署。

△ 东北大学党委巡视整改工作动员部署会在主楼召开。会议动员广大党员干部进一步提高政治站位、发扬斗争精神、强化责任担当，扎实做好巡视“后半篇文章”。学校领导班子成员，校党委委员、纪委委员，中层正职干部参会。

△ 由东北大学牵头建设的工信部工业互联网平台应用创新推广中心启动运营。该中心是2020年获批的全国12个国家级工业互联网平台应用创新推广中心之一。

11月9日 东北大学举办党委理论学习中心组（扩大）学习及“教工学

堂”，专题学习党的二十大精神。党的二十大代表、中国工程院院士、校长冯夏庭领学党的二十大会议总体情况和大会报告的主要精神，校党委书记熊晓梅就做好党的二十大精神学习宣传贯彻工作进行部署。

11 月 10 日　东北大学与中国黄金集团有限公司合作项目签约仪式在东北大学 RAL 实验室举行。东北大学副校长王强、中国黄金集团有限公司副总经理姜良友签署了《联合培养博士后研究人员协议》及《专业学位研究生联合培养协议》，东北大学副校长孙雷和姜良友签署了《共建中国黄金科技创新中心协议》及《共建中国黄金行业智库协议》。

11 月 12 日　东北大学校长、中国工程院院士冯夏庭线上出席印度尼西亚人才培养项目合作论坛暨签约仪式，并代表学校签署《东北大学—华友钴业—印尼海事与投资统筹部三方谅解备忘录》。

11 月 14 日　中国钢铁工业协会与东北大学交流会在汉卿会堂举行。学校领导班子与协会领导、院士和专家学者等围绕深入贯彻落实党的二十大精神，弘扬科学家精神推动钢铁行业高质量绿色低碳发展、材料创新基础设施与钢铁行业数字化转型等方面进行深入研讨。

△　学校印发《东北大学内部控制审计实施办法》。

11 月 15 日　由中国钢铁工业协会、中国金属学会、冶金工业出版社主办，东北大学承办的冶金专业教材和工具书经典传承国际传播工程启动会暨冶金专业高等教育和职业教育教材建设研讨会在东北大学举行。

11 月 17 日　中国黄金集团—东北大学共建中国黄金科技创新中心和中国黄金行业智库揭牌仪式暨座谈交流会在东北大学举行。中国黄金集团党委书记、董事长卢进，集团副总经理姜良友、王佐满，东北大学校长冯夏庭，副校长孙雷、张皓等出席会议。冯夏庭、卢进共同为中国黄金科技创新中心和中国黄金行业智库揭牌。

11 月 23 日　由中国金属学会、冶金工业出版社主办，东北大学、轧制技术及连轧自动化国家重点实验室协办的《数字钢铁白皮书》首发暨钢铁工业数字化转型座谈会召开。

11 月 26 日　由东北大学和山东黄金—东北大学矿业技术创新研究院联合主办的第三届深井采矿国际会议在线上召开。来自中国、加拿大、南非、美国、澳大利亚等国家从事深井采矿的专家学者近 300 名代表参会。大会主题为

"深地、安全、绿色、智能"。

△ 东北大学知识产权研究中心成立大会举行。

11 月 30 日 东北大学与浙江华友钴业股份有限公司签署《东北大学—华友钴业校企战略合作框架协议书》。根据协议，华友钴业设立高额度、覆盖广泛的华友奖学金、奖教金和学科发展基金；东北大学与华友钴业进行印尼优秀本科生在硕士阶段的高水平联合培养，共建校外优质实习基地；东北大学将选拔推荐我校优秀毕业生到华友公司就业。

12 月 11 日 由东北大学、中国（海南）改革发展研究院、民革辽宁省委员会、辽宁省发展和改革委员会主办的"2022 东北振兴论坛"在东北大学举办。全国政协副主席、民革中央主席郑建邦为论坛视频致辞。全国政协经济委员会副主任、辽宁省政协原主席夏德仁，辽宁省人民政府副省长王明玉，东北大学党委书记熊晓梅，中国（海南）改革发展研究院院长、中国东北振兴研究院院长迟福林出席开幕式，中国工程院院士、东北大学副校长、中国东北振兴研究院院长唐立新主持论坛开幕式。来自国家部委、国家级智库、东北地区高校、科研机构的专家学者参加论坛。

12 月 13 日 东北大学成功入选国家级职业教育"双师型"教师培训基地。基地将采取"本科院校＋行业标杆企业"的建设模式，由东北大学主导。此次获批的专业为装备制造大类自动化类专业。

△ 学校印发《东北大学关于推进学科交叉融合和交叉学科建设的指导意见》。《指导意见》提出，到 2028 年（建校 105 年），学科交叉融合和交叉学科建设的管理机制和创新环境更加完善，建设一批具有国际竞争力的学科交叉平台和创新团队，承担一批国家重大战略任务，产出一批重大原创性成果，形成一批优势明显、特色鲜明的学科交叉部位，建成多个交叉学科，支持学校世界一流大学建设。到 2033 年（建校 110 年），学科交叉融合和交叉学科建设成为学校发展的内生动力，学科交叉融合促进学校整体学科实力大幅提升，建成一批具有国际声誉和竞争力的一流交叉学科，基础研究和原始创新能力进一步增强，形成学科交叉融合的良好生态，建成交叉学科发展体系，支撑学校建成世界一流大学。

12 月 14 日 东北大学正式发布并启动《服务辽沈振兴发展专项行动计划（2023—2025）》和《服务钢铁和有色金属产业高质量发展行动计划（2023—

2025）》。

12月16日 学校印发《东北大学德育工作实施方案》。

12月16—18日 东北大学联合昆明理工大学、北方工业大学、辽宁科技大学以及共伴生有色金属资源加压湿法冶金技术国家重点实验室、复杂有色金属资源清洁利用国家重点实验室、钢铁冶金新技术国家重点实验室、低碳有色冶金国家工程研究中心等国家级平台举办2022年全国绿色低碳冶金与固废治理方案高层论坛暨第六届特殊冶金与过程工程年会云端论坛。论坛以冶金过程“源头阻断的低碳冶金与固废的末端高值化利用”为主题。中国工程院院士何季麟、王国栋、黄小卫、冯夏庭、柴立元、姜涛等出席开幕式，来自中国、澳大利亚、日本等国内外32所高校，20多家科研院所、行业协会与企业代表超过2.2万人次通过线上参加大会。

12月27日 东北大学副校长孙雷出席人民网2022大学校长论坛，并作《高等学校坚持四个引领，筑梦东北振兴》的主题发言。

12月29日 学校印发《东北大学党委落实教育部党组巡视整改任务工作方案》。

12月30日 学校印发《东北大学外籍教师聘任管理办法》。

12月31日 学校印发《东北大学数据管理办法》《东北大学校务信息数据共享审批管理规定》。

2023年

1月3日 学校印发《东北大学领导班子成员深入基层开展调查研究工作实施办法》。

1月4日 学校印发《中共东北大学委员会关于巩固深化巡视整改的意见》《东北大学关于加强对“一把手”和领导班子监督的若干措施》《中共东北大学委员会关于加强校院两级领导班子和领导干部政治能力的若干举措》。

△ 东北大学第十一届学位评定委员会第二十二次工作会议决定授予94人博士学位，其中授予学术学位93人、专业学位1人；授予449人硕士学位，其中授予学术学位5人、专业学位444人。

1月6日 学校印发《全面推进“大思政课”建设的工作方案》。

1月7日 学校印发《党委常委会会议议事决策事项清单》。

△ 学校印发《东北大学学科交叉融合和交叉学科建设规划》《东北大学学科交叉平台管理办法》。

1月9日 学校印发《东北大学党委关于加强校院两级领导班子成员联系党外人才工作的实施方案》。

1月10日 东北大学“五育并举”及人才培养方案工作研讨会举行。副校长王强出席会议，学校德育、智育、体育、美育、劳育研究中心负责人，相关职能部门负责同志参会。

△ 报载，近日，东北大学信息科学与工程学院黄敏教授团队成功获批国家自然科学基金“未来工业互联网基础理论与关键技术”重大研究计划重点支持项目——“钢铁生产链和产业链智能协同与优化的决策理论与关键技术”，项目负责单位东北大学，项目负责人黄敏教授。

1月13日 Science以长文（Research Article）形式在线发表了东北大学轧制技术及连轧自动化国家重点实验室王国栋院士/袁国教授研究团队在超高强钢铁材料增塑机制及组织创新设计方面的最新研究成果“Ductile 2-GPa steels with hierarchical substructure”。论文第一作者李云杰为东北大学轧制技术及连轧自动化国家重点实验室博士后，轧制技术及连轧自动化国家重点实验室袁国教授、李琳琳教授，德国马普钢铁研究所Dierk Raabe教授为论文的共同通讯作者。东北大学为第一完成单位，中国科学院金属研究所、中信泰富特钢兴澄特钢研究院及德国马普钢铁研究所为合作参与单位。该研究针对2000 MPa级马氏体超高强钢塑性低的问题，创新提出“马氏体拓扑学结构设计+亚稳相调控”协同增塑新机制，成功制备出系列低成本C-Mn系新型超高强钢，打破了超高强钢对复杂制备工艺和昂贵合金成分的依赖，也突破了现有2000 MPa级马氏体高强钢抗拉强度—均匀延伸率的性能边界。

2月9日 《东北大学学报（社会科学版）》荣获“国家哲学社会科学文献中心2016—2021年最受欢迎期刊”和“国家哲学社会科学文献中心2021年度综合性人文社会科学最受欢迎期刊”两项荣誉称号。

2月18日 王国栋院士，东北大学副校长唐立新院士应邀参加建龙集团第二届科技大会。

△ 我校党委组织部姜玉原老师成功入选教育部2023年“全国高校思想政治工作中青年骨干队伍建设项目”。

2月20日 东北大学校长冯夏庭，东北大学党委副书记、秦皇岛分校党委书记孙正林会见悉尼科技大学常务副校长Iain Watt一行。

△ 钢铁共性技术协同创新中心新一轮建设启动仪式在东北大学轧制技术及连轧自动化国家重点实验室（RAL）和北京科技大学科技楼举行。中国工程院院士、钢铁共性技术协同创新中心主任王国栋，东北大学副校长唐立新，北京科技大学副校长王鲁宁，北京科技大学钢铁共性技术协同创新中心主任何安瑞出席会议。

2月21日 中国金属学会与东北大学交流座谈会在东北大学举行，中国金属学会理事长张晓刚，中国工程院院士、校长冯夏庭，中国金属学会常务副理事长田志凌、副理事长兼秘书长王新江出席座谈会。

2月22日 王国栋院士，东北大学副校长唐立新院士出席由辽宁省人民政府、鞍钢集团、东北大学联合举办的辽宁省钢铁行业数字化转型交流会。

2月24日 东北大学设分会场参加2023年教育系统全面从严治党工作视频会议，校领导班子成员、两委委员、中层正职领导干部、二级单位纪委书记和纪检委员参加会议。

△ 东北大学信息科学与工程学院张化光教授荣获第五届“杰出工程师奖”，冶金学院董艳伍教授荣获第五届“杰出工程师青年奖”。此奖由中华国际科学交流基金会设立，此次共评选出40名“杰出工程师奖”获得者，30位“杰出工程师青年奖”获得者。

2月28日 辽宁省副省长高涛到东北大学调研，先后考察流程工业综合自动化国家重点实验室、工业智能与优化系统国家级前沿科学中心、轧制技术及连轧自动化国家重点实验室、深部工程与智能技术研究院，重点了解全国重点实验室重组、国家级科技创新平台创建、重大科技基础设施建设预研等工作情况。东北大学党委书记熊晓梅，校长冯夏庭及学校相关职能部门负责人陪同调研。

3月3日 由东北大学作为项目牵头单位、副校长王兴伟教授作为项目负责人和首席科学家承担的国家重点研发计划“先进计算与新兴软件”重点专项“基于云际计算的云监管与治理系统软件”项目通过专家组论证。

3月9日 辽宁省副省长霍步刚一行到东北大学调研，先后到流程工业综合自动化国家重点实验室、轧制技术及连轧自动化国家重点实验室、深部工程与智能技术研究院考察调研，重点了解东北大学整体办学情况和相关实验室发展建设等工作情况。东北大学党委书记熊晓梅，校长冯夏庭陪同调研。

△ 学校印发《关于全校统一战线深入学习宣传贯彻党的二十大精神的通知》。

3月10日 由东北大学李元辉教授牵头承担的国家重点研发计划—“战略性矿产资源开发利用”重点专项“薄矿脉采选充协同高效绿色连续开采技术与装备”项目通过专家组论证。

3月13日 学校印发《新时代学习弘扬雷锋精神深入开展学雷锋活动的实施方案》。

3月14日 经学校研究决定，在学校信息化建设与网络安全工作领导小组下设立数字教育推进工作办公室。

3月14—15日 东北大学第三十次学生代表大会和第十九次研究生代表大会召开。大会选举产生了东北大学第四十二届学生委员会及学生会主席团、第三十七届研究生委员会及研究生会主席团。

3月16日 东北大学召开2023年全面从严治党工作会议，深入学习贯彻习近平总书记在二十届中央纪委二次全会上的重要讲话和全会精神，以及2023年教育系统全面从严治党工作视频会议精神，总结回顾2022年学校全面从严治党和党风廉政建设工作，部署安排2023年重点任务。学校领导班子成员、党委委员、纪委委员、中层领导干部、分校领导干部共计300余人参加会议。校长冯夏庭主持会议。

△ 东北大学党委理论学习中心组开展集中学习，深入学习贯彻习近平总书记为《复兴文库》所作《序言》重要精神。校党委书记熊晓梅主持会议。

3月17日 沈阳浑南科技城重大项目开复工仪式暨东北大学创新港及重大科技基础设施项目启动仪式举行。市领导王永威、东北大学校长冯夏庭院士致辞。省委常委、市委书记王新伟出席活动。东北大学创新港项目总投资14.37亿元，占地面积96.7亩，主要建设技术创新中心、成果转化中心、人才培养中心、产业转型升级中心及配套商业用房，打造真空科技与航天工程研究中心、高性能亚稳金属材料研究中心、增材制造与激光制造前沿技术研究中心等创新平台重大科技基础设施项目。超大型深部工程灾害物理模拟设施项目，计划总投资 14.15 亿元。设施主要由深部多相多组分复杂地质体模型 3D 打印系统、地质模型长时间大载荷加载系统、深部地质环境下模型内部复杂工程结构机器人开挖与监测系统、超大型物理模拟试验多任务智能协同总控系统与大数据云平台构成。

3 月 18 日　东北大学—中国（海南）改革发展研究院 2023 年战略合作年会暨战略合作 20 周年座谈会在东北大学国际学术交流中心举行。会议由东北大学党委书记熊晓梅，中国（海南）改革发展研究院院长、中国东北振兴研究院院长迟福林共同主持。东北大学原校长赫冀成特邀参会；中国工程院院士、东北大学校长冯夏庭，东北大学副校长、中国东北振兴研究院执行院长徐峰出席会议。

△　由中国东北振兴研究院主办的“贯彻全国两会精神，推动东北全面振兴取得新突破”专家座谈会在东北大学国际学术交流中心举行。东北大学副校长徐峰、唐立新及 10 余位专家学者出席会议。座谈会由全国政协委员、辽宁省政协原主席夏德仁主持。

3 月 19 日　科技部国家重点研发计划 SKA 专项“中性氢巡天和宇宙学观测数据处理”和“中性氢巡天和宇宙学模拟”项目启动会暨实施方案论证会在北京召开，会议由中科院国家天文台承办，东北大学协办。国家天文台台长常进院士，东北大学副校长唐立新院士及辽宁省科技厅、科技部国家遥感中心、中科院前沿科学与教育局、中科院国家天文台、东北大学相关部门负责人出席会议。“中性氢巡天和宇宙学模拟”项目由东北大学牵头承担，项目负责人为张鑫教授。两个项目的实施方案顺利通过论证。

3 月 20 日　中国工程院院士、国际宇航科学院院士、真空计量与航天科技知名专家李得天教授为我校师生作“航天测试计量技术与工程应用”专题报告。

3 月 21 日　东北大学—兰州空间技术物理研究所（510 所）战略合作协议签约仪式暨院士工作站揭牌仪式在东北大学国际学术交流中心举行。510 所所长王小军、510 所科技委主任李得天院士，东北大学校长冯夏庭院士及省、市科协相关负责人出席会议。

△　东北大学“一号通”工作调度推进暨数字教育三年行动计划编制启动

会举行。校长冯夏庭、副校长王兴伟出席会议，学校相关部门负责人参加会议。

△ 东北大学2023届毕业生春季双向选择洽谈会在南湖校区举行。作为我校重启线下校园招聘活动的首场大型“双选会”，本次春季双选会共有来自全国的352家用人单位为我校毕业生提供优质岗位1.9万余个。

3月22日 东北大学团委成功入选全国高校共青团新媒体示范工作室。

△ 由东北大学资源与土木工程学院李文博教授承担的国家重点研发计划“战略性矿产资源开发利用”重点专项“白云鄂博稀土混合精矿物相调控强化分离基础研究”青年科学家项目实施方案通过专家组论证。

3月24日 东北大学举办党委理论学习中心组（扩大）学习会议及“教工学堂”，全国人大代表、中国工程院院士、副校长唐立新传达两会精神。学校领导班子成员、中层干部、各级人大代表和政协委员、民主党派和统战团体代表、师生党支部书记代表、思政课教师代表、辅导员代表和学生代表等参加会议。

△ 东北大学全面加强仪器设备开放共享工作会议召开。副校长徐峰出席会议，资产与实验室管理处负责人、各学院分管仪器设备共享工作负责人参加会议。

3月25日 东北大学与北京建龙重工集团有限公司共建“冶金技术与特色产品协同创新基地”签约揭牌仪式在东北大学举行。东北大学党委书记熊晓梅与建龙集团董事长、总裁张志祥为创新基地揭牌。东北大学副校长唐立新与建龙集团副总裁阮小江代表校企双方签署东北大学—建龙集团“冶金技术与特色产品协同创新基地”合作协议。

3月26日 我校计算机科学与工程学院高克宁教授被授予“全国五一巾帼标兵”荣誉称号。

3月28日 校长冯夏庭出席辽宁省2023届高校毕业生就业工作动员部署会议，并作为高校代表对我校毕业生就业工作作典型经验介绍。

3月29日 我校14篇博士学位论文、33篇硕士学位论文获评2022年辽宁省优秀博士、硕士学位论文。

3月30日 省委副书记、省长李乐成来到东北大学，就辽宁省加快实现高水平科技自立自强，塑造发展新动能新优势，为全面振兴新突破三年行动提供科技支撑进行专题调研。省委常委、沈阳市委书记王新伟，东北大学党委书记熊晓梅陪同调研。李乐成先后考察流程工业综合自动化国家重点实验室、工业智能与优化系统国家级前沿科学中心、深部工程与智能技术研究院，详细了解东北大学一流大学建设情况和相关点位的科技创新和人才培养情况。

△　东北大学和北部战区总医院共建北方高等医学研究院签约仪式在东北大学国际学术交流中心举行。北部战区总医院院长陆辉、政委张文教，副院长王辉山以及医院相关部门负责人，东北大学党委书记熊晓梅、校长冯夏庭、副校长王兴伟以及学校相关部门负责人参加签约仪式。

4 月 4 日　可可托海东大校友贺母校百年华诞矿物标本捐赠仪式在采矿学馆举行。可可托海东大校友代表、中国工程院院士孙传尧，东北大学副校长张皓，新疆可可托海史料片摄制组成员，东北大学宣传部、对外联络与合作处、资源与土木工程学院相关负责人和师生出席捐赠仪式。为庆祝东北大学建校 100 周年，曾在可可托海工作过、以孙传尧和肖柏阳等为代表的东北大学 1968 级校友，代表全体可可托海东大校友将用于研制“两弹一星”原材料的锂辉石和绿柱石矿物标本捐赠给东北大学。矿物标本将在校史馆陈列。

4 月 5 日　我校杰出校友、著名选矿工程专家、中国工程院院士孙传尧教授做客百年校庆大讲堂，以《我与矿物加工》为题为东北大学师生作专题报告。

4 月 6 日　学校印发《东北大学基础研究能力提升计划（2023—2025）》。

4 月 7 日　我校在主楼设分会场参加教育部学习贯彻习近平新时代中国特色社会主义思想主题教育动员部署会，校领导班子成员、相关部门负责人参加会议。

4 月 10 日　学校印发《东北大学关于营造学科交叉融合氛围的实施方案》《东北大学学科专业设置与调整管理办法》。

△　由东北大学流程工业综合自动化国家重点实验室丁进良教授作为项目负责人，宝山钢铁股份有限公司（简称宝钢）作为依托单位的国家重点研发计划“工业软件”重点专项“面向‘双碳’目标绿色生产的矿产加工工艺决策与控制一体化优化软件”项目实施方案通过专家组论证。

4 月 11 日　报载，东北大学辅导员姜媛荣获 2022 年“高校辅导员年度人物”。

4 月 14 日　学校印发《东北大学政府采购需求管理实施细则》。

4 月 15 日　由吉林大学、东北大学中国东北振兴研究院、黑龙江省社会科学院共同主办的“首届东北振兴发展高端智库论坛”在长春举办。开幕式上，东北大学副校长王兴伟代表学校与吉林大学、黑龙江省社科院签署了“东北振兴智库论坛”平台共建协议，决定定期举办东北振兴高端智库论坛。

4 月 16 日　国家重点研发计划“工业软件”重点专项“钢铁轧制全流程工艺优化与管控软件开发”项目启动会暨实施方案论证会在东北大学轧制技术及连轧自动化国家重点实验室举行。中国工程院院士王国栋，东北大学副校长唐立新院士，科技部高技术研究发展中心、辽宁省科学技术厅、项目参研单位相关负责人参加论证会。经过专家组审核，项目实施方案通过论证。

4 月 19 日　东北大学召开学习贯彻习近平新时代中国特色社会主义思想主题教育动员部署大会。深入学习贯彻习近平总书记在中央主题教育工作会议上的重要讲话精神，对全校主题教育工作进行动员部署。教育部直属高校学习贯彻习近平新时代中国特色社会主义思想主题教育第五巡回指导组成员出席动员大会。校党委书记、校主题教育领导小组组长熊晓梅作动员部署讲话。

4 月 20 日　东北大学学习贯彻习近平新时代中国特色社会主义思想主题教育领导小组办公室召开第一次会议，按照学校主题教育实施方案和领导小组要求，研究部署推进主题教育相关工作。学校学习贯彻习近平新时代中国特色社会主义思想主题教育领导小组副组长、办公室主任、校党委副书记王玉琦出席会议并讲话。东北大学学习贯彻习近平新时代中国特色社会主义思想主题教育专题读书班首场报告会暨校党委理论学习中心组（扩大）学习会议举行。同日，东北大学学习贯彻习近平新时代中国特色社会主义思想主题教育专题网站上线。

△　东北大学第十一届学位评定委员会第二十三次工作会议决定授予 67 人博士学位；授予 15 人硕士学位（其中授予学术学位 2 人、专业学位 13 人）。

△　沈阳市知识产权宣传周暨沈阳市数字产业知识产权运营中心启动仪式在东北大学国际学术交流中心举行。沈阳市委常委、副市长周舟，东北大学副校长唐立新，辽宁省知识产权局、沈阳市市场监管局、中国专利技术开发公司、和平区人民政府相关负责人共同启动中心建设。会上，辽宁省知识产权局授予东北大学“国家知识产权局专利局沈阳代办处东北大学工作站”牌匾；东

北大学与中国专利技术开发公司签订高价值知识产权运营战略合作框架协议。东北大学、沈阳联合产权交易中心、和平区市场局、法律服务机构举行沈阳数字产业知识产权运营中心签约仪式。据悉，沈阳市数字产业知识产权运营中心经沈阳市人民政府批准，由和平区政府与东北大学共同运营管理，是沈阳市首家专业的数字产业知识产权服务机构。

4 月 21 日　沈阳市委常委、组织部部长闻然到东北大学就推动大学生创新创业进行专题调研。东北大学校长冯夏庭、副校长王强，沈阳工业大学副校长孙秋野陪同调研。

4 月 24 日　索通东大铝冶金技术创新研究院揭牌仪式在东北大学举行。索通发展股份有限公司董事长郎光辉，碳通科技（北京）有限公司总经理李焰，东北大学校长冯夏庭，副校长唐立新、王强出席会议。郎光辉和冯夏庭共同为研究院揭牌并向研究院院务委员会委员、专家技术委员会委员、院长颁发聘书。

4 月 26 日　东北大学迎来建校 100 周年华诞。由东北大学和中国邮政集团有限公司辽宁省分公司共同主办，中国邮政集团有限公司沈阳市分公司承办的《东北大学建校一百周年》纪念邮票首发仪式在南湖校区知行广场举行。辽宁省邮政分公司党委书记、总经理赵宇光，副总经理吴斌、石伟，沈阳市邮政分公司总经理肖德伟，副总经理朱恺、王越，东北大学校领导熊晓梅、冯夏庭、王玉琦、孙雷、徐峰、唐立新、张皓出席活动，学校相关部门负责人、师生代表 500 余人参加首发仪式。活动通过直播平台进行全程直播，累计 15 万人次在线观看。首发仪式上，孙雷、石伟代表双方签署了校企战略合作协议。

△　庆祝建校 100 周年校史剧《同行》在东北大学浑南校区学生活动中心首演。校党委书记熊晓梅，党委副书记王玉琦，副校长王辉、张皓出席活动。王辉主持首演活动。百年校庆校史剧《同行》以学校百年发展历程为历史背景，通过序幕《炽心赓续》，以及《国难之殇》《流亡载途》《东工长歌》《笃志同行》，演绎一家四代人在东北大学求学工作的故事，讲述一百年来东大人赓续红色血脉，传承红色基因，秉承“自强不息、知行合一”校训精神，与国家发展和民族复兴同向同行的奋进故事，展现一代代东大人实干、报国、创新、卓越的奋斗群像。

△　中国矿产资源集团有限公司（以下简称中国矿产）与东北大学战略合